KB182020

한국 고대 숟가락 연구

한국 고대 숟가락 연구

정의도 지음

경인문화사

책머리에

　필자가 숟가락에 관심을 가지게 된 것은 2002년에 실시한 경남 고성 군 소재 신전리민묘군에 대한 발굴조사에서 부터였다. 당시로는 고려시 대나 조선시대의 분묘를 「민묘」라는 애매한 이름으로 부를 때였으니 고 려·조선시대 고고학연구는 별다른 관심을 끌지 못하고 있었다. 그 당 시 필자는 문화재조사연구전문기관인 경남문화재연구원의 학예연구실 장으로 근무하고 있어서 발굴조사보고서를 작성하고 간행하는 업무는 모두 필자의 손을 거치게 되어 있었다. 고성 신전리유적에 대한 발굴조 사가 완료된 다음 2004년 봄께 도면과 사진을 정리하고 출토된 유구와 유물에 대한 일차적인 설명을 끝내고 유적과 유물에 대한 전반적인 검 토와 고찰을 작성해야 하는 작업이 필자에게로 넘어 왔다. 사실 신전리 에서 조사된 유구는 조선시대 분묘 22기에 불과하여 그렇게 큰 고민거 리는 아니었지만 22기의 분묘에서 숟가락이 14점이나 출토되어 마음이 좀 쓰였다. 그래서 숟가락이 출토된 유적의 보고서를 찾아보기로 하였 는데 얼마 되지 않아 책상 위에는 눈을 가릴 정도로 많은 보고서가 쌓이 게 되었다.

그렇게 숟가락이 출토된 고려시대나 조선시대의 유적은 많았지만 숟가락에 대한 고찰은 고사하고 고려시대나 조선시대의 유적에 대한 상세한 검토가 이루어진 보고서는 손으로 꼽을 지경이었다. 우리나라의 고고학이 경주의 왕릉을 발굴하는 것에서 출발하였고 삼국시대의 고분은 출토유물도 다양하고 화려할 뿐만 아니라 당시 삼국이 일본보다 우월한 관계를 유지하고 있음을 보여주는 유적으로서 국민적인 관심을 받아 왔다. 그러나 고려시대나 조선시대의 유적은 이미 상당한 양의 기록이 남아 있다는 선입견 때문인지 별다른 관심을 받지 못하였던 시절이었다.

이러한 심각한 상황을 인식하게 된 것도 후일의 일이지만 필자는 일단 숟가락이 왜 이렇게 많이 나오는지 이유를 알고 싶었고 그 질문에 대한 답을 찾고자 한 결과가 이 책에 수록된 논문들이다. 사실 우리나라는 식탁에 앉아서 밥을 먹는 처음부터 끝까지 숟가락을 사용하는 전 세계에서 거의 유일한 문화를 지켜가고 있다. 이웃 중국에서는 탕(국)을 먹을 때만 잠시 「湯匙」를 이용할 뿐이고 일본에서는 아예 숟가락이 없고 필요할 때에는 따로 「스푼」을 달라고 해야 한다. 다른 동남아지역이나 유럽에서도 사정은 마찬가지여서 우리나라 같이 숟가락이 밥 먹는 전 과정에 필요한 나라는 없다. 왜 이렇게 우리는 숟가락을 놓지 못하게 되었으며 이 숟가락을 무덤에 까지 들고 들어가게 되었을까 하는 간단한 질문에 필자는 답을 하지 못하였다. 그것이 우리나라 사람들이 즐겨 먹게 된 국과 육식에 관련이 있을 것이라고 생각하게 된 것은 이 방면의 공부를 시작하고 나서도 한참 뒤의 일이었다.

숟가락에 대한 연구는 먼저 『고성 신전리민묘군』의 보고서에 실린 종합고찰에서 가득한 의문으로 시작되었고 이것을 좀 더 시대적인 상황에 대입시켜 가장 먼저 연구논문으로 작성한 글이 석당논총에 수록된 「한국고대청동시저연구-고려시대-」였다. 이 글은 동아대학교 석당학술원에서 2006년 11월에 개최한 「동북아지역문화의 국제성조명」이라는 학술대회에서 발표한 것으로 필자가 숟가락의 연구방향을 제시한 계기가 되었다. 이후 고려와 중국 북방지역, 즉 요와 금, 원과의 관계 속에서 숟가락의 사용과 변화를 이해하여보고자 노력하기도 하였다. 또한 시대를 거슬러 올라가 삼국시대와 통일신라시대, 그리고 고려를 이은 조선시대를 전기와 후기로 나누어 장구한 시대의 변화 속에 우리 민족이 사용하였던 숟가락의 의미를 되새기고자 노력하였다. 이리하여 거의 10년 만에 삼국시대에서 조선시대 말기까지 숟가락의 변화를 대략이나마 살펴보게 되었고 이것을 책으로 엮은 것이 『한국 고대 숟가락 연구』이다.

그러나 독자들도 곧 알게 되겠지만 필자의 숟가락에 대한 연구방법이나 관점은 가장 최근에 작성한 논문에 포함되어 있다. 사실 처음 숟가락에 대한 글을 작성할 때만 하여도 참고할 만한 글이 거의 없어 금속공예를 전공한 이난영선생의 글을 따라 하여 별달리 숟가락에 대한 용어나 형식분류를 제시하지도 못하였다. 필자가 주장하고 있는 「쌍어형 숟가락」이란 명칭은 술총이 둘로 갈라진 것을 말하는데 처음에는 연미형이라는 명칭을 그대로 썼다가 술총을 왜 그렇게 만들었을까 하는 질문에 답을 하게 된 것은 그로부터 3년이 지난 다음이었다. 이후 「어미형 숟가락」으로 명명할 수 있었고 이것을 다시 중국사회과학원에서 개최한 학술대회에 발표할 기회를 맞아 다듬어서 「쌍어형 숟가락」으로 확정할 수 있게 되었다. 그러니 다른 용어나 명칭은 말할 것도 없이 아직 초보적인 연구단계를 벗어나지 못하고 있다고 하겠다.

그렇기 때문에 이 책에 실린 논문은 삼국시대에서 조선시대까지 시대순으로 배열하고 있으나 본격적인 형식분류나 용어의 정착 등은 조선시대에 관한 논문에 이르러서야 이루어지게 되었음을 독자들은 살펴주시기 바란다. 하나의 주제에 대하여 10년이라는 긴 세월에 걸쳐 발표한 논문을 한권의 책으로 엮는다는 것은 이런 점에서 무리가 있다는 것을 필자도 모르는 바는 아니었으나 지금에 와서 최근의 연구성과로 모든 논문을 다시 고쳐 수록한다는 것은 오르지 못할 나무였다.

아닌게 아니라 필자가 숟가락에 대한 남다른 관심을 가지게 된지 거의 10년이 지났다. 최근에는 고려·조선시대 분묘의 발굴 사례가 많이 증가하기도 하였고 조선시대 전기까지 조성되는 분묘에서는 상당한 양의 도자기도 함께 출토되어 도자사 전공자들의 관심의 대상이 되기도 하여 관련 전공자와 연구논문도 적지 않다. 아직 우리나라에서는 고고학의 주된 연구분야가 선사시대나 삼국시대에 집중되고 있어 고려시대와 조선시대의 고고학 전공자는 수적으로나 연구성과에 있어 초보수준을 벗어나지 못하고 있다. 이 연구가 고려시대와 조선시대에 대한 고고학적 연구가 글로 남겨진 시대에 대한 구체적인 실상을 밝혀줄 수 있으며 기록되지 않은 당시의 사회상을 알 수 있는 필수적인 것임을 인식할 수 있는 조그만 계기가 되었으면 하는 것이 필자의 바람이기도 하다.

그간 연구를 진행하면서 정말 모르는 것이 너무 많아 여러 분들의 도움을 받았다. 전반적인 연구방향과 논문의 구성 등에 대하여는 지금은 동아대학교를 퇴직하시고 동아시아문물연구소 소장으로 계신 심봉근선생님과 자주 이야기를 나누고 지도를 받았다. 그리고 우리나라 금속공예사를 개척하신 이난영선생님은 숟가락에 대하여 당신과 다른 이야기를 하고 있는 필자의 논문을 여러 차례 심사해주시고 다양한 의견을 제시해 주셨고 인천공항 문화재 감정관실의 안귀숙선생님께서도 많은 조언과 자료를 제공해 주었다. 한남대학교의 이남규선생님과 복천박물관 하인수관장은 중세고고학의 연구를 강조하면서 필자에게 힘을 실어주었다. 또한 동아대학교 김광철선생님은 역사시대에 대한 이해가 부족한 필자에게 고려시대와 조선시대의 구체적인 시대상에 대하여 많은 가르침을 주셨고 같은 대학의 정은우선생님도 중세미술사 전반에 대한 상세한 지식을 전해 주었다. 또 한편으로는 숟가락과 같이 출토되는 도자기에 대한 어이없는 질문에도 성실하게 답하여주고 같이 고민하여 준 아모레퍼시픽 전승창관장과 한국문물연구원 김윤희연구부장, 허선영연구과장의 도움도 적지 않았다.

그리고 숟가락의 실견을 위하여 국립중앙박물관, 국립경주박물관, 국립공주박물관의 협조가 있었고 중국의 숟가락 자료는 동아세아문화재연구원의 신용민원장과 중국사회과학원 고고연구소 白雲祥부소장의 도움을 받았고 일본의 숟가락자료는 동경예술대학 片山まび선생의 도움을 받았다. 아울러 오래되고 난삽한 글을 모두 다시 읽어서 빠진 글과 틀린 글을 골라내고 부족한 부분을 채워 새롭게 체재를 갖추게 해준 한국문물연구원의 김순정선생과 도면을 정리해 준 황정미선생의 노고에 깊이 감사드린다.

끝으로 각 유적에서 출토되는 숟가락에 대한 연구가 가능하였던 것은 필자가 어느 논문에서도 써 두었지만 각종 개발의 현장에서 더위와 추위를 참아가며 성실하게 발굴조사를 수행하고 그 결과를 알찬 보고서로 내어준 문화재조사연구기관 연구원들의 작업 덕분임을 잊지 않을 것이다.

2014년 10월 필자 씀

서

　이 책은 삼국시대에서 통일신라시대, 고려시대, 조선시대 순으로 발굴조사를 통하여 확인된 숟가락의 편년과 변화 양상에 대하여 논한 글을 모은 것이다. 물론 신석기시대나 청동기시대에도 음식을 떠먹는 도구가 없었던 것은 아니지만 숟가락으로 보기는 어려운 점이 있어 간략한 소개만 하고 본격적인 논의는 삼국시대부터 시작하였다.

　숟가락은 식탁에서 그릇에 담긴 음식물을 입으로 운반하는 도구이다. 살펴보면 숟가락을 식사가 진행되는 내내 사용하는 나라는 전 세계적으로 보아도 우리나라 밖에는 없는 듯하다. 이웃 중국이 그렇지 않고 일본도 그렇지 않다. 손으로 밥을 먹는 동남아시아나 구미제국에서도 숟가락을 식탁의 처음부터 끝까지 사용하는 경우는 없다. 그렇다면 우리는 왜 이렇게 숟가락을 밥상의 처음에서 끝까지 사용하게 되었으며 왜 숟가락을 무덤에까지 가져가게 되었을까? 하는 질문으로 시작된 것이 이 연구의 출발이었다.

　먼저 삼국시대에서 통일신라시대에 대한 숟가락의 연구에서는 출토 지역과 형태를 분석하고 각 나라별 특성을 부각시키고자 하였다. 우리나라에서 조사된 유적 가운데 가장 많은 유물이 출토되는 것은 삼국시대의 고분이다. 특히 신라와 가야의 고분에서는 다양한 토기와 함께 무기, 장신구, 금속유물이 출토되고 있지만 아직 우리가 식탁에서 사용하는 것과 같은 계통으로 볼 수 있는 숟가락은 출토되지 않았다. 당시 토기의 제작과 아울러 정치적, 문화적으로 깊은 관계를 맺고 있던 중국의 분묘에서는 상당한 양의 숟가락과 국자가 출토되고 있는데 신라와 가야의 고분에서는 발견되지 않고 있는 것이다. 이것은 당시에 사용한 숟가락이나 젓가락이 나무로 만들어진 것이어서 발견되기 어렵지 않겠는가 하는 지적도 있으나 반드시 그렇게 볼 사안도 아닌 듯하다.

그리고 통일신라시대에 이르면 숟가락은 안압지와 같은 집수지유적, 또는 우물지에서 출토되고 대구 칠곡택지에서는 수혈 내에서, 또 감은사 탑에서 출토되기도 하여 숟가락의 용도라고 할까 숟가락에 담긴 상징성이 삼국시대의 단순한 음식 운반도구에서 변하는 것으로 보았다. 아울러 우리나라의 청동숟가락 가운데 가장 오래된 것으로 평가받는 무령왕릉 출토 숟가락은 그 형태나 출토 위치가 특이하여 따로 논문으로 작성하여 실었다.

우리나라에서 숟가락이 본격적으로 무덤의 부장품으로 발견되는 것은 고려시대 이후의 일이다. 11세기를 지나면서 고려의 무덤에 숟가락이 부장되는 경우가 급격히 증가하여 고려말까지 이어진다. 필자가 의문을 가진 것은 왜 이렇게 많은 숟가락이 부장품으로 선택되게 되었는가 하는 것이었다. 이것은 당시 고려가 처한 국제적인 관계 속에서 이해하여야 할 것도 있었고 고려가 원의 지배하에 들어가면서 변화하게 되는 식문화와 관련이 있는 것도 있었다. 또한 숟가락을 부장하는 것이 과연 중국과 관련이 있는 것인지, 있다면 어느 지역 또는 어느 나라와 관련이 더 깊을 것인지 살펴보기 위하여 송 · 요 · 금 · 원의 묘장 풍습 가운데 숟가락과 가위의 출토 경향을 검토하여 보기도 하였다. 그 결과 황하 이남에서 확인된 분묘에서는 동전이 출토되는 비율이 높고 황하 이북에서는 숟가락이 출토되는 비율이 높아 지역별 또는 민족별로 선호하는 부장품이 따로 있음을 확인할 수 있었다. 더구나 요나라는 그러하지 않았으나 한문화에 경도된 금나라나 원나라의 분묘에서는 숟가락보다 동전이 출토되는 분묘비가 더 높았다.

아울러 술총의 형태가 둘로 나누어진 소위 쌍어형 숟가락의 기원을 확인하기 위하여 당시 중국에서 출토되는 숟가락의 편년을 검토하고 쌍어형 숟가락의 시원과 유행에 대하여 살펴 보았다.

그리고 고려시대에 태어나 고려조정에서 벼슬을 하였으나 조선이 개국한 이후에 사망한 박익선생의 분묘는 보기 드물게 원대의 벽화묘와 유사하게 조성되어 있었는데 관에는 「𑀑𑀚𑀫𑀧𑀚𑀑」이라는 육자진언을 쓰고 부장품으로는 숟가락과 젓가락, 동전 등이 출토되었다. 이 무덤의 구조와 출토유물은 모두 고려식으로 평가되어 살아서 고려의 멸망과 조선의 개국을 보았으나 고려의 사람으로 죽기를 원하였던 박익선생의 소망을 드러낸 것으로 보인다.

조선시대 전기(임진왜란 이전)의 숟가락 연구는 숟가락이 오랫동안 유행하여 형식분류로 유물의 선후를 구분하기는 이미 불가능하고 오히려 각 지역별로 선호하는 숟가락 형식이 따로 있음을 증명한 것과 조선시대 분묘의 출토유물이 단순히 전통을 이어온 유물로만 볼 수 있는 것도 있지만 새로운 전통의 시작을 보여주는 유물도 있음을 지적하기도 하였다. 이것은 새로운 왕조의 개창과 더불어 이룩하고자 하였던 유교적 사회질서가 하루아침에 이루어지는 것이 아니며 새로운 이념에 따라 만들어지는 새로운 장례절차가 적용되는 것도 상당한 지역적인 차이를 보여주고 있다는 것을 고고학적으로 증명하고자 하였다. 아울러 숟가락에 대한 공부가 일천할 때는 용어의 사용이나 형식분류에 있어 기존의 연구를 비판 없이 답습한 것이 적지 않은데 적어도 조선시대의 연구에서

부터는 나름의 정확한 용어와 형식분류, 숟가락을 묘사하는 방법에 있어 주관적인 서술을 탈피하여 객관적인 자료를 이용하고자 노력하였다.

마지막으로 조선시대 후기(17세기 이후~근대)의 숟가락은 분묘에서 출토되는 유물이 없어 편년에 많은 어려움이 있었으나 이것이야말로 성리학적 이념에 따른 장례절차가 확립된 결과이며 숟가락 또한 성리학이라는 단 하나의 가치기준에 따라 다양했던 숟가락의 형식도 오늘날 우리가 쓰는 숟가락의 형태로 통일되게 된 것으로 보았다.

이상과 같이 삼국시대에서 조선시대까지 숟가락의 편년과 그 변화상에 대한 설명, 그리고 숟가락을 사용하여야만 했던 당시의 시대상을 읽어내고자 노력하였으나 지금에 와서 보면 적지 않은 부분이 맘에 걸리는 것도 사실이다. 필자의 숟가락에 대한 가장 최근의 연구성과는「고려전기 분묘 출토 쌍어형 숟가락 연구」에 포함되어 있다. 이 논문은 동아세아문화재연구원 개원 10주년 기념 학술대회에 발표할 것으로 작성된 것인데 동아세아문화재연구원의 양해를 얻어 싣게 된 것이다.

필자가 숟가락에 대한 연구를 고려시대 숟가락으로 시작하였지만 돌이켜 보면 늘 아쉬움이 많이 남는 부분이 없지 않았다. 아직 고려시대의 식문화에 대하여는 전혀 무지한 채로 오백년에 가까운 고려시대에 사용한 숟가락을 한 논문에 다루었고 각 형식에 대한 뚜렷한 인식이 없었으며 각 숟가락의 특징을 어떻게 부각시킬 것인가 하는 점 등 이루 말할 수 없는 부족함이 늘 필자의 마음 한 구석에 남아 있었던 것이다.

그리하여 고려시대 숟가락에 대하여 새롭게 작성할 수 있는 기회를 맞아 이 글에서는 새롭게 용어를 추가하였다. 예를 들면 숟가락을 묘사하면서 자루의 굴곡이 '심하다' 또는 '아주 심하다', '평평하다'라고 하지만 그것은 주관적인 것일 뿐 객관적인 묘사는 되지 못한다고 판단하여 숟가락을 바닥에 놓고 보았을 때 술잎의 바닥에서 술목을 지나 자루로 이어지는 각을 도상에서 계측하고 이를「자루각」이라고 이름 하였다. 또한 유엽형이 대부분인 술잎도 시기를 따라 변하고 있는데 술잎의 너비와 길이를 계측하여 비율로 나타내고 그것을 「술잎비」라고 이름 하였다. 자루각을 처음 적용한 연구는 2013년에 작성한 조선후기 숟가락의 연구에서였는데 자루각과 술잎비를 동시에 처음 적용한 연구는 가장 최근에 작성한 「고려전기 분묘 출토 쌍어형 숟가락 연구」에서이다. 이런 점에서 다시 고려전기 숟가락을 살펴보니 쌍어형 숟가락의 분포가 강세를 보이고 있었고 예상 밖으로 우리들이 알고 있는 「연봉형」이나 「약시형」은 출토되지 않고 있어 이들 형식에 대한 고려후기 숟가락 연구가 불가피하게 되었다.

아울러 숟가락과 함께 출토되는 철제 가위는 아직 그 부장배경이 불분명하다. 필자가 검토한 바에 의하면 삼국시대나 통일신라시대의 가위는 상당한 권력을 상징하는 기물로 신라에서는 선덕여왕과 관련된 유적에서 출토되었고 통일신라시대에는 용과 관련된 유적에서 출토되고 있었다. 그리고 분묘에서는 양산 부부총이나 김해 예안리고분, 응달리고분 등에서 출토되었는데 모두 가야계로 지목되는 유적에서 출토되고 있다.

이 철제 가위는 고려시대가 되면 상황이 일변하여 분묘에서 자주 출토되게 되는데 가위가 옷감을 자르거나 수염을 다듬고 손톱과 발톱을 자르는 등 일상 생활에 있어 필수적인 도구이지만 과연 어떤 상징적인 의미를 내포하고 있는지 아직 알 수 없다. 다만 지금으로서는 요와 금과의 교류에서 고려의 장례풍습이 변화하여 생긴 결과로 판단될 뿐이고 이것이 남성과 여성을 가르는 기물인지, 의식주 가운데 옷을 상징하는 기물인지 알 수 없다. 그리고 철제 가위는 「8자형」과 「X자형」으로 나누었을 때 대체적으로 「X자형」은 13세기 후반에 나타난다. 그런데 중국에서는 이미 12세기에 「X자형」을 사용하고 있기 때문에 중국와 교류가 왕성하던 고려에 가위만 거의 1세기가 늦게 나타난다는 것이 선뜻 이해하기 어려운 문제라고 하겠고 차후의 연구가 필요하다.

청동숟가락의 등장과 확산

삼국시대~통일신라시대

1

01 서

우리나라 고대국가의 문을 열게 된 삼국시대를 기록한 기본 사서인 『삼국사기』나 『삼국유사』 어디에도 청동숟가락을 사용하였다는 기록은 전혀 보이지 않는다. 그러나 지금까지 출토된 고고학적인 자료를 종합하면 우리나라에서 청동숟가락을 일부 계층에서나마 사용하게 된 것은 삼국시대일 것으로 추정된다. 발굴조사 자료를 정리해 보면 신석기시대에는 토제 국자를 사용한 예가 있고, 청동기시대에 우리나라에서는 유일한 청동제 국자가 황해도 황주에서 출토된 예가 있다. 그렇다고 하여도 식탁에서 음식물을 떠오는 도구로서 청동숟가락을 사용하게 되는 전통이 시작된 것이 바로 삼국시대이며 삼국시대의 전통이 좀 더 넓은 층으로 확대되어 가는 시기가 통일신라시대일 것으로 판단된다.

필자는 고려시대의 청동숟가락에 대한 연구에서 우리나라에서 청동숟가락이 본격적인 모습을 갖추고 진정한 의미에서 식사 도구로 자리 잡은 것은 고려시대인 것으로 보았다. 또한 청동숟가락은 북방민족-즉 요나라, 금나라와 깊은 관련을 지닌 채 변화 발전하였으며 채식을 주로 하던 우리들의 식생활의 변화도 북방과의 관계가 깊어지면서 육식을 받아들이게 되고 더욱더 청동숟가락을 식생활에 필수불가결한 도구로 생각하게 되어 그것이 무덤 속에 까지 들어가게 된 원인으로 지적하였다.[1]

이번 글에서는 우리의 식사 도구 가운데 가장 필수적이라고 할 수 있는 숟가락이 먼저 지금까지 어떤 유적에서 어떻게 출토되었으며 형태 상의 차이점은 어떤 면이 있는지 삼국시대와 통일신라시대를 중심으로 알아보기로 한다. 또한 시기적 또는 지역적인 차이도 예상되는데 이를 통하여 삼국시대에서 통일신라시대에 이르기까지 청동숟가락을 중심으로 하는 식도구의 편년안을 제시하고자 한다.

한편 우리나라에서 진정한 의미의 청동숟가락 사용 시작 시기는 삼국시대로 판단되므로 중국에서 출토되는 식도구의 출토 상황과 비교하여 청동숟가락의 등장배경과 통일신라시대 이후 사용이 확대되어 가는 상황을 지적하고자 하는 것이 이번 글의 목적이라고 할 수 있다.

아직 우리나라에서는 삼국시대의 청동숟가락이 출토되는 유적이 얼마 되지 않기도 하기만 식생활사나 문화사에서 차지하는 비중에 대한 인식이 미미하여 청동숟가락이 출토되는 유적에 대한 구체적인 고찰이나 유물에 대한 설명이 많이 부족한 편이다. 이 글이 이런 인식을 바꾸는데 도움이 되기를 바란다.

---

1 정의도, 2007, 「한국고대청동시저연구-고려시대-」, 『석당논총』 제38집

02 청동숟가락 출토유적

우리나라에서 발굴이 일제강점기에 시작된 이래 가장 많이 발굴된 대상은 삼국시대의 고분일 것이다. 삼국시대의 고분, 특히 고신라의 고분은 일제 강점기의 금관총과 서봉총의 발굴조사에서 금관이 발견된 이후 최대의 발굴대상 유적이 되었고 해방 이후 오늘에 이르기까지 수많은 발굴이 이루어졌다. 삼국시대의 고분에서는 고배, 단경호, 장경호, 발, 대부완 등의 토기류, 금관, 목걸이, 귀걸이, 반지 등의 장신구류, 갑주, 화살촉, 창, 대도 등의 무구류와 안장과 등자 등의 마구류 등 다양한 유물이 출토되고 있다. 그러나 삼국시대부터 통일신라시대에 이르기까지 고분에서 재질의 종류를 불문하고 거의 없다고 하여도 좋을 만큼 숟가락이 출토된 예는 손으로 꼽을 만하다. 그 이유는 따로 논의하기로 하고 우선 숟가락(국자와 젓가락을 포함한 식도구 포함) 출토 유적에 대하여 삼국시대 이전과 삼국시대, 그리고 통일신라시대 순으로 정리하면 다음과 같다.

1) 삼국시대 이전

a. 웅기군 굴포리 서포항유적

신석기시대 문화층의 11호 집자리에서 출토된 뼈 숟가락은 술목
이상은 부러져서 자루의 형태는 알 수 없으나 술잎은 길이 7cm, 너비
5cm, 두께 0.15cm 정도이며 보고서에 따르면 술잎은 우묵하다고 표현
하여 제법 깊이가 있는 것으로 추정된다.[2][도면 1]

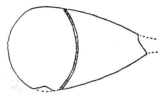

도면 1
굴포리 서포항 유적 출토
골제 숟가락

b. 무산 범의구석유적

뼈로 만든 숟가락은 청동기시대에 해당되는 제 2기층의 8호 주거지
에서 2점이 출토되었다. 1점은 너무 작아서 판별이 어려우나 나머지 1
점은 긴 자루와 하트형에 가까운 술잎으로 보아 숟가락으로 볼 수 있다
고 하였다.[3][도면 2]

도면 2
무산 범의구석유적 출토
골제 숟가락

c. 연길 소영자유적

청동기시대 석관묘 유적이며 다양한 종류의 골각기가 출토되었다.
숟가락은 길이 16.9cm로 자루 중간에 음각으로 기하학적 문양을 새긴
것이다. 자루와 술잎의 일부가 손상되었으나 타원형의 술부는 숟가락
형상을 온전히 하고 있다.[4]

---

2 김용간 · 서국태, 1972, 『서포항원시유적발굴보고』 고고민속논문집 4, 사회과학출판사 ; 김아
   관, 1993, 『한국신석기시대의 골각기 연구』-패총유적을 중심으로-, 한양대학교 대학원 석사학
   위논문
3 황기덕, 1975, 『무산범의구석유적 발굴보고』, 력사편집부 · 사회과학출판사
4 복천박물관, 2007, 『또 하나의 도구 골각기』 특별기획전

사진 1
광주 신창동 저습지유적출토 목제 주걱

d. 사천 늑도유적

늑도유적은 초기 철기시대의 무덤과 주거지, 그리고 패총으로 유명한 유적으로 특히 패총에서는 단면 삼각형의 점토대구연호, 장경호, 고배형토기, 야요이계토기, 골촉, 골검, 골추, 골침, 자돌구, 녹각제도자병, 어망추, 방추차, 석부, 석검, 반월형석도, 판상철부, 철도자, 철제 낚시바늘과 중국계 회색토기와 반량전 등도 출토되었다. 한편 이곳에서는 토제국자가 다수 출토되었는데 대부분 7cm 이내의 소형국자들이며 가장 큰 것은 길이가 16.5cm, 높이가 8.4cm 정도이다.[5]

e. 광주 신창동 저습지유적

기원전 1세기 경의 유적으로 다수의 목제 생활유물이 출토되었다. 특히 다수의 목제용기가 출토되었으며 목제 주걱과 국자, 국자형 목기가 출토되기도 하였다.[6][사진 1]

f. 광양 칠성리유적

초기철기시대의 주거지 20호와 22-1호에서 각각 1점씩의 토제국자가 출토되었다. 20호 출토 토제국자는 길이 14.4cm이고 22-1호 출토 토제국자는 길이가 15.3cm이며 제작 시기는 기원 전후에 해당된다.[7]

---

5   경남고고학연구소, 2006, 『늑도패총』I ~ V

6   조현종 외, 1997, 『광주신창동저습지유적 I 』국립광주박물관학술총서 제33책, 국립광주박물관 ; 조현종 외, 2001, 『광주신창동저습지유적 II 』국립광주박물관학술총서 제40책, 국립광주박물관

7   이동희 외, 2007, 『광양 칠성리유적-광양 칠성3택지개발지구-』순천대박물관 학술자료총서 제58책, 순천대박물관

g. 황해도 황주역 흑교역 부근

황해도 황주의 흑교역 동쪽에서 세형동검, 동모, 검파두식, 입형금구 등과 함께 출토된 것이다. 이 청동제 국자는 현길이 13.6cm로 자루가 부러져 그 원형은 분명하지 않다. 술잎은 폭 8cm, 길이 9cm 내외이다. 동반 유물로 보아 대체로 기원전 2세기 내지 1세기 경으로 추정된다.[8]

h. 오관연왕간(五官掾王旰)의 묘

유물은 주로 주곽 북실과 측곽의 북변에 놓여 있었는데 칠을 한 숟가락과 국자가 출토되었다. 숟가락은 내면에는 주칠을 하고 외면에는 흑칠을 하였다. 자루와 술총에 접한 부분에는 주칠을 하였고 나머지 부분에는 흑칠을 하였다. 국자는 내면에는 주칠을 하였고 외면에는 만곡하는 자루까지 모두 흑칠을 하여 검붉은 색을 띤다. 자루의 상단은 결실되었는데 이와 같은 종류의 표(杓)는 동제나 토제로 제작한 것도 있으며 한대의 화상석에 같은 특징을 가진 것이 보인다. 한편 왕간의 무덤에서는 건무(建武)21년(45)명 칠배(漆杯), 건무28년(52)명 칠배, 영평(永平)12년(69)명 신선용호화상칠반(神仙龍虎畵像漆盤)과 영평12년명 칠반 등이 발견되어 이 무덤의 상한을 보여 준다.[9]

i. 낙랑 왕광묘(정백리 제 127호분)

유물은 주로 동서 양관 내에서 도기, 칠기, 금속기, 마구, 무기, 주옥, 죽차, 도장, 목편, 직물, 쇄자 등 모두 184점이 출토되었다. 숟가락은 1점 출토되었는데 재질은 나무이며 부러져서 파손된 것이다. 길이 약 19.7cm, 단경 약 5.2cm 정도이며 목제 파수와 함께 동관의 북쪽에서 출

---

8   이난영, 1992,「Ⅱ.금속공예품의 유형과 형식분류」,『한국고대금속공예연구』, 일지사
9   原田淑人田澤金吾, 1930,『樂浪』, 東京帝國大學 文學部, 刀江書院

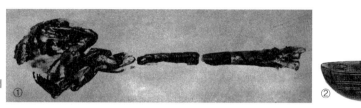

사진 2
낙랑 왕광묘 출토 칠기
① 숟가락 ② 국자

토되었다. 숟가락의 외면은 흑칠을 하였고 내면은 주칠을 하였다. 자루
는 흑칠하였으나 끝부분은 주칠하여 마감하였다. 국자도 1점 출토되었
는데 재질은 나무이며 부러져서 파손되었다. 장경 9.9cm, 단경 9.0cm
이나 자루는 반 이상 파손되었다. 외면에는 숟가락과 동일하게 흑칠을
하였고 내면에는 주칠을 하였는데 순장 이전에 수리한 칠흔이 남아 있
다.[10][사진 2]

2) 삼국시대

(1) 신라지역

a. 금관총

금관총은 고분의 규모와 출토유물로 보아 이 고분의 피장자는 당시
의 최고 신분에 속하는 사람이었을 것이다. 축조연대는 명문자료가 없
어 확실히 알 수는 없지만 유물의 형식으로 보아 황남대총보다는 늦고
호우총보다는 이른 시기로서 천마총 · 금령총 등과 함께 5세기 후반경
에 축조된 것으로 추정된다.

금관총에서는 은제 숟가락 3점과 청동제 숟가락 1점이 출토되었다.

---

10 小場恒吉 · 榧本龜次郎, 1935, 『樂浪王光墓』貞柏里 · 南井里二古墳發掘調査報告書,
朝鮮史研究會

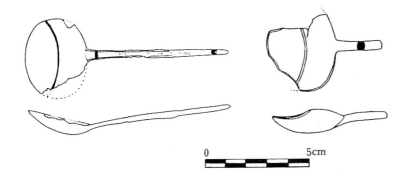

도면 3
금관총 출토 숟가락
(좌: 은제, 우: 청동제)

보고서에 자세한 내용이 없어 정확한 것은 알 수 없으나 숟가락은 모두
목곽 내부의 동쪽에서 출토된 것으로 추정된다. 크기 또한 도면이나 설
명이 없어 자세한 것은 알 수 없고 다만 사진자료만 남아 있을 뿐이다.

그런데 이난영의 글에 금관총에서 출토된 숟가락 4점 가운데 2점
을 소개하고 있어 이를 인용하기로 한다. 금관총 보고서에 실린 사진
과 비교하면 자루가 긴 것은 은제 숟가락이고 자루가 짧은 것은 청동제
숟가락으로 판단된다. 은제 숟가락의 자루길이는 7cm, 술잎은 3.7cm
×3.1cm로 전후의 길이보다 좌우의 너비가 더 길게 제작되었고 자루
의 단면은 술목 가까이에서는 장방형이다가 자루의 끝에서는 원형에
가까운 방형이다. 그리고 청동제 숟가락의 술잎은 훼손이 심한 편인데
4cm×3.2cm(잔존)이고 자루는 원형인지 알 수 없으나 도면상의 길이는
2.1cm이고 단면은 원형에 가까운 방형이다.[11] [도면 3]

b. 황남대총 남분

황남대총은 2개의 원분이 남북으로 연접된 표형분으로 동서 지름
80m, 남북 지름 120m, 남분 높이 23m, 북분 높이 22m에 이르는 신

---

11   조선총독부, 1924, 『慶州金冠塚と其遺寶』 고적조사특별보고 제3책 ; 이난영, 1992, 『한국
고대금속공예연구』, 일지사 ; 이난영, 1975, 「한국시저의 형식분류」, 『역사학보』 67

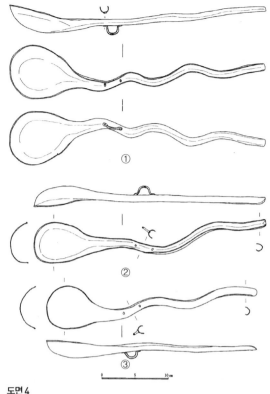

도면 4
황남대총 남분 출토 은제 국자

라 최대의 봉토분이다. 봉토와 봉토의 기저부 주위에 쌓은 외호석의 남북분 연접 상태로 볼 때 먼저 남분이 축조되었고 뒤에 북분이 남분에 잇닿아 축조되었던 것으로 밝혀졌다. 남북분 각각 봉토의 중심부에 목곽과 적석이 설치된 고신라 특유의 적석목곽분이다.

은제 국자는 모두 3점으로 주곽의 수장부 서편 철정(鐵鼎) 옆에서 출토되었는데 모두 그 크기가 다르다.[도면 4]

① 1번국자

2번이나 3번 국자와는 달리 모두 5번 꺾어지며 자루를 이루며 함께 출토된 3점의 국자 가운데 가장 크다. 이면의 고리는 첫 번째와 두 번째 굴곡에서 못을 박아 자루에 연결하였는데 2, 3번 유물과 형태, 제작수법이 대체로 동일하다. 그러나 2, 3번에 비해 술잎과 자루 끝의 높이에 차이가 보이고 있다.

▶ 길이 38.5cm, 술잎 9.5cm, 자루 29cm

② 2번국자

1매의 은판으로 두드려 만들었는데 술부 내면에는 무엇인가를 대고 두드린 흔적이 확인된다. 첫 번째와 두 번째 굴곡에서 못을 막아 고리를 연결하였고 자루에는 종방향으로 마연한 흔적이 보인다. 자루 끝에는 자른 흔적이 남아 있으나 술잎에 사용흔은 확인되지 않는다. 술잎의 끝은 밖으로 말아 접었는데(折板覆輪) 향우측 술잎은 둥근데 비해 향좌측은 약간 모가 나 있다. 이면의 첫 번째 굴곡과 두 번째 굴곡 사이에 못으로 박아 고리를 달았다.

▶ 길이 34.4cm, 술잎 7.8cm, 자루 22.6cm

③ 3번국자

2번 국자와 제작수법은 동일하다. 은판 1매를 두드려 펴서 만들었고 사용흔적은 없다. 2번 국자처럼 역시 술잎 내면은 무엇인가를 대고 두드린 흔적이 전면에 확인되고 첫 번째와 두 번째 굴곡에서 못을 막아 고리를 연결하였다. 술잎 끝은 밖으로 말아 접었으나 자루에는 접은 부분이 없다. 액체가 주로 담기는 국자 부분은 말아서 마무리된 부분으로 볼 수 있다.

▶ 길이 31.4cm, 술잎 7.4cm, 자루 24cm

한편 이 3점의 국자는 철정 옆에서 출토되었는데 원래 철정 위 또는, 안에 놓여 있었던 것이 철정 하부에 달려 있는 다리가 썩어서 균형을 잃게 되자 바닥으로 떨어진 것으로 추정된다. 중국에는 철정 내에 표를 둔 예가 적지 않다. 참고로 철정은 수장부 내 중앙에서 출토되었고 호형의 신부에 구연은 직립한다. 견부에는 2조의 돌대를, 신 중앙에는 1조의 돌대를 주출하였으며 하부에는 출토 당시 세 개의 마제형 다리가 부착되어 정(鼎)의 형태를 지니고 있었다고 하는데 현재 부식이 심하여 저부의 복원이 불가능하여 확인되지 않는다.[12]

▶ 현고 27.9cm, 구경 30cm, 동 최대경 51.6cm, 기벽 두께 1cm

---

12 문화재관리국 문화재연구소, 1994, 『황남대총』 경주시 황남동 제98호고분 남분발굴조사보고서, 본문 · 도판 · 도면 ; 최병현, 1992, 『신라고분연구』, 일지사

c. 부산 기장 고촌유적

부산 기장 고촌유적은 부산 반여동과 기장군 기장읍을 잇는 교통로에 위치하는 유적으로 삼국시대와 청동기시대의 유구가 주를 이루는데 삼국시대의 유구로는 수혈유구 21기, 구상유구 2기, 굴립주 건물지 52기, 도로유구 1기, 원지 1기, 우물지 4기가 있고 통일신라시대의 유구로는 건물지 2기, 축대 2기, 담장석열 1기, 보도 1기, 와무지 2기, 우물지 5기 등이 발견되었다.

대나무젓가락 한 벌은 유적의 최남단 E지구 저습지에서 출토되었다. 이것은 습지의 중앙에서 남쪽으로 치우친 지점에서 4세기대 토기편, 베틀 부속을 비롯한 다수의 목기와 함께 한 벌이 가지런하게 놓인 상태로 출토되었다. 최초 노출 당시 오랫동안 저습지 진흙층에 포함되어 있어 명황색의 색조가 선명히 확인될 정도로 형태와 색조 등이 거의 완벽하게 보존된 상태였으므로 현대의 제품이라 해도 의심하기 어려울 정도로 보존상태가 양호하였다.

이곳에서 발견된 한쌍의 젓가락은 대나무로 제작한 것으로 젓가락의 잡는 쪽은 단면 사각형이며 반대편은 뾰족하게 다듬어진 형태이다. 한 쌍의 젓가락은 길이가 각각 28.6cm, 28.2cm로 정확하게 일치하지는 않는다. 젓가락을 잡는 부분의 폭은 약 0.6cm 정도이며 각각 아래에서 8cm, 6.2cm 지점에서 뾰족하게 깎기 시작하였다.[사진 3] 지금까지 삼국시대 유적에서 출토된 유일한 대나무 젓가락이다.[13]

이외에도 경산 임당의 저습지유적에서 다양한 생활토기가 출토되었는데 나무로 제작한 접시, 잔, 컵, 바가지, 도마와 칠을 한 고배, 잔, 접시, 바리, 국자 등도 함께 출토되었다.[14][사진 4] 그러나 광주 신창동유적

---

13 경남문화재연구원, 2007, 『부산고촌택지개발사업지구내 1지구 발굴조사 2차 현장설명회 자료』 현장설명회자료07-008

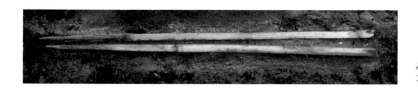

사진 3
기장 고촌유적 출토 대나무 젓가락

사진 4
경산 임당 저습지 유적 출토 목제 국자

과 마찬가지로 목제 국자는 발견되었으나 목제 숟가락은 출토되지 않았다.

(2) 백제지역

a. 무령왕릉

무령왕릉은 벽돌을 구워서 만든 터널형태의 전축분으로 무덤의 내부는 크게 연도 부분과 묘실 부분으로 나뉘어져 있으며 외부는 석회혼합토를 이용하여 봉분을 높고 웅장하게 구축하였던 것으로 보인다.

무령왕릉의 내부 구조에 대하여 살펴보면 입구에 해당하는 연도부가 길이 2.9m, 너비 1.04m, 바닥으로부터 천장까지의 높이는 1.45m이며 천장의 모습은 반원형의 터널형태를 이루고 있다. 묘실은 먼저 현실의 규모가 길이가 4.2m, 폭 2.7m이며 바닥부터 천장까지의 높이는

---

14 복천박물관, 2005, 『선사 · 고대의 요리』

3.1m로 연도보다는 훨씬 규모가 크며 특히 관이 놓이는 부분에는 회가 두껍게 덧칠되어 있는데 이것은 관이 편평하게 놓이도록 하는 관대 역할을 대행했던 것으로 보인다.

청동수저가 발견된 연도의 발굴 당시 상황을 보고서에서 전재하면 다음과 같다. 「연도의 향우측 즉 동벽 가까이 벽에서 18cm 남벽에 거의 접하여 청자사이호(4호)가 반듯이 놓여 있고 좌벽 즉 서벽 쪽에는 남벽에 접해 서벽에서 20cm 위치에 동발(1호)이 제대로 놓여 있었다. 이 동발 안에는 향편이 몇 개 들어 있었고 그 서쪽에는 쇠못이 1개, 발 북쪽에는 동시가 2개, 하나는 동서로 하나는 남북방향으로 놓여 있었고 그 둘 사이에도 쇠못이 1개 있었다. 동시 북쪽에는 또 하나의 동발이 1개 놓이고 그 서쪽에 붙어서 또 하나의 청자육이호 1개가 입을 동쪽으로 향하고 옆으로 쓰러져 있었다. 그리고 바로 그 북쪽 서벽에 붙어 서쪽에 왕비, 동쪽에 왕의 지석(매지권)이 놓여 있었다. 한편 동벽 쪽 육이호에 붙어 그 북쪽에 나무판 썩다 남은 것이 있고 조금 떨어져 청동고리 1개, 쇠못 1개, 다시 북쪽 지석 가까이 두 개의 못이 떨어져 있는데 못의 존재나 목판으로 보아 원래 여기에 대략 70cm 또는 80cm 평방 정도의 얕은 책상 또는 대 같은 것을 놓고 그 위에 부장품들을 놓았었고 그 대가 썩어 내려앉으면서 숟가락들이 지금 보는 것처럼 흩어지고 서벽의 호도 옆으로 쓰러진 것으로 추측된다.」

각 숟가락의 특징에 대한 설명은 다음과 같다.[사진 5][15]

15 문화공보부 문화재관리국, 1973, 『무령왕릉』; 국립공주박물관, 2001, 『백제사마왕』 무령왕릉 발굴, 그 후 30년의 발자취 ; 국립공주박물관, 2004, 『국립공주박물관』

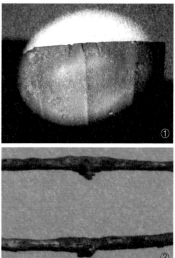

사진 5
무녕왕릉 출토 청동수저
①숟가락 단부 세부
②젓가락 세부

① 1번 숟가락

자루의 단에서 0.2cm정도 침선이 둘러져 있고 중앙에는 3조의 돌대가 자루 끝가지 나 있다. 자루목의 두께는 두껍다가 자루 쪽으로 가늘게 폈다. 술잎은 가장자리를 강조하였는데 술총이 뚜렷이 살아 있고 사용흔이 없다. 전체적으로 돌대를 내고 좌우 약한 돌대가 있는데 우, 좌 술잎은 제작당시의 두께를 그대로 유지한 것으로 보인다.

▶ 전체길이 20.5cm, 술잎길이 7cm, 자루길이 13.5cm, 자루최대폭 5.1cm, 술잎최대폭 4.3cm

② 2번 숟가락

술잎의 중앙(3cm지점), 자루 상단(2cm지점) 파손되어 접합한 것인데 자루의 끝단을 따라 0.2cm 침선을 내었다. 3조의 돌대를 자루 처음부터 끝까지 돌리고 있다. 자루의 목은 두껍고 사용흔적은 없다. 술잎의 중앙부가 최대경이며 술잎 가운데는 1번 숟가락과 마찬가지로 중앙에 큰 돌대가 있고 좌우에는 약한 돌대가 남아 있다. 그리고 자루의 단이 1번 숟가락보다 두꺼운 듯하나 녹 때문으로 생각되며 자루 단 쪽으로 갈수록 일률적으로 가늘어 진다. 그리고 1번과 2번의 숟가락 자루의 이면에는 침선이 없고 자루의 상단에 동심원문 같은 것이 보이는데 4번 숟가락에 동심원이 확실히 보이므로 동심원일 가능성도 있다.

▶ 전체길이 18.8cm, 술잎길이 5.7cm, 자루길이 13.1cm, 자루최대폭 4.8cm, 술잎최대폭 4.4cm

③ 4번 숟가락

자루는 단을 따라 0.2cm 침선을 돌렸고 단 끝까지 이어지며 침선 사이에서 3조의 강한 돌대가 있다. 그리고 술총에 중앙돌대를 중심으로 3개의 흠집을 내었다. 그리고 자루의 이면에도 자루 단을 따라 침선을 돌렸다. 자루에 새긴 동심원은 술총의 중심에서 2cm 정도 안쪽으로 1쌍을 시문하였고 외원 폭 0.6cm 내원 폭 0.4cm 가운데 구멍점이 있다. 1번, 2번 숟가락에 비해 술목이 굵고 자루에는 3조의 돌대를 만들었는데 가운데 것이 가장 두드러진다.

▶ 전체길이 20.5cm, 술잎길이 6cm, 자루길이 14.5cm, 자루최대폭 4.8cm, 술잎최대폭 4.4cm

④ 3번 젓가락

팔각으로 모를 깎았으며 양단의 단면은 원형이다. 상단에서 하단으로 갈수록 두꺼워지다가 얇아진다. 하단이 상단에 비해 가늘고 사용흔적은 확인하기 어렵다.

▶ 길이 21.3cm, 폭 0.3~0.4cm

⑤ 5번 젓가락

단면 팔각이며 사용흔적은 없다. 전체길이의 3/2지점에 두 젓가락을 연결시킬 수 있는 고리가 부착되어 있다.

▶ 길이 19.6cm, 폭 0.4cm

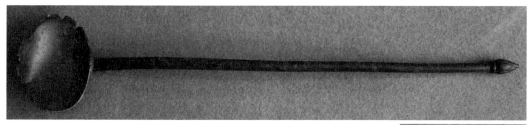

b. 부여 관북리 백제유적 E90도랑 내부

1988년에 이루어진 관북리 일대에 대한 조사에서는 백제시대의 건물지가 조사되었고 이 건물지에 부속하여 그 뒤편에서는 일부 인공으로 석축한 백제시대의 샘이 발견되었다. 그리고 부소산 기슭을 보호하듯이 견고하게 축조된 석축과 이 석축에서 약 2m의 사이를 두고 석축 배수구가 설치되어 있는 것을 확인하였다. 양자는 똑바로 평행선을 이루고 배치되어 있었는데 그 모습이 매우 정연하였다. 이 석축 배수구를 메운 흙속에는 많은 양의 백제 토기편, 와편 들이 출토되었다.

사진 6
부여 관북리 백제유적 출토
청동제 숟가락 (①, ② 세부)

석축의 배수구에서 출토된 이 숟가락은 연봉형의 자루에 타원형의 술잎을 접합시킨 것으로 술날이 파손되어 사용흔을 확인하기는 어렵다. 술잎과 자루는 술잎 아래에 자루를 덧붙여 접합하였다. 술잎 폭은 4.5cm, 길이는 3.5cm이다. 횡으로 긴 타원형이며 크기도 작아 일반적인 식생활 용도의 숟가락으로 보긴 어렵다. 자루의 길이는 19.7cm, 폭은 0.5cm이고 끝부분은 0.4cm인데 술목에서 일부 세장해지지만 앞부분은 술부에 접합하기 위해 두껍게 제작한 것으로 보인다. 자루는 접합부의 3cm 지점에서 한번 꺾여 만곡되어 이어지는데 접합부는 잘 남아 있다. 자루 단면은 원형으로 원주형 자루라고 할 수 있고 자루의 끝은 연봉으로 장식하였다. 연봉의 길이는 1.5cm이다.[사진 6] 이 숟가락은 무녕왕릉 출토품에 이어 백제지역에서는 두 번째로 발견된 귀중한 유물이다.[16]

사진 7
논산 표정리유적 출토 청동제 숟가락

c. 논산 표정리유적

논산 표정리에는 백제시대의 고분이 집중적으로 분포하고 있는 지역이다. 이 일대에는 수혈식 석실분을 비롯하여 횡구식 석실분, 횡혈식 석실분 등이 표정리를 중심으로 널리 분포하고 있다. 표정리 출토 숟가락은 출토 유구와 동반 유물이 분명하지 않은데 술부와 자루가 파손 결실되었으며 추정길이(술부, 자루 포함)는 약 20cm이다. 자루는 끝부분이 파손되었고 술잎의 복원 최대 폭이 4.5cm이다. 그리고 술잎에서 자루로 이어지면서 천천히 줄어들어 술목이 상당히 넓다.[사진 7]

술잎은 장방형에 가까운 타원형이고 뚜렷하지는 않으나 술잎의 좌측단에 사용흔이 남아 있어 실제로 사용하였을 가능성이 있다. 시기를 단언하기는 어려우나 형태로 보아 일단 통일신라시대의 숟가락으로 보기는 어려워 백제시대의 숟가락으로 분류하기로 한다.[17]

d. 청주 신봉동유적

청주 신봉동 출토 청동숟가락은 신봉동 백제고분군 가운데 44호분에서 출토되었다. 신봉동고분군은 사적 391호이며 충북대학교 박물관에 의하여 조사되었다. 44호분은 장축이 남북이며 바닥은 황갈색 점토질이 많은 흙으로 다짐하였다. 부장품으로는 남쪽에서 평저단경소호 1점, 북쪽에서 청동숟가락 1점, 흙구슬 5점, 마노구슬 1점, 금동장식품 조

16 윤무병, 1999, 『부여관북리백제유적 발굴보고[Ⅱ]』 충남대학교 박물관총서 제18집, 충남대학교 박물관 · 충청남도 ; 국립부여박물관, 1997, 『국립부여박물관』
17 충남 공주시 · 공주대학교박물관, 1995, 『백제고분자료집』

각이 있었다. 청동숟가
락은 자루 부분이 북쪽
으로 향한 채 엎어져
출토되었다.[도면 5, 사진 8]

▶ 전체 길이 18.5cm, 최대너비
3.9cm, 자루길이 10cm[18]

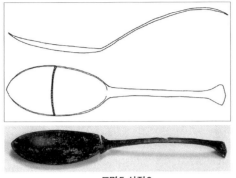

도면 5, 사진 8
청주 신봉동유적 출토 청동숟가락

e. 대전 월평동유적

월평동유적은 갑천변을 따라 길게 뻗은 능선의 북쪽 끝 부분의 해발
134.9m 구릉의 정상과 사면에 입지하고 있다. 이 유적은 6~7세기에 만
들어진 백제의 관방유적으로 방어시설인 목책 · 환호 · 성벽과 저장시설
인 목곽고 · 저장구덩이, 그리고 주거지와 대형 수혈 등이 능선 전체에
밀집되어 있다.

목제 유물이 출토된 대형 목곽고는 너비가 2.5m 가량이며 잘 다듬
어진 목재를 이용하여 만들었다. 목곽고를 만들기 위한 수혈은 백제시
기 유물포함층과 풍화암반층을 말각방형으로 파서 만들었다. 내부 퇴적
토 중 상층은 토기편, 평와편이 많이 포함되어 있는 암적갈색 또는 흑갈
색사질토였다.

2차로 파낸 광 내부에는 폭 5.2m 크기의 정방형 목곽을 설치하고
2차광과 목곽 시설의 벽면 사이에는 회청색 니질점토를 단단하게 다
져 넣었다. 굴광한 바닥 암반층과 목곽 바닥 사이에도 30cm 두께로 회
청색 점토가 다져져 있어 전체적으로 가운데의 목곽 시설을 점토로 밀
봉하고 있는 모습이다. 1차광의 크기는 동서 9.7m, 남북 10.2m, 깊
이 1.7m이고 2차광(적색점토층)의 크기는 동서 7.35m, 남북 7.5m, 깊이

---

18 충북대학교박물관, 1996, 『청주신봉동백제고분군 발굴조사보고서』-1990년조사-

사진 9
대전 월평동유적 출토 나무주걱

3.3m이다. 목곽의 너비는 5.2m로 방형이며 깊이는 1.2m이다.

목곽고 바닥의 점토층 아래에서부터 바닥에 이르기까지 크고 작은 할석들이 가득 채워져 있었다.

유물은 내부 할석 사이사이에서 백제 토기편과 목곽시설 가구에 사용된 쐐기, 각재, 판재와 도구자루, 나무모루, 목기, 말안장 부속구, 각재 말목 다발 등 다량의 목제품과 단조철부 1점이 출토되었다. 바닥에서는 대옹편, 연질옹편, 호편, 삼족배편, 개배, 자라모양 토기편, 어망추, 방추차, 완 등의 토기류 다수와 접시 1점, 전달린 용기 2점, 나무주걱 2점, 말안장 부속구 1점 등과 목곽 가구에 쓰인 목제품 들이 다량 출토되었다. 그 가운데 각재 말목은 각각 6개씩 끈으로 묶인 채 출토되었다.[19]

내부에서 사비기의 보주형 꼭지가 부착된 뚜껑과 연화문 와당이 출토되어 시기를 짐작할 수 있다고 하였으나 보고자가 목곽고를 만들기 위한 수혈은 백제시기 유물포함층과 풍화암반층을 말각방형으로 파서 만들었다고 하였으므로 연대의 재검토가 필요할 것으로 보인다.

나무주걱은 2점이 출토되었는데 아직 보존처리가 끝나지 않아 정식으로 보고되지 않았지만 그 형태는 광주 신창동 저습지유적에서 출토된 국자형 목기와 유사하고 안악 3호분의 벽화 중 부엌 그림에서 긴 막대기 모양으로 묘사된 도구와 별로 다르지 않다.[사진 9·11]

---

19 국립공주박물관 · 충남대학교박물관 · 대전광역시상수도사업본부, 1999, 『대전 월평동유적』 국립공주박물관 학술조사총서 제8책 ; 국립공주박물관, 2002, 『금강』 최근 발굴 10년사

f. 왕흥사 목탑지

백제 왕실의 원찰로 알려진 사적 427호 왕흥사는 사비성에서 북서쪽으로 백마강을 건너 약 1km 거리에 위치한다. 1934년 '왕흥'명 기와편이 발견되어 절터로 전해 오던 중 2001년에 이곳에서 다시 '왕흥'명 고려시대 기와가 출토되어 비로소 이 지역이 왕흥사터였음을 알게 되었다. 왕흥사에 관해서는 삼국사기와 삼국유사에서 600년에 창건되었거나 634년에 낙성되었다고 전하며, 왕이 배를 타고 건너다녔다고 한다.

목탑터는 사찰의 중심에 위치하고 있으며 동·서회랑으로부터 약 19m, 사역 남편에 시설된 석축에서 약 18m 떨어져 자리잡고 있다. 목탑터의 심초석 사리공에서 사리용기인 청동함, 은제병, 금제병이 출토되었다. 사리병은 사리를 직접 넣는 용기이며 사리함은 이것을 밖에서 감싸고 보호하는 용기이다. 사리구는 심초석에 청동사리함 안치를 위해 사리공을 뚫고 안치한 후 석제뚜껑을 덮어 봉안하였다. 석제장치 안에 청동함을 넣고 다시 그 안에 은제병을 넣고 또 그 안에 사리를 넣는 금사리병을 두었다. 석제장치는 외함으로 청동함은 내함으로 볼 수 있다. 이렇듯 여러 겹으로 싼 것은 불사리를 소중히 안치하기 위한 것인데 석가가 입멸하자 그의 유체가 철곽 속의 금관에 안치되었다거나 석가의 보관이 금, 은, 동, 철의 4중관이었다는 경전 내용과도 관련되는 듯하다.

백제는 성왕대부터 중국에서 사리신앙의 영향을 받고 또 위덕왕대에는 일본에 승려와 장인을 파견하였을 뿐만 아니라 사리도 함께 전하는 등 불교문화 국제교류의 주역이었다. 사리구는 이러한 백제 불교문화의 국제성을 잘 보여준다.

청동함 동체의 앞부분에는 글자가 새겨져 있는데 577년 창왕 즉 위덕왕이 죽은 왕자를 위해 사찰(혹은 찰주)을 세웠다고 기록하였다. 이는 567년 위덕왕이 부왕인 성왕(성명왕)을 위해 나성 동문 앞에 사원을 세운 지 꼭 10년 뒤의 일이다.

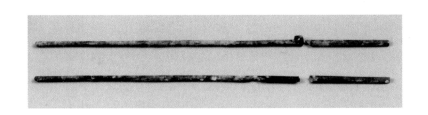

사진 10
왕흥사 목탑지 출토 사리공양구
청동젓가락

그리고 심초석 남쪽변을 중심으로 장엄을 위한 다량의 사리 장엄구가 출토되었다. 출토유물의 대부분은 장신구이며 재질도 금, 은, 동합금, 옥, 유리, 철 등 다양하다. 왕족 등 지배자가 사용하던 것으로 보이는 이들 공양구를 통하여 당시 왕실 및 귀족사회의 화려한 문화를 엿볼 수 있다.

청동젓가락은 가운데가 부러진 것으로 단면 8각으로 추정되며 아래와 위는 가늘고 가운데가 조금 더 두꺼운 형태를 하고 있다. 젓가락의 중앙 상단에 반대쪽 젓가락을 연결하는 고리가 있는데 같은 형식의 것이 무령왕릉에서 발견된 바 있다.[20][사진 10]

▶ 전체길이 21cm, 내외 두께 0.4cm

(3) 고구려지역

고구려지역에서 청동숟가락이 발견되어 보고된 예는 아직 없는 듯하다. 낙랑이 멸망할 때까지 경계를 접하였으며 중국 요동과도 경계가 접하여 중국의 북방과의 문물의 교류에서 당시 사용하였던 청동숟가락도 백제나 신라보다 서로 영향을 먼저 주고받았을 것으로 추정되지만 실물로 남아 전하는 것은 아직 찾지 못하였다. 다만 안악 3호분에 남아 있는 벽화 가운데 부엌을 묘사한 부분에 국자가 그려진 부분이 있다.

20　국립부여박물관 · 국립문화재연구소, 2008, 『백제왕흥사』 ; 국립부여문화재연구소, 2008, 『부여 왕흥사지 출토 사리기의 의미』 국립부여문화재연구소 국제학술대회

안악 3호분은 황해남도 안악군 오국리(옛지명 : 안악군 용순면 유설리)에 있다. 재령평야 북편 구릉 서편에 있는 흙무지 돌방무덤으로 발굴 전에는 하총으로 불리었다. 북한측에서는 한때 미천왕무덤으로 부르다가 현재는 고국원왕릉으로 표기하며 일부에서는 동수묘라고도 부른다. 무덤의 방향은 남향이며 문방, 좌우에 곁방이 있는 앞방, 회랑, 널방으로 이루어진 여러 방 무덤이다.

평면은 T자형 구조, 돌기둥 여러 개로 구분된 앞방과 널방, 앞방과 널방을 'ㄱ'자 형으로 휘돌게 설치된 회랑 등 무덤 구조상의 특징이 중국 한위대에 요동 지역에 축조된 벽화고분과 맥을 같이 한다. 벽화는 벽의 면적 81㎡, 천장의 면적 58㎡나 되는 널방에 가득차게 그려져 있다. 널길칸 벽으로부터 앞방의 입구쪽 좌우벽에 걸쳐 의장대와 고취악대 그림, 앞방 왼쪽 벽에 수박희 장면, 앞방 오른쪽 곁방 입구 좌우벽에 회위문무신과 7행 68자의 묵서명, 오른쪽 곁방 안벽에는 무덤주인도, 오른벽에는 무덤주인부인도, 왼쪽 곁방 안에는 방앗간 · 용두레우물 · 마구간 · 외양간 · 차고 · 육고 · 부엌 등 가내 시설과 관련 인물들의 모습, 널방 왼벽에는 무악도, 널방 뚜껑돌에는 연꽃그림, 회랑에는 10.5m에 걸쳐 250명 이상의 인물이 등장하는 대규모 무덤주인출행도 등을 그렸다. 벽화의 배치 내용과 무덤칸 구조를 함께 고려하면 안악 3호분은 4세기 고구려 대귀족의 저택을 무덤 속에 재현한 것임을 알 수 있다.

안악3호분에 부엌을 묘사한 그림은 왼쪽 곁방 안에 방앗간 · 용두레우물 · 마구간 · 외양간 · 차고 · 육고 등과 같이 그려져 있다. 특히 차고와 육고는 부엌과 바로 인접하여 위치하고 있는데 3개의 공간은 모두 따로 독립된 공간으로 묘사되어 있다. 맨 오른쪽의 차고에는 바퀴가 두 개인 수레가 놓여 있고 육고는 앞선 차고보다는 규모가 훨씬 작게 그려져 있는데 4마리의 짐승이 고리에 걸린 채 늘어져 있으며 고리는 좌우의 기둥을 가로지는 들보에 걸었다. 고리에 걸린 짐승은 모두 털이 벗겨

사진 11
안악 3호분 부엌 그림

진 상태이며 자세히 보면 개와 돼지는 식별이 되지만 나머지 두 마리는 잘 알 수 없다. 육고로 들어가는 입구에는 계단 시설이 그려져 있고 지붕은 맞배지붕이다.

한편 부엌은 차고나 육고보다는 크게 그려져 있고 육고처럼 한 단 높게 그려져 있어 차고보다는 약간 높게 마련된 공간임을 알 수 있다. 부엌은 오른쪽의 그릇을 준비하는 공간과 왼쪽의 조리를 하는 공간으로 나누어지며 조리 공간 옆으로 한쪽에는 배연구가 나 있다.[사진 11] 그릇을 준비하는 공간에는 탁자 위로 그

릇을 준비하는 흰 옷 입은 여인이 그려져 있지만 그릇과 탁자, 여자 모두 분명하지는 않다. 조리 공간에는 주둥이가 넓은 솥이 아궁이 위에 올려져 있고 아궁이 앞에는 흰 옷을 입고 부채를 손에 든 여인이 바람을 일으켜 불을 피우고 있다. 솥 앞에 선 여인은 역시 흰 옷을 입은 채 오른손에는 국자를 들고 왼손에는 길죽한 막대 형태의 도구를 솥 안으로 넣었다. 그리고 여인의 오른손에 든 국자 아래에는 아궁이 위에 올려진 솥에 비하면 훨씬 작은 항아리가 하나 놓여 있는데 동체부를 채색하지 않고 선으로만 표현하였다. 또한 아궁이 앞에는 녹색으로 장방형의 테두리를 그렸다. 한편 배연구는 부엌 반대편을 향해 나 있고 한쪽으로는 부엌으로 통하는 문이 그려져 있다. 부엌 역시 맞배지붕 기와집으로 그려져 있는데 육고와는 달리 처마의 끝에 붉은 점을 찍었고 지붕 위에는 꼬리가 긴 새 한 마리가 묘사되어 있다. 부엌과 육고 사이의 마당에는 2마

리의 개를 그렸는데 한 마리는 육고를 보고 있고 한 마리는 다른 방향을 향하고 있다.[21]

3) 통일신라시대

a. 안압지

안압지는 삼국을 통일한 신라 30대 문무왕 14년(674)에 왕궁 안에 만들어 놓은 궁원지이고 사적 18호로 지정된 임해전지는 문무왕 19년(679) 안압지 바로 서편에 세운 동궁의 정전자리를 말한다. 안압지는 1974년 당시 경주종합개발계획의 일환으로 안압지와 주변 건물터의 준설작업과 정화가 시작되었다. 그러나 뜻밖에 못 안에서 신라시대의 유물들이 출토되어 1975년 3월부터 1976년 12월까지 연못 안과 주변 건물터를 발굴하였다. 이 발굴조사로 못의 전체 면적이 15,658㎡이며 3개의 섬을 포함한 호안석축의 길이가 1,285m로 밝혀졌다. 출토된 유물은 와전류를 포함하여 30,000여점이 넘었다.[사진 12]

출토유물로는 식생활에 관계되는 금동완, 합, 청동접시, 대접, 숟가락 등의 식도구와 금동가위, 거울, 동곳, 비녀 반지 등의 생활도구, 금동제 용두, 귀면문고리, 봉황장식, 발걸이 장식, 연봉형 장식, 옷걸이 장식 등이 있다. 실생활 도구 이외에도 불상과 목제품, 칠공예품, 토기와 도자기, 농경이나 어로에 쓰이는 가래, 보습, 쇠스랑, 호미, 낫, 도끼, 끌, 가위 등의 목공구, 투구와 철검 등의 무구, 등자, 행엽, 재갈 등의 마구가 출토

---

21 朝鮮畵報社, 1985, 『高句麗古墳壁畵』; 李殿福, 1997, 「通過高句麗古墓壁畵看高句麗社會生活習俗的硏究」, 『高句麗 古墳壁畵』, 高句麗硏究 第4輯, 學硏文化社; 전호태, 2000, 『고구려 고분벽화 연구』, 사계절; 전호태, 2004, 『고구려 고분벽화의 세계』, 서울대학교 출판부; 안휘준, 2007, 『고구려회화』, 효형출판

사진 12
안압지 전경

되었다. 또한 각종 와전류와 골각제품, 납석제품이 출토되어 당시 신라 인들의 생활을 생생하게 보여주었다.

이 안압지에서는 총 26점의 청동숟가락이 출토되었는데 모두 통일 신라시대에 편년되는 것은 아니다. 먼저 안압지 출토 유물은 문무왕 14 년(674)이라는 상한 연대가 있으므로 이를 기준으로 하여 유물에 대한 관찰이 필요하다.

안압지 출토 숟가락의 상세한 설명은 다음과 같다. (유물번호는 필자가 경주박물관 유물열람 당시에 편의상 붙인 것이고 박물관 소장번호와는 관련이 없다.)

① 3번 숟가락

일본 정창원에 소장된 숟가락 형태와 유사하지만 술잎 상단을 뾰족 하게 처리하여 세련된 분위기를 풍기고 있다. 자루는 술목에서 약 5.7㎝ 부분에서 호선을 그리며 휘어지다가 자루 끝에서 약 3.5㎝ 지점이 가장

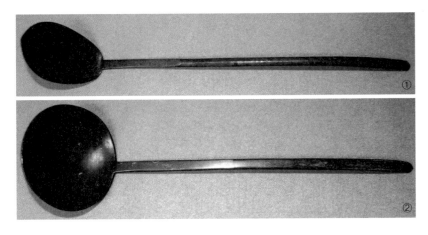

사진 13
안압지 출토 숟가락
① 3번 ② 5번

높은 호선을 그린다. 자루의 끝은 마름모꼴로 다듬었으며 자루가 술잎
폭에 비해 현저하게 좁아서 세장한 느낌이 든다. 자루 부분과 술잎의 경
계가 분명한데 이것은 통일시라시대 숟가락의 큰 특징이다. 그리고 술
잎의 끝은 뾰족하게 처리하였는데 이를 위하여 술잎의 끝부분이 더 얇
아졌다. 사용흔은 남아 있지 않으며 술잎이 편평해서 액체를 담아내기
에는 어려울 것으로 보이는데 형태나 재질로 보아 최상급의 숟가락이며
청동의 상태도 완벽할 정도로 뛰어나다. 정창원에 소장된 숟가락의 연
대를 참고하면 제작시기는 8세기 중후반이다.[사진 13-①]

▶ 전체길이 27.5cm, 자루길이 22cm, 술잎길이 6.5cm, 술잎폭 4cm

② 4번 숟가락

술날의 왼쪽이 닳아 있어 실생활에 사용한 것으로 보인다. 뒷면에서
보면 술잎과 자루사이를 두들겨 눌린 흔적 보이며 자루와 술잎이 뚜렷
이 구분되는 통일신라 숟가락의 특징을 잘 보여주고 있다. 단조품으로
자루 끝 부분을 두들겨 넓게 편 자국이 남아 있고 자루 끝에서부터 약 5
㎝지점에서부터 동심원 2개를 한 단위로 하여 시문하였다. 동심원문은
무령왕릉 숟가락에서도 보이지만 구성은 전혀 다르다. 자루 끝은 호선
으로 처리했으나 향우가 약간 돌출되어 있고 자루의 단면은 반타원형으

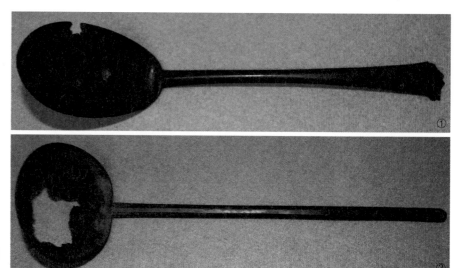

사진 14
안압지 출토 숟가락
① 7번 ② 15번

로 아랫부분은 편평하고 윗부분은 약간 볼록하게 되어 있다.

▶ 전체길이 23cm,, 자루길이 18.5cm, 술잎길이 6.8cm, 술잎폭 7cm

③ 5번 숟가락

녹슬지 않은 완벽한 상태를 유지하고 있으며 술잎과 자루의 경계가
뚜렷하다. 자루 끝은 약간 뾰족하게 처리하였는데 자루에서 15cm지점에
서 호선을 그리면서 올라가 16cm지점에서 최고의 높이를 이루면서 꺾
이는데 자루 전체 길이 중 약 75% 지점에서 꺾여 올라간다. 사용흔적은
없다.[사진 13-②]

▶ 전체길이 24.5cm, 자루길이 20cm, 술잎길이 6.2cm, 술잎폭 6.5cm

④ 6번 숟가락

자루의 일부가 결실된 것으로 3번과 유사한 형태일 것으로 보인다.
능선을 이루는 부분이 결실되었는데 나무로 된 자루에 긴 홈을 내어 패
시(貝匙, 조개숟가락)를 결합하는 것처럼 시면을 끼워 결합 후 녹여서 접합
한 것이다. 남아 있는 부분의 상태는 대단히 좋고 사용흔적은 없다.

▶ 전체길이 12.2cm, 술잎길이 5.8cm, 술잎폭 5cm

⑤ 7번 숟가락

청주 신봉동에서 출토된 숟가락과 유사한데 자루와 술잎이 뚜렷이 구분된다. 자루목에서 약 5㎝되는 지점까지는 가운데 능이 있으나 폭이 넓어지면서 능이 없어진다. 술잎은 편평하고 3번과 유사하나 끝이 뾰족하지 않고 술잎의 우측 중앙부 일부가 파손되었다. 사용흔적은 없고 자루목에서 술총으로 갈수록 얇아지는 통일신라 숟가락의 특징을 잘 보여준다. 자루 끝은 한번 더 손질한 흔적이 있으나 부러져 확실한 모양은 알 수 없다.[사진14-①]

▶ 전체길이 19cm, 잔존 자루길이 13cm, 술부길이 8.5cm, 잔존 술잎폭 4cm

⑥ 12번 숟가락

1943년 부소산 출토 숟가락과 형태가 비슷한 것인데 술목에서 중간으로 갈수록 가늘어지다 다시 넓어지며 끝은 마름모꼴로 처리하였다. 자루의 중앙에는 능선이 살아 있고 자루의 양 가장자리에는 침선이 돌아간다. 자루 끝에서 9.5㎝지점까지는 중앙에 능선이 있고 그 이후로는 술잎까지 침선을 새겼는데 자루 앞쪽의 단면은 방형이고, 뒤쪽은 삼각형이다.

▶ 전체길이 25.5cm, 자루길이 17.8cm, 술잎길이 8.2cm, 술잎폭 4.5cm

⑦ 13번 숟가락

술잎이 결실되었으며 자루 상단부는 아래로 꺾어져 있다. 자루 끝은 둥글게 처리하였다.

▶ 전체길이 16.3cm

사진 15
안압지 출토 숟가락
① 16번 ② 20번

⑧ 14번 숟가락

자루 양 가장자리에 침선이 확인되는데 12번과 유사하나 끝부분은 능이 확인되지 않는다.

▶ 전체길이 9cm

⑨ 15번 숟가락

국립경주박물관 내 출토 숟가락[도면 6]과 거의 같은 형태의 것이지만 약간 작다. 자루목과 술부의 경계가 강조되어 있는데 술잎은 술날좌측이 약간 얇기는 하나 사용흔으로 보기에는 어려운 점이 있다. 자루는 상하로 깎은 흔적이 보고 술잎은 매우 얇게 처리되어 있다.[사진 14-②]

▶ 전체길이 22cm, 자루길이 18cm, 술잎길이 5.5cm, 술잎폭 5.7cm

⑩ 16번 숟가락

술목 부분이 부러져 있으나 복원이 가능하다. 15번과 유사한 것으로 사용흔적은 없다. 자루 끝은 둥글게 처리하였고 단면은 아래가 편평하고 윗부분이 5각을 이루는 부정 육각형이다. 그리고 술잎과 자루의 연결부분은 주름을 잡아 더욱 각지게 보이는 효과가 있다.[사진 15-①]

▶ 전체길이 24.2cm, 자루길이 18.5cm, 술잎길이 5.2cm, 추정술잎폭 5.7cm

⑪ 17번 숟가락

술잎만 남아 있으며 단면은 장방형이다.

▶ 전체길이 19cm, 자루 17.8cm

⑫ 18번 숟가락

자루 끝은 사두형으로 끝을 말아 올린 것인데 술잎의 형태로 보아 국자로 추정되고 고려시대의 것으로 추정된다.

▶ 전체길이 19cm, 자루 17.2cm

⑬ 19번 숟가락

술잎의 형태로 보아 국자로 추정되며 자루의 가운데에는 2조의 침선이 확인된다. 자루 양 가장자리에는 1조의 침선이 확인되며 단면 장방형이다.

▶ 자루 10.7cm, 잔존 9.2cm

⑭ 20번 숟가락

술잎의 좌우 비율이 80%에 육박하는 원형에 가까운 타원형을 이루며 형태가 현대 방짜유기와 비슷하다. 술날 좌측에 사용흔이 남아 있고 뒷면에는 자루목을 강조하기 위해 두드려 편 흔적이 있다. 술잎의 상태로 보아 통일신라의 것으로 추정된다.[사진 15-②]

▶ 전체길이 21.5cm, 자루길이 21.5cm, 술잎길이 6.3cm, 술잎폭 4.9cm

⑮ 21번 숟가락

20번 유물과 유사한 것으로 술날 좌측에 사용한 흔적 보인다. 술잎의 상태로 보아 통일 신라의 것으로 보아도 무방할 것으로 보인다.

▶ 잔존 술잎길이 6cm, 술잎폭 5cm[22]

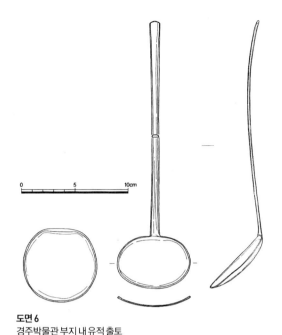

도면 6
경주박물관 부지 내 유적 출토
청동숟가락

b. 국립경주박물관부지 내 유적

1998년 국립경주박물관 미술관의 신축부지 안에 있던 휴게소 및 그 주변 지역에 대한 시굴조사를 실시하였다. 국립경주박물관 일대는 신라 왕경의 중심인 월성에 속한 궁궐지로 추정되는 곳으로 1974년도에 국립경주박물관 신축 당시에 주차장 자리에서 반월형 연못과 석열 등 신라시대 유구가 노출되어 발굴조사된 바 있다.

한편 미술관 신축부지에 대한 발굴조사가 완료된 뒤, 터파기 공사를 하던 중 돌로 축조된 우물(내경 90cm, 외경 250cm)이 출토되었다. 우물 바닥층 내부에서는 목제 두레박 7점을 비롯한 목제유물 50여점, 사각편병과 인화문토기 등 토기류 140여점, 수막새가 주류를 이루는 기와류가 25점, 철기 및 청동기와 같은 금속류가 230여점 등 모두 450여점의 유물이 출토되었다.

금속제품 가운데 청동제는 청동제 뒤꽂이 19점, 금동완 1점, 금동대부완 1점, 청동제순가락 1점, 청동과대편 1점, 청동환병 1점, 개원통보 1점 등이 출토되었다. 청동제 숟가락의 평면 형태는 술잎이 타원형으로 되어 있으며 자루는 가늘고 길게 이어진다. 자루의 중간 부분은 가늘게 이어지다가 선단부로 가면서 넓어지며 그 끝은 둥글게 처리되어 있다. 측면에서 보면 술잎은 아래쪽으로 오목하게 들어가 있고 자루는 휘어져 있다. 전체적으로 두께가 매우 얇은데 술잎의 가장자리를 세워 올려 깊

---

22 문화공보부 문화재관리국, 1978, 『안압지』 ; 고경희, 1989, 『안압지』 대원사 ; 국립경주박물관, 2003, 『통일신라』 첫 번째 통일 새로운 나라

이를 확보하고자 하였으며 사용흔이 남아 있다. 술부와 자루의 경계가 뚜렷하게 구분되며 자루부분은 종방향으로 깎은 흔적이 남아 있고 끝은 둥글게 처리하였다. 자루의 중앙 단면은 반타원형이며 끝 부분은 장방형이다.[도면 6] 청동숟가락과 동반 출토된 금속기명 가운데 완형으로 출토된 청동완이나 금동대부완과 동일한 기형이 안압지에서도 출토되고 있기 때문에 청동숟가락은 늦어도 8세기 후반대의 통일신라시대 유물로 보아도 무방할 것으로 판단된다.

▶ 전체길이 24.3cm, 술잎길이 7.0x4.7cm, 자루길이 19.6cm, 두께 0.2cm[23]

c. 감은사 서삼층석탑

감은사는 신라 신문왕2년(682)에 문무왕의 뜻을 이어 창건하였으며 사지의 부근인 동해바다에는 문무왕의 해중릉인 대왕암이 있다. 문무왕은 해변에 절을 세워 불력으로 왜구를 물리치려 하였으나 절을 완공하기 전에 위독하게 되었다. 문무왕은 승려 지의에게 죽은 후 나라를 지키는 용이 되어 불법을 받들고 나라를 지킬 것을 유언하고 죽자 이에 따라 화장한 뒤 동해에 안장하였으며 신문왕이 부왕의 뜻을 받들어 절을 완공하고 감은사라 하였다.

감은사에는 국보 제112호인 삼층석탑 2기가 있다. 1959년 서삼층석탑에서 사리함이 발견되어 보물 제366호로 지정되었고 1996년 동삼층석탑이 해체수리되면서 서삼층석탑에서 발견된 것과 형태가 유사한 사리함과 함께 사리 10여과가 발견되었다.

감은사 서삼층석탑의 사리장엄구는 창건 당시의 상태로 발견되었다. 사리공은 장경을 남북에 두고 중앙보다는 조금 남쪽으로 기울어져 파

---

23 국립경주박물관, 2002, 『국립경주박물관부지 내 발굴조사보고서』-미술관부지 및 연결통로부지-

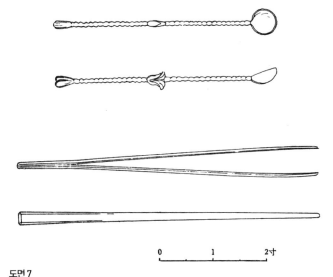

도면 7
경주 감은사지 서삼층석탑 내
출토 유물

여 있었다. 사리공의 크기는 57×29.5cm, 깊이 29.1cm이며 평평한 바닥 북단 가까이에 직경 15cm, 깊이 9.3cm의 원형배수 구멍이 마련되어 있다. 이 사리공 속에는 청동제 사리기를 사각의 감에 담아 두었을 뿐 이 밖에 아무런 장엄구도 들어 있지 않았는데 사리기는 청동제의 방형 보좌형이다. 사리기와 함께 사각의 감 속에 함께 들어 있던 물건이 두 점 발견되었는데 서쪽 기단 아래와 북쪽 기단 위에서 발견되었다. 그 중 전자는 오늘날 우리가 사용하는 핀셋과 똑같이 생겼으며 길이는 17cm이며 한쪽 다리 두군데가 절단되어 있었다. 또 하나는 그보다 조금 작지만 그 형태가 스푼 비슷한 것인데 자루에는 죽절 같은 잔 마디를 연속해서 새기고 있다. 그 중간쯤과 뒤끝에는 잎사귀 모양의 장식을 만들어 놓았으며 술잎은 반구상을 이루고 있다. 전체의 길이는 12.5cm이며 술잎의 직경은 1.4cm이다.[도면 기] 이들은 사리를 담을 때 사용한 도구로 생각된다.[24]

d. 분황사지

분황사는 신라 선덕왕 3년(634)에 창건된 이래 성쇠를 거듭하였으나 지금까지 그 법등을 이어오고 있는 유서 깊은 사찰이다.

청동숟가락은 모두 3점이 출토되었고 젓가락은 2점이 출토되었으나

24 김재원 · 윤무병, 1961, 『감은사지발굴보고서』 국립박물관 특별조사보고 제2책, 을유문화사

젓가락은 1점은 지표에서 수습된 것이며(보
고서 유물번호 1481번) 다른 1점은 사역 남쪽 지
역의 현 지표하 45cm에서 발견된 것으로
별 다른 특징이 없어 삼국시대에서 통일신
라시대의 것으로 단정짓기는 어려운 실정
이다. 청동숟가락 3점 가운데 1507번(보고서
유물번호)은 술목 이하가 모두 결실된 것으로
자루의 끝을 말아 올렸고 자루의 두께가 비
교적 얇아 통일신라 이전의 유물로 보기는
어려워 고려시대 이후의 숟가락 자루로 판
단된다. 통일신라시대의 숟가락으로 볼 수
있는 것은 2점이 있다. 1점(1505번)은 경내의
북서쪽에서 출토된 것으로 현지표하 85cm
지점에서 출토되었다. 술잎의 1/3 정도가

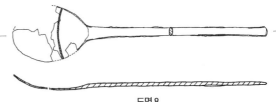

도면 8
분황사지 출토
청동숟가락(1507번)

사진 16
분황사지 출토 숟가락 거푸집

결실되었고 길이 7cm, 너비 5cm로 1:0.7의 비율로 장타원형이 아니라
원형에 가까운 평면을 이룬다. 잔존 길이 23.5cm이며 자루는 말단으로
갈수록 얇아진다.[도면 8] 다른 한 점(1506번)은 사역의 남쪽 지역에서 지표
채집된 것으로 술잎만 남은 것인데 길이 5.6cm, 너비 5cm로 원형에 가
까운 것이다.

한편 분황사 발굴에서는 청동숟가락 거푸집이 출토되었는데 파손된
것이지만 너비 16cm, 잔존 길이 13.5cm로 통일신라시대 청동숟가락의
형태를 잘 보여주고 있다.[25] [사진 16]

---

25 국립경주문화재연구소, 2005, 『분황사』 발굴조사보고서 Ⅰ (본문)(유물 도판) ; 국립경주문
    화재연구소, 2006, 『특별전 분황사 출토유물』 특별전 도록 제2책

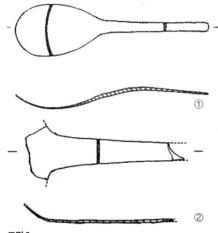

도면 9
신라 왕경유적 출토
청동숟가락
① 1541번
② 1548번

e. 신라 왕경유적

신라 왕경은 신라 왕실과 각 관부를 포함하여 도시를 형성하고 있었던 시민과 각종 건조물 등 공간적인 측면까지 포함하여 붙여진 명칭이다. 신라 왕경유적은 1987년부터 2002년까지 16년여에 걸쳐 조사하였으며, 황룡사지 동쪽 지역부터 시작하여 크고 작은 자갈이 혼재된 층에서 자오선으로 배치된 남북도로와 이 도로와 교차되면서 조성된 동서도로를 확인하였다. 이들 도로는 그 중심선을 기준으로 남북 172.5m, 동서 167.5m 내외로 방형을 이루며 그 내부에서 일정한 규모를 갖춘 가옥과 가옥으로 진입하는 소로가 있었다. 그리고 가옥과 가옥 사이는 담장으로 경계를 삼았으며 그 안에서 우물의 존재가 드러나기도 하였고 황룡사와 같은 대규모 사원 이외에 가옥과 담장을 경계로 작은 사원을 두었다는 사실도 알게 되었다.

청동숟가락이 출토된 곳은 제 4가옥, 제 7가옥, 제 10가옥, 제 17가옥, 제 18가옥(고려시대), 서편 완충지대 등에서 출토되었는데 제 18가옥에서 출토된 것은 고려시대의 청동숟가락으로 편년되는 것이다. 다만 문제는 각 가옥이 여러 채의 건물지와 담장, 우물 등으로 이루어져 있었는데 청동숟가락이 어떤 유구 또는 어떤 상황에서 출토되었는지 전혀 알 수 없다는 점이다.

① 제 4가옥출토(번호는 보고서 도판번호)

· 1543번-청동제 국자의 술잎과 자루 일부가 남은 것이다. 잔존 길이는 7.2cm이며 자루 상단에 나무 자루를 끼울 수 있는 공부(空部)가 보인다.

② 제 7가옥출토[26]

· 1541번-청동숟가락으로 현 지표 하 30cm 지점에서 출토되었다. 술잎은 원형에 가까운 타원형이며 술목의 너비가 비교적 두터워 통일신라시대 숟가락의 특징을 잘 보여준다. 손잡이 부분은 짧은 편이며 단면은 방형이다.

▶ 잔존 길이 17cm[도면 9-①]

· 1546번-청동숟가락의 자루 부분으로 끝 부분은 선형이고 단면은 타원형이다.

▶ 잔존 길이 14cm

③ 제 10가옥 출토

· 1548번-청동숟가락의 자루 일부가 남은 것으로 잔존 길이는 8.9cm이다. 술목의 너비가 비교적 넓은 편이다.[도면 9-②]

④ 제 17가옥 출토

· 1544번-청동숟가락의 술부가 남은 것으로 길이 6cm, 너비 6.6cm로 거의 원형에 가까워 통일신라시대 숟가락 술잎의 특징을 잘 보여주고 있다.

▶ 두께 0.1cm

⑤ 제 18가옥 출토

· 1549번-1/2 정도가 결실된 젓가락으로 손잡이 부분만 남아 있다. 끝부분을 오목하게 침선을 둘러 장식하였고 단면은 모서리를 죽인 방형

---

26 제7가옥에서는 삼국시대에 제작된 것으로 보이는 철제 가위가 출토되기도 하였다.[정의도, 2007, 「고려시대 철제가위연구」, 『경문논총』 창간호]

이다.

⑥ 서편완충지대 출토

· 1542번-손잡이 일부가 결실된 국자로 추정된다. 술잎은 좌우 폭이 전후 길이 보다 길다.

▶ 잔존 길이 6.9cm, 너비 0.3cm~4.6cm, 두께 0.3cm~0.1cm[27]

f. 대구 칠곡 3택지(2·3구역)유적[28]

대구 칠곡 3택지 개발지구는 2구역과 3구역으로 나누어지는데 2구역은 3지구의 중앙부 남쪽에 위치하며 북쪽의 3구역 동쪽에서 흘러 내려온 반포천이 유적을 북쪽에서 서쪽으로 경유하여 남류해 가는 중간지점에 해당된다. 2구역의 조사대상면적은 48,952㎡이고 행정구역상 대구광역시 북구 구암동 200~203번지 일대에 속한다. 발굴조사 결과 모두 420기의 유구가 확인되었는데 적석유구 1기, 구 11기, 기타 2기 등의 청동기시대 유구 14기와 수혈 331기, 구 32기, 고상가옥 39동, 주열 3기(굴립주열, 목주열, 주혈열), 기타 1기 등 통일신라시대 유구 406기였다.

그리고 3구역은 3지구의 중앙부 상단 북동쪽에 위치하며 공원조성예정부지 북단의 동서로 관통하는 도로구간이다. 3구역의 면적은 7,802㎡이고 행정구역 상 대구광역시 북구 국우동 892-2·906번지 일대에 속한다. 발굴조사 결과 확인된 유구는 모두 36기로서 청동기시대의 말기, 혹은 초기철기시대에 편년되는 옹관묘 1기, 주거지 8동, 수혈 14기,

---

27 국립경주문화재연구소, 2002, 『신라왕경』 발굴조사보고서 I (본문)(유물 도판)
28 한국문화재보호재단 · 한국토지공사 경북지사, 2000, 『대구칠곡3택지(2 · 3구역)문화유적 발굴조사보고서(I)-3 · 2-가구역-, (II)(III)- 2-나구역(본문)(도면 · 도판) -』학술조사보고 제62책

고상가옥 6동, 구 6기, 그리고 늪지 1개소였다.

청동숟가락은 2-가구역과 2-나구역에서 조사된 통일신라시대의 수혈과 구에서 출토되었다. 청동수저와 토제 국자 등이 출토된 중요 유구에 대한 설명은 다음과 같다.

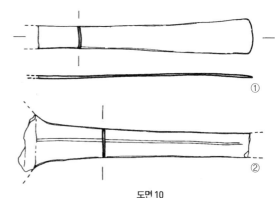

도면 10
대구 칠곡 3택지유적 출토
청동숟가락
① 7호 수혈 ② 73호 수혈

• 2-가구역

ㄱ. 7호 수혈: 수혈의 장축방향은 북북서-남남동(N-33-W)향이고 규모는 길이 187cm, 너비 224cm, 깊이 13cm이다. 수혈의 평면형태는 타원형에 가까운 원형이나 북쪽 중앙부가 길이 60cm, 너비 35~55cm 정도의 제형으로 돌출되어 있다.

출토유물은 집석군의 서쪽 내부에서 구연부편 1점과 저부편 2점 등의 경질토기와 와제품 1점, 청동숟가락편 1점 등 5점과 그 하부 바닥에서 철기편 1점이 출토되었다. 청동숟가락편은 자루 편으로 단면이 호상에 가까운 말각장방형이다. 술총은 타원형이다.

▶ 잔존 길이 10.1cm, 너비 1.6cm, 두께 1.2cm [도면 10-①]

ㄴ. 73호 수혈: 수혈의 장축방향은 남-북(N-7-E)향이며 규모는 길이 146cm, 너비 116cm, 깊이 23cm이다. 수혈의 평면 형태는 타원형에 가깝다. 바닥면은 완만한 곡선상으로 처리되었으며 특별한 시설은 없었다.

출토유물로는 토기편 7점과 암키와편 1점, 청동제품 2점(발편과 숟가락편), 철제유물 4점 등이 출토되었다. 청동숟가락편은 술잎 대부분과 술총이 결실되었다. 자루의 단면은 말각장방형이며 상면에는 2조의 침선이 남아 있고 표면에는 박리가 심하다. 크기는 길이/너비/두께 9.4cmx1.2cmx0.1cm이다.[도면 10-②] 그리고 청동발편은 구연부편으로 구연은 외반하며 둥근 편이다. 외면에는 청동혹이 나 있다.

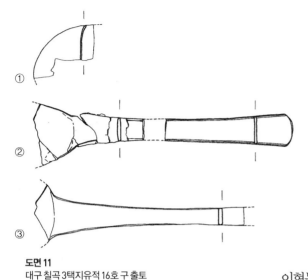

도면 11
대구 칠곡 3택지유적 16호 구 출토
청동숟가락

ㄷ. 16호 구: 2구역의 북쪽으로 약간 치우친 지점에 위치한 구로서 동서로 길게 축조되었고 구의 장축 방향은 동-서향에 가까우며 전체 규모는 길이 49.4m, 최대 너비 1.95m, 깊이 31cm이다. 모두 159점의 유물이 출토되었는데 토기 75점, 석제품 2점, 청동유물 14점, 철기유물 31점 등이다. 청동유물은 청동완편, 청동발편, 청동용기편, 청동대각편, 청동숟가락편, 청동집게, 이형동기 등으로 종류가 다양한 편이며 그 가운데 청동숟가락편 3점, 청동젓가락편 1점이 출토되었다.[도면 11]

① 청동숟가락편
술잎의 1/4 이하만 남아 있다. 내면에는 박리가 심한 편이다.
▶ 잔존길이 3.4cm, 잔존너비 2.9cm, 두께 0.1cm

② 청동숟가락편
술잎이 일부 남아 있으나 자루도 부러진 상태이다. 자루의 단면은 판형이며 측면은 장방형이다.
▶ 잔존길이 13.4cm, 잔존 너비 3.4cm

③ 청동숟가락편
자루편으로 술잎의 대부분은 결실되었고 자루의 끝 부분도 남아 있지 않다. 술잎의 평면은 원형에 가까웠을 것으로 판단되고 자루의 단면은 말각세장방형이다.
▶ 잔존길이 11.7cm, 너비 3.0cm, 두께 0.2cm

④ 청동젓가락편

상부가 결실되었다. 단면은 가운데 부분이 말각방형이며 단부는 원형이다. 재가공한 것으로 보이는 흔적이 남아 있다.[도면 12-①]

▶ 잔존길이 6.6cm, 잔존폭 0.4cm

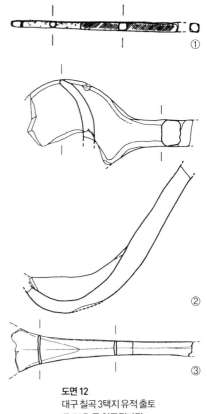

도면 12
대구 칠곡 3택지 유적 출토
① 16호 구 청동젓가락
② 18호 구 토제 국자
③ 19호 구 청동숟가락

ㄹ. 18호 구: 17호 구의 동쪽에 인접해 있고 크기는 길이 9.44m, 너비 2.14m, 깊이 15cm이다. 구의 장축 방향은 북서서-남남동(N-73-W)향이다. 유물은 토기 6점과 토제품 1점이 출토되었다.

토제 국자: 동단벽 아래에서 출토되었다. 술부의 선단과 좌측, 병단부가 결실되었다. 술잎 평면은 타원형에 가까운 원형이다. 자루의 단면은 모 깎은 8각장방형이다. 표면에는 깎기 수법이 잘 남아 있고 회청색 경질이며 세사립이 혼입되어 있다.[도면 12-②] 참고로 경산 임당동에서 다수의 목기가 출토되었는데 그 가운데 목제 국자가 1점 포함되어 있다.[사진 4]

ㅁ. 19호 구: 구의 평면은 세장방형으로 장축방향은 동-서(N-81 -W)향이고 규모는 길이 12.18m, 너비 0.64m, 깊이 45cm이다. 구의 중앙부는 이중 굴착된 내부 수혈이 확인되었으며 규모는 길이 746cm, 너비 64cm, 깊이 45cm이다. 유물은 대부분 내부수혈과 구의 서쪽에서 확인되었는데 토기 3점, 청동유물 2점, 철기 5점, 그리고 수키와 2점이 출토되었다. 이중 청동 구연부편과 술잎편은 내부 수혈의 서쪽 외부에서 출토되었다.

청동숟가락편: 술잎의 대부분과 술총은 결실되었다. 술잎과 자루가 이어지는 술목에는 상면의 깎기한 흔적이 남아 있고 자루의 단면은 볼

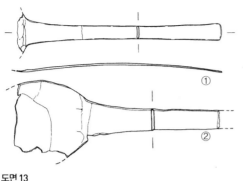

도면 13
대구 칠곡 3택지 유적 출토
① 9호 수혈 청동국자
② 88호 수혈 청동숟가락

록렌즈형, 측면은 말각형이다. 상면에는 음각선이 관찰되며 보존상태는 양호한 편이다.[도면 12-③]

• 2-나구역

ㄱ. 9호 수혈: 5호 수혈에서 북서쪽으로 3m 정도 떨어진 곳에 위치한 수혈로서 장축방향은 동-서(N-85-W)향이다. 수혈의 규모는 현 길이 210cm, 너비 98cm, 깊이 20cm이며 평면형태는 장방형에 가깝다. 수혈의 내부에는 북장벽에 인접하여 크기 40×34×31cm의 주혈 1개가 확인되었는데 2구역 외부의 굴립주와 연결된 주혈군으로 수혈보다 후대에 만들어진 것이다. 유물은 수혈의 가운데에서 토기편 4점, 와편 1점, 돌확 1점, 청동제 국자편 1점, 그리고 철겸편 1점 등 모두 7점이 출토되었다.

청동국자편: 술잎의 대부분은 결실되었고 자루의 폭은 가운데가 좁고 양단이 넓지만 술목 부분이 가장 넓다. 자루의 단면은 아래 쪽이 말각세장방형이며 끝부분은 타원형이다. 전체적으로 흑색을 띠고 있다.[도면 13-①]

ㄴ. 88호 수혈: 수혈의 장축방향은 북서서-남동동(N-70-W)향이고 규모는 길이 615cm, 너비 140cm, 깊이 35cm이다. 수혈의 평면형태는 면이 고르지 않은 세장방형이다. 벽면은 완만한 경사를 이루면서 바닥으로 이어지는데 유물의 대부분이 바닥에서 약간 뜬 상태로 노출된 것으로 보아 유물과 석재군은 수혈이 폐기되면서 일시에 매몰된 것으로 추정된다. 유물은 경질토기 대호편을 비롯한 토기류 16점과 와편 4점 및 청동대각편 2점, 청동숟가락편 3점 등이 출토되었고 수혈 중앙의 남장벽에서 소토와 수골편 등이 발견되었다.

① 청동숟가락편

술잎의 반만 남았고 자루의 끝 부분도 결실되었다. 자루의 단면은
세장방형이며 청색 녹이 다량으로 수착되어 있다.[도면 13-②]

▶ 잔존 길이 11.1cm, 잔존 너비 1.1cm

② 청동숟가락편

술잎이 결실되었다. 자루의 단면은 말각세장방형이고 끝 부분의 단
면은 타원형이다. 자루의 표면에는 사방향으로 연마흔이 남아 있다.

▶ 잔존길이 12.7, 잔존 너비 0.9cm

③ 청동숟가락편

술잎 편만 남은 것이다. 두께 0.5cm이다.

▶ 잔존길이 5.0cm, 잔존너비 3.1cm

ㄷ. 119호 수혈: 장축방향은 동-서(N-88-E)향이고 크기는 길이
134cm, 너비 70cm, 깊이 21cm, 평면은 타원형이다. 유물은 중앙부 서
쪽에 집중되어 토기편 3점과 와편 1점, 청동숟가락편 1점, 철기 1점 등
이 출토되었다.

청동숟가락편: 2편으로 흑녹색에 가깝다. 자루의 단면은 세장방형이
며 목질흔이 일부 부착되어 남아 있다. 표면은 부식과 박리가 상당히 진
행된 상태이다.[도면14-①]

▶ 잔존길이 7.1x1.0cm, 잔존 너비 4.7x1.9cm

ㄹ. 165호 수혈: 166호 수혈에 의하여 동벽의 일부가 파괴된 수혈로
장축방향은 북북서-남남동(N-28-W)향이다. 수혈의 규모는 길이 184cm,
너비 212cm, 깊이 27cm이며 평면형태는 부정형이다.

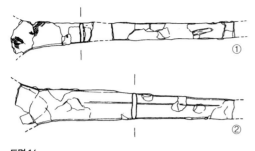

도면 14
대구 칠곡 3택지유적 출토
① 119호 수혈 청동숟가락
② 165호 수혈 청동숟가락

출토유물은 수혈의 전면에 흩어져 출토되었는데 완, 호, 편호, 동이류 등 토기 13점, 토제품 1점, 와편 4점, 그리고 할석 주변에서 철정 등 철기 8점과 용기 등 청동유물 5점이 확인되었다.

청동숟가락편: 술잎 및 술총이 결실되었다. 상면의 가운데 지점에 2조의 침선이 나 있다. 신부의 단면은 말각세장방형이며 청색 부식흔이 남아 있다.[도면14-②]

▶ 잔존 길이 11.3cm, 잔존 너비 1.2cm

ㅁ. 173호 수혈: 장축방향은 동-서(N-88-E)향이며 크기는 길이 272cm, 너비 181cm, 깊이 38cm이다. 유구 서쪽에서 고배, 호류, 편병 등의 토기류 21점, 석제방추차 1점, 와편 132점, 청동숟가락편 1점, 철기 3점이 출토되었다.

청동숟가락편: 술총의 일부만 남아 있다. 단면 세장방형이며 뒷면에는 十자 명문이 남아 있다. 끝 부분은 원형에 가까운 타원형으로 처리하였다.

▶ 잔존길이 4.0cm, 잔존너비 1.6cm, 두께 0.1cm

ㅂ. 11호 구: 구 9호와 10호를 동서 방향으로 파괴하고 축조된 통일신라시대의 구로서 서단은 소하천에 의해 유실된 상태로 노출되었다. 구의 장축 방향은 동-서(N-78-W)향에 가까우며 규모는 길이 16m, 너비 74~148cm, 깊이 25cm이다. 출토유물로는 유견호, 대호, 병류 등을 포함한 토기편 36점과 암막새 편을 비롯한 와편 24점, 석제품 2점, 청동유물 4점, 철부편 4점 등 총 70점이 있다.

① 청동숟가락편

술잎의 대부분과 자루의 끝 부분이 결실되었
다. 자루는 얇은 판형이며 자루의 측면은 둥글
다. 상면은 처리가 매끄럽지 못하고 표면에는 녹이 슬어 있다.[도면 15]

▶ 잔존길이 11.7cm, 잔존너비 2.3cm, 두께 0.15cm

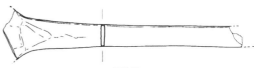

도면 15
대구 칠곡 3택지유적 11호 구 출토
청동숟가락

② 청동숟가락편

술잎과 자루 편이다. 술잎의 평면은 원형에 가까운 타원형으로 추정
된다. 자루의 단면은 판형이며 측면은 둥글다.

▶ 잔존길이 4.7cm, 잔존너비 3.0cm

g. 창녕 말흘리유적 퇴장유구

1호 건물지의 서남우에서 확인된 직경 70cm의 평면 수혈로 깊이
60cm 정도이다. 건물지의 정지토인 황색점토층에서부터 굴착하여 들
어가 생토층에 이른 수혈이다. 그 내부에는 동체가 긴 철부가 놓여 있었
다.

장동의 철부는 바닥에 정치하고 장동철부의 내부에는 바닥에서 중
위까지 각종 청동제의 투조 장식판들이 겹겹이 채워져 있었는데 거의
빈틈이 없을 정도였으며 그 다음 동병과 같은 지금을 채우고 그 위에 병
향로, 쇄, 정 및 초두와 같은 용기류를 넣었다. 이렇게 한 다음 여러 종
류의 철부 편들을 겹겹이 포개어 장동철부의 구연부를 봉하였다. 한편
장동철부와 수혈 사이의 공극에는 수혈 바닥에서부터 금동제 풍경을 가
로 눕혀서 채워 장동철부의 상부에 까지 이르렀다.

국자는 2점이 출토되었는데 1점은 대형이다. 술잎의 대부분이 파손
되었고 술총이 남아 있어 확실치는 않으나 같은 동질의 완상기로 볼 때
국자로 사용되었을 가능성이 있다.[도면 16] 다른 한 점은 국자의 술잎으로

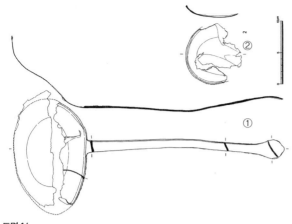

도면 16
창녕 말흘리유적 출토 청동국자

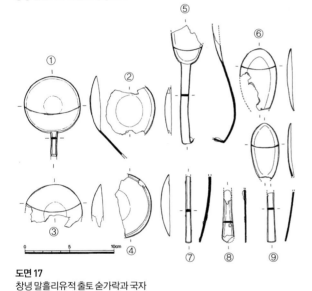

도면 17
창녕 말흘리유적 출토 숟가락과 국자

보이는 완상기의 파편으로 구연부는 말려져 있다. 전자보다는 소형이다.

청동숟가락은 모두 10점이 출토되었는데 술잎이 원형인 것과 타원형인 것으로 나누어 볼 수 있다.[도면 17]

술잎이 원형인 숟가락은 4개체가 확인되었으며 술잎의 구연부를 따라 두껍게 정리한 것도 있다. 대부분 자루가 없으나 도면 17-①만 세신의 병부가 확인된다. 타원형인 것은 6개체분이 확인되었는데 이 중 1개체에만 술부와 자루가 남아 있다. 도면 17-⑤의 자루는 굴곡하고 있고 그 끝은 꺾어져 있어 기물의 구연부에 걸치기 쉽도록 고안된 것으로 국자의 역할을 한 것으로 보인다. 대체로 술잎은 유엽형에 가까우나 너비와 길이의 비는 0.4 이상을 유지한다. 나머지 3개체 분은 자루만 확인되는데 17-⑥은 술잎의 너비와 길이의 비율이 0.5이상이다.[29]

h. 화엄사 서오층석탑 출토 사리장엄구 내

화엄사에는 대웅전 앞 쪽에 보물 제132호로 지정된 화엄사 동삼층석탑과 보물 제133호로 지정된 화엄사 서삼층석탑 등 2기가 세워져 있

---

29   경남고고학연구소, 2005.6, 『창녕말흘리유적』

다. 높이 6.4m의 두 석탑은 층수와 높이가 같으며 대웅전의 동서에 배치된 구조로 미루어 쌍탑식 가람배치에 의해 건립된 통일신라시대 석탑으로 알려져 왔다. 1990년대 후반 문화재관리국에서는 중요 석조문화재 보수공사 사업으로 두 탑을 순차적으로 해체하여 수리하였으며 그 과정에서 각 탑의 사리장엄구가 발견되었다. 화엄사 서오층석탑 출토 사리장엄구 일괄은 발굴 당시부터 중요성이 인정되어 보물 제1348호로 지정되었다. 문화재관리국에서 발표한 화엄사 서오층석탑 출토 유물은 사리병과 지류뭉치, 각종 공양구들을 포함하여 총 47점이라고 하였다.

현재 화엄사에 소장된 이 유물을 재질별로 나누어 보면 종이, 청자, 청동, 철, 수정, 유리, 돌, 나무 등 매우 다양하다. 종이류는 모두 24점으로 백지묵서다라니 필사본 8장과 백서묵서탑인 13장(이상 초층 탑신의 장방형 사리공 내 출토), 자지묵서필사본 3장(원형사리공 내 출토)으로 분리되었다. 그리고 원형 사리공 내 청자쌍이호 1점, 청동제 접시 1점, 내부에서 향목과 자지묵서필사본이 출토된 청동합 2점, 상층 기단 적심석에서 다른 공양구들과 함께 출토된 청동제 불상틀, 청동제 숟가락 2점, 상층 기단의 적심석에 출토된 것으로 추정되는 청동제 뒤꽂이 11점, 청동제 방울, 철제 칼 3점, 수정제 다면옥과 대추옥, 원형 사리공 내 청자쌍이호 안에 봉안되어 있던 유리제 사리병 등이 있다.

이 가운데 청동제 숟가락은 2점으로 술부가 비교적 완전한 한 점은 길이 23.5cm인데 손잡이의 끝 부분이 약간 파손되었다. 술잎이 거의 다 파손된 다른 한 점은 현재 길이 20.7cm인데 손잡이는 거의 완전한 상태이다. 두 점의 숟가락은 굵기, 크기가 거의 비슷하기 때문에 파손된 부분을 고려하여 원형을 복원하면 전체 길이는 약 26cm 내외로 추정된다. 술잎의 형태는 타원형이며 크기는 현재 6.9cm이다.[사진 17]

화엄사 숟가락은 측면에서 보면 손잡이의 곡선이 둥그스름하게 약간 휘어 있다. 손잡이의 폭은 거의 일직선에 가까울 정도로 변화가 없으

사진 17
화엄사 서오층석탑 출토
청동숟가락

며 맨 끝 부분은 둥그스름하게 처리되어 있다. 이들 숟가락은 청동제 불
상틀과 함께 석탑 상층기단 적심부에서 발견되었다. 발굴 당시의 상태
가 명확하지 않기 때문에 다른 공반 유물들과의 관계를 파악하기는 어
렵다.[30]

i. 부소산 유적

1943년에 출토된 부소산 숟가락은 부소산 북악 송월대 동쪽으로 뻗
은 산등성이 남쪽으로 경사진 그 아래편에서 출토되었다고 한 당시 인
부의 이야기와 다시 주변의 조사에서도 특별한 유구를 확인할 수 없었
기 때문에 아마도 은닉매장의 유적인 것 같다고 하였다.

이 숟가락은 술잎이 부러진 것을 복원하였는데 중량감이 있고 두꺼
운 느낌이며 전체 길이는 25cm이다. 자루 부분은 두껍고 술잎과 자루
가 이어지는 부분에서 자루가 약간 가늘어 졌다가 끝으로 가면서 넓어
지는데 자루의 가장 좁은 부분은 1cm, 넓은 부분은 1.8cm로 체감비가
느껴지지 않고 전체적으로 만곡한다. 자루 끝부분은 호선형으로 처리하
였다. 술잎은 장방형에 가까운 타원형인데, 가장 넓은 부분의 폭은 4cm,
자루와 이어지는 부분의 폭은 3cm, 술부의 길이는 약 8cm로 체감비가

---

30 주경미, 2007, 「화엄사 서오층석탑 출토 사리장엄구의 고찰」, 『2007 상설전』, 불교중앙박물
관

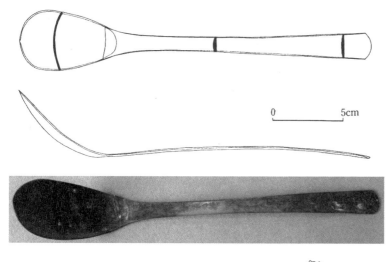

도면 18, 사진 18
1943년 부소산 출토 숟가락

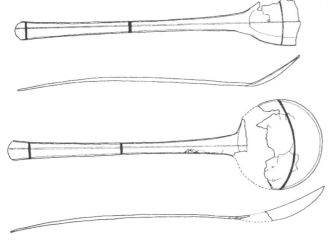

도면 19
1941년 부소산 출토 숟가락

없어 보인다. 술총의 중앙 좌우에 사용흔이 남아 있어 보이지만 단언하기는 힘들다. 전체적으로 마연되어 있으며 자루의 끝부분에 녹이 남아 있다.[도면 18, 사진 18]

그리고 부소산 1941년 출토 숟가락은 술잎이 원형인 것 3점, 타원형인 것 3점으로 술잎원형 숟가락은 자루길이가 18cm~18.5cm 내외이며 술잎의 길이는 6.5cm×7.0cm 내외가 된다. 술잎 타원형 숟가락은 자루길이 18cm~19cm 내외이며 술잎의 길이는 7.5cm×3.5cm 내외이다.[도면 19] 이 숟가락 셋트는 아마도 원형 숟가락이 공동의 식기에서 음식을 덜어내는데 쓰이는 것이고 타원형은 각자의 식사용으로 해석되며 안압지 출토 예도 이와 비슷한 상황이다.[31]

j. 당진 삼웅리 나무고개 유적

삼웅리 나무고개유적은 남쪽으로 개구된 곡지형에 해당하는 곳으로 최근까지 논으로 이용되었다. 이곳에서 확인된 건물은 모두 3동으로 2·3건물지에 비해 1건물지는 비교적 잘 남아 있어 전체적인 주초 배열 및 기단 범위를 파악할 수 있다.

한편 제 1건물지의 좌측 기단석 외부로부터 1건물지 기단면과 2·3 건물지 기단석 외부에 집중적으로 폐기층이 형성되어 있었다. 이 층에서 출토된 기와를 비롯한 각종 유물들은 모두 9~10세기대로 편년되는 한정한 시기의 것들이며 그 이전 시대의 유물은 단 한 점도 확인되지 않는다.

이 층에서는 3점의 청동숟가락이 출토되었다. 한 점은 술날과 자루 일부분만 남아 있다. 술잎의 평면 형태는 좌우폭 보다 위아래가 약간 긴 타원형으로 추정된다. 자루는 끝을 넓고 둥글게 처리하였고 중앙에는 가는 선이 있다. 자루의 길이는 16.4cm이다. 다른 한 점은 부식이 심하게 진행된 상태이다. 술잎의 형태는 장타원형에 가깝다. 자루는 끝이 넓고 둥근 형태이다. 술잎의 크기는 8.2×4.4cm이며 자루의 길이는 18cm 가량으로 추정된다. 마지막 한 점은 술잎 일부만 남았으며 부식이 심하다. 술잎의 형태는 좌우폭 보다 위아래가 약간 더 긴 타원형이다. 술부의 크기는 6.6×7.4cm이다.[도면 20]

이들 청동숟가락과 같이 출토된 청동제품으로는 청동제 접시와 청

---

31 이난영, 1975, 「한국시저의 형식분류」, 『역사학보』 67, 역사학회 ; 이난영, 1977.6, 「부소산 출토일괄유물의 재검토」, 『미술자료』, 국립중앙박물관

동제 발이 있다. 청동제 접시는 표면 전체에 녹이 슬었으나 보전상태가 양호한 완형품이다. 단조제품으로 구연부는 수평에 가깝게 외반되었다. 구연단은 둥근 형태로 다소 두툼하게 처리했다. 기고 1.3cm, 구경 15.2cm, 기벽 두께 1.2mm 내외이다. 그리고 청동제 발은 구연부와 저부만 존재한다. 구연부는 동체부 기벽 선단을 두툼하게 처리하였을 뿐 뚜렷한 경계를 이루지 않는다. 저부는 말각평저이며 굽이 부착되었던 흔적은 관찰되지 않는다. 구경 18.4cm, 추정 기고 7.2cm, 기벽 두께 0.5mm 내외이다.[32]

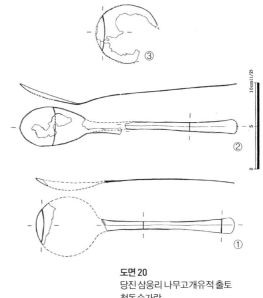

도면 20
당진 삼웅리 나무고개유적 출토
청동숟가락

k. 이천 설성산성

설성산성의 전체의 둘레는 1,095m이며 형태는 포곡식 산성이다. 성 내부에서는 건물지 12개소, 장대지 1개소, 우물지 1개소, 문지 2개소 등이 확인되었으며 성벽 일부 구간에서는 외벽 기단부 보축도 확인되었다. 설성산성은 그동안 위치나 출토유물로 보아 초축국이 백제일 것으로 추정되어 왔는데 발굴조사 결과 백제의 수혈식 주거지를 비롯하여 토광(저장구덩이)이 다수 확인되었다. 모두 15기의 수혈주거지가 노출되었는데 그 중 2기는 통일신라 이후의 지상 건물지로 추정되고 나머지 13기는 모두 백제시대의 수혈주거지로 추정된다.

한편 나-A확-2트렌치에서 청동숟가락이 1점 출토되었다. 출토된 상황은 정확하게 보고하지 않아 분명하지는 않으나 나-A확-2트렌치

---

32 강병권, 2005, 『당진 삼웅리 나무고개 · 황새울유적』 문화유적 조사보고 제 42-4집, (재)충청문화재연구원

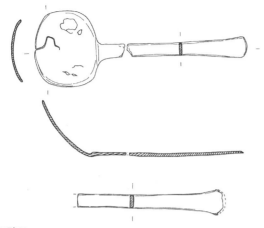

도면 21
이천 설성산성 출토 청동숟가락

Ⅱ층에서 출토되었다고 하는데 이것은 유구 내부에서 출토된 것은 아닌 듯하고 백제시대에 조성된 토광 상부로 유입된 토사가 Ⅱ층과 Ⅲ층에서 나온 것으로 보고 있으므로 빠르면 백제시대에 조성된 토광이 폐기되던 당시의 층이며 늦으면 통일신라시대에 속하는 층으로 판단할 수 있을 것이다.

청동숟가락은 자루 부분이 절단되어 있으며 술잎의 크기는 상하 6.5cm, 좌우 7cm로 원형에 가까운 타원형이다. 자루는 뒷부분으로 갈수록 넓어지는 부채꼴 형태를 하고 있으며 길이 12.2cm, 두께 0.1~0.3cm이다.[도면 21] 보고문만 보아서는 편년이 불확실하지만 다만 가화-2트렌치에서 구연부가 둥글고 굽은 만들지 않고 편평하게 처리한 청동접시가 발견되었는데 이것이 거의 통일신라시대에 편년되는 유물로 판단되기 때문에 나-A확-2트렌치에서 출토된 청동숟가락은 일단 통일신라시대로 편년해 두고자 한다.[33]

l. 용인 언남리유적

통일신라 말(9세기)을 중심연대로 하는 수혈 61기 가운데 Ⅱ-11호에서 수키와, 정 등과 함께 청동제 숟가락이 출토되었다. 숟가락은 자루에서 술잎으로 이어지는 일부분만 남은 것으로 길이는 6.4cm이다.[34]

33 박경식 외, 2004, 『이천설성산성 2·3차 발굴조사보고서』-본문--사진·도면·탑본-, 매장문화재연구소 학술조사총서 제26책, 단국대학교 매장문화재연구소·이천시

34 이남규 외, 2007, 『용인 언남리』-통일신라 생활유적-, 한신대학교박물관 총서 제29책, 한신대학교 박물관

m. 한우물유적

서울시 구로구 시흥동 산 93-2에 있는 호암산고성의 평면 형태는 남북으로 길쭉한 마름모꼴인데 성벽의 총연장은 1.25km 가량 되며 성벽이 표고 325m의 능선을 따라 이어지는 테뫼식 산성이다. 산성지 내부에서는 우물지 2개소와 건물지 4개소가 발견되었다. 호암고산성의 우물지에서는 당시 사람들이 사용하였던 많은 유물들이 출토되었다. 제1우물지(속칭 한우물)는 최근까지 조선시대에 쌓아올린 석축이 남아 있었는데 그 아래에서 통일신라시대의 석축지가 확인되었다. 퇴적토 조사에서 나타난 층위를 살펴보면 지표 하 30cm까지는 백자편을 비롯한 조선시대 유물이 출토되고 그 아래에는 유물이 거의 없는 굵은 모래층이 형성되어 있다. 이 모래층 아래에는 교란되지 않은 니층이 계속되고 여기에는 통일신라시대 유물만 출토되었는데 유물의 중심연대는 7~8세기로 추정된다.

제2우물지는 한우물에서 남쪽으로 약 300m 가량 떨어진 곳에 위치하고 있는데 이 지역은 산성지의 중앙부에 해당되는 곳이다. 시굴조사에서 확인된 규모는 남북 18.5m, 동서 10m 이상, 깊이 2m 이상으로 한우물보다 장축은 약간 길고 폭은 약간 좁아 세장한 형태를 하고 있다.

유물은 북벽 트렌치 내에서 상당한 양의 유물이 집중되어 출토되었으며 토기등잔을 비롯한 각종 토기류, 완형의 토수기와가 겹쳐서 출토되었다. 그리고 연못 바닥에서 청동제 숟가락 2점이 출토되었는데 그 중 한 점에는 드물게 명문이 새겨져 있었다.

2점 가운데 한 점은 완형이고 한 점은 파편이다. 완형은 전체길이가 25cm 가량 되고 술잎의 폭이 3.5cm 가량 되는데 자루에서 술잎으로 이어지는 부분이 서로 많이 꺾여 있고 자루도 휘어 있다. 술잎의 주변은 약간 도드라져 있고 자루의 단면은 저변이 넓은 사다리꼴이다.[도면 22]

그런데 이 숟가락의 뒷면에 「仍伐內力只乃末ㅁㅁㅁ」라는 명문이 음

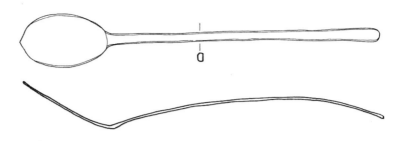

도면 22
한우물유적 출토 청동숟가락

각되어 있다. 명문은 숟가락의 제작 이후에 날카로운 도구를 이용하여
얇게 긁어 새긴 것인데 끝의 3자는 상태가 불량하여 확실히 알 수 없
다.[35]

n. 충북 음성군 대소면 미곡리 47번지

숟가락의 표면은 심하게 녹슬어 상태가 좋지 못한 편이다. 전체 길
이는 21cm 전후이며 납작한 자루에 술잎은 타원형인데 술목을 지나면
서 자루가 가늘어지고 술잎과 자루를 연결하는 부분은 정연하게 각이
진다. 측면에서 본 곡선은 앞에서 본 원형 및 타원형의 숟가락 세트들이
갖는 선과 큰 차이가 없다. 이 숟가락은 토제 장군과 뚜껑이 있는 대부
배, 그리고 철제 관정과 함께 동반 출토되었다고 하는데 토기들은 통일
신라말기에 속하는 것으로 추정하였다. 이 숟가락은 정창원 형식의 세
트로 된 숟가락과 비교해 볼 때 자루가 늘어지고 선각은 생략되었으며
술잎은 정창원 형식의 숟가락들과 비슷한 크기이다.[36] 이 숟가락은 고려
인종 장릉에서 출토된 숟가락과 비슷한 형식이다.[37] [도면 23, 사진 19]

---

35 임효재 · 최종택, 1990, 『한우물』 호암산성 및 연지발굴조사보고서, 서울대학교 박물관

36 이난영, 1992, 「Ⅱ. 금속공예품의 유형과 형식분류」, 『한국고대금속공예연구』

37 이 사진은 이난영선생이 제공하였다.

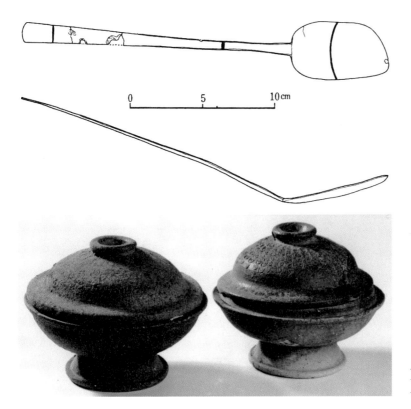

0   5   10 cm

도면 23, 사진 19
충주 음성 미곡리유적 출토
숟가락·토기

03 청동숟가락의 편년과 특징

선사시대의 식도구는 숟가락도 있기는 하지만 국자를 중심으로 이루어지는 것으로 볼 수 있다. 뼈로 만든 숟가락은 굴포리유적의 경우를 제외하면 술잎이 거의 수평을 이루고 있어 당시의 음식은 국물이 많지 않았던 것으로 볼 수 있고 그 형태는 중국 신석기시대 유적에서 출토되는 골비를 연상시킨다.[38] 이것은 신석기시대의 상차림이 개인적이라기보다 공동체의 성격이 강하였음을 보여 주는 것이다.

삼국시대에 해당하는 유적에서 출토된 숟가락은 신라지역에서 은제 숟가락 3점, 동제 숟가락 1점, 은제 국자 3점, 나무젓가락 1쌍 등이 있고 백제지역에서는 청동숟가락 6점, 목제 주걱 2점, 청동젓가락 3쌍이 있다. 그리고 고구려지역에서는 청동숟가락이나 젓가락은 출토되지 않았으나 안악 3호분 벽화 중 부엌에서 국자 1점이 그려져 있는 것을 확인

---

38 北京市文物研究所 · 北京市平谷縣文物管理所上宅考古隊, 1989.8, 「北京平谷上宅新石器時代遺址及發掘簡報」, 『文物』; 邯鄲市文物保管所 · 邯鄲地區磁山考古隊短訓班, 1977.6, 「河北磁山新石器遺址試掘」, 『考古』; 保定地區文物管理所 · 安新縣文化局 · 河北大學歷史系, 1990.6 「河北安新縣梁庄, 留村新石器時代遺址發掘簡報」, 『考古』

하였다.

이렇게 보면 삼국시대의 유적에서 가장 많은 청동숟가락이 출토된 유적은 경주 금관총과 공주 무령왕릉이다. 그러나 경주 금관총에서 출토된 은제와 청동제 숟가락은 일반적으로 식탁에서 사용하는 도구로 보기는 어려운 것이다. 경주 금관총은 일제시대에 발굴조사되어 유물의 자세한 출토 상황이나 도면이 남아 있지 않다. 삼국시대 신라지역에서 발굴조사된 수많은 고분 가운데 숟가락이 출토된 유일한 유적이지만 어떠한 용도로 숟가락이 부장되었는지 지적된 바는 아직 없는 것 같다.

이난영의 글에 실린 실측도 가운데 왼쪽 도면의 술잎은 3.7cm×3.1cm로 전후의 길이보다 좌우의 길이가 더 넓어 술잎만으로는 국자에 가까운 형태를 하고 있으나 자루가 이어지는 각도가 국자의 경우보다는 훨씬 완만하여 숟가락으로 보는 것이 더 타당하겠다.[39] 이것은 금관총 보고서에 실린 사진과 대조하여 보면 6번 은제 숟가락에 해당된다. 오른쪽 도면의 술부는 상당부분 훼손되었는데 자루가 2.1cm에 불과하여 원래의 길이는 아닌 것으로 판단되지만 사진이나 도면으로 확인하기는 어렵다.[도면 3]

신라지역에서 출토된 숟가락은 금관총의 예가 유일하지만 국자는 황남대총 남분에서 3점이 출토되었다. 이 국자는 모두 은제로 전체 길이는 각각 38.5cm, 34.4cm, 31.4cm, 자루는 29cm, 22.6cm, 24cm, 술잎은 9.5cm, 7.8cm, 7.4cm로 자루와 술잎은 대개 3:1의 비율을 유지하고 있다. 이 은제국자 3점은 주곽의 수장부 서편 철정 옆에서 출토되었는데 사용흔적은 전혀 없고 술잎과 자루가 이어져 있어 액체를 담았을 경우 자루를 아래로 내리면 액체는 밖으로 흘러내리게 되어 있다. 또한 자루는 가장 큰 것은 5번 꺾여 있고 중간 것은 4번, 가장 작은 것은 3번

---

39   이난영, 1992, 『한국고대금속공예연구』, 일지사

꺾여 제작되었다.[도면 4]

한편 이 은제 국자는 출토 위치나 중국에서 출토되는 국자의 위치를 참고하면 철정 위 또는 내부에 놓여 있었던 것으로 판단된다. 이 철정은 조사 당시에는 발이 있었으나 워낙 상태가 좋지 않아 보고서에는 철부로 도면이 실려 있을 정도로 부식이 심하다. 철정 위에 놓여 있던 은제 국자는 철정이 부식되어 균형을 잃게 되자 아래로 떨어졌을 것으로 보아야 할 것이다. 철정 위에 국자나 숟가락을 두었던 예는 중국에서 발견된 경우도 적지 않다. 예를 들면 안양제가구촌에서 조사된 한대묘에서는 도제 국자 8점 모두 묘내에서 발견되었고[40] 하남 석천현하사일호묘에서는 대정의 중앙에 청동제 숟가락 3점이 놓여 있었으며[41] 낙양 오녀총 267호 조사에서는 도제 국자 2점을 도제 준 안에 두었다.[42]

이와 같은 상황을 고려하면 황남대총 남분 출토 은제 국자 3점은 일상 생활도구가 아니라 제사와 같은 의례행위를 위하여 특별히 제작한 것으로 추정할 수 있다. 그러나 이와 같은 국자가 발견된 것은 우리나라에서는 황남대총뿐이며 중국에서도 같은 형태의 국자는 찾아 볼 수 없는 것이다.

마지막으로 부산 기장군 고촌면에서 발견된 대나무로 제작된 젓가락이 있다. 이 젓가락은 같이 출토되는 노형토기편, 컵형토기편, 타날문토기편, 파수부편 등의 유물로 미루어 보아 4세기 중후반대에 제작된 것이 분명한 것으로 손잡이 부분과 집는 부분의 상태가 완벽한 상태로 보존되어 발견되었다.[43][사진 3] 다만 다른 유적에서 발견되는 젓가락의 길

40 安陽市文物工作隊, 1993.1, 「安陽梯家口村漢墓的發掘」, 『華夏考古』

41 河南省博物館 · 淅川縣文管會 · 南陽地區文管會, 1981. 2, 「河南淅川峴下寺一號墓發掘簡報」, 『考古』

42 史家珍 · 王遵義 · 周立, 1996.7, 「洛陽五女塚267號新莽墓發掘簡報」, 『文物』

43 동반출토되는 토기에 비하여 이 대나무젓가락은 가지런한 상태로 출토되어 원래는 종이나 천으로 싸두었거나 실로 묶어둔 것이 세월이 경과하면서 젓가락만 남은 것으로 볼 수 있다.

이가 20cm를 크게 넘지 않는데 반하여 고촌 출토 젓가락은 28cm를 넘는 것이 특징이라고 할 수 있다. 이 시기에 금속 젓가락과는 달리 나무젓가락은 더 길게 만들었는지 아니면 고려시대나 조선시대처럼 제사용 젓가락은 더 길게 만들었는지 생각해 보아야 할 것이다.[44]

사진 20
누란고성 교호대묘지출토
식대와 국자

대나무로 제작한 젓가락의 발견은 삼국시대와 통일신라시대로 편년되는 유일한 유물이라는 것도 의미가 깊지만 당시에 나무로 젓가락을 제작하여 사용하였을 것이라는 막연한 추측을 실물로 증명한 것이 더욱 의미가 깊다. 그러나 삼국시대 신라고분이나 가야고분에서 토기나 나무로 제작한 숟가락이 전혀 출토되지 않고 있는 것은 생각해 볼 문제이다.

우리나라의 경우는 아니지만 서주시대의 신양손채유적에서는 목제 숟가락이 10점이나 출토되었고[45] 누란고성 교호대묘지에서는 나무로 만든 배, 컵형기, 목제사족부명 등이 토기와 같은 형태로 만들어 부장한 것이 발견되었다. 또한 목제 건축부품과 목조장식원주, 목비, 원형 목제 주초, 목용, 목구 등과 더불어 식대와 국자(사진 20)[46]가 출토되었다. 그리고 역시 한대의 유적 신강 산보랍(山普拉) 유적에서는 뿔로 만든 숟가락 7점과 빗 1점, 목제 표 4점, 목병, 목합, 목통, 목분 등의 유물이 다양하게 출토되었는데 뿔로 만든 숟가락은 술잎의 끝이 뾰족한 것(길이 20cm,

---

44 차후 생각해 보아야 할 문제점인 것은 분명하지만 워낙 출토 예가 없어 이 방면의 연구가 쉽지 않을 전망이다. 지금까지의 출토된 자료를 보면 삼국시대에 나무젓가락이 출토된 예는 고촌유적이 유일하다.

45 河南省文物硏究所, 1989.2, 「信陽孫砦遺址發掘報告」, 『華夏考古』

46 이 목제 국자는 표면이 회백색으로 균열이 심하고 건조되면서 변형된 것이다. 전체 길이 30cm. (朝日新聞社, 1992, 『樓蘭王國と悠久の美女』日中國交正常化20週年記念展)

사진 21
신강 산보랍유적 출토 골제 숟가락

너비 4.6cm, 두께 0.2cm)과 방형에 가까운 것(길이 15.7cm, 너비 4cm), 타원형(자루가 일부만 남았다. 길이 14.3cm, 술부너비 3.8cm)인 것으로 나누어 볼 수 있다.[47][사진 21] 이처럼 나무로 제작한 도구는 당시로는 일반적이었다고 할 수 있겠으나 전하는 것이 얼마 되지 않아 당시에 사용하였던 도구를 추정하는 것에는 어려움이 따를 수밖에 없는 것이다.

나무나 뼈로 제작된 숟가락 이외에도 중국은 남북조시대의 분묘에서는 도제 숟가락이 거의 정형화되어 출토되고 당대에 이르면 상당한 양의 숟가락이 부장품으로 발견된다.

중국과 밀접한 교류 속에서 높은 수준의 문화를 이루어 갔던 삼국시대와 통일신라시대의 분묘에 왜 유독 숟가락만 발견되지 않고 있는지 검토가 필요하다. 나무나 뼈로 제작된 숟가락이나 젓가락이 남아 있기 어렵다고 해도 수없이 발굴된 삼국시대의 고분에서 한 점의 숟가락도 출토되지 않았다는 것은 당시 숟가락이 일반적으로 사용되지 않았다고 볼 수 있는 근거가 된다. 여기에는 광주 신창동유적이나 경산 임당동유적과 같은 저습지유적에서 목제나 토제의 주걱은 출토되고 있으나 숟가락은 출토되고 있지 않다는 점도 앞의 추론을 뒷받침한다.

이상과 같은 상황을 정리하면 삼국시대의 신라지역에는 4세기 중후반의 대나무 젓가락과 황남대총의 은제 국자 3점, 그리고 5세기 후반 경의 금관총에서 출토된 동제 숟가락 1점과 은제 숟가락 3점이 전부이다.

---

47 新疆維吾爾自治區博物館 · 新疆文物考古研究所, 2001, 『中國新疆山普拉』-古代于闐文明的揭示與研究, 新疆人民出版社

그나마 이 지역에서 출토된 숟가락과 국자가 일반적인 식도구로 사용된 것이 아니라 의례용이었을 가능성이 높다는 것은 금속제 숟가락의 위치를 보여주는 듯하다.

다음으로 백제지역에 출토된 숟가락과 젓가락을 살펴보기로 하자. 백제지역에서는 경주를 중심으로 하는 신라지역보다 다양한 형태의 숟가락이 출토되었다. 우선 공주 무령왕릉에서 출토된 3점의 청동숟가락과 부여 왕흥사 목탑터 심초석 주변에서 출토된 사리 공양구에 포함된 청동제 젓가락 1쌍이 있다.

무령왕릉 출토 청동숟가락은 모두 3점이며 젓가락도 2쌍이 출토되었지만 불행하게도 정확한 출토 상황을 담은 사진이나 도면은 남아 있지 않아 보고서에 실린 무령왕릉 내부 실측도면과 왕과 왕비의 유물배치 도면, 그리고 유물에 대한 설명으로 당시의 상황을 그려 볼 수 있을 뿐이다.

먼저 무령왕릉과 같은 전축분들은 당시 백제가 중국 남조와의 교류를 통하여 도입한 묘제라고 알려져 있으며 백제 웅진시기에만 전축분이 축조된 것이다. 무령왕릉출토 숟가락의 형태는 우리나라에서는 다른 예가 없는 독특한 것이다. 3점 가운데 2점은 연도 입구 가까이에서 출토된 것인데 모두 자루의 끝이 넓게 벌어지고 술잎의 끝이 뾰족하며 술부의 중앙이 절단된 것의 크기가 조금 작다. 크기만으로 보면 큰 것이 무령왕의 것이며 작은 것이 무령왕비의 것이 되겠는데 2쌍의 젓가락도 한쌍은 길이가 21.3cm이고 다른 한쌍은 19.6cm에 고리가 달려 있어 길이가 긴 것을 무령왕의 것으로 보고 고리가 달린 것을 왕비의 것으로 보고자 한다.

이렇게 되면 수저 2벌이 완성되는데 이것은 연도 입구의 동발 2점 (출토유물에는 청동완으로 하였음)과 함께 세트를 이루었을 것으로 보인다. 다만 이 동발과 청동수저는 그냥 바닥에 놓였다고 보기는 어렵다. 왕과 왕비에게 올리는 것을 바로 바닥에 두었다는 것이 비논리적이고 출토 당시에 동발과 육이호 부근에서 나무판이 부식된 것과 청동고리와 쇠못이 떨어져 있었던 것으로 보아 나무로 제작한 대 위에 놓았으나 다리가 부식되면서 흩어져버린 것으로 볼 수 있다. 나무로 제작하여 그릇을 올려두는 기물을 案이라고 하는데 중국에서 이러한 예는 낙양에서 발굴조사된 한대 묘에서 확인되고 있으므로[48] 복원에 보다 신중한 접근이 필요하다.

나머지 한 점의 숟가락은 왕비의 머리 서쪽의 동발 속에서 장도와 함께 출토되었으며 크기는 왕의 것으로 추정한 숟가락과 거의 같다. 왜 이렇게 청동숟가락을 그것도 왕비의 머리 서쪽에 두었던 동발 내부에 넣었으며 그것도 장도와 함께 넣었는지는 알 길이 없다.

그런데 중국 하북 정현에서 출토된 북위의 석함 내부에서 무령왕릉에서 출토된 것과 거의 같은 형태의 숟가락이 3점 출토되었다.[49] 『定州志』에 의하면 이곳은 화탑지였는데 화탑은 송나라 咸平연간(998~1003)에 축조되었으며 홍무말년에 탑이 훼손되어 탑의 전돌로 성을 쌓았다는 기록이 있다고 한다. 하북 정주현 성내 동북쪽에서 발견된 이 석함은 구릉의 지표하 약 50cm~100cm 되는 지점에 북위와 동위, 북제의 석상 잔편이 출토되었고 1.5m 정도 아래 남쪽으로 치우친 중앙부에서 석함이 발견되었다.

석함은 석회암을 이용하여 제작한 것으로 높이 58.5cm, 길이 65cm, 함신 고 38cm, 내부 깊이 14.5cm로 외부의 바닥은 다듬지 않아 비스듬하였다. 입구의 좌측에 너비 4cm의 결구가 있는데 그 아래에 「太和」라고 새겨져 있다. 함의 안쪽은 저평하지만 다듬지 않아 면이 거친 편이었

---

48 余扶危, 1975 2, 「洛陽澗西七里下東漢墓發掘報告」, 『考古』
49 河北省文化局文物工作隊, 1966. 5, 「河北定縣出土北魏石函」, 『考古』

다. 함의 뚜껑에는 12행의 명문이 확인되었는데 이를 통해 태화 5년(481년) 제작임을 알게 되었다.

석함 내에는 화폐(동전-반량전, 오수전, 화천, 대천오십, 소천직일), 페르샤의 은폐, 금기(이추, 금편), 은기(보병, 촉자, 계지, 이환, 발차, 환식, 대타미), 동기(발, 방인, 시, 경, 령, 섭자, 황형식, 식편, 포식), 유리기(병, 기저, 환식, 원주상곳식), 옥석기(석결, 감석, 벽, 패식), 마노기(환, 곳식, 감식, 백색천연조형석), 수정기(곳식, 원료), 기타(진주, 조개, 산호곳식) 등 모두 5,657점이 출토되었다.

이 태화명 석함에는 공교롭게도 3점의 청동숟가락이 들어 있었는데 그 중 2점은 숟가락의 술잎과 자루의 형태가 무령왕릉 출토 숟가락과 거의 동일한 것이며 나머지 한 점은 술잎은 거의 동일하지만 자루의 끝부분을 부채꼴 모양으로 만들었다는 것이 다를 뿐이다. 이들 숟가락의 술잎은 깊이가 비교적 얕은 유엽형이고 자루는 긴 편이다. 그 중 2점은 자루의 끝을 편평하게 하였으나 1점은 부채꼴 모양으로 만들었고 길이는 17.6~20.3cm이다. 이 석함의 제작연대는 석함에 남아 있는 태화 5년이라는 명문으로 서기 481년에 해당되어 무령왕릉이 축조된 525년과 44년의 차이를 보이고 있다. 한편 생각해 볼 점은 무령왕릉의 숟가락 형태가 특이하여 국내에서는 유일한 예이기도 하지만 중국에서도 북위 석함에서 출토된 숟가락과 같은 형태의 숟가락은 아직 발견된 예가 없다는 것이 특기할 만한 점으로 북위 석함 출토 숟가락과 백제 무령왕릉 출토 숟가락의 관련성 또는 무령왕릉 출토 숟가락이 수입품인지에 대한 여부는 신중하게 검토해보아야 할 문제이다.

무령왕릉 출토 숟가락과 더불어 절대연대를 가진 젓가락이 부여 왕흥사지 출토 젓가락이다. 이 젓가락은 목탑터의 심초석 남쪽변을 중심으로 장엄을 위해 넣은 다량의 사리장엄구에 포함된 것인데 사리용기인 청동함의 외면에 정유년 이월이라는 명문이 있고, 이는 백제 위덕왕 24년(577)에 해당되므로 이 젓가락은 뚜렷한 하한을 가진 표준 유물이 된다. 이 젓가락은 파손되어 길이가 정확하지는 않으나 약 20cm 내외로 무령왕릉에서 출토된 젓가락과 비교하면 별다른 차이가 없다. 더구나 젓가락 중앙에 고리가 달리고 젓가락의 단면이 팔각인 것은 무령왕비의 젓가락과 동일한 스타일이다.

다음으로 백제지역에서 발견된 청동숟가락은 부여 관북리백제유적 출토 청동숟가락, 논산 표정리 출토 청동숟가락, 청주 신봉동 출토 청동 숟가락 등이 있다. 그 중 관북리백제유적은 백제왕궁지와 관련이 있을 것으로 추정되는 건물지 부근의 도랑에서 발견되었다. 1988년에 이루어진 부소산 일대 조사 결과 부소산 기슭을 따라 동·서방향으로 일직선을 이루고 축조된 석축과 그에 부속된 배수구가 발견되었으며 이 석축을 바로 뒤에 두고 남향의 건물 3동이 발견되었다. 그 중 한 채는 북사라는 이름으로 부르던 건물이고 다른 채는 제기고로 사용된 것으로 추정되었다. 제기고로 추정된 건물지 주변에서 출토된 유물은 특별한 용도를 위하여 제작된 보주형꼭지가 달린 합과 접시, 양편에 전이 달린 이형토기 세 종류로 한정되었으며 제품의 크기는 규격화되어 있었다.[50] 이와 관련하여 부소산에서 출토된 자루의 끝에 연봉이 장식된 청동숟가락도 일상생활에서 사용하기는 어려운 것으로 추정되어 원래 제사용으로 보관되던 것이 제기고가 무너지면서 따로 흘러나온 것으로 추정된다. 그렇다면 이 숟가락의 제작연대는 백제가 부여로 천도한 성왕 16년(538)이 상한이 되므로 대략 6세기 후반 경의 제작으로 볼 수 있겠다.

한편 청주 신봉동유적은 출토 청동숟가락은 길이가 18.5cm이고 술잎이 9cm로 술잎과 자루의 길이가 큰 차이가 없는 점, 자루 중앙부를 침선으로 강조한 점, 술목이 얇은 점 등이 삼국시대 숟가락의 특징을 잘

---

50 윤무병, 1999, 『부여관북리 백제유적 발굴보고〔Ⅱ〕』 충남대학교 박물관총서 제18집, 충남대학교박물관·충청남도

보여주고 있다고 판단된다. 그런데 청주 신봉동백제고분군 발굴조사보고서에 의하면 청동숟가락이 출토된 44호분을 5세기 중반 경으로 보고 있어 44호 내부에서 출토된 청동숟가락 역시 5세기 중반 경으로 보아야겠지만 신봉동고분군이 청주에 위치하며 44호분에서 출토된 숟가락이 술잎과 자루의 구분이 약간 희미해지는 점, 그리고 자루의 형태가 유사한 숟가락이 안압지에서 출토되었는데 이 숟가락은 8세기경으로 편년되는 점 등으로 미루어 보아[51] 무령왕릉 출토 숟가락보다 앞선다고 보기는 어려울 것 같다. 그러므로 신봉동 44호 출토 숟가락의 제작 시기는 최소한 무령왕릉의 축조 연대보다 늦은 6세기 중반 이후의 사비시대에 비정할 수 있을 것이다.

그리고 부여박물관에 소장된 논산 표정리 출토 숟가락은 정확한 출토지가 알려져 있지 않고 남아 있는 상태도 그리 좋지 않지만 자루와 술잎이 연결되는 부분의 경계가 없고 술잎에서 자루로 연결되는 부분의 폭이 점차 줄어드는 특징을 보인다. 부소산 출토 통일신라시대 숟가락과 비교하여 볼 때 백제시대의 제작으로 볼 수도 있겠으나 술잎의 형태가 거의 유사한 것이 9세기까지 편년되고 있으므로 차후의 보완검토가 필요하지만 표정리고분의 대체적인 연대를 6세기 말에서 7세기 초로 보고 있으므로[52] 7세기 초를 상한으로 하여 7세기 중반 경으로 편년해 두고자 한다.[53]

---

51 이난영은 이 숟가락을 통일신라시대 숟가락을 4형식으로 구분하면서 가장 말기 단계인 Ⅳ형식으로 분류하고 통일신라 말에서 고려시대로 넘어가는 시기의 것으로 보고 있다.[이난영, 1992,「Ⅳ. 금속공예의 중요유물」,『한국고대금속공예연구』, 일지사]

52 안승주, 1976,「논산 표정리 백제고분과 토기」,『백제문화』9

53 그리고 논산당골고분군에도 청동숟가락이 출토된 것으로 보고된 바 있다. 논산 당골고분군은 전체가 조사된 것이 아니고 도굴의 피해를 입은 파괴된 석실분 8기와 옹관묘 1기 등이 1981년에 조사되었다. 그 중 숟가락이 출토된 것으로 보고된 고분은 당골 1호분이다. 당골 1호분은 구릉의 서사면에 위치하고 석실은 벽면의 맨 하단에 40cm 크기의 할석 1단을 쌓고 그 위에 작은 잡석으로 공돌쌓기를 하여 구축하였는데 남북의 단벽 안에 동서의 장벽을 끼우는 식으로 축조하였다. 석실 안에서는 토기 뚜껑과 병형토기, 호, 대부동완, 동제 숟가락, 철제도자 등

또 한편으로 백제 당시의 일반적인 식생활 도구를 보여주는 것이 대전 월평동유적에서 출토된 목제 주걱 2점이다.

고구려지역에서는 앞서 지적한 것처럼 청동숟가락 실물이 발견되지는 않았다. 그러나 고구려는 삼국 가운데 『三國史記』에 국(羹)이 기록된 유일한 국가이며[54] 고구려는 중국과 국경을 접하고 있고 일찍부터 칠기로 제작한 숟가락을 사용하고 있었던 낙랑과도 많은 교류가 있었을 것으로 보이므로 청동숟가락 또는 다른 재질을 이용한 숟가락을 사용하였을 것으로 추정되지만 실물이 발견되지는 않았다. 다만 안악 3호분의 부엌 그림에 왼손에는 길죽한 막대기 형태의 도구를 솥 안에 넣은 채 오른쪽 손에는 국자를 들고 있는 것이 확인된다. 이 국자의 형태는 중국의 북부지방에서 보이는 국자와 거의 동일한 형태이며 통일신라시대 대구 칠곡 3택지 지구에서 출토된 토제 국자와도 크게 다르지 않다.

그리고 안악 3호분의 부엌 그림에 무엇인가를 조리하고 있는데 그것이 무엇이겠는가 하는 점이다. 주영하는 안악3호분의 벽화에서 디딜방아가 놓여진 방앗간과 아궁이에 놓인 시루는 고구려 사람들이 조의 껍질을 탈곡하여 조밥을 짓는 과정과 일정하게 관련되어 있을 가능성을 보여준다고 지적하며 부엌의 그림은 마치 떡을 고이는 모습을 표현한 장면이라고 하였다.[55] 그러나 필자의 생각으로는 떡을 고이는 장면으로 보기는 어렵다고 본다. 왜냐하면 우선 큰 솥 안에 길죽한 막대기를

폐고분으로는 드물게 많은 양의 유물이 출토되었다. 한편 당골 1호분 출토 숟가락으로 부여박물관에 수장된 것은 모두 5점으로 그 중 1점만 완형을 유지하고 있다. 그런데 이 청동숟가락은 모두 적어도 12세기 이후로 편년되는 것이어서 어떤 경과로 당골 1호분 내에서 발견되었는지 알 수 없다.[서성훈·신광섭, 1984, 「표정리 백제발굴고분조사」『중도』Ⅴ, 국립중앙박물관]

54 『三國史記』卷第十七 高句麗本紀 第五 東川王 諱憂位居 小名郊彘 山上王之子 母酒桶村人 入爲山上小后 史失其族姓 前王十七年 立爲太子 至是嗣位 王性寬仁 王后欲試王心 候王出遊 使人截王路馬鬣 王還曰 馬無鬣可憐 又令侍者進食時 陽覆羹於王衣 亦不怒

55 주영하, 2004, 「벽화를 통해서 본 고구려의 음식풍속」, 『고구려연구』 17권, 고구려연구회

넣은 것은 솥 안의 내용물을 휘젓는 상황으로 보는 것이 타당하며 더구나 오른손에 들고 있는 국자는 액체를 뜨기 위한 것으로 떡을 맛보기 위한 도구로 보기는 어렵다고 생각한다. 오히려 부엌 앞에는 육고가 그려져 있고 개와 돼지가 조리대상으로 준비되고 있는 것으로 보아 개나 돼지를 이용한 요리를 하고 있는 것으로 보는 것이 더 합리적이라 할 것이다. 그리고 死者를 위한 벽화에는 보다 특별한 장면을 표현하는 것이라고 본다면 평소에 먹던 조밥이나 떡 보다는 고깃국과 같은 별식을 준비하고 있는 장면을 그렸다고 보는 것이 더욱 설득력이 있다고 생각한다.

한편 고구려벽화고분의 대표적인 생활풍속도는 덕흥리 벽화고분, 쌍영총, 무용총, 각저총, 수산리벽화고분 등이 유명한데 각저총의 주인공 생활도에는 식탁이 차려져 있으나 아무런 식도구가 그려져 있지 않았다. 안악 3호분의 부엌에서 일하는 여자에게 국자를 그렸을 정도면 당연히 식탁에도 숟가락은 그렸어야 하는 것이 아닐까 하는 의구심이 든다. 고의로 그리지 않은 것이 아니라 없어서 그리지 않았다면 지금까지 고구려지역에서 숟가락이 출토되지 않는 것도 이해할 수 있는 것이기 때문이다.

이상과 같은 삼국시대의 출토유물을 시기적으로 정리하여 보면 부산 기장고촌유적 출토 대나무 젓가락이 4세기로 가장 앞서며 다음으로 황남대총 남분 출토 은제 국자가 4세기 중후반, 금관총 출토 은제 숟가락과 청동제 숟가락이 5세기 중반 경으로 편년된다. 이어서 무령왕릉 출토 청동제숟가락과 젓가락이 6세기 전반에 편년되어 백제지역에서는 가장 앞서며 이어서 부여 관북리 백제유적 출토의 연봉형 장식 청동숟가락이 6세기 중반, 왕흥사지 출토 젓가락이 6세기 중후반, 청주신봉동 출토 청동숟가락이 6세기 중후반, 표정리 출토 청동숟가락은 7세기 전반 경으로 편년할 수 있다. 다만 안악3호분에 그려진 국자는 분명 영화 10년(357) 당시의 것을 표현한 것이겠지만 실물이 없는 점이 아쉽다.

그리고 덧붙여 둘 것은 경산 임당동 저습지 출토 목제 국자의 편년에 대한 것이다. 아직 정식 보고서가 발간되지 않아 단정짓기는 어려우나 동반되는 고배와 잔, 대부발이 낙랑지역 고분에서 출토되는 칠기와 상당히 유사한 부분이 있어 3세기 말 또는 4세기 초반 경의 유물로 보고자 한다.[56]

다음으로는 통일신라시대에 해당되는 유적과 유물의 편년을 살펴보도록 하겠다. 통일신라시대의 청동숟가락이 가장 많이 출토된 유적은 경주 안압지와 대구 칠곡3택지유적, 신라왕경유적 등이 있는데 안압지와 신라왕경유적, 그리고 분황사지에서 출토된 숟가락은 보고서에 유물의 출토 상황이나 층위에 대한 설명 없이 일괄하여 기술하고 있고 대구 칠곡3택지유적에서 출토된 청동숟가락과 국자는 모두 25점 가량 되지만 보고서에 별다른 언급이 없어 모두 동시기의 유물로 판단할 수밖에 없는 상황이다.

먼저 안압지 출토 숟가락을 살펴보면 모두 26점이 출토되었는데 특징을 파악할 수 있는 통일신라의 숟가락은 9점에 불과하고 나머지는 자루나 술잎만 남았거나 고려시대의 것이다.

9점의 숟가락은 일반적인 숟가락으로 볼 수 있는 것 4점(3호, 7호, 12호, 20호-Ⅰ식)과 술잎과 자루가 연결된 각도가 큰 것 5점(4호, 5호, 6호, 15호, 16호-Ⅱ식)으로 나누어 볼 수 있다.[57] 그런데 일본 정창원에 남아 있는 통일신라 숟가락은 술잎의 형태가 원형과 타원형인 숟가락이 한 벌씩 묶여 전해지고 있다. 술잎 원형 숟가락은 음식물을 덜어 오는 도구이며 술잎 타원형 숟가락은 음식물을 떠서 바로 입으로 운반하는 도구로 알려져

---

56 복천박물관, 2005, 『선사 · 고대의 요리』
57 숟가락 번호는 필자가 경주박물관 소장 안압지 출토 숟가락을 열람할 때 편의상 붙인 번호로 경주박물관 소장 유물 번호와는 관련이 없다.

있다.[58] 그러므로 안압지에서 출토된 숟가락의 구성은 우연인지는 알 수 없으나 당시의 식도구 사용 방법을 대변하고 있다고 할 수 있다.

숟가락을 살펴보면 3번 숟가락(I-a)은 자루의 폭(0.6cm~0.7cm)이 술잎의 폭(4cm)에 비하여 폭이 좁고 길어서(22cm) 세장한 느낌이 들고 술잎 길이(6.5cm)와 자루의 길이(22cm) 비율이 1:3 정도로 아주 세련된 형태를 하고 있고 사용흔이 없는 것이다. 이 숟가락은 남아 있는 상태도 최상을 유지하고 있지만 제작 기법이나 형태도 지금까지 전하고 있는 어떤 숟가락보다 뛰어난 것이다. 이것과 거의 비슷한 숟가락이 일본 정창원 남창에 남아 있는데 전체 길이가 24.1cm로 크기만 다를 뿐 술잎이나 자루의 형태가 거의 동일하다. 그리고 이 숟가락 술잎의 이면에는 「ㅁ五斤」이라는 묵서가 남아 있기도 하다. 그리고 이 숟가락의 다음 단계로 보이는 것이 일본 정창원에 남아 있는데 전체 길이가 29.7cm, 술잎 길이 7.8cm, 자루길이 22.2cm로 약간 더 길고 술잎의 좌우가 각이 진듯하게 제작되고 술목에서 자루로 이어지는 부분도 좀 더 뚜렷하게 강조되고 있는 것이 특징이다. 또한 자루는 술목에서부터 점차 넓어져 끝은 선형으로 처리하였고 자루의 이면에는 「重大三兩」이란 각자가 남

---

58 이난영, 1992, 「3. 시저의 형식」, 『한국고대금속공예연구』, 일지사, pp.97~143
정창원에는 청동제 숟가락이 345매가 있다. 술잎이 원형과 목엽형의 두 종류가 있으며 각각 1점씩 2점을 한 조로 하여 이것을 얇은 종이로 감고 그 위에 그것을 10조로 한다발로 하여 삼끈으로 연결해 한꾸러미로 한 것이다. 사용하지 않은 채 전래된 것으로 생각되는 것도 있어 박재된 당초의 모습을 그대로 보여주는 것으로 생각되는 희귀한 것이다. 숟가락을 싼 얇은 종이는 묵서가 남아 있는 반고지이지만 신라문서일 가능성이 높은 것이다. 각각의 숟가락 하나하나는 술잎이나 자루의 길이, 두께 등이 모두 같지 않으며 다소 형태도 달라 수가공에 의해 성형되었음을 나타내고 있다. 이들은 주조와 단조를 병용한 것으로 동일 거푸집을 이용하여 술잎과 자루를 판상으로 만들어 이것을 단출하여 성형한 것이다. 특히 거푸집의 입구는 자루 시작에서 끝까지 쇳물이 들어가지 않고 전체 길이를 재는 방법이 부족하였기 때문에 망치로 두드려 늘인 것 같은 흔적이 확인되기도 하였다. 또 술잎의 요철이나 술잎과 자루가 이어지는 부분의 곡선은 주조 후 가공된 것으로 생각된다. 그리고 재질은 동 약 80%, 주석 약 20%인 것이 성분분석에 의하여 확인되었다. 이와 같은 대량의 숟가락이 신라로부터 박재품일 가능성이 높은 것은 이것을 포함하고 있는 포장지가 신라문서로 생각되는 점, 또 경주 안압지나 황해도 평산군을 비롯한 한국 각지에서 같은 형식의 원형 숟가락과 목엽형 숟가락이 세트로 출토된 예가 몇 군데 알려진 것 등에서 알 수 있다.

아 있다.

12호 숟가락(Ⅰ-b)은 부소산에서 출토된 숟가락과 닮은 것인데 자루 가운데 능을 두었고 양 가장자리를 따라서 침선을 새겼다. 자루와 술잎의 길이비는 17.8cm×8.2cm로 2.2:1에 가깝고 술잎은 8.2cm×4.5cm로 1.8:1에 이르러 통일신라 숟가락의 특징을 잘 보여주고 있다. 특히 이 숟가락은 자루목의 너비가 1.4cm로 상당히 둔한 느낌을 주는데 이 것은 분황사지에서 출토된 통일신라 숟가락 거푸집에 나타난 숟가락의 특징과 동일하다. 그리고 7번 숟가락(Ⅰ-c)은 청주 신봉동 출토 숟가락과 상당히 유사한 것으로 자루와 술잎의 경계를 강조하고 있으며 술잎의 길이와 너비가 8.5cm×4cm(2.1:1)로 정도로 술부의 가로세로비가 3번 숟가락(6.5cm×4cm, 1.6:1)보다 큰 편이다.

또한 20호 숟가락(Ⅰ-d)은 술잎의 크기가 6.3cm×4.9cm로 1.3:1의 비율을 보이는데 통일신라 숟가락 가운데 술잎의 형태가 가장 원형에 가깝고 자루는 술목에서 너비가 줄어드는 것이다. 유사한 형태의 것으로는 한우물 출토 숟가락을 들 수 있으며 자루는 15.3cm로 술잎의 약 2.5배이다. 이렇게 보면 안압지에서 출토된 4점의 숟가락은 통일신라시대 숟가락의 대표적인 형태를 모두 포함하고 있는 것이 된다.

지금까지 숟가락의 출토 상황을 고려하면 Ⅰ-a식은 경주 안압지 이외의 장소에서는 출토된 예가 없고 다만 일본 정창원에 유사한 것이 소장되어 있을 뿐이다. 우리나라에서의 출토지나 일본 소장처를 참고하여 보면 이 Ⅰ-a식은 왕실용이었을 것으로 추정할 수 있다. 그리고 안압지와 부소산 등지에서 발견된 Ⅰ-b식은 Ⅰ-a식에 비하면 출토지도 다양하고 좀 더 다양한 계층에서 사용하였던 것으로 보인다. 그리고 Ⅰ-c식은 타원형의 술잎에 자루가 연결되는 부분이 강조되고 자루는 끝으로 가면서 넓어지는 형식인데 창녕 말흘리 퇴장유구에서도 출토된 바 있다. Ⅰ-d식은 술잎이 거의 원형에 가깝고 자루가 끝으로 가면서 줄어드는 형식이다. 그리고 Ⅰ-a식과 전체적인 형태는 닮았으나 술잎이 타원형이며 자루의 끝이 좀 더 넓은 것이 있는데 이것은 Ⅰ-a식으로 보아도 좋을 것이다.

다음으로는 앞서 살펴본 숟가락보다 술잎의 면적이 넓고 좌우 폭이 전후 길이보다 길며 술잎과 자루가 연결된 각도가 큰 형태의 숟가락에 대하여 살펴보기로 한다. 4번은 완형으로 자루에 동심원을 2개 또는 3개를 조합하여 문양을 만들었다. 전체 길이는 23cm, 가운데 자루는 18.5cm이며 술잎은 7cm×6.8cm로 거의 원형에 가깝다. 5번은 전체 길이 24.5cm, 자루 20cm, 술잎은 6.5cm×6cm, 6번은 자루가 부러진 것으로 술잎은 5cm×5.8cm이다. 15번과 16번 숟가락은 거의 차이가 없는 것인데 술잎은 5.7cm×5.5cm와 5.7cm×5.2cm이고 자루는 길이가 각각 18cm와 18.5cm이지만 자루의 너비는 0.9cm-0.6cm-0.8cm로 동일하다.

4번 숟가락은 자루가 비교적 짧고 끝이 부채꼴로 넓어지는 형식이며 5번과 15번·16번은 거의 비슷하지만 5번에 비하여 15번·16번은 자루에서 술부로 이어지는 부분에 어깨선을 강조하여 자루와 술잎을 분명하게 구분하고 있는 점이 다르다. 그리고 6번은 술잎을 자루 사이에 끼워서 제작하였는데 정창원에 남아 있는 패시를 모방하고 있는 것으로 볼 수 있고 이를 이난영은 가비형시라고 하였다.

이를 정리하여 보면 자루와 술잎이 연결되는 부분이 분명한 15번·16번을 Ⅱ-a식, Ⅱ-a식과 형태는 유사하지만 술잎과 자루가 이어지는 부분에 강조되는 어깨선이 없는 5번을 Ⅱ-b식, 술잎은 원형이나 자루가 짧고 끝이 벌어지는 4번을 Ⅱ-c식, 조개를 긴 막대기에 끼운 것처럼 제작한 가리비형시를 Ⅱ-d식으로 분류할 수 있을 것이다. 지금까지의 형식 분류는 제작시기를 고려하여 나눈 것은 아니고 다만 외형상의 특징에 따라 나눈 것이지만 자루와 술잎의 연결 부분이 강조된 Ⅱ-a

식이 가장 앞서고 자루와 술잎의 연결 부분이 직각으로 이어지는 Ⅱ-b식과 가비형시의 Ⅱ-d식이 다음이며 Ⅱ-c식이 가장 후기에 제작되었을 것으로 판단된다.[59] 그런데 이처럼 2개의 숟가락이 세트를 이루는 것은 경주지역 이외에 지금까지는 창녕과 부여에서만 발견되고 다른 지역에서는 예를 찾기가 어려운 실정인데 이는 이렇게 2개의 숟가락을 세트로 사용하는 것이 일정한 계층에서만 사용하였다는 것을 보여주는 자료인지도 알 수 없다.

한편 안압지에서 멀지 않으며 월성 지역에 포함된 것으로 알려진 국립경주박물관 부지 내 우물지에서 숟가락 1점이 출토되었다. 이것은 전체길이 24.3cm에 술부가 7.0cm×4.7cm로 술잎이 조금 크지만 자루 폭은 0.7cm로 큰 차이가 없고 자루와 술잎이 이어지는 곳에 어깨선을 넣어 강조한 것이 Ⅱ-a식에 속하는 것으로 볼 수 있다.

경주지역에서 출토된 숟가락은 왕경지구 출토 숟가락, 분황사지 출토 숟가락과 감은사 서삼층석탑 사리장엄구 내 청동숟가락이 있다. 이 중 감은사 서삼층석탑은 신문왕 2년(682)이라는 절대연대를 가진 것으로 사리함 내에서 출토된 길이 12.5cm, 술잎 직경 1.4cm의 특이한 형태의 숟가락은 7세기 후반을 넘지 못하는 유물이다. 그러나 이 유물은 사리장엄구에 포함된 것이므로 일반적인 식도구로 볼 수는 없고 탑을 조성하는 과정에서 있었던 의례과정에서 사용한 것으로 보아야 할 것이다. 그런데 문제는 신라왕경유적 출토 숟가락과 분황사지 출토 숟가락인데 이들은 지표채집된 유물이거나 출토 상황이나 층위에 대한 설명이 없어 유물의 선후관계를 밝히기가 곤란하여 편년에 어려움이 따른다는

---

59 편년을 생각하면 Ⅰ식은 국립경주박물관부지 내 우물지에서 발견되었고 동반 유물로 보아 8세기 후반대에 해당되므로 우선 Ⅰ식은 8세기 후반을 하한으로 둘 수 있을 것이며 가장 늦은 단계인 Ⅲ식은 잘라 말할 수는 없지만 9세기 후반은 넘지 않을 것으로 판단되는데 이는 안압지에서 출토되는 금속기명의 대체적인 편년이 9세기 후반을 넘지 않는 것으로 보이기 때문이다.

것이다. 특히 신라왕경유적 제 7가옥에서 출토된 것으로 보고된 숟가락 자루는 통일신라유물로 보아야 겠지만 한편 삼국시대의 가위도 출토된 바 있는 유적으로 구체적인 층위가 설명되지 않으면 시기를 단언하기 어렵다는 점을 지적해 두고자 한다. 다만 분황사 출토 청동숟가락 거푸집은 완형은 아니지만 안압지 12호나 부소산 출토 숟가락과 그 특징이 분명하게 부합하고(I-b) 있어 8세기 중반대의 유물로 보아도 좋을 것이다.

신라왕경유적에서 출토된 유물 가운데 제 7가옥의 1541번 숟가락의 술잎은 원형에 가깝고 자루가 끝으로 가면서 좁아지는 것이므로 I-b식에 속하는 것이며 제 10가옥의 1548번은 자루의 일부만 남아 있어 자세하지는 않으나 I-d식에 속하는 것으로 볼 수 있다. 특이한 것은 청동젓가락 1점이 끝부분이 일부 결실된 채 발견되었는데 손잡이 부분은 육각형이며 집는 부분은 원형이다. 그리고 손잡이 부분과 젓가락 사용 부분의 경계는 가운데 2조의 침선 2쌍으로 표시하였다.

그리고 분황사에서 출토된 숟가락은 술잎이 원형에 가깝고 자루가 끝으로 가면서 길어지는 것으로 I-d식에 분류되는 것이다.

다음으로 가장 많은 숟가락이 출토된 대구 칠곡3택지유적에서 출토된 숟가락을 살펴보기로 한다. 이 유적은 발굴조사 결과 청동기시대의 옹관묘, 주거지, 수혈, 고상가옥, 구, 늪지 등과 통일신라시대의 수혈, 고상가옥, 구, 적석유구, 주열 등이 확인되었다. 특히 통일신라시대의 유적 가운데 수혈이 331기, 고상가옥 39기, 구 43기 등이 조사되어 대단한 유구 밀집도를 보여주고 있으며 출토 유물도 통일신라시대 수혈에서만 2,100점 이상 출토되었다.

이 유적에서는 다른 유적에서는 보기 힘든 청동숟가락이 다수 출토되었다. 모두 편으로만 출토되어 아쉬운 점이 없지 않으나 청동숟가락이 통일신라시대에 들어서면서 전국적으로 확산되어 가는 과정을 잘 보여주는 의미 깊은 유적이라고 생각한다. 청동숟가락은 2-가구역의 수혈 7호, 46호, 73호, 구16호, 17호, 18호, 19호, 23호, 그리고 2-나구역의 수혈 7호, 9호, 88호, 88-1호, 119호, 135호, 135-1호, 165호, 173호, 178-1호, 구 11호에서 출토되었다. 모두 일부 편만 출토되어 특징을 알기는 어려우나 2-가구역 73호 출토 청동숟가락 자루는 2조의 침선을 상하로 베풀었고 구 16호에서 발견된 3점의 숟가락 자루는 자루와 술잎이 이어지는 부분의 너비가 두터워 통일신라시대의 특징을 잘 보여 주고 있다. 그리고 2-나구역의 수혈 9호 출토 숟가락도 자루와 술잎의 일부가 남은 것이지만 술목이 넓은 것이 특징이라고 할 수 있고 119호 출토의 숟가락과 구 11호 출토 숟가락도 동일한 형태이다. 그리고 구 11호 출토 청동숟가락은 원형의 술잎에서 올라가는 자루를 잘 보여주고 있어 안압지에서 출토된 가리비형시의 변형을 보여주는 것으로 볼 수 있다. 그런데 여기서 출토된 청동숟가락은 모두 술잎에서 자루로 이어지는 술목 부분이 넓은 편이며 자루의 끝도 편평하여 일부 남아 있는 술잎을 관찰해 보면 대부분 원형에 가까운 특징을 보이고 있어(Ⅰ-b) 안압지 출토 12호 숟가락의 특징을 보여주고 있다. 즉 분황사지에서 출토된 거푸집에서 제작된 것과 동일한 형태를 하고 있다고 판단되어 통일신라의 일반적인 숟가락은 아마도 안압지 12호 숟가락을 표준으로 삼아도 될 것으로 보인다.

그리고 보고자에 따르면 가-구 17호, 나-수혈 7호, 88호에서 청동국자도 출토되었는데 술잎에서 숟가락과 크게 차이가 난다고 하였다.

이 유적에서 출토된 유물 가운데 주목하여야 할 것이 토제 국자이다. 토제 국자는 가-구 18호의 동단벽 아래에서 출토되었는데 구의 네 벽은 모두 완만한 경사를 이루고 있었다. 국자는 술잎이 파손되었으나 술잎의 크기는 7cm×3cm 정도로 추정되며 바닥의 두께는 0.8cm 가량이다. 자루 역시 파손되었는데 단면은 말각방형이다. 이 토제 국자는 통일신라 유적으로는 우리나라에서는 유일한 것으로 경질토기를 생산하였던 삼국시대부터 통일신라시대에 이르기까지 토제 국자나 토제 숟가락의 존재를 시사하는 유물로 평가하고 싶다.

그리고 이 유적에서는 단 1점의 청동젓가락이 출토되었는데 물론 청동숟가락 자체가 아주 희귀한 유물이기도 하지만 20점 가까이 출토된 청동숟가락에 비하면 더욱 희귀한 유물이 된다. 젓가락의 출토 예가 신라 왕경유적이나 대구 칠곡유적 등에 한정되는 것은 젓가락의 사용은 아직 정착되기 전이라는 것을 시사하는 것이다.

한편 대구 칠곡유적은 청동기시대 이후 통일신라 한 시기의 유적만 분포하는 것으로 판단되고 출토 유물의 특징으로 보아 8~9세기에 편년되며 하한은 인화문토기와 기와 등으로 보아 늦어도 9세기 후반을 넘지 않을 것으로 판단된다.

그리고 창녕 말흘리 퇴장유구에서 출토된 청동숟가락은 A형과 B형으로 나눌 수 있는데 A형은 4개체가 확인되었다. 이것의 술잎은 원형에 가깝고 구연부를 따라가며 세워 올린 듯한데 이 술잎 원형의 숟가락은 경주 안압지에서 출토된 숟가락 Ⅱ-b식에 속하는 것으로 볼 수 있다. 그리고 B형은 6개체에 이르며 이 중 1점만 술잎과 자루가 남아 있는데 (도면 82-14/ I -b식) B형은 술잎이 대부분 타원형이며(I -c식) 자루가 남아 있는 것은 자루의 끝을 구부려 걸기에 편리하도록 한 것으로 판단하여 국자로 사용되었을 가능성도 없지 않다고 보고하였다. 국자는 대형과 소형 2점이 출토되었는데 길이 45cm, 자루 32cm, 술잎 13cm×18.2cm로 대형으로 지금까지 남아 있는 통일신라시대의 국자 중에는 가장 크다. 이상과 같은 유물은 모두 퇴장유구에서 일괄적으로 출토되었으므로 하한은 동일한 셈인데 같이 출토되는 유물로 보아 통일신라시대 유물임에는 의심의 여지가 없다. 필자는 술잎 원형숟가락과 유엽형 술잎의 숟가락이 같이 발견된 것을 참고하여 8세기 말에서 9세기 초로 편년해 두고자 한다.

다음으로 구례 화엄사 서오층탑출토 사리장엄구에 포함된 숟가락 2점이 있다. 청동제 숟가락은 2점으로 술잎이 비교적 완전한 한 점은 길이 23.5cm인데 손잡이의 끝 부분이 약간 파손되었고 술잎이 거의 다 파손된 다른 한 점은 현재 길이 20.7cm인데 손잡이는 거의 완전한 상태이다. 두 점의 숟가락은 굵기, 크기가 거의 비슷하기 때문에 파손된 부분을 고려하여 원형을 복원하면 전체 길이는 약 26cm 내외가 되고 술잎은 타원형이고 술잎의 크기는 6.9cm이다. 이 숟가락은 술잎이 유엽형으로 변해가며 자루도 전성기때의 날렵한 기분은 많이 사라지고 투박한 느낌이 드는 것으로 보아(Ⅰ-a식) 9세기 전반을 상한으로 삼고 9세기 중반까지 내려 볼 수 있을 것으로 판단된다.

한편 부소산 출토 청동숟가락은 1941년 출토된 술잎 원형숟가락 3점과 술잎 타원형숟가락 3점이 있고 1943년에 발견된 청동제숟가락 1점이 있다. 이들은 모두 이난영의 연구에 의하여 통일신라시대의 유물로 밝혀져 있는데 그 중 1943년 출토 숟가락은 길이 25cm, 자루 18.8cm, 술잎 폭은 4.2cm인데 술목이 1.3cm로 줄어드는 Ⅰ-b에 속하는 것이다. 동반 출토된 청동제평명이나 오화형완, 원저발 등으로만 보면 전형적인 8세기대의 유물이라고 할 수 있겠지만 청자와 정병을 8세기까지는 올려보는 것에는 문제가 있어 9세기 말 10세기 초의 유물로 보았으나 결코 고려시대에 편년되지는 않을 것으로 보았다.

그리고 당진 삼웅리 나무고개유적에서 출토된 3점의 청동숟가락은 술잎의 추정 크기가 7.4cm×7.0cm로 거의 원형에 가깝고 비교적 폭이 넓은 자루의 중앙에 침선이 나 있는 것과(도면 20-①, Ⅰ-d) 술잎이 타원형이며 자루가 끝으로 갈수록 넓어지는 것은(도면 20-②, Ⅰ-b) 통일신라시대 당시의 특징을 잘 보여주고 있다고 판단되며 또한 층위로 보아도 통일신라시대 유물이 분명하다. 대체적인 연대는 동반 출토된 주름무늬병의 연대가 8세기 후반에서 9세기 중엽으로 편년되지만 대부완에서는 인화문이 보이지 않는 점을 고려하여 9세기 전반대로 비정해두고자 한다.

이천설성산성 출토 청동숟가락은 백제시대에 조성된 토광이 매몰되면서 함께 쓸려 들어간 유물로 신라의 성벽이 들어선 다음에 사용되었을 것이다. 그런데 술잎이 원형에 가깝고 손잡이는 끝으로 갈수록 넓어지는 것과 부근에서 출토되는 청동접시가 안압지에서 출토된 유물과 별다른 차이가 없으므로 8세기 중반대의 유물로 편년된다.

그리고 한우물 출토 숟가락은 전체 길이 25cm, 타원형의 술잎에 긴 자루가 특징인데 Ⅰ-a식으로 분류된다. 이 유물의 제작시기는 숟가락 자루 뒷면에 새겨진 잉벌내라는 지명을 참고할 수 있다. 잉벌내는 경덕왕이 곡양현으로 명칭을 바꾸기 전의 명칭이므로 현명이 개칭된 것을 경덕왕 16년(757)으로 보아 우물의 축조연대의 하한은 8세기 중엽경이 된다. 이에 따라 숟가락의 제작시기도 757년이 하한이 되며 Ⅰ-a식이 Ⅰ-a식의 변형으로 지방의 관리들이 사용하던 형식임을 보여주고 있다.

마지막으로 문제가 되는 유물이 충북 음성에서 출토된 청동숟가락이다. 이 유물의 사진과 도면만을 보면 고려시대 숟가락으로 소위 장릉형에 속하는 것이라고 하여도 무방한 것인데 동반 출토된 유물에 단각고배와 고배개가 있다.[사진 19] 이것은 구연부 형태는 외반하고 있으며 외반된 구연단의 기벽은 얇고 뾰족하게 처리된 것으로 보인다. 그리고 개의 꼭지는 굽형이며 개신부의 형태는 凸자형에 가깝다. 개의 문양은 한 점은 2줄의 사선 끝에 동심원문이 있는 것이고 다른 한 점은 마제형문(종장문, 종장연속문)으로 宮川禎一의 2a의 A수법에 해당하며 시기는 7세기 중반에서 말까지에 해당된다.[60] 그러므로 단각고배와 고배개는 8세기 중

60 홍보식, 2004, 「통일신라토기의 상한과 하한-연구사 검토를 중심으로-」, 『영남고고학』 34, 영남고고학회

반을 넘기 어려운 실정이고 동일 형태의 숟가락은 일반적으로 11세기경에 편년되는 것이므로 두 유물의 시기 차가 너무나도 확연하여 동반유물이라고 보기 어려운 형편이어서 추후 새로운 검토가 필요할 것으로 보인다.

청동숟가락의 등장과 확산

04

1) 청동숟가락의 등장

이번에는 지금까지 편년과정에서 나타난 특징들을 정리하면서 몇가지 문제점을 지적해 두고자 한다. 먼저 생각해 볼 것은 삼국시대에서 통일신라시대까지 편년되는 숟가락, 젓가락, 국자 등이 출토된 유적이 얼마 되지 않는다는 것이다. 이것이 단순하게 숟가락, 특히 청동숟가락이 사용되는 시기가 이웃 중국과 비교해 보아도 상당히 늦다는 것과 또한 청동숟가락을 사용한 계층도 극히 일부에 불과하다는 것을 반영하는 것으로 판단하는 근거로 볼 것인가 하는 점이다.

특히 삼국시대의 경우에는 숟가락이 출토되는 유적이 희귀하다 싶을 정도이다. 앞선 글에서 보다시피 지금까지 삼국시대 유적에서 출토된 청동숟가락 가운데 가장 오래된 것은 금관총에서 출토된 1점의 청동제 숟가락과 3점의 은제 숟가락이다. 삼국시대 최초의 숟가락이 왕릉에서 출토되었다는 것은 그만큼 숟가락을 사용할 수 있는 계층이 한정되어 있다는 것을 보여 준다. 특히 금관총 출토 숟가락 4점은 출토 당시부터 상태가 좋지 않고 출토 위치도 분명하지 않은 점이 유감스러운 점이기는 하지만 4점의 숟가락 모두 실제 식생활에 사용할 수는 없는 것이다.

우리나라에서 발굴조사된 신라·가야의 고분은 어림잡아도 수천기는 상회할 것이고 그 내부에서 출토된 유물도 수만점을 상회할 것이 틀림없을 것이다. 이처럼 오랜 기간 동안에 걸친 발굴조사 결과 삼국시대 신라가야고분에서는 금관총을 제외하면 단 한점의 숟가락도 출토되지 않았으며 금관총 출토 숟가락도 실생활에 사용할 수 있는 것이 아니라 의례용으로 부장되었던 것으로 밖에는 볼 수 없다는 것은 무엇을 의미하는 것일까?

삼국시대 신라고분에서 발견되는, 특히 토기는 죽은 사람을 위한 것으로 그 종류는 항아리, 완, 고배, 옹, 개배, 병, 기대, 파배 등으로 크게 나눌 수 있을 것이다. 그리고 그 내부에는 죽은 사람을 위한 각종 음식을 넣었을 것인데 아무런 식도구가 발견되지 않았다는 것이 필자가 지적하고 싶은 점이다. 그것이 장법의 문제여서 고분 내부에는 숟가락이나 젓가락 등 식도구를 넣지 않는 것이 원칙이었다고 한다면 문제가 달라질 것이나 그런 지적은 아직 없는 것으로 알고 있다. 그리고 경질토기를 우리보다 훨씬 먼저 생산하고 우리에게 전해준 중국에서는 회색경질로 소성한(중국측 표현으로 陶制) 국자와 숟가락이 적어도 전국시대 이후부터 무덤 속에 부장된 예가 상당히 있다.[61]

혹시 고분 내에 나무로 만든 숟가락이나 젓가락, 또는 국자를 넣었으나 모두 썩어서 남아 있지 않다고 생각할 수도 있을 것이며 더구나 부

61　葉小燕, 1965.1,「河南陝縣劉家渠漢墓」,『考古學報』; 王蔚波, 1988.3,「新鄭縣東城路古墓郡發掘報告」,『中原文物』; 河南省文物研究所·焦作市博物館, 1989.2,「焦作市白庄41號漢墓發掘報告」,『華夏考古』; 李棟, 1993.4,「三門峽市華余包裝公司16號漢墓發掘簡報」,『華夏考古』외 40여기 이상이다.

산 기장고촌유적에서 4세기 후반대의 대나무 젓가락이 생생한 모습으로 출토되었으므로 그럴 가능성도 없지 않다고 생각된다. 그러나 이런 가정에 힘이 실리려면 광주 신창동유적과 같은 저습지유적이나 주거지, 그리고 다수의 삼국시대 목기가 출토된 경산 임당동저습지유적에서 목제 국자와 함께 나무로 만든 숟가락과 젓가락이 출토되어야 하는데 아직 그런 예는 없는 것이 흠이라 하겠다.

한가지 흥미로운 점은 금관총 출토 숟가락과 마찬가지로 황남대총 남분에서 출토된 자루가 뱀처럼 휘어진 은제국자 역시 실생활에서 사용된 것이 아니라 무덤을 축조하는 과정에 의례를 위한 제기였을 가능성이 많다는 것이다. 그것은 금관총 출토 숟가락이 길이가 10cm 내외의 것으로 실생활에서 사용하기는 어려운 점이 많고 황남대총의 은제국자는 모두 3점인데 크기도 각각 다를 뿐 아니라 술부와 자루가 연결되어 있어 자루를 아래로 숙이면 술부의 액체가 자루를 따라 흘러내리게 제작된 것이다. 그리고 자루가 각각 5번, 4번, 3번 틀어서 제작하였는데 이것은 특별한 의미가 있을 것으로 생각된다. 그리고 고촌출토 나무젓가락은 길이로 보아 제사용으로 사용하였을 가능성이 높다. 이 나무젓가락은 길이가 28cm 이상인데 조선시대 말기까지 숟가락 보다 젓가락의 길이가 더 긴 적은 없었으므로 실제 생활에서 28cm의 젓가락에 맞는 숟가락은 30cm 이상이 되어야 하지만 그런 숟가락은 당시 사람들의 신장에 비교해 보아도 무리일 것 같다. 실제로 종묘 유물로 남아 있는 제사용 망료저의 길이가 46cm가 넘는 예를 참고할 수 있을 것 같다. 이렇게 보면 신라가야지역에서 발견된 숟가락과 젓가락은 실생활용이 아니라 제사용으로 특별히 제작한 것임을 알 수 있다.

이와 같이 실생활에서 사용된 숟가락이 신라지역에서만 발견되지 않는 것은 평상시 식탁에서 숟가락을 사용하지 않았거나, 나무로 만든 숟가락을 넣었으나 남아 있지 않거나, 장례에 정해진 절차, 또는 신라인의 습속에 따라 무덤에 숟가락을 아예 넣지 않았다고 볼 수도 있는 것이지만 그에 대한 답은 시원하게 찾아질 것 같지 않다.

신라에서 평상시에 숟가락을 쓰지 않았다고 하려면 신라의 식생활 습관이 백제나 고구려에 비하여 달라야 할 것이라고 생각한다. 지금까지 신라 고분에서 출토되는 토기와 당시의 식생활을 관련지어 고찰한 논문은 아직 없는데『後漢書 東夷列傳』한조나『三國志 魏書』오환선비동이전의 기록에도 마한과 진한의 농산물은 별다른 차이를 보이지 않고 있으며『三國史記』본기를 살펴보아도 신라와 백제의 식생활이 크게 다를 것 같은 내용은 전혀 보이지 않아 신라와 백제는 거의 같은 식생활을 하였을 것으로 추정할 수 있으므로[62] 식생활이 달라서 신라지역에 숟가락이 출토되지 않는다고 보기는 어려울 것 같다.

다만 지금으로는 삼국시대 신라지역에서는 청동숟가락은 거의 사용하지 않았고 특별한 제의에만 청동이나 금은으로 만든 숟가락이나 국자를 사용한 것으로 잠정적인 결론을 내려 두지만 한편으로는 왜 그 수많은 고분에서 도기 숟가락이 한 점도 출토되지 않을까 하는 의문은 떨쳐버릴 수가 없다.

그런데 중국에서 국자나 숟가락 출토 상황은 살펴보면 우선 중국은 도제국자를 중심으로 하며 숟가락은 국자에 비하면 훨씬 빈도수가 떨어진다. 먼저 산동성과 산서성, 하남성과 하북성을 중심으로 국자나 숟가락이 출토된 유적을 중심으로 살펴보면 신석기시대에는 도제(우리나라는 토제)로 만든 국자나 숟가락이 출토되다가 은나라가 시작되면서부터 청동으로 제작한 숟가락과 국자가 출토되기 시작한다. 유물들은 주로 주거지와 무덤에서 출토되고 있으며 이러한 전통은 전국시대까지 이어진

---

62 강인희, 1978,『한국식생활사』제2판, 삼영사 ; 윤서석, 1999,『우리나라 식생활문화의 역사』, 신광출판사

다. 전국시대에 이르면 도제로 만든 국자가 출토되는 예가 있지만 주된 경향은 청동제 국자와 숟가락을 무덤에 부장한 것으로 보인다. 한나라에 이르면 이러한 전통은 일변하여 도제로 제작한 국자와 숟가락이 주류를 이루는 가운데 칠기로 제작한 예도 있고 청동으로 제작한 예도 가끔씩 출현한다. 낙랑에서 칠기로 제작한 국자와 숟가락이 출토된 예를 보아도 한나라는 칠기로 만든 국자와 숟가락을 애용한 것 같고 대표적인 유적으로 장사마왕퇴1호한묘를 들 수 있다.[63] [도면 24] 한나라를 지나 수·당에 이르면 도제도 있지만 은제로 제작한 국자나 숟가락이 출토되는 상

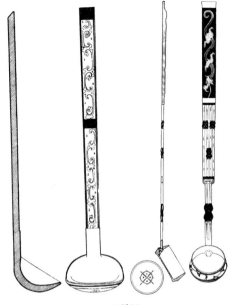

도면 24
장사마왕퇴1호 한묘 출토 국자
[칠기]

황으로 변하게 되고 이때부터 젓가락이 출토되기 시작하는 것이다. 그리고 무덤에서 숟가락이 출토되는 전통은 요와 금, 원나라까지 이어지다가 한족이 수립한 명나라의 수도가 남경에서 북경으로 올라오고 나서면서부터 거의 사라지게 된다.[64]

우리나라의 토기제작은 중국의 영향을 받아 회색경질토기를 제작하게 되는 것으로 알려져 있는데 중국에서는 한나라부터 도제 국자의 제작이 현저하게 증가하지만 한의 영향을 받은 삼국시대의 토기에서 도제 숟가락이 아직 한 점도 출토되지 않았던 것은 무엇 때문일까? 삼국시대 당시의 식생활이 도제 국자나 도제 숟가락을 사용하지 않았기 때문에

---

63 湖南省博物館·中國科學院考古研究所編, 1973,『長沙馬王堆一號漢墓』上集·下集, 文物出版社

64 이상은 필자가 중국고고집성 하남성/산동성편 22권 가운데 국자나 숟가락이 출토되는 유적 89건과 중국고고집성 북경시/천진시/하북성/산서성 20권 가운데 국자나 숟가락이 출토되는 유적 90건을 정리하여 얻은 결과이다. [中洲古籍出版社, 1999,『中國考古集成』華北卷 河南省/山東省, 1권~22권 ; 哈爾濱出版社, 1998,『中國考古集成』華北卷 北京市/天津市/河北省/山西省, 1권~20권]

제작할 필요가 없었던 것인지 지금으로선 결론을 내기 어렵고 차후의 연구과제로 남겨 두기로 한다.

백제지역의 고분에서는 무령왕릉에서 3점의 청동숟가락이, 논산 표정리에서 1점의 청동숟가락, 그리고 청주 신봉동고분에서도 1점의 청동숟가락이 출토되었고 사비시대의 왕궁유적에서 자루가 연봉형인 청동숟가락이 출토되었다. 또한 최근에 발굴조사된 왕흥사지 사리장엄구에서는 청동젓가락 한 쌍이 출토되기도 하였다. 신라와 비교하여 이처럼 숟가락의 출토 빈도가 높은 것은 어떤 사회적, 또는 문화적 상황에서 비롯되는 것일까?

먼저 무령왕릉에서 출토된 숟가락은 앞서 지적하였다시피 출토 상황이 분명하지 않은 점이 있으나 이것은 무령왕릉 발굴 자체의 흠결이므로 재론을 피하겠다. 가장 특이한 점은 청동 숟가락 3점이 출토되었는데 연도 입구에 놓인 숟가락은 젓가락과 함께 출토되었으나 나머지 한 점은 왕비의 머리 서쪽의 동발 속에서 장식도와 함께 X자로 겹쳐진 채 출토된 점이다. 여기서 의문은 무령왕과 무령왕비를 위한 무덤에 각각을 위한 한 벌씩의 수저는 장례절차와 연관시켜 이해할 수 있으나 왕비의 머리 쪽에 놓인 청동발의 내부에서 장식도와 함께 출토된 숟가락은 도대체 어떤 의미로 부장하였을까 하는 것이다. 이난영은 「백제금속공예의 대외교섭」이라는 글에서 장사 적봉산 2호의 동완 내에서도 숟가락이 발견된 예가 있다고 하여[65] 같은 행위의 결과로 보고 있으나 동완에 숟가락을 올려놓았거나 내부에 두었거나 하는 것은 음식을 사자에게 올리는 행위로 보면 당연한 것이고 연도의 이면에서 다른 유물들과 함께 출토되었기 때문에 무령왕릉에서 왕비의 머리 서쪽에 놓여진 동발 내부에 장식도와 함께 출토된 것은 전혀 그 의미가 다른 것이다.

---

65 湖南省博物館, 1960.3, 「長沙赤峰山2號唐墓簡介」, 『文物』

그리고 무령왕릉에서 출토된 숟가락의 형태는 우리나라의 청동숟가락 가운데는 유일무이한 것이며 중국의 북위 태화 5년명 석함에서 출토된 숟가락의 형태도 중국에서는 다른 예가 없다는 것이다. 그렇다면 무령왕릉에서 출토된 청동숟가락은 북위에서 수입한 것으로 볼 수 있을까 하는 것도 한번 검토하여야 할 사항이다. 이것을 간단히 결론지을 수 없는 것은 우선 무령왕릉 내에는 청자육이호 2점, 흑유반구사이호 1점, 백자잔 6점이 출토되었는데 이것은 모두 중국 내에서도 출토된 예가 있어 모두 수입품으로 본 연구가 있다.[66]

그러나 이런 자기류는 중국쪽 출토유물과 제작연대가 큰 차이를 보이지 않지만 무령왕릉의 축조연대와 북위 태화명 석함의 제작연대는 44년이라는 차이가 난다. 그렇다고 당시 중국에서 유행하고 있지도 않았을 것으로 보이는 이 숟가락을 백제가 40년이 지난 다음에 수입하여 무령왕릉에 넣었다고 하기에는 무리가 없지 않다. 무령왕릉에서 출토된 유물 가운데 지석이나 매지권 이외에 명문이 남아 있는 것이 무령왕비가 착용하였던 팔찌이다. 이 팔찌에는 「更子年二月多利作大夫人分二百州主耳」라는 명문이 음각되어 있다. 경자년 이월은 520년으로 왕비의 사망 6년 전, 다리라는 장인이 왕비를 위하여 만든 것이라고 밝히고 있다.[67] 결국 이 팔찌는 520년 즉 무령왕 20년이라는 분명한 제작연대를 가진 것으로 무령왕릉 내에 출토된 유물이 피장자들이 생전에 사용하였던 물건도 포함되어 있음을 보여주는 것이다. 관이나 두침 및 족좌, 석제 진묘수 등과 같은 장례용품은 능을 축조하면서 제작된 것이므로 상

---

66 안승주, 1998, 「백제 토기의 대중국 교섭」, 『백제미술의 대외교섭』 제5회 전국미술사학대회, 한국미술사학회, 예경

67 이와 같은 해석은 최근의 연구결과에 의하면 해석에 상당한 문제점이 있는 것으로 지적되고 있다. 즉 「다리」라는 장인이 대부인을 위해 만들었다는 것은 잘못이며 「多利作大夫人」이라고 붙여서 읽어 무령왕의 부인, 즉 대부인의 이름이 다리작으로 보아야 한다는 것이다. 뒤에 이어지는 명문도 「分」은 「於」 「슈」로 읽어야 하며 삽으로 읽은 글자는 「世」로 읽어서 다리작 대부인의 장수를 기원한 것으로 보아야 한다는 것이다.

한연대와 하한연대가 크게 차이가 없을 것이나 한편으로 다른 기물들의 상한은 편차가 있을 수 있으니 따로 검토하여야 할 필요성이 제기된다고 하겠다.

사실 당시의 백제 금속공예의 수준으로 청동숟가락을 만들지 못할 정도는 결코 아니기 때문에 백제에서 제작하였다고 하여도 큰 문제는 없으나 동일 형태의 숟가락이 아직은 하북 정현에서 출토된 석함 내 출토 숟가락 이외에는 없기 때문에 단정짓기는 어렵다는 것이다. 한가지 고려할 것은 젓가락 가운데 사슬로 연결한 것이 있는데 이것과 유사한 것이 왕흥사지에서도 출토되어 백제의 제작일 가능성이 높다는 것이며 젓가락이 백제 제작의 가능성이 높다면 숟가락도 따라서 백제 제작으로 볼 수도 있겠으나 다른 한편으로는 남아 있는 숟가락과 젓가락의 청동 재질을 보면 차이가 분명히 나기 때문에 제작지가 다를 가능성도 있다.[68]

또한 무령왕릉에서 출토된 3점의 숟가락이 절대 연대를 가진 유물로서 더할 나위 없이 중요하기도 하지만 같이 출토된 젓가락 또한 그에 못지 않은 의의를 지니고 있다고 생각된다. 우선 거의 동일한 유물이 출토된 하북 정현의 석함에서 3점의 숟가락이 출토된 것은 사실이지만 젓가락은 출토되지 않았다는 것이다. 중국에서 식도구가 출토되는 경향을 살펴보면 도제 국자와 도제 숟가락은 일찍 상주시대부터 출토되지만 젓가락은 동한시기의 낙양 동관협 마영로묘에서 출토된 도제 젓가락이 자장 빠른 예이고[69] 대나무 젓가락은 서한시기의 산동임기금작산구좌묘에서 40여점이 출토되었다고 보고된 예[70]가 있을 뿐이며 은제나 청동제 젓

---

68 무령왕 12년과 21년에 양나라에 사신을 보내 조공하는데 조공을 받으면 이에 대한 하사품을 내리게 되어 있는데 그 하사품 가운데 청동숟가락이나 청자, 백자 등이 포함되어 있었으며 이것이 무령왕릉에 부장품으로 남게 되었다면 지나친 상상일지 모르겠다. 앞으로 관련 자료를 찾아 볼 필요가 있다고 생각한다.

69 洛陽市文物工作隊, 1984.3, 「洛陽東關夾馬營路東漢墓」, 『中原文物』

70 馮沂, 1989.1, 「山東臨沂金雀山九座漢代墓葬」, 『文物』

가락은 당나라에 들어서야 출토되고 있다.[71] 그리고 시대가 한참 떨어지는 안압지 출토 유물 가운데에도 한 점의 젓가락도 포함되지 않았으므로[72] 무령왕릉 출토 젓가락 2벌은 상당한 문화적 선진성을 내포하고 있는 것이며 무령왕비의 것으로 추정되는 젓가락 중간을 사슬로 연결한 것은 중국 쪽에서도 보기 어려운 것이다.

이렇게 삼국시대 最古의 청동숟가락이 출토된 유적은 무령왕릉이 되는데 무령왕릉 출토 숟가락과 젓가락을 백제 현지 제작으로 본다면 이것은 역시 백제의 국제성을 입증하는 증거이며 당시 백제 귀족의 분위기를 보여주는 대표적인 기물로 판단할 수 있을 것이다.

그리고 사비시대의 백제 도성에 출토된 숟가락은 출토지가 제기고로 추정되는 건물지의 부근이어서 제사에 사용하였던 유물로 볼 수 있는데 정확한 용도는 알기 어렵다. 좌우가 더 긴 타원형의 술부에 끝을 연봉으로 장식하고 살짝 휘어진 원주형의 긴 자루를 붙이고 있는데 안압지에서 술부를 나무로 된 자루 사이에 끼우듯 제작한 수법과 비슷하게 보인다.

최근에 발견된 왕흥사지 목탑지 출토 사리장엄구에 포함된 젓가락은 단면 8각으로 그 제작 수법이 무령왕릉 왕비 젓가락과 거의 동일한 것이며 아마도 왕흥사 목탑에 안치되었던 사리를 사리병 속으로 옮겨 담는 용도의 도구였을 것으로 추정되며 통일신라시대 감은사 탑에서나 화엄사 탑에서 출토된 숟가락이나 핀셋과 같은 도구도 같은 용도로 쓰였을 것으로 보아도 좋을 것이다.

한편 청주 신봉동 44호분에서 출토된 청동숟가락은 자루의 중앙에

---

71 丹徒縣文敎局·鎭江博物館, 1982年 1期,「江蘇丹徒丁卯橋出土唐代銀器窖藏」,『文物』; 徐殿魁, 1986.5「河南偃師杏園村的六座紀年唐墓」,『考古』; 余扶危·邢建洛, 1992.3,「洛陽唐神會和尙塔塔基淸理」,『文物』
72 고경희, 1989,『안압지』빛깔있는 책들 28, 대원사

침선이 나 있고 술부는 1:2 정도의 비율을 이루는 타원형이다. 보고서에는 이 고분이 5세기 중후반 경에 조성된 것이라고 하였으나 타원형 술잎과 끝으로 가면서 선형으로 넓어지는 자루의 특징으로 미루어 보아 6세기 전반의 무령왕릉 보다 앞서는 것으로 보기는 어렵고 백제가 사비성으로 천도하고 난 다음 단계의 유물, 즉 6세기 후반 경 또는 7세기 초 정도로 보고자 한다. 이렇게 볼 수 있다면 표정리 출토 숟가락과 함께 백제지역에서 출토된 숟가락은 무령왕릉 3점(젓가락 2벌 별도), 부소산 1점, 논산 표정리 1점, 청주 신봉동 백제고분 1점, 왕흥사지 젓가락 1쌍 등이 출토되어 신라지역에 비하여 그 출토 양도 월등하고 출토지의 성격도 무덤과 목탑지, 왕궁지 등으로 다양하다.

그런데 청동제 숟가락과 젓가락의 출토지가 무령왕릉, 왕궁지, 사지 등의 왕실 관련 유적과 청주 신봉동고분과 논산 표정리고분 등 당시 지배 계층과 관련된 유적으로 그 사용계층이 한정되어 있다는 점이다. 백제는 지배층이 일찍부터 중국에 백제군을 설치할 정도로 중국과 일찍부터 관련이 깊었고[73] 근초고왕 27년(372)에 처음 중국의 진에 사신을 보내어 조공하면서 관계가 시작되고 있다. 백제의 중국 교류는 한성시대에는 남조(동진과 송)·북조(위)와, 웅진시대에는 남조(송, 제, 양)에, 사비시대에는 남조(양, 진)와 북조(북제, 북주)에 끊임없이 이루어지고 있었다. 청동숟가락이 출토된 무령왕릉의 주인공 무령왕의 재위시(501~523)에는 12년과 21년에 양나라에 사신을 보내 조공하였으며 동성왕 재위시(480~501)에도 1년, 5년, 6년, 17년에 남제에 사신을 보낸 기록이 남아 있다. 이어서 성왕 재위 기간 중에는 12년과 19년, 위덕왕 14년과 19년에

---

73 『梁書』卷吳十四 列傳 第四十八 第二 百濟 其國本與句驪在遼東之東 晉世句驪旣略有 遼東 百濟亦據有遼西晉平二郡地矣 自置百濟郡『宋書』卷九十七 列傳 第五十七 夷蠻 百濟國「百濟國 本與高驪俱在遼東之東千餘里 其後高驪略有遼東 百濟略有遼西 百濟 所治 謂之晉平郡晉平縣」

는 양나라에 사신을 보내 조공하였고 24년에는 진나라, 25년에는 주나라, 28년, 29년에는 수나라, 31년과 33년에는 진나라, 45년에는 수나라에 사신을 보냈다. 이어서 무왕 재위 연간에는 8년, 9년, 12년에는 수나라, 22년, 25년, 26년, 27년, 28년, 30년, 32년, 37년, 38년, 40년, 의자왕 2년, 3년, 4년, 11년, 12년에는 당나라에 사신을 보내고 있다.[74]

때로 삼국사기에는 한 해의 기사를 중국에 사신을 보낸 것으로 기록할 만큼 중국과의 교류는 당시 백제 사회에 중요한 부분을 차지하는 것이었다고 판단된다. 필자가 판단하기에는 백제가 신라보다 청동숟가락의 출토량이 많은 것은 이러한 중국과의 교류가 훨씬 활발하게 진행되었으며 중국에 군현을 설치하는 등 보다 중국의 문물 수입에 적극적이었기 때문이었다고 생각한다. 그리고 적어도 무령왕의 재위 기간은 고구려와 대항하기 위하여 펼친 양 및 신라와의 화친정책으로 요약될 수 있을 것이다. 특히 양과의 통교는 백제가 넓은 국제무대에 참여한다는 것이며 이미 고구려가 남북조에서 차지하고 있는 높은 국제적인 위치에 대항하여 이와 대등한 국가로 인정받기 위한 것이었을 것이다. 이를 위하여 백제는 보다 적극적인 대중국 유화정책이 필요하였을 것이며 이것은 보다 적극적인 중국 문물의 수입으로 이어졌을 가능성이 대단히 높다는 것이다.[75]

물론 앞서 살펴 본 신라지역도 황남대총과 금관총 등 최고의 계층을 위한 유적에서만 청동숟가락과 젓가락이 출토되었다는 것을 통해 볼 때 그 사용 범위를 말해주고 있지만 백제와 비교하여 신라는 중국과의 교

---

74 『三國史記』百濟本紀 文周王 三斤王 東城王 武寧王 聖王 威德王 惠王 法王 武王 義慈王條 참조

75 이난영, 1998, 「백제 금속공예의 대외교섭-금공기법을 중심으로-」, 『백제 미술의 대외교섭』 제5회 전국미술사학회, 한국미술사학회, 예경

류에 소극적이었다는 것도[76] 그 출토량이 적은 것을 설명하는 근거가 될 것이며 황남대총 출토 은제국자와 같은 신라색이 강한 유물이 출토되는 이유가 될 것으로 판단된다.

여기서 지적하여 둘 것은 중국 문물의 수입이라고 하여도 오늘날과 같은 거대한 면적을 아울러 중국을 지칭하는 것은 아니다. 한나라의 역사는 민족적 구성과 지리적 구성, 그리고 이 두 가지 모두를 포함하는 것으로 나누어 볼 수 있을 것이다. 민족적 구성이라고 하면 하나의 민족이 자신들이 일구어낸 역사를 말하는 것으로 중국이 한족의 나라라고 하면 지난 역사 가운데 한족이 세운 나라만을-예를 들면 한나라, 당나라, 송나라, 명나라 등- 자신들의 역사로 포함하여야 하고 북방의 민족들이 세운 나라는 자신들의 역사에서 당연히 제외하여야 한다. 그리고 지리적 구성은 특히 오늘날 자신들이 정치적으로 차지하고 있는 공간 위에서 이루어진 모든 역사를 자신의 역사로 포함시키는 것을 말한다. 이 경우 여러 민족에 의하여 역사가 이루어진 공간을 지금 차지하고 있는 민족은 자신들의 역사를 미화하기 위한 정치적 목적에서 타 민족의 역사를 무시하거나 폄하하는 경우가 있지만 이것은 역사를 모르는 자들의 만용인 것이다. 아마도 오늘날 중국이 추진하고 있는 동북공정이라는 것이 이런 역사적 과오에서 비롯된 것이라고 생각되는데 중국이 오늘의 국경을 이룬 것은 실제로 얼마되지 않고 또한 그것이 항구적이 아닌 것임을 깨달아야 할 것이다.

필자가 이번 글에서 고구려, 백제, 신라에 영향을 주었을 것으로 판단하고 있는 중국으로 지칭되고 있는 공간은 먼저 양자강 이북의 중국을 가리키는 것으로 한족을 중심으로 하는 중국은 아니다.[77] 지금까지

---

76 『梁書』卷吳十四 列傳 第四十八 第二 新羅 「其國小 不能自通使聘 普通二年 王姓募名
秦 始使使隨百濟奉獻方物」

77 이를 위하여 중국에서 출토되고 있는 식도구에 대한 정리가 필요할 것으로 판단되며 다음에

발굴조사된 자료를 종합하여 보면 중국은 국자를 중심으로 하는 식도구가 발전하는 것으로 보이는데 이러한 경향은 전국시대에 시작하여 한나라에 들어 전성기를 이루지만 중심지역은 역시 장강 이북으로 보는 것이 맞을 것이다. 실제로 중국에서 최초의 옥으로 제작한 숟가락이 출토되는 것도 안휘성 함산현이며[78] 중국에서 숟가락이 분묘의 부장품에서 완전히 사라지게 되는 것도 북방민족이 수립한 금나라, 요나라, 원나라가 망한 다음이라는 것도 식도구를 통한 민족간의 차이를 잘 보여주고 있는 듯하다.

그리고 고구려 지역에서는 아직 실물이 출토되지 않아 뭐라고 단정지을 만한 근거가 없는 실정인데 안악3호분에 국자가 그려진 예가 있고 앞서 지적한 것처럼 고구려의 음식이 국을 끓여 먹는 전통이 강한 나라였기 때문에 숟가락을 사용하였을 것은 분명하다. 또한 고구려는 300년 이상 국경을 접하였고 결국에는 낙랑을 함락시켰지만 낙랑에서는 일찍부터 칠기로 만든 국자와 숟가락을 쓰고 있었던 것이 확실하기 때문에 앞으로 이 방면에 관심을 가지고 조사가 진행된다면 많은 자료가 축적될 것으로 기대된다.

2) 청동숟가락의 확산

통일신라 숟가락이 출토되는 지역은 안압지, 왕경유적, 분황사 등의 경주지역을 중심으로 대구 칠곡, 구례 화엄사, 창녕 말흘리, 부여 부소산, 당진 삼웅리, 경기도 이천, 서울시 구로구 등 전국에 걸쳐 있다.

이를 정리하여 발표하도록 하겠다.

78 1987년 安徽省 含山縣凌家灘4號墓 출토 신석기시대 B.C.3500년경[東京國立博物館, 2004, 『中國國寶展』 참조]

각 유적의 성격과 관련된 숟가락의 성격을 살펴보기로 하자. 통일신라시대에 사용된 청동숟가락의 거의 모든 것이라고 해도 좋을만한 것이 모두 안압지에서 출토되었다. 안압지 출토 유물에 대한 연구는 아직도 진행 중이라 해도 좋을 만큼 출토 유물의 양이 방대한 것이 사실이지만 발굴조사 당시 예상외의 유물에 압도되어 발굴조사는 상당히 소홀하게 이루어진 것도 사실이어서 유물의 출토 상황과 층위가 분명하지 않은 것이 아쉬움으로 남는 것이다.

안압지의 원래 명칭은 월지로서 동궁의 동쪽에 위치한 것이었다. 안압지에서 출토된 숟가락에 관하여는 앞선 장에서 상세하게 설명하였으므로 숟가락이 출토된 배경에 대하여 검토하여 보고자 한다. 안압지에서는 모두 26점의 청동숟가락이 출토되어 국립경주박물관에 소장되어 있는데 아직 왜 숟가락이 안압지에서 출토되었는지 알지 못한다. 건물과 함께 쓸려 들어갔다고 간단하게 생각할 수도 있을 것이다. 기와나 전, 치미 등과 같은 와전류는 건물이 무너지면서 쓸려 들어갔다고 생각할 수 있겠지만 가위나 숟가락, 열쇠와 자물쇠, 투구 등은 어떤 목적을 가지고 안압지에 던지지 않았으면 우연히 들어가기는 어려운 것이다. 지금으로선 이런 유물들이 왜 안압지 내에서 출토되었는지 알기 어렵고 차후의 연구 결과를 기다릴 수밖에 없다고 생각한다.

그리고 안압지 출토 숟가락이 술잎이 타원형과 원형인 숟가락을 하나의 세트로 사용하였다면 그것은 아직 젓가락을 쓰지 않아 신라 내부에서 발생한 식문화의 일종일까 아니면 외래의 식문화가 신라로 유입된 것일까? 여기에 대한 답은 분명히 하기 어려운 실정이다. 왜냐하면 숟가락을 세트로 사용하는 것으로 보이는 예는 안압지와 부소산유적에서 처음으로 출토되는 것이기 때문이다. 이 시기에 당나라에서는 이미 은제 젓가락이 출토되고 있기 때문에 당나라에서 전해 온 것이라고 보기도 어려운 실정이다.

또한 삼국시대의 신라가 청동숟가락을 거의 사용하고 있지 않다가 통일 후 청동숟가락의 사용이 증가하는 것도 사실은 의문이다. 지금까지의 자료로는 신라의 청동숟가락은 안압지 유물이 최초라고 하여도 거의 무방한 지경이기 때문이다. 안압지 출토 숟가락의 편년이 일본 정창원의 연대를 참고하여 대개 8세기 중반경으로 보는데 단언하기는 어렵지만 당의 조력으로 삼국을 통일한 신라가 당의 문물의 수입에 힘쓰고 경덕왕대에 이루어진 일련의 한화정책으로 숟가락의 사용이 본격적으로 시작되었을 가능성을 지적해 둔다. 당나라의 최상층의 문물이 집중출토된 중국 강소성 정묘교에서 출토된 8세기 말의 은제 숟가락은 안압지 출토 유물과 비교해 볼 때 길이가 32cm로 훨씬 크기는 하지만 전체적인 형태는 별다른 차이를 보이지 않고 있으며[79] 부풍의 법문사에서 출토된 9세기 鎏金鴻雁紋銀勻은 자루가 안압지 출토 유물에 비하여 좀 넓기는 하지만 술부의 형태나 자루의 휘어진 정도, 그리고 전체적인 분위기는 상당히 유사한 것으로 보인다.[80] 이러한 유사점은 당과 신라간의 적극적인 문물 교류를 반영한 결과로 볼 수 있을 것이다.[사진 22]

통일신라시대 경주지역에서 청동숟가락이 출토되는 유적은 안압지 외에 왕경유적과 분황사지, 그리고 월성에 포함되었던 지역으로 생각되는 국립경주박물관부지 내 우물지, 감은사지 서삼층석탑 등은 먼저 신라왕실과 깊은 관계가 있는 곳이다. 안압지는 문무왕 14년(674)에 축조된 것으로 신라말까지 기록이 남아 있으며 분황사는 이름에서도 왕실과 관련이 있는 것으로 알려져 있고 국립경주박물관 부지는 신라의 왕성이 있었던 월성 내에 포함되는 곳이다. 또한 감은사는 신문왕 2년(682) 부왕 문무왕의 뜻을 받들어 창건한 절이며 사지 부근인 동해바다에는 문무왕

---

79 丹徒縣文敎局 · 鎭江博物館, 1982年 1期, 「江蘇丹徒丁卯橋出土唐代銀器窖藏」, 『文物』

80 陝西省考古硏究院 · 法門寺博物館 · 寶鷄市文物局 · 扶風縣博物館 編著, 2007, 『法門寺考古發掘報告』上 · 下, 陝西省考古硏究院 田野考古報告 第45號, 文物出版社

의 해중릉인 대왕암이 있다. 이와 같이 청동숟가락은 모두 신라 왕실과 관련된 곳에서 출토되어 청동숟가락은 왕실과 관련된 유물이며 신라왕경에서 출토된 숟가락처럼 적어도 신라의 지배층을 대표하는 유물로 볼 수 있겠다. 그리고 분황사지에서 출토된 청동숟가락 거푸집은 통일신라시대에 이르러 청동숟가락의 수요가 증가하고 있음을 보여주는 좋은 자료라고 생각한다.

그러나 정말 신기하게도 안압지에서는 한 점의 젓가락도 출토되지 않아 아직 젓가락을 본격적으로 사용하는 단계에는 이르지 못하였거나 젓가락이 필요 없는 상차림을 하고 있었을 것으로 보인다. 이를 증명하는 것으로 일본 정창원에는 신라의 사파리시 345매와 사파리시와 조금 형식이 다른 폭이 넓은 술부를 가진 목엽형시 1점, 그리고 패시가 60점 소장되어 있으나 젓가락은 1쌍만 소장되어 있는 것도 이러한 상황을 반영한 결과로 보인다.[81] [사진 23] 한편 감은사 서삼층석탑에서 출토된 소형의 환시는 석탑을 조성하는 의례 과정에서 사용된 것을 사리공양구에 포함시킨 것으로 보이는데 이것은 삼국시대 이래 청동숟가락을 의례에서 사용하였던 전통을 보여주고 있다고 생각한다.

다음으로 경주지역 이외에서 모두 편으로 출토되기는 하였으나 가장 많은 청동숟가락이 출토된 유적이 대구 칠곡3택지(2·3구역) 개발지구(이하 칠곡유적)이다. 이 유적에서는 수혈에서는 숟가락 편 14점과 국자 편 2점, 그리고 구에서는 숟가락 6점, 국자 1점, 젓가락 1점, 토제국자 1점 등이 출토되어 숟가락 20점, 국자 3점, 젓가락 1점, 토제국자 1점 등 모두 25점에 이른다. 그런데 이 유적의 성격에 관하여 보고서의 맺음말에서 「최고의 성과는 2구역에서 아직 선례가 없는 병영과 관련된 대규

---

81   奈良國立博物館, 1999, 『正倉院展』 平成11年 ; 奈良國立博物館, 2002, 『正倉院展』 平成14年

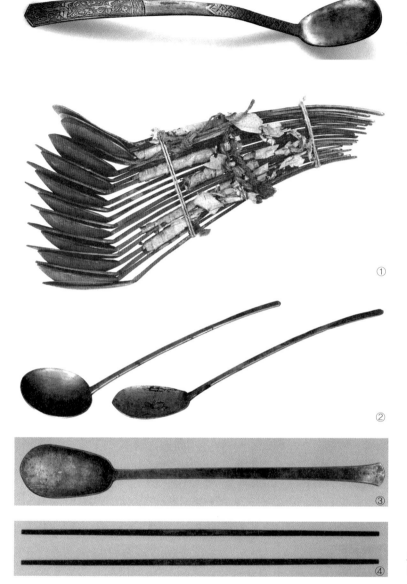

사진 22
중국 법문사 출토 숟가락

사진 23
일본 정창원 소장 숟가락과 젓가락

모 관방유적일 것이다. 특히 지금까지 이러한 관방유적은 산지에 위치
한 것이었으나 팔계천의 충적평야 위에 형성된 평지유적, 특히 하천이
인접한 배후습지에 위치한 유적이라는 데에 그 의의가 더욱 크다」라고
하였다. 그러나 어떤 유적의 구조적 특징이라든지 또는 어떤 출토유물

의 특징을 근거로 하여 병영과 관련된 대규모 관방유적이라고 한 것인지 알 수 없다.

또한 보고서에는 「유적 전체를 도시계획하듯 의도적으로 구획하고 구획된 공간을 어떤 특수한 용도로 분할하여 사용한 점 등은 본 유적만이 갖는 특별한 수식어일 것이다. 또한 통일신라시대에 있어 특정지역에서 본 유적처럼 매우 밀집되어 수혈유구가 분포한 것은 전대미문의 일일 것이다」 라고 하였다. 이러한 지적이 사실이라면 밀집분포하고 있는 수혈유구의 분포도 정말 계획적으로 배치되었으며 이 수혈유구가 관방과 어떤 관련이 있는지 밝혀야 하며 출토되는 유물이 유적의 성격을 어떻게 대변하는지도 지적하여야 하지 않았을까 하는 것이 필자의 소견이다. 필자의 생각으로는 대구 칠곡 3택지(2·3구역) 유적은 가장 밀집하여 분포하고 있는 수혈유구의 용도나 성격을 밝히지 않는다면 병영과 관련된 관방유적으로 볼만한 아무런 근거가 없다고 생각한다. 이렇게 유적의 성격이 아직 분명하지 않아 청동숟가락을 사용한 사람들의 성격이나 출토 배경을 알 수가 없는 실정이다. 다만 이 유적은 경주 이외의 지역에서 다량의 청동제 숟가락과 국자가 출토되어 청동숟가락이 8세기를 지나면서 지방에서도 사용되고 있음을 보여주는 좋은 자료이며 특히 안압지에는 한 점도 출토되지 않은 젓가락이 1점 출토되어 청동젓가락을 사용하는 계층도 점점 확대되고 있음을 보여주는 중요한 유적이라고 생각한다.

창녕 말흘리퇴장유구에서 발견된 청동숟가락과 국자 등이 통일신라시대의 유물인 것은 동반되는 유물로 보아 분명한 것 같다. 말흘리에는 당시에 사찰이 위치하고 있었던 것으로 보이는데 감은사 서삼층 석탑에서 출토된 소형의 숟가락과는 달리 실생활에 사용하였던 것으로 볼 수 있으며 청동국자는 통일신라시대 최대의 것이다. 그리고 화엄사 서오층 석탑에서 출토된 2점의 숟가락도 결국은 감은사의 경우처럼 석탑의 축조 과정에서 의례용으로 사용하였던 것이 사리공양구에 포함된 것으로 볼 수 있으나 출토 상황이 분명하지 않다.[82] 다만 숟가락의 자루가 세장하게 호선을 그리면서 뻗은 점이나 술부가 약간 타원형인 점은 신라 왕실 숟가락을 본 따 지방에서 제작한 것으로 볼 수 있을 것이며 같은 형식의 것이 한우물에서도 출토된 바 있다. 이 숟가락의 제작연대는 주경미는 정창원 소장의 숟가락과 유사하고 크기와 비례, 형태 등으로 볼 때 8세기 중반경 통일신라시대의 전형적인 숟가락으로 보았다.[83] 그러나 필자의 생각으로는 서오층탑의 건립 시기가 후백제 지역에서 복고풍이 시작되는 9세기 경으로 추정되고[84] 유물의 특징도 정창원이나 안압지 유물보다는 늦은 단계의 것으로 판단되어 9세기 초반 정도로 보는 것이 오히려 타당할 것으로 판단된다.

백제의 왕궁이 있었던 부소산에서 통일신라시대의 숟가락이 4점 출토되었다. 일제시대에 수습된 것으로 정확한 출토 상황은 알 수 없지만 대강의 모습이 이난영의 논문에 남아 있다. 부소산에서 1941년에 출토된 것은 술잎이 원형인 것과 타원형인 것 각각 3점이 출토되었고 길이는 원형이 22.5cm, 타원형이 24.5cm라고 하였는데 모두 황해도 평산 출토품과 흡사하다고 하였다. 도면이나 사진에서 보이는 형식적인 특징이 통일신라시대로 편년되는 것은 분명하고 각각 3점씩 출토되었다 하므로 원형과 타원형이 세트를 이루는 것으로 추정되고 안압지 출토 예와 별반 다를 것이 없다고 본다. 신라 왕실과 관련이 있을 것으로 추정

82 경주 감은사에는 동삼층석탑과 서삼층석탑이 있고 화엄사에는 동오층석탑과 서오층석탑이 있다. 이들은 모두 통일신라시대에 건립된 것인데 숟가락은 모두 서탑에서만 출토되고 있다. 감은사 서탑에는 진신사리를 모시고 동탑에는 문무왕의 사리를 모셨다고 한다. 이 예가 화엄사에도 적용될 수 있을지 알 수 없으나 동탑에서는 사리가 출토되지 않았다면 숟가락이 사리장엄구에 포함된 이유가 좀 더 분명해진다고 할 것이다.

83 주경미, 2007, 「화엄사 서오층석탑 출토 사리장엄구의 고찰」, 『2007상설전』 불교중앙박물관

84 이희정, 1995, 「고려시대 복고양식에 관한 연구」, 동아대학교 대학원 석사학위 논문

되는 숟가락이 왜 부소산에서 출토되었는지는 정확히 알 수 없다. 그러나 부소산은『삼국사기』에 백제는 매면 사중월에 왕이 하늘과 오제의 신에 제사한다고 하였고『신증동국여지승람』에는 부소산은 부여의 진산으로 성황사가 부소산의 정상에 있다고 하였으므로 신라왕실에서 부소산에 올라 제사를 지내면서 사용하던 것일 가능성이 있다고 생각한다.[85]

한편 서울시 구로구의 호암산성 내 우물지에서 발견된 숟가락 1점과 당진 삼웅리에서 출토된 숟가락 3점은 8세기 중반과 9세기에서 10세기 즉 통일신라 말기 지방에서 사용된 숟가락의 형태를 잘 보여주고 있다는 점과 두 유적의 성격으로 보아 한정된 계층이기는 하지만 숟가락의 사용이 확대되고 있음을 보여주는 좋은 자료이다. 한우물유적 제 2 우물지에서 발견된 숟가락은 술잎이 타원형이며 긴 자루가 호선을 그리면서 연결된 것이고 당진 삼웅리에서는 술잎이 원형인 것이 2점, 타원형인 것이 1점 출토되었는데 자루의 형태는 다르지 않다. 앞서 지적하였다시피 한우물유적 출토 숟가락은 신라 왕실에서 사용하던 것의 지방 제작으로 볼 수 있는 것이며 이 숟가락을 사용한 사람은 내마 벼슬을 지냈던 것이 명문에 남아 있고 당진 삼웅리유적도 관아건물지로 추정되는 곳으로 통일신라시대 말기의 청동숟가락 형태와 사용계층의 한계를 잘 보여주고 있다.

85 『三國史記』卷第三十二 雜志 第一 祭祀樂 祭祀條 ;『新增東國輿地勝覽』卷之十八 扶餘縣條 ; 정의도, 2007, 「제장으로서 산성연구:진산을 중심으로」,『문물연구』제11호, 동아시아문물연구학술재단 · 한국문물연구원

결론

　청동숟가락이 출토되는 삼국시대의 유적은 신라는 금관총과 황남대
총과 같은 분묘로 한정되지만 백제는 무령왕릉과 신봉동고분, 표정리고
분 등의 분묘와 부소산 관북리 추정 왕궁지, 왕흥사지 사리장엄구 등으
로 좀 더 다양하고 형태도 세련되어 있다. 그리고 백제의 숟가락이 실제
생활에 사용할 수 있는 것이라면 신라의 숟가락과 국자는 의례용으로만
사용되었을 것으로 판단된다. 이러한 경향은 황남대총에서 출토된 3점
의 은제국자와 무령왕릉에서 출토된 3점의 숟가락으로 나누어 설명될
수 있을 것이다.

　황남대총의 은제 국자 3점은 모두 크기도 같지 않고 자루와 술부가
이어져 있어 액체를 뜨는데 그렇게 실용적이지 못하며 또한 자루도 휘
어져 있어 잡기에도 불편한 도구이지만, 무령왕릉 출토 숟가락은 북위
의 숟가락과 비교하여도 전혀 손색이 없으며 오히려 세련된 젓가락까지
더하여 출토되어 당시 백제의 문화수준을 잘 보여주고 있다. 이러한 신
라와 백제의 차이는 중국과의 관계에서 수구적이었던 신라와[86] 고구려
와의 전쟁에서 나라를 지키려던 백제의 의도적인 국제화에서 비롯된 차

이로 생각할 수 있다.

또한 관북리출토 숟가락은 자루의 끝을 연봉으로 장식한 수작이며 마노구슬, 금도금장식품과 함께 출토된 신봉동고분 출토 숟가락은 백제 귀족의 생활수준을 보여주는 뛰어난 작품으로 평가할 수 있을 것이다. 이와 같이 신라와는 달리 백제의 숟가락은 왕의 궁궐과 무덤, 왕이 죽은 왕자를 위하여 조성한 사찰과 귀족들의 무덤에서 출토되고 있어서 청동 숟가락의 사용주체가 누구였는지 잘 보여주고 있다.

고구려지역에서 출토된 숟가락은 아직 그 예가 없으나 국자를 주로 사용하던 중국이나 낙랑과 국경을 접하고 있었기 때문에 차후 발견될 소지가 많다고 본다. 특히 안악3호분의 부엌을 그린 벽화에서 국자가 보이고 있기 때문에 그 가능성은 없지 않다고 판단된다. 신라의 수많은 고분유물 가운데 아직까지는 도제 숟가락이 발견되지 않고 있는데 신라 와 이 시기까지 긴밀한 관계를 유지하던 고구려에서도 숟가락이 출토되 지 않고 있다는 것은 심각하게 고려해 보아야 할 문제이다. 기록을 살펴 보면 신라와 백제가 거의 같은 식생활을 영위하였을 것으로 보이는데 목제 유물이 다량으로 출토된 광주 신창동 저습지유적이나 경산 임당동 저습지유적에서 목제 국자나 주걱은 발견되었으나 목제 숟가락이나 젓 가락이 발견되지 않았다는 것은 고분에서 숟가락이 발견되지 않는 점과 더불어 차후 그 원인을 식생활과 연관지어 밝혀야 할 문제이다.

통일신라에 들어서면 삼국시대의 상황과는 달리 경주지역을 비롯하 여 대구, 창녕, 구례, 부여, 당진, 이천, 서울 등 가히 전국에서 숟가락이 발견된다. 경주 안압지 출토 숟가락은 신라왕실의 숟가락 사용을 보여 주는 것으로 거의 똑같은 것이 일본 정창원에도 보관되어 있어 정창원

86　4세기 중엽부터 약 2세기간에 걸친 신라문화의 외래 요소는 북방 초원지대와 깊은 관련이 있 다는 연구결과가 있다.(권영필, 2000, 「신라공예의 대외교섭」, 『신라미술의 대외교섭』 제6회 전국미술사학대회, 한국미술사학회, 예경)

숟가락은 신라에서 제작된 것임을 바로 증명하는 계기가 되었다. 또한 안압지를 비롯한 경주지역에서 젓가락의 출토 예는 아주 드물어 아직 젓가락을 본격적으로 사용하지는 않았던 것으로 보이고 술잎원형의 숟가락과 타원의 숟가락을 각각 음식물을 덜어 오는 용도와 음식물을 직접 입으로 가져가는 용도로 사용하였을 것으로 보인다.

경주지역에서 출토되는 숟가락 가운데 월성과 분황사에서 출토되는 것은 당시 왕실이나 왕실의 비호를 받던 불교 사찰에서 사용하던 것이며 왕경유적 출토 숟가락은 통일신라시대에 들어서면서 경주에서부터 청동숟가락의 사용이 점점 확대되어 가는 것을 보여주고 있다.

여기서 한 가지 지적해 둘 것은 삼국시대에는 백제에 비하여 청동숟가락의 출토량이 훨씬 적었던 신라가 어떠한 사정으로 숟가락을 본격적으로 사용하게 되었는가 하는 것이다. 이 점에 대한 분명한 답은 지금으로서는 하기 어려운데 신라가 당나라의 조력으로 삼국을 통일한 다음 당과의 교류를 증대하면서 당시 당나라에서 사용하고 있던 화려한 금은기의 영향을 받게 되고 이에 따라 청동숟가락의 사용이 점차 확산되어 갔다고 추정해 두기로 한다.[87]

청동숟가락의 점진적인 확산은 대구칠곡유적에서 출토된 숟가락과 젓가락에서 증명되는데 아직 숟가락이 출토된 수혈의 성격이 분명하지 않지만 이 숟가락들은 아마도 의례용으로 사용되었을 것으로 판단된다. 대구칠곡에서는 모든 숟가락이 편으로만 수혈이나 구에서 출토되는데 그것은 분명한 이유가 있을 것이라고 생각하며 일상생활에서 쓰고 있던 숟가락을 묻은 것은 아니라고 보고 싶다. 이러한 삼국시대 신라에서 제례용으로 쓰던 숟가락의 전통은 감은사나 화엄사 사리장엄구에 숟가락

---

87 이난영, 2001, 「통일신라 공예의 대외교섭」, 『통일신라 미술의 대외교섭』 제7회 전국미술사학대회, 한국미술사학회, 예경

01. 청동숟가락의 등장과 확산   **121**

이 포함되게 되는 원인이 되었을 것이며 부소산에서 출토된 숟가락도 다르지 않을 것이다. 그리고 황해도 평산군 평산면 산성리에서 출토된 일괄 유물도 모두 제사용 도구였을 가능성이 높다고 볼 수 있다.[88]

한편 창녕 말흘리퇴장유구와 당진 삼웅리건물지에서 발견된 숟가락은 청동숟가락의 사용이 지방으로 확산되어 가는 것을 보여주는 것이기는 하지만 여전히 그 사용계층은 지배계층이나 사찰에 한정되고 있음을 잘 보여주고 있다.

그리고 서울 호암산성 한우물의 제2우물지에서 출토된 숟가락은 그 형식이 안압지에서 출토된 형식을 계승하는 것으로 지방의 관리들이 사용하였던 실물로 볼 수 있다. 당시까지만 하여도 청동숟가락은 상당히 귀한 것이었으므로 벼슬과 이름을 새겨 사용하였던 것이며 당진 출토 숟가락은 통일신라 말기의 관아에서 사용한 숟가락의 전형을 보여준 유적이었지만 결과적으로 통일신라시대까지 청동숟가락의 사용계층은 삼국시대에 비하여 많이 확산되었다고는 하나 아직까지는 일부 계층에만

---

88 『新增東國輿地勝覽』平山都隱舊府 祀廟 城隍祠 在府東五里 古迹 城隍山城 在府東五里 石築周七千五百二十五尺 高二十尺 內有一井 今廢 필자의 생각으로 청동숟가락을 포함한 일괄유물이 출토된 산성리는 성황산성이 위치한 곳으로 이 산성은 원래 예성강 서안에 위치한 太白山城으로 신라 경덕왕 21년에 고쳐 쌓았고 후에 성황산성이라고 부르게 된다. 산성리는 바로 이 산성이 위치하는 곳으로 추정되며 부소산이 백제시대 이후 제사를 지내던 산이었던 것처럼 이 성황산도 제사의 대상이었을 가능성이 높고 앞서 말한 일괄유물은 제사용 도구였을 가능성이 높을것으로 판단된다. 한편 평산부는 해방 전 행정구역상으로 평산군, 남천읍, 평산면, 금암면, 서봉면, 신암면, 인산면, 문무면, 안성면, 고지면, 세곡면, 적암면, 마산면, 용산면을 포함하는 지역이었다. 지금의 행정구역상으로는 평산군의 대부분 지역, 린산군 대부분 지역, 봉천군 일부지역, 서흥군 일부지역이다. 府의 서쪽 60리에 위치한 滅惡山이 이 고을의 진산이다. 평산부는 읍치 서쪽에 예성강이 흘러 수운에 유리한 입지조건을 갖고 있다. 평산부의 전세곡은 지도상의 금암면 猪灘에서 조운선에 실려 서울로 운반되었다. 예성강 서안에 위치한 산성은 太白山城이다. 이 산성은 의주대로변에 위치하여 적을 막을 수 있고, 또한 예성강을 거슬러 오는 적을 방어할 수 있고, 아울러 조운선을 보호할 수 있는 유리한 곳에 입지하고 있다. 762년(신라 경덕왕 21)에 쌓았으며 후에 城隍山城이라 일컬었다. 조선조 영조 때 터를 넓히고 고쳐 쌓았다. 세곡면에 보이는 東陽書院은 1650년(효종 1)에 세워지고, 1687년(숙종 13)에 사액을 받은 서원이다. 大東地志에 따르면 동양서원 부근에 위치한 "溫泉은 돌난간으로 되어 있는 浴室을 갖추고 있는데, 물이 몹시 뜨겁다"고 한다. 고려 문종 이후 여러 왕들이 이 곳으로 행차하여 목욕을 즐겼다고 전한다. 안성면에 보이는 秀館은 중국 사신이 머무르던 곳이다.

머무르고 있었던 것이다.

이와 같이 청동숟가락은 한편으로 안압지나 왕경유적 등에서 출토되는 예와 같이 한정된 계층의 식생활 도구였으며 한편으로는 대구칠곡유적이나 부소산, 평산 출토 예와 같이 제사의 용구로 계속하여 사용되었으며 사찰에서는 백제 왕흥사지 사리장엄구 이래로 감은사나 화엄사의 사리장엄구에 포함되게 되었다고 생각한다.

이러한 청동숟가락의 두가지 성격이 결국 고려시대에 들어서면서 금나라와 요나라등 북방의 영향과 결합하면서 무덤의 부장품으로 선택되게 되는 것이 아닐까 한다.

이상과 같이 두서없는 글을 마치지만 보다 본격적인 연구를 위하여 청동숟가락과 젓가락으로 무엇을 어떻게 먹었는지를 차후의 연구과제로 삼겠다. 이를 위하여 선사시대 패총유적을 비롯하여 삼국시대와 청동기시대의 주거지와 분묘에 이르기까지 당시 사람들이 섭취하였던 음식물에 대한 적극적인 탐구가 필요한 시점이다.

마지막으로 이번 논문을 작성하기 위하여 많은 기관과 관계자들의 협조를 받았다. 특히 공주박물관 신창수관장(당시), 최성애선생, 부여박물관 권상열관장, 경주박물관 김성배실장, 박민지선생의 도움으로 박물관 소장유물의 열람과 사진촬영이 가능하였다. 또한 이난영 전 경주박물관장은 수집한 많은 자료를 제공하여 주시고 논문 작성에 많은 조언을 해주셨다. 그리고 경남문화재연구원의 최종혁실장과 필자와 같이 근무하는 장윤정과장은 많은 일본측 자료를 구해 주었다. 여러 방면에서 도움을 주신 모든 분께 깊은 감사의 말씀을 올린다.

표1 삼국시대 이전 숟가락 출토유적

時代	遺蹟名	性格	出土遺物	備考
신석기	굴포리 서포항유적	주거지	뼈숟가락	B.C 2500년 전
청동기	무산 범의구석유적	주거지	뼈숟가락, 화살촉, 갈돌, 팽이, 송곳, 바늘, 끌	B.C 2000년 전
	연길 소영자유적	석관묘	뼈숟가락, 무문토기, 석기, 곡검, 바늘, 녹각, 장신구, 패제품	B.C 5C
	황주 흑교역 부근	?	청동국자, 세형동검, 동모, 검파두식 등	B.C 2C
철기	사천 늑도유적	패총	토제국자, 점토대구연호, 장경호, 고배형 토기, 야요이계 토기, 골촉, 골검, 골침 등	B.C 2C
	광주 신창동유적	저습지	목제주걱, 목제국자, 국자형 목기	B.C 1C
	광양 칠성리 유적	주거지	토제국자, 경질무문토기, 숫돌	기원전후
낙랑	오관연왕간의 묘	분묘	칠 숟가락, 국자, 건무21년(45)명 칠배, 건무28년(52)명 칠배, 영화12년(69)명 신선용호 화상칠반	A.D 1C
	왕광묘	분묘	도기, 칠기, 금속기, 마구, 무기, 주옥, 죽차, 도장, 목편, 칠기숟가락, 국자 각1점	A.D 1C

표2 삼국시대 식도구 출토유적

地域	遺蹟名	性格	出土遺物	備考
신라지역	경산 임당동유적	저습지	목제국자 1점, 목제접시, 도마, 대부완 등	3C말~4C초
	기장 고촌유적	생활유적(제사)	대나무젓가락 1쌍, 타날문경질토기편, 베틀, 북, 활 등	4C 중후반
	황남대총 남분	분묘	은제국자 3점, 금동관, 금제경식, 요패, 경갑, 칠기, 봉수형병, 토기	4C 후반
	금관총	분묘	은제숟가락 3점, 청동숟가락 1점, 금관, 금제이식, 금제팔찌, 반지, 철정, 은제관식, 백화수피묘, 금동안교, 금속제 용기, 유리잔, 칠기, 철부	5C 후반
백제지역	무령왕릉	분묘	청동숟가락 3점, 청동젓가락 2쌍, 매지권, 청자육이호, 족침, 두침, 오수전, 진묘수, 금제관식, 금제뒤꽂이, 금제이식, 금은장도자, 금팔찌, 은팔찌, 청동경, 은제탁잔 등	525년
	부여 관북리유적	구(溝)	청동숟가락 1점	6C 후반
	논산 표정리유적	분묘(?)	청동숟가락 1점	7C 초중반
	청주 신봉동유적	분묘	청동숟가락 1점, 토주 5점, 마노구슬 1점, 금동장식편	6C 후반?
	대전 월평동유적	목곽묘(?)	나무주걱 2점	?

	왕흥사 목탑지	목탑 사리장엄구	청동젓가락 1쌍, 은제병, 금제병, 금제옥, 금사, 금제이식, 은제고리, 유리옥, 오수전, 곡옥, 옥잠, 진묘수형장신구, 도철문 옥제품	577년
고구려 지역	안악 3호분	벽화분묘	국자	영화10년명 묵서(353년)

표3 통일신라시대 청동숟가락 출토유적

地域	遺蹟名	性格	出土遺物	備考
경북	감은사지 삼층석탑	석탑사리장엄구	청동숟가락 9점	682년
	안압지	원림(園林)	청동숟가락 15점	8C 중반
	경주박물관 부지	우물지	청동숟가락 1점	8C 중반
	분황사지	사지	청동숟가락 2점, 청동숟가락 거푸집 1점	8C말~9C초
	신라 왕경유적	생활유적	청동숟가락 4점, 청동국자 1점, 청동젓가락 1점	8C말~9C초
	대구 칠곡 3택지 (2·3구역) 유적	수혈, 구	청동숟가락 15점, 청동젓가락 1점, 청동국자 1점, 토제국자 1점	9C전반
경남	창녕 말흘리유적	퇴장유구	청동 숟가락 10점, 청동국자 2점	8C말~9C초
전남	화엄사 서오층석탑	석탑	청동숟가락 2점	9C전반~9C중반
충남	부소산	퇴장유구(?)	1941년 청동숟가락 6점, 1943년 청동숟가락 1점	9C
충북	당진 삼웅리 나무 고개유적	건물지	청동숟가락 3점, 청동제접시, 청동대발	9C전반
경기	이천 설성산성	수혈유구	청동숟가락 1점	8C중후반
	용인 언남리유적	생활유적수혈	청동숟가락 1점, 수키와 1점	9C후반
	한우물유적	연지	청동숟가락 1점	8C후반

표4 삼국시대 이전-통일신라시대 유적출토 수저 편년표

유적명 \ 시기	B.C 2,500	B.C 5C	B.C 2C	기원 전후	A.D 1C	2C	3C	4C	5C	6C	7C	8C	9C	10C
굴포리 서포항유적	■													
무산 범의구석유적	■													
연길 소영자유적		■												
황주 흑교역 부근			■											
사천 늑도유적			■											
광주 신창동유적				■										
광양 칠성리 유적				■										
오관연왕간의 묘					■									
왕광묘					■									
경산 임당동유적								■						
안악 3호분								■						
기장 고촌유적								■						
황남대총 남분									■					
금관총									■					
무령왕릉										■				
부여 관북리유적										■				
청주 신봉동유적										■				
왕흥사 목탑지										■				
논산 표정리유적											■			
감은사지 삼층석탑											■			
안압지												■		
일본 정창원												■		
경주박물관 부지												■		
이천 설성산성												■		
한우물유적												■		
분황사지												■		
신라 왕경유적												■		
창녕 말흘리유적												■		
대구 칠곡 3택지 (2·3구역) 유적												■		
화엄사 서오층석탑												■		
당진 삼웅리 나무고개유적												■		
부소산													■	
용인 언남리유적													■	

무령왕릉 출토 청동수저

2

01 서론

무령왕릉은 1971년 우연히 발견되어 우리나라에서 조사된 삼국시대 고분 가운데 피장자가 밝혀진 최초의 고분이며 도굴되지 않은 완전한 형태로 풍부한 부장품은 세인을 놀라게 하였다. 특히 전축분이라는 무덤의 구조와 출토 유물이 중국 남조의 영향을 받은 것으로 당시 백제와 중국과의 밀접한 교류를 증명해 주는 한편 왕과 왕비의 관재는 일본에서만 자라는 금송을 사용한 것으로 알려져 백제와 일본과의 관계뿐만이 아니라 무령왕 자신이 일본과 깊은 관계를 맺고 있었다는 것을 알려주는 자료가 되기도 하였던 것이다.

이번 논문에서 다루고자 하는 대상은 지금까지 무령왕릉의 출토유물 가운데 많은 관심의 대상이 되었던 금제관식과 같은 호화로운 장신구나 백제와 중국과의 교류를 보여주는 지석이나 진묘수, 동경 등과는 달리 별다른 관심을 끌지 못하였던 청동수저에 관한 것이다.[1] 무령왕릉에서

---

1 국립공주박물관, 『백제사마왕무령왕릉 발굴, 그 후 30년의 발자취』에는 무령왕릉 관련 논저 목록이 실려 있는데 보고문 6건, 총론 7건, 묘제 9건, 장신구 6건, 도자기 3건, 교류 2건, 금속유물 8건, 묘지 12건, 석제유물 3건, 과학분석 2건 등의 논문 목록이 실려 있다. 묘지와 묘제, 그리

는 숟가락이 3점, 젓가락이 2쌍 출토되었는데 이들 청동수저가 부장품 가운데 함축하고 있는 고고학적 의의를 짚어보고자 하는 것이 이번 논문의 목적이다.

출토유물은 각각 저마다의 부장 배경을 가지기 마련인데 무령왕릉에서 출토된 청동수저는 우리나라 삼국시대 고분에서 출토된 청동수저 가운데 그 제작 시기가 가장 앞서는 것이지만 그에 대한 평가는 아직 전혀 이루어지지 않고 있는 실정이다. 그러므로 이번 글에서는 무령왕릉 출토 청동수저의 출토 상황과 제작지 등을 고찰하여 청동수저의 출토 배경과 청동수저가 전체 출토 유물 가운데 차지하는 위치를 살펴보고자 한다.

이상과 같은 목적을 이루기 위하여 발굴조사를 통하여 드러난 무령왕릉과 청동수저에 대한 상황을 정리해 본 다음 삼국시대 백제지역에서 출토된 청동숟가락에 대하여 살펴보고자 한다. 이어서 많은 중국계 유물이 출토된 것으로 알려진 무령왕릉이 축조되기 전후의 중국의 남북조 묘장은 어떻게 이루어졌으며 유물의 출토 경향은 어떠한지 지금까지 보고된 자료를 중심으로 살펴보고 이를 바탕으로 무령왕릉에서 출토된 청동수저는 어떠한 배경에서 부장되게 되었는지 알아보기로 하겠다.

고 장신구와 금속유물이 단연 주된 관심 분야에 해당된다. 그리고 이남석, 2011, 「무령왕릉 연구현황 검토」, 『무령왕릉을 格物하다』에는 발굴조사 40주년을 맞아 그간 무령왕릉에 대해서 이루어진 연구현황이 실려있으니 참고바란다.

02 무령왕릉 출토 청동수저

1) 무령왕릉 개관[2]

무령왕릉은 벽돌을 구워서 만든 터널형태의 전축분으로 무덤의 내부는 크게 연도 부분과 묘실 부분으로 나뉘어져 있으며 외부는 석회혼합토를 이용하여 봉분을 높고 웅장하게 구축하였던 것으로 보인다.

무령왕릉은 경사면의 풍화암반층을 굴착하고 벽돌로 연도와 현실, 배수구를 만들고 그 위에 분구를 조성한 아치형 전축분이다. 아치형천장의 구성은 남북의 수직벽 최상부의 좁아진 부분에서 수적을 생략하여 벽면을 좁혔으며 동서의 벽은 7단, 8단에서 수적에 키가 작은 사다리꼴의 벽돌을 사용하거나 평적도 벽돌을 3개로 줄이고 그 중 1개는 횡단면이 사다리꼴로 된 것을 사용하여 천장에서 벽돌의 이음새에는 석회를 발라 견고하게 하였다.

현실을 구축한 벽돌에는 사격자의 망상문에 6~8엽의 연화문, 그리

---

2 문화공보부 문화재관리국, 1973, 『무령왕릉』

고 인동문이 시문되어 있는데 수적의 벽돌과 평적의 벽돌에 시문된 형태가 다르다. 현실의 벽에는 보주형 등감이 설치되어 있는데 북벽에 1개, 동벽과 서벽에 각각 2개씩이 있으며 주위에는 등잔불에 그을린 흔적이 남아 있었다. 현실의 바닥과 관대는 벽돌을 이중으로 깔았는데 밖으로 드러나는 윗면의 벽돌을 삿자리 모양으로 배열하였고 밑 부분의 벽돌은 회를 발라 암반에 고정시켰다.

연도는 현실의 남북 중앙에 설치하였는데 길이 2.9m, 너비 1.04m, 높이 1.45m로 현실과 같은 아치형이며 바닥은 현실의 바닥보다 높아 관대와 동일한 면을 이루었다. 연도 입구에 놓여 있던 지석에 의하면 무령왕은 523년 5월에 사망, 525년 8월에 왕릉에 안치되었고 왕비는 526년 11월에 사망, 529년 2월에 안치되었다. 그리고 왕릉 폐쇄전에서 출토된 [--師壬辰年作] 명문전은 [瓦博士壬辰年作]으로 읽을 수 있고 여기에서 임진년은 512년에 해당되기 때문에 이때 이미 왕릉의 축조 준비가 시작되었다고 보기도 한다.[3]

무령왕릉에서 출토된 유물은 모두 108종 2,900여 점에 이르고 있다. 중요한 것으로는 연도 입구에 동발과 청자육이호, 왕과 왕비의 지석 2매, 그 위에 오수전 한꾸러미, 진묘수가 있다. 현실의 남쪽에서 발견된 동발과 청자사이호, 목관의 판재들 밑에서는 왕과 왕비가 장착하였던 장신구들과 몇 점의 부장유물들이 출토되었다. 그 밖에 왕과 왕비의 두침과 족좌가 목관 안에 놓여 있었고 중요 부장품으로는 청동거울 3점, 금팔찌 1쌍, 은팔찌 3쌍, 청동용기, 은제탁잔 등이 있다.[4]

---

3 이에 대하여 권오영은 상당히 회의적이다.(권오영, 2005, 『무령왕릉』 고대동아시아 문명교류
   사의 빛, 테마한국사04, 돌베개, pp. 126-127)

4 문화공보부 문화재관리국, 1973, 『무령왕릉』 ; 국립공주박물관, 2004, 『국립공주박물관』

2) 무령왕릉 출토 청동수저

앞서 설명한 것처럼 무령왕릉에서는 청동숟가락이 3점, 청동젓가락은 2쌍이 출토되었다. 보고서에 분명하게 기록된 것은 아니지만 이 가운데 청동숟가락 2점은 연도 입구에 청동발과 함께 놓인 것이고 또 한 점은 왕비의 관 내부에서 출토되었다.

청동수저가 발견된 연도의 발굴 당시 상황을 보고서를 인용하여 정리하면 다음과 같다. 「연도의 향우측 즉 동벽 가까이 벽에서 18cm 남벽에 거의 접하여 청자사이호(4호)가 반듯이 놓여 있고 좌벽 즉 서벽 쪽에는 남벽에 접해 서벽에서 20cm 위치에 동발(1호)이 제대로 놓여 있었다. 이 동발 안에는 향편이 몇 개 들어 있었고 그 서쪽에는 쇠못이 1개, 발 북쪽에는 동시 2개가 하나는 동서로 하나는 남북방향으로 놓여 있었고 그 둘 사이에도 쇠못이 1개 있었다. 동시 북쪽에는 또 하나의 동발이 1개 놓이고 그 서쪽에 붙어서 또 하나의 청자육이호 1개가 입을 동쪽으로 향하고 옆으로 쓰러져 있었다. 그리고 바로 그 북쪽 서벽에 붙어 서쪽에 왕비, 동쪽에 왕의 지석(매지권)이 놓여 있었다. 한편 동벽 쪽 육이호에 붙어 그 북쪽에 나무판 썩다 남은 것이 있고 조금 떨어져 청동고리 1개, 쇠못 1개, 다시 북쪽 지석 가까이 두 개의 못이 떨어져 있었는데 못의 존재나 목판으로 보아 원래 여기에 대략 70cm 또는 80cm 평방 정도의 얕은 책상 또는 대 같은 것을 놓고 그 위에 부장품들을 놓았었고 그 대가 썩어 내려앉으면서 동시들이 지금 보는 것처럼 흩어지고 서벽의 호도 옆으로 쓰러진 것으로 추측된다.」라고 하였다.

그러나 청동수저가 출토된 정확한 상황을 담은 자료는 「왕릉 내부 발견상태 실측도」와[도면 1] 「연도 전단부에서 발견된 육이호(六耳壺)·청동호(靑銅壺)·시(匙)」라는 제목의 사진 한 장만이 전부이다.[사진 1] 또한 왕비의 머리 쪽에서 발견된 청동숟가락이 담겼던 청동발에 대하여 「왕비

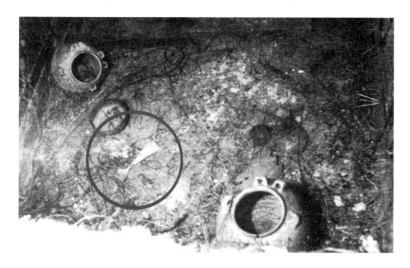

사진 1
연도 전단부 출토
육이호·청동호·청동숟가락

쪽에서는 우선 관대 남단에서 20cm 되는 위치에 두침이 동서장축으로 북향하고 넘어져 있고 그 향우단 북쪽에 두 개의 목조가, 다시 그 북쪽에 동시와 상도가 안에 든 대구동발과 그 좌측에 구절의 금목걸이, 그 밑에 칠절의 금목걸이가 있다.라고 기록하였을 뿐 구체적인 실측도나 사진은 없고 「왕비유물발견배치도」에[도면 2] 간략하게 그려져 남아 있을 뿐이다.

또한 젓가락이 출토된 상황도 현재 국립공주박물관 전시실에 복원된 것처럼 숟가락과 젓가락을 연도 입구에 나란히 올린 것은 아닌 것으로 보인다. 보고문과 실측도면을 검토하면 오히려 숟가락은 연도 입구에 젓가락은 현실 입구에 놓여 있었던 것으로 판단된다.

청동숟가락과 젓가락은 아마도 왕비가 죽은 다음 무령왕과 합장하면서 왕릉을 폐쇄하기 전에 왕과 왕비를 위하여 올린 것으로 볼 수 있으므로 청동숟가락과 청동젓가락의 제작 하한 연대는 왕비를 합장한 성왕 7년(529년 2월)이 된다. 그리고 숟가락 3점 가운데 연도 입구에서 출토된 2점의 숟가락은 간단한 출토 상황만이 보고서에 남아 있을 뿐이고 젓가락은 유물 자체에 대한 설명도 전혀 없다.[5] 이런 점을 감안하여 편의상 연도 입구에서 출토된 두 점의 숟가락 중 좀 더 큰 것을 왕의 숟가

도면 1
왕릉내부 발견상태

도면 2
유물발견배치도(왕비)

N

0 _____ 100 cm

0 _____ 30cm

사진 2
무령왕릉출토 청동수저, 은장도자

락이라고 보고 젓가락도 이에 따라 좀 더 긴 것을 왕의 것으로 보아 왕
시(王匙)와 왕저(王箸), 나머지 것을 비시(妃匙)와 비저(妃箸)라고 이름 하여
설명하기로 한다.[6] 처음에는 왕시저, 비시저라고 하였으나 숟가락과 젓
가락이 따로 출토되어 숟가락과 젓가락을 나누어 이름을 붙이고 왕비의
머리 쪽 청동발 내부에서 출토된 것은 그 출토 배경이 지금으로서는 짐
작하기 어려우나 일단 제의용이라고 보아 제시(祭匙)라고 이름 붙여 각
숟가락의 특징을 설명하면 다음과 같다. 아울러 왕비의 머리쪽에서 출
토된 제시가 담겨져 있던 청동발과 은장도자도 함께 설명하기로 한다.

[사진 2]

5　무령왕릉 출토 청동숟가락과 젓가락은 현재 공주박물관에 수장되어 있다. 보고서에 숟가락에
　대한 상세한 설명이 없고 젓가락은 아예 간단한 설명조차 없어 공주박물관에 유물관람신청을
　하여 사진 촬영과 간단한 묘사를 할 수 있었다. 그리고 유물번호 667(3-1), 667(3-2), 667(3-3)
　등은 공주박물관 수장번호이다.

6　2점의 청동숟가락 가운데 큰 청동숟가락을 왕시로 본 것은 연도 입구에서 숟가락 2벌과 동발 2
　점이 출토되어 각각 왕과 왕비를 위한 것으로 보아 일반적인 관점에서 큰 것이 남자용일 가능성
　이 높아 왕시로 이름한 것이다. 당시 중국에서는 숟가락 부장 예가 많지 않지만 예를 들어 송대~
　원대의 무덤에서는 합장묘에서 남자의 것은 동제로 여자의 것은 칠기로 만들어 남녀를 구별하
　기도 하였다. (文物, 1991.3, 「安徽 合肥 馬紹庭夫妻合葬墓」, 合肥市文物管理處)

사진3
① 왕시 ② 왕저

① 王匙 공667(3-2)[사진 3-①]

숟가락의 술잎은 능형의 양단을 죽인 형태로 끝이 뾰족한 편이며 전체 길이는 6.8cm, 최대 너비는 4.3cm이다. 아래로 가면서 좁아지는데 너비 2cm 지점을 지나면서 술잎이 끝이 나고 자루로 이어진다. 술잎에는 사용한 흔적이 전혀 보이지 않는데 술잎은 자루에서 상당한 각도를 이루기 때문에 단면상으로 보는 술잎의 길이는 8.2cm에 이른다. 술목의 너비는 0.7cm정도인데 자루의 끝으로 가면서 점점 넓어져 삼각상을 이루며 너비는 5cm에 이르고 자루의 전체 길이는 13cm정도이고 숟가락의 전체길이는 19.5cm 가량이다. 술잎의 두께는 0.09cm, 자루의 두께는 0.1cm로 자루의 두께가 조금 더 두꺼우나 술목의 두께는 0.5cm 정도로 자루의 끝으로 가면서 얇아진다.

보존처리를 하였지만 곳곳이 부식되고 도금이 탈락되어 일부에만 남아 있다. 술잎과 자루의 중앙에는 돌대가 자루 끝까지 이어지며 중앙의 돌대를 중심으로 좌우에도 돌대를 시문하였다. 자루의 전면에는 왼쪽과 오른쪽의 가장자리를 따라 침선이 둘러져 있지만 이면에는 아무런 선각이나 문양은 보이지 않는다.

▶ 전체길이 19.5cm, 술잎길이 6.8cm, 자루길이 13cm, 자루최대폭 5cm, 술잎최대폭 4.3cm

② 王箸 공668(2-1)[사진 3-②]

젓가락은 1쌍이며 원통형으로 전체 길이는 21.2cm로 숟가락 보다 길이가 조금 더 길다. 손으로 젓가락을 잡는 부분(병부)과 음식물을 집는 부분(집부)은 직경 0.2cm 정도지만 가운데 부분의 직경은 0.4cm 정도로 가운데 부분이 굵게 제작되었다. 그리고 집부는 둥글게 다듬었으나 병부는 자른 흔적이 보인다.

▶ 길이 21.2cm, 폭 0.2-0.4cm

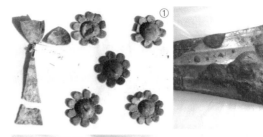

③ 妃匙 공667(3-3)[사진 4]

이 숟가락의 전체 길이는
18.2cm 정도로 앞서 설명한 왕
시보다 크기가 조금 더 작아 왕
비를 위한 숟가락으로 보았다.
이 숟가락은 술부의 중앙(3cm지
점), 자루상단(2cm지점)이 파손되
어 접합한 것인데 이렇게 부러진

사진 4
① 수습당시 비시와 화형장식
② 비시 자루부분 세부
③ 비시

것은 발굴 당시 유물을 들어내던 과정에서 밟아 훼손된 것이라고 한다.[
사진 4-①] 전체적으로 보아 왕시와 크게 다르지 않은데 크기가 18.2cm로
조금 작다. 자루의 길이는 12.1cm, 술잎의 길이는 6.1cm이며 술잎의 최
대 너비는 4.3cm 정도이다. 술목의 너비는 0.7cm, 자루목 두께 0.4cm,
자루단 두께 0.2cm로 왕시와 비슷하고 자루가 술목에서부터 넓어져 말
단부는 4.6cm에 이른다. 그런데 단면을 보면 술목에서 술부가 상당한
각도를 이루고 있기 때문에 실제 술잎의 길이는 7.3cm에 이른다. 그리
고 술잎은 끝이 뾰족한 타원형이며 끝으로 가면서 넓어진 자루는 등변
삼각형을 이루는데 술잎과 자루의 전면 중앙과 좌우에 돌대가 드러나
있으며 자루의 왼쪽과 오른쪽 가장자리를 따라 침선을 내었다.[사진 4-②]
술잎에는 사용한 흔적은 없고 전면에 보존처리를 하였으나 부식이 심하
여 도금이 탈락되어 일부만 남아 있다. 한편 이면에는 전면과 같이 자루
의 좌우를 따라 침선이 나 있는 것은 아니지만 일부 침선이 남아 있기도
하다.[사진 4-③]

▶ 전체길이 18.2cm, 술잎길이 6.1cm, 자루길이 12.1cm, 자루 최대폭 5cm, 술잎 최대폭 4.3cm

사진 5
① 비저
② 비저의 세부

④ 妃箸 공668(2-2)[사진 5]

단면 팔각이며 사용흔적은 없다. 위에서 약 5.5cm 지점에 고리를 연결하여 두 젓가락을 연결시킬 수 있는 귀를 내었다. 보존처리 후에도 상태가 좋지 않으며 열상의 균열이 나 있다.[사진 5-②] 한편 이와 유사한 형태의 젓가락이 왕흥사 목탑지에서 사리공양구와 함께 출토되었다.

▶ 길이 19.6cm, 폭 0.4cm

⑤ 祭匙 공667(3-1)[사진 6]

이 숟가락은 왕비의 두침의 목조 부근에 있던 청동광구발 내부에서 은장도자와 함께 출토되었고 자루의 중앙이 부러진 것을 복원한 것이다. 앞서 설명한 왕시나 비시에 비하여 동질도 좋지만 제작상태도 가장 양호한 것이다. 숟가락의 전체 크기는 19.9cm에 이르며 자루의 길이 13cm, 두께 0.4cm, 술잎의 길이 6.9cm, 두께 0.2cm 정도이다. 술잎은 타원형을 이루고 너비 1cm의 술목에 부드럽게 이어지며 점차 넓어져 자루 단의 너비는 5cm에 이른다. 이와 같은 형태는 앞선 왕시나 비시와 동일한 것으로 보고서에 따르면 술목에서 자루가 넓어져 등변 삼각형을 이루는 형태를 「杴仁形」이라고 하였다. 자루에는 좌우의 단을 따라 끝까지 침선이 뚜렷하게 남아 있고 자루 단에서 자루 좌우 단을 따라 난 침선 사이에는 3조의 강한 돌대가 남아 있는데 가운데 것이 가장 두드러지고 좌우의 것은 가운데 것보다는 낮다. 자루의 두께를 계측하면 돌대가 높은 것은 0.15cm, 낮은 것은 0.1cm로 0.05cm의 차이가 난다. 그리고 자루 단에 중앙돌대를 중심으로 3군데 표시의 흠집을 내었고 자루 단의 우측이 일부 파손되었다.[사진 6-②] 그리고 자루의 이면에는 자루

의 단을 따라 뚜렷하게 침선을 돌렸는데 이
것은 왕시나 비시에서 볼 수 없었던 점이다.
특이한 것은 자루의 단 중심에서 2cm 정도
안쪽으로 두 개의 원권문을 음각하여 장식
하였는데 외원 폭 0.6cm 내원 폭 0.4cm 가
운데 구멍점이 있다.

▶ 전체길이 19.9cm, 술잎길이 6.9cm, 자루길이 13cm, 자
　루최대폭 5cm, 술잎최대폭 4.4cm

사진 6
① 제시
② 제시의 자루부분 세부

⑥ 銀裝刀子[도면 3, 사진 7]

　왕비 두침의 목조 부근에 있던 청동광
구발 안에서 청동숟가락(제시)과 함께 출토
되었다. 외장이 모두 은으로 제작된 도자
이다. 칼집은 은판을 구부려서 통형으로
만들었으며 그 단면은 인부 쪽이 좁아진

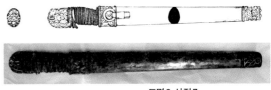

도면 3, 사진 7
은장도자

타원형을 이루고 있다. 초구와 미에 인동당초문을 투각한 장식을 첨가
하였으며 한 쪽 측면에 직경 1.2cm의 작은 고리를 달아 패용할 수 있게
하였다. 병부에는 은제선조를 감았으나 표면에 새긴 사선의 방향으로
서로 엇갈리게 구성하였다. 병부에는 역시 인동당초문을 투각한 원두형
의 캡을 씌웠으나 목질이 부식되어 속은 비어 있다.

▶ 전체길이 21.9cm

⑦ 靑銅鉢 공67[사진 8]

　왕비의 두부 서쪽에서 구부를 위로 하고 출토되었으며 내부에는 장
도와 청동숟가락이 각각 1점씩 출토되었다. 구연이 약간 좁아진 발형이
지만 구연부 일부를 비롯하여 저부는 완전히 부식 파손되어 원래의 높

사진 8
청동발

이를 알 수 없다. 녹이 없는 부분은 일부 본지를 드러내고 있으나 표면에 장식문양은 없다. 구연 가까이 1조와 2조 평행의 음각 횡대가 있고 1.5cm 밑에 다시 2조 평행 음각 횡대 2조가 있으며 구연은 안으로 약간 두꺼워진다. 구경 17.7cm, 동체 최대경 21cm이다.

3) 백제지역 출토 청동시저[7]

삼국시대의 백제지역은 신라나 가야지역, 또는 고구려지역에는 전혀 발견된 바 없는 청동숟가락과 청동젓가락이 발견되고 있다. 이것은 모두 웅진시대를 지나 사비시대에 들어서면서 제작된 것으로 무령왕릉에 부장된 청동숟가락의 뒤를 잇고 있는 것으로 볼 수 있다. 그 가운데에서도 관북리유적에서 출토된 청동숟가락은 백제의 진산이라고 할 수 있는 부소산에 출토된 것으로 제사와 관련한 것으로 볼 수 있는 상당히 의미가 깊은 것이다. 그리고 논산 표정리와 청주 신봉동 출토 숟가락은 백제의 높은 문화 수준을 보여주는 유물이며 특히 왕흥사지에서 사리장엄구와 함께 출토된 청동젓가락은 무령왕릉에서 출토된 젓가락의 전통을 잇고 있는 중요한 유물이다. 각 출토 유물에 대한 설명은 아래와 같다.

① 부여 관북리백제유적 E90도랑 내부 출토 청동숟가락[사진 9]
1988년에 이루어진 관북리 일대에 대한 조사에서는 백제시대의 건물지가 조사되었고 이 건물지에 부속하여 그 뒤편에서는 일부 인공으로

7 정의도, 2008, 「청동숟가락의 등장과 확산-삼국시대~통일신라시대-」, 『석당논총』제42집, 동아대학교 석당학술원, pp. 83~291

석축한 백제시대의 샘이 발견되었다.
그리고 부소산 기슭을 보호하듯이 견
고하게 축조된 석축과 이 석축에서 약
2m의 사이를 두고 석축배수구가 설치

사진 9
부여 관북리 출토 청동숟가락

되어 있는 것을 확인하였다. 양자는 똑바로 평행선을 이루고 배치되어
있었는데 그 모습이 매우 정연하였다. 이 석축 배수구를 메운 흙속에는
많은 양의 백제 토기편, 와편 들이 출토되었다.

석축의 배수구에서 출토된 이 숟가락은 연봉형의 자루에 타원형의
술잎을 접합시킨 것으로 주연부가 파손되어 사용흔을 확인하기는 어렵
다. 술잎과 자루는 술잎 아래에 자루를 덧붙여 접합하였다. 술잎 폭은
4.5cm, 길이는 3.5cm로 횡으로 긴 타원형이며 크기도 작아 일반적인
식생활 용도의 숟가락으로 보긴 어렵다. 자루의 길이는 19.7cm, 폭은
0.5cm이고 끝부분은 0.4cm인데 술목에서 일부 세장해지지만 앞부분은
술잎에 접합하기 위해 두껍게 제작한 것으로 보인다. 자루는 접합부의
3cm 지점에서 한번 꺾여 만곡되어 이어지는데 접합부는 잘 남아 있다.
자루단면은 원형으로 원주형 자루라고 할 수 있고 자루의 끝은 연봉으
로 장식하였다. 연봉의 길이는 1.5cm이다. 이 숟가락은 무령왕릉 출토
품에 이어 백제지역에서는 두 번째로 발견된 흔치 않은 유물이다.[8]

② 논산 표정리 출토 숟가락[사진 10]

논산 표정리는 백제시대의 고분이 집중적으로 분포하고 있는 지역
이다. 이 일대에는 수혈식 석실분을 비롯하여 횡구식 석실분, 횡혈식 석
실분 등이 표정리를 중심으로 널리 분포하고 있다. 표정리 출토 숟가락

8   윤무병, 1999, 『부여관북리백제유적 발굴보고(Ⅱ)』 충남대학교 박물관총서 제18집 ; 충남대학
교 박물관 · 충청남도, 1997, 『국립부여박물관』

사진 10
논산 표정리 출토 청동숟가락

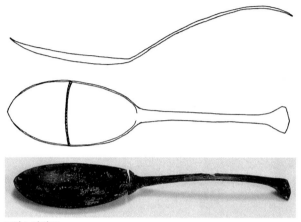

도면 4, 사진 11
청주 신봉동 출토 청동숟가락

은 출토 유구와 동반 유물이 분명하지 않은데 술잎과 자루가 파손 결실되었으며 추정길이(술잎, 자루 포함)는 약 20cm이다. 자루는 끝부분이 파손되었고 술잎의 복원 최대 폭이 4.5cm이다. 그리고 술잎에서 자루로 이어지면서 천천히 줄어들어 술목의 폭이 상당히 넓다. 술잎은 장방형에 가까운 타원형이고 뚜렷하지는 않으나 술잎의 좌측단에 사용흔이 남아 있어 실제로 사용하였을 가능성이 있다. 시기를 단언하기는 어려우나 형태로 보아 백제시대의 숟가락으로 분류하기로 한다.[9]

③ 청주 신봉동출토 청동숟가락[도면 4, 사진 11]

　　청주 신봉동 출토 청동숟가락은 신봉동백제고분군 가운데 44호분에서 출토되었다. 신봉동고분군은 사적 제391호이며 충북대학교 박물관에 의하여 조사되었다. 44호분은 장축이 남북이며 바닥은 황갈색 점토질이 많은 흙으로 다짐하였다. 부장품으로는 남쪽에서 평저단경소호 1점, 북쪽에서 청동숟가락 1점, 흙구슬 5점, 마노구슬 1점, 금동장식품 조각이 있었다. 청동숟가락은 자루 부분이 북쪽으로 향한 채 엎어져 출토되었다.

▶ 전체길이 18.5cm, 최대너비 3.9cm, 자루길이 10cm[10]

9 　충남 공주시 · 공주대학교박물관, 1995, 『백제고분자료집』
10 　충북대학교박물관, 1996, 『청주신봉동백제고분군 발굴조사보고서』-1990년조사-

④ 왕흥사 목탑지 출토 사리공양구
청동젓가락[사진 12]

사진 12
왕흥사 목탑지 출토 청동젓가락

백제 왕실의 원찰로 알려진 사적 제
427호 왕흥사는 사비성에서 북서쪽으로 백마강을 건너 약 1km 거리
에 위치한다. 1934년 '왕흥'명 기와편이 발견되어 절터로 전해 오던 중
2001년에 이곳에서 다시 '왕흥'명 고려시대 기와가 출토되어 비로소 이
지역이 왕흥사터였음을 알게 되었다. 왕흥사에 관해서는 삼국사기와 삼
국유사에서 600년에 창건되었거나 634년에 낙성되었다고 전하며, 왕이
배를 타고 건너다녔다고 한다.

목탑터는 사찰의 중심에 위치하고 있으며 동·서회랑으로부터 약
19m, 사역 남편에 시설된 석축에서 약 18m 떨어져 자리 잡고 있다. 목
탑터의 심초석의 사리공에서 사리용기인 청동함, 은제병, 금제병이 출
토되었다. 사리구는 심초석에 청동사리함 안치를 위해 사리공을 뚫고
안치한 후 석재뚜껑을 덮어 봉안하였다.

백제는 성왕대부터 중국에서 사리신앙의 영향을 받고 또 위덕왕대
에는 일본에 승려와 장인을 파견하였을 뿐만 아니라 사리도 함께 전하
는 등 불교문화 국제교류의 주역이었다. 사리구는 이러한 백제불교문화
의 국제성을 잘 보여준다. 청동함 동체의 앞부분에는 글자가 새겨져 있
는데 577년 창왕 즉 위덕왕이 죽은 왕자를 위해 사찰(혹은 찰주)을 세웠
다고 기록하였다. 이는 567년 위덕왕이 부왕인 성왕(성명왕)을 위해 나성
동문 앞에 사원을 세운지 꼭 10년 뒤의 일이다.

그리고 심초석 남쪽 변을 중심으로 장엄을 위한 다량의 사리 장엄구
가 출토되었다. 출토유물의 대부분은 장신구이며 재질도 금, 은, 동합금,
옥, 유리, 철 등 다양하다.

청동젓가락은 가운데가 부러진 것으로 단면 8각으로 추정되며 아래
와 위는 가늘고 가운데가 조금 더 두꺼운 형태를 하고 있다. 젓가락의

중앙 상단에 반대쪽 젓가락을 연결하는 고리를 다는 귀가 달려 있는데 같은 형식의 것이 무령왕릉에서 발견된 바 있다.

▶ 전체길이 21cm, 내외두께 0.4cm[11]

11   국립부여박물관 · 국립문화재연구소, 2008, 『백제왕흥사』, p. 33 ; 국립부여문화재연구소,
     2008, 『부여왕흥사지 출토 사리기의 의미』, 국립부여문화재연구소 국제학술대회

중국 남북조 묘장

─출토유물의 구성

　무령왕릉은 삼국시대 무덤 중 드문 전축분이며 내부에서 출토된 유물도 중국계 유물이 많아 일찍부터 중국의 영향 아래 축조되었다는 지적이 있어 왔다. 전을 사용하여 쌓은 연도와 현실도 그러하고 내부에서 출토되는 흑갈유사이병, 청자육이호, 청자와 대부분의 청동그릇들은 대부분 중국에서 들어왔을 것으로 보이기 때문이다.

　중국과의 교류 또는 영향을 받아 청동수저가 부장되었다고 가정한다면 당시 백제와 교류하던 중국에서는 이미 청동수저의 부장이 상당히 유행하고 있었을 것으로 예상할 수 있다. 이에 필자는 당시 중국의 묘장 풍습을 파악하기 위하여 5세기대를 중심으로 축조된 중국의 묘장에서 출토되는 유물의 구성은 어떤 경향을 띠고 있는지 파악하고자 하였다. 이를 위하여 현재 중국의 대표적인 고고학과 미술사 연구지라고 할 수 있는 『考古』와 『文物』에 실린 남북조묘 조사보고를 정리하여 보았다.[표1,2]

표1 중국남북조묘장일람 : 『**考古**』편

연번	출전	제목	저자	특징	출토유물	비고[편년]
1	고고 1955. 2	무석벽산장육조묘발굴간보	주강	묘천교장 파괴 전축분	평면 3.74m, 도굴	
2	상동	남경남교 등부산발현육조고묘	이울연	전후2실 장방형전실묘	궁릉상정부, 도굴, 수장품-호자1, 소완2, 자관 1, 자호1, 오수전 10, 목탄1괴	
3	상동	복주시발현육조고묘	마춘경, 조숙방	16기고묘, 궁릉정단실묘 3기 중 절대연대	수장품-천계호, 동초두, 동배, 동경, 동전, 자박산로, 쌍이호, 사이관, 병, 완, 사충반, 삼족도분 등	영명7년 (489)
4	고고 1955.4	남경남교발현육조묘	이울연	서선교발현육조묘1기	장방형권정묘, 도굴교란	
5	고고 1955.5	사천팽명현상산촌애묘청리간보	석광명, 심중상, 장언황	육조애묘 13기	수장품-도기(관7, 완12, 발4, 배4, 부3, 증4), 동기(부2, 과1, 초두1, 세2, 경1, 반1), 철기(도4, 모2, 경1, 전도1, 차1), 자기(호4, 관2, 완10, 배4), 석판, 은차, 은권, 소주, 운모	4세기
6	상동	광주시서북교진묘청리간보	광주시문물관리위원회	3기	2호-장방형전축, 인화삼족소도관1, 동경1, 은차3, 은탁3, 은지환8, 금탁1, 금지환1, 은지환2, 은저침1, 은주6 3호-장방형전축, 도기(분1, 타호1, 완1, 천계호1, 접1, 사이관2), 석저2, 금지환2, 은지환1, 동울두1, 관내부(석저2, 동도1, 대천당전1, 도완1, 도분, 도완, 도타호, 잔칠합, 칠접 등 4호-장방형전축 도기(분1, 완2, 타호1, 사이관3, 사이소구관1, 우1, 완1, 수주1), 석연1, 석저2, 묵1, 동도1, 동기1, 대천당천1, 칠이배2, 칠합1	2호 영가 5년 (311)
7	고고 1955.6	무석한묘지육조묘장 청리기요	주강	26기	수장품 1,000여점. 壺39, 瓿14, 罍, 鼎14, 罐67, 鐵劍8, 鐵刀, 銅鏡 등	
8	고고 1955.6	사천창명불아애묘장 청리간보	석광명, 심중상, 장언황	6기 중 1기 육조애묘	수장품-도기(완1, 배1, 증1, 부1), 동차1, 자호1	
9	고고 1956.3	광주육조전실묘 청리간보	광주시문물관리위원회 (맥영호)	육조묘장 95기 중 대형전실묘장 17기	묘실전축 1. **동교당망강3호**-장방형 권정, 연도-전실-과도-후실(전장 7.6m) 2. **동교다정1호**-장방철자형 3. **황보대도1호**-외형내부 당망강3호와 상동	
10	고고 1956.6	하북오교현발현동위묘	장평일	동서2기, 동묘교대	동묘-30.2m, 평면원형 파괴분, 서묘-동교와 동일구조 권정파괴 도용(무사두2, 지순용4, 갑주용7, 방령장의광수시용9, 교령우임단의지용9, 여용1, 풍모피의용6,	동위 흥화, 무정연간 (효정제 543)

					수수장의시용2, 기사용2, 도마1, 도타두1, 도조1, 도정1) 자기(장경사이관1, 육이관1, 완4), 철기(단도2, 철괴9), 동기(장병동정1, 동타호1, 소제형삼족반1, 고족배1, 동경1, 동환2, 쇄동편20), 각소1, 각자전1, 묘지2	
11	고고 1956.6	장사남교우화정 부근적 동한육조당묘	고지희	육조묘 4기 (002, 004, 007, 010호)	007호-묘벽 직선 좁고 긴 凸자형전실묘, 나머지 묘벽호선 전장 5.52m, 너비 1.16m, 연도 1.52m, 너비 1.66m, 묘벽 삼횡일수체성 수장품-연도와 관상 사이에 분포 도기(배, 반, 완, 병, 鷄牸壺, 삼족기(청유녹도기), 석기(활석저 무덤마다 1쌍), 철경2, 동전(002호)	동진~ 육조만기
12	고고 1956.6	성도탕자산발 현 육조전묘	심중상	전축묘 1기	전장 7.65m, 전실(1.5×1.47m)-중실(3.1×0.92)-후실(3.05×1.31), 화문전 태시10년조명(274) 유물 전후실에서 출토(도관, 도발, 도정, 유금동포, 금지환, 은권, 철전, 관정, 인화청자완)	태시14년 (274)
13	고고 1957.5	안휘합비동교 고전묘 청리간보	안휘성 박물관 청리소조	화전묘 3기 중 1기만 보전	1호-주실장방형 원형공정 삼횡일수 주실우전측 이실 수장품-동발1, 신수경2, 위지삼공명동경1, 내호동경1, 동대구2, 동식1, 오수전852, 전륜오수전144, 화전5, 대천오십동전2, 환배철도2, 철모1, 소철도2, 도정1, 도두1, 도마1, 도저권1, 대유도세2, 대유도관4, 칠렴1, 소은권2	한말~ 육조중기 (서진)
14	고고 1957.3	낙양윤서16공 구발굴간보	하남성문물 공작제2대	진묘	1. **수혈묘3기**-목관 도관, 수장품-도항1, 도분1, 동경3, 동대구1, 대유항1, 대유병1, 오수전, 패각 2. **토갱동실묘6기**-방형에 가까운 동실. 이실없음. 용도가 많은 소형전실묘. 수장품-도항12, 도완6, 납좌3, 조1, 도정1, 도계1, 방격반1, 동경4, 오수전200여매 3. **전권동실묘6기**-묘도-동실-후실(체성궁릉정) 65호(2인합장묘, 방형조, 반, 구, 저오렴, 창두), 68호(단신)	서진~ 육조시대
15	고고 1957.5	복주서문외 육조묘 청리간보	증범	진묘~ 남조묘 4기	1. **진묘1기**(영화10년명 전각, 354) 묘실-전부와 묘문붕괴 수장품 소량(청자대완, 청자대완개, 청자사이관, 청자평저기) 2. **남조묘3기** 1호-소형묘 방형전구권실묘, 장방형전·설형전으로 구축 수장품-청자쌍이관, 청자쌍이호, 청자박산로, 청자대반우상, 청자오충반, 청자연화완, 청자완개, 자반, 삼족반, 소자접	진~남조

					2호-묘실 사종화문전체축, 수장품없음 3호-2호와 동일, 수장품-청자쌍이관2, 청자쌍이호1, 청자소쌍이관5, 박산로, 삼족분, 청자초두, 보상화완, 청자호자, 청자화삽, 청자촉대, 육족반, 청자두3, 청자소완, 청자악, 청자타호, 청자소호, 청자소화병, 청자소접(모두 26점)	
16	고고 1958.4	남경서선교동진 태화4년 묘청리간보	갈야공	1기 단실권정	묘전 묘저와 연결되는 전체배수구 동벽일부, 북벽, 묘저만 남음 수장품-동관정, 철관정, 도빙기2, 도타호1, 도과관1, 도반4, 도이배2, 도훈로1, 도표1, 도루수판1, 도용2, 도관1, 자완2, 활석저1, 동전41	태화4년 (369)
17	고고 1958.5	장사용원양한· 육조·수·당· 송묘 청리간보	주세영	육조묘 4기	M010-장방형단실묘, 수장품교란, 도저2 M019-아자형전실묘, 주실과 연도로 구성 주실 뒤쪽 소감1, 사이도관 출토 M006-전실묘, 주실 타원형 전장 삼횡일수 수장품-도굴분 도저1, 도담편1, 도완1, 철전1, 철정, 도편 등 M025-타원상전묘, 전장 삼횡일수 도조, 도완 잔편	
18	고고 1958.6	절강안길삼관 향적일좌육조 초기묘	절강성문물 관리위원회	전권쌍실묘	용도-전실-후실 전실장방형 묘벽과 묘정의 체법은 전실과 동일 수장품-인문도관3, 홍도관8, 흑도관3, 흑도분1, 자완4, 청동세1, 신수경1, 동전253	
19	고고 1958.6	복건남안풍주 동진·남조·당 묘 청리간보	복건성문물 관리위원회	남조묘 18기	형식대치상사, 단실기권화문전실묘 10호장방형, 16·17호 凸字形 기타 刀形 1호-소관1, 통형평저관1, 완1, 발1, 잔기4 5호-자완1 9호-쌍이관1, 사이관1, 육이관1, 잔관2, 완4, 대반소배2, 발1, 단관삽1, 사관삽1, 소병1, 호자1, 초두1, 박산로1, 천원반1 10호-쌍이관1, 쌍이염구관1, 발2 11호-관1, 사이관1, 소관8, 완4, 발1, 삼족반1, 초두1, 박산로1, 호자1, 오배반1 12호-쌍이관1, 사이관1, 대이잔관1, 접1, 발2, 초두1, 박산로1 13호-쌍이관1, 사이관1, 잔관2, 소완4, 소접1, 발1 14호-소접1 15호-소완1 16호-육이관1	元嘉4년 (427)
20	고고 1958.7	사천소화보륜 원옥기파애묘 청리기	장언황, 공정만	애묘 20기	묘실 180cm 내외 6기, 220cm 내외 6기, 250cm 내외 5기 등 철소도-1,3,4,6,8,14,15,19,20호 철전-7,10,19호 도기53건(부7, 증8, 관13, 도방륜1, 반원형구2, 도집1, 도호자1) 동기37건	元嘉19년 (442), 秦康元年 (280),

					(부7, 과1, 초두1, 권자1, 령1, 차7, 동경2, 오수전17) 철기20건(검3, 도12, 전4, 철축도방륜1) 자기20(호5, 완15) 호박기5, 파리주 182	秦始10년 (274)
21	고고 1958.9	남경석문감향 육조묘 청리기	이감소, 도사화	1기	묘실방형 수장품-옥석류(백옥함1, 백옥벽1, 백옥마두식1, 청석판1), 도자기류(도용6, 도마차1, 도정1, 도조용1, 청자황록유정2, 도조1), 칠기류(이미 부식됨), 동기류(박산로1, 동포1), 철기류(철경1, 철관정), 유리기류(쇄편)	육조조기
22	고고 1958.12	절강소흥 리저 고묘장 발굴간보	절강성문물 관리위원회	철자형권정 전실묘	215호, 체법 삼횡일수 수장품-도정1, 도우1, 도두1, 삼족기1, 정자정1, 이배2, 철소도3, 철관정1, 여석1	육조조기
23	고고 1959.4	복건민후산, 두무 남조·당묘 청리기	황한걸	철자형권정 전실묘	형산남조묘 묘도와 묘실 평면철자형, 수장품-도기1(도삽족분1), 자기18(자사이관2, 자쌍이호2, 차화삽1, 자소충2, 자박산로1, 쌍이관5, 자완2)	복주 및 남안풍주의 남조묘와 상동
24	고고 1959.9	광동곡강 동진, 남조묘 간보	광동성문물 관리위원회	6기	1호 咸康8年(342)명전, 3호 永初2年(421)명전 **1호**-도복, 우2, 사이관7, 접1 **2호**-대완1, 소완2 **3호**-사이관3, 분1, 완7 **4호**-복1, 우2, 사이관7, 완8 **5호**-접1, 소석저1	함강8년 (342) 영초2년 (421)
25	고고 1961.4	남경통제문외 발현남조묘	이울연	전실묘	장방전체성 수장품-동식5, 동합7, 동초두2, 동환6	남조말기
26	고고 1962.4	강서청강남조묘	강서성박물관 고고대	남조묘 11기	11기 모두 전실구조로 상동 5,7,8,11호-관정출토 수장품-대부분 청자(병6, 관4, 호3, 완8, 접7, 반12, 오충반1, 분격반1, 이배반2, 정3, 연1) 기타(석저1, 동배1, 동차1, 철도1, 철전1)	남조
27	고고 1962.4	강서남창시교 남조묘발굴간보	강서성박물관 고고대	4기 권정 전실묘	경묘1~3, 나묘1 경묘2,3, 나묘1-단실묘 경묘1-쌍실묘 수장품-청자52(육계호3, 사계호2, 쌍계호2, 사계관4, 수우2, 타호1, 대반삼족기1, 탁배1, 정1, 오충반1, 발6, 완25, 조1, 기개1) 동기9(경묘다 출토, 경묘3에서는 동경1점만 출토, 관1, 합1, 시2:편평한 호형자루 자루의 끝은 삼각형, 술부는 감람상이며 깊이가 얕다 자루에 동심원문, 경2, 과1, 오수전77:한구러미를 천을 쌈) 철기6(전도2, 소도1, 관정3) 옥석기17(옥대구, 옥환2, 옥황2, 옥형2, 옥기1, 석저2, 마노사1, 수정구1, 요주5)	남송원가18년(441) 숟가락 2점출토, 젓가락 없음

28	고고 1965.4	강서청강양호진 묘화남조묘	강서성문물 관리위원회	남조묘 4기	단실권공묘 평면 협장방형 수장품-12점(자발3, 자완4, 자관1, 석저2, 철도1, 마석1)	
29	고고 1965.4	무한지구4좌남 조기년묘	호북성박물관	단실권정묘 4기	묘101-단실권정 용도, 평면도형 206,207호-단실권정, 용도 평면철자형 193호-단실권정 용도 평면여자형 삼평일수체성 101호 수장품-도기(발2, 반2, 정2) 자기(발편, 관개편, 도용3) 206호 수장품-청자반구호1, 소완6, 반5, 도용2, 도대병발1, 표1, 완1, 정1, 창1, 빙기1, 잔도기1 207호 수장품-청자반구호소1, 완1, 소완5, 반5, 잔기1, 도용2, 도완1, 정1, 타호1, 빙기1, 소석저1, 쌍공소조1 193호 수장품-도질매지권, 청자(연화준1, 호3, 소완9, 삼족연1), 도기(발7, 반3, 탁잔2, 과합1, 타호2, 정2, 연1, 정란1, 빙기2, 장방판8, 차륜1) 철기(경편, 관정) 동전3(대천오십2, 직백오수1) 동물용(마1, 우1, 압1)	101호-송원가27년(450) 206, 207호-송효건2년(455) 193호-남제영명3년(485)
30	고고 1965.5	장사남교적양진 남조수대묘장	호남성박물관	남조묘 1기	장방형전실묘 권정붕괴 삼평일수 수장품-청자(사계호1, 접5, 청유오족연1, 삼족기1, 분합1, 다탁1) 철전	철전
31	고고 1965.5	광동소관육조 수당묘장 청리간보	광동성박물관	육조묘 6기	장방형권정전실-5기(20,22,26,28,29호) 장방형첩삽식묘-1기(30호) 수장품-도기(사이관5, 완17, 접7, 배5, 우1, 연1), 동기(경1), 은기7, 활석저5, 동전(오수5, 대천오십1)	
32	고고 1965.9	강서남창서가방 육조묘 청리간보	강서성문물 관리위원회	장방형전실 결구	전후실묘 수장품-도기(호2, 안1, 조1, 정1, 반2, 옹2), 청자(관7, 발21, 우1), 금은기(금환1, 은환1), 석기(구1, 여석1), 동기(신수경1, 일월천왕경1, 사업문경1, 비수1, 동전300:오수전), 철기(철도1, 철정20)	육조조기
33	고고 1966.2	강서신간금계령 진묘남조묘	강서성문물 관리위원회	남조묘 5기	장방형전실묘(17호파괴분) 3호-철자형 3호-육계호, 완, 반3, 철도 6호-오충반, 배2, 발2, 정, 조, 쌍이배완, 삼족기, 사계연화문관 7호-사계호, 배2, 철전 17호-연관문완, 육계관, 쌍계호, 탁배반, 대반삼족기	
34	고고 1966.3	강서남창시남교 한육조묘 청리간보	강서성박물관	전실묘	묘3-평면제형, 천정불명, 수장품-도반구호1	

35	고고 1966.3	강소구용진가 촌서진남조묘	강소성문물 관리위원회	남조묘 2기	1호-전실단묘 용도 수장품-쌍복계호1, 천계호1, 완3, 관3, 경1, 오수전1, 도방륜1(남조조기) 2호-구조는 1호와 유사 수장품-자기4(사계호1, 사계관1, 완2), 도기3(발1, 과합1, 이배1) 서휘촌잔묘-청자5(복련육계관1, 접1, 완3)	1호-남조조기 2호-서진만기 서휘촌-남조만기
36	고고 1966.5	하북정현출토 북위석함	하북성문화국 문물공작대	석불사 탑기 서북쪽 출토	석함-석회암으로 제작 평면 장방형 전체높이 58.5cm, 길이 65cm, 너비 57.5cm, 구부좌측에 결구가 있고 그 아래에 [태화]각자가 있음, 함의 뚜껑에 명문 12행 북위 효문제가 태화5년(481)에 탑을 세운 일을 기록함. 석함 내 출토유물 5,657점 화폐(동전249:반량3, 오수220, 화천20, 대천오십4, 소천직일2, 파사은페41), 금기(이추1쌍, 금편5), 은기(보병1, 탁자5쌍, 지계2, 이환2, 발차3, 환식44, 조환8, 대가2, 대타미2, 장방형식편2, 소령2, 타식1), 동기(발1, 방인3, 시3:술부는 비교적 얇고 장원형, 자루는 길고 그 중 2점의 자루 끝은 평두, 1점은 부채꼴, 전체길이 17.6cm~20.3cm, 경1, 령3, 섭자1, 황형식1, 환식34, 식편10, 포식2, 개궁모1, 촉3), 유리기(발1, 병5, 기저1, 환식2, 원주상관식12, 관주2621), 옥석기(석괴2, 감석3, 벽4, 패식1, 옹보석관식1), 마뇌기(환3, 관식49, 감식2, 백색천연조형석1), 수정기(관식4, 원료2괴), 기타(진주160, 패8, 산호관식2334)	태화5년(481) 명 석함 내 숟가락 3점 출토
37	고고 1972.5	하북곡양발 현 북위묘	하북성박물관 문물관리처	1기	단실전축 파괴분 수장품-금차1, 동병2, 동초두1, 동완1, 동접1, 동충1, 도무사용2, 도호용2, 도여용2, 도진묘용2, 도우1, 도마1, 도려1, 도낙타1, 도저1, 도양2, 도구1, 도계1, 도완10, 도합1, 묘지1	효명제 정광5년(524)
38	고고 1973.4	강소율양과원 동진묘	남경박물원	1기	단실전축 묘문-용도-묘실 사순일정 묘실남북호벽 수장품-도굴분 청자완3, 계심상금편, 소금화10편	태원21년(396)
39	고고 1973.11	귀주평패마장진 묘남조발굴간보	귀주성박물관 고고조	토갱묘2, 석묘14	35호-묘도 묘실 수장품 도관3, 자관1, 자관1, 동부, 동경, 철사각가, 은발차, 금편, 각질발차, 은수탁, 은계지, 마뇌주, 호박, 요주, 금질칠기양편, 석연대, 철관정 수십개 **석묘14기** 묘실묘도로 구성 크기가 같지 않은 일면 가공의 활석을 사용 수장품-도기22(도관21, 도담1),	34·37·38·42호에서 철전출토

					청자(호2, 계수호5, 타획관14, 완5, 배1, 기개1, 수주1), 금식148, 은식116, 동식146, 동기34(세4, 탁배2, 부17, 초호1, 초두6, 경4), 철기16(정2, 각가10, 전4, 관정), 칠기(칠반4, 칠합3, 칠탁3, 칠개1, 칠완1), 석연1, 금식148, 은식116, 동식146, 마노식185, 호박식 21, 수정식6, 옥식1	
40	고고 1974.1	강서성 마두서진묘	강서성박물관	1기	용도-전실-과도-후실 전실방형 후실 장방형 사순일정 수장품-도기6(쌍계호1, 관2, 쌍순관2, 조1), 청자66(관7, 호5, 퇴소곡창1, 화형수주1, 타호1, 쌍이루공기1, 분2, 발2, 정1, 분1, 울두1, 반2, 완6, 접6, 충8, 이배6, 표2, 증1, 정1, 마2, 우2, 계료1, 구권1, 생금권4), 동기9(초호1, 울두1, 분1, 관1, 경2, 동간두1, 전42:오수전), 철기(초두1, 전도1, 관정18), 금은기(계지3, 소환4, 수탁4, 발차1, 은탁1, 대연1)	3세기말 ~ 4세기초
41	고고 1975.2	산동창산원가원년화상석묘	산동성박물관 창산현문화관	묘실 석회암16매로 축조	묘문-전실-쌍주실-측실 평면 장방형 수장품-청자완2, 청자잔1, 도완1, 도반4, 도격2, 석판1, 동경1, 동전9:오수전4, 철관정3	제기 원가원년(434) 10석12폭화상
42	고고 1976. 5	남경서하산감가항육조묘군	남경박물원 남경시문물보관위원회	40기-명묘2, 동오묘7, 서진6, 동진17, 남조6	M2-합장묘, 단실권정묘실 장색유자완 출토 M4-소수의 묘? 단실타원형 궁려정, 활석저, 표, 주32, 첩금주2, 청자잔, 복우 M6-소수의 가족? 단실타원형 궁려정 합장묘 회석안족7, 회석좌8, 석빙기, 석연, 회도용, 반, 청자완2, 타호2 M11-남조 단실권정 용도없음 유물 없음	M4-蕭秀의 묘?
43	고고 1978.5	호북방현적동한육조묘	호북성박물관	육조묘 1기	소형전축장방형묘실 도굴분 묘실 우측 앞으로 수장품 배치 수장품-도관3, 도조1, 도정1, 도수두1, 도발2, 청자발1, 동차1, 동전2	육조조기
44	고고 1979.3	하북자현북제고윤묘	자현문화관	전축단실묘	좌북조남 묘도-용도-묘실 방형묘실 묘벽호형 이순일정, 묘실사벽 백회를 바르고 홍남항흑으로 벽화 수장품-도용381(안순무사용2, 격고기용2, 취주기용2, 격고용10, 시위용71, 기악용23, 투의용68, 문리용23, 시종용98, 호용4, 호모용8, 농관용21, 여시용5), 도금축모용13(말4, 대려1, 낙타1, 소1, 와양2, 저2), 도진묘수2, 도기모형4(창1, 대1,	고윤 무평7년(576)

					정1, 조1), 도기10(호2, 반8), 자기(계수호1, 복련개관2, 청자관6, 청자촉대3, 청자완4, 녹유편호1), 석기7(석정4, 석사3), 동기(유금세경호1, 동원합1, 동잠1), 철기3(철합1, 철원편1, 철관차1), 주류(마뇌주4, 요주38), 묘지1	
45	고고 1980.1	복건민후남서 남조묘	복건성박물관	조지창내 남조묘 1기	전축권정단실묘 평면철자형 장방형묘실 삼순일정 수장품-쌍이관2, 소우1, 반2, 탁완3, 발1, 초두1, 호자1, 연1, 타호1, 정1, 사이관2, 반구호2, 충5, 박산로1, 삽기1)	남조제양 시기
46	고고 1980.6	안휘마안산동 진묘청리	안휘성문물 공작대	1기	단실전묘 문도-용도-묘실 묘실 동서양벽호형 묘실사벽 삼순일정 수장품-도기(원반9, 장방반1, 빙기2, 이배2, 우1, 사이유도관1), 청자(사이반구호1, 우2, 완5, 소배1, 훈로1, 철관정4, 동관정12, 활석저2, 전각묘지5)	동진태원 원년(376)
47	고고 1981.6	강서남창시교적 양좌진묘	강서성박물관	2기	1. **승금탑진묘**-권정전실 장방형묘실(협장) 바닥의 높낮이로 전실, 후실 구분 전실양측 내벽중앙 장방형벽감 수장품-청자20(조수호1, 쌍계관6, 발6, 사계고령관1, 쌍계편복관1, 정1, 잔4), 칠기(칠분2, 칠이배3, 칠반1, 칠합3, 칠개1, 칠패1), 동경1, 동울두1, 동전15(오수전 등), 도화분1, 쌍계도관1, 석저1, 단상소형석구1 2. **경가산진묘**-권정전실결구 파괴분 수장품-청자발3, 청자호자1, 청자벽사상수주1, 청자타호1, 청자관4, 청자화분1, 동초두1, 동울두1, 동세1, 도관1, 석안1	서진만기 (4세기초)
48	고고 1983.4	남경교구 양좌남묘	남경시박물관	2기	1. **판교남조묘**-도굴분 천정도괴, 평면철자형 전체권정묘 양벽 삼순일정 묘실 후부 관상 수장품-시용3, 발2, 분1, 반3, 관1, 대류부세관1, 과합1, 이배1, 직통소관1, 초두1, 증1, 삽기1, 기개1, 합1, 향훈1, 잔훈1, 계2, 양1, 창1, 우차1, 궁1, 천기1 2. **선학문남조묘**-긴 용도가 딸린 단실권정묘 평면철자형 도굴분 벽과 권정 삼순일정 수장품-청자(반구호2, 타호1, 소완2), 도기24(용1, 다잔1, 잔탁2, 분1, 반4, 관1), 석질(석용2, 석수1, 석판1, 묘지1)	남조중만기
49	고고 1987.6	강서정안호산서 진남조묘	강서성문물 공작대	남조묘 1기	**M3**-전공장방형묘실 수장품-청자 사계호1, 청자잔1	

50	고고 1988.5	계림시동교남조묘청리간보	계림시문물공작대	3기	M1-장방형전실묘 단실 평면철자형 수장품-청자26(계수호2, 사계관1, 계수개관1, 타호1, 기개1, 원반9, 완11, 활석저2, 활석향초형기2, 호박식1, 파리주5) M2-평면철자형 권정 단실묘 수장품-53(계수호와 원반, 완 등을 제외하면 M1과 약동. 청자사계관1, 활석기7, 활석남용4, 활석명전2, 호박식2, 파리주23, 편두철관정2, 전도1) M3-M2와 약동. 심하게 훼손. 수장품-청자사계관1, 완1, 기개1, 철관정2, 활석여용1	M1,M2-묘주여성, M2 전도 출토
51	고고 1989.3	절강온주시교발현남조묘	온주시문물처	전실묘파괴분	도형묘 수장품-3점 용도에 배치. 타호2, 반구호1	유송시기
52	고고 1990.2	광동시흥현진남조당묘청리간보	시흥현박물관	남조묘 1기	장방형단실권정전묘 수장품-사이관1, 육이관2, 완4, 배2, 접5, 활석저2	
53	고고 1990.5	강서공현남조송묘	공주지구박물관공현박물관	권정단실묘 1기	평면철자형 용도-전실-후실 명문전 경평연호 호씨립 수장품-전실출토 다수, 기물파손, 위치교란. 육계관1, 반구호1, 타호1, 완1, 발2, 반5, 충5, 삼족연1	경평연호 (423~424)
54	고고 1990.10	남경유방교발현일자남조화상전묘	남경시박물관	화상전묘	평면철자형 용도와 묘실 대부분 파괴, 남여시종인물화상	
55	고고 1990.11	사천면양서산육조애묘	면양박물관	애묘 22기	사암을 파서 조성. 묘는 모두 장방형 묘도-묘실로 구성. M1-단실무용도 공권정 M2-단실유용도 공권정 묘실평면 사다리꼴. 수장품-총536점(자기, 도기, 동기, 전폐, 철기 등) 자기147(완116, 반구호10, 용봉호6, 관7, 반5, 타우1, 탁반1), 도기62(완11, 반구호3, 관10, 증6, 부6, 용3, 동물모형23(마2, 우4, 거위7, 계4, 구2), 동기47(완1, 구6, 세1, 초두3, 울두4, 환12, 벽천2, 잠10, 저1쌍, 표3, 경4), 철폐231(화천35, 오수196), 철기38(초두2, 전도5, 도2, 검2, 관정27), 은잠9, 석새형물1, 매정사1	표3, 전도5 출토 4세 기대
56	고고 1991.1	호부황파횡점남조묘청리기	황파현문화관	장방형전실묘 1기	평면철자형 묘벽 삼순일정 도굴분 23점 출토 수장품-청자5(반구호3, 완1, 우형기1), 도기17(도용14, 도수두1, 도조1, 도권족기잔), 동경(소형명기)	유송원가27년(450)묘와 동일형태
57	고고 1991.6	광서등현포마평발현남조묘	등현문화국 등현문물관리소	4기	M1-장방형 쌍층정 전실묘 묘실벽 벽감설치 수장품-청자16(계수호1, 타호1, 사이개관1, 사이관1, 정1, 연대1, 완4, 반6) M2-권정부파괴 수장품교란 청	남조송 제시기 (420~502)

154

					자9(계수호1, 사이관1, 반7) **M3**-장방형 권정단실묘 수장품 없음 **M4**-대부분 파괴 M3과 유사 수장품 없음	
58	고고 1991.8	절강동진현이택 진남조묘	조녕	전실묘	용도-묘실 4벽 삼평일수 원가4년명전 수장품-청자배1, 청자완3, 청자우1, 자잔, 반구호, 동경, 파리주18, 옥석1, 철기1	원가4년 (427)
59	고고 1991.9	하남은사현행 원적사좌 북위묘	중국사회과학 원고고연구소 하남2대	전권단실묘2, 토동묘2	**1. 낙주자사원예묘**-전권단실묘 묘도-용도-묘실 방형묘실 4벽외호 수장품-문리용6, 부검무사용1, 집순무사용2, 남사용1, 여시용4, 우차1, 마용2, 타용1, 계용1, 구용1, 도조1, 도정1, 도전1, 도완1, 왜령관1, 도정1, 도반1, 동잠1, 묘지1 **2. YDM4031**-토동묘 묘도-묘실 방형묘실 수장품-도기4(소구관1, 장경관1, 병1, 완1), 경1 **3. YDIIM1101**-토동묘 묘도-용도-묘실 근정방형묘실 수장품-무사용1, 우차1, 도호3, 왜령관5, 도관1, 도완7, 소도합1, 도정4, 기좌1, 원반3, 편합1, 동우1 **4. YDⅡM926**-전권단실묘 묘도-용도-묘실 방형묘실 4벽외호 4벽과 용도 이평일수 수장품-도호2, 도관1, 자관2, 금박식편2, 은하악탁1, 동우1, 동경1, 철전1, 철환정1	낙주자 사원예묘 (520~530) 철전출토
60	고고 1991.9	하남언사채장 북위묘	언사상성 박물관	전실묘	평면산형 묘도-용도-묘실 방형묘실 4벽외호 수장품59건-진묘수, 무사용, 문리용, 우단남시용, 여시용10, 궤좌용, 여기용, 도마, 도우, 도양, 도구, 도저, 도계, 도완, 석묘지	
61	고고 1993.1	복건건구수남 기전창남조묘	건구현박물관	단실권정묘 1기	평면도형 용도-전실-관실 수장품-전실13점 쌍계관3, 반구호2, 완2, 충6	천람5년 양무제5년, (506)
62	고고 1993.5	하남언사양 좌북위묘 발굴간보	언사상성 박물관	토동묘1기 소전공권묘1기	**1. 염화묘(90YCXM7)** 토동묘 묘도-과동-천정-봉문-용도-묘실 묘도는 묘장의 가장 남쪽에 위치 평면장방형 묘실은 토동식 궁릉정 평면방형 수장품-진묘수1, 무사용2, 시리용4, 의장용5, 남시용4, 여시용2, 도우1, 도차1, 마용2, 낙타용1, 악용7, 무용3, 집기용1, 집분용1, 집병용1, 소화용1, 도창1, 도조1, 도정1, 도마1, 도대1, 도정2, 도관3, 도완2, 도합4, 저용1, 양용1, 구용2, 계용1, 두청자섬좌렵대1, 청자완2, 묘지1	염화526년 몰연체묘 527년경

					2. **연체전창2호묘**(90YNLTM2) 소전 공권결구 묘도-용도-묘실 묘실평면방형 4벽외호 수장품-도굴분이나 105점 출토 도기88, 자기17(진묘수2, 무사용6, 집순무사용4, 개갑무사용8, 개마무사용3, 의장용27, 풍모용5, 고고용4, 취소용1, 피구용7, 농관시리용4, 나게여시용2, 기마용9, 마용2, 낙타용1, 도우차1, 청자계수호1, 청자연화완4, 청자소완3, 청자반5	
63	고고 1994.3	광동나정현학저산남조묘	나정현박물관	전실묘 1기	묘실2개가 중자형 배치 다실묘 용도-전실-중간용격장 주실이분 전실, 주실 횡장방형 수장품-금식2, 동경1, 철전1, 청자63(청자관17, 완30, 배13, 두형완1, 타호1), 활석기1, 관정57, 오족연1, 금수탁1, 금지환1, 동경1, 철전1, 활석저1, 관정57	남조만기 철전출토
64	고고 1994.5	복주민후발현남조묘	양종, 엄효휘	남조전실묘 1기	묘실평면장방형 묘실전부 용도파괴 수장품-청자13점(반구호2, 대완2, 소완3, 소충1, 탁반삼족로1, 연대1, 쌍이관1, 사계소관2)	남조유송시기
65	고고 1994.7	강서공현백로남조묘	뇌사청	불명 1기	파괴분 형제불명 수장품25점-호1, 관5, 반8, 완4, 충1, 배6	남조중만기
66	고고 1994.9	북위선무제경릉발굴보고	중국사회과학원 고고연구소 낙양 한위성대, 낙양고묘박물관	봉토묘 1기	하남낙양북교 망산향 충두촌 동쪽에 위치 선무제능묘의 지하건축 좌북면남의 전실묘 전장54.8m 묘도-전용도-후용도-묘실 평면갑자형 묘실청조전 축체 평면방형 묘정 사각찬첨식 수장품-도굴 청자12(용병반구호, 용병계수호, 사계반구호6, 타우2, 발1), 유도기(완1), 도기20(관1, 분1, 발1, 배1, 완4, 천탁4, 배원합2, 소원합1, 방형사족연4, 동물모형잔괴1, 동경잔1, 경송원보1, 광서원보2, 석기2(석정잔1, 장구삽좌1), 철기10(추1, 족7)	515~520년
67	고고 1994.10	광서종산형서문령발현육조묘	종산형문물관리소	전실묘 1기	권정결구전실묘 묘도-용도-전실 평면철자형묘실 유물은 묘실의 오른쪽 전반에 위치 수장품11점-자기6(관5, 발1), 도기5(도관3, 배1, 정1)	육조시기
68	고고 1996.1	강서공현남조송묘적청리	공현박물관, 뇌사청	전실묘 1기	권정전실묘 평면철자형 용도-전실-후실 명문전출토-송 원가7년 호씨 7년대 세경오 호씨 등 수장품-동경1, 철도1, 동발형기1, 청자배4, 청자개1, 철편1, 철괴1	원가7년 (430)

69	고고 1996.1	광동시흥현소사창동진남묘직발굴	교진웅	동진쌍실묘 1기 남조단실묘 3기	**M1**-장방형단실권정 수장품-도관5, 도완4, 도접5, 도배2, 오수전2 **M2**- 남조전실묘 장방형 단실권정 수장품-도관3, 도완5, 도적5, 활석저1 **M3**-남조전실묘 장방형 단실권정 수장품-도관3, 도완4, 도접6, 활석저1, 도배5, 철전1, 철차1, 철도1	남조만기 철전출토
70	고고 1996.8	광서공성현황령대만지남조묘	봉염	장방형권정묘 3기	**M2**-평면철자형 용도-묘실 수장품-묘벽주위에 배치 청자43(반구호2, 사계관2, 육계관2, 향훈1, 삼족연1, 발1, 접1, 완33), 도기2(부1, 방륜1), 활석저2, 동발1, 오수전1, 철전도 **M1**-M2와 대체 상동 M2와 부부합장 또는 친족 수장품-청자38(청자쌍순사계관2, 청자집호1, 청자육계관3) **M3**-소형 평면철자형 묘실은 전후양부분으로 나뉨 출토유물 없음	
71	고고 1996.8	사천면양시원예향발현남조묘	면양박물관	남조전실묘 1기	권정단실 묘도파괴 묘실평면장방형 수장품 일부훼손 21건 수습 도발1, 도분1, 청자완2, 청자반1, 동경1, 동초두1, 동과1, 동권1, 동차2, 은차1, 은원형식1, 철삽1, 활석수2, 전폐4(대천오십3, 직백오수1)	남조 제~양 6세기 초 전후
72	고고 1996.11	호북악주시당각두육조묘	호북성 문물고고연구소, 악주시박물관	12기발굴, 다실묘 3기	M1, M7남조 M2오 영안4년(261) M4, M8, M9, M10오 중 후기 M3, M11, M13서진 M12, M15동진 중 후기 M1, M7은 장방형묘 **M1**-묘정파괴 묘내에는 관상과 제대설치 수장품-다자합2, 준1, 반1, 접4, 정1, 창2, **M7**-권정파괴 장방형묘실 관상과 제대설치 수장품- 다자합, 잔탁, 준1, 반5, 표1, 동삭도1	오, 서진, 남조묘장 혼재
73	고고 1998.8	강소남경시부귀산육조묘지 발굴간보	남경시박물관, 남경시현무구 문화국	6기묘장군	1조-M2, M4(동진 조기), 2조-M5, M6(동진 만기), 3조-M1, M3(남조 만기) **M1**-용도가 딸린 권정단실묘 수장품-도여용1, 도과반1, 도반1, 도접1, 도발1, 청자완1 **M3**-쌍실묘 쌍권정 출토유물 없음	동진~남조
74	고고 1998.8	강소남경시화신묘남조묘 발굴간보	남경시박물관, 남경시우화대 구문화회	2기(가족장)	**M1**-용도가 딸린 단실권정전실묘 평면철자형 묘실양측벽외호 묘실앞에 석탁설치 수장품-도굴분 도기15(향훈2, 정1, 렴합1, 표1, 잔1, 반2, 견우차용1, 우차1, 음정개1, 정2), 청자3(반구호1, 완2), 옥석기11(석비희1, 석저1, 석마1, 석무사용1, 석빙기1, 활석인3, 옥인1, 옥사형기1,	

					옥저1) **M2**-거의 파괴됨 수장품-도정1, 도렴합1, 도발2, 도반2, 석여시용1, 석문리용1, 석탁퇴1	
75	고고 1998.12	강소남경시백룡산남조묘	남경시박물관, 서하구문관회	단실권정 전축묘	평면철자형 봉문장-용도-석문-묘실 등으로 구성 묘실의 후벽은 외철 전벽과 양측벽은 외호 문자전 출토-오, 사, 뇌, 진, 안 수장품-자기(타호1, 잔2), 도기(용2, 옥1, 삼족로2, 정1, 빙기1, 반2, 발1, 관1), 동기(동경1, 포정1), 철기(경1, 관정10), 석기(제대1, 석판1) 묘지2:판독불능	남조 중 만기 중대형묘장의 특징, 묘주-남조 소괭일 가능성이 있음
76	고고 1999.7	광동조경사회시육조묘장발굴간보	광동성 문물고고연구소, 조경시문화국, 조경시박물관, 사회시박물관	단실권전묘 3기	1. **조경우강묘장(남조조기)**-철자형단실권전묘 묘문-전실-중문-후실 묘문훼손 수장품-계수호1, 사계관1, 발1, 접3, 완10, 철기8:기형불명 2. **사회시대포허묘장** M1(동진만기)장방형묘광 장방형단실단권전묘실 묘문-전실-후실 수장품-사계관1, 완2 M2(동진묘)장방형단실단권전묘 묘문-묘실 수장품-발1, 잔1	동진~남조
77	고고 1999.8	광동학산시대강발현동진남조묘	광동성 문물고고연구소	장방형단실전묘2기	M1-묘실장방형 유물 파손교란 수장품-자기9(완2, 잔2, 우2, 기개2), 쾌자1쌍, 도기(사이관1), 철기(전도1, 도1) M2-장방형단실전묘 묘정훼손 원가12년(433)명 전	원가12년 (433)

표 2 중국남북조묘장일람 : 『文物』편

연번	출전	제목	저자	특징	출토유물	비고(편년)
1	문물 1954.3	보성철로수축 공정중발현적 문물간개	서남박물원 주비처	남북조 애묘 50여기	창명상산촌과 소화보륜촌 등에서 출토 묘실 협소 1m 내외 수장품-동기(동부 다수), 철기(도검 다수), 도기, 자기(대청백색유병, 관, 완, 발), 도용의 흔적은 없음	
2	문물 1954.4	화동구양연래생산건설중 출토문물간개	화동문물공작대, 남경박물원		남경부근출토문물(남경 등부산출토 육조자호, 남경 서선교출토 육조여용) 남교중화문외 등부산 능인리 건국 전와창 공지 4기, 벽봉사 소학부근 1기, 서선교 건령 전와창 공지 4기, 북교 중앙문외 파두산부근 부흥전와창 공지 1기, 서가산촌 부근1기, 태평문외 앵타촌부근 명대묘장, 서화산부근 장가고촌 육조와 송대묘장 각2기	
3	문물 1954.5	하남탕음현백낙촌발현육조시대묘장			하남성안양전구 탕음현 서20리 백낙촌 1기 부락민이 춘경시 발견 수장품-도용, 도마, 우랍차, 마등호, 완, 정, 반, 철경 등 10여 점	
4	문물 1954.10	복건문관회 발굴육조시 대고묘		3기	묘문-묘도-묘실 설형 전체성묘정 영명7년(489), 영화13년(356), 승평1년(357)명 전 출토 수장품-동초두, 소동완, 도제대삼족분, 청유사이호, 쌍이관, 사이병, 소완, 무유다취병, 평저대완	영명7년(489), 영화13년(356), 승평1년(357) 명전 출토
5	문물 1956.4	남경매가산육조명청리기략	도사화, 이감소	장방형공정 전실묘 3기	3횡1수 수장품-1호 청자19(인화담인쌍이호1, 관8, 발1, 완1, 우2, 통형기2 타호2, 수주1), 동초두1, 동세4, 동로1, 동이배3, 동두1, 동분1, 동경2, 동초3, 오수전110, 금탁1, 금차1, 은차잔1, 철도1, 도기7(오련관1, 저권1, 도조1, 도부2, 쌍이관1, 구1, 방륜1), 청석판12호 청자9(우3, 세1, 사이관1, 완1, 호자1), 금속기2(동세1, 철경1), 청석판13호 청자3(관1, 세1, 수우1), 은차1	

6	문물 1960.8.9	남경서선교남 조묘급기전각 벽화	남경박물원, 남경시문물 보관위원회	장방형전실권정 묘 1기	묘실4벽 삼평일수체법 묘실의 결구수법으로 보아 육조 조기~중기(동진 태화4년~동진 태원9년) 수장품-자기류(청자병2, 청자소완1), 옥기류(옥배1), 활석저2, 동경1, 동전8(화천1, 전변오수1, 오수1), 철문환2, 철경1, 철관정16, 도용-6, 도반7, 도완2, 도발3, 도이배2, 도표1, 도타호2, 도호2, 도조1, 도촉대1, 도서우2, 도마1	태화4년 (369)~ 태원9년 (384)
7	문물 1962.2	광주동물원 고분군 발굴간보	광주시문물 관리위원회	서한묘 10기, 남조 2기, 당묘 6기	남조묘2기 모두 전실묘 평면협장권정 용도-전실-관실 11호 도굴 청유천계호1, 완3, 사이대관개1, 석저1, 관정8 12호 청유사이관3, 석저1쌍(관내 유물)	
8	문물 1965.6	남경팔대산봉 진흥지부부묘 발굴보고	남경시문물 보관위원회	철자형권정 전실묘	수장품26점-청자(반구호2, 완7, 향훈1), 동기(개합1, 동정잔1, 동노기2, 동경1, 양두차형동식건1, 동삭1, 동관정13), 철경1, 철관정25, 양동방식1, 연인1, 금잠1, 은환2, 석판2, 묘지1	동진 함강 7년(341) 장
9	문물 1965.8	남경판교진석 갑호진묘청리 간보	남경시문물 보관위원회	1기	수장품-유리주1, 진주10, 단약200, 분말3소포, 도각, 폐상각, 묘지1	영녕2년 (302)
10	문물 1965.10	남경상산동진 왕단호묘화 2,4호묘 발굴간보	남경시문물 보관위원회	권정전실묘 3기	3호 왕단호묘 장방형권정전실묘 좌우양벽 벽감1(내부 청자소완) 수장품-청자(반구호1, 완2), 동기(노기1, 도1, 이배1, 포3, 식건1, 관정8), 철기(경1, 도2, 전1, 소도1, 관정6), 금은식건(금차13, 금잠4, 금환2, 은구1, 은시제형식건5, 은련1, 은포2), 양동변석판1, 호박주4, 녹송석주5 4호 철자형권정전실묘 관실-용도 좌우양벽 철자형벽감 수장품-도굴분 청자반구호편, 동관정1 2호 평면철자형 권정전실묘 용도-관실 수장품14점-(금은식 사자두부, 나머지는 묘실 앞) 대개소자관1, 소자완1, 도연1, 동경1, 동로1, 활석저1, 금차1, 금환4, 은차1, 은환1	3호묘 승평3년 9월 장 (359)
11	문물 1965.12	북경서교서진 왕준처화방묘 청리간보	북경시문물 공작대		수장품-궤칠1, 칠관1, 칠반2, 동훈로1, 동로개1, 동노기1, 은병1, 료반1, 동전200, 도관2, 묘지1	영가원년 장(307)

| 12 | 문물 1972.11 | 남경상산 5,6,7호묘 청리간보 | 남경시박물관 | 권정전실묘 2기, 궁륭정전묘 1기 | **5호**(승평2년 358) 공령왕홍지의 장자 왕민의 묘 장방형권정단실전묘 왕단호묘와 대동소이 수장품-청자(반구호1, 계수호1, 타호1, 완2), 도기(도연1), 동기(초두, 도, 노기, 경), 흑묵1, 묘지1 **6호** 하금호묘 태원17년(392) 철자형권정전실묘 관실-용도 수장품-청자(소완3), 도기(반3, 빙기, 삼족로, 이배2), 활석저2, 묘지 **7호** 철자형궁륭정전묘 관실-용도 좌우벽 약간 호형이며 감실설치(감실내 청자) 수장품-청자(반구호10, 계수호1, 관1, 정4, 타호4, 세3, 분2, 반, 향훈, 양, 호자, 완, 칠), 도기(소유도호, 정2, 반3, 탁반, 이배삼, 안기, 빙기, 련, 박, 균5, 우차, 마, 용14), 금은(금령4, 금환2, 금차, 잠, 차, 육, 은차, 잠, 차4, 마뇌주10, 녹송석주, 석주2, 호박주3, 수정주2), 옥기(선1, 대구1) | 5호 승평 2년(358) 6호 태원 17년(392) |
| 13 | 문물 1973.4 | 남경대학북원 동진묘 | 남경대학역 사계고고조 | 쌍실전묘 | 묘문-묘도-주실-측실용도-측실 수장품-용도와 1,2문조사이-도빙기, 도반, 도이배, 도분, 도과반, 청자반, 청자이배, 청자계두호, 청자쌍이호, 청자사이호, 청자육이관, 청자사이개관 주실내-도빙기, 도반, 도이배, 도표준, 청자, 반, 청자이배, 청자표, 청자세, 청자훈 측실과 용도사이-도빙기, 도반, 도표, 도이배, 도표준, 도과반, 도분, 도훈, 청자표, 청자배, 청자계두호 도기58(도안6, 빙기3, 도표준3, 삼족도반4, 반3 이배8, 분4, 표2, 과반3, 정2, 발1, 훈1, 타호, 연1, 와룡좌와 와호좌각1, 와양좌2, 방형좌2, 방형판좌2, 장방형좌4, 용2), 청자32(계두호2, 쌍이호2, 사이소호1, 사이개관2, 육이소관1, 반3, 이배3, 표3, 세2, 완5, 발1, 사이병1, 정3, 훈, 벽사1), 금속기(금루금식편4, 도형금편3, 화판형금편10, 소금주1, 은포2, 은동비합금보수1, 은동비합금소정6, 은동비합금소환1, 청동조장두1, 석금동편3, 철검1, 철도1), 기타(파리배1, 요기2, 수정주1, 마뇌주1, 소석주2, 석판2, 전폐오수) | 청자표3, 도표2 |

14	문물 1974.4	진강동진화상전묘	진강시박물관	여자형전실묘 1기	묘정파괴 전실-후실-용도 일정사순 화상전-현무, 청룡, 백호, 주작 화상전 수수조신화상전 5폭, 인수조신화상전 4폭, 수수인신화상전10폭, 수수서사화상전6폭, 호수대사화상전5폭 수장품-청자(우자청자세1, 박산로1, 대개과합1, 갈유계수호1, 완2, 표1, 탁반1, 명1, 기개1), 금기(육판형식8, 투공원식2, 소편8, 반원형식편1, 장원형편식1, 감람상식1, 원형권식1)	진 융안2년 (398)
15	문물 1974.2	강소단양호교 남조대묘급전 각벽화	남경박물원		한쌍의 석각신수(벽사 천록)에서 묘문까지 신도 묘 화문전으로 체성 삼순일정 봉문장-용도 묘실및 부속구조 묘실 장방타원형 천정도괴(궁륭정) 합장묘 수장품-도굴 교란 도기(도용, 도옥, 도반, 도관, 도합, 도좌 등), 자기(청자관 등), 석기류(석용, 석판), 철기(철도, 철검), 금, 옥, 요식건류(각종장식금화, 소동물, 옥구, 옥포, 옥소방패, 옥과 요재의 흑백기자, 요주, 홍백마뇌주, 호박과 수정식건 등), 대형석용2, 벽화-묘실 동서양벽 상중하 각부에 5폭이 남음(기마악대, 기마무사, 집극시위, 집선개시종)	진 선제 항의현녕릉? (568~582)
16	문물 1975.4	산서기현백규 북제한예묘	도정강	토광수혈묘 1기	묘도-용도-묘문-묘실 전장21.9m 묘실 평면방형 수장품-도굴교란 남은유물 145점 도용120, 도마3, 도양2, 도저2, 역사용1, 진묘수1, 용봉호3, 반4, 조조1, 포금상평오수전4, 포금철편4, 묘지개와 묘지1벌 도용-여용7, 남용-36, 무사용62, 기마무사용13, 역사용-1, 대도마3, 대량마1, 도양2, 도저2, 진묘수1, 반4, 용봉호3, 합3, 완3, 관1, 도조1, 첩금상평오수전4	북제 천통3년(567)
17	문물 1977.3	내몽고호화호특북위묘	내몽고박물관 곽소신	용도가 딸린 단실전묘	묘실 방형 묘정 사각찬첨식(높이2.49m) 남녀합장묘 수장품-용15, 무사용2, 남용-3, 여용-2, 여무악용8, 생축가금10, 마1, 타1, 양2, 저2, 견2, 계2, 생활용구8, 관2, 정좌1, 창1, 조1, 정1, 마1, 대1, 우차1	산서대동 발현북위 태화8년 (484) 사마금룡묘와 유사

18	문물 1978.7	대동방산북위 영고릉	대동시박물관	풍시묘(기황묘)	봉분높이22.87m 원형 묘저방형(117×124m)묘-전체다실묘 묘도-전실-용도-후실 전실평면제형 후실방형 수차에 걸친 도굴 수장품-석조(용도남단석 건문공형문미1, 일봉연뢰동자 용도남단석권문서측 광석문주-재동자하부공작 호두문돈4, 석조무사용1, 석조수잔채1, 석모형기), 동기(동잠2, 동마퇴1), 철기(철전촉10, 철모두1, 철추형기1), 기타(궐잠4, 골개1, 요환1, 도기잔편1, 자편)	영고릉 태화5년 축조(484)
19	문물 1981.12	남경북교부가 산동-진묘장 발굴간보	남경시박물관	장방형단실궁릉 정전묘4기	**M1**-영화3년 9월 5일 작(347) **M3**-함화원년 326기 모두 장방형체전 궁릉형전묘 수장품-청자(반구호4, 타호4, 관5, 발14, 완26, 세1, 삼족연3), 도기(로편, 발편), 옥기(옥패2, 옥인2, 선형옥함1, 옥석저13, 벽사소식건2, 옥관, 옥주, 편평옥식, 요주, 요식, 활석주 등 M1출토), 수정경편1, 석판형기1, 대판3, 금단장식품, 모두 M1, M3출토 금차2, 호형금식1, 금식129	M1-영화3년 9월 5일 작(347) M3-함화원년326
20	문물 1981.12	남경양계양왕 초융 부부합장묘	남경시박물관 완국립	파괴분	평면철자형 후벽외호 묘벽 삼순일정 후벽외호형은 남경지구 남조전실묘에서 유행한 축조수법 중대형묘 내에서 채용(감가항초수묘, 연자기보통2년묘, 초위묘, 영산남조대묘) 묘지1방(계양왕초융은 태조부 황제 제5자) 제 영원3년(501)에 졸 천람원년 11월에 안장	양왕초융-부부묘(502)
21	문물 1981.12	남경요화문남 조양묘 발굴간보	남경박물원	권정단실전실묘 1기	봉토-배수구-봉문장-용도-묘실로 구성 전장10.25m 묘실 원각장방형 일부만 남고 파괴 수장품-도굴교란 석묘지3괴, 소석판10, 활석저2, 석좌6, 안족기4, 도우1, 도옥1, 도연1, 도반1, 도탁반1, 도완1, 도합1, 도용3, 자합, 우차, 탁반, 정잔, 빙기편, 청자완1, 동기(동포정18, 동환1, 동경편, 동전3관)	묘주-초위? 대통4년 졸 (530)
22	문물 1981.12	광서창오도수 남조묘	광서오주시 박물관	단실전묘 1기	평면철자형 묘실내부 교란 주실 장방형 수장품-자기(발1, 쌍복개관2, 사개관4, 완8, 호자1, 기마용1), 도기(이전모형1, 과개1, 작방1, 우권2, 곡창1, 가금사1, 우차, 무사용10, 시용4), 동노기1, 동도, 철모2, 철구2	진대 만기 5세기초

23	문물 1983.3	대동시소점촌 화을탑대북 위묘청리간보	대동시박물관 마옥기	파괴분	묘도-용도-전후실묘 수장품-은기(유금파사은기1, 이배1, 고족배1), 철기(관환4, 관정11, 관식4), 석기(정대3, 묘지1), 대량의 도자편	묘주명 봉화돌 경명 2년(501) 졸 정시원 년 (504) 2차장
24	문물 1983.10	태원시북제루 예묘발굴간보	산서성고고 연구소, 태원 시문물관리 위원회	봉토묘	봉토-묘도-용도-묘실 봉토잔존높이 6m, 묘도21.3m, 용도8.25m, 묘실 전축 단실 평면방형 묘실서쪽 관상설치 목곽평면거형 두대각소 전고후저 수장품300여점-묘문 외 용도와 묘도양측에서 출토 묘문 외 좌우 진묘수, 중앙 도마 봉문전 앞 도관, 호 묘도북단과 용도양측에 무사용137, 문리용107, 여용53, 기용-6, 역부용1, 도측1 **1. 도용**610(진묘무용2, 무사용91, 문리용103, 여관용-45, 여시용31, 여시궤용-3, 여복용-1, 역부용-3, 기마무사용-40, 기마문리용-4, 기용2, 기마악용22, 집물기용-10, 대물기용-1, 진묘용2), **2. 도생축**42(마10, 대마3, 낙타4, 우1, 저10, 와양6, 와구5, 계3) **3. 도모형**16(창2, 대2, 마2, 조3, 정4, 측3) **4. 자기**76(이채우-1, 정4, 반10, 첩화병2, 관2, 이병계수호5, 탁배2, 구합11, 완39) **5. 도기**13(관1, 병1, 호6, 완5) **6. 장식품**(금식1, 호박수5, 방인2, 방식1, 옥황12, 옥패1, 주1260, 은식잔1, 동식잔28, 철식17) **7. 기타류**15(와당2, 철촉9, 수은20g, 사직품잔편), **8. 석각**(석사8, 석주초8, 묘지1) **9. 벽화**71폭 묘도전체, 천정, 중하층, 용도, 묘실하란, 묘주의 생전 생활 가운데 찬란한 장면을 묘사 생전환도 군악의장 문위의장 녹작현혁 상서와 천상	루예는 북방선비망족이며 북제의 외척 (531~570)
25	문물 1983.10	절강신창19호 남제묘		전축분	묘실철자형 묘실은 사각의 한모퉁이씩을 줄여서 축조 삼횡일수 도굴 교란 청자파편(반구호1, 발2, 완2)	제 영명원 년 (483)
26	문물 1983.10	절강신창남조 송묘		장방형전체	묘실권정 전후양실 삼횡일수 수장품-청자발, 고전(동한오수전, 효건사수전)	472년

27	문물 1984.4	하북자현북 진촌북제요준 묘	자현문화관	전축단실묘	묘도-용도-묘실 묘실평면방형 4벽호 상외철 수장품-도굴 교란 도용-33(안 순무사용1, 투의용3, 시위용4, 악용1, 시종용8, 농관용2, 여시용2, 도진묘수 3, 도마2, 도양2, 도구1, 도조1), 창자고 족반1, 청자삼이호1, 청자관2, 동기편, 묘지3	일부이처 합장 요준 처 천통원 년졸(565) 요준567년 졸
28	문물 1984.6	조양원대자 동진벽화묘	요녕성박물 관문물대, 요 녕지구박물 관문물대, 조 양현문화관	녹사암석판 석조묘	묘실장방형 묘도-묘문-이실-벽간으로 구성 모두 녹색사암석판석조로 구축 도굴교란 수장품-도기13(옹1, 관11, 발 1), 자기14(장유발1, 장유완5, 심다유 완2, 다유완6), 동기12(부1, 괴1, 초두1, 발1, 포형식5, 동대구1, 동식1, 유금동 식1), 은기(은대구4, 은배1, 도엽형은식 1), 철기6(구형철장식1, 모형철기1, 철 촉2, 잔철기1, 소철도1), 마구1벌(안교 2, 마등1, 함서1), 동령118, 구상령5, 원 모전년형령104, 원모형령1, 원모전연화 식령6, 원모구형령2, 유금엽형수식10, 타원형유금식22, 류금누공원형식3, 혁 개령식1, 유금소수엽1, 동대가7, 철대가 1, 칠기10(칠안1, 소칠반1, 칠발1, 칠표 1, 대원필반1, 장방칠합1, 타원형칠합1, 칠호1, 칠합저1), 초석4, 유금동장각4, 목상2, 골관1, 마뇌환1, 벽화-문리도, 주인도, 사녀도, 봉식도, 우경도, 정원 도, 현무도, 도재도, 선식도, 수렵도, 차 기도, 마도, 우차도, 부부도, 갑사기마 도, 유은도, 태양도, 양도, 흑웅도	동진 4세기 초엽 ~중엽
29	문물 1984.6	녕하고원북위 묘청리간보	고원현문물 공작첨	부부합장묘	묘도-용도-묘실 묘실방형 남거좌 여 거우 앙신직지 수장품-동기(초두2, 조 1, 방1, 호1, 투조동식3, 투조동보수2, 동관정모20, 동발5, 동발개2, 동대식, 동정침1), 철기(철검1, 철계수1, 철전도 1, 철경2, 철마등1, 철환3), 도기(도분1, 도관3), 금은기(은이배1, 파사은폐1, 금 이환2, 수정주2, 호박주1, 진주3), 목추 파1, 목병1, 면병1, 관판칠화	북위시기 (459~484)

30	문물 1984.9	하북성오교 사좌 북조묘장	하북성창주 지구문화관		M1-묘실타원형 이순일정 수장품-58점 도용-24(무관용12, 여용6, 용두2, 진묘수2, 마2, 낙타1, 우1, 양1, 저2, 구2, 모계1, 차1, 정1, 조1, 대1, 마1, 창1), 관상기2, 연좌팔릉주1, 회도반1, 회도사계관1, 회도관1, 회도병1, 청자완2, 철리1, 철기잔결8 **M2**-묘실철자형 삼순일정 수장품-83점 문리용4, 문리용두1, 의장용9, 집사용2, 여용6, 여용두1, 구2, 마1, 낙타1, 우1, 저1, 모계1, 대1, 창1, 조1, 차1, 도병1, 쌍계도관2, 소면홍도관1, 도우1, 도완2, 청자완1, 동대관1, 동호1, 동합1, 동정1, 목소1, 금잠1, 은차1, 옥식편1, 옥주1, 마뇌주5, 봉토중에 자완1, 도병1, 도합1, 도관2, 도완2, 청자완3 **M3**-묘실방형 수장품-200여건 도용167(문리용-9, 무관8, 지순용14, 무사12, 의장용58, 고악용-4, 여용9, 개마기용-3, 두용40, 진묘수3, 안마1, 대량마4, 낙타2, 계3, 구2, 저1, 양2, 정2, 마2, 조1, 대1, 창), 회도병2, 홍도발3, 청자완3, 금잡형기2, 동발잠1, 동주원병1, 동전4(영안오수1, 상평오수3) **M4**-묘실방형 삼순일정	M1-위 효 명제 정광 5년 (524)
31	문물 1985.10	제남시마가장 북제묘	제남시박물관	청혈암석체축 단실묘	묘실평면 사다리꼴 묘실벽화 수장품-도반1, 자호2, 청자완1, 동전1, 동계지1, 철관정1, 철환구1, 철활혈1, 청석묘지1	북제 조연 황건2년 (561)
32	문물 1985.11	녕하고원북주 이현부부묘발 굴간보	녕하회족자 치구박물관, 녕하고원 박 물관	봉토분	묘도-천정-과동-용도-묘실 묘실토동식 평면방형 벽화-문루도, 무사도, 시종기악도 수장품-도굴 교란 300여점 도용-255(진묘무사용2, 구장갑기용-6, 기마여관용-1, 취주기용9, 기마용11, 농관용25, 문리용-44, 무관용32, 호용38, 홍모용43, 여시용28, 진묘수2, 낙타2, 마2, 려2, 구1, 계4), 도제모형16(조2, 마2, 정2, 대2, 옥3, 계사1), 도기21(관18, 분2, 발1), 원병상물22, 금은기10(유금은호1, 금계지1, 금제량소호1, 은울두1, 은전도1, 은섭자2, 은발1, 은표1, 은쾌자1쌍, 유금동대구2), 철도1, 소철도1, 대병철기28, 철관정 다수, 옥황1, 옥패2, 파리완1, 백석주4, 호박선3, 호박주76, 마뇌주113, 대료주118, 소료주119, 묘지2(이현과 그의 처)	북주 천화 4년(569)

33	문물 1988.1	남경조거관조후촌양좌동진묘	남경시박물관	전실권정묘 2기	**1.호거관동진묘** 평면철자형 묘실장방형 우벽과 후벽에 감실설치 삼순일정 수장품-자기(반구호1, 완2, 잔2), 도기(이배1, 반3, 괴1, 표1, 격1, 완1, 도저2), 오수 수매 **2.조우촌동진묘** 평면철자형 묘실내 제대와 관상 설치 삼순일정 수장품-자기(계수호1, 반구호3, 완2, 잔4), 도기(반2, 격1, 괴1, 빙기1) 금속기(동경2, 은차2, 은권2), 석구1, 동관정7, 철관정15	동진 중만기 4세기말
34	문물 1988.9	팽양신집북위묘	녕하고원박물관	봉토분 2기	**M1**-봉토-묘도-과동-천정-용도-묘실 묘실정부 파괴 공정흔적 수장품-도굴파괴 도용100여점(무사용65, 풍모용26, 문리용4, 악용10, 남역용1, 여시용4, 갑기구장용16), 도생축(구2, 계2), 도모형(슬1, 간1, 고2, 창4, 마1, 대1, 조1, 정1, 우차2), 관5, 분2, 증2, 발4, 정잔1 **M2**-M1의 동쪽 봉토-묘도-과동-천정-묘실 묘실 사다리꼴 수장품-도굴교란 아잠1, 금환1, 도발1, 철정	태연2년 (436)경? 묘주 군수령일 가능성
35	문물 1989.4	남경전신단남조묘장 발굴간보	남경시박물관	전체권정묘 1기	평면철자형 묘실좌우 후벽 호형 묘실내 관상설치 삼순일정 수장품-도용2, 도정4, 도항훈4, 도빙기1, 도발1, 도반10, 도이배1, 도표1, 청자완1, 청자잔1, 장유자잔4, 철관정 수매, 동관정3	남조조기
36	문물 1989.8	대동악교북위원숙묘	대동시박물관	전권단실묘	봉토-묘도-용도-묘실 묘실평면장방형 사벽호형 수장품-대파도호4, 도호3, 도기개3, 도육족연1, 도발1, 도시3, 석탁배1, 잔죽조8, 목소1, 목곡구조1, 목가형기1, 원형세목조, 소골환2, 동전7(화천), 소동잡3, 철합엽3, 철관환5, 소철환1, 철관정20, 묘지1	원숙 정시 4년(507) 졸 부인여씨 정시5년(508)졸 도시3점 출토
37	문물 1990.8	양조계양왕소산묘	남경박물원	단실권정전묘	배수구-봉문장-용도-석문-묘실 전체 장방형이나 전부는 각을 죽이며 후벽은 호형을 이룬다 삼순일정 수장품-도굴교란 자기4(타호1, 잔1, 접1, 계수호파1), 도기16(여용2, 마1, 배1, 괴1, 탁반2, 반2, 정2, 연1, 빙기1, 향훈계1, 옥2), 동전7, 석기6(활석저1, 제대1, 문구1, 기족2, 묘지1)	6세기
38	문물 1990.8	남경막부산동진묘	남경시박물관	철자형전실권정묘2기	**3호** 장방형용도-장방형묘실 삼순일정 수장품-도굴교란 청자계수호2, 청자완15, 도유장좌4, 도안1, 도빙기1, 도창1, 활석저2 **4호** 용도-묘실 용도 정부 권	M3 동진 중 만기 (남제, 양)

					정 묘실권정 수장품-청자반구호1, 청자완2, 도유장좌4, 도향훈1 도탁반2, 도이배1, 도원반4, 석대판1, 금차1, 금화2, 금사구1, 금식16, 은식2, 호박 탄정 석식5, 파리식1, 주식10, 활석저2, 철경1, 운모편	
39	문물 1990.8	광동신흥현 남조묘	고운천	전실묘 2기	채토과정에서 출토 묘실평면 고자형 용도-전실-과도-주실 인화문전과 기년명문전으로 축조 전실 횡장방형 주실 장방형 수장품-청자(관2, 완2, 대수호2, 배12, 세1, 타호1, 정2), 동분1, 금식1	원가8년 (431) 원가 12년(435)
40	문물 1990.11	광동심천오안 남조묘 발굴간보	심천박물관	남조와 명청묘장 남조묘 22기	모두전실묘 M5이외 전부 도굴 1형 16기 M1,2,3,6,7,8,10,11,14,15,16,18, 19,20,21,22 장방형 권정단실묘 수장품-묘실앞부분에 배치 청유도기(사이관, 육이관, 계수호, 완, 배, 반, 접, 타호) 2형 1기 M12 전 후실 권정묘 전실평면철자형 청유도유이관, 완, 발, 배, 접, 연, 청석저 3형 4기 M4,9,13,17 장방형첩상정묘 청유도기101(사이관6, 육이관2, 완39, 배19, 접18, 반3, 발5, 정1, 타호2, 계수호4, 유병병형기1, 연2, 기개2), 도기3(부1, 배2), 활석기4(활석저3, 활석단1), 철기1(철전1)	남조 초기
41	문물 1990.12	태원남교북제 벽화묘	산서성고고연구소, 태원시문물관리위원회	단실권정묘	묘도-용도-묘실 묘실평면 호변방형 삼순일정 벽화-성진천상, 기호적신선, 우인, 묘주, 세속생활도경 수장품-자기(계수호1), 도기(장경병2, 호2, 관1, 완5), 도용-41(진묘수2, 진묘묘2, 갑사용4, 의장용21, 지순용6, 격고용2, 기용1, 입용1, 농관용1, 무사용1), 도생(웅계1, 모자양1, 모자저3, 마1, 우차1), 동전(상평오수2)	북제 천보 4년 (533)
42	문물 1991.6	절강서흥봉황산서진연가 7년묘	심작림	기년묘	용도-묘실 삼순일정 청자(곡창관1, 관4, 개관1, 호자1, 마1, 계사1, 구권1, 저권1, 화분1, 초두1, 발1, 우1, 훈1, 반1, 체1, 조1, 소접2, 동경1, 동전20(화천, 오수)	연가7년 2월 조작명전(313)
43	문물 1991.8	낙양맹진진위묘 북위묘 발굴간보	낙양시문물공작대	단실토동묘 2기, 쌍실토동묘 1기	I. 진묘 M20 용도-묘도-묘실 묘도는 용도 동쪽에 위치, 묘실 장방형 묘실 동남에 유물배치 수장품-공주반, 사계관, 정, 조 등 도기와 철기 동북에 도	M20서진묘, M22 525년 전후

					대, 마 등 배치 M21 쌍실토동묘 묘도-묘문-주실-용도-측실 장방형 묘실 측실은 주실 동쪽에 위치, 도굴로 유물 훼손 수장품-도기(쌍개관1, 사개관7, 개관5, 완1, 각조분1, 공주반2, 반3, 준1, 증1, 표1, 다자격3, 박산로1, 장좌6, 조2, 마반2, 대1, 정1, 수두1, 저권1, 측소1, 구1, 여시용1, 무사용1), 와당1, 동경2, 전패5(대천오십1, 동한오수4) **2. 북위후장묘 M22 단실토동묘** 묘도-용도-묘실 묘도 수혈식 묘실 불규칙방향 수장품-철관정1, 묘지1, 도기(완7, 발2, 합7, 배7, 병2, 분2, 안2, 마2, 정1, 조1, 낙타1, 마1, 려, 구, 우, 계, 무사용, 남호용4, 남용5, 여용1, 차륜2, 진묘수2)	
44	문물 1992.8	산동수광북위가사백묘	수광현박물관	전실묘	평면방형원각(4.5m) 궁릉정 묘실사벽 정부 회칠 관상은 묘실 서북각에 위치 도굴분 수장품-자기(사계관1, 완1), 도기(반구호1, 렴1, 장경병1, 배2, 남용2, 여용2, 진묘수1, 마1, 우1, 구2), 묘지1	효창 원년 (525)졸, 부인유씨 흥화3년 (541)졸, 무정2년 합장(544)
45	문물 1995.8	낙양맹진북진촌 북위 벽화묘	낙양시문물 공작대	단실토동묘	묘도-용도-묘실 용도 평면방형(1m) 용도에 지석1점 방형묘실 사벽평직 묘실 동벽에 벽화 도굴교란 수장품-36점과 도굴유물 회수 51점 진수묘2, 진묘무사용2, 무사용7, 남시용36, 여시용1, 기악용5, 피구용4, 궤좌용2, 사유용1, 양1, 우1, 낙타1, 도반1, 도창1, 도병1, 도호1, 도괴1, 도기1, 도기좌1, 도조1, 도마1, 도측소1, 도차1, 철기5(철구4, 철권1), 동전폐4(영안오수), 묘지1	보태2년 (532)
46	문물 1997.9	낙양곡수진묘 (FM5) 발굴간보	낙양시제2 문물공작대	쌍궁릉정전실묘	묘도-용도-묘실 묘도는 용도의 동쪽 장방형묘실사벽평직 수장품-동기(경2, 노기1, 대구, 동식1, 삭1), 철기(정잔1, 관정40), 은기(잠1, 탁1쌍), 동전104(오수102, 화천2), 칠기1(여관내두부부근 출토), 도기(반2, 이배2, 관7, 렴1, 표1, 완4, 증1, 다자격1, 정1, 와당1, 장좌2, 대1, 우차1, 조2, 마1, 정2, 수두1, 저권1, 계3, 구2), 도용(무사용1, 시용3)	서진 만기 4세기초

47	문물 1997.9	낙양곡수진묘 (FM6) 발굴간보	낙양시제2문물공작대	석채와 토동혼합 구조	평면십자형 묘도-용도-묘실-이실 전장15.4m 용도는 장방형 묘도와 묘실사이에 위치 장방형 묘실 정부 토동 수장품-동경1, 철도1, 동전73(서한오수6, 화천2, 포천1, 동한오수31, 전변오수30, 대문오수2, 오수1), 도기19(이배1, 관7, 련1, 다자격1, 완1, 반1, 박산로1, 정좌1, 마1, 저권1, 무사용1, 진묘수1)	서진 중 만기 3세기말~ 4세기초
48	문물 1997.11	요녕조양전초구진묘	요녕성문물고고연구소, 조양시박물관, 조양현문물관리소	석축장방형단실묘1기, 사암체축묘1기	1호-석축장방형단실묘 묘광내부 석조와 석괴, 석판으로 묘실 축성 석재는 녹색사암 북벽에 감실 2호-묘실을 천록색사암으로 체축 수장품-금기(보요관식 M1-2, M2-1, 반원형패식 M1-11 방형패식3, 쌍용쌍봉문패식1, 소면패식1, 쇄형식1쌍, 소면쇄형식2, 금천7, 금지환19, 감옥관상식1, 포식135), 유금기(지가식1, 포금동환2), 은기(지환7, 포식59, 구식8), 철기(관정42, 관환6, 소도2, 도기14(도호1), 석식1, 우퇴골2	3세기말~4세기전반
49	문물 1998.5	남경남교육조사충묘	남경시박물관, 우화구문화국	용도 딸린 장방형 단실전묘	묘실권정 평면장방형 삼순일정 묘장전장6.28m 도굴교란 수장품-반구호2, 계수호3, 타호2, 정1, 완6, 반8, 활석저3, 동식1, 묘지6	사충 영 초 2년 (421)졸
50	문물 1998.5	남경남교육조사온묘	남경시박물관, 우화구문화국	용도 딸린 장방형 단실전묘	묘장전장7.8m 권정 벽 정부 삼순일정 도굴교란 수장품-자반구호1, 자계수호2, 자완4, 도삼족분1, 도삼족연1, 도반7, 도빙기1, 석판1, 전묘지1	의희 2년 (406)
51	문물 2000.7	남경상산 8,9,10호묘 발굴간보	남경시박물관	3기품자형분포 장방형단실권정 묘3기	8호-교란도굴 왕빈과 계실부인 하금호(6호묘주)의 아들 평면철자형 묘벽과 묘실 삼순일정 묘실의 동서북벽 철자형소감 수장품-자기7(계수호1, 타호1, 잔3, 반구호2), 도기4(이배2, 반1, 삼족연1), 철경2, 동식1, 활석저2, 활석판1, 전묘지1 9호-평면철자형 묘벽 묘실 삼순일정 묘실 동서북벽 철자형 소감 수장품-완전하게 출토 자기7(반구호2, 훈3, 잔3), 동기6(노기2, 삼족로2, 경1), 금은옥기6(금잠1, 금차1, 금환1, 은환1, 옥대구1), 철목석기10(철경1, 목완1, 석대판2, 활석저4, 묘지3) 왕건지의 묘 10호-도굴교란 철자형묘실 삼순일정 동서북벽의 철자형 소감 수장품-자훈4, 자삼족연1, 석연1, 철경1, 석묘지1	8호 태화2년 (367) 9호 태화6년 (371)

52	문물 2000.7	남경여가산동 진이씨가족묘	남경시박물관	전축권정전실묘 3기	M1-평면철자형 전장6.32m 용도 양벽 아래 삼순일정 이조이상은 사순일정과 오순일정 장방형묘실 수장품-자기11(반구호2, 통형관1, 발5, 잔3), 도기4(반2, 연1, 묘지1), 철경2, 활석저1, 동관정1, 철관정15 M2-평면철자형 전장6.82m 용도정부파괴 양측벽 오순일정 수장품-자기7(반구호2, 발3, 잔3), 도기11(이배1, 반7, 묘지3), 활석저2, 석대판1, 철경1, 철도1, 동전3, 철관정14 M3-전축권정 장방형묘실 파괴분 양벽호형 묘도파괴 수장품-자잔1, 자발2, 도연1, 동관정1, 묘지1	M1묘주 이집 승평원년 (357) M2묘주 이찬 승평원년, 녕강3년 (357,375) M3묘주 이모 승평원년 (357)
53	문물 2000.7	남경사가산동 진남조사씨 가족묘	남경시박물관, 우화구문화국	단실권정묘 6기, 파괴분 1기	M1-남조철자형 단실권정묘 묘실-용도 수장품-청자계수호1, 자반구호2, 도타호1, 빙기, 완, 석용2, 석묘지1 M2-동진철자형 단실권정묘 묘실-용도 수장품-청자반구호3, 자완3, 도이배1, 도정좌1, 도타호1, 도빙기1, 도조, 삼족연 M3-철자형 단실권정묘 묘실-용도 수장품-완, 도이배, 타호, 정좌, 빙기, 조, 연 M4-동진철자형 단실권정묘 묘실-용도 수장품-청자반구호, 계수호, 타호, 직통관, 삼족연, 완, 반, 석대판, 전묘지 M5-철자형 단실권정묘 묘실-용도 수장품-청자반구호, 계수호, 도삼족분, 삼족연, 반, 석판, 전묘지 M6-철자형 단실권정묘 묘실-용도 수장품-청자반구호, 계수호, 타호정, 완, 반, 활석저, 동식, 전묘지 M7-남조 묘지 결구 파괴 수장품-청자반구호, 잔탁, 완, 석병상기, 석초	M4-동진 의희3년 (407)사구 와 왕덕광 묘 M5-사온묘 M6-사충묘
54	문물 2001.2	남창화차참 동진묘장군 발굴간보	강서문물 고고연구소, 남창시박물관	M1,M2,M3,M4 권정전실묘 M5궁륭정묘 M6전실묘	M3-좌여관 우남관 관내 칠기, 목기, 동경 등 출토 M5-전실 횡장방형 수장품-차마인물문렴1, 연악도평반1, 소면반1, 탁반1, 구천현여도기1, 이배4, 차납개2, 차납5, 봉조문기1, 시1, 저1쌍, 도초1, 탁반5, 빙기1, 격1, 합1(합내 청자사계수관1, 목소1, 목비1), 능형수병1, 원주형기1, 목기23(목방1, 명라2, 인장2, 합2, 소비)6, 목쇄1, 구건1, 축형구	M3출토 묵서 영화8년(352)

					건2, 대연1, 부개1, 방형개1, 목병1, 청자22(훈1, 발7, 합1, 접1, 사계관5, 육계관2, 타호1, 사계첩화반구호1, 호자1), 동기11(동경2, 삼족기1, 삼족로1, 수족분1, 동세3, 울두1, 섭자1), 철기3(장신철도1, 철기잔1, 철부1), 금은기24(금계지4, 금지환3, 금수탁1쌍, 은수탁8, 은발차4, 은이알1, 은정친1, 은화발1쌍), 오수전9, 소면동전1, 활석저1쌍, 란형석1, 묵괴1, 료기25	
55	문물 2001.2	호남소양남조 기년전실묘	소양시문물국	권정전실묘 2기	**M5**-용도-묘실 용도와 묘실 양벽과 후벽에 감실26개 묘실 평면장방형 수장품-청자완3 **M6**-M5남쪽 묘전의 문자와 도안 M5와 동일 수장품없음	양무제 보통 10년 (530)
56	문물 2001.3	강소남경선학 관동진묘	남경시박물관	권정전실묘 3기	6.호 봉토-묘갱-묘도-전실 전실길이 7.44m 묘실 장방형 궁륭정 묘실 관상 설치 수장품-자기5(관2, 개2, 호1, 동기37(연1, 이배1, 노기1, 유금전적1, 유금지가1, 동전10, 포수1, 환형뉴2, 양식4, 관정15, 철기(경1, 서도1, 전도1, 검1, 관정26), 칠기(비1, 이배2, 합1, 반1, 타호1, 기개7), 옥기18(저2, 대구2, 심형패1, 환1, 형3, 황2, 주2, 병식1, 검수1, 검격1, 검췌1, 검필1), 금기56(당1, 령1, 이알1, 차2, 정침1, 환5, 주10, 탁7, 도형편5, 화판형편9, 원형편2, 불규칙형편2, 동물형소건패식10), 은기(저1쌍 24.1cm, 령1), 유금대개정1, 기타(파리완1, 수정주1, 송향구1, 운모편, 렵판1, 호박주3, 호박식패1, 호박수형패식1, 녹송석벽사형패식3, 녹송석주1, 요주36, 요수1, 단환1, 탁1) 2호 전실평면철자형 묘실전장7.44m 봉문장-용도-묘실 수장품-자기11(자관2, 자기개2, 도반1, 도이배2, 도관합2, 묘지2), 동철기(동노기2, 철경3, 은련철전1, 동관정5, 철관정40), 칠기8(비1, 잔1, 인1, 개1, 원수장방형판1, 합2), 옥기15(저2, 대구2, 형3, 사남패1, 벽사형패식1), 금기68(탁4, 이알2, 잠3, 차5, 승1, 금박편2, 추식1, 화판형편8, 도형편30, 양형패식1, 원형식5, 원수장방형식2, 불규칙형식4), 기타(활석저2, 묵2, 료주5, 호박사남패식1) 3호 전실평면철자형 전장 6.96m 문장-용도-묘실 용도 권정 묘	2호 묘주 고송 태화원년 (366)졸, 부인 사씨 영화11년 (356)졸 (동진 중기) 3호 동진 만기 6호 동진 중만기 이후

					실 장방형권정 앙벽 후벽 중앙에 각 하나씩 영가창을 내고 그위로 철자형 소정감 설치 묘실 후부 관상 설치 수장품-자기7(반구호1, 계수호1, 발2, 잔3), 도기5(이배2, 과합1, 반1, 연1), 기타(철경1, 활석저3, 요주18, 동관정3, 철관정11	
57	문물 2001.7	대동시북위 송소조묘 발굴간보	산서성고고 연구소, 대동시고고 연구소	북위묘 11기, 전실묘 5기, 토동묘6기	송소조묘 M5 묘도장방형 16.51m 과동-천정-용도-묘실 묘실 전축단실 평면호변방형 수장품-진묘수1, 진묘무사용2, 갑기구장용26, 계관모무사용32, 남용45, 여용6, 호용4, 마12, 대량려2, 우4, 도우6, 낙타1, 저1, 양2, 구2, 대1, 정1, 조1, 마1, 도기관1, 석공탁1, 석판1, 은탁1, 칠관2, 묘지1	송소조 태화원년 (477)졸
58	문물 2002.7	남경북교동진 온교묘	남경시 박물관	1~5호 동진묘 6~8호 동오묘 9호 온교묘	9호 긴 용도가 딸린 궁륭정 전묘 하수도-봉문장-당토장-용도-묘실 묘실 원쪽 앞에 장방형 제대 방형묘실 삼평일수 수장품-반구호22, 훈7, 정7, 세2, 편호2, 타호2, 대파발1, 발1, 완1, 반7, 도훈1, 도훈개1, 소도호1, 대판4, 활석저1, 금주7, 금양1, 금지환2, 금엽9, 금병1, 금박잔편1, 동기(차형기1, 동물식1, 동환1, 동관정1), 호박벽사1, 묘지1	350년 전후
59	문물 2002.7	남경은룡산 남조묘	남경시 박물관, 강녕구 박물관	권정전실묘 3기	**1호** 묘갱-전실전묘도-배수구 전실전장9.13m 봉문장-용도-석문-묘실 묘실장방형 양측벽 외호 감실 배치 묘실 후부 관상 수장품-자기9(반구호2, 계수호1, 발1, 잔5), 도기12(반3, 용1), 석기8(용1, 조1, 옥1, 묘지1, 제대족4), 기타(누수판1, 환4, 동전441, 반량1, 화천23, 대천오십6, 직백오수3, 태평백전1, 오수407) **2호** 전실전장8.16m 봉문장-용도-석문-묘실 묘실장방형 양측벽 외호 수장품-도굴교란 자반구호1, 자잔1, 도이배1, 도빙합1, 도과합1, 도연1, 석재대족4, 동전28, 반량1, 화천5, 직백오수1, 오수19, 사수2), 철관정 **3호** 전실 잔장8.16m 봉문장-용도-석문-묘실 묘실 후부 관상 설치 수장품-자기6(반구호3, 잔3), 도기10(이배1, 조1, 창옥1, 용1, 반3, 발1), 기타(활석저1, 석용2, 석묘지1, 석재대족4, 철관정)	동진 중만기 4세기 후반~ 5세기 초

| 60 | 문물 2002.9 | 낙양사창서로 북위HM555 발굴간보 | 낙양시제2문 물공작대 | 단실토동묘 | 묘도-과종-천정-용도-묘실 과동과 용도는 장방형 토동 묘실 단실 토동 평면 사다리꼴 남착북관 수장품-도용26(문리용1, 무사용2, 쌍계용4, 여시용2, 여복용3, 호용1, 용두1, 진묘수1, 낙타1, 마1, 우1, 계2, 구2, 양2, 저2), 도기17(차1, 마1, 정1, 조1, 관1, 분1, 대1, 병2, 완1, 소형호1, 정2, 연화반1, 연2), 묘지1 | 묘주 곽정흥 정광3년 (522)졸 |

　　표 1·2의 내용을 정리하면 『고고』에서는 모두 77건 413기, 『문물』에서는 모두 60건 182기가 확인되었다. 이들의 묘제를 살펴보면 석실묘, 토광묘 등도 없지는 않았지만 극히 소수에 불과하고 확인되는 전축분만 402기로 전체의 2/3를 상회한다. 그러므로 남북조 당시의 주된 묘제는 전축분이라고 하는 것이 당연할 것이다. 전축으로 용도와 묘실을 축조하면서 평면 구조는 대부분 장방형이며 때로 도형이나 정방형으로 축조하는 경향도 있다. 정방형은 대형의 분묘에서 주로 나타나며 이때 사벽은 밖으로 약간 호형을 그린다. 그리고 감실은 설치하는 경우보다는 없는 경우가 더 많았고 관상이나 제대의 설치는 일반적인 경향은 아니었다.

　　이들 묘에서 주로 출토되는 유물은 주로 자기와 도기가 있다. 청자는 관, 호, 완, 육이관, 쌍이호, 박산로, 발이 주류를 이루고 그 외에도 분, 정, 항, 표, 합, 잔탁, 잔 등이 있다. 도기도 그 구성은 자기와 비슷한데 관, 완, 타호, 사이관, 발, 이배, 정, 발 등을 들 수 있고 이어서 분, 정, 항, 표, 합, 잔탁, 잔 등이 있다. 묘장 가운데 자기가 출토되는 비율은 적어도 1/3을 넘고 있으며 도기가 출토되는 비율도 1/3을 넘고 있어 도굴로 인한 교란을 고려하면 대부분의 묘장에는 도기나 자기가 반드시 포함되어 있다고 보아도 무방할 것이다.[12] 한편 철기는 관정이나 철도, 철

12　중국의 묘장에서 자기와 도기를 부장하는 풍습은 송~원조에까지 계속 이어지는 것으로 보인

검, 철촉, 철모, 철삽 등 무기류가 주종을 이루지만 그 가운데는 철제 가위가 다수 포함되어 있다. 철제가위는 남북조시대에 이르러 그 부장 예가 많아지는 것으로 새로운 풍속을 대변하고 있는 것으로 보인다. 이러한 철기의 부장 비율은 약 30%를 약간 밑도는 정도인데 철기의 부식되어 보고되지 않거나 도굴로 인한 묘장의 교란을 고려하면 그 비율은 훨씬 높게 잡아야 할 것으로 보인다.

그러면 여기서 이 논문의 주제인 숟가락과 젓가락의 출토 빈도를 살펴보기로 하자. 우선 숟가락이 출토된 예는 江西 南昌市郊 南朝墓에서 출토된 청동숟가락 2점(고고 1962.4), 그리고 河北 定縣의 北魏石函에서 출토된 청동숟가락 3점(고고 1966.5), 그리고 寧夏固原 北周李賢夫婦墓에서 출토된 은제 숟가락과 젓가락(문물 1985.11) 등이 있고 젓가락만 출토된 예는 四川綿陽 西山六朝崖墓에서 출토된 동제 젓가락 1쌍(고고 1990.11)과 廣東 鶴山市 大崗 東晋 · 南朝墓(고고 1999.8)에서는 흔적만 출토된 죽저(竹箸) 1쌍이 있고 아울러 南昌火車站 東晋墓葬群(문물 2001.2)에서 출토된 칠기로 제작한 숟가락과 젓가락 1쌍이 전부이다. 이 가운데 학산시에서 발견된 죽저는 당시 대나무로 젓가락을 만들어 사용하였음을 보여주는 자료로 흥미롭고 남창 화차참에서 발견된 칠기로 제작한 숟가락과 젓가락은 한나라의 전통을 그대로 잇고 있는 형태이다. 그런데 남북조묘는 필자가 정리한 전체 건수만 133건이며 전체 기수는 590기가 넘는데 그 중 숟가락이 출토된 건수는 4건 4기가 전부이며 청동숟가락이 출토된 예는 3건 3기이다. 그리고 젓가락만 출토된 유적도 예상 밖으로 2건 2기에 불과한 실정이다. 그러므로 당시 중국에서는 숟가락이나 젓가락을 일반적인 부장품으로 선택한 것은 결코 아니며 숟가락이나 젓

다.(정의도, 2009, 「송 · 요 · 금 · 원묘 시저 및 철협 출토경향-고려묘 부장품과 관련하여-」, 『문물연구』제15호, 재단법인 동아시아문물연구학술재단)

가락은 당시의 식습관으로 보아 상당히 귀중한 물건이었음을 미루어 짐작할 수 있다.

숟가락이나 젓가락 이외에도 식도구와 관련된 것으로 보다 자주 출토되는 것에는 국자가 있는데 자기로 제작한 것과 도기로 제작한 것이 있다. 출토 유적은 南京 西善橋 東晋太和4年墓(고고 1958.4) 陶杓 1점, 武漢地區 南朝紀年墓(고고 1965.4) 陶杓 1점, 江西 馬頭 西晉墓(고고 1974.1) 陶杓 2점, 南京 棲霞山 甘家巷 六朝墓(고고 1976.5) 陶杓 1점, 四川 綿陽 西山 六朝 崖墓(고고 1990.11) 陶杓 3점, 湖北 鄂州市 塘角頭 六朝墓(고고 1996.11) 陶杓 1점, 江蘇 南京市 花神廟 南朝墓(고고 1998.8) 陶杓 1점, 南京 西善橋 南朝墓(문물 1960. 8.9) 陶杓 1점, 南京大學 北園 東晋墓(문물 1973.4) 青瓷杓 3점, 陶杓 2점, 鎭江東晉畵像塼墓(문물 1973.4) 青瓷杓 1점, 朝陽 袁臺子 東晉壁畵墓(문물 1984.6) 漆杓 1, 南京 虎踞關 曹后村兩座東晉墓(문물 1988.1) 陶杓 1점, 南京 前新塘南朝墓葬(문물 1989.4) 陶杓 1점, 洛陽 孟津晉墓·北魏墓(문물 1991.8) 陶杓 1점, 洛陽 谷水 晉墓(문물1997.9) 陶杓 1점 등이 출토되었다. 이렇게 보면 중국은 숟가락이나 젓가락을 부장하는 경향보다는 진한 이래로 국자(杓)를 부장하고 있는 것으로 볼 수 있다.

오히려 이 시기에는 가위의 출토 예가 증가하고 있는데 四川 彭明縣 常山村 崖墓(고고 1955.5) 1점, 成都 揚子山 六朝 塼墓(고고 1956.6) 1점, 長沙 容園 六朝墓(고고 1958.5) 1점, 四川 昭化 寶輪院 屋基坡 崖墓(고고 1958.7) 4점, 江西 淸江 南朝墓(고고 1962.4) 1점, 江西 南昌市郊 南朝墓(고고 1962.4) 2점, 江西 淸江洋湖南朝墓(고고 1965.4) 1점, 江西 新干 金鷄岺 晉墓·南朝墓(고고 1966.2) 1점, 江西 瑞馬頭 西晉墓(고고 1974.1) 1점, 桂林市 東郊 南朝墓(고고 1988.5) 1점, 四川 綿陽 西山 六朝崖墓(고고 1990.11) 5점, 廣西 恭城縣 黃岺 大灣地 南朝墓(고고 1996.8) 1점, 廣東 鶴山市 大岡 東晉·南朝墓(1999.8) 1점, 南京 象山 東晋 王丹虎墓(문물 1965.10) 1점, 寧夏 固原 北魏墓(1984.6) 1점, 寧夏 固原 北周 李賢夫婦墓(1985.11) 1점, 江蘇 南京 仙鶴觀

東晉墓(2001.3) 1점 등 철제 가위는 모두 25점이 출토되어 청동숟가락이나 청동젓가락에 비하면 상당한 부장 사례를 보여주고 있다. 이 시기에 왜 가위의 부장 사례가 증가하는지 아직 알려진 바는 없으나 필자는 우리나라 삼국시대에서 가위는 지위가 높은 여성을 상징하는 기물이었으며 또한 제사에 사용되었던 유물로 생각하고 있다.[13]

13 정의도, 2007, 「고려시대 철제가위연구」, 『경문논총』 창간호, 경남문화재연구원, pp. 299~304.지금까지 필자의 연구에 의하면 청동숟가락은 백제지역에서 출토되며 철제 가위는 신라지역에서 많이 출토된다.

무령왕릉 출토 청동수저의 성격

1) 제작지 추정

무령왕릉에서는 청동숟가락 3점과 청동젓가락 2벌이 출토되었다. 이 가운데 현재 청동숟가락 2점과 청동젓가락 2벌은 각각 한쌍으로 보아 공주박물관 유물번호도 같이 부여 되어 있고 무령왕릉의 복원도 연도 입구에 청동수저 2벌이 바닥에 놓여 있기도 한 것이다. 다른 한 점은 이들과는 달리 왕비의 머리 쪽에 있는 청동발의 내부에 은장도자와 함께 출토되었다. 숟가락이 그릇에 담겨 출토된다면 별로 이상할 것이 없겠으나 은장도자와 함께 十자를 이루며 출토된 예는 무령왕릉의 예 이외는 전무한 실정이어서 어떤 사정으로 그런 부장상태를 유지하게 되었는지 참으로 헤아리기가 막막한 심정이다.

그러면 먼저 청동수저의 제작지를 살펴보기로 한다. 필자가 삼국시대의 청동수저를 정리할 당시만 하여도 무령왕릉의 청동수저는 중국에서 제작된 것으로 생각하였다.[14] 백제지역에서는 동일한 예가 출토된 바도 없는 유일한 예 일뿐 아니라 중국 하북 정현에서 출토된 북위 석함에서 발견된 3점의 숟가락 가운데 똑같은 형식의 숟가락이 2점이나 포함되었기 때문이다. 다만 북위 석함의 연대가 481년으로 무령왕릉이 완전히 폐쇄되는 529년과 약 50년 가까운 차이가 나는 것이 흠이지만 별달리 추정할 수 있는 방법이 있는 것도 아니었다. 그런데 당시 백제의 공예수준으로 보아 청동숟가락을 만들 수 있을 것이라는 지적이 있었고[15] 또한 위덕왕 24년(577) 경의 왕흥사지 사리장엄구에 무령왕릉에서 출토된 것과 거의 유사한 청동젓가락이 출토되었으며 백제용봉대향로를 만들 수준이라면 청동숟가락 정도 제작하는 것은 별 문제가 되지 않겠다는 생각이 들기도 하였다.

무령왕릉 출토 청동수저를 분류하며 보면 도금이 일부 남아 있는 청동수저 두벌과 왕비의 관 내부에서 출토된 청동숟가락으로 나누어 볼 수 있다. 청동수저 두벌은 모두 관 밖에서 출토된 것인데 앞서 지적한 것처럼 숟가락은 연도의 입구에 동발과 같이 두었고 젓가락은 관대 앞에 청동잔과 같이 두었다. 그런데 이 두 청동숟가락을 자세히 살펴보면 제작기법에 있어 상당히 미숙한 점이 발견된다. 우선 두 점 모두 청동의 질이 좋지 못하여 보존처리를 하였음에도 불구하고 아직 곳곳에 녹이 남아 있고 왕시에는 극히 일부만 도금이 남아 있을 뿐이다. 그리고 젓가락 2벌 가운데 왕저는 상당히 녹이 슬어 있고 비저는 열상의 균열이 진행되고 있어 청동질 자체가 상당히 좋지 못한 것으로 판단된다.[사진 13]

그리고 왕시의 술잎 외관을 살펴보면 좌우가 대칭이 되게 자르지 못하고 술부의 좌측이 강조되듯이 튀어 나와 있고 여기에 약간의 균열이 나 있다. 술목의 경우도 다르지 않은데 자루를 만드는 과정에서 고르게 펴지 못하여 술잎에서 술목으로 연결되는 부위도 고르지 못하며 술목이

---

14   정의도, 2008, 「청동숟가락의 등장과 확산-삼국시대~통일신라시대-」, 『석당논총』제42집, 동아대학교 석당학술원, pp. 346~349

15   이난영선생님(전 국립경주박물관장)의 지적이다.

사진 13
① 왕저의 집는 부분 세부
② 비저의 손잡이 부분 세부

지나치게 굵고 자루의 좌우측을 따라 낸 침선도 분명하지 않다. 그리고 삼각형 자루의 단을 처리하면서 자른 흔적도 바르지 않고 약간 내만하는 듯 남아 있다.[사진 14-①~③]

비시의 경우도 크게 다르지 않다. 술잎의 가장자리가 매끈하지 못할 뿐만 아니라 자루의 가장자리를 처리한 것도 능숙한 느낌이 들지는 않는다. 자루의 전면 좌우측을 따라 낸 침선도 선명하지 않고 일부는 거의 보이지 않는다. 또한 자루의 이면에는 침선이 일부만 남아 있는데 이것은 제작 당시에는 자루의 가장자리를 따라 전체적으로 침선을 내려고 하였던 흔적으로 볼 수 있을 것이다.[사진 14-④~⑥]

이에 비하면 제시의 상태는 자루 이면에 약간의 녹이 남아 있는 것을 제외하면 거의 완전한 상태를 유지하고 있다. 술잎은 타원형으로 형태도 반듯하고 술잎과 자루를 잇는 술목도 왕시나 비시의 경우처럼 지나치게 좁고 두텁지 않고 적당한 너비와 두께를 유지하면서 이어진다. 자루에는 동심원문을 새겼고 3조의 돌대도 뚜렷하며 자루의 좌우측 가장자리를 따라 낸 침선도 선명하게 술잎 전체를 두르고 있다. 자루의 이면에는 삼각형 자루의 전체 가장자리를 따라 낸 침선이 선명하게 남아 있어 그 제작기술이 앞선 왕시나 비시의 것과는 다른 수준에 올라 있음을 보여주고 있다.[사진 14-⑦⑧]

이와 같은 상황을 고려하면 왕시나 비시는 제시를 본으로 하여 제작하였음을 짐작할 수 있다. 전체적인 형태도 그러하지만 술잎과 자루에 남아 있는 삼조의 돌대, 자루의 좌우 가장자리를 따라 낸 침선도 제시를 따라 하고자 하였으나 똑같은 상태로 만들지는 못하였고 특히 비시의 이면에 남은 침선은 제시의 선명한 침선에 비하면 제작 수준을 보여 주는 것과 동시에 비시의 제작 원본이 제시에 있었음을 증명하고 있다고 생각된다.

특히 무령왕릉 출토 숟가락은 삼국시대의 숟가락 가운데 최초의 것이어서 당시에 숟가락은 몹시 귀한 물건이었을 것이며 왕비가 부장품으로 관 내부에 넣어 둔 제시는 연도 입구에서 출토된 숟가락 보다는 상대적으로 중요한 것임을 보여 주는 것으로 판단된다.

이와 같은 상황을 종합하면 왕시저와 비시저의 원형은 제시에 있으며 제시를 틀로 떠서 다시 만들었거나 똑같이 제작하고자 하였으나 당시의 기술의 한계를 보여 주었고 또한 당시로서는 청동숟가락의 제작 경험이 별로 없었던 것을 반증하고 있다고 생각한다. 이렇게 되면 제시는 당연히 백제 현지에서 제작된 것으로 보기는 어렵고 중국에서 들어온 것으로 보아야 하는데 아닌게 아니라 중국에서 발굴조사를 거쳐 무령왕릉에서 출토된 숟가락과 같은 형태의 것이 확인된 예는 江西 南昌 西郊 南朝墓 京墓 1(考古 1962.4)에서 2점, 河北 定縣 北魏石函(考古 1966.5)에서 3점, 寧夏固原 北周 李賢夫婦墓(文物 1985.11)에서 1점이 출토되었다. 이 중 강서성 남창시는 양자강 남쪽으로 남조의 영역이지만 하북성 정현이나 녕하고원은 북조의 영역에 해당된다.[16]

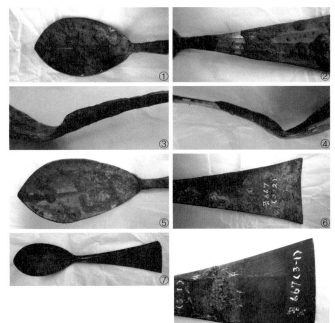

사진 14
① 왕시 술잎
② 왕시 자루
③ 왕시 술목
④ 비시 술목
⑤ 비시 술잎
⑥ 비시 자루
⑦ 제시
⑧ 제시의 이면 상태

---

16 공교롭게도 모두 발굴된지 40년이 지난 유적들이어서 보고서 수준이나 사진의 상태가 모두 만족스럽지 못한 것이 아쉽다.

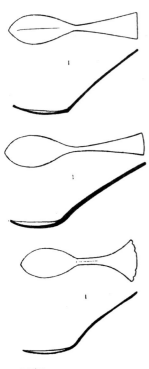

도면 5
하북정현 북위 석곽 출토
청동숟가락

먼저 강서 남창서교 경묘에서 출토된 1점의 청동숟가락은 다른 유물과는 달리 사진만 1장 실려 있을뿐 크기가 남아 있지 않고 도면도 실려 있지 않다. 2점이 출토되었다고 하였는데 「자루는 편평한 호형이며 자루의 끝은 삼각형이다. 시면은 감람상이며 겉면은 얕다. (자루의)가장 자리에는 동심원문이 있다.」[17]라고 하였고 도판의 상태가 좋지 못하긴 하지만 자루와 술잎의 중앙에 돌대를 확인할 수 있어 무령왕릉 출토의 숟가락과 동일한 형태의 것이라고 할 수 있다.

다음은 하북 정현 석함에서 출토된 3점의 숟가락이 있다. 「숟가락은 3점이고 술부는 비교적 얕고 장원형이다. 자루는 길고 그 중 2점의 자루 끝은 평평하고 1점은 선형이다. 전체 길이는 17.6~20.3cm이다.」[18]라고 하였는데 사진과 도면을 살펴보아도 숟가락의 중앙에 돌대가 나 있고 3기 중 2기의 자루 형태는 삼각형이며 자루 끝은 2점은 직선으로 1점은 변형으로 호상이다.[도면 5] 여기서는 젓가락은 출토되지 않았지만 출토된 숟가락이 3점이 출토되어 출토개수는 무령왕릉과 같고 크기도 비슷한 것 같지만 정현출토 숟가락은 석탑의 기저부에 매납된 석함에서 출토된 것이어서 출토지의 성격이 꼭 같다고 하기는 어렵다.

그리고 녕하고원의 북주 이현부부묘에서 출토된 은작 1점과 은쾌자 1쌍이 있다. 「은작은 길이 9.6cm라고만 하였고 은쾌자 1쌍은 단면 원형이고 양쪽 끝은 섬세하고 중간은 조금 더 거칠다. 최대 직경 0.3cm, 길이 9.2cm」[19]라고 하였는데 숟가락은 길이가 9.2cm, 젓가락은 9.2cm에

---

17 匙2件 扁平弧形柄 柄首作三角形 匙面作橄欖狀 渦面淺 边沿有同心圓紋

18 匕3件 勺較淺呈長圓形 長柄 其中二件柄端作平頭 一件爲扇形 通長17.6-20.3厘米
중국에서는 어떻게 읽는지 모르겠으나 우리가 「匙」로 쓰는 것을 간자체로 「匕」로 적고 술부도 「勺」으로 쓰고 있는데 보고자마다 용어가 다르다. 이것이 이제는 숟가락이 거의 없어진 중국의 식탁을 보여주는 사례인지 모르겠다.

19 銀勺1件(標本4) 長 9.6厘米 銀筷子1双 剖面圓形 兩頭細 中間略粗 最大直徑0.3, 長9.2厘米

불과하여 일상생활에 쓰던 숟가
락이라고 할 수 있을지 의문이
다.[도면 6] 그러나 자루의 형태는
끝으로 가면서 삼각형으로 넓어

도면 6
녕하고원 북주 이현 부부묘 출토
은시은전

져 무령왕릉 출토의 숟가락의 특징을 나타내고 있다.

이상과 같은 유적의 연대를 살펴보면 남창 남교 남조묘 중 경묘는
南宋 元嘉18년(441), 하북 정현의 북위 석탑은 太和5년(481), 녕하고원 북
주 이현부부묘는 天和4년(569)이다. 그런데 남창 출토 숟가락은 무령왕
이 사망한 523년과 비교하면 82년의 차이가 나고 매장한 525년과 비교
하면 85년이란 차이가 난다. 반면 북위 석함의 연대는 481년이므로 각
각 42년과 45년이란 차이가 난다. 그런데 무령왕이 승하하고 난 다음
다시 성왕2년(524) 梁 高祖가 「持節都督百濟諸軍事綏東將軍百濟王」이라
는 조서를 내리게 된다.[20] 아마도 재위시 중국과의 교류에 힘쓰던 무령
왕이 사망하지[21] 성왕의 책봉과 함께 무령왕의 장례에 필요한 물품을 내
려 주었을 가능성이 높고 그 속에 청동숟가락도 포함되어 있었다면 중
국에서도 5세기 말에서 6세기 초에 해당되는 숟가락이 보여야 하는데
그렇지 못한 것이 흠이다. 다만 필자는 식탁에서 청동숟가락을 쓰는 것
은 당시 중국으로서도 흔치 않은 일로 특수한 계층의 사람만이 특별한
형태로 사용하고 있었다는 가정이 가능하고 또한 강서 남창에서 출토된
청동숟가락의 자루에 왕비의 관에서 출토된 것과 같이 동심원문이 새겨
진 것도 제작지가 중국이었음에 무게를 더하는 것으로 보아 양나라에서
보낸 장례물품에 포함되었다고 판단하여도 별 무리가 없다고 생각한다.
게다가 소형이긴 하지만 같은 형태를 유지하고 있는 은제 시저가 녕하

---

20   三國史記 百濟本紀 聖王 2年 梁高祖 册王爲 持節都督百濟諸軍事綏東將軍百濟王
21   三國史記 百濟本紀 武寧王條 12年 21年 遣使入梁朝貢

고원에서 569년까지 출토되고 있기 때문에 무령왕릉에 부장된 것과 같은 형태의 숟가락은 오랜 기간 동안 제작되고 있었다고 생각된다.

실제로 앞서 중국에서 숟가락이 출토된 무덤의 주인공들은 상당한 지위에 있는 사람들이며 북위의 석함은 북위의 효문제가 탑을 건립할 것을 명하였다는 기록을 담고 있는 것으로 당시의 황제와 관련이 있는 것이고 그 속에 포함된 3점의 숟가락은 다른 동전이나 은폐, 금기, 은기와 마찬가지로 귀중한 물품 가운데 하나였을 것은 분명한 사실일 것이다.

2) 성격과 의의

무령왕릉에서 출토된 청동숟가락과 젓가락은 삼국시대 고분에서 최초로 출토된 것이다. 백제지역에서는 신라나 고구려 지역에 비하여 가장 많은 청동숟가락과 젓가락이 출토되고 있다. 이러한 현상을 필자는 중국 남조의 고급문화의 영향을 받은 것으로 보았다.

아직 분명하게 말할 수 있는 정도까지 연구가 진행된 것은 아니지만 필자는 삼국시대에는 숟가락의 사용이 아직 일반화되고 있지 않았다고 본다. 그것은 지금까지 청동숟가락이 출토된 유적은 백제지역에 한정되어 있을 뿐이고 그것도 상당한 지위를 지닌 것으로 보이는 무덤에서만 확인되고 있다. 또한 최근에 대규모로 발견되고 있는 삼국시대 주거지에서는 아직 한 점의 목제나 도제 숟가락도 발견된 적이 없으며 광주 신창동저습지유적이나 경산 임당동저습지유적에서는 목제 주걱이나 국자는 발견되고 있으나 숟가락은 발견되지 않았다. 필자는 적어도 삼국시대의 식생활은 주거지나 분묘에서 다량으로 출토되는 시루로 미루어 보아 떡과 같은 음식을 주로 해먹었을 것이며 식탁에서 숟가락은 자연히

크게 필요가 없었을 것으로 추정하고 있다.[22]

　이러한 사정은 우리나라 발굴의 주종을 차지하고 수많은 유물이 출토된 신라와 가야의 고분에서도 다르지 않다. 신라와 가야의 고분은 지금까지 발굴된 것만 수천기를 상회할 것인데 신기할 정도로 식탁에서 사용되었을 것으로 보이는 숟가락은 아직 단 한 점도 출토되지 않았다.[23] 차후 연구가 진행되면 좀 더 확실한 고고학적 자료를 가지고 이에 대한 견해를 피력하겠지만 필자가 말하고 싶은 것은 무령왕릉에서 출토된 청동숟가락과 젓가락이 우리나라의 식도구사에 획기적인 전기가 된다는 것이다.

　이것은 단순히 백제 왕실이 좀 더 남조의 고급스러운 문화에 눈을 떠서 당시 중국에서도 구하기 어려운 청동숟가락을 부장품으로 선택하였다는 것이 아니다. 적어도 필자는 무령왕릉에 청동숟가락을 부장품으로 선택한 것은 백제의 선택이었으며 이것은 이어서 논산 표정리나 청주 신봉동 백제의 고분에서 숟가락이 출토되는 계기가 될 수도 있었다는 것이다.

　남조묘장의 출토유물을 살펴보면 자기와 도기 등이 있지만 남조에 들어서면서 새롭게 부장품으로 등장하는 것은 중국에서는 鐵剪 또는 鐵剪刀, 剪 등으로 불리는 가위가 있고 이들은 모두 필자의 분류에 의하면 「8」형에 속하는 것이다.[24] 백제가 양나라와 교류를 하면서 중국 남조

22　최근에 창원 가음정동, 진주 평거동, 사천 봉계리, 산청 생초 등에서 4세기 대를 중심으로 하는 주거지가 대규모로 발견되고 있으나 재질을 막론하고 단 한 점의 숟가락도 발견되지 않고 있다. 이것은 결국 당시 주거지에 살던 사람들은 식탁에서 숟가락을 사용하지 않았던 것으로 볼 수 밖에는 없다. [김진철, 2008, 「삼국시대 타원형수혈주거지연구」, 동아대학교 대학원 석사학위논문]

23　신라 금관총에서 은제 숟가락 3점과 청동제 숟가락 1점이 출토되었으나 크기나 형태로 보아 실제로 식탁에서 사용하였던 것으로 보기는 어렵고 부장용으로 제작하였던 것으로 보인다. [이난영, 1975, 「한국시저의 형식분류」, 『역사학보』67]

24　정의도, 2007, 「고려시대 철제가위연구」, 『경문논총』 창간호, 경남문화재연구원, pp. 276-277

사진 15
무령왕릉 청동잔 출토 상태

의 문화를 잘 파악하고 있었고 무령왕릉의 부장품 규모나 질에 있어 남조의 지배계층과 별다른 것이 없이 최신의 물품만을 선택하였다고 한다면[25] 오히려 가위가 포함되어야 할 것이다. 그러나 백제가 가위를 선택하지 않고 당시 남조 사회에서나 북조사회에서도 부장품으로 잘 선택하지 않는 청동숟가락과 젓가락을 선택한 것은 남조나 북조와는 다른 백제의 독자성 또는 고집 같은 것이 청동숟가락과 젓가락이라고 생각한다.[26]

물론 무령왕릉이 북좌남조(北坐南朝)의 위치에 전으로 조성되었고 내부에서 출토된 유물 가운데 청동경이나 청동발, 동탁은잔, 흑갈유사이병, 청자육이호 등은 남조에서 들어왔다고 보는 것이 타당하다. 그러므로 무령왕릉이 남조의 영향으로 축조되었다고 말하는 것은 한편 당연할

---

25 권오영, 2005, 『무령왕릉』 고대동아시아 문명교류사의 빛, 테마한국사04, 돌베개, pp. 216~229

26 그러고 보면 철제가위는 삼국시대 고구려와 신라, 가야의 고분에서는 출토 예가 있고 산성의 집수지에서도 발견되고 있다. 양산 부부총, 김해 예안리고분군, 평양 고산리고분에서 각각 출토 예가 있고 충북 충주산성 집수지에서도 가위가 출토되었다. 그러나 아직 백제고분에서 철제가위가 출토된 예는 없는 것 같다.

사진 16
무령왕릉출토 청동잔 일괄

것이다. 그러나 무령왕릉의 지석에 왕의 죽음을 崩이라고 표현한 것이나 중국의 연호를 쓰지 않고 간지를 사용한 것, 전으로 무덤을 축조하는 데 있어 남조 전묘에서 주로 사용하는 삼순일정체법을 쓰지 않고 사순일정체법을 쓴 것, 그리고 장례기간을 3년(27개월)을[27] 지킨 것 등은 백제의 전통을 고집스럽게 지킨 결과로 보아야 한다는 것이다.[28]

우리나라 최초의 청동숟가락이 무령왕릉에서 출토된 것이며 그것이 중국 남조의 영향이었다고 한다면 우리나라의 고급스런 식도구의 시작은 중국의 영향 아래에 시작되었다고 할 수 있을 것이다. 문제는 왜 백제는 숟가락으로 자신의 문화적인 독자성을 추구하고자 하였을까? 그런데 당시의 장례과정에서 숟가락과 젓가락의 출토 위치가 지금까지 알려진 것과는 사뭇 다른 것을 알 수 있다.

먼저 숟가락과 젓가락의 출토 상황을 다시 한번 검토할 필요가 있다. 지금까지 무령왕릉에서 출토된 숟가락과 젓가락은 특이한 형태로 한번씩 지적하고 지나가는 대상이었지 한번도 연구의 주체로 다루어진 적은 없다. 그리고 무령왕릉에서 출토된 많은 유물들이 국보나 보물로

---

27 『周書』卷419 列傳 第421 異域上 百濟「父母及夫死者 三年治服 餘親 則葬訖除之」
28 표에서 보다시피 중국 남북조 대부분의 전축분에서는 三順一丁[三橫一竪]砌法을 채용하고 있고 간혹 사순일정체법을 사용하고 있다.

지정되었어도 숟가락과 젓가락은 막연히 무령왕릉에서 출토된 것이며 구체적으로 어디에서 어떻게 출토되었는지는 관심 밖이었던 것 같다. 여타의 숟가락과 젓가락이 출토되는 고려시대나 조선시대의 분묘와 같이 숟가락과 젓가락은 같이 출토된 것으로 생각하였고 그것은 무령왕릉의 복원에 까지 그대로 적용되었을 것으로 보인다.

그러나 보고문을 자세히 읽어 보면 숟가락 2점은 연도 입구에 동발과 같이 놓여 있었으며 젓가락은 1쌍은 청동잔과 같이 관대 앞에 놓여 있었던 것이다. 숟가락의 출토 상황은 앞서 설명하였고 젓가락의 출토 상황은 다소 장황하지만 당시의 보고문을 살펴보면[29] 적어도 청동젓가락 한쌍은 연도 입구의 청동숟가락과 함께 있었던 것이 아니라 현실 입구에 청동잔과 함께 놓여 있었던 것이 분명하다. 이러한 보고 상황과 부합하게 왕릉 내부의 실측 도면에 젓가락 한쌍은 분명하게 현실 입구의 관재 편에 기대어 그려져 있기는 하지만 어렵게 남아 있는 사진에는 청동잔은 있지만 젓가락은 이미 치운 탓인지 사진 속에는 남아 있지 않다.[사진 15, 16]

그리고 숟가락과 같이 쌍을 이루었던 것으로 보이는 동발에는 향편이 놓여 있었다고 하였는데 이와 같이 숟가락을 두었다는 것도 사실 이해하기 어렵다. 숟가락은 국물을 떠먹는데 필요한 도구이지 향편을 떠먹는 도구는 아니기 때문이다. 여기에서 왜 숟가락을 두었을까 하는 의문이 든다. 또한 보고자는 연도 입구에 숟가락과 동발은 부근에 떨어져

---

29 「현실 안에 들어서면 일단 낮아진 부분에는 동쪽에서부터 동벽에서 50cm 떨어지고 관대에서 40cm 떨어진 위치에 청자사이병이 입을 남쪽으로 하고 넘어져 있고 그 남쪽에 동발(21호)이 1개 있는데 이 병이 넘어진 것은 왕관이 썩어 내려앉는 충격에 의한 것이라고 추측된다. 이 도병의 서쪽 현실 입구에 접한 부분에는 흑칠한 큼직한 목편들이 떨어져 있고 그 중 가장 동쪽의 목판 위에는 육각형 은장식이 떨어져 있고 그 서쪽 입구 중심 위치에 청동잔이 2개 겹쳐져 옆으로 쓰러져 있었다(아래 것이 18호, 윗 것은 17호). 이 청동잔 서쪽에 약 20cm 떨어져 동저가 한쌍 있는데 이것은 원래 청동잔 가까이에 있던 것이 목판 낙하로 흩어진 것이라고 믿어진다.」 라고 하여 젓가락의 출토 위치를 분명하게 남기고 있다.

있던 목판이나 쇠못 등으로 보아 대략 한 변이 70~80cm 정도의 얕은 책상 또는 대같은 것을 놓고 그 위에 부장품들을 올렸을 것으로 보았지만 지금 공주박물관에 복원전시된 것은 동발과 청동수저를 바로 바닥에 놓고 있다.[30]

그리고 젓가락은 청동잔 부근에서 출토되어 원래 청동잔 가까이에 있었던 것으로 보고하고 있는데 그렇다면 젓가락 두쌍의 원래 위치는 관대 앞에 둔 2개의 청동잔과 같이 놓았던 것일 가능성이 대단히 높은 것이다. 어떤 과정을 거쳐 이러한 출토 상황이 가능하였는지 필자의 능력으로는 헤아리기 어렵다. 다만 이러한 출토 상황이 동시기 중국 남조 묘에도 이와 같은 예가 보고되어 있는지 확인되는지 살펴보았으나 그런 지적이 있는 유적은 없어서 당시 백제의 특이한 장례절차였다고 볼 수밖에는 없는 실정이다.

마지막으로 한가지 지적해 둘 것은 왕비의 관 내부에 두었던 청동발 내부에서 출토된 제시에 관한 것이다. 중국 남조나 북조를 막론하고 무덤에서 청동제 숟가락과 젓가락 2세트와 아울러 또 다른 숟가락이 청동발 내부에서 그것도 은장도자와 함께 출토된 예는 무령왕릉 이외에는 없다. 앞서 청동숟가락이 출토된 북위의 석함은 숟가락은 3점이 출토되었으나 젓가락은 한 점도 없었고 강서 남창에서 출토된 숟가락은 숟가락만 1점이 출토되었다. 그리고 녕하고원에서 출토된 은제시저는 형태는 유사하지만 크기가 작아 실제 사용하기 위하여 제작된 것이라고 보기는 어려운 것이다. 우리나라에 처음으로 청동숟가락을 사용한 백제는 왕비의 머리 옆에 청동발 내부에 은장도자를 놓고 그 위에 교차되게 중국에서 들어 온 것으로 추정되는 숟가락을 놓았다.

---

30 필자의 생각으로도 왕이나 왕비에게 올릴 것이라면 바닥에 바로 두는 것보다는 작은 床이나 方案에 담아서 올리는 것이 타당할 것 같고 중국에서는 그런 예가 남아 있는 것이 있다.

이것이 중국에서 들어 온 숟가락이 희귀한 것이기 때문에 그것을 관 내부에까지 넣어 주었다는 것이 쉽게 이해할 수 있는 상황인지 모르겠지만 그 숟가락에는 동심원문이 새겨져 있고 자루의 끝에는 날카로운 것으로 홈을 새겨두었고 자루의 한쪽 모서리는 깨어져 있는데 이런 것이 모두 제의와 관련된 것인지는 필자로서도 알 수 없는 상황이다.

또한 숟가락과 젓가락을 배치함에 있어서도 젓가락은 관대 앞에 동제잔과 함께 놓고 숟가락은 향편을 담은 동발과 함께 두었다는 것은 독특한 장례 절차로 밖에는 이해되지 않으며 이것 또한 소위 「百濟式」이었는지 알 수 없다. 그런데 숟가락이 귀하다고 하여도 하필이면 청동발 내부에 은장도자와 같이 넣었던 것일까? 청동발 내부에서 출토된 은장도자는 장식성이 강한 것이며 작은 고리가 달려 있어 패용이 가능한 것인데 그것이 왕비가 생전에 착용한 것이고 숟가락도 평소에 가지고 있었고 아끼던 것이므로 그 두 물품을 넣을 청동발을 구하여 관 내부에 넣었던 것이라고 볼 수 있을지는 차후 자료의 증가를 기대하여야 할 것 같다.

결론

05

이상은 백제 무령왕릉을 무령왕릉에서 출토된 청동수저로 이해하고 자 한 것이다. 지금까지 백제 무령왕릉은 그 규모나 출토유물에서 많은 연구자들의 관심을 받아 왔지만 청동수저를 비롯한 일부 유물들은 전혀 관심을 받지 못하고 있는 실정이다. 어떠한 유물도 부장품으로 선정되 는 배경이나 이유가 있다고 보는 것이 고고학이나 인류학의 입장인 것 이다.

무령왕릉에서 출토된 3점의 청동숟가락과 2벌의 청동젓가락은 연 구 결과 청동발 내부에서 출토된 한 점은 중국에서 제작된 것으로 보이 고 나머지 연도 입구와 현실 입구에서 발견된 청동수저 2벌은 중국에서 제작된 것을 본으로 하여 백제에서 제작된 것으로 보았다. 그것은 청동 수저 2벌의 청동 소재가 다른 한 점과는 판연히 다르고 제작수법을 살 펴보아도 술잎과 자루의 형태, 두께, 그리고 자루의 양단을 따라 시문한 수법도 아직은 초보 단계를 벗어나지 못한 것으로 보이기 때문이었다.

왕비의 관에서 출토된 숟가락이 중국에서 제작되었다고 본 것은 나 머지 청동수저 2벌의 본이 되었기 때문이기도 하지만 거의 같은 형태의 것이 무령왕릉의 축조시기와 꼭 부합하는 것은 아니지만 중국의 하북 정현, 녕하 고원, 그리고 강서 남창에서 발견되고 있기 때문이다. 당시 중국에서도 청동수저를 부장하는 예는 거의 없다시피 하고 있다면 상당한 지위의 인물이 묘주이거나 당시 황제와 관련된 유적에서 출토된다는 것은 청동숟가락이 같이 출토되는 금기나 은기와 같이 희귀한 물품 가운데 하나였기 때문일 것으로 보았다.

한편 무령왕릉에서 당시 남조에서 유행하기 시작하였던 가위를 부장하는 대신에 청동숟가락을 선택한 것은 무령왕의 죽음을 붕(崩)으로 표현한 것 같은 백제의 독자성을 담보로 하는 것이며 이것은 장례절차에 있어서도 숟가락은 연도 입구에 젓가락은 현실 입구에 두는 독특한 방식을 취했다고 볼 수 있다.

그리고 무령왕릉에서 출토된 청동수저는 삼국시대 고분에서는 가장 먼저 출토된 것으로 우리나라 식도구사 연구에 획을 긋는 것이다. 당시 주로 음식을 쪄 먹던 식탁에 새로운 식문화를 선도하게 되었으며 이어서 백제의 고분에 청동숟가락이 부장되는 계기를 마련하게 되는 것이다.

마지막으로 무령왕릉이 발굴된 것이 1971년이었고 문화재관리국의 보고서가 간행된 것이 1973년이었으니 거의 40년이라는 세월이 흘렀다. 지금까지 무령왕릉에 대한 연구 분위기를 보다 활발하게 조성하기 위해서는 2,900점이 넘는 모든 유물을 망라하는 보고서가 간행되어야 겠다는 것이다. 필자가 이번 논문을 쓰면서 보았던 기존의 보고서에 실린 청동숟가락의 도면과 사진은 부족하기 짝이 없는 것이었다. 적어도 전체 유물의 목록과 사진, 도면이 실린 보고서는 무령왕릉 연구에 기본 자료로 활용될 수 있을 것이다. 또한 유물의 비파괴 성분분석도 시도하여 본다면 각 유물의 제작지 연구에도 도움이 될 것으로 판단된다.

이번 논문을 작성하는데 있어 국립공주박물관의 유물 열람 허가를 받았다. 바쁜 업무 중에도 유물 열람의 편의를 제공하여준 국립공주박물관의 배려에 감사한다.

고려시대 청동숟가락

01 서

숟가락은 먹거리를 입으로 운반하는 도구이며 우리나라는 식탁에서 숟가락과 젓가락을 동시에 사용하는 세계에서 거의 유일한 음식문화 전통을 유지하고 있다. 최근 들어 전국 각지에서 이루어진 고려시대와 조선시대 분묘의 발굴조사에서는 청동숟가락을 비롯하여 청동합, 청자, 분청자, 백자, 도기, 장신구 등 다양한 부장품이 발견되고 있으나 청동숟가락 등의 부장품을 주제로 하여 당시의 사회상을 고찰하고자 한 고고학적 연구는 미미한 실정이다. 또한 최근 간행된 발굴조사 보고서에는 고려시대와 조선시대의 분묘가 선사시대나 삼국시대에 비하여 홀대를 받고 있는 듯한 인상마저 풍기고 있다. 고고학의 연구 목적이 당시의 주민 생활을 복원하는데 있다면 고고학 연구대상이 청동기시대나 삼국시대 등 특정한 시대와 특정한 유물에만 한정되어서는 소기의 목적을 달성하기 어렵다고 할 것이다.

이번 글에서는 주로 고려시대에 조성된 분묘[1] 에서 출토된 청동제

---

1 일부 보고서에서 고려시대와 조선시대의 분묘를 「民墓」라고 칭하고 있다. 민묘라고 하는 명칭

숟가락의 양상과 배경, 그리고 그 특징에 대하여 알아보고 숟가락의 변화와 숟가락이 당시의 식음문화에서 차지하는 위치에 대하여 고찰하여 보고자 한다.

은 [민들의 묘]라는 뜻이며 이것은 일반 백성들의 무덤이라는 뜻을 담고 있을 것이고 조선시대 지방요에서 제작된 분청자나 백자가 「民需用」이라고 할 때도 같은 의미의 「民」을 지칭하는 것으로 보인다. 그런데 이 「民」이라는 명칭으로 불리는 계층이 사실 모호하다는 것이다. 조선시대 사농공상이라는 신분 계급제에서 농사를 짓던 사람들의 무덤이라는 뜻인지 「土」 즉 양반들과 중인들은 포함되는지 또는 그러한 사회적인 신분이 무덤의 위치라든지 무덤의 종류, 또는 부장품으로 뚜렷이 구분될 수 있겠는가 하는 문제점이 있어 고려묘 또는 고려분묘라고 칭하기로 한다.

연구사

고려시대와 조선시대의 숟가락에 관한 최초의 자료는 일제시대에 편찬된 『朝鮮古蹟圖譜』일 것이다. 이 도보 내에는 「本府博物館藏」이라 하여 동비 12점과 동저 10벌을 수록해 두었다.[2] 우선 「銅匕」라는 명칭은 현재 우리나라에서 일반적으로 쓰고 있는 「銅匙」라는 명칭과는 다르지만 중국에서 사용하고 있는 것과 동일하다. 수록된 숟가락의 술총 형태는 연미형, 연봉형, 약시형, 능선형 등이며 길이는 9촌2분에서 6촌8분까지 다양하지만 평균 길이는 8촌4분(25.2cm) 가량이다. 그리고 젓가락은 상당히 긴 것만을 골라 실은 듯한데 8촌6분에 이르며 손잡이 부분의 단면이 능형인 것과 원형인 것으로 크게 나누어 볼 수 있다. 이러한 배열은 아마도 우리나라에 숟가락과 젓가락이 늘 세트를 이루어 사용되었다거나 젓가락의 용도가 식탁에서 사용하는 것일 뿐이라는 관점에서 비롯된 것으로 보인다.

다음으로 이난영이 국립박물관에 소장되어 있는 숟가락과 젓가락

2　朝鮮總督府, 『朝鮮古蹟圖譜 九』, 昭和4年

이 시대적으로 어떻게 변천하여 왔는지에 대하여 고찰한 논문이 있다.[3] 이 글에서 이난영은 우리나라에 남아 있는 가장 오래된 숟가락은 기원 후 1~2세기경으로 편년되는 황해도 해주 흑교역 동쪽에서 출토된 것이라 하였으며 이어서 금관총 출토의 소형 환시, 감은사 서탑에서 출토된 핀셋형의 젓가락과 소형 숟가락을 소개하고 있다.[4] 그리고 가장 주목할 만한 예로서 공주 무녕왕릉에서 출토된 3점의 숟가락과 2벌의 젓가락이 있으며 이것은 중국 하북 정현 출토의 북위 석함에서 출토된 3점의 숟가락과 유사하여 중국과 한국의 숟가락과 젓가락은 모두 비슷한 형태의 것이라고 지적하였다. 그리고 통일신라시대의 예로는 일본 정창원 소장의 숟가락과 한우물유적 출토의 숟가락, 부소산 출토 숟가락, 안압지 출토 숟가락, 경북 영천군 북안면 용계리 출토 숟가락을 예로 들고 있다.

고려시대의 숟가락은 자루의 끝이 제비꼬리 모양으로 두 갈래로 갈라지고 측면에서 본 곡선이 [S]자를 이루는 것이 조선 온녕군묘 출토의 숟가락 형식으로 퇴화해 가는 연미형과 인종 장릉에서 출토된 장릉형으로 나누어 보았다. 장릉형에 속하는 예는 경기도 파주군 주내리 연풍리 출토와 평남 강서군 증산면 선화리 출토 예가 있다. 연미형에 속하는 것은 화성 장안면 석포리 출토, 경기도 양평군 양동면 매월리 출토, 경북 문경군 호계면 봉서산 출토, 인천시 효성동 출토, 경기도 화성군 동탄면 신리 출토(이상 고려 전기), 경남 남해군 삼등면 송전리 출토, 충북 진천군 덕산면 황상리 출토, 충북 중원군 금가면 사암리 출토, 경기도 강화군 송운면 하도리고분 출토, 황해도 은율군 장연면 직전리 출토(이상 고려 중

---

3 이난영, 1992, 「Ⅱ-3.시저의 형식」, 『한국고대금속공예연구』, 일지사, pp. 97~143

4 감은사지 서탑에서 출토된 집게와 작은 숟가락은 보고서에 따르면 사리를 담을 때 사용한 것이라고 하였으나(국립중앙박물관, 1961, 『감은사』, 국립박물관 특별조사보고 제2책) 중국 법문사 출토 예나 지금도 사용되고 있는 末茶匙를 참고하면 차도구로 보는 것이 타당할 것으로 보인다.(치우지핑 지음, 김봉건 옮김, 2005, 『茶經圖說』, 이른아침 ; 신수길, 2005, 『茶道具』, 솔과학)

기), 개성시 중서동 여릉리 사직동고분 출토, 개성시 왕월교동 고남리 비전동 출토, 평북 정주군 고안면 어호동 출토, 강원도 강화군 오음리 출토(이상 고려 말기) 등으로 편년하였다.

그리고 조선시대의 숟가락은 고려시대에 비하면 상당한 변화를 겪게 되는데 측면의 [S]자형 곡선은 사라지고 자루의 선단부 단면이 납작하게 변하며 연부는 반월형으로 마무리 짓게 된다. 길이는 24cm 내외, 시면의 길이는 8cm, 폭 4cm 가량이나 자루와 시면의 연결부가 그다지 두드러지지 않으며 측면에서 본 곡선도 거의 휘지 않게 된다고 하였다. 출토 예는 고려말기 형식의 것으로는 온녕군묘 출토 예가 있고 조선시대 형식 숟가락의 출토 예로는 충북 진천군 초평면 영구리 출토, 서울 서대문구 북가좌동 출토 숟가락이 있다고 하였다.

이상과 같은 편년을 통하여 이난영은 우리나라의 숟가락은 초기 철기시대나 삼국시대 초기까지는 중국계의 숟가락을 모방하거나 또는 그대로 사용하다가 통일신라시대에 이르러 우리가 알고 있는 숟가락의 기틀이 잡혔다고 보았으며 이것은 이 시기의 숟가락이 다량 일본으로 건너간 것으로 입증된다고 보았다. 그리고 통일신라시대에는 원형과 타원형의 숟가락이 세트를 이루면서 젓가락이 보이지 않는데 고려시대에 넘어오면 숟가락은 지나치게 형식화되어 너무 휘어버린 손잡이, 가늘고 기다란 시부는 음식을 먹기에도 불편할 것 같이 느껴지지만 젓가락의 반출 예가 많아진다고 하였다. 또한 조선왕조에 이르면 손잡이가 보다 합리적으로 두텁고 곧아지며 출토 예도 풍부해지는데 숟가락의 형식이나 세트 또는 젓가락의 병행 등은 실지로 먹는 음식의 종류나 조리방식의 변화와도 관련이 있을 것이며 이러한 문제는 음식을 만드는데 사용되는 각종 기명의 종류나 형식과도 관련이 있을 것으로 지적하였다.

이난영의 논문이 청동숟가락의 편년 연구에 있어 선구자적인 역할을 한 것은 사실이고 오늘날 고려시대나 조선시대 분묘에서 출토되고 있는 숟가락에 대한 분석은 이난영의 연구 성과에 따라 이루어지고 있는 것도 사실이다. 그러나 현재 보고서를 통하여 볼 수 있는 몇몇 예를 제외하면 어떻게 출토되었는지 전혀 알 수 없는 상황이라는 점과 숟가락의 변화배경에 대하여 당시의 사회상과 관련하여 해석한 부분이 없는 점은 아쉬운 점으로 남는다.

다음으로는 안귀숙의 연구가 있다. 안귀숙은 고려시대 금속공예의 대중 교섭이라는 글에서 중국과의 교섭을 전기(10세기~12세기 전반)와 후기(12세기 후반~14세기)로 나누고 전기에는 거란이 정치적으로 가장 강성할 때여서 11세기의 공식관계 및 거란 장인의 귀화를 통한 요문화의 유입과 50여 년 동안 공식 사행이 단절되었던 북송문화가 제한적으로 수용되었으며 후기에는 금과의 통교가 있기는 하였으나 북송과 비교하면 예전 같지 않았으며 원대에는 다양한 공예조형과 기술을 흡수할 수 있었다고 하였다. 특히 중국 금속공예와의 관련성을 논하면서 전통계와 비중원문화계로 나누어 그 중 유엽형 술잎과 연미형 손잡이를 가진 청동수저를 고려 특유의 표식으로 보고 이 청동수저가 당-요계를 계승한 유형과 금계유형이 있다고 하였다. 특히 유엽형 술잎과 연미형 손잡이를 한 전형적인 청동숟가락은 금대에 요녕성에서 완성되어 고려에도 전파된 것으로 보았다.[5]

이상의 숟가락에 관한 금속공예사 분야의 논문 이외에 고고학 분야의 연구 성과는 아직 없는 듯하다. 다만 최근에 발간된 몇몇 보고서에서 이난영의 논문에서 제시한 편년에 따라 고려시대나 조선시대의 분묘에서 출토된 청동숟가락에 대한 편년적인 고찰이나 조선시대 분묘에서 젓

---

5 안귀숙의 연구는 고려 금속공예가 어떻게 중국과 교류하였는지에 주안점을 둔 논문으로 숟가락 자체의 변화와 그 원인에 대한 연구가 주제는 아니었다.(안귀숙, 2004, 「고려시대 금속공예의 대중교섭」, 『고려미술의 대외교섭』 제 8회 전국미술사학대회, 사단법인 한국미술사학회, pp. 155~172)

가락이 없이 숟가락만 출토된 배경에 대하여 간단한 고찰이 이루어진 정도에 불과하다.[6]

다음으로는 민속학적인 연구 성과가 있다. 배영동은 「한국 수저의 음식문화적 특성과 의의」라는 글에서 수저는 우리 문화에서도 유구한 전통과 역사를 가지는 만큼 확실히 우리 민속을 역사적으로 이해하는 주요한 물질적 대상으로 판단하고 우선 개념과 부분의 명칭을 먼저 제안하고 있다. 예를 들면 시면이라는 한자말로 표기되는 것을 술잎, 손잡이는 술자루, 술자루의 외곽 끝부분을 술총, 술잎의 길이 방향 외곽 끈 부분을 술날, 술날과 술자루가 만나는 지점을 술목이라고 명명하였다. 그리고 숟가락 형태의 변천을 모두 7기로 나누고 원형 술잎의 숟가락이 많이 보이는 통일신라시대를 2기로, 사각원형 술잎과 꺾인 술목의 숟가락이 나타나는 통일신라시대 말기를 3기, 뾰족한 타원형 술잎·연미형 술총·S자형 측면의 숟가락을 4기, 뾰족 타원형 술잎·넓은 술총·완만한 S자형 측면의 숟가락을 5기로 나누었다. 젓가락은 숟가락만큼 다양한 변화를 수반하지 않았던 것으로 파악하고 젓가락의 길이는 고려시대부터 무녕왕릉의 젓가락보다 조금 길어져서 조선후기까지 지속되다가 최근세에는 다시 짧아지는 경향을 보인다고 하였다. 또한 통일신라시대의 젓가락은 발견되지 않았고 고려시대의 젓가락은 상단이 정4각봉, 정6각봉, 정8각봉이며 하단은 원봉이 주를 이루다가 조선시대 초기에는 상단 정4각봉, 하단 원봉 형태로 주류를 형성하게 된다고 하였다. 중요한 것은 합천 저포리유적에서 나무젓가락으로 추정되는 흔적이 발견되어 나무젓가락의 존재를 인식하여야 할 것이라고 하였다.[7] 한편 숟가락과 젓가락의 출토 양을 비교하면서 젓가락은 숟가락에 비하여 그

---

6 대표적인 것으로 논산 원북리유적, 부여 염창리고분군, 사양리고분군, 청주 용암유적, 대구 내환동고분군, 고성신전리민묘군 등에 대한 보고서를 들 수 있다.

7 정영화, 1987, 『합천 저포리 고분군 A지구』, 영남대학교 박물관

비중이 상대적으로 미약하였을 것으로 추정하였다.[8]

　지금까지 숟가락에 대한 연구 성과를 살펴보았지만 대체적으로 보아 구체적인 발굴 상황이 알려져 있지 않은 박물관에 소장된 유물을 중심으로 편년이 이루어져 있다는 것이다. 그러므로 숟가락은 왜 이런 형태를 띠게 되었고 어떤 과정을 거쳐 오늘날의 형태를 하게 되었는지에 대한 연구나 중국과 일본과는 달리 우리나라에서는 끼니때마다 숟가락을 사용하게 된 원인과 관련하여 숟가락이 분묘에 매납되는 시대적 배경과 숟가락의 출토 예가 늘어가게 되는 식음문화사적 배경에 대한 연구는 전혀 이루어지지 않은 실정이다.

8　배영동, 1996, 「한국 수저[匙箸]의 음식문화적 특성과 의의」, 『문화재』 29호, 문화재관리국

03 명칭과 형식 분류

　　숟가락의 각 부분에 대한 명칭은 보고자마다 관점도 다르고 이에 따라 명칭도 달라서 차후의 보다 본격적인 연구를 위하여 숟가락의 각 부분에 대한 명칭을 통일하여 사용할 필요가 있다고 생각한다. 예를 들면 음식물을 뜨는 부분을 시면이라고도 하고 술 또는 술부라고도 하며, 잡는 부분은 병부 또는 자루라고 한다. 또한 형식 분류의 기준이 되는 자루의 끝부분을 병부 단이라고도 하므로 한자식 명칭과 한글식 명칭이 혼용되고 있는 셈이다. 숟가락 출토 예가 많아지면서 발굴 결과를 보고서에 기술하면서 각각의 서술용어를 사용하고 있는데 누구나 알기 쉽고 객관적인 서술을 위한 용어의 통일이 절실하다고 본다.

　　그런데 숟가락과 젓가락은 우리나라에서만 식탁에서 음식물을 뜨거나 집는 독특한 운반도구이므로 숟가락과 젓가락을 설명하는 용어는 한글로 된 명칭을 사용하는 것이 좋겠고 한글로 된 적절한 용어가 없을 때는 한자로 된 용어를 보완적으로 사용하는 것이 타당하지 않을까 생각한다.

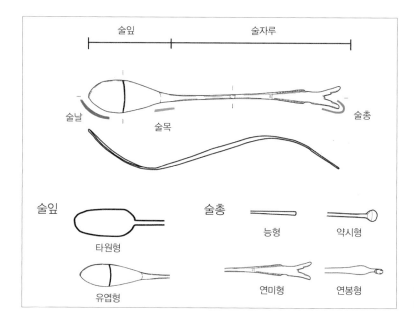

삽도 1
숟가락 각 부분 명칭

그런 점에서 필자는 배영동이 제안한 용어 즉 시면은 술잎, 손잡이
는 술자루, 술자루의 외곽 끝부분을 술총, 술잎의 길이 방향 외곽 끝 부
분을 술날, 술날과 술자루가 만나는 지점을 술목으로 지칭하고자 하며
필요에 따라서 술날이나 술목 등은 술자를 제하고 날이나 목으로만 사
용하여도 무방할 것이다. 그리고 젓가락도 배영동의 제안을 따라 상단
을 손잡이 부분, 하단을 집는 부분으로 칭하고자 한다.[9]

다음으로 숟가락에 대한 형식 분류는 먼저 술잎과 자루의 형태에 따
른 분류가 가능할 것이다. 술잎의 전체적인 형태는 자루와 술잎이 연결
되는 술목에서 어깨를 만들면서 길게 타원형을 이룬 것과 자루에서 술
잎으로 부드럽게 연결되는 것으로 보통 유엽형이라고 부르는 형태의 것
이 있다. 앞의 형태는 인종 장릉과 밀양 고법리벽화묘 출토 숟가락의 술
잎이 대표적인 것인데 편의상 「타원형」이라고 칭하기로 하고 충남 부여

9   배영동, 1996, 「한국 수저[匙箸]의 음식문화적 특성과 의의」, 『문화재』 29호, 문화재관리국,
    pp. 3~4

군 염창리 Ⅴ-1호 토광묘와 고성 신전리 출토 숟가락이 대표적인 형태의 것은 「유엽형」이라고 부르기로 한다.

자루의 형식은 크게 두 가지로 나누어 볼 수 있다. 먼저 자루가 술목에서 점점 넓어지면서 술총에서는 능형을 이루는 것으로 때로 자루의 중앙에 각이 서있는 예도 있으며 여기에 타원형의 술잎이 더해지면 이난영이 분류한 장릉형식이 된다. 이 형식의 자루는 고려시대 말을 지나면 술총의 능형이 퇴화되어 원형을 만들게 된다. 다음으로는 고려시대의 대표적인 형식으로 술목에서 점점 넓어지다가 술총이 제비의 꼬리처럼 갈라지는 형태인데 전형적인 것은 술총에 못 미쳐 한번 단이 져서 날개를 이루며 술총에서 두 갈래로 갈라지고 그 내부는 3단에서 4단으로 깎아 놓은 것으로 이를 연미형이라고 한다. 연미형의 자루에는 유엽형의 술잎이 결합되는 것이 일반적이다. 연미형은 고려시대 말기로 갈수록 퇴화되어 가는 경향을 보이는데 술총의 연미 부분도 깎은 각이 분명하지가 않고 술총 앞의 1차 날개가 퇴화되어 약간의 흔적만 남아 있다가 없어지게 된다. 그밖에 연봉형과 약시형이 있는데 연봉형은 술총에서 감아 올려 끝부분을 연봉처럼 처리한 것으로 대표적인 것은 호암미술관 소장의 청자상감용봉모란문개합에 부가된 청동숟가락이 있고 약시형은 술총에 소형의 약시를 달아 놓은 것으로 경기도 화성 당하리에 출토 예가 있다.

여기서 한 가지 지적해 둘 것은 이처럼 술잎과 자루에 따른 형식 분류가 가능하긴 하지만 이것이 시대적인 변천을 대변하는 것은 아니며 지금까지의 연구 결과로는 계층을 반영하거나 지역색을 보여주는 것이라고 말하기도 어렵다는 것이다. 이것이 다른 도자기 경우처럼 형태나 문양이 시대나 지역적으로 변화가 비교적 일율적인 것과는 대조적이어서 차후 이에 대한 충분한 검토가 필요하다.

청동수저 출토유적 04

최근 들어 고려시대와 조선시대의 분묘에 대한 발굴조사가 늘어나면서 청동수저가 출토되는 유적의 수는 상당히 많아 일일이 열거하기 어려울 정도이다. 지금부터는 청동수저가 출토된 유적 가운데 절대편년이 가능한 것과 동반유물과 함께 출토되어 상대 편년이 가능한 대표적인 고려시대 유적을 골라 경기, 강원, 충청, 전라, 경상도 순으로 살펴보기로 한다.[표 1]

표1 고려시대 청동숟가락 출토 분묘유적

지역	유적명	숟가락	젓가락	청동유물	철제유물	자기			토기류	도기류	구슬	관정	기타
						청자	분청	백자					
경기도	안산대부도 육골 고려고분군	5	-	10	3	11	-	1	3	-	11	106	
	안성 매산리 고려고분군	1	-	3	13	6	-	1	5	-	1	98	흑유완1, 은제환2
	용인 마북리 고려 고분	2	-	8	2	6	-	1	3	-	21	27	
강원도	강릉 방내리주거지	4	1	5	5	4	-	-	3	1	2	(?)	유리고리1
충청도	보은 부수리고분군	2	-	3	1	11	-	3	9	-	-	20	
	옥천 옥각리유적	22	3	22	7	-	4	1	7	-	44	88	
	청주 용암유적Ⅱ	79	6	389	38	64	2	42	6	-	49	278	녹각유호1, 흑갈유병4, 목제빗1
	청주 명암동유적Ⅱ	4	-	11	9	8	-	-	4	-	1	144	은제장신구1
	부여 염창리고분군	4	1	4	1	8	-	-	2	-	-	14	
	진천 사양리유적	21	-	6	5	2	-	9	1	-	66	66	석제품1
	논산 원북리유적	50	13	28	21	2	2	5	2	-	10	173	석촉1
	공주 장선리 토실유적	1	-	8	-	3	-	-	1	-	5	-	
전라도	광주 쌍촌동주거지	4	1	7	1	5	-	-	3	-	11	22	
	김제 장산리유적	6	2	7	-	3	-	-	-	-	-	25	
	진안 수천리 고려고분군	18	2	36	20	44	-	1	29	-	-	86	흑갈유병4, 벼루1, 금박장신구1
	장흥 하방촌 고분군, 와요지Ⅱ	2	-	9	4	30			5	2		14	
경상도	상주 성동리고분군	20	-	11	3	5	-	15	2	-	42	117	
	김천 모암동유적 Ⅱ	4	-	27	15	9	4	7	1	2	114	241	
	대구 내환동분묘군	73	1	16	2	9	19	27	4	5	87	275	흑유병1, 갈유병1
	대구 욱수동, 경산옥산동 유적Ⅰ	18	1	4	3	3	12	2	5	1	16	43	
	달성 설화리고분군	15	-	2	1	7	3	17	6	2	-	-	
	고령 지산동고분군	36	4	20	7	25	3	58	11	-	67	237	흑유병2, 흑유소병1

밀양 고법리벽화묘	1	1	1	-	-	-	-	-	-	-	
진주 내촌리유적	1	-		1			1				녹유병1
의령 경산리고분군	4	-	4	1	4		1	1		39	비녀1, 기와6
산청 생초고분군	7	-	2	-	11	-	-	1	2	-	23	

1)경기도

(1) 안산 대부도 육곡고려고분군[10]

고분군이 위치한 곳은 대부읍에서 서남쪽으로 약 2km 떨어진 곳으로 육골 능선 남측 사면 중하단부의 해발 20m~35m에 이르는 지역이다. 조사지역의 사면은 서향이지만 남서쪽으로 개활지가 이어져서 서해와 연결된다. 이곳에서는 8기의 석곽묘와 토광묘 16기, 석열유구 1기 등 모두 24기의 유구가 확인되었다. 고분은 밀집하여 분포하고 있으나 토광의 중복은 없고 다만 묘역을 표시하는 석열은 상당한 중복관계를 보이고 있다. 석곽묘와 토광묘는 모두 동-서향으로 등고선과 직교하게 조성되었고 조사된 유구는 석곽묘 6기와 토광묘 7기이다. 그 가운데 숟가락이 출토된 유구는 5호 석곽묘, 2호·3호·5호·10호 토광묘 등 모두 5기이다. 여기서 출토된 숟가락은 모두 14세기에 편년되는 청자와 함께 출토되었고 고려시대 단일 묘역이라는 점에서 중요한 유적이다.

---

10 배기동·안신원·이화종, 2002, 『안산 대부도 육곡 고려고분군 발굴조사보고서』, 한양대학교 박물관, 제51집

(2) 안성 매산리고려고분군[11]

매산리고분군은 비봉산의 북쪽 능선에서 동쪽으로 뻗은 가지 능선에 분포하고 있다. 고분군은 소규모의 계곡을 중심으로 2개의 능선에 분포하고 있으며 능선의 정상부 아래에서 중간부까지 해발 200m~225m 사이에 자리하고 있다. 조사지역의 양쪽은 작은 골짜기가 형성되어 있으며 능선의 남사면과 상면에 고분이 위치하고 있다. 2개 지점으로 나누어 조사한 결과 Ⅰ지점에서 석실묘 1기, 석곽묘 3기, 토광묘 2기, 수혈유구 2기가 확인되었고 Ⅱ지점에서는 석곽묘 3기가 발견되었다. 고분은 모두 등고선과 직교하고 축조 방법은 가로쌓기가 주를 이루면서 일부 판석형 석재를 세로로 쌓는 방법도 혼용하였다. 유물이 출토된 것은 2호, 3호, 8호, 9호이며 토기(동체부 2점, 호 저부 2점-2호 옹 1점-9호)와 자기(청자반구병 1점, 청자발 1점, 청자접시 3점-8호묘, 중국제 흑유완 1점, 백자접시 1점-9호), 청동제품(숟가락-3호, 8호 동곳-3호)이 출토되었으나 젓가락은 출토되지 않았다. 이 가운데 3호묘 출토 숟가락은 자루가 연미형이며 자루 중앙에 8개의 음각선을 새겼는데 이는 봉업사 납석제 인장의 상면에 새겨진 문양과 흡사한 것으로 보아 고려시대 중기로 편년할 수 있을 것으로 보인다.

(3) 용인 마북리유적[12]

마북리유적은 야산지대로 경사가 급한 능선이 동서로 뻗어 있는데

---

11   백종오 · 신영문 · 오호석 · 김정기, 2006, 『안성 매산리고려고분군』 경기도박물관 유적조사
　　보고 제23책, 경기도박물관 · 안성시
12   경기도박물관 · 정광종합건설, 2001, 『용인 마북리고려고분』 경기도박물관 유적조사보고 제
　　5책

유적은 능선 사이 남쪽으로 형성된 계곡 동쪽에 위치한다. 이곳에서는 석곽묘 4기와 토광묘 3기가 조사되었는데 1호와 3호 토광묘에서 각각 1점의 숟가락이 출토되었다. 동반유물로는 청자대접과 도기병, 팔각능형 동경, 중국동전[13] 등이 출토되었는데 12세기경의 유물로 편년된다. 1호 숟가락은 술잎 일부가 결실되었으나 평면비가 높은 것이며 3호 숟가락은 유엽형의 술잎에 평면비가 비교적 높고 2단의 연미형 자루이다.

2) 강원도

(1) 강릉 홍제동 분묘군[14]

홍제동분묘군이 위치하는 곳은 해발 60m~70m 정도의 비교적 완만하고 나지막한 서쪽에서 동쪽으로 이어지는 구릉에 해당된다. 조사결과 토광묘 15기와 골호묘 1기 등 모두 16기가 조사되었다. 묘광은 대부분 서쪽으로 기울어져 설치되었으며 길이는 210cm~240cm 내외, 너비는 60cm~90cm 내외이다. 유물은 백자접시와 백자대접, 청동합과 숟가락 4점이 출토되었으며 7호가 골호묘로 도제장동호를 청자대접으로 덮

---

13 3호 토광묘에서 출토된 것으로 피장자의 가슴 부위에서 출토되었으나 상태가 좋지 않아 명문 판독이 불가능하다. 3점 모두 중앙에 방형의 구멍이 뚫려 있는데 그 중 그나마 판독이 가능한 것은 [元○○寶] 1점에 불과하다. 그런데 이 분묘는 출토유물로 보아 12세기 경에 편년되므로 북송의 연호 가운데 원자로 시작하는 연호는 元豊(북송 신종, 1078~1085년), 元祐(북송 철종, 1086~1094년), 元符(북송 철종, 1098~1100년) 등 모두 3개이고 각각의 연호에 해당하는 元豊通寶, 元祐通寶, 元符通寶가 모두 발행되었는데 이번 논문에 인용된 고려시대 분묘에서는 元符通寶는 발견된 바 없어 元豊通寶나 元祐通寶 둘 중 하나일 가능성이 높다고 생각한다.(中國錢幣大辭典編纂委員會編, 2005,『中國錢幣大辭典』宋遼西夏金編 北宋卷, 南宋卷, 遼西夏金卷, 中華書局出版發行)

14 이상수·홍선식·김미진·김진미·김대종, 1999,『강릉 홍제동분묘군』관동대학교 박물관 학술총서 20책, 관동대학교 박물관·강릉시

어 놓았다. 출토된 숟가락 4점은 5호 출토품만 완제품이며 술잎은 유엽
형에 자루는 약한 능형을 이룬다.

(2) 강릉 방내리주거지[15]

방내리 고려분묘는 해발 35m~40m 사이의 평평한 구릉상에 위치하
며 이 구릉은 서쪽에서 동쪽으로 점차 낮아지는 지형이다. 토광의 길이
는 200cm~220cm 내외, 너비는 60cm~80cm 내외에 해당되며 장축은
동-서방향이다. 출토유물은 청동합과 토기 병, 중국 동전, 청자접시, 청
동숟가락 등과 젓가락이 있다. 청동숟가락은 4점이 출토되었는데 젓가
락은 2호에서 출토되었다. 특히 2호에서 함께 출토된 至道元寶(北宋 太宗,
995~997년), 祥符通寶(北宋 眞宗, 1008~1016년), 元豊通寶(北宋 神宗, 1078~1085년),
元祐通寶(北宋 哲宗, 1086~1093년), 政和通寶(北宋 徽宗, 1111~1125년), 紹興元寶
(南宋 高宗, 1131~1162년) 등의 중국동전이나 숟가락의 형태 등을 볼 때 고
려시대 중·후반의 것으로 편년된다.

3) 충청도

(1) 논산 원북리유적[16]

동쪽에서 서쪽으로 이어지는 완만한 동고서저형의 지형으로 [가]·

---

15 백홍기·지현병·고동순, 1996, 『강릉 방내리주거지』, 강릉대학교 박물관 학술총서 6책, 강
   릉대학교 박물관

16 중앙문화재연구원·중소기업진흥공단·논산시, 2001, 『논산 원북리유적 -논산 지방산업단
   지부지내』 발굴조사보고 제9책

[나]·[다]·[라]지구로 나누어 조사하였는데 [가]지구에서 11기, [나]지구에서 11기, [다]지구에서 99기 등 모두 121기의 고려시대 이후의 분묘가 확인되었다. 분묘는 대부분 서쪽으로 뻗은 능선의 정상부를 따라 규칙적으로 분포하는 양상을 보이고 있으며 묘광의 규모를 파악할 수 있는 106기 중 묘광의 길이는 190cm~230cm 정도에 해당되는 것이 78% 이상, 너비는 60cm~80cm 정도에 해당되는 것이 72%에 이른다. 관재나 보강토 혹은 목관이 사용된 것으로 추정되는 토광묘는 71기에 이르는데 목관은 길이 170cm~190cm, 너비 30cm~40cm의 것이 주류를 이루지만 관정의 사용은 일반화되지 않았던 것으로 보인다. 묘광의 장축은 등고선 방향과 직교되게 조성하였는데 동쪽에서 서쪽으로 이어지는 능선의 정상부를 따라 횡방향으로 무리를 지어 규칙적으로 하단부까지 고른 분포를 보이고 있다. 그리고 바닥은 아무런 시설 없이 생토면을 정지하여 사용하였고 바닥 중앙에는 요갱을 설치하고 내부에 유물을 부장하였다. 출토유물로는 토·자기류가 12점, 청동기가 93점, 철기가 195점이 출토되었는데 이 중 청동숟가락이 50점, 청동젓가락은 13점이 출토되었다.

이 중 상태가 양호한 39점의 숟가락을 술잎이 유엽형이면서 자루가 연미형(Ⅰ-a형), 술잎이 장타원형이고 자루 끝이 능형(Ⅱ-b형), 술잎이 타원형이고 자루 끝이 제형(Ⅱ-c형), 술잎이 장타원형이고 자루 끝이 반원형(Ⅱ-d형), 술잎이 타원형이고 자루 끝이 연미형(Ⅲ-a형), 술잎이 타원형이고 자루 끝이 능형(Ⅲ-b형)으로 나누었는데, Ⅰ-a형과 Ⅱ-b형이 주류를 이룬다고 하였다. 이 중 Ⅰ-a형은 고려 중기의 양식으로 보았고 Ⅱ형은 술잎이 자루가 고려 인종 장릉에서 출토된 은제 숟가락과 거의 유사한 형태를 취하고 있어 동시기로 보았다. 그리고 상감분청자와 함께 출토된 14호 토광묘에서 출토된 숟가락은 고려말에서 조선초기로 편년하였고 Ⅲ유형의 청동숟가락은 고려시대에서 조선시대로 넘어가는 과

도기적 현상으로 파악하였다.

(2) 부여 염창리고분군[17]

염창리고분군은 전형적인 산지에 속하며 동남쪽에서 서북쪽으로 능선이 전개되면서 작은 지맥이 서남쪽으로 급하게 내리막 경사를 이루고 있는 지형조건을 가지고 있다. 조사는 모두 7개 구역으로 나누어 이루어졌는데 고려시대 이후의 분묘는 Ⅲ구역에서 1기(Ⅲ-61호), Ⅴ구역에서 25기가 확인되었다. 이 중 숟가락이 출토되는 것은 Ⅲ-61호, Ⅴ-토광묘 1호, Ⅴ-토광묘 2호와 지표수습 1점이 있다. Ⅲ-61호에서는 장경병 1점, 청자 3점과 청동제 수저 1점이 출토되었지만 Ⅴ-1호 토광묘에서는 고려시대 말로 편년되는 청자 7점과 청동숟가락 1점, 젓가락 1쌍, 청동제 병 1점, 청동합 1벌이 출토되어 중요한 편년자료를 제공하고 있으며 Ⅴ-2호 토광묘에서는 청동숟가락과 함께 治平元寶(北宋 仁宗, 1064~1067년), 元豊通寶(北宋 神宗, 1078~1085년)가 함께 출토되어 숟가락의 상한 연대를 제공해 주고 있다.

(3) 공주 장선리토광묘[18]

장선리토광묘의 주변은 해발 300m 내외의 지역으로 남북방향 능선의 남향 사면일대에 해당하며 조사지역은 해발 110m의 정상부에서 남동향하는 사면 일대로 이곳에서는 고려시대로 추정되는 3기의 토광묘가 확인되었다.

---

17 이남석 · 서정석 · 이현숙 · 김미선, 2003, 『염창리고분군』, 공주대학교박물관학술총서 03-01, 공주대학교 박물관 · 대전지방국토관리청

18 충남발전연구원 · 천안논산고속도로(주), 2003, 『공주 장선리토실유적』

묘광의 길이는 142cm, 205cm, 270cm이고 폭은 64cm, 72cm, 85cm이다. 출토유물은 1호에서는 숟가락 1점, 2호에서는 청동인장과 6점의 동전, 도제구슬, 3호에서는 도기병과 청자대접, 청자접시, 청동대접이 출토되었다. 이들 유구는 하나의 묘역 내에 위치하고 있다고 볼 수 있으며 유물의 출토 내용이 고려시대 분묘의 특징을 잘 따르고 있으므로 숟가락도 고려시대에 제작된 것으로 보아도 무방할 것 같다.

(4) 진천 사양리유적[19]

진천 사양리유적은 청동기시대 주거지 5기, 조선시대 주거지 3기, 삼국시대 목탄요 4기, 조선시대 목탄요 1기, 고려시대 석곽묘 5기, 고려시대~조선시대 토광묘 118기, 수혈유구 8기, 구상유구 3기, 소성유구 2기, 적석유구 1기가 조사된 유적이다. 고려시대와 조선시대의 석곽묘와 토광묘가 위치한 곳은 구릉의 경사면이 북에서 남으로 이어지는 경사면의 정상부와 북동쪽에서 남서쪽으로 이어지는 구릉의 정상부를 따라 분포하며 역시 등고선과 직교하게 묘광을 설치하였다. 조사된 118기의 토광묘 가운데 청자대접과 접시, 청동숟가락이 일괄로 출토된 75호분만 고려시대에 조성된 것으로 판단되며 청동숟가락이 백자와 함께 출토되는 8호, 11호, 12호는 조선시대의 분묘로 볼 수 있기 때문에 나머지는 편년이 가능한 동반유물이 출토되지 않는 한 조성된 시기를 정확히 알기는 어려운 실정이다.[20]

토광묘는 대체로 해발 70m~80m를 전후한 곳에 분포하고 토광

---

19 중앙문화재연구원 · 진천군, 2001, 『진천 사양리유적 -문백 전기 · 전자농공단지 조성부지 내』, 발굴조사보고 제5책

20 고려시대와 조선시대의 분묘조성공간 선택기준은 크게 다르지 않기 때문에 시기를 나눌 수 있는 뚜렷한 동반유물이 출토되지 않으면 동일 묘역 내의 분묘를 고려시대 또는 조선시대로 나누기가 어렵다는 뜻이다.

의 평면은 장방형 또는 말각장방형이며 묘광의 길이 200cm, 너비 80cm~50cm 내외인 것으로 주로 성인의 무덤으로 추정되는 것이 있는 반면 길이 100cm, 너비 40cm~30cm 내외의 규모로 성인의 무덤이라고 보기는 어려운 크기의 토광묘도 다수 확인되었다. 유물은 목관의 상부 또는 내부에 매납한 것, 목관과 토광 사이의 빈 공간에 매납한 것, 토광의 한 쪽 장벽에 타원형의 벽감을 설치하여 매납한 것, 토광의 바닥에 원형의 요갱을 파고 그 안에 유물을 매납한 것이 있다. 숟가락은 21점이 출토되었는데 술잎의 평면 형태는 대부분 장타원형이고 술총의 평면은 반원형, 유사연미형, 연봉형으로 나눌 수 있으며 약한 능형이 10점으로 가장 많고 유사연미형 5점, 연봉형 1점 등이다.

(5) 청주 용암유적 Ⅰ · Ⅱ[21]

청주 용암유적은 청주시의 동쪽에 위치하고 있으며 용암지구는 미호천과 무심천이 인접한 지역으로 해발 50m~150m 내외의 낮은 구릉을 형성하고 있으며 많은 유적이 분포하고 있는 지역이다. 용정동Ⅰ · Ⅱ유적, 금천동Ⅰ · Ⅱ유적이 청주 용암유적Ⅰ에 속하는 유적이고 금천동Ⅱ-1유적과 금천동 Ⅱ-2유적이 청주 용암유적 Ⅱ에 속한다. 용암Ⅰ 지역에서 발견된 유적과 유물을 살펴보면 용정동Ⅰ유적에서는 청동기시대 주거지 2기, 삼국시대 석곽묘 9기, 조선시대 토광묘 32기, 기타 유구 1기, 용정동Ⅱ유적에서는 청동기시대 주거지 11기, 삼국시대 석곽묘 7기, 목탄요 1기, 고려시대 이후의 토광묘 168기, 기타유구 3기 등이 조사되었다. 그리고 금천동Ⅰ유적에서는 고려시대 이후의 토광묘 28기, 금천동Ⅱ유적에서는 고려시대 이후의 토광묘 260기가 발견되었다. 특

---

21 한국문화재보호재단 · 한국토지공사, 2000, 『청주 용암유적Ⅰ·Ⅱ』, 학술조사보고 제74책

히 금천동Ⅱ유적에서 발견된 140기의 고려분묘군은 아직 조사 예도 드물 뿐만 아니라 출토 유물도 풍부하여 고려시대의 숟가락 연구에 좋은 자료이다.

이 가운데 숟가락이 출토되고 있는 고려시대 이후의 토광묘를 중심으로 살펴보기로 한다. 용정동 Ⅰ·Ⅱ유적에 분포하고 있는 토광묘는 200기에 이르는데 이들의 배치 상황을 살펴보면 북침을 기본으로 하고 있기는 하나 정해진 묘역 내에서 정상을 향하여 묘광을 설치하게 되므로 자연히 등고선과 직교하게 되는 경향을 보이고 있다. 즉 묘역으로 정해진 공간의 정상부가 북쪽에서 남쪽으로 이어지는 경사면이라면 당연히 북침으로 시신을 안장하게 되지만 정상부가 동쪽에 있다면 묘광은 동서향으로 조성하게 되는 것이다. 이러한 경향은 청주용암유적Ⅱ에서 보이는 금천동Ⅱ-1유적도 크게 다르지 않다.

용암유적Ⅰ에 토광묘 228기를 살펴보면 물론 이것들을 모두 분명한 조선시대의 것이라고 하기는 어렵지만 유물이 출토되거나 묘제상 분명히 조선시대에 조성된 것으로 알 수 있는 것도 120여기에 이른다. 묘광의 평면 형태는 1.5:1에서 4:1에 이르기까지 다양하지만 묘광의 길이는 200cm~220cm 정도, 묘광의 너비 60cm~80cm 사이가 가장 많다. 용암유적의 토광묘의 길이가 타 지역에 비하여 큰 것은 목관을 사용한 비율이 높기 때문일 것이다. 목관의 사용흔이 확인된 것만 146기로 64%에 이르는데 전국적인 통계를 낸다면 단연 상위에 들 것이 틀림없다. 목관의 크기는 210cm~165cm 내외, 너비 67cm~30cm 내외이고 피장자의 침향은 지형이 높은 쪽으로 두는 것이 일반적이다. 그리고 묘광은 유물의 부장양상으로 구분이 가능한데 유물을 목관의 내부 또는 상부에 매납한 것(41기), 목관과 묘광 사이의 빈 공간에 유물을 매납한 것(21기), 묘광의 한 쪽 장벽 일부를 타원형으로 파고 벽감을 설치하여 유물을 매납한 것(32기) 등이다. 한편 청동숟가락은 모두 76점이 출토되었고 젓가락과 한 벌로 출토된 것은 9점이 있다. 76점 가운데 상태가 좋지 않은 15점을 제하고 61점으로 숟가락을 분류하여 보면 연미형(10점), 반원형(약한 능형-41점), 보주형(연봉형-4점), 약시형(4점) 등으로 나눌 수 있다.

다음으로 용암유적Ⅱ에서는 모두 260기의 토광묘가 조사되었다. 주로 고려시대 분묘가 밀집하여 분포하는 곳으로 조사 예가 드문 것이며 일부 조선시대 유구도 포함되었다. 이 가운데 출토유물이나 묘제상 고려시대의 것이 분명한 것이 140기인데 이들 분묘는 대체로 해발 70m~85m를 전후한 구릉의 자연 경사면에 조영되었고 묘광의 장축방향은 대부분 등고선 방향과 직교한다. 묘광의 평면형태는 대부분 장방형 또는 말각 장방형이며 묘광의 장·단축비는 2.5:1~3.5:1이 가장 높은 빈도수를 보인다. 묘광의 길이는 190cm~210cm 정도가 72기로 가장 많고 너비는 50cm~70cm 사이가 가장 많아 148기에 이른다. 그리고 목관을 사용한 예는 151기가 확인되었으며 목관의 크기는 180cm~150cm 내외, 너비 50cm~30cm 내외이고 피장자의 침향은 지형이 높은 쪽에 둔 경우가 대부분이다. 이 유적에서 출토된 숟가락은 모두 79점이며 청동젓가락도 6쌍이 출토되었다. 청동숟가락은 조선시대 것으로 편년되는 21점과 상태가 좋지 못한 19점을 제외하고 39점으로 분류하면 술총의 평면이 반원형인 것(9점), 능형인 것(7점), 연미형으로 나눌 수 있고 연미형은 단순 연미형(4점)과 이단 연미형(12점), 선각 연미형(7점)으로 나눌 수 있다.

(6) 보은 부수리고분군[22]

부수리고분군이 위치한 곳은 2개의 능선으로 구분된다. 하나는 북쪽에 북서-동남으로 뻗은 주능선에 밀집하여 분포하며 다른 하나는 북에서 남으로 뻗은 능선의 정상부를 따라 분포하고 있다. 조사된 26기의 석곽묘 중 고려시대의 석곽묘는 21기이며 석곽의 길이는 180cm~210cm 내외, 너비는 60cm~90cm 내외로 평면비는 3:1 정도 된다. 21기의 석곽묘 가운데 고려시대의 유물이 출토되는 것은 9기이며 14호와 17호에서 숟가락이 각각 1점씩 출토되었다. 14호 숟가락은 자루는 결실되었으나 술잎은 잘 남아 있는데 평면비는 0.5:1로 넓은 편이다. 17호 숟가락은 북쪽 단벽에서 청자사발과 접시, 병과 함께 출토되었는데 자루는 광각의 연미형이며 술잎은 일부 결실되기는 하였으나 14호 숟가락의 술잎과 동일한 형태로 추정된다.

4) 전라도[23]

(1) 김제 장산리유적[24]

장산리유적은 해발 50.5m의 청하산 남서사면에 해당하는데 주변으로는 충적대지가 넓게 펼쳐져 있고 북쪽에 만경강이 흐르고 있다. 토광묘는 해발 약 30m를 전후한 지점에서 모두 14기가 조사되었는데 상당부분 유실되었다. 묘광은 북동쪽을 향하여 등고선과 직교하게 조성되었고 배치된 상황으로 보아 모두 비슷한 시기의 것으로 판단된다. 묘광의 규모는 길이 200cm~250cm 내외이고 폭은 70cm~85cm 내외에 대부

---

22 중앙문화재연구원 · 한국도로공사, 2004, 『보은 부수리고분군 -청원-상주간 고속도로 건설구간내』, 학술조사보고 제46책

23 전라도에는 김제 장산리유적과 광주 쌍촌동 주거지에서 조사된 고려분묘가 있다. 전라도지역은 고려시대나 조선시대의 분묘 조사예가 다른 지방, 특히 충청도나 경상도에 비하여 현격한 차이를 보이는데 이것이 지역적인 차이인지는 차후 연구할 과제이다.

24 호남문화재연구원 · 원광대학교 마한 · 백제문화연구소 · 한국도로공사, 2002, 『고창 교운리유적-김제 장산리유적-』, 호남문화재연구원 학술조사보고 제6책

분 포함된다. 장산리 고려토광묘군의 정확한 조성시기를 말하기는 어려우나 1호 토광묘에서 출토된 청자대접, 청자상감국화문팔각접시, 청자화형접시가 출토되어 이들 유물의 제작시기가 14세기 중반 경으로 편년되기 때문에 장산리 고려토광묘는 14세기 후반 즉 고려시대 말기로 편년할 수 있을 것이다. 한편 숟가락은 6점이 출토되었고 9호와 11호에서는 젓가락도 같이 출토되었다. 숟가락은 자루가 결실된 것이 많으나 상태가 양호한 4점은 모두 연미형이고 구부러진 단면도 고려시대의 분위기를 잘 보여주고 있다.

(2) 진안 수천리고려고분군[25]

수천리고려고분군은 해발 274m의 구릉 정상부에서 남서쪽으로 이어지는 경사면의 정상부를 따라 조성된 고분군이다. 고분군은 석곽묘 53기, 토광묘 37기, 회곽묘 3기 등이 조사되었다. 조사된 고분 가운데 2호와 7호만 산의 경사와 평행한 동서장축이며 나머지는 모두 남북장축이다. 석곽묘의 내부는 생토면을 그대로 이용한 경우도 있지만 시상대를 하는 경우도 있고 부석을 깐 경우도 있다. 석곽의 규모는 길이가 200cm~250cm, 너비가 60~80cm 내외인 고분이 대부분이며 횡구식과 수혈식 모두 축조되었다. 토광묘는 37기가 조사되었는데 출토유물상은 차이가 없으나 층위 상으로 보아 석곽묘 보다는 늦은 것으로 생각된다. 숟가락은 석곽묘에서 11점, 토광묘에서 7점이 출토되었고 젓가락은 토광묘 8호와 석곽묘 45호에서 각각 숟가락과 세트로 출토되었다. 석곽묘 48호에서는 2점의 숟가락이 출토되었는데 이것은 뒤에 들어온 5호 토

---

25 원광대학교 마한 · 백제문화연구소 · 진안군 · 한국수자원공사, 2001, 『수천리고려고분군 외』, 진안용담댐수몰지구내 문화유적발굴조사보고서 V

광묘에 매납되었던 것이 함께 출토된 것으로 보는 것이 타당할 것 같다. 청자 등 비교적 사용시기가 뚜렷한 유물과 같이 출토된 숟가락은 석곽묘 5호, 39호, 42호, 48호, 토광묘 32호 등으로 이들은 고려시대 중기에 조성되었다고 하여도 무리가 없겠으나 일부 숟가락만 출토되는 유구나 청동제 그릇이 함께 출토되는 유구는 고려시대 말이나 조선시대에 조성되었을 가능성도 있다고 생각된다.

(3) 광주 쌍촌동주거지[26]

유적은 해발 60m 정도 되는 구릉의 남사면에 위치하는데 구릉의 정상부 일대는 과수원이 있었고 남사면은 계단상의 밭으로 개간되었지만 유적은 남사면 전체에 걸쳐 분포하고 있었다. 유적은 삼국시대의 주거지 79기와 고려시대와 조선시대의 석실묘 5기와 목관묘 5기, 회곽묘 1기가 발견되었다. 석실묘 4기는 반지하식으로 장축방향은 북-남향이 기본으로 동쪽과 서쪽으로 약간씩 기울어져 조성되었다. 청동숟가락은 4호 석실묘에서만 관정 6점과 함께 발견되었다. 목관묘에서는 2호와 3호, 4호에서 숟가락이 출토되었는데 출토 유물이 모두 청자만 보이고 숟가락의 형태도 고려시대에 해당되는 특징을 가지고 있어 목관묘는 모두 고려시대의 것으로 판단된다. 그리고 회곽묘 내부에서는 인골이 출토되었고 아울러 동벽 남단을 파고 만든 편방에서 청동유개합, 청동숟가락과 젓가락, 백자소병 2점이 출토되어 조선시대에 조성된 것임을 보여주었다.

---

26 임영진 · 서현주, 1999, 『광주 쌍촌동주거지』, 전남대학교 박물관 · 광주광역시도시공사

(4) 장흥 하방촌고분군[27]

하방촌고분군에서 조사된 33기의 석곽묘와 1기의 석개 토광묘는 통일신라시대에서 고려시대에 걸친 유적으로 통일신라시대 분묘 8기를 제외한 나머지는 모두 고려시대에 조성된 것이다. 석곽묘 33기 중 수혈식 29기, 횡구식 4기이며 횡구식은 모두 출토유물이나 묘제로 보아 고려시대에 편년된다. 이들은 하방촌마을의 배산인 내접산(해발 188.9m)의 남서쪽 사면에 위치한다. 해발고도 60m~90m 높이에 집단 조성되었으며 경사도가 완만한 산의 중턱으로부터 말단부에 걸쳐 확인되었고 역시 구릉의 경사면을 따라 묘광을 설치하였으며 등고선과 직교한다. 통일신라시대에 조성된 것으로 보이는 석곽묘는 장축방향도 거의 정북에 가깝지만 석곽의 크기도 200cm를 넘지 않는다. 반면 고려시대에 조성된 석곽묘는 북향을 주로 하지만 동향이나(6호, 7호) 서향(14호, 23호, 28호, 29호)도 같은 시기에 조성하여 한 묘역 내에서는 북향만을 고집한 것이 아니라 묘역이 정해지면 묘역 내에서는 경사면에 직교하게 묘광을 만든 것으로 보인다. 숟가락은 2점 출토되었는데 2점 다 상태가 좋지 않지만 같은 시기에 조성된 토광묘에서 출토된 청자철화병이나 청자음각모란문대접 등이 있어 하방촌 고려토광묘의 조성 시기는 12세기경으로 볼 수 있다.

27 김건수 · 이영철 · 박미라, 2004, 『장흥 하방촌고분군 -탐진다목적댐 수몰지역내 문화유적발굴조사보고서 II 』, 호남문화재연구원 학술조사보고서 제 26책

5) 경상도

(1) 상주 성동리고분군[28]

고려시대 이후의 토광묘는 모두 65기가 조사되었다. 토광묘의 장축 방향은 정북에서 서쪽으로 틀어져 있었으며 대체로 등고선 방향과 직교하여 북쪽으로 향하는 주능선에 조성된 토광묘는 동-서방향, 동쪽으로 뻗은 능선에 조성된 토광묘는 남-북방향이다. 따라서 피장자의 침향은 북으로 향하는 주능선에 조성된 토광묘는 서쪽, 동쪽으로 뻗은 능선에 조성된 토광묘는 북쪽으로 판단하였다. 감실은 북쪽으로 향하는 주능선에 조성된 토광묘는 북장벽 중앙이나 약간 서쪽에 치우쳐 설치되었고 북쪽에서 동쪽으로 뻗은 능선에 조성된 토광묘는 동장벽 중앙이나 동장벽 중앙에서 약간 북으로 치우쳐 설치되어 앙와한 시신의 두향을 기준으로 좌측에 두었던 것으로 판단하였다.

보고서에는 청동숟가락에 대한 별다른 언급은 없으나 출토된 청자와 백자를 편년하여 성동리고분군의 고려시대 이후의 토광묘는 고려시대 말기인 14세기 후반과 조선시대 16세기에서 17세기에 조성된 것으로 보았다. 보고 내용을 살펴보면 상주 성동리고분군의 고려시대 이후의 분묘에서는 20개의 청동숟가락이 출토되었으며 젓가락은 한 점도 출토되지 않았다. 청자가 동반되어 출토된 숟가락은 141호에 출토된 1점에 불과하고 나머지는 모두 백자 또는 동반 유물이 없이 출토되었다. 숟가락은 술총의 끝부분에 따라 퇴화된 연미형 1점, 약시형 3점, 연봉형 4점이며 나머지 12점은 모두 능형이다.

---

28   한국도로공사·한국문화재보호재단, 1999, 『상주 성동리고분군』, 학술조사보고 제40책

(2) 김천 모암동유적 Ⅱ [29]

모암동유적에서는 고려시대 석곽묘 5기가 조사되었다. 이 중 5호와
6호는 북동사면에 구릉 정상부를 향하여 묘광을 조성하였고 11호는 북
서사면, 13호와 14호는 북동사면에 조성되었다. 석곽묘 주변에 위치한
토광묘의 장축방향도 묘광을 설치한 구릉의 경사면에 직교하게 설치하
였다. 석곽의 규모는 길이가 200cm, 195cm, 240cm, 260cm, 155cm(파
괴)이고 폭은 102cm, 82cm, 83cm, 84cm, 35cm이다. 여기서는 14호를
제외한 모든 석곽에서 숟가락이 녹청자 병, 청동제 발과 완 등과 함께
출토되었다. 녹청자 병은 모두 9점이 출토되었는데 저부의 중앙이 약간
오목한 평저로 구연이 [L]자상의 광구 형태로 긴 경부가 있고 동 최대
경이 중상위에 있는 것이다.

(3) 대구 내환동분묘군 [30]

대구 내환동분묘군은 고려~조선시대의 분묘 212기와 골호 4기가
조사된 곳으로 대구 남동쪽에 있는 대덕산 북단의 비교적 경사가 급한
지형에 위치한 해발고도 100m~115m 사이의 산 사면과 완만한 계곡부
에 해당한다. 분묘는 북서쪽으로 이어지는 계곡의 경사면을 따라 정상
부를 향하여 배치되어 있는 것과 북쪽으로 이어지는 경사면에 정상부를
향하여 묘광을 설치하고 있어 북향이나 서향이라는 일정한 방향이 있는
것이 아니라 묘역이 정해지면 정상부를 향하여 길게 등고선과 직교하게
묘광을 설치하는 경향을 보이고 있다.

---

29 영남문화재연구원 · 한국고속철도건설공단, 2003, 『김천 모암동유적Ⅱ』, 영남문화재연구원
   학술조사보고 제57책

30 영남문화재연구원, 2000, 『대구내환동분묘군』, 영남문화재연구원 학술조사보고 제26책

그리고 212기의 분묘 중 목관을 사용한 것으로 보이는 것은 113기에 이른다. 묘광은 크기에 따라 3개군으로 나누어지는데 A군은 135cm 이내의 것으로 65기가 속하고 이중 목관 사용율은 20%에 불과하다. 그러나 묘광 길이 136cm~179cm의 B군, 180cm 이상의 C군에서는 목관을 사용한 예는 각각 28기 가운데 17기(60.7%), 119기 가운데 89기(74.8%)에 달하여 묘광이 클수록 목관을 사용한 비율이 높다. 이러한 사정은 A군에 속한 분묘는 대부분 유·소아용으로 판단되며 대부분 목관을 사용하지 않았던 것으로 볼 수 있다고 지적하였다.

유물의 부장 위치에는 특별한 경향이 보이지는 않으나 대체로 목관과 묘광 사이, 또는 피장자와 묘광 사이에 두었던 것으로 판단되며 좌측, 우측, 머리맡, 발치쪽, 바닥, 충전토 상단, 목관 상부 등 다양한 위치에 부장하였던 것으로 보인다. 한편 유물이 부장된 분묘는 전체 212기 중 106기로서 그 비율은 50%에 이르고 가장 일반적으로 부장된 유물은 청동숟가락으로 모두 73점(지표수습 1점 포함)이지만 젓가락은 19호에서 출토된 1벌이 유일하다.

(4) 대구 연호동분묘군[31]

연호동분묘군는 내환동분묘군과 멀지 않은 곳에 위치하며 조선시대의 분묘가 밀집하여 분포하고 있다. 유적은 해발 70m 내외의 야산이 동쪽에서 서쪽으로 이어지는 두 개의 구릉 경사면을 따라 조성되었는데 묘광은 모두 정상부를 향하여 두르듯 설치하였다. 토광묘 29기가 조사되었는데 묘광의 규모는 길이 180cm~230cm 내에 속하는 것이 19기에 달하고 폭은 60cm~85cm 사이가 다수를 차지한다. 목관을 사용한

---

31 영남문화재연구원, 2002, 『대구 연호동 분묘군』, 영남문화재연구원 학술조사보고 제52책

것은 전체 29기 토광묘 가운데 토층의 함몰상태나 판재, 보강토 등을 고려하면 20기에서 사용흔이 확인된다. 청동숟가락은 모두 16점이 출토되었는데 술잎은 대부분 유엽형에 가깝지만 술총은 반원형 3점, 연미형 4점, 직선형 1점으로 나눌 수 있고 약시형도 있다. 그리고 19호묘에서 숭녕통보(북송 휘종, 1102~1106)가 분청자 접시와 함께 출토되어 중국 동전이 300년 이상 상당히 오랜 기간 동안 전세되고 있음을 보여주고는 있으나 왜 이 시기에 이르러 앞선 시대의 동전을 매납하게 되었는지는 차후의 연구과제이다.[32] 한편 젓가락은 한 점도 출토되지 않았다.

(5) 대구 욱수동 · 경산 옥산동유적 I [33]

유적은 정상 해발이 90m 정도의 나지막한 구릉 일대에 분포하며 고려~조선시대의 토광묘가 구릉의 정상부를 중심으로 남동사면과 남서사면에 걸쳐 분포하며 등고선과 직교하게 묘광을 설치하였다. 충진토가 확인되어 목관을 사용한 예는 13기에 이르는데 이들 묘광의 길이는 모두 200cm 내외이며 폭은 대부분 70cm를 넘고 있다. 조사된 토광묘는 모두 67기로 그 가운데 숟가락이 출토된 것은 5호, 12호, 24호, 25호, 26호, 29호, 32호, 35호, 36호, 38호, 39호, 40호, 43호, 45호, 46호, 47호, 48호, 146호 등 18기에 이르지만 젓가락과 함께 출토된 예는 47호 1기

---

32 『宣和奉使高麗圖經』에 의하면 고려인들은 중국동전을 쓰지 않고 다만 가지고 놀뿐이라고 하여 실제로 사용하지는 않았던 것으로 볼 수 있다. 그러나 고려 숙종 이후 삼한통보나 삼한중보, 해동통보나 해동중보 등의 화폐를 발행한 적이 있고 실제로 중국 동전이 사용된 경우도 없지 않으므로 중국동전의 용도에 대한 다각적인 연구가 필요하다. 동전을 무덤에 매납하는 것은 송나라에서부터 시작되는 풍습이므로 사자를 위한 매지의 뜻이 있었는지 출토 상황과 관련한 세밀한 검토와 판단이 요구된다. 그리고 한 묘역에서 중국 동전이 출토되는 유구와 그렇지 않은 유구도 있는 점, 북송 전 시기의 동전이 출토되는 것은 아니라는 점, 그리고 어떤 묘역은 중국 동전이 아예 한 점도 출토되지 않는 예도 있으므로 신중한 연구가 필요하다고 본다.

33 영남문화재연구원, 2003, 『대구 욱수동 · 경산 옥산동유적 I 』, 영남문화재연구원 학술조사 보고 제64책

에 불과하고 그나마 동반 부장품은 없다. 동반 부장품이 없이 숟가락만 부장된 예는 38호, 39호, 43호, 46호를 제외한 나머지 13기가 모두 해당된다. 이 유적에서 출토되는 숟가락은 술목에서 유엽형 술잎으로 부드럽게 이어지는 것과는 달리 각을 이루면서 연결되고 술잎이 말각장방형(장릉형)을 하고 있는 것이 12호, 26호, 29호, 39호, 45호, 46호, 47호 등 7점에 이른다.

(6) 달성 설화리 토광묘[34]

달성 설화리고분군의 북서사면에서 28기의 고려시대~조선시대 토광묘가 조사되었다. 보고자는 이 중 1호, 7호, 8호, 18호, 20호, 22호, 28호, 29호, 35호, 37호, 60호, 61호, 62호를 고려시대의 토광묘로 보았으나 출토 유물로 보면 2호, 8호, 18호, 22호에서는 백자가 출토되었고 28호 출토유물은 14세기말에서 15세기 초의 분청자로 보이고 62호에서 출토된 자기도 분청자이기 때문에 고려시대로 볼 수 있는 것은 20호, 60호, 61호 뿐인 것 같다. 이 중 20호 출토 숟가락은 토기병과 청자 대접과 함께 출토되었는데 술잎은 유엽형이지만 자루는 결실되었다.

(7) 밀양 고법리벽화묘[35]

밀양 고법리벽화묘는 2000년 9월 태풍으로 봉분 일부가 훼손된 것을 밀성 박씨 문중에서 발견하고 이를 수리하던 도중 묘가 이미 도굴되고 봉토 내부의 석실에 벽화가 그려져 있는 것이 확인된 것이다. 이 분

---

34 영남문화재연구원, 2005, 『달성 설화리고분군』, 영남문화재연구원 학술조사보고 제81책
35 심봉근, 2002, 『밀양고법리벽화묘』, 고적조사보고서 제35책, 동아대학교 박물관

묘는 무엇보다도 묘주가 밝혀져 있고 그의 생몰연대도 분명한 만큼 석실묘 내부에서 출토된 숟가락과 젓가락은 절대연대를 제공하고 있으므로 숟가락 연구에 중요한 자료가 된다.

밀양 고법리벽화묘는 밀양의 진산인 화악산을 동북쪽에 두고 동쪽에서 서쪽으로 뻗은 2개의 구릉 사이에 위치하면서 앞으로는 넓은 평야를 마주하고 있다. 고법리벽화묘의 주인은 고려말 절의신으로 상징되는 「杜門洞72賢」 가운데 한 분인 松隱 朴翊先生으로 그의 생몰 연대는 1322~1398년으로 알려져 있으나 분묘에서 발견된 誌石에 장사는 「永樂庚子二月甲寅葬」이라 하여 세종 2년(1420)에 지낸 것으로 되어 있다.

고법리벽화묘(송은선생묘)는 북동쪽에서 남서쪽으로 이어지는 장축을 중심으로 평면상 곡장, 봉분, 유혼석과 상석, 향로석, 비갈, 좌우 문인석상, 전면 축대 순으로 배치되어 있다. 봉분의 크기는 길이 605cm, 폭 482cm, 지상에서 높이 210cm 정도이며 석실 바닥에서는 410cm 정도이다. 석실은 풍화암반층을 2m 깊이로 북동-남서 장축의 묘광을 굴착하고 그 속에 가공된 화강암의 석재를 이용하여 양쪽 장벽과 단벽을 상자형으로 조립하고 개석을 덮었으나 상면에만 판석을 깔지 않고 판축층으로 대신하고 있다. 벽화는 묘실의 양쪽 장벽과 단벽에 모두 그려져 있었을 것으로 추정되지만 도굴로 북동쪽 단벽의 것은 모두 훼손되었다. 석실 내부에는 송판으로 된 관재가 부식되어 가득 채워져 있었고 일부 유골이 남아 있었다.

북동쪽 머리 부근에서 발견된 숟가락과 젓가락 한 벌은 끝이 북동쪽 단벽을 향하도록 가지런히 놓여 있었고 석실 바깥에서 天禧通寶(북송 진종, 1017~1021년), 天聖元寶(북송 인종, 1023~1032년), 景祐元寶(북송 인종, 1034~1038년), 皇宋通寶(북송 인종, 1039~1054년), 嘉祐元寶(북송 인종, 1056~1063년), 元祐通寶(북송 철종, 1086~1094년), 紹聖元寶(북송 철종, 1094~1098년), 洪武通寶(명 태조, 1368~1398년), 永樂通寶(명 성조, 1403~1424년)가 각 1점씩 출토되

었다.[36] 그리고 도자기는 봉분 후면의 곡장과 병풍석 사이의 부석층에서 출토되었는데 모두 2점으로 1점은 녹유 옹형도기이고 1점은 백자사발이다. 한편 숟가락은 자루의 만곡이 심하고 술목에서 부터 점차 넓어져 자루 끝에서 약한 능형을 이루며 최대폭이 된다. 술잎은 타원형이며 왼쪽 끝으로 사용흔이 남아 있고 길이 29.5cm, 술잎 최대 폭 4cm이다. 젓가락은 한 쌍을 이루는 것으로 손잡이 부분은 단면 방형이지만 집는 부분은 단면 원형이다. 길이는 26.2cm 이다.

(8) 진주 무촌 고려묘군[37]

진주 무촌은 진주의 동쪽 관문으로서 북서쪽에서 남동쪽으로 굽이치는 남강의 남안에 해당된다. 주변의 지형은 북동쪽에 있는 방어산에서부터 동쪽에 있는 오봉산을 지나 보잠산에 이르기까지 산들이 병풍처럼 둘러싸고 있다. 고려시대 분묘가 분포하고 있는 곳은 무촌리와 창촌리의 사이에 위치하며 해발 80m가 채 되지 않는 구릉이 동쪽에서 서쪽으로 발달한 지형의 경사면에 해당된다. 고려시대의 분묘는 보고자에 의하면 4기가 조사되었는데 1구 114호에서는 청동숟가락과 청동합, 철제 가위, 그리고 동전 11점이 출토되었다. 143호에서는 청동숟가락과 중국동전 1점, 159호에서는 숟가락과 청동합, 철제 소도자, 3구 159호에서는 청동제 합과 철제 가위, 지환, 동경, 청동숟가락, 소형 숟가락 2점이 출토되었다.

---

36 中國錢幣大辭典編纂委員會編, 2005, 『中國錢幣大辭典』, 宋遼西夏金編 北宋卷, 南宋卷, 遼西夏金卷, 中華書局出版發行

37 경남고고학연구소, 2004, 『진주 무촌 -고려 · 조선묘군(1 · 2)』

(9) 의령 경산리고분군[38]

의령군 박진에서 율산간 도로확·장공사 구간에서 51기의 삼국시대 유구와 고려·조선시대묘 10기가 조사되었다. 경산리고분군의 유구분포도를 살펴보면 동쪽에서 서쪽으로 이어지는 경사면을 따라 삼국시대와 고려·조선시대의 분묘가 조성되어 있으나 등고선을 따라 나란하게 조성된 것은 삼국시대의 분묘이며 등고선과 직교하게 묘광을 조성한 것은 고려·조선시대의 분묘라는 것이 확연히 드러나게 된다. 10기의 분묘 가운데 5호와 6호는 묘광의 길이가 147cm(5호), 227cm(6호)로 크게 다르지만 모두 청자가 동반되어 출토된 고려시대의 분묘이며 모두 숟가락이 출토되었고 동반 청자로 편년이 가능하여 숟가락의 변화를 알 수 있는 좋은 자료이다. 그리고 7호와 10호에서는 조선시대의 것으로 편년되는 숟가락이 각각 1점씩 출토되었지만 젓가락은 한 점도 출토되지 않았다.

---

38 조영제·유창환, 2004, 『의령 경산리고분군』, 경상대학교 박물관 연구총서 제 28집, 경상대학교 박물관

청동숟가락의 편년

청동수저에 대한 편년은 고려시대나 조선시대의 분묘에서 동반유물 없이 출토되는 예가 많고 또한 젓가락은 출토 예가 숟가락에 비하면 희소한 편에 속하기 때문에 젓가락은 간단한 편년도 어려운 실정이다. 특히 고려시대 초기의 숟가락이 석곽묘에서 출토되기는 하지만 고려시대의 토광묘와 조선시대의 토광묘가 동일 묘역에 조성되고 동반유물이 없이 숟가락만 출토되는 경우나 고려시대 말에서 조선시대 초기에 속하는 유적이면 숟가락이 큰 차이가 없기 때문에 편년은 더욱 어려워지게 된다.

이러한 사정을 감안하면서 분묘에서 출토된 숟가락을 중심으로 편년을 시도해보기로 하는데 유적 자체의 선후관계 설정은 같은 동일한 묘역에 통일신라시대에서 조선시대 말기 심지어는 일제시대에 조성된 분묘도 들어와 있으므로 무의미하다고 본다. 그러므로 숟가락과 동반하는 유물, 또는 절대 연대가 밝혀진 유구에서 출토된 숟가락과 젓가락을 중심으로 최근 10년간 발굴조사 된 유적을 중심으로 출토유물이나 묘제 등을 감안하여 고려시대의 유물이 출토된 분묘군에서 숟가락이 출토된 유적을 살펴보기로 한다.

고려시대의 숟가락이 출토된 분묘는 앞서 설명한 것과 같이 안산 대
부도 육골고려고분군, 안성 매산리고려고분군, 용인 마북리고려고분, 염
창리유적, 진천 사양리유적, 청주 용암유적 Ⅱ, 보은 부수리고분군, 공주
장선리토실유적, 진안 수천리고려고분군, 김제 장산리유적, 광주 쌍촌
동주거지, 성주 성동리고분군, 김천 모암동유적, 달성 설화리고분군, 진
주 무촌-고려ㆍ조선묘군(1ㆍ2), 진주 내촌리유적, 경산리고분군, 창녕 계
성신라고분군 등을 들 수 있다. 이 분묘들은 조사 유구수도 많아 전체를
편년하기는 어려운 실정이므로 우선 지역별로 나누어 유적의 조성시기
와 유물의 제작시기를 살펴 본 다음 전체적인 편년표를 작성해 보기로
하겠다.

1)경기도

안산 대부도육골고려고분군 2호 토광묘에서 안바닥에 원각이 뚜렷
이 남아 있고 보상화문과 당초문이 양각으로 베풀어져 있는 대접이 술
잎만 남아있는 숟가락과 함께 출토되었는데 이 청자 대접은 11세기 후
반에서 12세기대로 편년된다. 또한 3호 토광묘에서는 청동숟가락과 더
불어 14세기대로 편년되는 내만대접이 출토되고 10호 토광에서는 동체
의 허리가 꺾여져 경사지게 벌어진 12세기 대의 청자접시가 출토되었
다. 두 점의 숟가락을 비교하면 술잎의 형태는 거의 동일하고 자루의 끝
이 남아 있지 않으나 자루의 단면 곡율이 3호보다는 10호가 더 높은 것
을 알 수 있다. 그리고 7호에서 출토된 중국 동전 8점이 송나라 진종 연
간의 景德元寶(1004~1007년)에서 北宋 徽宗 연간의 政和通寶(1111~1117년)
사이에 걸쳐 있기 때문에 3호를 제외하면 전체적인 유적의 조성 시기는

232

12세기 중반으로 설정할 수 있을 것이다.

안성 매산리 고려고분군 8호에서 자루 중간에 죽절형 마디가 남아 있는 청동숟가락이 양질의 청자화형발, 조질의 청자완 3점, 청자양각 연판문반구병과 함께 출토되었는데 숟가락은 동반 출토되는 청자을 참고하면 대략 11세기 후반에서 12세기 전반 경에 편년되어[39] 숟가락이 출토되는 유적 가운데 이른 시기에 속한다.[도면 1,2]

또한 용인 마북리 고려묘도 12세기 정도로 편년되는 유적으로 석곽묘 4기와 토광묘 3기가 확인되었다. 석곽묘 중 1호 석곽묘에서는 철제가위, 3호 석곽묘에서는 조질 청자접시와 매병형 도기, 팔릉형무문경이 출토되어 11세기 후반, 늦어도 12세기 전반 이 중심연대로 설정할 수 있다. 이 주변에서 수습된 유물 가운데 동경과 숟가락이 있는데 숟가락은 연미형의 자루를 가지며 술잎이 약 0.5/1의 평면비를 이루는 고려전기의 특징을 보이고 있다. 토광묘는

● 관정 89점
| 철제장식 12점

도면 1
안성 매산리 고분군 8호

관고리
은제환
과대
관고리
청자발
청동
숟가락반구병
청자
청자완

212.4m
211.4m
212.4m
211.4m
211.4m
212.0m
211.4m
212.4m

---

39 국립중앙박물관, 1996, 『강진 용운리 청자요지 발굴조사보고서』
   청자화형발은 강진 용운리 10-2호에서 출토 된 것과 유사하다.

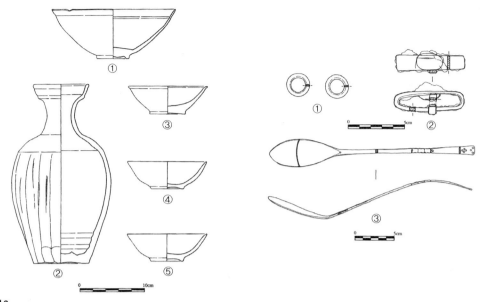

도면 2
안성 매산리 고분군 8호
출토유물 일괄

3기가 확인되었는데 1호묘와 3호묘에서 숟가락이 출토되었다. 3호묘에서 출토된 2단의 날개를 가진 연미형은 중국동전과 함께 출토되어 12세기 중반경의 숟가락으로 볼 수 있다.

2) 강원도

강원도에서는 고려시대의 분묘유적 발굴 사례가 매우 적다. 앞서 소개한 강릉 방내리유적과 홍제동 분묘군이 전부이지만 국립춘천박물관 도록에는 평창과 양양 출토의 숟가락과 국자가 수록되어 있어[40] 실제로 출토 예는 더 많이 있었을 것으로 보인다.[도면 3]

방내리 고려분묘 유적은 2호에서 출토된 중국 동전(紹興元寶, 南宋 高宗, 1131~1162)의 연대가 1162년까지 내려가고 동반하여 출토되는 청동제 합

---

40 국립춘천박물관, 2002, 『국립춘천박물관 개관도록』

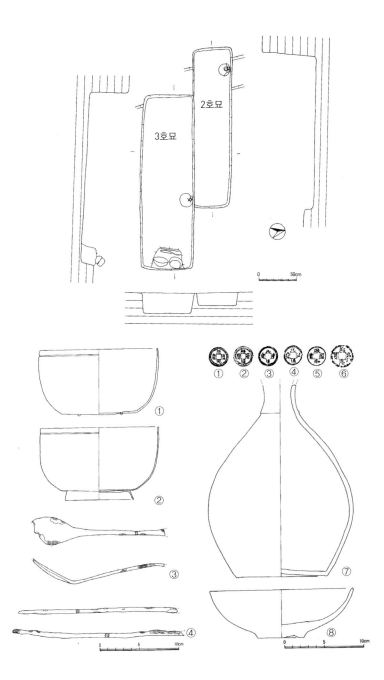

도면 3
강릉 방내리 2호 및 출토유물 일괄

의 형태가 고려시대 후반으로 편년되는 것이므로 13세기 말의 유적으로
볼 수 있겠다.

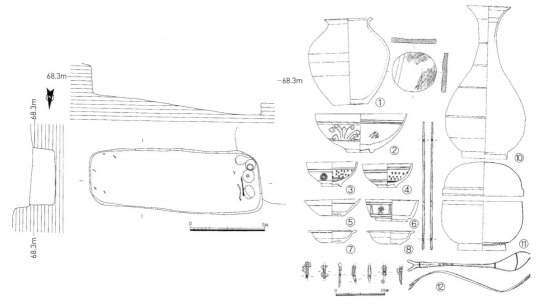

도면 4
부여 염창리 고분군 V-1호 및
출토유물 일괄

3) 충청도

　　부여 염창리고분군[41] V-1호분에서는 숟가락과 젓가락이 세트로 출토되었고 동반유물도 호형토기, 청자대접, 청자잔, 청자접시, 청자팔각접시, 청자화형접시와 청동제 합 등 내용이 풍부하다. 이들 청자의 제작시기는 대개 청자팔각접시, 구름이 변형되어 상감장식된 내만대접, 틀에 찍어 제작된 화형접시 등을 고려하면 14세기 전반 정도로 편년될 수 있을 것이다.[42][도면 4] 그리고 V-2호에서 출토된 숟가락과 동반된 治平元寶(宋 仁宗, 1064~1067년), 元豊通寶(宋 神宗, 1078~1085년)와 같은 동전은 일

41　염창리 고분군에서는 청동숟가락이 발견된 3기의 토광묘 외에도 25기의 고려 석곽묘가 조사되었다. 그러나 석곽묘에서는 청동제 완이나 도자기는 출토되었으나 한 점의 숟가락도 출토되지 않아 이것이 어떤 집단의 차이인지 계층의 차이인지 등 어떤 배경에서 동시대에 조성된 분묘에서 숟가락이 매납되지 않았는가는 연구과제라 하겠다.

42　비슷한 예가 호림박물관소장품선집-청자 III - 등 14세기 유적에서 확인된다.[호림박물관, 1992, 『호림박물관소장품선집-청자 III -』, pp. 96-109]

단 정확한 상한연대를 제시한다는 점에서 대단히 중요하며 함께 공반된 청자음각연판문대접 참고하면 12세기 전반 경으로 편년하면 크게 무리는 없을 것으로 보인다.[도면 5]

공주 장선리토실유적에서 조사된 3기의 토광묘에서는 1점의 청동숟가락이 출토되었으나(1호) 동반된 유물이 없어 구체적인 연대를 알기 어렵다. 그러나 같은 시기에 조성된 것으로 추정되는 2호와 3호에서 청자연판음각문대접과 반구병, 청자잔이 출토되어 12세기로 편년할 수 있으므로 참고가 된다.

논산 원북리유적에서 확인되는 숟가락은 크게 2가지로 구분되는 특이한 유적이다. 우선 다-10호, 12호, 13호, 17호,

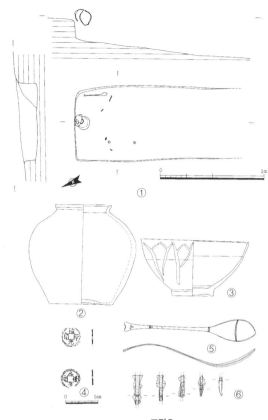

도면 5
부여 염창리 고분군 V-2호 및
출토유물 일괄

18호, 20호, 22호, 23호, 25호, 31호, 34호, 35호, 47호, 53호, 54호, 61호, 72호, 98호는 자루가 연미형에 동반되는 유물도 청동제 발이 주로 부장되는 14세기대의 숟가락이지만 다-7호, 14호, 21호, 30호, 38호, 40호, 52호, 56호, 63호, 67호, 68호, 78호, 85호, 96호 등에서 출토되는 숟가락은 소위 장릉형이라는 것으로 자루가 길고 타원형의 술잎이 부가되고 좁은 술목이 술총을 향하면서 넓어지는 형식이다. 다-14호에서 공반되는 유물은 14세기 말~15세기 초 청자에서 분청자로 이행되는 시기의 분청자가 출토되었는데 시기를 달리하면서 이와 같은 숟가락의 형식이 변하는 것은 흔히 있는 현상은 아니며 이 유적에서 출토된 10벌의 젓가락도 모두 연미형 숟가락과 같이 출토된 것으로 장릉형 숟가락이 출토

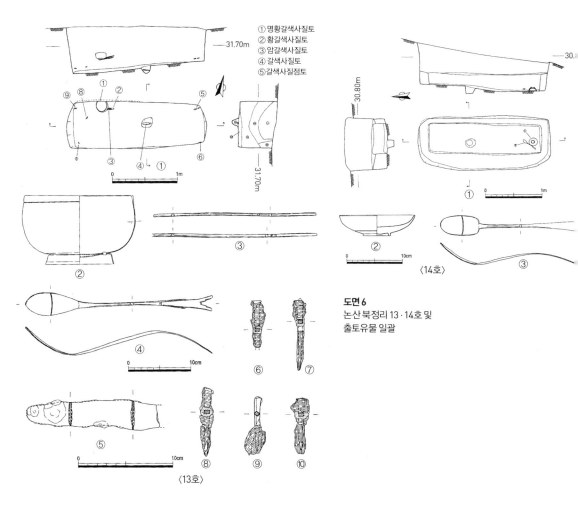

① 명황갈색사질토
② 황갈색사질토
③ 암갈색사질토
④ 갈색사질토
⑤ 갈색사질점토

〈14호〉

도면 6
논산 북정리 13·14호 및
출토유물 일괄

〈13호〉

된 유구에서는 한 점의 젓가락도 출토되지 않았다.[도면 6]

　진천 사양리유적에 출토된 20점의 숟가락 가운데 유일하게 75호 토광묘에서 출토된 숟가락은 동반된 청자접시가 12세기에 편년된다.[43] 그리고 청주 명암동유적 2에서 조사된 4-1호에서는 청동숟가락과 東國通寶가 출토되었다. 동국통보는 고려 숙종 2년(1097)에 三韓通寶, 三韓重寶

43　진천 사양리유적의 8호주거지에서는 귀얄문의 분청자에 약시형 숟가락이 아궁이 부근의 바닥면에서 출토되었다. 이것은 물론 숟가락이 실생활에 사용되었던 것을 증명하는 것이기도 하지만 숟가락이 분묘 이외의 사찰이나 건물지에서 출토되기는 하였으나 수혈건물지에서 출토된 것은 그 예가 드문 것이다.

, 海東通寶, 海東重寶 등과 함께 발행된 것으로 알려져 있으므로[44] 숟가락의 절대연대를 알 수 있는 좋은 자료이다. 숟가락은 자루의 상태는 좋지 않으나 술잎이 유엽형이나 타원형이 아니라 폭이 넓어 술잎의 전체적인 분위기가 통일신라시대의 숟가락을 연상시키고 있다. 이 숟가락은 분묘에서 출토되는 고려시대의 숟가락으로는 상당히 고식에 속하는 것이다. 또한 10호에서는 동국통보와 함께 祥符元寶(北宋 眞宗, 1006~1018년)가 출토되어 이 유적의 조성시기가 11세기 말 또는 12세기 초임을 보여주고 있다.[45]

청주 용암유적 II은 대규모 고려시대 분묘군이 조사되었을 뿐만 아니라 숟가락과 동반하여 출토되는 유물이 많고 때로 중국동전과 함께 출토되는 예도 있어 고려 숟가락 연구에 중요한 유적이다. 또한 이 유적에서는 27점의 철제가위가 출토되었는데 6호와 137호에서 출토된 것을 제외하면 하나의 철괴를 이용하여 제작한 것으로 고려시대 철제가위가 출토된 대표적인 유적이라 할 수 있고 또한 출토지가 분명한 고려동경이 17점이나 출토된 의미 깊은 유적이다. 우선 고려시대로 편년되는 숟가락 58점 가운데 상태가 좋지 못한 16점을 제외하면 42점이 되는데 중국 동전과 함께 출토되는 유구는 용암 금천동 II-1유적 28호, 50호, 55호, 62호, 73호, 127호, 163호, 185호, 207호, 211호, 용암 금천동 II-2 유적 6호가 있다.

중국동전은 開元通寶와 乾元重寶, 그리고 正隆元寶를 제외하면[46] 모

---

44 한국은행, 1969, 『증보 한국화폐사』; 이석윤, 1994, 『우리나라 화폐금융사-1910년 이전』, 박영사

45 국립청주박물관·청주시, 2001, 『청주 명암동유적 II』, 학술조사보고서 제 6책

46 청주 용암 금천동 유적에서는 132점의 동전이 출토되었다. 이 중 동국통보와 해동중보는 고려의 화폐로 8점이 출토되었고 개원통보(713~741)와 건원중보(758~760)는 당나라의 동전으로 모두 22점이 있다. 나머지 102점 가운데 101점은 모두 송나라의 동전이고 50호에서 출토된 정륭원보(1156~1161, 금 제량)만 금나라의 동전이다. 가장 늦은 시기의 것이어서 12세기경의 중국과 금나라의 교류를 짐작케 한다.

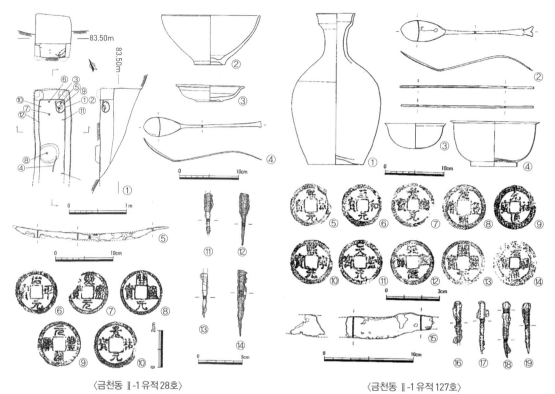

〈금천동 Ⅱ-1 유적 28호〉　　　　　〈금천동 Ⅱ-1 유적 127호〉

도면 7
청주 용암유적 Ⅱ 금천동 Ⅱ-1
유적 28·127호 및 출토유물 일괄

두 송나라의 동전이며 대부분 11세기에 제작 유통되던 것이므로 이들 토광묘의 조성시기와 숟가락의 상한을 제시하고 있다.[47] 그리고 28호에서 함께 동반된 청자대접과 흑갈유반구병은 모두 12세기가 중심 연대로 편년되는 것이므로 이들은 모두 최소 12세기 중후반 정도로 편년할 수 있을 것이다. 이 시기 숟가락의 특징은 무엇보다도 술잎에서 올라와 다시 꺾이게 되는 자루 부분의 곡선이 강하다는 것에 있는데 그렇게 보면 이 청주 용암유적 Ⅱ에서 출토되는 대부분의 숟가락은 그런 특징을 가지고 있으므로 조성 시기의 차이는 크게 없을 것으로 판단된다.[48][도면 7]

47　62호에는 다른 토광묘와는 달리 고려 숙종 연간에 주조된 것으로 알려진 해동통보와 동국중보 각 4점과 개원통보 1점 등 모두 9점을 매납하였다.

48　이를 세분하면 36호, 55호, 70호, 73호, 79호, 86호 등이 비교적 강한 곡선을 그리며, 이에

한편 젓가락이 숟가락과 세트로 출토된 유적은 79호, 127호, 163호 등 3기가 있는데 유물상으로 보면 79호와 127호는 거의 시기가 같고 163호에는 새로운 형태의 청자접시가 있어 그 다음 단계로 볼 수 있다. 그런데 이렇게 숟가락과 젓가락의 출토 비율이 현저하게 차이가 나는 것은 다음에 다시 논하겠지만 젓가락의 사용이 아직 일반화되지 않았음을 보여주는 것으로 볼 수 있다. 다음으로 백자가 출토되거나 숟가락만 출토되는 유적은 용암 금천동Ⅱ-1유적 6호, 26호, 29호, 35호, 52호, 84호, 121호, 137호, 156호, 197호, 금천동Ⅱ-2유적 10호, 12호, 14호, 25호 등인데 숟가락의 자루 곡선이 긴장감이 없이 평평해지면서 약시형이 증가하는 현상을 보이는데 이들은 모두 조선시대 전기에 편년된다고 볼 수 있다.

마지막으로 보은 부수리유적은 5호 석곽묘에서는 굽바닥이 변형된 늦은 시기의 해무리굽 청자가 출토되어 빠르면 11세기 후반으로 편년될 수 있는 유적이며 6호, 7호, 8호, 10호, 13호 등은 모두 비슷한 시기의 유물이 출토되고 있다. 숟가락이 출토된 14호 석곽묘에서는 도기 편병이 출토되어 늦어도 12세기에 편년될 수 있다.

4) 전라도

전라도 김제 장산리유적에서는 14기의 토광묘가 조사되었는데 이 가운데 숟가락은 모두 청동제 합과 함께 출토되거나(3호, 4호, 6호, 7호, 9호, 11호) 숟가락만 출토되었고(6호) 1호에서는 청자화형접시, 청자대접, 청자상감국화문팔각접시가 출토되었다. 보고자는 이 청자로 장산리유적 토

비해 21호, 50호, 74호, 90호 등은 약간 부드러운 곡선을 그린다.

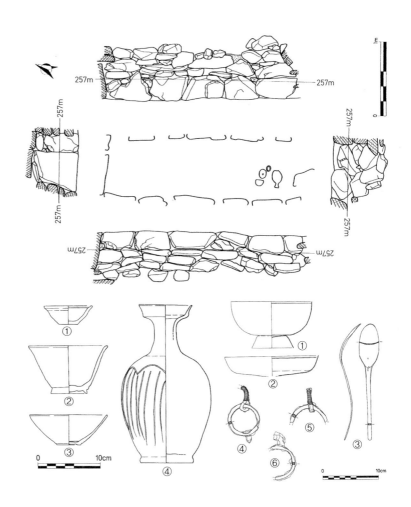

도면 8
진안 수천리 고분군 42호 및
출토유물 일괄

광묘의 조성연대를 모두 14세기 후반으로 보았으나 필자가 보기에는 1
호의 장축방향이 2호나 3호, 4호와는 상당히 다르고 동반되어 출토된
청동제 합의 동체부 최대경이 중상위에 남아 있는 것과 함께 출토된 숟
가락이 자루가 2단으로 연미형을 이루는 11호는 고려시대 중기로 편년
이 가능하고[49] 나머지 4호나 6호에서 출토된 숟가락은 14세기로 편년되
어도 무방하다고 생각된다.

진안 수천리고려묘에서 청자 등 비교적 사용시기가 뚜렷한 유물과

---

49 이난영, 1992, 「Ⅱ-3. 시저의 형식」, 『한국고대금속공예연구』, 일지사

같이 출토된 숟가락은 석곽묘 5호, 39호, 42호, 48호, 토광묘 32호 등으로 이 가운데 42호에서 출토된 숟가락은 청자음각연판문반구호와 굽이 변형된 해무리굽 청자완과 함께 출토되어 11세기 말 혹은 12세기 초까지 제작시기를 볼 수 있는 자료이다.[50] 숟가락이 석곽 42호에서 출토된 것과 거의 유사한 형태가 석곽 49호에도 출토되고 있으며 역시 해무리굽 청자완이 동반 출토된다. 이 두 점의 청동숟가락은 자루가 [S]자를 이룬 것도 분명하지만 술잎이 타원형이나 유엽형이 아니라 넓적한 형태를 하고 있으며 술목이 다른 숟가락에 비하여 두터워 통일신라 이래의 전통이 남아 있으며 청주 명암동Ⅱ에서 출토된 숟가락과 큰 차이가 없다.[51][도면 8]

상기 두 유구를 제외하면 숟가락이 출토되는 석곽묘는 고려시대 중기에 조성되었다고 하여도 무리가 없겠으나 그 가운데 숟가락만 출토되는 석곽 1호나 45호, 토광 8호, 20호는 고려시대 말이나 조선시대에 조성되었을 가능성이 높은 것이다. 예를 들면 석곽묘 1호에서 출토된 철제가위는 고려시대의 전형적인 가위 형태에서는 벗어나 있으며 오히려 고성 신전리 22호[52]에서 출토된 것과 동일한 형태이기 때문에 조선시대에 축조된 것으로 보는 것이 타당하고 8호 토광묘에서 출토된 숟가락과 젓가락도 같이 출토된 청동제 합의 형태로 보아 고려시대 말이나 조선시대 초기로 편년하여도 별 무리가 없을 것으로 보인다.

광주 쌍촌동목관묘 2호에서 수저세트와 함께 출토된 청자소병, 청자접시, 청자대접 등은 모두 13세기 말에서 14세기에 편년되는 것이며[53]

50 목포대학교박물관, 1992, 『해남 신덕리 녹청자요지』
51 통일신라시대의 숟가락은 술잎이 거의 원형을 이루고 술잎에서 자루로 이어지는 부분의 폭이 넓은 것이 특징인데 분황사지 발굴조사에서는 숟가락을 만드는 납석제 거푸집이 발견되어 통일신라시대의 숟가락의 대표적인 형식을 보여준다.
52 정의도 · 김성진, 2004, 『고성 신전리민묘군』, 학술조사연구총서 제29집, 경남문화재연구원
53 해강도자미술관, 1992, 『강진의 청자요지』

철제가위도 당시의 형식을 잘 보여주고 있다. 3호와 4호의 숟가락은 같은 형태를 하고 있지만 1호 회곽묘에서 출토된 숟가락은 자루가 평평해지는 과정을 보여주는 것으로 조선시대로 편년할 수 있다.

수천리고려묘 다음 단계로 볼 수 있는 유적이 장흥 하방촌고분군에서 출토된 숟가락이다. 15호 석곽묘와 17호 석곽묘에서 출토된 숟가락은 빠르면 11세기에서 12세기 전반에 편년되는 청자접시와 청자철화병과 함께 출토되었고 숟가락 술잎의 평면비도 0.52/1로 통일신라시대의 흔적이 남아 있는 고려 숟가락 중에서도 이른 시기에 속하는 것이다.

5) 경상도

고령 지산동고분군에서는 36점의 숟가락이 출토되었다. 이 중 제작연대를 추정할 수 있는 유물이 동반된 것은 1-28호, 1-32호, 1-45호, 2-6호, 2-9호, 2-29호 등이 있다. 1-32호, 2-6호, 2-29호 1-45호는 흑유병과 청자음각연판문대접 등이 출토되어 12세기 정도로 편년이 가능하고 1-28호에서는 청자상감국화문대접 출토되어 13세기 전반으로 편년이 가능하다.

달성 설화리고분군에서 숟가락이 출토된 분묘 중 고려시대로 편년할 수 있는 것은 12세기의 청자대접이 출토된 20호, 14세기의 청자대접과 도기병이 출토된 62호가 있다. 나머지 13점의 숟가락은 모두 조선시대 14세기~17세기에 편년되는 것으로 숟가락에는 대부분 사용흔이 왼쪽에 남아 있어 모두 오른손잡이였음을 보여준다.

대구 욱수동 · 경산 옥산동유적에서는 모두 18점의 숟가락과 젓가락 1벌(47호)이 출토되었다. 이 중 43호에서 지방에서 흔히 제작된 청자접시와 청자 종지가 동반되어 12세기 정도로 편년되고 46호에서는 장릉

형 숟가락이 육원문의 상감분청자와 함께 출토되어 15세기 전반경으로 편년된다.[54]

이상의 유적보다 시기가 상당히 앞서는 유적이 대구 내환동고분군 이다. 유구 내에서 모두 72점의 숟가락이 출토되었는데 이 중 19호에서 만 젓가락과 세트로 출토되었다. 이 중 66호와 103호는 여의두문이 상 감 장식된 청자접시와 도기병이 출토되어 제작 시기가 14세기로 편년 되며 숟가락의 술총은 연봉형과 반원형이다. 철제가위와 함께 출토되 는 23호, 40호, 분청자와 함께 출토되는 33호, 60호, 68호, 99호, 212호, 216호, 백자와 함께 출토되는 105호, 110호, 151호, 청동합과 출토되는 150호, 166호 등은 모두 조선 전기(15세기 말~16세기 초)로 편년할 수 있다. 숟가락은 대부분 사용흔이 왼쪽에 남아 있으며 이것은 생전에 사용하던 숟가락을 부장하였음을 보여주고 있다.

상주 성동리고분에서 출토된 20점의 고려시대 숟가락 가운데 14세 기의 청자발과 청자잔, 청자접시가 함께 출토된 예는 141호이다. 술잎 은 유엽형이나 자루에 삼조의 죽절마디가 남아 있고 술총은 죽절마디 위에서 넓어져 나팔상을 이룬다. 단면이 [S]자형으로 손잡이 부분의 곡 선이 분명한 것이 조선시대 것은 아님을 보여준다. 또한 141호 숟가락 은 청자병, 청자발, 청동합, 철제 가위 등과 같이 출토되었는데 14세기 대 유물의 전형적인 조합상을 보여준다. 그리고 유구 내에서 청자철화 병이 출토되어 12세기에 조성된 분묘가 있으나(86호) 숟가락은 출토되지 않았고 80호, 84호, 146호, 150호 등에서는 분청자와 백자가 함께 출토 되었다. 젓가락은 한 점도 출토되지 않았다.

김천 모암동유적과 산청 생초고분군은 경상도 지역에서는 가장 시 기가 빠른 숟가락이 출토되는 유적이다. 먼저 모암동유적에서는 모두

---

54 국립진주박물관, 2004, 『조선지방사기의 흔적』

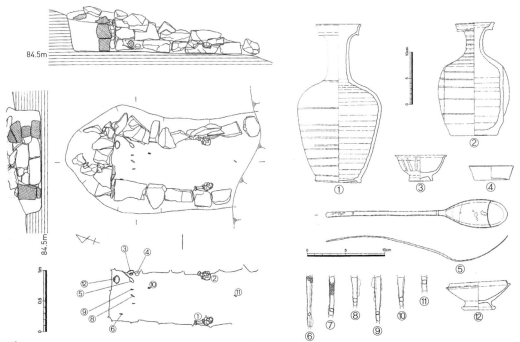

도면 9
김천 모암동 11호 및
출토유물 일괄

30점의 숟가락과 3벌의 젓가락이 출토되었는데 석곽묘에서 숟가락과
청자병이 동반되었다. 이 청자병은 빠르면 11세기 중반에 편년할 수 있
는 것으로 숟가락의 형태도 술잎의 폭이 넓어서(1:0.56) 다른 숟가락의
1:0.32에 비하여 술잎의 평면이 둥글다는 느낌이 들 정도이다. 이러한
형태의 숟가락은 수천리나 명암동에서 출토된 것과 거의 동일한 형태를
띠고 있어 고려초기의 숟가락의 전형을 보여주고 있다.[도면 9]

아울러 고려시대의 비교적 빠른 시기의 유적에서 출토되는 숟가락
은 모두 젓가락이 없이 출토되어 당시의 우리나라 식탁에서 젓가락이
일상적으로 사용된 것은 아님을 반증하고 있다. 나머지 숟가락은 모두
토광묘에서 출토된 것으로 분청자와 백자 등이 함께 출토되고 있어 조
선 전기의 숟가락으로 편년되며 술총이 능형이거나 퇴화연미형, 약시
형, 연봉형 등 다양하다. 연봉형은 4호 토광묘에서 출토되었는데 동반유
물이 이형동기와 철제 가위 뿐이어서 시기를 단언하기는 어렵지만 철제

246

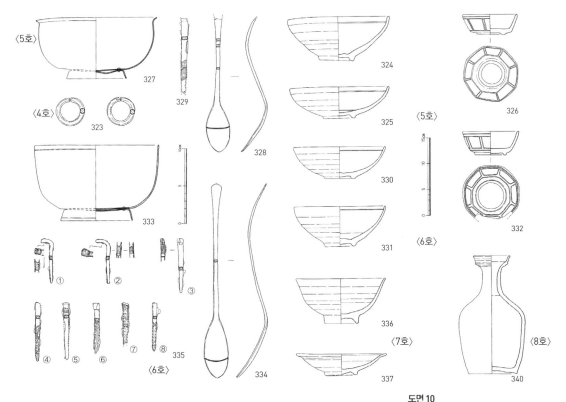

〈5호〉 327

〈4호〉 323

329

328

333

① ② ③

④ ⑤ ⑥ ⑦ ⑧ 335

〈6호〉 334

324

325

330

331

336

〈7호〉

337

〈5호〉 326

332

〈6호〉

340

〈8호〉

도면 10
의령 경산리 고분군 4~8호
출토유물 일괄
- 4호[323]·5호[324~329]·6호
[330~335]·7호 [336·337]·8호
[340]

가위의 인부가 악부에 비하여 상당히 길어서 고려 말까지 소급될 가능성도 있다.

그리고 산청 생초고분의 고려석곽묘에서 출토된 7개의 숟가락은 앞선 명암동, 수천리, 모암동에서 출토된 숟가락과 동일한 형태를 띠고 있어 주목되는 것이다. 숟가락은 모두 석곽묘에서 출토되며 동반되는 유물은 청자병과 청자접시로 늦어도 12세기에는 편년되는 것들이며 숟가락은 술잎의 평면비가 0.53/1, 0.45/1, 0.64/1, 0.48/1 등으로 고려시대 전기의 특징이 잘 남아 있다.[55]

다음으로 의령 경산리고분군 5호묘와 6호묘에서 청자상감국화문팔

---

55 해강도자미술관, 2004, 『고려청자로의 초대』; 국립광주박물관, 2006, 『천년의 세월 그 빛 날다- 강진삼흥리 가마터 출토유물전』

각접시와 함께 2점의 숟가락이 출토되었다. 모두 14세기에 편년되는 것으로 5호 숟가락은 자루에 마디가 난 것이고 6호 숟가락은 술총이 반원형이며 모두 좌측에 사용흔이 남아 있다. 백자와 함께 출토된 7호 숟가락은 퇴화연미형이며 관정 10점도 함께 발견되었다.[도면 10]

진주 내촌리유적에서 발견된 숟가락도 청자대접, 반구병과 함께 출토되어 12세기에 해당된다. 숟가락은 자루가 연미형인데 술잎의 평면비가 0.44/1로 상당히 높아 고려시대 전기 숟가락의 특징을 보여주고 있다.

고려시대 말에서 조선시대 초기 숟가락의 절대연대를 보여주는 숟가락으로는 밀양 고법리 벽화묘 출토의 숟가락과 안동태사묘삼공신유물 가운데 청동제 숟가락이 있다. 고법리 벽화묘 묘주인 송은 박익선생의 생몰 연대는 1322년~1398년으로 알려져 있으나 분묘에서 발견된 誌石에 장사는 「永樂庚子二月甲寅葬」이라 하여 세종 2년(1420)에 지낸 것으로 되어 있다. 청동제 숟가락과 젓가락 세트가 출토되었는데 숟가락의 길이 29.5cm, 술잎 길이 8.5cm, 4cm이며 술목(0.6cm)에서부터 술총(1.6cm)을 향하여 점점 넓어지며 약한 능형을 이룬다. 자루 중앙과 술잎의 중간에 돌기상이 있다. 이러한 형식은 장릉형이라고 하는 것이며 사용흔이 남아 있어 박익선생이 생전에 쓰던 것을 부장한 것으로 볼 수 있다. 젓가락은 손잡이 부분은 단면 방형이지만 집는 부분은 단면 원형이며 중간의 손잡이 부분 가까이에 음각으로 선문과 원문을 새겼고 길이는 26.15cm~26.2cm이다. 한편 같이 출토된 天禧通寶, 天聖元寶, 景祐元寶, 皇宋通寶, 嘉祐元寶, 元祐通寶, 紹聖元寶 등은 모두 북송때 주조된 것으로 전세된 것이지만 洪武通寶(1368)와 永樂通寶(1408)는 장사를 치렀던 연대와도 잘 부합하고 있어 여기서 출토된 숟가락의 하한 연대는 1420년이 된다.[도면 11]

그 외에 숟가락 편년에 기준이 될 수 있는 것으로 전 인종 장릉출토

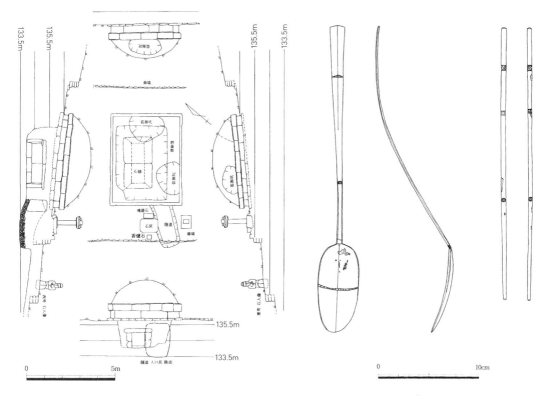

도면 11
밀양 고법리 벽화묘 및 청동수저

의 수저 한 벌과 국립박물관 소장의 청자음각용문숟가락, 삼성미술관

소장의 청자상감문용봉모란문개합에 부가된 청동숟가락, 安東太師廟三

功臣遺物 가운데 청동수저가 있다.

　전 인종(재위기간 1122~1146년)장릉 출토의 숟가락은 국보 제94호 청자

소문과형병, 청자양각연판문대접, 청자접시, 청자발, 청자음각모란문방

형접시 등과 皇統 6년(1146)명이 있는 인종의 시책과 함께 출토되었다.

술부가 타원형인 숟가락 가운데 가장 이른 시기의 것이며 제작연대가

분명하여 숟가락 연구에 중요한 지표가 되는 자료이다. 이 숟가락은 은

제이며 길이 32.5cm로 자루가 길고 중간은 단면이 사각형이며 술총으

로 가면서 납작해진다. 측면에서 본 곡선은 여유 있는 호선을 이루고 전

체적으로 매우 세련되고 우아한 모습을 하고 있다. 청동제 젓가락은 길

이 23.7cm로 손잡이 부분은 죽절형, 단면은 원형이며 집는 부분으로 가

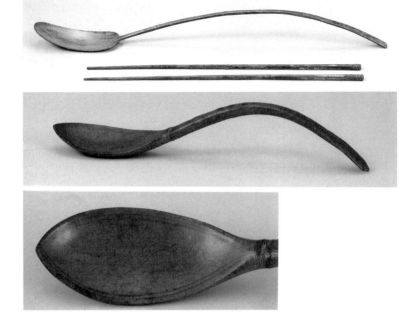

사진 1
인종 장릉 출토 은제 숟가락
및 청동제 젓가락

사진 2
청자음각용문숟가락
- 국립중앙박물관

면서 차츰 가늘어진다.[사진 1]

다음으로 청자음각용문(靑磁陰刻龍文)숟가락은 12세기에 편년되는 것으로 자루를 휘어지게 처리하여 측면에서 보면 완만한 S자를 이룬다. 유엽형의 술부늬에는 용문을 음각하였고 자루는 네마디로 구획하고 초문을 양각하였다. 술총은 장식 없이 삼각으로만 단순하게 마무리하였다. 유는 투명하지만 광택이 은은하고 잡물이 많이 부착되었다. 술부 뒷면의 세곳과 자루의 중간 한 곳, 그리고 술총 부분의 한 곳에 내화토 눈 받침이 있다. 이 청자숟가락은 청동숟가락을 본떠 만든 것으로 당시 청동숟가락의 유행을 보여주는 유물로 판단된다.[56][사진 2]

삼성미술관 소장의 청자상감용봉모란문개합(靑磁 象嵌龍鳳牡丹紋蓋盒 국보 제220호)에 부가된 청동숟가락은 길이 28cm의 연봉형 술총을 하고 있

---

56   국립중앙박물관, 1989, 『고려청자명품특별전』 ; 윤희봉, 2005, 『고려청자에 보이는 금속기명의 영향』, 홍익대학교 대학원 석사학위논문

다. 아직 조사가 이루어지지 않았으나 자루는 [S]자로 휘어져 있으며 술날에는 사용 흔적이 없다. 그런데 청자용봉모란문개합은 기형이나 시문이 매우 정성스럽고 용봉문의 사용으로 보아 왕실용의 음식기로 특별히 제작된 제일급의 작품이라고 하는데 필자가 확인한 바로는 개합이나 숟가락에 사용흔이 전혀 확인

사진 3
청자상감용봉모란문개합에 부가된
숟가락(삼성미술관)

되지 않아 부장용으로 따로 제작한 것으로 추정된다.[57][사진 3]

안동태사묘삼공신(安東太師廟三功臣)유물은 고려 태조 왕건이 안동에서 후백제의 견훤을 토벌할 때, 활약한 공로로 대광태사란 벼슬을 받은 권행, 김선평, 장정필 3인의 위패가 있는 사당인 태사묘의 유물들이다.(보물 제451호) 유물에는 붉은 칠을 한 1개의 잔과, 꽃무늬를 수놓은 비단 1점, 수는 없으나 꽃무늬 장식이 있는 비단 6점, 검은색 관모 1개, 목이 긴 가죽신발 1켤레, 비단 천으로 만든 부채 1개, 구리로 만든 육면체 도장 2개, 놋쇠로 만든 뚜껑이 달린 합 1개, 옥으로 만든 관자 1개, 손상이 심한 허리띠 4개, 공민왕의 친필로 보이는 교지 1개, 동으로 만든 숟가락 1개와 젓가락 3개 등이 있다. 숟가락은 자루가 연미형이며 술잎은 유엽형이고 길이 28.4cm로 고려시대 후기의 것으로는 상당히 길다. 이 숟가락은 공민왕 교지(지정 20년 3월, 공민왕 9년, 1360)로 미루어 보아 제작시기가 1360년경이 분명한 유물이며 고려 건국공신을 기리고자 왕실에서 하사한 것이므로 祭祀用이었을 것으로 추정된다.[58][사진 4]

---

57 호암미술관, 1995, 「위대한 문화유산을 찾아서(1)」, 『대고려국보전』
58 웅진출판사, 1992, 『국보』5-공예
    여주 신륵사에는 나옹화상이 사용하였다는 수저가 3벌 보관되어 전하고 있는데 필자의 현지

사진4
안동태사묘삼공신유물 일괄

이상과 같은 각 지역의 편년자료를 종합하면 〈표 2〉와 같이 정리할 수 있다. 이를 참고하면 고려시대의 숟가락이 부장되기 시작하는 시기는 빠르면 11세기 후반에서 늦어도 12세기 초로 볼 수 있다. 그리고 보은 부수리 14호, 진안 수천리 석곽묘 42호, 김천 모암동 석곽 5호 등은 통일신라시대의 전통이 아직 남아 있는 숟가락이 부장되었으나 안성 매산리 8호, 대부도 육골 토광묘 10호, 염창리 Ⅴ-2호, 인종 장릉, 장산리 토실유적 토광 1호, 진주 내촌리 출토 숟가락은 모두 요나라의 숟가락 형태와 동일한 것들이 부장되고 있다. 이것은 숟가락이 부장되는 시기의 초반에 사용하였던 일부 숟가락이 통일신라시대의 형태를 유지하고 있었지만 숟가락이 본격적으로 무덤에 부장되는 11세기 말이나 12세기 전반 경에는 모두 술잎이 유엽형이나 타원형으로 변하고 있는 것을 보여주며 술총의 형태도 다양한 형식이 한꺼번에 나타나게 된다.

이처럼 숟가락이 부장되는 시기는 12세기를 중심으로 활발하게 이루어지며 13세기 후반부터 다시 숟가락을 부장한 분묘가 많아지고 있다. 김제 장산리 4호, 의령 경산리 6호, 논산 원북리 13호와 21호, 밀양 고법리 벽화묘 등이 13세기 후반에서 14세기에 해당되는 유적이며 삼성미술관 소장의 청자상감용봉모란문개합에 부가된 연봉형 숟가락은 13세기 후반의 제작 사례가 분명한 것이다. 상감청자로 대표되는 13세기 전반의 청자와 숟가락이 함께 출토되는 분묘가 보이지 않는 것은 정

조사 결과에 의하면 숟가락의 길이는 37cm 내외, 젓가락의 길이는 28.5cm 정도이다. 남아 있는 것이 3벌이며 크기를 고려하면 나옹화상이 끼니때마다 직접 사용한 실용구로 보기는 어렵고 나옹화상의 입적 이후 제사에 쓰기 위하여 따로 제작한 것이 와전된 것으로 보인다.[박상일 저, 장경호 감수, 2002, 「부활하는 조선 최대의 국찰」, 『회암사』, p.38]

말 이해하기 어려운 일이다. 지금으로서는 고려의 대몽항쟁 기간 동안 무기 제작에 청동이 필요하여 모두 징발하여 청동숟가락의 사용이 어려 웠는지도 모르지만 분명한 것은 아니고 몽골과의 전쟁과 관련이 있을 것으로 추정할 수 있을 뿐이다. 이처럼 고려시대 분묘에 부장되는 숟가 락은 12세기를 중심으로 한 시기(Ⅰ기)와 13세기 후반에서 14세기에 이 르는 시기로(Ⅱ기)로 나누어 볼 수 있을 것이나 차후 자료가 증가된다면 다른 시기 구분도 가능할 것이다.[59]

한편 숟가락의 편년 시기가 올라가는 유적의 예가 경기지역에 비교 적 많고 시기가 내려오는 유적이 경상도나 충청도 지역에 많은 것은 12 세기에 들어 제 모습을 갖춘 숟가락의 전파 상황을 보여주는 것이라고 생각한다.[60]

---

59 이번 글이 숟가락과 동반되는 자기류를 중심으로 편년하고 그 변화의 원인을 파악하는데 중점 을 두어 분묘 내에서 출토되는 유물의 양상이나 그 변화, 피장자의 신분, 성별, 그리고 장법의 변화 등을 고찰하는데 소홀한 점이 있어 다음 글에서 보완하고자 한다. 또한 분묘에서 출토된 대부분의 숟가락을 직접 보지 않고 보고서 상의 도면과 사진을 참고하여 논문을 작성한 것도 차후 시정하고자 하니 선배 동학의 양해를 바란다.

60 고려시대에는 동 90%~97%에 주석 3%~10%를 섞은 석청동, 즉 빛깔이 고운 「高麗銅」을 생 산하여 중국에까지 널리 알려졌다.[전상운, 1998,『한국과학사의 새로운 이해』다산기념강좌 9, 연세대학교 국학연구원 연세대학교 출판부, pp. 383~386) 고려시대에는 동기 제작기술이 매우 발달하여 얇고 정교한 동기를 생산하였고 범종이나 향완 등 고려 금속 제작기술을 대표 하는 작품이 대단히 많다. 그리고 고려시대 유기장에 대한 구체적인 기록은 찾기 어려우나 조 선시대에는 공조와 공전에 속해 있는 「鍮匠」이라는 유기 주조 기술자를 중앙과 지방 관아에 상당수 배치하였다는 기록이 남아 있다.
[조선시대 유장은 京工匠으로는 공조에 8인, 상의원에 4인, 내수사에 5인으로 모두 17인이 있 었다. 外工匠으로 경기도 수원, 광주, 양주에 각 1인, 충청도 충주, 청주, 공주, 홍주에 각 1인, 경상도 경주, 상주, 성주, 안동, 진주, 김해, 대구에 각 1인, 전라도 전주, 남원, 나주, 장흥, 순천 에 각 1인, 강원도 강릉, 원주에 각 1인, 황해도 황주, 해주에 각 1인, 영안도 영흥, 안변, 함흥에 각 1인, 평안도 평양, 영변, 안주, 의주, 정주, 성천, 강계, 숙천에 각 1인 등으로 모두 34명이 있 었고 이들은 모두 큰 고을에 배치되고 있다. 『經國大典』]

표2 고려시대 분묘 출토 청동숟가락 편년표

유적명	10C (918년 고려개국)	11C	12C	13C	14C (1392년 조선개국)	15C	16C
분황사 출토 숟가락 거푸집	거푸집 16×13.5cm				〈참고〉 문헌기록에 보이는 숟가락도해 《影幀模寫都監儀軌①》 《朝鮮世宗實錄》		
보은 부수리고분군		14호 현10.7cm					
진안 수천리 고려고분군			석42호 20.5cm				
청주 명암동유적(Ⅱ)		석관5호 현21.9cm	4-1호 16.2cm				
안성 매산리고려고분군			8호 21cm				
김천 모암동유적			석11호 23.6cm		14호 28cm		
안산 대부도 육골 고려고분군		토10호 22.0cm					
장흥 하방촌고분군			석15호 19cm				
산청 생초고분군		석63호 21.7cm					
청주 용암유적(Ⅱ)			55호 19.3cm				
진주 내촌리주거지			목관 25.8cm				
용인 마북리고려고분			토3호 24.6cm				
염창리 고분군			토V-2호 20.5cm	토V-1호 26.1cm			
仁宗長陵 인종재위기간 (1112~1146)			인종장릉 32.5cm				
진천 사양리유적		75호 14.0cm					
공주 장산리토실유적			토광1호 30.0cm				
대구 옥수동유적			43호 젓가락片 현3.3cm				
靑磁陰刻龍鳳文匙 (국립중앙박물관소장)			청자 25.2cm				
달성 설화리고분군			20호 현8.5cm				
고령 지산동고분군		1-45호 18.5cm	2-9호 20.2cm				
靑磁象嵌龍鳳牡丹文蓋盒 (국보220호)				국보220호 28.0cm			
강릉 방내리 주거지				2호 현23.8cm			
김제 장산리유적				4호 현25.6cm			
의령 경산리고분군				6호 25.6cm			
광주 쌍촌동주거지				목관4호 21.0cm			
상주 성동리고분군				14호 23.1cm			
논산 원북리유적				13호 29.1cm	21호 26.0cm		
安東太師廟三功臣遺物 (보물451호)					숟가락 28.4cm 젓가락 현길이 15.9cm		
밀양 고법리벽화묘					29.5cm		

청동수저의 등장과 변화

06

1) 숟가락의 부장과 배경

삼국시대의 무덤에서 숟가락이 발견된 예는 백제 무녕왕릉에서 출토된 것이 유일하고[61] 통일신라시대의 유적은 안압지나 한우물유적 등이 있지만 본격적으로 청동숟가락과 젓가락이 분묘에 매납되기 시작하는 것은 고려시대부터이다. 그렇다면 고려시대에 들어와 새로운 장법이 시작되었다는 것을 의미하는 것으로 볼 수 있지 않을까?

고려시대의 분묘들은 앞선 삼국시대의 고분과 비교해 보면 묘광의 설치와 유물 내용에서 몇 가지 큰 변화를 보인다. 우선 삼국시대에는 동침을 기본으로 등고선과 나란하게 묘광을 조성하였으나 통일신라시대부터 등고선에 직교하게 변하였고 고려시대에 들어서면 북침을 기본으로 묘광을 설치하게 된다.[62] 이 원칙은 조선시대를 지나 최근까지 지켜

---

61 문화재관리국, 1974, 『무녕왕릉 발굴조사보고서』, 삼화출판사 ; 권오영, 2005, 『무녕왕릉-고대동아시아문명교류사의 빛』, 테마한국문화사 04, 돌베게, pp. 192~194

62 삼국시대의 석곽묘와 조선시대의 토광묘가 함께 분포하고 있는 대구 욱수동유적의 유구분포

지는 원칙이기도 한데 그렇다고 반드시 북향을 지키는 것은 아니고 일단 묘역이 설정되면 묘역 내에 위치한 봉우리의 정상부를 향하여 등고선과 직교하게 설치하게 된다. 그러므로 북향의 묘광도 있지만 북서향, 북동향, 때로는 동향과 서향도 가능하게 된다. 아울러 부장품에 숟가락과 철제 가위, 동경, 그리고 청동제 합이 포함되게 된다. 부장품은 물론 죽은 사람을 위하여 무덤 안에 넣는 것이기는 하지만 산 사람의 생각이 드러나 있기 마련이고 지역과 시대에 따라 다른 매장습관이 나타나게 되어 부장품 관습도 따라 변하게 된다. 우리나라는 삼국시대에는 한나라 후장풍습의 영향을 받아 수적이나 질적으로 호화로운 경향이 많았으나 불교의 보편화로 불교 특유의 박장풍습이나 당나라 박장령의 영향으로 박장이 유행하게 된다.

고려시대에 들어와 나타나는 이러한 침향과 부장유물 조합의 변화는 어떠한 배경에서 이루어진 것일까. 우선 떠오르는 것이 자체적인 변화일 수 있으나 통일신라시대까지는 전혀 부장 사례가 없었던 숟가락이라는 이질적인 존재를 자체적인 변화의 결과로 보기에는 별로 설득력이 없는 것 같다. 앞서 살펴본 바와 같이 고려시대 숟가락이 부장되거나 자기가 부장되는 시기는 11세기 후반 경으로 편년된다. 그런데 이 시기는 993년부터 1019년까지 우호와 전쟁을 계속하던 동아시아지역에서 고려-북송-요 삼각외교 구도가 자리 잡게 되는 시기와 1022년 거란의 태평연호를 사용하면서 평화시대를 맞게 되는 시기의 연장에 해당된다.[63] 고려와 요의 사신 왕래는 이 시기를 기점으로 대폭 늘어나게 되는데 고려 현종-요 성종(983~1031), 고려 덕종·정종-요 흥종(1032~1055),

도를 살펴보면 삼국시대의 석곽묘는 등고선과 나란하게 묘광을 조성하였고 조선시대의 토광묘는 북향보다는 직교하게 묘광을 설치하였다. 이러한 현상은 봉우리를 돌아가면서 조성된 토광묘에서도 잘 나타나 있다. 그리고 통일신라의 무덤도 삼국시대와는 달리 북향으로 변하고 있는데 아직 분명하게 말할 수 있는 것은 아니지만 당나라의 영향과 무관하지 않을 것 같다.

63   김재만, 1999, 『거란·고려관계사연구』, 국학자료원, pp. 290~315

고려 문종·선종·헌종-요 도종(1055~1100), 고려 헌종·예종-요 천조
제(1101~1125)간의 사행 교환 횟수는 200회가 넘어 11세기 말 경에 이르
면 요와 고려의 통교는 극에 달하게 된다.[64]

요·금과 고려의 무역은 주로 조공과 회사의 명목과 형식으로 이루
어졌다. 葉隆禮의 『契丹國志』에 밝혀진 고려의 대요 조공품의 종류는 金
器, 金抱肚, 金紗羅, 金鞍轡馬, 紫花錦袖, 白錦袖, 細布, 粗布, 銅器, 法清
酒醋, 腦元茶, 藤造器物, 成形人蔘 등이었고 요의 회사품은 屛玉腰帶, 細
衣, 金塗鞍轡馬, 素鞍轡馬, 散馬, 弓箭器仗, 細綿綺羅綾, 衣著絹, 羊, 酒果
子 등으로 요는 공무역을 통하여 고려에 국왕과 왕실 성원이 입을 각종
服裝飾, 즉 九旒冠·九章腹·御衣 등 服飾類, 綢·緞·綾·羅·絹 등
絲織品, 馬具·良弓·箭矢 등 武器類, 6部 大藏經 등 書籍類, 酒·果 등
食品類를 보내주었다.[65] 식품류의 교류가 있었다면 당연히 음식을 먹는
도구에 교류나 영향을 주고받는 일도 가능하였을 것이다.[66]

실제로 요나라와 고려의 화평이 이루어진 후에는 문물의 교류도 많
았고 교역을 통해 고려로 수입된 것 중에는 가축이 특히 많았다. 여진과
거란은 수렵과 목축에 능하였기 때문에 이들의 남하는 멀리 중국에까지
그 맛과 조리법을 찬양 받은 고기 요리법을 전하여 온 계기가 되었다.
그들은 고려에 정착하면서도 鷹匠으로 수렵에 종사하고 과거 하천인이
맡고 있던 도살업을 맡게 되어 갖바치로 특수한 부층을 형성하여 조선
말 까지도 도살업에 종사하게 되었다.[67]

---

64 박한남, 1993, 「고려의 대금외교정책연구」, 성균관대학교 대학원 사학과 박사청구논문, [대거
란 고려사신 왕래표] 및 [대고려 거란사신 왕래표] 참조

65 김한규, 1999, 『한중관계사 Ⅰ』 대우학술총서 논저 422, 「제 2기 요동이 한국과 분리되어 중국
과 통합되어 간 시기」, pp. 371~500

66 우리가 매일 먹는 김치는 沈菜에서 비롯되었다는 설이 있고[윤서석, 1999, 『우리나라 식생활
문화의 역사』, 신광출판사, pp. 270~271] 금나라 사람들이 먹는 채소에서 김치라는 이름이 비
롯되었다는 설이 있다.[김경일, 2001, 『나는 오랑캐가 그립다』, 바다출판사, pp. 178~186]

67 尹瑞石 著, 佐 木道雄 譯, 2005, 『韓國食生活文化の歴史』, 明石書店, pp. 371~374

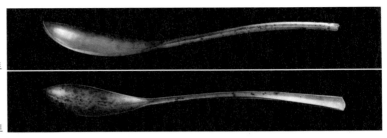

사진 5
요대동시-길림부여출토

사진 6
요대동시-길림혼춘출토

　요나라와의 교역은 비단 이뿐만 아니라 거란대장경의 전래를 계기
로 더욱 확대되게 되는데 도자기와[68] 금속공예 분야[69]에서의 영향은 지
대하였다. 요나라의 숟가락은 遼寧省 建平 張家營, 吉林 農安 萬金塔, 吉
林 扶餘, 吉林 琿春 등지에서 출토되었는데 장릉형식을 비롯하여 술잎
이 유엽형에 자루가 휘어진 모습도 고려의 숟가락과 비하여 별 다른 점
이 없어 보인다.[사진 5, 6]

　그리고 금나라의 숟가락도 遼寧 沈陽과 遼陽 三道壕에서 출토되었
는데 장릉형과 연미형이 보이고 있으며 역시 고려의 숟가락과 동일한
형태를 하고 있다.[사진 7]

　또 원나라의 숟가락과 젓가락도 遼寧 沈陽 小南門에서 출토된 예가
있는데 고려의 전형적인 연미형 숟가락과 크게 다르지 않아 요 · 금 ·
원과 고려와의 교류를 생각하지 않을 수 없다.[70][사진 8] 이러한 요 · 금 ·
원과 고려의 교류를 적극적으로 보여주는 자료는 인종 장릉에서 출토
된 皇統 6年銘 諡册과 요의 책봉을 받은 일이라고 생각한다. 시책은 임
금이나 후비의 살아 있을 때 업적과 덕행을 칭송한 시책문을 새긴 옥책
이나 죽책을 말하는데[71] 여기서 황통 연호는 북송의 연호가 아니라 금나

68　임진아, 2005, 「고려청자에 보이는 북송 · 원대 자기의 영향」, 홍익대학교 대학원 석사학위논
　　문

69　안귀숙, 2004, 「고려시대 금속공예의 대중교섭」, 『고려미술의 대외교섭』 제8회 전국미술사학
　　대회, 한국미술사학회, 예경

70　劉雲, 1996, 『中國箸文化大觀』, 科學出版社

71　세종기념사업회, 2002, 『한국고전용어사전』

라 희종의 연호(1141~1148년)로 당시 고려
와 금나라와의 관계를 상징적으로 보여
주고 있다. 동반 출토유물의 내용도 청
자와 청동제 인장 등으로 이어서 지적할
북방의 부장품과 크게 다르지 않아 고려
의 문화 형성에 미친 북방의 영향을 미
루어 짐작할 수 있다. 또한 인종 원년의
기록에는 예종이 요의 책봉을 받았다고
하였으므로 12세기 초 고려와 요·금과
의 관계는 국가적인 차원에서 이루어졌
음을 알 수 있는 것이다.[72]

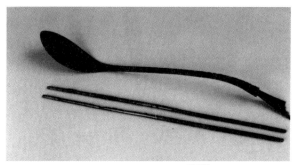

사진7
금대동시-요요양삼도호출토

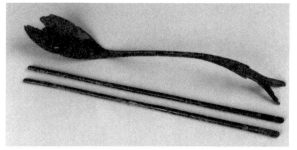

사진8
원대은저 요침양소남문출토

또한 식탁에서 사용하는 도구의 형
태가 동일하다는 것은 결국 먹는 음식
또는 먹는 방식이 큰 차이가 없을 것이라는 추정도 가능하지 않을까 싶
다. 중국에서 숟가락을 사용하지 않는 것은 명나라 때부터이며 이미 원
나라 때는 북쪽 사람은 숟가락으로 음식을 먹고 남쪽 사람들은 젓가락
으로 음식을 먹었는데 명나라가 수도를 북경으로 옮기고 난 다음부터
중국 사람들은 남쪽의 영향을 받아 숟가락을 버리게 되었다고 한다.[73]
결국 숟가락을 사용하여 식사를 하는 문화권과 젓가락을 사용하여 식사
를 하는 문화권으로 구분이 가능하고 이는 漢文化圈과 北方文化圈으로
구분도 가능할 것으로 보이며 고려와 요, 금, 원은 모두 북방문화권에
속한다고 할 수 있을 것이다.[74]

---

72 『高麗史』 권 제15 세가 제15 인종 계묘 원년 6월 경자일

73 장경 지음 · 박해순 옮김, 2002, 『공자의 식탁』 중화요리 4000년의 문화사, 뿌리와 이파리

74 안귀숙은 비중원문화계라고 하였는데 필자는 중원이라는 것이 중국을 세상의 중심으로 보는
사고가 깔려 있다고 생각되어 중국민족의 문화라는 의미를 강조한 「漢文化圈」과 우리 민족

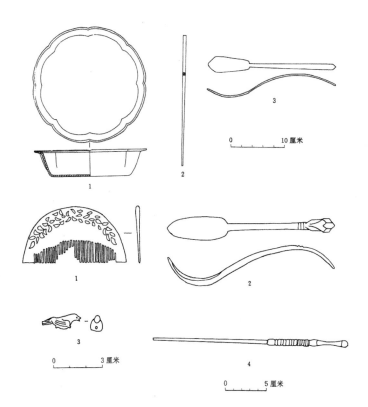

도면 12
중국 선화요묘 M2 출토유물

도면 13
중국 선화요묘 M3 출토유물

　　숟가락이 출토되는 고려의 분묘에서 새롭게 부장된 유물은 숟가락과 철제 가위, 동경 등이 있으며 묘제는 북향을 기본으로 한다는 것이라고 지적한 바 있다. 그런데 중국 河北省 張家口 宣化城 서쪽 宣化遼墓에서 출토된 유물상을 살펴보면 M7(張文藻墓, 1074년 졸, 1093년 개장)에서는 도자기와 숟가락, 가위, 거울, 동전 등이 포함되어 있다. 숟가락은 술잎이 타원형이며 자루는 휘어져 있고 젓가락의 잡는 부분의 단면은 원형으로 고려 숟가락과 젓가락과 별 다른 점이 없으며 동전을 매납하는 종류도 상부통보, 황송통보, 희녕통보 등으로 11세기 북송의 동전을 매납하는 것도 다르지 않다. 그리고 M3(張世本墓, 1088년 졸, 1093년 장사)와 M2(張恭

의 역사무대를 북방이라는 말로 압축하여 「北方文化圈」으로 나누어 보았다.

誘墓, 1113년 졸, 1117년 장사)도 숟가락이 포함되어 있기는 마찬가지이다.[75] [도면 12, 도면 13] 또한 蒙古自治區 哲里木盟 奈曼旗 靑龍山鎭 동북 10km 지점에서 발견된 陳國公主(1018년 졸)墓에서는 도금한 은제 숟가락 3점이 출토되었으며 동반되어 출토된 금화은발은 고려 토광묘에서 출토되는 청동제 합과 흡사하다.[76] [도면 14]

이와 같은 사항을 참고하면 우리나라에서 숟가락의 일반적인 형태가 확립되고 그 사용이 본격화되는 것은 고려시대 즉 11세기 후반 경부터라고 말할 수 있으며 또한

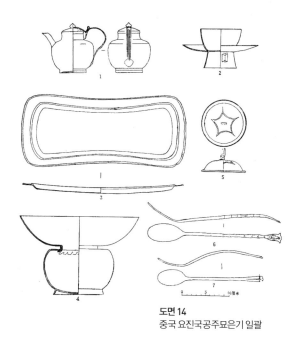

도면 14
중국 요진국공주묘은기 일괄

숟가락이 분묘 내에 부장되는 시기도 이와 비슷하거나 늦어도 12세기경으로 볼 수 있을 것이다. 분명한 발굴조사 상황이 알려진 것은 아니지만 고려 인종 장릉에서 숟가락과 순청자 등이 출토된 것은 숟가락을 부장하였던 풍속이 상하의 구별이 없었으며 전국적으로 숟가락이 출토되고 있는 것은 지역적인 구별 또한 없었던 현상으로 이해할 수 있을 것이다. 이러한 배경에는 요나라와 금나라의 영향과 불교의 영향으로 채식을 주로 하던 고려시대 식단이 육식을 시작한 시기와 맞물려 있다고 할 수 있다. 그러므로 삼국시대는 말할 것도 없고 통일신라시대의 청동제 숟가락은 일부 계층에서만 쓰던 도구였을 것으로 보아야 할 것이다.

75 河北省文物研究所, 2001, 『宣化遼墓』 上 · 下, 文物出版社
76 內蒙古自治區 文物考古研究所 哲里木盟博物館, 1993, 『遼陳國公主墓』, 文物出版社

2) 숟가락의 변화

그런데 숟가락의 출토 양이 많다는 것은 실생활에서 숟가락을 많이 사용하였다는 것을 의미하는데 그러한 급작스러운 변화는 어디에서 기인하는 것일까?

고려 인종 당시를 기록한 서긍의 『고려도경』 도축에는 다음과 같이 기록하고 있다. 「고려의 정치는 매우 어질어 부처를 좋아하고 살생을 경계한다. 따라서 국왕이나 재상이 아니면 양과 돼지고기를 먹지 못한다. 또한 도살을 좋아하지도 않는다. 다만 사신이 방문하게 되면 미리 양과 돼지를 기른다. (그 가축을)도축할 때는 네 발을 묶어 타는 불 속에 던져 그 숨이 끊어지고 털이 없어지면 물로 씻는다. 만약 다시 살아나면 몽둥이로 쳐서 죽인 뒤에 배를 가르는데 장위가 다 끊어져서 똥과 오물이 흘러넘친다. 따라서 국이나 구이를 만들더라도 고약한 냄새가 없어지지 않으니 그 서툰 것이 이와 같다.」[77]

고려시대 사람들은 이 시기 즉 12세기 초기만하여도 불교를 숭상하여 부처가 밟았던 꽃이라 하여 연근과 연밥도 먹지 않을 정도였고 육류를 그다지 섭취하지 않았으며 팔관회와 같은 연회에서는 소찬이라 하여 육류나 생선이 들어 있지 않은 음식을 먹었다.[78] 또 고려의 봉록은 매우 박해서 쌀과 채소만을 주어 평상시에는 고기를 먹는 일이 드물다고 하였다.[79] 그리고 무료급식에는 항아리에 흰 쌀죽을 담아 두고 대접과 국자도 놓아두며 귀천을 가리지 않는다고 하였다.[80] 이와 같이 육식을 멀리하던 고려인에게 목축을 주로 하던 요나라와 금나라와의 교류, 그리

---

77 『宣和奉使高麗圖經』卷23, 雜俗2 屠宰
78 『宣和奉使高麗圖經』卷17, 祠宇
79 『宣和奉使高麗圖經』卷21, 房子
80 『宣和奉使高麗圖經』卷23, 雜俗2 土産, 施水

고 몽골의 지배는 식생활에 결정적인 변화를 가져왔다. 몽골이 고려 조
정에 소를 요구하게 되고 부족한 소를 얻기 위하여 제주도가 목축 후보
지가 되었고 목축에 밝은 몽골인들은 좋은 품종의 소나 말 등을 제주도
로 보내 목장을 시작하게 된다. 이후로 고려인들은 몽골인들의 영향으
로 고기를 식용으로 하기 시작하고 소도살법이나 요리법을 배우게 되었
다고 한다.[81] 그리하여 충선왕 2년(1310)에는 소의 도살을 금하기도 하고
충숙왕 15년(1328)에는 민간에서 제사할 때 고기를 사용하지 못하게 하
였다는 것은[82] 이미 소를 도살하여 식용으로 하고 제사할 때 고기를 사
용하였다는 것을 의미하는 것일 것이다.

또 한 가지 고려시대 식음문화 가운데 중요한 것은 국이 발달하여
오늘과 같은 식단이 만들어졌다는 것이다. 국은 통일신라시대에 처음으
로 기록에 나타나는데 부식 중에서 국이 가장 중요한 위치를 차지하는
것은 고려 때부터이다. 우리 식생활의 기본적인 상차림인 밥과 국(그리고
김치)이라는 이원적인 구조가 확립된 것이다. 식탁에서 국이 빠질 수 없
는 부식으로 등장하고 또한 맹물에 고기를 넣고 끓이는 곰탕(空湯)도 원
나라의 지배하에 있을 때 들어온 것이라고 하므로 이러한 변화는 식탁
에서 숟가락의 사용을 더욱 촉진시켰을 것이다.[83]

이 시기가 원나라가 고려에 정동행성을 설치하고(충렬왕 6년, 1280) 난
다음부터 원나라가 고려에서 물러가기까지이며(공민왕이 정동행성을 폐지한
것은 1356년이다) 고려 분묘에서 출토되는 숟가락 가운데 12세기와 14세기

---

81 강인희 저 현순혜 역, 2002, 『韓國食生活史』, 藤原書店 ; 최준식 · 정혜경, 2004, 『한국인에
    게 밥은 무엇인가』, 휴머니스트

82 『高麗史』 권 제 35 세가 제 35, 충숙왕 무진 15년(1328) 유월 경인, '호승 지공이 연복사에
    서 불교의 계를 설하였는데 -중략-계림부 사록 이광순도 또한 무생계의 설교를 듣고 임지에
    가서 그 지방 백성으로 하여금 성황제를 지내는데 육류를 쓰지 못하게 하였으며 돼지도 기
    르지 못하게 엄금하였더니 그 고을사람들이 하루 동안에 있는 돼지를 모두 죽여버렸다'

83 최준식 · 정혜경, 2004, 「국의 등장」, 『한국인에게 밥은 무엇인가』, 휴머니스트, pp.64~66 ;
    강인희, 1990, 「조리법의 변천」, 『한국식생활사』, 삼영사, pp. 192, 195~198

제작이 많은 이유는 앞서 지적한 국이 중요한 부식으로 등장하게 되고 육식을 하게 되는 식단의 변화와 관련이 있지 않을까 하고 추정해 본다. 말하자면 요나라와 금나라의 영향으로 통일신라의 전통을 이은 숟가락을 사용하다가 국과 육식이 널리 퍼지게 되는 12세기 대를 지나 13세기 후반에서부터 숟가락이 식탁에서는 그 역할이 없어서는 안 될 정도가 되었던 것이다. 요와의 통교 이후 식탁에서 중요한 도구로 등장한 청동 숟가락을 부장하게 되는 풍습이 더욱 널리 퍼지게 되고 육류에 대한 선호도가 증가한 조선시대에도[84] 계속하여 숟가락을 부장하게 되었던 것으로 볼 수 있을 것이다.

그런데 고려 초기 숟가락 술잎의 평면비가 1/2 전후한 형태는 통일신라의 전통을 이어 받은 것 같고 이러한 형태의 숟가락을 만드는 석제 용범이 분황사에서 출토되기도 하였다. 고려묘에서 숟가락과 동반하여 출토되는 청자의 편년도 변형 해무리굽 청자와 함께 출토되는 경우도 있어 빨리 본다면 11세기 제작 사례로 볼 수 있는 것도 있다. 그런데 그 다음 시기부터 출토되는 숟가락의 형태가 [표 2]에서 보다시피 어느 하나의 형식이 다른 형식을 대체하는 그런 상황이 아니기 때문에 형식 분류를 통한 시기설정을 하지 않은 이유가 되었다. 왜 이렇게 여러 가지 형태의 숟가락이 혼용되었는지는 지금으로서는 알 길이 없어 차후의 과제로 남겨두고자 한다.[85]

---

84 이효지, 1998,『한국의 음식문화』, 신광출판사, pp. 26~35.

85 숟가락 자루의 단면이 통일신라시대를 지나 고려시대에 접어들면서 호선에서 [S]자를 그리게 되는 배경은 물론 식단의 변화와 연관시켜 생각할 문제겠지만 당시 유행하던 그릇의 형태와도 서로 밀접한 관계가 있다고 생각한다. 특히 해무리굽 청자 완이나 청자 대접에 음식이 담겨 있다면 숟가락 자루가 [S]자 형태인 것이 사용에 편리할 수도 있을 것으로 생각되기 때문이고 임진왜란이 지나면서 숟가락의 자루가 완전히 평평해지는데 여기에는 그릇의 깊이가 깊어지는 발이 등장하는 상황과도 무관하지 않을 것으로 보인다.

3) 출토 숟가락과 젓가락의 특징

청동숟가락이 출토되는 분묘는 토광묘지만 목관묘, 석곽묘에서도 출토되고 아주 드물지만 회곽묘(광주 쌍촌동주거지) 내에서도 출토되는 경우도 있다. 토광묘의 크기는 길이 210cm 내외, 폭 110cm 내외의 전체적으로는 2:1의 평면을 이루며 유물의 출토위치는 장벽의 중앙, 머리 쪽이고 측벽에 감실을 따로 만들어 유물을 부장하는 경우도 적지 않다. 숟가락은 사용하던 것을 부장한 경우도 있고 새로운 것을 부장하는 예도 있는데 아직 뚜렷한 원인은 알 수 없고 술잎의 왼쪽이 많이 달아 있는 예가 자주 확인되어 당시 사회에는 오른손잡이가 주류를 이루고 있었음을 보여주고 있다.

그리고 출토유물은 숟가락만 출토되는 경우도 있지만 청자, 분청자, 백자 등의 자기류와 청동합, 청동곳, 청동지환, 청동장식 등의 청동제품, 도기병, 도기 항아리, 흑유병, 그리고 벼루, 구슬 등이 동반되기도 한다.[86] 그런데 고려시대의 토광묘에서는 주로 청동합과 같은 청동제품이 많이 동반되고 청자완, 청자접시 등의 자기류가 동반되기도 하지만 자주 보이지는 않는다. 이러한 고려시대의 전통은 고려시대를 지나 청동숟가락이 부장되는 조선시대 전기의 토광묘에서 전반적으로 이어지는 것으로 볼 수 있다. 그것은 고려말을 지나 조선시대의 토광묘에서도 청동숟가락은 청동제 합이나 분청자, 백자 등과 함께 부장되고 있기 때문이다.

---

86 조선시대의 분묘에서 구슬이 출토되면 피장자를 여성으로 판단하는 경우가 없지 않은데 이것은 그렇게 간단하게 볼 문제가 아니라고 본다. 경기도 남양주 호평유적에서는 다량의 구슬과 청동숟가락과 함께 벼루도 함께 출토되었다. 조선시대에 학문이 남성의 전유물이었다고 본다면 분묘의 주인공은 남성이 되고 구슬은 갓끈과 같은 용도에 사용하였던 것으로 볼 수 있는 것이다. 또한 철제가위가 출토되는 유구의 피장자를 여성으로 판단하는 경우도 있으나(청주 용암동Ⅱ유적) 고려시대나 조선시대에 가위를 사용하는 경우가 단순히 미용이나 재단에만 사용되었다고 한정짓는 것도 문제가 있다고 생각한다. 어쨌든 출토유물로서 피장자의 성별을 구별하는 것은 인골이 출토되고 성별을 인식할 수 있는 벼루와 같은 뚜렷한 유물이 나오기 전에는 단정 짓기 어려운 상황이다.

한편 숟가락의 크기는 30cm~23cm 내외이며 젓가락은 25cm~22cm 내외로 젓가락은 숟가락보다 조금 짧은데[87] 숟가락이 출토되는 분묘(석곽묘, 목관묘, 회곽묘 포함)는 대부분 군집하여 조성되며 출토유물의 양이 비교적 빈약하고 훼손된 것이 많아 정확한 유물의 출토양상과 유물이 전혀 출토되지 않는 인접한 토광묘와의 관계를 짐작하기가 어렵다. 숟가락이 출토되는 토광묘의 비율은 김천 모암동유적(28/33, 84%)이 80% 내외로 높고 다량의 청동숟가락이 출토된 유적 가운데 논산 원북리유적(51/99, 51%), 상주 병성동유적(9/18, 50%)은 절반 정도의 빈도수를 보이며 청주 용암 용정동Ⅱ(64/168, 38%), 대구 내환동유적(69/218, 31%)은 30%대로 상당히 낮은 편에 속한다. 그리고 숟가락만 출토되는 민묘의 경우도 적지 않은데 상주 청리유적에서는 15기의 토광묘에서 5점의 숟가락 가운데 2점은 공반 유물이 전혀 없었고 사천 선인동유적은 154기의 분묘에서 24점의 숟가락이 출토되었는데 그 가운데 8점은 동반유물이 없었다. 논산 원북리유적에서는 99기의 분묘 중 숟가락만 출토된 토광묘는 23기에 이른다.

그리고 고려나 조선묘에서 출토되는 숟가락과 젓가락이 세트로 출토되는 비율이 현저하게 낮다는 것은 앞서 언급한 바와 같다. 전체 조사 분묘에 비하면 말할 것도 없고 숟가락만 출토된 분묘에 비교해 보아도 이상하리만큼 낮고 아예 젓가락이 출토되지 않는 경우도 적지 않다. 대구 욱수동유적에서는 2/18(11%), 상주 병성동유적 0/9, 상주 성동리유적 0/11, 대구 연호동고분군 0/16, 김천 모암동유적 4/28(14%), 대구 서변동유적 0/9, 대구 내환동고분군 1/69(1.5%), 김천 대신리유적 2/27(7.5%), 사천 선인동유적 1/24(4%), 고성 신전리유적 0/13, 김해 덕산리민묘군

---

87 지금의 숟가락과 젓가락의 길이는 대부분 젓가락이 더 길다. 이것은 식탁에서 주로 사용되는 것이 조선시대까지는 숟가락이었으나 요즘에는 젓가락이라는 것을 반영하는 것이라고 볼 수 있다.

18/43(42%), 청주 용암 용정동Ⅱ 8/64(12.5%), 진천 사양리유적 0/21, 청원 남촌리유적 2/12(17%), 논산 원북리유적 21/51(41%), 충주 수룡리유적 0/11, 진안 수천리고분군 1/9(11%) 등이다. 이 가운데 김해 덕산리민묘군과 논산 원북리유적만이 예외적으로 40%대를 보이고 있지만 대부분 10% 내외이거나 10%를 넘지 못하고 있다.

우선 숟가락이 출토되는 토광묘의 빈도가 낮은 것은 훼손되어 유물이 제대로 남아 있지 않은 경우가 있으나 그것보다는 현재 조사된 대부분의 토광묘군은 고려시대 말에서 조선시대 후기까지 계속하여 사용되었기 때문으로 볼 수 있다. 발굴조사 자료를 참고하면 고려시대의 토광묘에서 발견되는 유물의 내용이나 토광을 설치하는 수법은 조선시대로 별다른 변화 없이 이어지지만 조선시대 후기의 토광묘에서 발견되는 유물은 아무것도 없는 것이 대부분이고 있다하여도 자기 1점, 동전 몇 점이 전부인 경우가 허다하다. 이처럼 자기와 청동합 등을 부장하던 조선전기까지의 토광묘와 부장품이 거의 없는 조선시대 후기의 토광묘를 동일하게 취급하면 실제보다 그 비율이 낮게 나타게 되는 것이다.

아직 단정 짓기는 어려우나 묘광을 조성하는데 있어 단을 조성하여 2m 가까이 굴착하는 경우에는 거의 부장품이 없거나 염습한 인골이 남아 있는 경우가 많고 조선 전기에 조성한 묘를 파괴하면서 조성된 조선 후기의 분묘에서는 출토유물이 전혀 없었다는 점(상주 성동리고분군 제 63호, 64호) 등을 고려하여 이들을 조선 후기에 조성된 토광묘로 볼 수 있다면 고려시대나 조선전기까지 조성된 분묘의 대체적인 수를 파악하는데 도움이 될 수 있을 것으로 보이지만 토광묘의 구조는 지역적인 특색으로 볼 수도 있으므로 차후 연구가 필요하다.

한편 젓가락은 숟가락에 동반되어 출토되고 젓가락만 출토되는 경우는 거의 없기 때문에 따로 논하지는 않겠다. 그러나 젓가락도 평상시에 식탁에서 음식을 집는 것과 제사에서 쓰는 젓가락이 따로 있음을 지적해 두고자 한다. 일반적인 젓가락은 길이가 25cm 내외이고 대부분은 22cm~22cm 정도 되는 것이다. 조선시대의 예이긴 하지만 숟가락의 길이는 28.9cm이고 젓가락은 25.5cm이나 제사용으로 제작된 것으로 보이는 칠직비(黍稷匕)는 길이가 40.6cm이고 망료저(望燎箸)는 46.4cm에 이른다.[88] 그리고 최근 부산 기장 중리에서는 산의 정상부에서 5점의 분청자와 함께 암반 위에서 젓가락이 한 벌 발견되었는데 이것은 길이가 25cm 가량이다. 산의 정상부에서 이와 같은 젓가락과 유물이 발견된 것은 산 아래에 위치한 마을의 동제를 지낸 흔적으로 판단되며 그러므로 젓가락은 밥상에서 사용한 것이 아니라 제사용 젓가락으로 사용한 것으로 볼 수 있다.[89]

제사를 지냈을 것으로 볼 수 있는 다른 자료는 고려묘에서 자주 출토되는 청동합의 용도 때문이다. 출토 예는 많지만 아직 분명한 편년이나 용도가 밝혀지지 않았지만 필자가 생각하기에 높이가 10cm 이내의 것들은 향합으로 사용하였을 가능성이 높다고 생각하며 같은 형태의 용기가 조선시대 종묘대제문물에 포함되어 있기도 하다. 향합으로 볼 수 있다면 제사 용기들을 부장하였다는 결론에 이르게 되고 숟가락도 제사용이 따로 있을 수 있다고 말할 수 있을 것이다.

또한 부장용으로 제작된 숟가락과 젓가락도 다수 있는데 대표적인 것이 인종 장릉에서 출토된 은제 숟가락과 청동젓가락, 평남 강서군 증산면 선화리 출토 숟가락, 그리고 호암미술관 소장의 청자상감용봉문개합에 포함된 연봉형 숟가락이다. 인종 장릉출토 숟가락과 선화리 출토 숟가락은 은으로 제작되었고 도면상으로는 사용흔이 없어 부장용으로 제작한 것으로 보이지만 직접 보지 않아 단언하기는 어렵다. 그러나 호

---

88 궁중유물전시관, 2004, 『종묘대제문물』
89 경남문화재연구원, 2006, 「기장 정관산업단지 진입도로부지내 유적 발굴조사」 현장설명회 자료 06-24. 10

암미술관 소장의 청자상감용봉모란문개합의 청동순가락은 분명하게 사용흔이 없고 청자도 사용한 것을 부장한 것으로 보기는 어려우므로 부장용으로 제작하여 매납한 것으로 볼 수 있다. 순가락이 단순한 부장용이었는지 아니면 생전에 쓰던 것을 같이 묻었는지는 순가락을 이해하는 데 중요한 사항이 될 수 있으나 출토 상태가 좋지 못한 경우가 많고 한편으로는 순가락에 대한 관심도 적은 것이 문제라고 하겠다.

그리고 젓가락이 순가락에 비하여 출토 예가 적은 것은 목제 젓가락의 존재를 의심할 수도 있겠지만 어느 한 유적의 특별한 현상이 아니라 전국적인 현상이고 발굴조사된 고려묘와 조선묘의 수를 생각하면 목제 젓가락의 흔적이라도 확인되어야겠으나 아직 그런 보고는 없는 실정이므로 가능성은 낮다고 생각한다. 오히려 젓가락이 고려시대나 조선시대 전기까지는 누구나 일상적으로 쓴 것이 아니라 일부 층에 한하여 사용하였다고 볼 수 있는데 그것은 동일한 묘역에서 순가락과 젓가락이 동시에 출토되는 분묘는 청동제 합이나 장신구 등 부장품이 풍부한 예가 많고 청자나 백자가 한두 점 부장되는 경우는 순가락만 부장된 예가 많다는 것이다. 이것이 당시 피장자의 신분이나 재산 정도를 나타내는 것인지 분명하지는 않지만 그런 경향이 있는 것은 사실인 것 같다.[90] 실제로 식탁에서 젓가락이 반드시 필요한 경우는 면을 먹을때 일 것이다. 그런데 면은 고려시대 당시에는 상당히 귀한 음식으로 나타나 있는데『高麗圖經』에 의하면 나라 안에 밀이 적고 면 가격이 대단히 비싸므로 큰 잔치가 아니면 쓰지 않고 나라에서 금하는 음식도 있다고 하였으니 젓가락을 반드시 쓰는 일도 적었을 뿐만 아니라 비싼 면을 먹는 계층도 일부에 불과하였으리라는 추정을 뒷받침하고 있다.[91]

---

90 청원군 부강리유적이나 김해 덕산리민묘군, 사천시 선인동조선묘군 등에서 확인되고 있다.

91 『宣和奉使高麗圖經』卷 22, 雜俗一 鄕飮, 國中小麥皆價 人販自京東道來 故麵價頗貴 非盛禮不用 在食品中 亦有禁絕者 此尤可哂也

07

결론

이상으로 고려시대 분묘에서 출토된 숟가락을 중심으로 숟가락이 매납되게 된 배경과 숟가락의 변화 원인에 대하여 검토하여 보았다. 고려시대 초기의 숟가락은 술잎의 평면비가 높은 통일신라의 전통을 따르고 있지만 요나라와의 교류로 고려의 부장품 조합에 변화와 숟가락 형식의 변화가 동반되었을 것으로 추정하였다. 목축을 주로 하던 요나라와의 교류는 불교를 숭상하던 고려에 식생활의 변화를 불러일으키게 하였고 식단에 국이 중요한 부식으로 등장하게 된 것은 숟가락을 보다 본격적으로 사용하게 되는 원인으로 작용하게 되었을 것으로 보인다.

이러한 사정은 이후 금나라, 그리고 몽골의 침입과 원나라의 지배를 겪게 되면서 육식은 더욱 광범위하게 퍼져 나갔고 숟가락은 일상의 식탁에 있어 없어서는 아니 될 중요한 도구로 인식하게 되고 평생 쓰던 숟가락을 결국 무덤에 까지 가지고 가는 결과로 이어지지 않았을까 하고 추정해 보았다.

그리고 젓가락은 고려시대의 분묘에서는 출토 예가 그다지 많지 않은데 이것은 숟가락에 비하여 젓가락은 널리 사용되지 않았던 것을 반영하는 것으로 볼 수 있다. 이것은 젓가락을 사용하여야만 하는 면이 특별한 행사에만 먹을 수 있는 것이며 숟가락과 젓가락이 함께 출토되는 분묘의 부장품이 숟가락만 출토되는 분묘의 부장품보다 내용이 비교적 풍부하고 고급품이 많은 것으로 보아 일부 계층에서만 사용되었던 것으로 볼 수 있을 것이다.

그러므로 당나라의 영향으로 제한된 계층에서만 숟가락을 사용하던 통일신라시대와는 달리 청동숟가락의 기본적인 형태가 완성되는 것은 고려시대 즉 12세기경을 우리나라 숟가락의 기본적인 형태가 완성되는 시기로 보는 것이 타당할 것이며 앞선 시대에는 일부 계층을 제외하면 대부분 나무로 만든 숟가락을 사용하였을 가능성이 높다고 본다. 그리고 같은 숟가락을 사용하였던 요·금·원나라도 같은 종류의 음식을 먹었기 때문에 같은 숟가락을 사용하였다고 본다면 고려와 요·금·원은 동일한 북방문화권의 일원으로 보아야 할 것이다.

그리고 숟가락의 사용은 육식에 대한 욕구가 더욱 커져가던 조선시대까지 이어지며 분묘에 부장되는 것은 17세기에 들어서면 거의 사라지게 된다. 이것은 다음 논문에서 다루고자 한다.

마지막으로 숟가락이 출토된 유적을 정리하면서 느낀 것이 있다면 우리가 결국 보고 있는 것은 휴전선 이남의 유적에 불과하기 때문에 하나의 역사공동체를 구성한 고려의 영역 전체를 연구할 수 없는 한계가 심각하다는 것이다.[92] 또한 숟가락이 우리 민족의 정체성을 밝힐 수 있

---

92 북한에서 고려시대의 무덤이 발견 조사된 예는 많지 않으나 개성시 개풍군 고남리에서 150여 기의 고려시대 분묘가 대표적인 유적이며 70여개의 숟가락이 출토되었다. 젓가락의 출토 상황은 언급이 없었고 숟가락의 술잎은 장타원형이며 자루는 연미형(25점), 능형(6점), 반원형(17점)으로 나누어진다. 연미형은 전기 무덤(10세기~11세기 초)에서 출토되었으며 연미형과 능형은 중기무덤(11세기 전반~12세기), 반원형은 후기무덤(13세기~14세기)에서 출토되어 연미형과 능형은 사용시기가 겹치고 있음을 보여 주고 있다.(김인철, 1996년 제 4호, 「고남리 일대에서 드러난 고려평면무덤에 대하여」, 『조선고고연구』, 사회과학원 고고학연구소, pp. 25~30)

는 유물임에도 불구하고 무심하게 지나왔으며 그 결과로 청동용봉모란
문개합의 숟가락이나 안동 태사묘삼공신유물에 포함된 숟가락만 일괄
유물로 국보나 보물로 지정되었을 뿐 우리 전통문화의 특징을 대표하는
유물로서 숟가락을 지정한 예가 없다는 것은 반성하여야 할 일이라고
생각한다.

송·요·금·원묘 수저 및 가위 출토경향

고려묘 부장품과 관련하여

4

01 서

우리나라 분묘에서 청동숟가락이 본격적으로 부장품으로 나타나게 되는 것은 고려시대부터이다. 삼국시대나 통일신라시대에 청동숟가락이 분묘의 부장품으로 발견된 예가 없는 것은 아니지만 그것은 그야말로 일부 계층에 한정된 것으로 예외적이며 일반적인 경향으로 보기는 어렵다.[1]

필자는 고려시대의 청동숟가락과 철제 가위에 대한 연구를 진행하면서 고려시대의 청동숟가락은 극히 일부 계층에서만 사용되던 것이 중국-특히 요나 금의 영향으로 분묘의 부장품으로 등장하게 되었으며 원의 지배하에 들어가고 난 다음에는 원으로부터 들어온 육류를 섭취하게 되고 본격적인 의미의 국이 등장하게 되면서 청동숟가락의 사용이 증가하게 되었다고 보았다.[2] 또한, 철제가위는 삼국시대와 통일신라시대까지는 지배자급의 무덤에서 주로 발견되지만 그 출토 예는 미미한 편이고

---

1 정의도, 2008, 「청동숟가락의 등장과 확산-삼국시대~통일신라시대」, 『석당논총』 제42집, 동아대학교 석당학술원
2 정의도, 2007, 「한국고대청동시저연구-고려시대-」, 『석당논총』 제38집, 동아대학교 석당학술원

황룡사나 미륵사에서 발견된 가위나 분황사 사리장엄구에서 바늘과 함께 출토된 가위는 중국 신화에 등장하는 여와가 들고 있는 가위를 상징하는 것으로 보았다. 또한, 충주산성과 화왕산성 집수지나 안압지에서 출토된 가위는 우리나라 토착신앙 가운데 용신앙을 보여주는 것으로 용에게 헌납된 기물로 추정되었다. 이러한 가위는 고려시대에 이르러 무덤의 부장품으로 등장하게 되는데 이는 북방의 장례풍속이 전해진 결과로 볼 수 있는 것이다.[3]

이상과 같은 결론에 이르게 된 것은 요나라를 중심으로 하는 고고자료를 통하여 판단한 것인데[4] 한편으로는 과연 고려 분묘의 부장품으로 청동숟가락이나 철제 가위가 선택되게 된 것이 지금까지 고려의 주된 교류 대상국으로 알려진 송나라나 원나라가 아니라 과연 요나라나 금나라를 비롯한 북방의 장례 풍습이 전해 들어온 결과로 볼 수 있을까 하는 의문을 가지게 되었고 이번 글은 그에 대한 답을 구하고자 한 것이다.[5]

하나의 문화 현상이 타지나 타국에서 전파되어 와서 시작된 것이라면 해당 문화가 진원지에서는 과연 어떤 현상으로 나타나고 있는가를 살펴보는 것은 문화를 받아들인 지역의 현상을 더욱 잘 이해할 수 있는 힘이 될 것은 분명하다.

이와 같은 목적을 이루기 위하여 필자는 고려의 존속시기와 병행하는 중국의 송·요·금·원의 무덤에서 출토되는 유물 가운데 청동숟가락과 철제 가위의 출토 경향을 확인하여 고려시대의 무덤에서 출토되는 청동숟가락과 철제 가위가 과연 중국의 영향으로 시작된 것인지, 만약 그러하다면 어느 나라에서 비롯된 부장풍습인지 살펴보고자 한다.

---

3 정의도, 2007, 「고려시대 철제가위(鐵鉸)연구」, 『경문논총』 창간호, 경남문화재연구원
4 하북성문물연구소, 2001, 『선화요묘 1993년 발굴조사보고서 상·하』, 문물출판사 ; 북경 내몽고자치구 문물고고연구소·철리목맹박물관, 1993, 『요진국공주묘』, 문물출판
5 한국미술사학회, 2004, 『고려미술의 대외교섭』 제8회 전국미술사학대회, 예경

이를 위하여 송·요·금·원의 분묘에서는 어떤 유물들이 출토되고 있는지를 확인하여야 했는데, 광대한 중국 각지에서 이루어지고 있는 발굴조사 결과를 모두 파악하기는 어려운 실정이므로 중국의 대표적인 고고학 전문잡지인『考古』(1955년부터 2004년까지)와『文物』(1950년부터 2004년까지)에 보고된 당시의 분묘를 대상으로 이 시기 묘장에서 출토된 부장품을 왕조별, 지역별로 나누어 정리하여 보았다. 그리하여 당시 송·요·금·원묘가 어떤 분포를 하고 있는지, 또한 어떤 부장품이 주류를 이루고 있었는지 검토하였다. 무릇 고고학적 결과를 도출함에 있어 유적을 현지에 가서 보고 유물을 직접 확인하여야 할 것이지만 그러지 못하고 보고문이나 도면만을 이용하여 논문을 작성하게 된 점을 이해하여 주기 바란다. 그리고 이번 논문에 실린 중국측 보고문은 모두『考古』나『文物』에 실린 것으로, 따로 표를 만들어 두었으므로 각 유적마다 주는 달지 않았다.[표 2]

고려시대 분묘 출토 부장품의 종류

    고려시대의 분묘는 우리나라 전국에 분포하고 있다. 남북으로 분단되어 북쪽의 상황을 잘 알 수 없는 것이 고려분묘 연구에 장애가 되는 것은 사실이나 남한에서 발견되는 고려분묘의 상황은 일부 북한에서 이루어진 고려분묘 조사결과를 참고하여 보아도 우리나라 전체의 고려분묘의 상황과 크게 다르지 않는 것으로 판단된다.[6]

    고려는 918년에서 1392년까지 존속하였으며 이 기간 동안 중국에서는 요와 송, 금을 거쳐 원이 흥망을 거치게 되면서 고려와 중국은 때로는 전쟁과 화해의 기간이 있었고 교류와 단절의 기간이 중첩되고 있었다.

    어쨌든 고려시대에 들어서 고려묘는 앞선 삼국시대나 통일신라시대 묘와는 다른 변화과정을 겪게 된다. 먼저 묘광을 등고선과 평행하게 설치하던 삼국시대의 경향에서 벗어나 직교하게 설치하게 된다. 그리고

---

6   김인철, 1996, 「고남리 일대에서 드러난 고려평민무덤에 대하여」, 『조선고고연구』 4호., 사회과학원 고고학연구소

묘는 경사면을 따라 군집하게 설치하는데 일정한 방향을 정하는 것이 아니라 하나의 묘역이 설정되면 그 묘역의 정상 봉우리를 향하여 묘광을 설치하게 된다. 그러므로 묘광은 남북향이나 동서향 등 일정한 방향을 따라 조성하는 것으로 보기는 어렵게 된다. 그리고 그전까지 성행하였던 석곽묘의 전통에서 벗어나 토광에 목관을 사용하게 되며 내부에는 자기를 비롯하여 도기류와 청동합 등의 청동기류, 철기류, 장신구, 생활용구 등을 부장품으로 선택하게 된다.

고려시대 분묘에서 출토되는 부장품은 우선 자기류와 도기류가 있다. 자기류는 주로 순청자와 고려백자, 상감청자 접시, 완, 청자대접, 청자상감국화문팔각접시, 청자화형접시, 청자반구병, 청자철회병, 청자음각모란문대접, 청자유병, 녹청자병 등이고 도기류는 도기병, 편병, 주름무늬병, 도기항아리, 흑유병, 갈유병 등이 있고 그 외에도 중국계 백자음각운문완과 백자잔이 있다. 청동제품으로는 동전, 청동대접, 청동발, 청동분합, 청동반구병, 동곳, 청동요대, 청동제단추, 지환, 청동합, 청동도자, 화조오화문경, 팔각능화형경, 유희동자문경, 쌍용운문경, 칠보문경 등이 있다. 그리고 생활용구로는 청동제 숟가락과 젓가락, 철제가위, 철제도자, 석촉, 목제빗 등이 있고 장신구로는 비녀, 유리구슬, 도제구슬, 은제동경, 문방구류는 먹과 벼루가 있다.

03

송·요·금·원
분묘 부장 유물의 특징
─청동숟가락과 철제 가위, 그리고 동전을 중심으로

『고고』와 『문물』을 정리한 결과 보고된 송~원 분묘는 모두 454건 1,112기에 이르며 이를 시기별 건수로 나누어보면 송묘 220건(48.5%), 요묘 96건(21.1%), 금묘 62건(13.7%), 원묘 76건(16.7%)에 이르고 기수별로 나누면 송묘 566기(59.9%), 요묘 195기(17.5%), 금묘 164기(14.7%), 원묘 187기(16.8%)에 이른다. 이것은 북송(960~1126)과 남송(1127~1279)의 존속기간 319년, 요(916~1125)의 존속기간 209년, 금(1114~1234)의 존속기간 120년, 원(1206~1391)의 존속기간 185년을 거의 반영하고 있는 것으로 보인다.

또한 이를 지역별로 묶어서 나누어 보면[7] 송묘는 중국북부의 요녕성·길림성·내몽고·흑룡강성지역은 4건 18기, 하북성·산서성·섬서성·감숙성지역은 26건 79기, 하남성·산동성지역은 25건 49기, 안휘성·절강성·안휘성지역은 61건 167기, 강서성·호북성·호남성·

---

7 이상과 같은 지역구분은 역사·지리적인 배경과 중국 역사지도를 참고로 하여 나눈 것이다.(중국사회과학원·담기양, 1996, 『중국역사지도집-송·요·금시기』제6책, 『중국역사지도집-원·명시기』제7책, 중국지도출판사출판)

표1 송·요·금·원묘의 분포상황[고고 및 문물보고유적]

地域區分	宋	遼	金	元	계
遼寧省·吉林省 內蒙古·黑龍江省	遼寧省(1건3기) 吉林省(0) 內蒙古(3건15기) 黑龍江省(0) 계(4건18기)	遼寧省(32건62기) 吉林省(5건20기) 內蒙古(29건59기) 黑龍江省(2건5기) 계(68건146기)	遼寧省(3건3기) 吉林省(2건2기) 內蒙古(7건16기) 黑龍江省(5건51기) 계(17건72기)	遼寧省(5건7기) 吉林省(1건2기) 內蒙古(5건37기) 黑龍江省(0) 계(11건46기)	遼寧省(41건75기) 吉林省(8건24기) 內蒙古(44건127기) 黑龍江省(7건56기) 계(100건282기)
河北省·山西省 陝西省·甘肅省	河北省(6건21기) 山西省(14건39기) 陝西省(4건17기) 甘肅省(2건2기) 계(26건79기)	河北省(25건39기) 山西省(2건9기) 陝西省(0) 甘肅省(0) 계(27건47기)	河北省(8건10기) 山西省(24건63기) 陝西省(1건1기) 甘肅省(3건3기) 계(36건77기)	河北省(8건18기) 山西省(13건17기) 陝西省(5건6기) 甘肅省(2건25기) 계(28건66기)	河北省(47건88기) 山西省(53건128기) 陝西省(10건24기) 甘肅省(7건30기) 계(117건270기)
河南省·山東省	河南省(17건32기) 山東省(8건17기) 계(25건49기)	河南省(1건1기) 山東省(0) 계(1건1기)	河南省(6건10기) 山東省(3건5기) 계(9건15기)	河南省(7건11기) 山東省(7건32기) 계(14건43기)	河南省(31건54기) 山東省(18건54기) 계(49건108기)
安徽省·浙江省· 江蘇省	安徽省(11건32기) 浙江省(17건42기) 江蘇省(34건93기) 계(62건167기)	-	-	安徽省(2건3기) 浙江省(3건8기) 江蘇省(4건4기) 계(9건15기)	安徽省(13건35기) 浙江省(20건50기) 江蘇省(38건97기) 계(71건182기)
江西省·湖北省· 湖南省·廣東省· 福建省	江西省(25건42기) 湖北省(16건35기) 湖南省(10건22기) 廣東省(8건20기) 福建省(22건27기) 계(81건146기)	-	-	江西省(6건6기) 湖北省(1건1기) 湖南省(1건1기) 廣東省(1건4기) 福建省(3건3기) 계(12건15기)	江西省(31건48기) 湖北省(17건36기) 湖南省(11건23기) 廣東省(9건24기) 福建省(25건30기) 계(93건161기)
貴州省·四川省	貴州省(4건19기) 四川省(18건88기) 계(22건107기)	-	-	貴州省(0) 四川省(2건2기) 계(2건2기)	貴州省(4건19기) 四川省(20건90기) 계(24건109기)
계	220건 566기	96건 195기	62건 164기	76건 187기	454건 1112기

광동성·복건성지역은 81건 146기, 귀주성·사천성지역 22건 107기로 안휘성지역과 강서성지역이 142건 313기로 전체의 55% 이상을 점하고 있어 이 지역이 북송을 이어 남송까지 송의 주된 공간임을 보여 주고 있다. 또한, 요묘와 금묘는 안휘성지역과 강서성지역, 그리고 귀주성 지역에는 보이지 않아 당연한 정치적 공간을 반영하고 있으며 요묘는 요녕성·길림성·내몽고·흑룡강성 일원에 68건 146기가 분포하고 있어 전체 96건 195기의 71% 이상을 점하여 요의 출자지역이 요녕성 일원임을 보여주고 있다. 금묘는 하북성·산서성·섬서성·감숙성 일원에 36

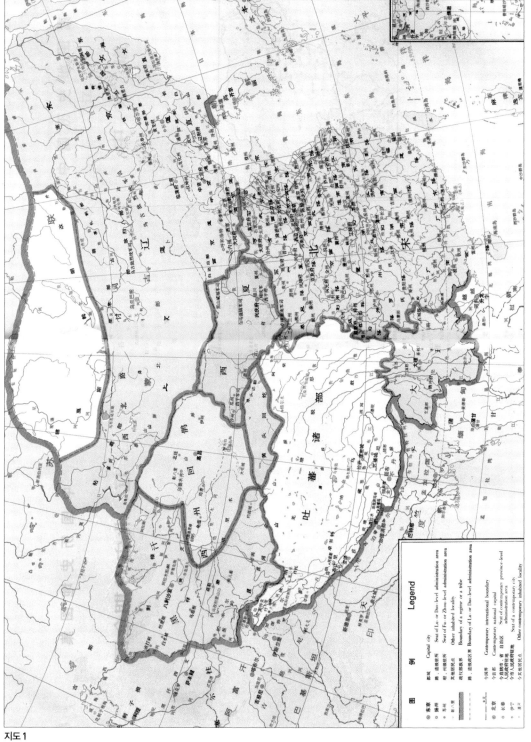

지도 1
요·북송 시기전도

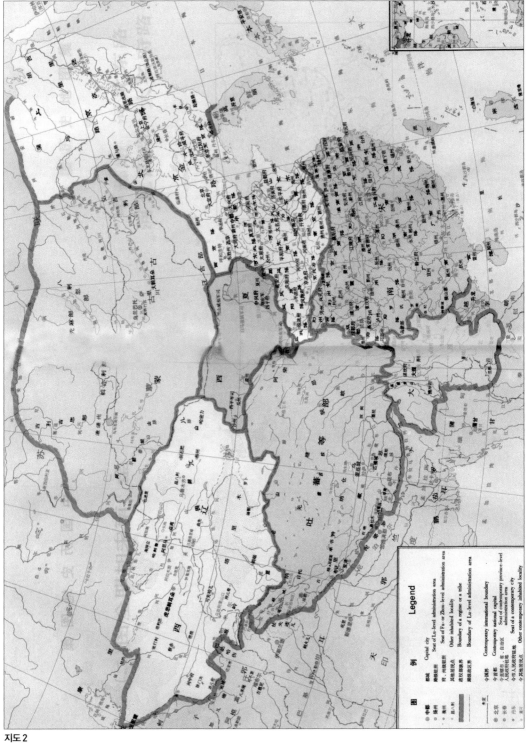

지도 2
금·남송 시기전도

건 77기가 확인되어 전체 62건 164기의 47% 이상을 점하고 있다. 또한, 원묘는 하북성·산서성·섬서성·감숙성 일원에 28건 66기가 확인되어 전체 76건 187기의 41%로 중심지를 보여주지만 요녕성 일원과 강서성 일원을 합치면 23건 61기가 되어 당시의 중심지역이었음을 보여주고 있다.

한편, 지역별로는 왕조가 겹치는 요녕성·길림성·내몽고·흑룡강성 지역에 100건 282기, 하북성·산서성·섬서성·감숙성 지역에 117건 270기로 건수(217)로는 48%, 기수로(552)는 49.6%로 거의 반을 차지한다. 그리고 송의 주된 지역인 안휘성·절강성·강소성지역에 71건 182기, 강서성·호북성·호남성·광동성·복건성지역에 93건 161기가 출토되어 건수(164)로는 15%, 기수(343)로는 31%에 달하여 왕조의 부침과는 상관없는 오랜 전통을 보여주고 있다. 한편 성 단위로는 산서성이 53건 128기로 가장 많고 이어서 하북성 47건 88기, 내몽고 44건 127기, 요녕성 41건 75기, 강소성 38건 97기, 하남성 31건 54기, 강서성 31건 48기 순이다. 이 가운데 산서성과 하북성을 합치면 100건 216기가 되고 요녕성과 내몽고를 합치면 85건 202기가 되는데 산서성과 하북성은 4왕조를 거치는 동안 계속하여 분묘의 축조가 이루어진 결과로 보인다. 요녕성과 내몽고는 지금은 나뉘어 있지만 당시로서는 거의 단일 지역이며 요묘와 원묘가 집중적으로 분포하고 있어 산서·하북지역과는 다른 역사적 배경에서 조성된 것임을 짐작할 수 있다.

1) 왕조별 부장품의 특징[8]

『고고』와 『문물』에 실린 송·요·금·원의 분묘에서 출토된 유물의 종류는 실로 다양하여 중국고고학의 전공자도 아닌 필자가 그 내용을 모두 헤아리기는 어려운 실정이다. 다만, 여기서는 앞서 지적하였다시피 고려묘에서 출토되는 청동숟가락과 철제 가위가 실제로 중국의 영향으로 부장품으로 포함되었는지 확인하기 위하여 고려왕조와 같은 시기의 송~원 묘장 부장품 가운데 청동숟가락과 젓가락, 철제 가위의 출토 상황을 살펴보고 아울러 중국묘장의 대표적인 부장품이라 할 수 있는 동전과 동경의 출토 상황도 살펴보고자 한다. 그 결과는 따로 표에 실어 두었으므로 참고하기 바란다.[표 2]

a. 宋墓 <표 2-1>

『고고』와 『문물』에 송묘는 모두 220건 566기가 실려 있다. 이 가운데 1970년대 이전에 발굴조사되어 보고된 유적은 보고 내용이 소략할 뿐만 아니라 유물에 대한 설명도 거의 없는 경우가 많고 유물의 출토 유무만을 밝히고 있는 경우도 적지 않아 유적의 상황을 이해하기 어려운 경우가 많다.

우선 송묘의 부장품은 자기류와 도기류를 기본으로 하면서 금기와 은기, 철기와 동기, 칠기와 목기, 용 등이 자주 출토되며 아울러 장신구류와 사직품, 묘지, 매지권 등이 출토된다. 자기류는 碗, 碟, 盞, 罐, 瓶, 盒, 罎, 鉢, 托盞, 水注, 盤, 壺, 豆, 盂, 盅, 盆, 洗, 缸, 倉, 爐, 枕 등을 들 수 있고 도기류는 자기류와 거의 비슷한데 罐, 壺, 盞, 罎, 鉢, 碟, 灶, 洗, 墩, 盅, 瓶, 枕, 釜, 倉, 鼎 등이 있고 陶俑은 인물상이나 동물상 등

8 [표 2] 송·요·금·원묘 출토유물 일람 참조

으로 다양하게 나타난다. 金器는 金環, 金釵, 金笄, 金釧, 銀器는 香爐, 碗, 薰爐, 銀碗, 銀瓶, 銀杯, 銀壺, 銀洗, 銀盂, 銀盞, 銀碟, 銀盤, 銀盒, 銀鉢, 銀匙, 銀筷, 銀鏟, 鐵器는 鐵鋏, 鐵釜, 鐵牛, 鐵灯, 鐵鍋, 鐵刀, 銅器는 銅盆, 銅鉢, 銅盤, 銅瓶, 銅茶具, 銅鏡, 銅錢, 銅刀, 木器는 木梳, 木蓖, 木牌, 椅, 桌, 床, 凳, 漆器는 漆奩, 漆碗, 漆盒, 漆罐, 漆匕子, 漆盞托, 漆盤, 漆匙, 漆筷, 鏡箱, 裝身具類는 銀花, 銀條, 銀鉤, 銀冠, 金釵, 銀釵, 玉釵, 銀髮揷, 銀髮笄, 金耳墮, 耳環, 銀耳挖, 銀簪, 佩飾, 銀釧, 戒指, 銀鐲, 水晶珠, 瑪瑙, 木珠項鏈, 文房具類는 墨, 毛筆, 墨, 硯, 筆架, 銅鎭紙, 其他 竹簾, 草蓆, 青銅臥馬, 象牙笏, 印章, 巾架 등 실로 다양한 유물이 출토되고 있다.

그러나 현재 발굴조사 된 대부분의 유적들은 이미 1,000년에 가까운 세월이 지난 탓도 있고 또한 심하게 도굴되어 분묘 조성 당시의 사정을 알 수 있는 예는 거의 없는 듯하다.

모두 220건 566기 송묘 가운데 강소성 지역에 34건 93기와 강서성 지역에 25건 42기로 가장 높은 분포 밀도를 보이고 있다. 요녕성이나 감숙성, 귀주성 지역에는 모두 7건 24기에 불과하고 길림성이나 흑룡강성 일대에서는 한 기도 발견되지 않아 송의 실질적인 영토한계를 보여주고 있다.

송묘 566기 가운데 먼저 숟가락이나 젓가락이 발견된 예는 산서 양분현 송대교장(은시 2점, 도면 1), 절강 소흥 무가교 송정(동시 1, 도면 2), 강소성 무석묘(칠기 숟가락과 젓가락), 안휘성 강포 황열령 남송 장동지부부묘(은시 2점, 은쾌 1쌍, 도면 3), 강소 율양 죽책 북송 이빈부부묘(동시, 은쾌), 강소 오현 장서공사 출토 송묘(은시 3점), 안휘 전숙 서석 북송묘(유금동쾌 1쌍), 안휘 합비 북송 마소정부처 합장묘(남자-동시 2, 동쾌 1쌍, 여자-칠시 1, 칠쾌 1쌍, 도면 4), 하남 낙양 망산 송대벽화묘(은쾌 1쌍, 은표 1), 복건 복주 다원산 남송 허준묘(은시 1, 은쾌 1쌍), 강소 상주 북환신촌송목곽묘(은시 1, 약시 1, 은쾌

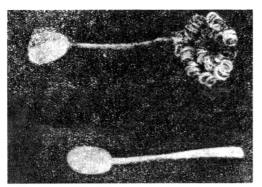

도면 1
산서 양분현 송대교장 출토은시

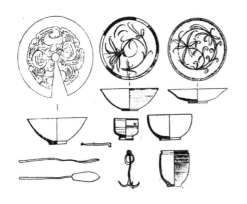

도면 2
절강 소흥 무가교 송정 출토유물

1쌍, 도면 5), 강서 파양송묘(쾌 1쌍, 표 1), 강소 상주 북환신촌 송묘(은시, 筋), 절강 구주시 남송묘(쾌 1쌍), 섬서 한중 왕도지촌 송묘(은시), 강서 서창 남송 소흥3년묘(동시 1), 절강 난계시 남송묘(은쾌), 안휘 남계송묘 M11(은쾌 1쌍), 강서 홍덕시 송건도서연묘(동표 1), 절강 동양시 호전산촌남송묘(동표 1), 강소 상주시 홍매신촌 송묘 2호(오목쾌 1쌍) 등 22기에 불과하다. 이것은 전체 566기 가운데 3.8%로 미미한 비율이지만 출토분묘는 강소성 6기, 안휘성 4기, 절강성, 강서성이 각 3기로 대부분을 차지하는데 그 가운데 가장 북쪽은 섬서성을 경계로 한다.

한편, 숟가락은 중국에서는 「匙」로 쓰는 것이 일반적이지만 때로 「杓」나 「匕」로 표현하는 경우도 있기 때문에 도면이나 사진이 실려 있는 경우는 확인하여 모두 같은 숟가락으로 보아 정리하였다. 그리고 젓가락은 주로 「箸」로 사용하여 젓가락이 처음에는 대나무를 이용하였음을 보여주는데 보고자에 따라 「筷」로 쓰거나 때로 「筋」으로 사용하는 경우도 없지 않다. 송묘에서 출토된 숟가락의 재질은 은, 동, 칠기 등으로 나뉘는데 안휘성 합비 마소정 부부 합장묘에서 출토된 숟가락과 젓가락은 남자는 동제를 사용하였고 여자는 칠기로 제작한 것을 사용하여 동제 숟가락이 비교적 고급품임을 상징하고 있다. 그리고 남송묘에서는 젓가락만 출토되는 경우도 있는데 이것이 송에서 점점 숟가락을 사용하지 않게 되는 과정을 보여주는 것인지 알 수 없다.

다음으로, 가위가 출토된 예를 살펴보기로 한다. 철제 가위는 중국에서는「鐵剪」이라고 쓰고 때로「剪刀」라고 쓰기도 한다.
강서 덕안동 팽택묘(가위 1점), 절강 평양현 송묘(가위 2
점), 호북 무창 탁도천 남송묘(가위 1점), 광동 심천 송
묘 M2(가위 1점), 복건 남평 대봉송묘(가위 1점), 복건 복
주 다원산 남송 허준묘(가위 1점), 호남 익양시 대해광
송묘 M2(가위 1점), M8(가위 1점), 호북 양번 유방강송묘
M4(가위 1점), 중경 무산현 무협진 수봉촌 송묘(가위 1점,
도면 6), 안휘 번창현 노패충 송묘(가위 1점), 절강 여수
시 송묘(가위 1점) 등 12기묘에서 모두 13점이 출토되
어 출토 빈도는 청동순가락보다 훨씬 낮고 호북성지
역에서 가장 많이 출토되었다. 한 가지 고려할 점은
철기는 부식이 심하여 남아 있기가 어려운 점도 있고
많은 송묘가 이미 도굴을 당하여 원래의 부장품 상태
를 유지하고 있지 않아 지금 남아 있지 않는 것이 훨
씬 많을 것이라는 것이다. 한편, 내몽고 요중 경서성
외 고묘에서는 도제로 만든 가위가 출토되었는데 도
제 가위는 선화요묘에서만 출토되고 있어 이 고묘의
편년을 재고할 필요가 있다고 생각된다.

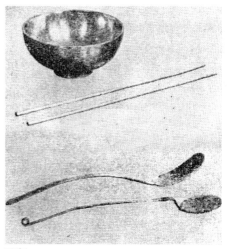

도면 3
안휘 남경 강포 황열령 남송 장동지 부부묘 출토유물
(은시저, 은완)

도면 4
안휘 합비 북송 마소정부처 합장묘 출토 은 시저

도면 5
강소 상주 북환 신촌송 목곽묘 출토 은 시저

송묘에서 가장 많이 출토되는 유물은 동전으로
때로 보고자에 따라「錢幣」라고 표현되기도 한다. 출
토되는 수량은 1점에서 수백점 이상 이르기도 하는데
북송전을 주된 대상으로 한다. 동전이 출토된 송묘는 모두 170여기에
이르러 전체 566기 가운데 30%를 넘는 비율을 보여주고 있는데 이것
은 도굴분이나 자연 훼손, 그리고 매지권이 남아 있으나 동전이 남아 있
지 않은 경우까지 포함하면 웬만한 송묘에는 대부분 동전을 부장하였다
고 보아도 무방할 것이다. 동전이 출토된 송묘를 일일이 지적할 수는 없

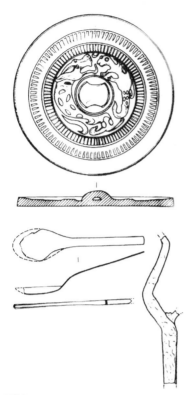

도면 6
귀주 중경 무산현 무협진 수봉촌
송대 전실묘 출토유물
(동경, 동표, 철협)

으나 송묘 가운데 가장 많은 동전이 부장된 예는 절강 해녕현 동산송묘 300여점, 안휘 합비 마소정부처 합장묘 남실 573점, 여실 658점, 호북 무창 탁도천 남송묘 1호 363점, 2호 252점, 호북 마성 북송석실묘 1,000여점, 산서 태원 교구 채구촌송묘 394점, 안휘 번창현 노패충 송묘 526점 등을 들 수 있다. 이와 같이 동전은 송묘에 전체에서 일반적으로 출토되는 것으로 송묘를 대표하는 유물은 동전이라고 할 수 있으며 특히 당의 개원통보와 북송전은 요와 금, 원에도 선호하는 동전이었는데 그 이유는 아직 잘 알 수 없다.

그리고 송묘의 부장품 가운데 높은 빈도수를 보이는 것으로 동경이 있다. 섬서 흥평현 서교송묘, 복건성 복주시 북교남송묘, 안휘 남경 막부산송묘, 호남 형양현 하가조북송묘, 강서 서창 양좌북송기년묘, 강소 오현 장서공사송묘, 안휘 전숙 서석북송묘, 하남 낙양 망산송대벽화묘, 복건 복주다원산 남송허준묘, 광동 동완북송묘 등 모두 104기의 송묘에서 출토되었는데 18%의 비교적 높은 비율을 보인다. 이를 지역별로 나누어보면 강소성 24기, 강서성 19기, 안휘성 15기, 절강성 10기, 복건성 10기, 호북성 7기, 호남성 4기, 하남성 4기, 사천 3기, 산서성 2기, 광동성 2기, 섬서성 2기, 하북성 1기, 감숙성 1기 등으로 강소·강서·안휘·절강에서 68기가 확인되어 전체의 2/3를 차지하여 송묘의 주된 분포지역과 일치하고 있다. 동경은 동전이 부장되는 유구에서 거의 동반하는 경향이 있으므로 동경 또한 송대 묘장을 대표하는 유물로 보아도 별로 틀리지 않을 것이다.

b. 遼墓 <표 2-2 >

요묘는 모두 96건 195기에 이르는데 이중 요녕성, 내몽고, 하북성에 86건 160기가 분포하여 거의 대부분을 차지하여 요의 실질적인 경계선을 잘 보여주고 있다. 요묘의 부장품은 크게 보아 송묘와 다르지 않지만 송묘에 비하여 마구나 무기류가 자주 부장되고 있는데 이것은 요의 주류를 이루는 거란족의 정체성을 반영하고 있는 것으로 볼 수 있다.

우선 숟가락이나 젓가락이 출토되는 유구는 길림 동요현 요대문물(동시, 도면 7), 요녕 건평현 고묘(은시, 은쾌), 주록과고묘(은시), 산서 대동교구 요벽화묘(죽쾌 1쌍), 흑룡강성 조동현 합라성 3호고묘(동시), 하북성 북경 남교 조덕균묘(동표 2점, 도면 8), 북경 천단공원내 고묘(표), 하북 탁록현 요대벽화묘(동비 2점, 동쾌 4점, 도면 9), 내몽고 오한기 사자구 1호묘(저 1쌍), 내몽고 통요시 토이기산 요대묘장(은쾌), 내몽고 오한기 백탑자 요묘(칠저 1쌍, 표 1), 내몽고 해방영자 요묘(은표 1, 은쾌 1쌍), 요녕 강평현 후유동둔 요묘(동표 1점, 도면 10), 내몽고 고룬기 1호요묘(동시 5점), 요녕 법고현 엽무대요묘(칠표 1), 요녕 조양 전창호촌 요묘(표자 1점), 하북 평천현 소길구요묘(은표 1점), 내몽고 요진국공주부마합장묘(은표 1점), 하북 선화 하팔리요금벽화묘 M2(표 1, 쾌 1쌍), M3(칠쾌 2쌍), 내몽고 요 야율우묘(은표 1점, 도면 11), 하북 선화요 장문군묘벽화(칠비 2점, 칠쾌 2점), 내몽고 마림우기 경주백탑(은시, 도면 12), 흑룡강 조동현 팔리성(골시, 도면 13), 하북 역현 정각사 사리탑지궁(은쾌자, 도면 14), 북경사 방산현 북정촌 요탑(동시, 도면 15) 등 26기에

도면 7
길림 동요현 요대 문물 동시 외

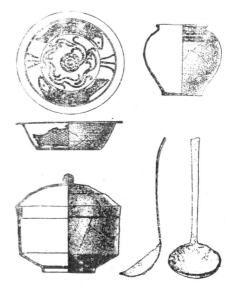

도면 8
북경 남교 요 조덕군묘 동표 외

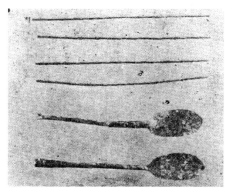

도면 9
하북 탁록현 요대 벽화묘 출토 동비, 동쾌

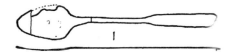

도면 10
요녕 강평형 후유동둔(2호) 요묘 출토 유금 동표

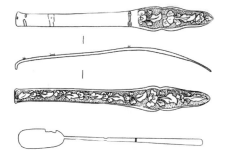

도면 11
내몽고 야율우 묘 출토
금화은잠과 은표

이르러 전체 195기 가운데 13%를 약간 상회하는 빈도수를 보이고 있다. 이것은 거란족이나 여진족들의 유목생활에서 숟가락과 젓가락을 몸에 지니고 다니는 전통이 강하게 작용하여 송보다는 보다 높은 출토비를 보이는 것으로 볼 수 있을 것이다.

그리고 가위가 출토되는 유구는 북경 천단공원내 고묘, 북경 대흥구 청은점요묘, 북경 서성 복수경요묘, 요녕 강평현 후유동둔요묘, 내몽고 소오달맹림동요묘, 하북 평천현 소길구요묘, 하북 선화 팔달리 요금벽화묘 M2, 하북 선화요대벽화묘 M5, 하북 선화요장문군벽화묘 등의 9기에 불과하고 그나마 북경 대흥구 출토와 하북 장문군벽화묘 출토 가위는 도제여서 요에서 철제 가위가 일반적으로 사용되었고 부장품으로 선택되었다고 보기는 어려울 것 같다. 그러나 일반적으로 가위가 철로 만들어지는 점을 감안하면 부식되어 발견되지 않는 경우가 많기 때문에 당시에 가위가 부장품으로 선택되었던 비율은 훨씬 높을 것으로 보아야 할 것이다.

또한, 동전이 출토되는 유구는 송에 비하면 훨씬 적어 요녕 건평 주록과요묘, 산서 대동와호만 요대 벽화묘, 요녕 조양시 요유승사족묘 4호, 내몽고 고륜기 1호묘 등 34기가 확인된다. 전체 164기 가운데 19%를 약간 상회하여 송묘의 경우와 대조를 보이지만 그래도 낮지 않은 수치에 해당된다. 그리고 동전이 출토되는 지역을 살펴보면 하북성에서 11기, 내몽고와 요녕성에서 각각 7기, 그리고 산서성 3기, 길림성 2기, 흑룡강성 1기 등으로 동전이 높은 빈도수로 나타나는 남송과 인접한 하북성과 산서성에 41%에 해당하는 14기가 분포하여

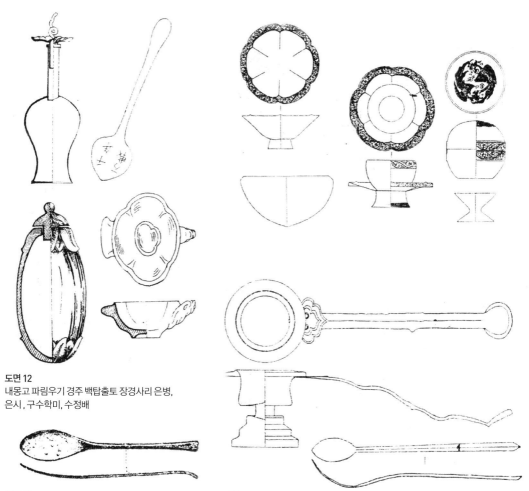

도면 12
내몽고 파림우기 경주 백탑출토 장경사리 은병,
은시, 구수학미, 수정배

도면 13
흑룡강 조동현 팔리성 출토 골시

도면 14
하북 역현 정각사 사리탑지궁 출토 은기 일괄

남송의 영향을 받은 결과임을 보여주고 있으며 또한 요녕성과 내몽고에

서 발견된 14기의 동전 출토묘는 당시 요의 주된 세력이 북송에서 남송

으로 이어지는 문화의 영향을 받고 있음을 반증하고 있다.

　　그러나 출토되는 동전의 양은 훨씬 적은데 가장 많은 동전이 출토되

고 있는 것은 북경 서교 백만장요묘 2호의 107점과 요녕 건창 귀산 1호

묘 97점이고 나머지는 요녕 조양구 조씨족묘 조광우묘 30점, 하북 회안

면 장가둔요묘 21점, 내몽고 고륜기 1호요묘 21점 이외에는 모두 10점

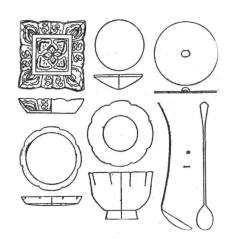

도면 15
북경시 방산현 북정촌 요탑 출토 은기와 동시

도면 16
요령 요양발견(북원금묘) 출토 동작

을 넘지 못한다.

아울러 동경의 출토 예도 요녕 객좌 홍릉구 요묘, 화북 풍녕 합랍해구요묘, 길림 운수현 단결둔 요묘, 요녕 부신현 백옥도요묘, 내몽고 요진국공주·부마합장묘 등 28기에 불과하지만(13.3%) 남송과 인접한 지역인 하북성에서 9기, 요의 주된 근거지인 요녕성·내몽고·길림에서 19기가 확인되어 동전의 분포 경향과 일치하고 있다.

C. 金墓 <표2-3>

금묘는 모두 62건 164기이며 하북서와 산서성에 32건 73기가 분포하여 건수로는 50%가 조금 넘고 기수로는 45% 정도로 거의 반을 차지하고 있어 이 일대가 금의 주된 근거지였음을 보여주고 나머지는 요녕성, 내몽고, 흑룡강성 일원에서 주로 확인되고 있다.

금묘 가운데 필자가 확인하고자 하는 숟가락이나 가위가 출토되는 유적은 몇 기 되지 않는다. 요령 요양발견 북원금묘에서 동작 1점(도면16), 산서성 대동시 금대 염덕원묘에서 목제 표 1점과 쾌 1쌍, 산서 후마 금묘, 산서 후마 금대 동씨묘에서 각각 목저와 죽쾌가 한쌍씩 발견되었다. 아울러 요녕성 요양 요금묘에서 동표 1점이 출토되었고 산서성 문희사저 금묘의 전조에서 탕표 1점이 나타나 있는 것이 보고된 전부이니 전체 출토비는 전조를 포함한다고 하여도 3%에 지나지 않아 어떤 경향을 띠고 있다고 보기는 어렵다. 그리고 가위는 북경시 통현 금대묘장 2호에서 X자 가위가 출토된 1점이 유일하다.

동전 출토 예는 그나마 좀 나은 편인데 길림성 부여현 금묘, 내몽고 무천현 조란요자금묘 M1호, 하북 숭례현 수정둔 금대석함묘, 하남 신향송금묘, 산서 효의시금묘, 산동 등현 금소우묘, 산서 삭현 금대화상묘, 산서 장치 안창금묘, 산서 분양금묘 등 모두 26기에서 출토되었다. 빈도가 16%를 상회하여 금묘의 가장 일반적인 부장품으로 보아도 무리가 없을듯하다. 이와 같은 경향을 반영하는 것인지 동전의 양도 산동 등현금소우묘 51점, 산동 제남시구발현 금묘 1호 51점, 산서 장치시 고장 금대기년묘 89점, 북경시 통현 금대묘장 1호 84점, 2호 124점, 산서 삭현 금대화상묘 M105호 53점, 북경시 해전구 남신장금묘 M2 55점 등으로 요묘에서 출토되는 동전의 양보다는 훨씬 많고 북경 방상현 석곽묘에서는 정화통보와 함께 옥전이 1점 출토되기도 하였다. 또한, 출토 지역을 살펴보면 산서성 11기, 하북성 5기, 길림성 1기, 내몽고 2기, 하남성 2기, 산동성 2기, 흑룡강성 3기 등 모두 26기 가운데 산서성에 11기, 하북성에 5기가 집중 분포하고 있는데 이것은 당시 금과 남송의 관계를 보여주고 있는듯하다.

한편, 동경은 산서 후마금묘, 산서 양분현금묘, 내몽고 무천현 조란요자금묘, 하북 삼하현 요금원시대묘장 74SJM1, 하북 숭례현 수정둔 금대석함묘, 산동 등현 금소우묘, 흑룡강만 수빈중흥고성 금대묘장, 북경시 통현금대묘장, 요녕성 요양발현 금묘, 산서 평정 강가구촌금대벽화묘, 서관촌벽화묘 등 모두 11개 묘에서 출토되어 채 7%가 되지 않아 금묘는 벽화묘나 전조묘가 유행이어서 부장품에는 소홀히 하였는지도 알 수 없다. 그러나 주된 출토지역은 7기가 확인된 산서성과 하북성으로 남송과의 경계지역에 해당되어 동전의 경우와 마찬가지로 남송과의 영향을 추정해 볼 수 있다.

d. 元墓 <표2-4>
원묘는 모두 76건 187기가 확인되었으며 요녕성 일원에서 11건 46기(24.6%), 하북성 일원에서 28건 66기(35.2%), 안휘성 일원 9건 15기(8%),

강서성 일원 15기(8%), 귀주성 일원 2기(1.1%)의 전국적인 분포를 보이고 있는데 요녕성과 하북성 일원이 전체의 60%에 가까운 분포를 보이고 있다. 그러나 송묘는 안휘성 일원과 강서성 일원에서 확인된 것이 143건으로 전체 220건의 65%에 달하고 있어 원묘의 주된 분포지역과 확연한 차이를 보이고 있다.

지금까지 보고된 원묘 가운데 청동숟가락이나 젓가락이 발견된 예는 얼마 되지 않는다. 산동 가상현 원대 조원용묘(동저 1), 섬서 서안 곡강지 서촌원묘(도제표 5), 요녕 무순토구자촌 원묘(동비1, 도면 17), 강소 오현원묘(은시 2, 도면 18), 강소 무석시 원묘(은시 2, 은쾌 2쌍), 감숙 장현 원대 왕세현 가족묘장(은시, 은저), 강소성 상해시 청포현 원대임씨묘장(은장병표 1, 은장병원표 1, 우각장병표 1, 도면 19) 등 7기에 불과한데 강소성에서 3기가 발견되어 송대 이래의 전통이 계속되고 있음을 보여주고 있는 것 같다. 반면 가위가 발견된 원묘는 한 기도 없는데 가위는 명대 묘장에서는 발견되는 예가 없지 않기 때문에 가위가 출토된 유적이 보고되지 않은 것으로 보는 것이 타당하겠지만 가위가 출토되는 빈도수는 그리 높지 않다고 보아야 할 것이다.

한편, 동전은 하북 북경 평창 백부촌 원묘, 산서 양보현 원묘, 요녕 객나심좌익자치현원묘, 산동 창락 동산왕원대묘장, 복건 담평시 삼관당 원대기년묘, 하북 자현 원묘, 절강 가선현 원묘, 안휘 안경시 기반산원묘, 섬서 호현하씨묘, 내몽고 적봉시 원보산원대벽화묘, 호북 무한 황파현 주가전원묘, 하남성 낙양 도북원묘 등 모두 44기에서 출토되어 23%를 상회하는 높은 비율을 보여주고 있다. 이것은 자연소멸이나 파손, 도굴 등을 감안하면 거의 대부분의 묘장에 동전이 부장품으로 선택되었고 그러한 경향은 전국적이라고 할 수 있을 것이다. 그리고 안휘성 안경시 기반산원묘에서 금전 38점과, 은전 99점, 내몽고 소맹적봉 삼안정원대벽화묘 금전 4, 섬서 서안 옥상문외 원대전묘에서 철전 1점 등 재료가

도면 17
요녕 무순토구자촌 원묘 출토 동비

도면 18
강소 오현 원묘출토 은시

도면 19
상해시 청포현 원대 임씨묘장 출토 은시

다른 전폐가 발견되기도 하였다.

　아울러 동경의 출토비율도 낮지 않은데 산서 태원 서남교원대묘장, 하남 신양원묘, 강서 고안편 천력2년기년묘, 산동 제녕발현원묘, 복건 남평시 삼관당원대기년묘, 안휘 육안현 화석조고묘, 섬서 서안 옥상문 외 원대전묘, 산서 후마원대묘장, 감숙 장현 원대 왕세현가족묘장, 내몽 고 적봉시 원보산 원대벽화묘, 하북 탁주원대벽화묘 등 모두 29기에서 확인되어 15% 이상의 출토비를 보여주어 동전의 출토비에 근접하고 있 다. 이것은 송묘의 경우에서도 보다시피 원대묘장의 기본적인 부장품 가운데 하나가 동경이었고 그것도 전국적인 경향이었음을 잘 보여주고 있다고 생각한다.

04 고려묘 부장품과의 관계

–청동숟가락과 철제 가위,
그리고 동전과 동경을 중심으로

송묘~원묘까지 청동수저의 출토빈도가 가장 높은 시대의 분묘는 전체 195기 가운데 26기에서 출토되어 약 13%를 상회하는 비율을 보이고 있는 요묘이다. 13%의 출토율은 자연멸실이나 훼손, 도굴 등을 감안하면 당시에 실제 부장되었을 가능성은 20%가량으로 보아도 무방하지 않을까 생각한다. 이것은 5기마다 1점씩 부장되는 것으로 숟가락은 은으로도 제작되었고 비교적 대형묘에서만 출토되는 상황을 고려하면 중요 부장품으로 볼 수 있을 것이다. 그리고 북송과 남송시대의 분묘에서는 모두 22기에서 출토되어 빈도수가 3%에 불과하여 출토비에 있어 요묘와 현격한 차이를 보이고 있다. 다만, 송묘가 위치한 지역이 강소성과 안휘성, 절강성, 강서성에 몰려 있어 당시 고려와 교류가 빈번하였던 지역임을 상기할 필요가 있다고 생각한다. 한편, 금묘에서는 출토 빈도도 송과 동일한 3%대에 불과한데 북방 이민족 출신의 금이 요와는 달리 이렇게 수저의 출토빈도가 낮은 것은 차후 생각해 볼 문제라고 본다. 그리고 원묘에서도 그 출토빈도 역시 3%대에 머물러 송대 이후의 전통을 유지하고 있는 것으로 볼 수 있지만 은제수저가 6기 중 4기에서 발견되어 숟가락이 고급화되었음을 잘 보여주고 있다.

물론 분묘에서가 아니라 사천 한중현 출토 송대
교장(도면 20)에서는 숟가락 111점, 젓가락 122쌍이
출토되어 송대에 청동수저에 대한 상당한 수요가 있

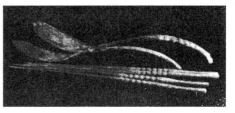

도면 20
사천 한중현 송대 교장 출토
청동시저

었음을 증명하고 있고 같은 사천지역 덕양현 송대교장과 대읍현 안인진
출토 송대교장에서는 청동젓가락이, 낙양 안락송대교장에서도 청동국
자가 출토되어 이와 같은 사실을 방증하고 있다. 그렇다고 하더라도 이
것은 일상생활에 있어서의 수요이지 부장품으로 선택하게 된 것과는 차
이가 있다고 보는 것이 타당할 것이다.

다음으로, 고려해 볼 것은 철제 가위에 관한 것이다. 철제 가위는 송
묘는 12기, 원묘는 9기, 금묘 1기에 불과하고 원묘에서는 아예 출토 예
가 없는데 비율로만 보면 요묘에서 높은 출토비를 보여주고 있다. 그리
고 요묘에서는 앞서 보았다시피 도제로 가위의 형태를 만들어 부장한
예가 있는데 이것은 가위에 대한 요대 사람들의 특별한 인식의 결과에
서 비롯된 것이 분명하므로 고려묘에서 출토되는 가위는 요의 영향으로
부장품으로 선택하게 된 것으로 보는 것이 타당할 것이다.

한편, 동전과 동경이 문제인데 송묘에서는 동전이 170기에서 출토
되어 30% 이상의 출토비를 보여주고 있지만 요묘에서는 전체 195기 가
운데 34기에서만 출토되어 출토비가 18%에 불과할 뿐만 아니라 출토
량도 현격하게 차이가 난다. 이러한 출토비는 금묘에서도 마찬가지여서
동전의 출토비는 15.8%에 불과하지만, 출토량이나 금전과 은전이 출토
되는 상황은 남송지역에서 이루어지고 있는 동전을 부장하는 풍습에 상
당히 노출되어 있는 것처럼 보인다. 그리고 원묘에서 동전은 23.5%의
비율로 요나 금에 비하여 상당히 높아 원의 문화 기저에는 송의 문화 또
는 중국 고대 이래의 전통이 여전히 남아 있음을 보여주고 있는 것이다.
반대로 요묘에서나 금묘에서 동전의 출토비가 낮은 것은 북방민족의 장

례전통이 반영된 결과로 볼 수 있을 것이며 특히 요묘의 동전 출토비가 낮고 그 양이 금묘에 비해서도 상당히 낮은 것은 요묘가 북방 거란족의 전통을 고수한 결과라고 생각된다.

이와 같이 동전을 부장하는 것은 송묘를 중심으로 하는 전통이라고 할 수 있으므로 고려묘에서 출토되는 동전은 송의 영향을 배제하고 생각하기는 어려운 실정이다. 우리나라 분묘에서 출토되는 동전의 경향을 간단하게 살펴보면 기원 전후의 삼한시대 유적인 삼천포 늑도유적[9]이나 해남 군곡리유적[10]에서는 반량전이나 오수전이 출토되고 있지만, 삼국시대에 들어서서 통일신라시대까지 축조된 고분에서는 백제 무녕왕릉[11]을 제외하면 동전이 출토된 예는 거의 없는 실정이다. 이것은 삼국시대에 화폐경제가 발달하지 않아 동전이 실질적인 가치가 없었기 때문인지 단정하기는 어렵지만 분명한 것은 삼국시대와 통일신라시대의 고분에서는 동전이 출토되지 않았고 고려시대의 분묘에서 동전이 출토되기 시작하므로 고려시대의 장례 풍습은 중국의 영향을 받은 것이 분명하다고 할 수 있다. 아울러 요묘에서 동전이 출토되는 경향은 수저에 비하여 높다고 할 수는 없는 실정이고 금묘와 원묘에서는 계속하여 동전을 부장하고 있기 때문에 고려묘에서 동전이 출토되는 배경에는 송의 영향이 지대하다고 볼 수 밖에는 없을 것 같다.[12]

동경은 송묘에서는 18%(104건 566기), 요묘에서는 동경 14.3%(28건 195), 금묘에서는 6.7%(11건 164기), 원묘에서는 15.5%(29건 187기)로 금묘를 제외하면 거의 비슷한 비율로 나타나고 있다. 이러한 상황은 동전과 마찬가지로 송의 부장 양식을 요에서 받아들인 것이며 원은 그전까지

---

9 동아대학교 박물관, 2005, 『사천늑도C Ⅱ』

10 목포대학교 박물관, 1992, 『해남 군곡리패총』

11 문화공보부 문화재관리국, 1973, 『무녕왕릉』

12 이승일, 2002, 「고려묘 출토 중국전에 대한 연구」, 동아대학교 대학원 사학과 석사학위논문

송대까지 확립된 전통이 그대로 계승되고 있음을 보여주는 자료로 보아도 무방할 것으로 보인다.

이상과 같은 상황을 종합하면 송대의 부장품에는 동전과 동경이 포함되는 경향이 시기와 지역을 막론하고 대단히 높았다고 할 수 있을 것이다. 송묘에서 동전이나 동경이 부장품에 대단히 높은 비율로 정착되게 된 것은 당을 소급하여 한나라까지 소급하는 전통의 결과일 것이나 이번 글에서 상론할 문제는 아닌 것 같다. 다만, 송묘에서 보이는 동전과 동경의 부장이 요에 큰 영향을 미쳤으며 금과 남송을 멸한 원은 물론 여진족이 요와 북송을 멸망시키고 세운 금나라 역시 계속하여 송의 문화 전통을 일부 계승한 것으로 볼 수 있을 것이다.

이와 같은 관점에서 본다면 고려묘에서 발견되는 동경이나 중국동전은 분명히 고려 자생의 부장풍습이 아니라 송에서 영향을 받아 시작된 것으로 보아 타당할 것이다. 또한, 대부분의 중국동전이 북송전인 점을 감안하여도 이와 같은 주장은 별로 문제가 없어 보인다.

다만, 문제는 청동숟가락에 관한 것이다. 앞서 지적하였다시피 청동숟가락이 가장 많이 출토되는 것은 요묘이며 그 비율도 가장 높다. 그렇다면 과연 요와 북송 가운데 어느 지역에서 먼저 청동수저를 부장품으로 분묘에 넣게 되었는가 하는 문제가 남아 있다. 이것은 분명하게 시기를 알 수 있는 자료가 축적되기 전에 단언하기는 어려운 문제라고 생각되지만 일반적인 관점에서 본다면 당 이래의 전통을 이어받고 있는 북송이 먼저라고 할 수도 있을 것이다. 실제로 북송보다 앞선 시대 즉 당대에 청동수저가 포함된 예는 하남 언사행원촌당묘, 장사북교 사묘충당 대전실묘, 낙양 16공구 76호당묘 등의 묘장과 강소 단도 정묘교출토 당대금은교장 등 적지 않은 예가 발견될 것이며 게다가 넓은 공간과 역사를 배경으로 다양한 묘장이 발생한 지역을 기반으로 하는 송묘로 보는 것이 설득력이 있어 보인다. 그렇다면, 요묘에 부장품으로 청동수저가 포함된 것은 송의 영향이라는 주장도 타당한 것처럼 보일 수 있다.

그러나 필자가 지적하고 싶은 것은 많은 묘장 가운데 일부 특별한 경우로 청동수저가 부장품에 포함된 것이 아니라 청동수저라는 특별한 식도구를 부장품으로 포함시키고 이를 전통으로 확립되게 한 배경이라는 것이다. 말하자면 어떤 특정 민족이나 집단이 실생활에서 청동수저를 보다 필수적인 것으로 보아 사후에까지 그것을 필요할 것이라고 생각하여 그것을 부장품에 포함시키고 그것이 일정한 경향을 이루게 되었는가 하는 것이다.

청동수저에 대한 요대 사람들의 특별한 인식은 북경 방상현 북정촌 요탑(도면 15)과 길림 농안 만금탑기, 그리고 내몽고 파림우기 경주백탑 요대 불교문물(도면 12)에까지 포함된 은제 수저의 예로도 수저에 대한 인식의 단면을 읽을 수 있을 것이다. 그런 점에서 본다면 수렵이 주된 생활이었고 수저를 늘 가지고 다니던 요에서 청동수저를 부장품에 포함시키는 전통을 확립하였을 가능성이 높다고 보는 것이 타당하지 않을까 생각한다.[13] 이러한 가능성은 요대를 지나 한족의 문화에 일찍 동화되는 금대나 원대에 이르러 청동수저가 묘장에서 발견되는 예가 현저하게 줄게 되어 그 출토비가 북송대의 경우로 돌아가는 것에서도 미루어 짐작할 수 있다.

한편으로 더욱 고려해 보아야 할 점은 숟가락의 형식에 관한 것이다. 숟가락은 크게 술잎의 형태로 보아 유엽형과 장타원형으로 나눌 수 있고 자루는 자루의 끝이 원형이나 마름모형인 봉미형과 2갈래로 나누어진 연미형으로 나눌 수 있다. 그런데 송묘에서 출토되는 숟가락은 모두 봉미형이며 요묘에서 출토되는 숟가락은 봉미형과 연미형이 모두 나타나고 있다. 그러나 이 연미형은 금나라와 원나라에까지 이어져 나타

---

13   徐海榮 主編, 1999, 『中國飮食史』 卷四, 華夏出版社

나는데 북송과 남송지역에서 나타나지 않는 것으로 보인다. 예를 들면 하남성 등봉시 이수귀묘는 북송 紹聖 4년(1097)에 축조된 것인데 여기서 출토된 「備茶圖」에 그려진 숟가락은 연미형이 아니다.[그림 1][14] 또한 북송 휘종 연간(1082-1135)에 제작된 「文會圖」에 그려진 숟가락도 기본형으로 분류되는 것이다.[그림 2][15] 그러므로 고려 전기의 고려묘에 연미형 숟가락이 포함되어 있는 것은 고려묘의 부장품 가운데 청동숟가락이 포함된 배경으로 요나라의 영향을 배제하기 어렵다는 뜻으로 해석할 수 있을 것이다.

이처럼 고려에서는 요와의 통교를 통하여 이러한 음식문화를 받아들이고 또한 장례문화도 받아들여 청동수저를 부장품에 포함시키게 되었다고 보는 것이 필자의 의견이며 한편으로 시기는 대개 10세기 말에서 11세기 전반경인 것은 이미 다른 논문에서 밝힌 바와 같다.[16] 아마도 고려초에는 통일신라시대의 전통을 이어 청동수저는 대단히 진귀한 식도구였고, 요와 송과의 통교를 통하여 그 중요성은 더욱 부각되었을 것이며 사후에도 청동수저를 무덤 속으로 가져가는 전통을 확립하였을 것으로 보는 것이다. 이상과 같은 지적이 타당하다면 고려묘의 부장풍습은 중국동전과 동경의 출토예로 보아 송의 영향도 무시할 수는 없겠으나 적어도 청동수저는 요의 영향으로 보는 것이 출토 경향이나 요의 식생활로 보아 더욱 타당할 것이며 고려묘의 부장품은 요와의 공식적인 교류와 북송과 남송과의 실질적인 교류 결과를 반영하고 있는 것으로 보인다.

한편, 요를 통하여 확립된 청동수저가 부장품에 포함된 전통은 원의 지배를 받는 13세기 후반부터는 더욱 확대되었고 16세기까지 일관되게

---

14   文會圖 - 國立故宮博物院, 2006, 『大觀』北宋書畵特展

15   備茶圖 - 科學出版社, 2012, 『中國出土壁畵全集』 5 河南

16   정의도, 2007, 「한국고대청동시저연구-고려시대-」, 『석당논총』 제38집, 동아대학교 석당학술원

그림1
文會圖〔좌〕·부분〔우〕

그림2
备茶圖〔좌〕·부분〔우〕

지속된다. 그러나 중국에서는 앞서 보았다시피 청동수저를 부장품으로 사용한 전통은 요대 이후에는 사라지게 된다. 즉 원대에는 청동수저가 부장품으로 포함되는 예가 현저히 줄어들게 되고 명대에 들어서도 강릉 팔령산 명대 요간왕묘, 무창 용천산 명대 초소왕묘, 호북 종상명대 양장 왕묘 등의 지배자급 분묘에서는 금이나 은, 청동으로 제작한 수저가 포함되기도 하지만 일반적인 경향으로 보기는 어렵게 되는 것이다.

05 결론

필자는 고려시대의 청동숟가락과 철제 가위가 부장품에 포함된 것은 통일신라시대에는 없었던 전통이 고려시대에 시작되었다고 지적하였고 그러한 기물이 포함되게 된 것은 요와의 통교가 늘어나면서 요의 식문화나 장례문화의 영향이 그 배경이라고 지적한 바 있다. 이번 글은 이상과 같은 주장이 과연 타당한 것인지 검증하고자 고려와 존속연대가 겹치는 송~원까지 축조된 분묘를 왕조별로, 지역별로 정리한 다음 과연 청동수저를 부장하는 풍습은 어떻게 확립되었는지 살펴보았다.

그 결과 북송과 남송에 청동수저를 부장하는 경우가 없었던 것은 아니나 이것이 일반적인 경향으로 오랜 세월동안 지역을 초월하여 확립된 전통으로 보기는 어려웠다. 이와는 달리 요묘에서는 우선 출토비가 높고 장기간 시행되어 하나의 경향, 또는 전통으로 확립되었다고 보았고 아울러 수렵을 주로 하는 거란족의 생활방식으 보아 수저는 그들이 늘 가지고 다니는 중요한 식도구였던 것도 이러한 추정에 도움이 되었다. 또한, 숟가락 가운데 일반적으로 연미형으로 통칭되는 형식의 것은 북송이나 남송의 묘에서는 발견된 바 없고 요묘에서 출토되어 고려묘의 부장품으로 포함된 숟가락은 요의 영향으로 보는 것이 타당할 것으로 판단되었다.

다만, 고려묘에서 자주 출토되는 동경이나 중국동전의 경우에는 북송과 남송을 중심으로 행하여졌던 풍습이어서 이것들이 부장품으로 포함되게 되는 것은 한편 북송과 남송의 영향도 무시할 수 없을 것으로 보았다. 이와 같은 사실은 고려묘의 부장품 구성은 고려가 공식적으로는 요나 금과 통교하고 있었으나 한편으로 물자나 사람의 교류는 북송을 이어 남송까지 이어지고 있었던 것을 보여주고 있는 것이다.

사실 이러한 결론에는 고려묘 부장품의 주를 이루는 자기에 대한 분석과 동반 유물에 대한 종합적인 검토가 필요하겠으나 그것은 필자의 능력 밖의 일이기도 하여 관련 전공자에게 그 짐을 넘기는 것을 송구스럽게 생각한다. 한편으로 고려묘의 양식도 고려 대상에 포함시켜야 했으나 워낙 송묘에서 원묘까지 주된 양식이 전축묘여서 고려묘와는 너무나 달라 제외하고 부장품 가운데 수저와 가위, 그리고 동전과 동경만을 검토대상으로 삼았다. 이러한 과정에서 결론에 많은 비약이 없지 않을 것이니 동학 여러분의 질정을 바란다.

표2. 송·원·금·요묘 출토유물일괄

표 2-1. 宋墓[33~55]

2-1-① 요령성, 길림성, 내몽고, 흑룡강성

2-1-② 하북성, 산서성, 섬서성, 감숙성

2-1-③ 하남성, 산동성

2-1-④ 안휘성, 절강성, 강소성

2-1-⑤ 강서성, 호북성, 호남성, 광동성, 복건성

2-1-⑥ 귀주성, 사천성

표 2-2. 遼墓[56~69]

2-2-① 요령성, 길림성, 내몽고, 흑룡강성

2-2-② 하북성, 산서성, 섬서성, 감숙성

2-2-③ 하남성, 산동성

표 2-3. 金墓[69~76]

2-3-① 요령성, 길림성, 내몽고, 흑룡강성

2-3-② 하북성, 산서성, 섬서성, 감숙성

2-3-③ 하남성, 산동성

표 2-4. 元墓[76~85]

2-4-① 요령성, 길림성, 내몽고, 흑룡강성

2-4-② 하북성, 산서성, 섬서성, 감숙성

2-4-③ 하남성, 산동성

2-4-④ 안휘성, 절강성, 강소성

2-4-⑤ 강서성, 호북성, 호남성, 광동성, 복건성

2-4-⑥ 귀주성, 사천성

1) 宋墓

표2-1-① 요녕성, 길림성, 내몽고, 흑룡강성

	출전	발간연도	제목	특징	출토유물
1	고고	1982.3	내몽고 영성 요등중거묘	묘실-전체권정단실묘, 방형, 화장묘	골회묘실 북쪽좌우측에 남아있음, 묘장조기피도 실내바닥-개원전2, 지도보전2, 철정2, 청룡상전1, 백호상전1, 무사상전2, 노옹상전1, 영복상전1, 시리상전10
2	문물	1981.3	녕하 경원송묘 출토 정교한 조전	묘는 좌우 양실 방형의 묘갱, 묘갱중 좌우 2좌로 양실이 나눠짐	수장품 도굴
3	문물	1961.9	내몽고 요중경서성외의 옛고분	소오달맹, 영성현 원형전실묘 4기, 육각형전실묘2기, 소형전실묘3기, 석관장3기, 화장묘1기 1, 2, 3호-벽화묘, 1호가 가장 완전	4호-대개도관8, 도분3, 도완1, 도좌2, 도과2, 삼족도과1, 쌍이삼족도과2, 대개삼족도로2, 도초두1, 도금오자1, 대유도발1, 대이도과1, 도잔탁1, 도소접1, 도분1, 도집호1, 도전1, 백자소완1, 도개1, 6각형전실묘-알사영자북산파대도상출현 전실묘2기, 직문전축성, 묘실평면6각형, 동전11, 골소1, 도파호1, 도분1, 도개2, 도향로1, 도파기, 도발1, 도관1, 대자도편1 소형전실묘-산두촌 및 알사영자3기, 묘실전체 직문전으로 축성 3호-도연1, 묵1, 백자인화소접1, 백자소개1 소관장3기, 화장묘1기, 석관내 27매 동전

표2-1-② 하북성, 산서성, 섬서성, 감숙성

	출전	발간연도	제목	특징	출토유물
1	고고	2000.9	하북 평산현 양분 송묘	7기 고분. 단실묘 M4제외하고 석축원형묘실 M1-육각형, M2,7-팔각형, M3,5,6-원형, 궁륭상권정	M1:서남, 서북벽화, 자침1(M1), 자관4(M1-2, M2-2), 자완6(M1-3, M2-2, M5-1), 은잠1, 은차1(M1), 은도1(M1), 동경(M2), 동전48
2	고고	1995.1	하북 정해동탄두 송금묘 발견	송묘2기. M3-평면원형 M2-장방형 M3-묘도, 묘문, 용도, 묘실	니질홍도쌍계관1, 백자완2, 백자배2, 동전6(개원통보2, 광천원보, 순화원보, 경덕원보, 상부원보) M4-장방형단실묘, 단전체성, 도관1, 자완2, 동전1(개원통보)
3	고고	1990.12	하북 승덕현 도북고촌 요묘	장방형토갱수혈식, 일인장	은이추2, 은령1, 동경1, 동차령10, 발형동마식1, 동대구2, 동대가13, 소동령4, 철마등1, 철을두1, 철후형1, 철도2, 백자완1, 거박주1
4	문물	1988.1	하북 곡양남평라 북송정화7년묘 정리보고	1기. 원형. 궁륭정. 청회색장방형전축묘	장유자관2, 백자완5, 백자수우1, 동전8(대천50, 개원통보, 태평통보, 황송통보1, 원풍통보1), 동이환1

5	고고	1965.1	하북 곡양 간자촌 당송묘장 발굴	7호묘-전축원형단실묘	백유자관1, 동전4(북송천희통보1, 황송통보2, 숭녕중보1)
6	고고	1965.1	하북 곡양 간자촌 발굴의 당송묘장	8호묘-석축원형단실묘 9호묘-도굴	8호묘 도굴, 도연1, 균자잔편 9호묘 관2, 매병1, 관1, 등1, 동전6(가우통보1, 원풍통보2, 원우통보1, 정화통보1, 금정융년뢰)
7	문물	2002.5	산서 호관하 호래송묘	1기-방목건축결구전실묘, 묘정궁릉형, 묘실방형	북벽우부창변묵서선화5년3월(1123), 묘실벽화와 전조가 남아 있음, 묘실교란 유물-자침1, 묘지명전1
8	고고	1997.5	산서 노성현 북관 송대전조묘	수장 상태 상세하지 못함	벽화 및 전조 발견
9	문물	1997.2	산서 호관 남촌 송대전조묘	1기-전실묘, 방목건축결구 다실전묘	전조화상, 원우2년(1087)
10	고고	1994.9	산서장치시 오마촌송묘	1기-장방형, 목조 모방 건축구조의 묘	자침1, 백자반1, 백자정1, 백자관1, 도녀용1, 묘지1(송원풍4년, 1081)
11	고고	1994.3	산서 분양현 북편성 송묘	팔각형궁릉정식 단실합장묘	흑유자등잔1, 백유갈화자침1, 백유자완1, 흑유자관1, 산수문동경1
12	고고	1993.7	산서 강현하촌 발견 1기전조묘 송대만기~금대초기	전조방목결구형제 묘실은 주실과 측실 양부분으로 나뉨	관정2매, 자완2, 흑자편
13	문물	1977.12	산서 양분현 출토 송대동기	1개동관 내에 6개동기	이형제량관1, 집호1, 제량관1, 표2(1식-12.5, 작은 설상, 원주병은 S자, 병단16개소환/2식-11cm 표작 설상, 병편평, 앞부분 좁고 뒤는 넓고 병단은 삼각형)
14	고고	1965.1	산서 태원교구 송,금원대 전묘 1107~1127	채구촌송묘, 소면전축단실	백유완24, 황유접4, 녹유접3, 흑유소완3, 백유소완9, 황유소완6, 녹유소완4, 황유병2, 녹유병2, 황유항1, 동전394매(서한문제시 사수반량10, 신망화천6, 동한오수72, 남조전륭오수3, 북위영안오수2, 수오수6, 당개원통보125, 오대중원통보32, 북송태평통보56, 숭녕통보48, 대관통보34), 유자동판1
15	고고	1963.5	태원시 소정곡 송묘 2차발굴기	9기 중 2기만 전묘, 나머지 토묘	66호-묘지, 9호-매지권 9호-토동식 7°, 소도관3점, 매지권(인종명도2년 1033) 66호-토동식, 도자기, 묘지 68호-전축단실묘, 자병, 백자정, 소도병, 목용
16	고고	1963.5	태원시 소정곡 송·명묘 제1차발굴기	송묘 49기 중 토동묘 47기, 전실묘 2기	300여점출토(자기:정, 도, 관, 환, 석완, 침(枕), 병·도기:탑식관, 관, 파라[소쿠리], 파기, 화폐61) 8호묘-매지권(1032, 천경10년)

17	고고	1963.5	태원 서남교 청리의 한실원대묘장	전축방형단실묘	송묘 1기-전축의 방형 단실 부장품-흑유소자관, 개원통보, 천경통보, 경송원보 각1매
18	문물	1959.6	산서 후마의 벽화송묘1좌	송대전실묘1기, 묘실장방형 정남북향, 니질관장과 장방형전으로 축성	벽화-6종 안색으로 그림(흑백회홍남갈)
19	문물	1958.5	산서 흔현 북송묘 조사보고	8각형의 단실전묘	묘지명1괴, 동기24(명기), 대좌다배3세트6, 연화판소접10, 동경합1, 동경2, 박산호1, 동우1, 동분1, 동발1, 연화발1, 동전61(숭녕, 경우, 원우등), 백자소관1, 흑유담1, 철편1, 옥대1
20	문물	1956.3	산서 태원시 남평두송묘	단실전권 원추형묘정, 10기 북송말년 축조	1-평면8각형. 인골1(1남1녀)합장1관. 흑유소자관1(인골사이) 2-팔각형. 바닥방전. 남여합장. 장경회도병1, 흑유소자완1, 동전2(상부원보, 가우통보) 3-평면6각형. 정남북. 경덕원보, 희녕원보, 가우통보 각1. 백자흑화장경병, 백자도자완1, 백자화자관1 4-팔각형. 정남북. 인골3. 1남2녀. 무관곽, 도관1, 회도분1 5-6각형. 정남북. 일남일녀. 무관곽. 동전15종46매, 회도관, 흑유완1, 철3괴, 동이환1 6-팔각형. 정남북. 1남1녀. 소아(3인)무관곽, 유대개회도관1 7-6각형. 1남1녀. 무관곽. 선어황대개자관1 8-6각형. 2인. 무관곽. 도관1 9-6각형. 2인. 무관곽. 도관1, 흑유자접1 10-8각형. 철환, 철정, 흑자대개관
21	고고	1965.1	섬서 한중시 왕도지촌 송묘조사	1기 전실묘, 전·후실에 물이 참	동경1, 도관2, 도정1, 동전2(황송통보,정화통보)
23	고고	1960.6	섬서 상현 금릉사 宋승인묘 정리보고	원부원년묘(1098) 선화7년묘(1125)	유리관11건. 瓷棺7, 陶棺6, 陶骨灰罐1
24	문물	1959.2	섬서 흥평현 서교 송묘1좌 정리	방목건축의 전실묘 장방형과 정방형의 전돌이용하여 축조	도용15(복종용2, 녹유남용12, 도마1) 녹유도관9, 녹유도병2, 도두7, 도창2, 흑자병1, 백자발1, 백자완1, 동경, 칠우2, 동전14(개원11, 천 희, 순화 각1), 금환1, 동식물1, 철관정, 철관환
25	문물	1956.12	섬서 당봉현 상락진 송묘 정리보고	전실1기, 파괴분(육각형전실을 중심으로 4개이실배치)	동경6, 자호1, 소자접4, 소자완5, 철전3, 지권전1, 선화원년11월(1119)

26	고고	2002.11	감숙 천수시 왕가신요 송대조전묘 1110년	장방형 채회조전묘 수장품 이미교란	기년전, 등황유자주호, 두녹유자완, 장유자완, 회도관, 동전, 동경, '대송대관4년'
27	고고	1987.4	감숙 영태 백리진 출토-북송대 문물 일괄		82점. 자기38(청자로1, 자소로2, 완15, 항1, 소분1, 접4, 소반3, 화판구장경병2, 장경병2, 능형소병1, 소관1, 합1, 호3, 기개1, 석기야1, 도기10(옹-4, 분2, 증1, 관2, 연1), 동기3, 동경1, 동폐2(개원통보1, 천희통보1), 철기30(철폐10, 부1, 정1, 약저1, 약구1, 척도2, 모1, 착3, 등4, 마형1, 마추1, 부2)
28	문물	1955.9	감숙 롱서현의 송묘	농의현 성남문 밖 1리. 합장묘. 교란묘실은 모두 조회의 전퇴축. 묘문밖양측에는 채화호두전	부장품-도기2, 내부에 3종곡물, 흑자주호1, 회도주병1, 청의 담청자완2, 녹유폐구분1, 전침1, 수견두족형향로

표2-1-③하남성,산동성

	출전	발간연도	제목	특징	출토유물
1	문물	2001.1	하남 등봉 흑산구 송대벽화묘	방목결구전축단실묘 1기 묘실평면팔각형	벽화-비연도, 기락도, 연음도, 육아도, 시침도, 시세도 유물-인골불완전, 묘실교란, 청자완편, 주서대자전(소경4년), 매지권1(1097)
2	문물	1998.12	하남 신밀시 평백 송대벽화묘	방목결구전실묘 묘도-용도-묘실 묘실평변팔각형	묘실벽화부부합장묘 유물-묘실내 백자잔편, 주서지권(대관2년, 1108)
3	문물	1996.8	하남 의양 북송 화상석관	토동묘	묘내1기 화상석관, 청색석회암질
4	고고	1996.1	하남 신향시 송금묘		도정, 도합1, 자병1, 석연1, 동경1, 동전25
5	문물	1995.8	하남 낙양 남교 교조각수촌 송묘	당송묘장100여기, 송묘1기(화장묘), 소형횡실토동묘	C7M609호-묘실평면장방형, 묘실중부소량 흑색골회 확인, 유물22점 자기-소구병2, 상구병4, 잔1, 분합1, 우1, 정1, 탑1, 투자1, 도기-관1, 파라1, 감과3, 용 및 동물모형-좌용1, 양1, 삼채마2, 삼채사자1
6	문물	1992.12	하남 낙양 망산송대벽화묘	1기송대벽화묘, 방목결구전실묘, 벽화와 전조	금잠1, 금식1, 금이식2, 유금수탁2, 은저1쌍(23.4cm), 은표1(좌주내측출토, 은저상방, 편조병병, 엽상병단, 24.6cm), 은규화반1, 은합1, 은병1, 은배1, 동경4, 유병경1, 방형형1, 자병1, 자관1, 마뇌주1, 호박주1, 진주1포

7	문물	1988.11	하남 방성금탕채 북송범치상묘	도굴, 묘실장방형. 수혈. 전석구조	출토유물-아치4, 동경1, 백유흑화자완1, 철관정, 묘지석3
8	문물	1986.12	하남 낙양 안악 송대 저장고 자기	저장 자니45점(백자, 청자, 영청자)	백자접7, 백자반2, 백자완17, 백자관1, 청자완16, 영청자관1, 영청자우1, 동다탁2, 동접1, 은표2, 석접2
9	문물	1984.8	하남 온현 송묘 잡극 조전 고찰	팔각궁륭정전권 방목구조 건축	묘지 발견 안됨. 인물상, 악부도, 포주도, 오인잡극각색도
10	문물	1984.7	하남 낙양 북송 장군묘 화상석관	석관. 숭녕 5년 4월 2일 (1106)	관개 및 관신 모두 다듬은 청석을 이용하여 조성. 관개 상부 정우에 묘지명 새김
11	문물	1983.8	하남 낙양 간서 3좌 송대방목결구전실묘	1.동방홍타라기창179호송묘. /묘도-용도-묘실 /전축, 묘실벽 수직궁륭정 2.낙양내화임묘창13호송묘:묘도-묘실/ 묘문, 묘실 모두 청전축조. 묘실-정방형. 벽면부조 3.낙양축승창직공의원루15호송묘: 묘도-묘문-묘실(팔각형)/궁륭정	1호-관의남쪽 자병1, 시신부근 동전44매(개원통보, 건원중보, 순화원보, 지도원보, 경덕원보, 상부원보, 천희통보, 천경원보, 황송통보, 희녕원보, 희녕중보, 원풍통보, 원우통보 13종), 철관정 2호-소백자완, 사자신체주위 9매동전(순화원보, 지도, 함평원보, 태평통보, 천경원보.황송통보, 원우통보 7종), 청전3개 3호-백자소완, 동전2매(상부원보, 원풍통보)
12	고고	1960.9	하남성 백사송묘	雜劇磚雕 송대전실묘, 묘실평면 8각	
13	고고	1960.4	하남 려강 백사송묘 잡극조전	송대전실묘중 발견 묘실평면 8각	
14	문물	1958.5	하남 정주 남관외 북송전실묘	소전축성, 묘실좌북향남 묘실-용도-묘문-묘도 실4벽 모두 양감전으로 부조	수장품-백자관1, 매지권1, 지화3년(송인종)
15	문물	1958.11	하남 방성 염점장촌 송묘	전권동실묘, 교란	석조-용(남용24, 여용7), 탁8, 의9, 방형용기6, 완1, 규화식반6, 원반1, 원접32, 주배13, 호2, 규화식완탁4, 팔릉형기1, 원합3, 삼족형기1, 세요삼족기2, 발형기1, 필가2, 좌4, 6각형좌1, 방거1, 향로1 쾌자1(10근.19cm), 교자1, 우1, 수2, 쥐1, 장방안1, 연1, 철전(X자), 은기:패대장식, 송선화계원11월(1119)
16	문물	1956.8	하남 안양시교구 송묘발견 자침	송묘10여기, 대부분 토동묘, 1기전실묘, 대부분 파괴	자기, 자침
17	문물	1956.11	하남 낙양 망록가 1좌 송묘 정리	좌북향남. 묘는 2종의 다른 전을 이용하여 축성한 방형실 묘실 및 용도, 도은 모두 주전식의 축법	관의 동쪽머리 부근 백자완2, 우측도관4

18	문물	1955.9	하남 낙양 간서송묘 (9,7,2호) 조사보고	묘구조는 소전을 이용하여 팔각형으로 축조. 각 모퉁이마다 전주를 둠	묘실벽면은 상감한 벽돌 부조-탁자, 의자, 삼족목등, 좌괘, 다호 등 부장품- 철우2, 관정4
19	고고		하남 공현 송릉 조사		출토유물에 대한 설명 없음
20	고고	2001.3	산동 임기시 북로둔촌 송묘의 조사	1기, 장방형토갱수혈석관묘 묘광을 파고 불규칙한 석괴를 평수직하게 벽을 만들고 바닥에 석판	관개는 석판3괴 사용 도기1, 자기5, 전폐14 등 도관1, 자관1, 자완4, 은차1, 철기1, 전폐14
21	고고	1998.5	산동 서하시모가점 송대모항묘	원형궁릉형전실묘(장방형 청회전 축성)	부장품-대부분 묘실북변의 관대위에 놓였음 자기8(완6, 관1, 구합1), 동기(배탁2, 침1, 유금요대식편2, 요대식편2, 요대구3, 동전13)철기(환2, 포수형환1, 관정2), 은환1, 석연1, 묘지
22	고고	1998.5	산동 장도현 발견 송묘	2기, 동서병렬 석괴축성의 묘도가 딸린 정방형궁릉 정묘, 남북향	M1-1인매장. 자관, 자완, 동전, 쌍이자관1, 청유자완1, 전폐3 M2-2인매장. 동전
23	고고	1997.3	산동 모평현 북두묘 군 조사와 정리	M1-모래위에 광을 파고 사방을 판석으로 둘러둠 M2-M1과 유사	M1-묘내 북부:자완1, 석연1, 동전 M2-묘내 북부:자완1, 도연1
24	고고	1995.8	산동미산현발견 한송 고분	7기, 파괴 독산에 M3~M6 분포 양성향 양식장 공사중 발견. 석실묘. 바닥에 전돌	허리에 전폐56매 산치 철정5, 두부좌상방 백자관1
25	고고	1995.1	산동 초원현 발견의 송묘	대형석재체축의 8각형 방목결구 단실묘	10매 북송전(경우원보, 희녕원보, 원풍통보)
26	고고	1986.9	산동 가상현 조어산 송묘2기	1호-전실권정묘 2호-석실부부합장묘, 상부(팔각궁형, 상층누각식)	1호-묘실파괴, 묘도 가운데 청동와마, 조서우와 그의 처 양씨부부합장묘 2호-흑유자잔1, 마뇌주9, 석조상12
27	고고	1985.2	산동 기수 송묘	전실묘, 평면장방형, 단실 소묘	자완5, 청자반1, 백자접1, 회도훈2, 삼채도훈1
28	고고	1984.4	산동 등현 금소우묘	토광수혈묘정에 3매 판석 설치광중석곽	기명석1, 동경2, 목서1, 골계1, 잔지권1, 철관환1, 전폐41
29	고고	1979.6	산동 발현 금묘	1호-평면육각형, 장방형 천정축조 2호-제남실험중학발현, 좌북향남, 평면원형, 찬첨정 3호-제남철찬발현-평면원형, 좌북남향, 찬첨정, 전조	1호-외식채회, 인골2구, 도굴, 백자1점, 동전51 2호-부장품없음, 인골없음 3호-경, 탁자, 의자, 다기, 주, 대방탁, 인골2구

표 2-1-④ 안휘성, 절강성, 강소성

	출전	발간연도	제목	특징	출토유물
1	고고	2004.1	절강 여수시발견 남송묘1기	묘갱-원형, 묘실-정방형, 엽종 노부부 2차장묘	석갑내 인골(엽씨, 본처왕씨, 계처정씨 등 3구), 석갑내 청전6괴 출토유물-도굴과 중장으로 비교적 적은 출토량, 철가위1, 유리장식1, 철관정3, 광지2, 동전433(남송전4, 북송전393, 오수전1, 개원통보35, 건원중보2)
2	고고	1996.9	절강 동양시 호전 산촌 남송묘	방형쌍실 석판묘 수장품-산실	은관1, 은표1(원형표두, 병호형만곡, 전체길이7.4cm, 병부길이6cm), 은랍기1 전폐: 개원통보 40개전후(산실) 도병 속 금대정륭원보2매 도병2, 동경2(규판경, 난봉유병경)
3	고고	1993.8	절강 온주 오대 북송 자기로 만든 명기		1. 낙청현수장향철장촌묘갱묘: 탁, 의, 조, 구, 정, 반, 잔, 관, 호, 완, 병, 연구, 견, 계 2. 낙청현진안향소왕묘토갱묘: 조, 연 구, 관, 병, 완, 계, 견, 양 3. 창남현조계향성도하산호토갱묘: 마, 구, 반, 잔, 접, 단 4. 창남현영계진소봉산토갱묘: 마, 표, 조, 구, 혼병 5. 창남현선산진토갱묘: 호, 로, 표, 구, 병, 관, 잔, 증, 곡창(표: 반구형표면, 반원관형병, 5.3cm), 디딜방아(대) 6. 창남현번지향유수양토갱묘: 호, 마, 통, 정, 호, 접, 필가
4	고고	1991.7	절강 난계시 남송묘	방향정북. 수혈식권정쌍실 전석결구 남좌여우. 양실 대소일치	유물-청백자완1, 옥벽1, 옥환1 금기-금배1, 금패식1/동기-정식로1, 세1, 잔1, 합1, 병1, 필가1, 수발1, 경2 은기-고족배1, 장경병1, 집호1, 사두1, 기타은기8(은쾌자, 탕고, 은열쇠, 은시위에 "왕삼랑" 3자 새겨있음) 초수연1
5	문물	1991.6	절강 영파 천봉탑 지궁 발굴	지궁	은기-훈로2, 향로1, 완1, 산1, 시1(소면제작정교, 10cm), 탁1, 은화3, 은조4, 은차9, 은구8, 혼은패, 은전22매(길상전 및 기념전), 전폐출토 200여근 52종(송대전30종)
6	문물	1988.11	절강 저기남송묘 동강사부부묘	1기 송묘. 전실묘. 평면장방형. 좌우실 나눔	우실출토-영청자관1, 동경3, 초엽백단연1, 석조서우진지1, 석조구뉴수우1, 석조필가1, 동전(많지만 부식 심함, 천경원보), 묘지1석 좌실출토-청자사계관1, 영청자분합1, 동경1, 석정1, 묘지석1
7	문물	1988.11	절강 항주 북대교 송묘	장방형 권정전실묘. 묘벽단전평축	수장기물-자기4(백자완2, 백자반1, 청자완1), 칠기10(단형칠합4, 단형칠반3, 칠발1, 대택좌칠수우1, 칠필가1, 칠건가1, 잔칠기1), 소은합1, 동경1, 초수석연1, 도관1, 도어형식1, 동전39(오수1, 북송전35)

8	문물	1987.7	절강 반안현 안문송묘	2기. 천경연간 (1023~1032) M1-묘벽은 조전으로 축조. 묘저는 방전으로 보함. 묘정은 석판으로 덮음. M2-조전축조	M1-묘지1괴, 철환정, 철각정 출토 M2-도자기6, 동경1, 고전6, 청자삼족로1, 청자완1, 황유등잔1, 백자분합1, 소도배1, 동경1 동전10여개(경덕원보, 천경원보), 부식음중
9	고고	1987.11	절강 동두현 발견 송대 은기		은차3, 은정1, 은조1, 은괴4, 은천1, 은잠4
10	고고	1986.9	절강 상산현 청리 북송 황포묘	묘좌북조남, 평정전실, 장방형	묘지1, 백자집호1, 회록유계퇴병2, 회록유자관5, 동경1, 동전100여매
11	고고	1986.2	절강 상해 복천산 당송묘	파괴분, 장방형 전실	T17M1-철우2, 백옥잠1, 청유병1, 지권1, 소흥통보10 T3M1-토갱목관, 석연1, 청유병1, 공경1, 전폐3(상부원보, 지도원보)
12	고고	1985.2	절강 난계현 북송 석실묘	석실묘1기, 남향, 장방형 부장품은 여실묘에서 많이 출토	집호1, 잔탁1, 접10, 병1, 동경1, 철쇄1, 금이환1, 묘지2
13	문물	1984.8	절강성 무의 북송기년묘 출토 도자기	1기 송묘. 유구 설명 없음	회도기(통형기1조)연1, 청유자기(개관1, 개합1), 흑갈유자기(다급용문관1, 퇴소용문관1), 영청자기(집호1, 하엽형자완5, 절연천엽3, 망고소접2), 원풍6년(1083)
14	문물	1983.8	절강 해녕현 동산 송묘 청리간보	송묘14좌-전실구조. 대부분 쌍혈병열. 선형전축쌍혈묘	1조-4기(M7, 8, 19, 20)평면 '串'자. 전후양실 및 좌우 4개이실로 나눔 2조-3기(M9, 10, 21)전후양실, 이실없음 3조-7기(M2, 3, 4, 5, 18, 25, 26)단실대감묘 출토유물-자기, 도기, 은기, 석기, 동경, 철우 등 167점, 전폐-300여점 청백유자기-88점(온완7, 주자7, 탁6, 배6, 접22, 완17, 분합2, 소분합7, 수우5, 병2, 관4, 소병2) 은기-11(차, 축, 잠, 이환, 요대구, 소철우4) 청자-19(분합4, 완7, 우1, 항1, 탁배1벌, 기개2) 도기-34(군지10, 항4, 요분4, 흑유도병16) 동경(원앙경4, 소면경5), 전폐334(개원통보, 송원통보, 태평통보, 순화통보, 지도원보, 함평원보, 경덕원보, 상부원보, 천희통보, 천경원보, 명도원보, 경우원보, 황소통보, 가우원보, 치평원보, 희녕원보) 개원통보(649)-희녕통보(1077). M20-2, M10-55, M2-168, M3-83, M4-20, M18-6 원풍3, 황송1 여실-관목, 인골없음. 철관정 수매. 수장품-후벽감실내 또는 감실 관대위(25점) 청회유용호3, 청회유곡창1, 청황유회화완1, 청회우완2, 청회유집호1, 청화유다잔4, 청유잔탁5, 흑유토호다잔2, 영청유고족배2, 청유소병1, 청유소관1, 동경1

15	고고	1983.11	절강 구주시 남송묘	쌍형전실묘, 전정파괴, 묘저파괴	자기-용천요규구완1, 용천요속구완1, 용천요연판문완1, 청자배1, 청백자소개관1, 자소관음좌상1 옥기-백옥하엽배1, 청옥단형병1, 백옥토진지1, 백옥수뉴인1, 청옥필가1, 합형쌍옥기1 금은기-금잠3, 은사합1, 팔개문은배1, 팔각형은배1, 은완1, 은반1, 은개병1, 은규1쌍 동기-노형경1, 용이격형노1, 통형관1, 잔탁1, 저1쌍(길이16cm, 직경0.4cm, 원주형, 일단세략), 파리잠1, 파리식4, 묵4, 석연2, 묘지2
16	고고	1983.1	절강 평양현 송묘	남송순희연간 황석부부 및 아들 황상부부 합장묘 각1기(황석묘-전축분)	황석묘-동경1, 동호2, 동정1, 옥질인장1, 흑갈색유자관5, 묘지1 황석지처왕혜묘-영청소자합1, 각실내부에서 흑갈색유자관5 황상묘-청백각화자합 내부에서 송전116매 황상지처임씨묘-칠합1(내부에서 6개 소칠합), 동경1, 백자합2, 옥자1, 철전2, 유개흑갈색자관5
17	고고	1964.11	절강 소흥 무가교 송정 발굴개요	우물2기	井1-용천요 청자연판완3, 용천요청자연판반3, 용천요 청자세2, 흑유자완6, 영청자완4, 영청쌍어육릉반5, 영청인화소반1, 아백인화국판자완5, 백 화화자세9, 아백획화자반1, 도기4, 동열쇠1, 동숟가락1, 철구1, 화폐57(함평, 상부, 천희, 가우, 정화, 선화 등 송전과 개원통보3매) 井2- 초두2, 울두2, 발1, 경1
18	고고	1962.8	절강 상해 송묘	석판전실묘, 토갱목관묘, 화장묘	10기, 석판전실묘-철우, 영청자합, 자관, 자발, 동경, 동전(개원통보 등) 토갱목관묘(황유송자완) 화장묘(황록유대개소구, 석합, 흑도함) 석판-최소, 부장품多, 상층계급 / 토광-중하층묘장 / 화장-대량출현 부장품소수
19	문물	1957.7	절강 항주 노화산송묘	4기 소형송묘 201호-정남북. 권정의 장방형 전실묘 202호-전권묘. 부부합장 203호-전권묘. 서, 남, 북 소형감실 204호-전권묘. 203호와 비슷	201호-칠반1, 소칠봉1, 목용24, 철우4, 은투합1, 수정조원앙1, 동타호1, 사이대유도관1, 전폐7(남송초기) 202호-칠합1, 동경1, 전폐250, 잔칠기1, 자완1, 자관1, 자분합3, 동경2(남송초기) 203호-잔칠기2, 자분합3, 소자관1, 동경1, 전폐120(남송초기) 204호-잔칠기1, 칠합1, 칠검1, 대유도분1, 대병동경1, 동타호1, 동반1, 소동관1(내부전폐58)
20	문물	2001.8	안휘 남경 남교송묘	7기 M7,M8-장방형 토갱수혈묘 나머지-전실묘	1. 도자기19점-유도한병2, 영청자완3, 영청자발1, 영청자관3, 영청자합3, 백자완1, 장유자완2, 장유대오자완1, 흑유자잔2, 흑유토호자완1

				전실묘는 모두 권정장방형단실묘, 묘장교란, 실내퇴적토 내 51점 출토	2. 동기14건-동전약간, 발2, 관1, 경7, 괴장동부건1벌, 동권1, 대판대구2벌 3. 금은기-유금은쌍고차1, 금즐배1, 금이타1, 금명패1 4. 요기6-편람요잠1, 원람요잠1, 원람백쌍색료잠1, 만두백료잠1, 방두백료잠1 5. 기타-석연2, 철잔탁2, 석잔기2, 방전2, 전묘지1 M16에서 남송소흥15년(1145) 묘지 출토
21	고고	1997.3	안휘 황산 발견 송묘	1기 송대전실묘. 동·서로 분리 권정실이혈 부처 합장묘	동실-자침1, 자완1, 자접1, 청유관1, 전폐14 서실-동경1, 자침1, 자완1, 자접1, 청유관1, 청유접1, 금속사1근, 묘지1
22	고고	1995.1	안휘 번창현 노패충 송묘의 발굴	13기 단실: 전실묘와 토갱묘 전실묘10(M1, 2, 3, 9, 10, 11, 14, 15, 16, 18) 토갱묘(M8, 12, 17)	출토유물 210여건 중 188건이 자기 도기: 집호2, 관8 동기: 동경7, 동전526매, 관정70 기타: 은기3(차, 잠, 이환), 철전1 M1, 2, 19 -북송조기 / M9, 10, 15, 16-북송중기 / M8, 17-북송중만기
23	고고	1994.4	안휘 잠산 창법산 송묘	2기. M1, M2-수혈토갱묘	M1-6건(시유소저병1, 징니연1, 동경1, 발차2) M2-8건(시유소저병3, 동경2, 발잠1, 옥환1, 동지환1)
24	고고	1993.2	안휘 망강발견의 북송묘1기	1기. 장방형 전실 권정묘	자기(백자위주)-용21, 무사용2, 문리용5, 여용1, 생초인물용6, 자소동물6(어1, 응1, 귀1, 압1, 사2) 기물-완6, 집호2, 합1, 사이소관2, 단1, 두1, 소1, 마2, 경2, 잔2, 자옥모형7 도기-완1, 관1, 동경1, 철폐약간 / 철기-정1, 묘지
25	고고	1992.4	안휘 문랑계 당송묘	송 영상 9기중 8기 송대묘 북송만기~남송초기	M11~M19 9기가운데 M13-당묘 M11-쌍실합장전묘(여관중부 은, 동기 많음), 유도관1(머리쪽 감내), 남관-동식묘2, 동전 M15, 12, 13, 19-단실전묘 M13, 16, 17, 18-수혈토갱묘
26	고고	1991.4	안휘 문망강청용취 북송묘	송대전실묘1기, 남북향, 권정전실묘	도주자1, 흑유도관1, 자발1, 영청완1, 소자완1, 대자완1, 자접1, 녹유자완2, 두형자기1, 하엽형구연소완1, 쌍계집호1, 과릉형영청자호1, 철정1, 동경1, 개원통보, 건원중보, 천경원보
27	문물	1991.3	안휘 합비 마소정 부처 합장묘	장방형수혈토갱묘 광내병렬방치2기 목관 좌 북남조(1호-남, 2호-여)묘지와 유도관 2점은 관외, 나머지는 관내 남단 묘지1(정화무술3년, 1118), 유도관2	〈1호-32점출토〉 1. 칠기-염1, 분합1, 호로합1, 동합1 2. 자기-완6, 잔1 3. 동기-발1, 방합1, 인장1, 이배1, 시2(시체-엽면형 미요, 소면, 유금은 대부분 탈락 / 1건-편평호형장병, 벽면유중척, 병 단은 삼각형, 길이25cm / 별1건-원주형직병, 병단일부잔존, 16cm), 잔탁2, 사두1, 경1, 쾌자1쌍 4. 문방구-묵1, 연1 5. 기타-석함2, 망상기2, 위기자280여매, 목종2, 목소1, 목편11, 목주마1속, 요주6과

				6. 전폐-573매, 관 가운데 출토, 당개원통보~송정화통보 〈2호-30점출토〉 1. 칠기-염1(내부-칠분합3, 자분합3, 자우1, 목소1), 분합3, 완2, 반1, 발1, 문구합1, 연1, 연합1, 시1, 쾌자1쌍(시목태소면, 통체휴종홍색칠, 시체엽면형, 원주형장병, 잔장23.5cm / 쾌자일부잔존, 원주형, 하조하점세, 죽태소면, 잔장17.5cm, 통체휴교후황홍칠) 2. 자기-분합3, 우1 3. 문방구-모필2, 묵1, 연1 4. 기타-금이환1쌍, 은잠1, 은차1, 목소3 5. 전폐-658매(오대개원통보, 송대송원통보, 태평통보 등)
28	문물	1988.11	안휘 전숙서석 북송묘	장방형전석구조단실묘	청백자접6, 청백자완5, 청백자훈로2, 청백자집호1, 청백세1, 청백자발1, 청백자합1, 소태자합1, 흑유자완1, 동경1, 유금동표1(24cm), 유금동쾌1쌍(25cm), 동전107매(관외출토, 오수전, 개원, 대력, 주언 등), 수정토1, 수정식1, 서연1, 묘지1
29	문물	1987.8	안휘 무위현 발견 송대석실묘	1기. 묘는 쌍혈석실. 조석이용하여 평평하게 9층으로 연결	동실-도관2, 자완3, 자로1, 동경1, 동전81(개원, 건원, 송원, 지도, 경덕, 상부, 상부통보, 천희통보, 천경원보, 명도원보, 경우원보1, 황송통보, 희녕원보, 원풍통보, 원우통보, 소경원보, 경송원보), 철관정24 서묘실-도병2, 청백자완1, 자로1, 은구, 은차, 동경1, 동전5, 철관정6, 묘지1
30	문물	1982.3	안휘 남경막부산 송묘 정리보고	부부분실 합장묘 양묘실, 장방형권정 전실구조 동서배열. 좌북남향, 양실목관 서실-여/동실-남	여실-계심형금식1, 올챙이형금식3, 용봉금잠1, 단룡금잠1, 여의금잠1쌍, 금잠1, 금이배1, 금사즐배1, 은분합1, 유금은합1, 은도1, 자병1, 동경1, 동전16(명도원보) 남실-유금은절1, 은합1, 은천1, 심복자분1, 묘지1
31	문물	1973.4	안휘 남경 강포 황열령 남송장동지 부부묘	관실은 장방형 수정상 묘실은 장방전돌로 축성, 상부는 장방형돌로 천정을 마무리	1. 장동지묘-연2, 묵2, 동수우1, 동진지2, 동필가1, 동병1, 소동발1, 동인1, 천목완2, 도관1, 도병1, 금양옥전1, 묘지1 2. 장동지처-은병1, 은합1, 은우1, 은반1, 은합1, 은완1, 은발2, 은개1, 은합1, 은시2(1개: 앞부분 둥근동전형태 직경4.3cm 편병, 길이15.7cm / 1개: 혀모양 병부 앞부분은 좁고 후부로 넓어짐. 병단면 삼각형, 길이15.7cm), 은쾌 1쌍(길다랗게 원주형, 위는 넓고 하부는 가늘다. 상부 지름0.4cm, 길이20.2cm) 은차1, 은반1, 은고족배1, 은개합1, 은사두1, 은잔1, 수정주1, 정요백자반1, 정요백자완5, 동경2, 동전약간(남여실 고루 있음) 묘지
32	고고	1963.6	안휘 남경 중화문외송묘	산록 1기, 교란	3점의 감람형도병, 묘지, 사방형소면동경(사자머리 부분 위치, 직경14cm)

33	고고	1963.6	안휘 남경시교구 용담송묘(남송건 염3년, 1128)	전축묘 용담진서남 322° 전축묘	영청소자병2, 영청소자정, 도정, 도호, 은발삽, 동전7 매(당개원통보, 원풍통보) 대소와 동경 잔편
34	고고	1960.9	안휘 남경태평문 외왕가만 발견 북 송묘(1101)	왕가만 뒷산 언덕	청자분합, 옥인, 금비녀(차), 금잠, 금발삽(머리핀?), 금화두식, 동경, 도병, 동전46매
35	문물	1956.2	안휘 문관회 재무 호의 한송묘각2 좌 정리	단전축성, 묘정석판	1. 황가산송묘-무호시 동북약1리 / 묘벽은 묘내 청 자완1, 철관정, 명도원보17, 화과형금발삽1, 명도 (1032~1033) 2. 설가산묘장-무호시동북5리 / 전실묘. 좌우양벽 석판4괴. 상하양층횡적 묘실내부 홍갈색토로 가득 차있음. 관목 이미 부패, 동전3(교란)
36	고고		안휘 문랑계 당송묘		M11-은완3, 은주주자1, 은합2, 은접1, 은주당1, 동 저1쌍, 장병경1, 동식편2, 목소1, 동전30 M12-숭녕통보동전3, 관정4 M14-식건2, 관정7 M15-자장경병1, 은권족1, 은우2, 은저1쌍, 은계1, 동 경1, 동전1꿰미(30여매), 요고형흑유소면자관2, 녹 유소자접7 M16-과릉자병1, 국판형분합1, 동경1, 석연1, 관정수매 M17-개원통보, 동전 약50매 M18-쌍계청자관1, 흑유자완1, 동경1 M19-쌍계청자관1
37	문물	1960.8,9 합집	강소 회안송대 벽화묘	회안현양묘진 출토. 송대가우5년 (1060)벽화묘. 소경원년(1094) 등 벽화묘2기 3기-북송시기묘 장. 모두 5기 가우5년묘(장방 형전축권정) 4기-장방형전축 평정의 전목혼합 구조	1호(가우5년묘)-동경4, 관의 머리, 관밖 동전6매(개 원, 천희, 가우), 석연1, 영청소자관1, 목탁1, 자관3, 칠기16(발, 완, 반, 접) 2호-벽화묘. 칠기25건(필상, 진지, 합, 반, 관, 완, 접, 다탁), 동전14매, 흑백석마기자50, 묘지1, 대판동경, 반월형목소2, 반, 합, 접 등 칠기11 3-동전, 칠기파편(도굴) 4-단실묘, 칠기7(기, 관, 접, 완) 5-동전40(치평통보)
38	문물	2004.8	강소 강음 장경진 송묘	1기, 전실묘 묘실천정-천석판 3매로 막음, 묘실 내 목관 휴흑칠	출토유물-은식11, 유금은차4, 유금은잠3, 은이알1, 은잠1, 은천2, 영청자완1, 유도병1, 동경1 명기-모두 석질(분합, 두, 우, 완, 합, 잔탁, 개, 호)
39	문물	2001.6	강소 강음 하항 송묘	1기, 전석혼합결 구, 묘광전축	1. 자기9건-연판문완1, 육출규구완1, 두립완1, 절복 반1, 평저반3, 영청자합1, 영청자개관1 2. 칠기11건-전금장방합척서칠합1, 잔탁3, 개관2, 완1, 칠출규구반3

					3. 석질명기5건-매병1, 타우1, 평저발2, 반1 4. 기타-금차1, 은차1, 동경1, 목소4, 불주1곶, 동전 84(개원통보1, 태평통보78, 원풍통보2, 원우통보1, 숭녕통보1), 압승전1, 석질금옥만당명전1
40	문물	2001.2	강소 상주 북환 신촌 송목곽묘	1기, 수혈토갱목곽묘, 일곽일관	묘장 이미 도굴, 목관 중에 일부 유물 은시1(시두타원형, 면미요, 병편평착장, 소면, 길이 23.5cm), 쌍두은시1(시두일단타원일단편원, 면균미요, 길이19cm), 은쾌1쌍(소면, 단면전원후방, 길이 23.5cm), 상운월아은편1, 전지연화모란문방형은편1, 전지연화모란문원형은편1, 동경2, 은리편원칠합1, 은리소칠관2, 은구칠탁자1, 편원칠합1, 칠발협라칠편2, 목패40, 철우-4, 도병1, 동전5(태평통보 등)
41	고고	1999.4	강소 염성시 성구 당송시기의 고분	장방형수혈토갱 단인묘. 토갱묘 M1, 2, 4, 5, 6 전실묘 M3(2기 파괴)	M1-청자주자, 청자완, 유도관, 활석로, 동경 각1 M2-청자주자2점, 흉부우측, 유도관-두골앞 M4-청자집호, 완, 유도관 각1, 개원통보14, 당국통보7 M5-도반1, 유도관2 M6-청자침, 완, 유도관 각1, 동전 약간 M3-단실전묘 (두우측: 청자완, 청동경 각1 / 두전: 청자발, 유도관 각1 / 경우측: 개원통보5)
42	고고	1997.11	강소 상주시 홍매 신촌 송묘	송대고분 3기 1호: 장방형수혈 토갱묘, 단관 2호: 방형 수혈 토광묘, 쌍관합장 3호: 수혈토갱묘, 단관장	1호-금이추1, 금발계1, 은발차1, 동경1, 전폐37(개원, 건원중보, 순화원보, 지도원보, 함평원보, 경덕원보, 상부통보, 상부원보, 천희통보, 천경원보, 황송통보) 2호-백자합2, 백자잔1, 도병1, 칠완2, 칠반2, 협라칠편, 목침두1, 오목쾌쌍, 금이추2, 유금은발계1, 은발차1, 은렴형기1, 동경4, 전폐330(오수전, 화천, 수오수, 당개원통보 등 20종 76품-북송중기) 3호-백유자우1, 백자완1, 백자발1, 백자합3, 동경2, 전폐8(북송중기)
43	고고	1995.8	강소 무진현 검호 전와창송묘	병렬2기-1기 파손 수혈토갱목곽묘 동서 병렬. 간격2m (장방형)	M1: 칠반, 칠잔탁1, 청백자완1 M2: 칠합1, 청백자수우1, 동경1, 전폐2(경송원보1)
44	문물	1995.4	강소 양주발현 송묘2기	1호-전석결구묘장 2호-교란	1호-의정시조산향발현, 묘갱수혈형, 묘정파괴, 지석1점출토 2호-의정화천공지발현, 송대허세경묘지 1점 출토
45	고고	1993.9	강소 상주반월도 오대묘	당묘와 송묘는 기계화 채토과정 훼손, 벽돌단실묘	백자완2, 갈유완4, 청유단1, 칠기(경합2, 탁잔1, 반1, 완1, 발1, 분1), 동경2, 목용-25(남리용10, 사녀용4, 남복용5, 여복용, 인수조신용, 호용, 마용), 목조연화두, 목조망주, 동포정판, 전폐 470여매(오수1, 건원중보1, 그 외 모두 개원통보)
46	고고	1992.12	강소 관운현 이산 진의 1기 북송석 관묘	장방형석관묘	도호1, 동경1, 자완2

47	문물	1990.3	강소 무석 홍죽 송묘	2기, 1호-토갱묘 / 2호-전실묘	1호-목관완정, 목관상치기명칠염1(염내칠개관2, 은비, 목소 각) 칠염 외 칠완1, 칠반2, 대칠반1, 칠경합, 칠연합 각1, 칠표1, 함내별장동경1, 석연1, 백자수주1, 영청자수형필과수주1, 동전3(황성통보, 지평원보) 2호-철우4, 도병1, 묘지1(관곽훼손)
48	고고	1987.3	강소 연운항시 송대묘장	한묘3기, 송묘12기(전실묘) M13-腰鼓형190° M5-장방형210° M11-정남북, 소형 M5, M6-소형	M13호분 최대 유도관6, 사계유도관1, 쌍계유도관1, 유도관2, 자탁잔2, 자완13, 소관2, 감람형관1, 원족완2, 백자완2, 흑유자완4, 백자완, 자완, 소자접, 순화통보, 지도원보, 경덕원보
49	고고	1987.1	강소 연운항시 오대, 북송고분 4기	3호, 4호-북송(오대말, 북송초)	3호-니질회도분1 4호-영청자완4, 백자완1, 유도관1, 유도완1, 도분1, 도발1, 은발차2, 동경1, 개원통보1
50	문물	1986.5	강소 오현 장서공사 출토 송대유물	1기 송묘- 이미 파괴, 형체 알기 어려움 유물 29점	월백유빙열문자세1, 연화뉴영청자개관1, 영청자분합2, 칠사두1, 팔릉맥화은합1, 하엽개유두은관1, 은개관1, 은시3(1건은 병부가늘고 김, 시부는 원형, 길이 12.5cm, 너비3cm, / 1건 감람형 길이 5.7cm, 너비 2.5cm / 1건 원형병잔 지름 2cm), 동경2, 동전15(황송통보, 희녕통보2, 천희통보, 희우원보, 치평원보, 원우통보, 원부통보, 대관통보, 정화통보 각1)
51	고고	1986.3	강소 무진촌전 남송묘	무진촌전향 장당촌6기출토 1조3좌병렬적전정목곽묘 장방형전정목곽묘	칠기-염2(3호), 창금전구화훼인물염1(5호), 전금주휴장방합1(5호), 전금전구전칠반문지장방합1(4호), 전칠반문장방합1(4호), 경상1, 척서집경합1, 분합, 타우(1호), 사직품(1, 5호-견, 능, 라, 당사), 자기(정요인화완, 백자과릉완, 백자쌍어문완, 백자소면완, 백자반, 분합개, 백자소합, 백자시체형개(5호), 금천1(5호), 금도탈지환1, 유금도형패식3, 은삽(6호), 선형은발삽(5호), 은발차3, 동경(능변형동경4, 장방형경2, 집경1, 종형경1), 동전(1, 2, 3호-63매 / 4호-2매 / 5호-39매) 명기-로, 고병3, 호3, 관5, 원통형합7, 대류제통, 마자, 도구(5호), 염(6호), 분합3, 타우4, 탁잔6, 존형기1, 두2, 배3, 완2, 과11, 접15, 상 하홀, 금질리어문혁대(1호), 은질협지합(1호), 포은변향괴패식향전(5호), 소8(6기모두출토), 비3, 죽렴, 죽척4, 죽병4, 쇄2, 죽병모쇄, 목제명기(고배의, 장방탁) 문구-필, 묵, 연, 진지, 화축간 1, 2, 3호-1119 / 4호-1260 / 5호-1237
52	고고	1984.8	강소 상주 북환신촌 송묘	토갱목곽목관묘, 도굴분	태평통보5, 철우4, 은시, 능, 칠기(은리칠개관2, 은리편원합1, 은포구주칠탁자1, 편 원형흑칠합1, 흑칠발1, 협라칠편2)

53	문물	1982.12	강소 강은 복송 서창현군손 사냥자묘	요장목곽단혈묘 목곽남목조, 소면무칠, 부등한 8개 목재 가로로 병렬	목곽4각-도관, 사벽좌우 목용, 매지권1(삼목질, 묵서), 첩문, 경권, 사경(금강반야바라밀경, 반야바라밀다심경, 불설북두칠성연명경) 각경(금광명경금강반야바라밀경, 불설관세음경) 목용-33건(4령, 문무사용, 12생초용, 동물용) 가구-공탁, 고이, 등렴합(내부 칠합2, 동경2, 소자3, 전도), 삽화2, 금구1, 동전100여매(개원통보, 주원통보, 태평통보), 도관4
54	문물	1980.5	강소 율양죽책 북송이빈부부묘	장방형권정전실, 양묘동혈건조	유리건축모형8(루, 수사, 양정1, 대문1, 대형건축1), 창1, 사신7, 오성신상2, 28수상8, 진무1, 공조2, 불상1, 금강신상2, 역사용8, 도기9(과형관2, 칠보로2, 벽잔5), 자기27(영청구은규구국화반2, 영청구은규구완2,영청구은규구고족완6, 영청구은규구접13, 청자완2, 청자반2), 초수석연1, 묘지1, 은쾌, 동시, 동대병집로,도견여 및 여부3, 국화은합1, 동경2, 동라1
55	고고	1980.3	강소 진강련벽 북송묘	1기, 수혈토갱묘	영청대온완주자1벌, 영청대탁주배2벌, 영청고족배1, 영청완1, 영청삼련소과합1, 장갈유도합1, 동경1, 동전38(개원통보, 당국통보, 태평통보 등)
56	문물	1979.2	강소 무진신 출토의 남송진귀칠기	무진현 임전공사가 일대남송묘를 정리	촌전2호-여성묘(창금칠기2점, 사직품, 석명기, 동경, 동전) 1호묘-남자묘(창금세구전칠장방합, 동경, 연, 엽무완제, 묵, 동전1, 가태전(1201~1204))
57	문물	1977.7	강소 금단 남宋 주우묘 발굴개요	장방형 권정전실, 1관1곽 묘주시체외형 보존완벽	관개이면 판상 성상도 -벽감내유물: 도병1, 목패위1, 철지권1 -관내수장기물-소건용구, 염합1, 반2, 타우1, 원합1, 완1, 충1, 탁1, 소병1, 연합1, 모필1, 단선2, 조칠유공전병선, 은봉2, 계지10, 죽장1, 동전6(개원, 천경, 황송, 원우) -수장衣物: 34건(단의2, 바지7, 적삼14, 사면포2, 말흉1, 치마2, 사면폐슬1, 능문기리1쌍, 세말고1쌍, 엽수답련1, 칠사복두
58	문물	1977.3	강소 진강시 남교 북송 장민묘	석정전벽구조의 장방형수혈묘	자기11건, 칠반1, 묘지1, 장색유자병1쌍, 양금구영청다잔, 영청집호1, 양은도금구영청자잔1, 양은변영청잔탁1, 양은구영청자잔1, 영청자접1, 청자병1, 청자합1, 칠반1, 묘지1
59	문물	1973.7	강소 송 소적묘지 및 기타	묘실은 쌍문쌍실전결구조 양실정부 모두 3전입권 도굴묘	소적묘-북, 처황씨-남 소적묘-철 관정10여매, 동인 황씨묘-백자소완, 2인 모두 묘지 있음
60	문물	1973.5	강소 진강시교 발견 남송묘	1좌 장방형 권정 전실묘	석연2, 자연1, 영청자완1, 수주2, 소분1, 소합1, 장유대개도합1, 흑유도관1, 동경2, 귀뚜라미과롱3-모두 소형기물

	출전	발간연도	제목	특징	출토유물
					동전40(개원, 소성, 태평, 지도, 상부, 치평, 희녕, 원풍, 원우, 정화 등 북송전) 정륭원보 1156년 개원칭호
61	고고	1964.1	강소 양주오대산당, 오대, 송묘발굴간보	송묘1기-장방형 토광묘	부장품-사이유도병2, 동전50매(황송통보 등)
62	고고	1961.2	강소 남평 태평문밖 왕가만 발견의 북송묘(1101)	왕가만 뒷산 언덕	음청자분합, 옥인, 금차, 금잠, 금발삽, 급화두식, 동경, 도병, 동전46
63	문물	1956.4	강소 무석송묘 조사개요	11기 1-석정전실묘 2-목관묘	석정전실묘-수장품 희소, 도병, 토용천완, 동전(태평, 명도) 목관묘-2, 수장품 풍부, 동전(개원, 건원), 영청암화자기, 자합, 자접, 칠기(유대합원형염, 소칠합, 목소, 육판완, 반, 표, 쾌자)

표 2-1-⑤ 강서성, 호북성, 호남성, 광동성, 복건성

	출전	발간연도	제목	특징	출토유물
1	고고	1995.2	강서 덕흥시 송건도 서간묘	쌍권공전실묘 36점출토(대부분자기)	국판문자관2, 인화자합1, 소면편자합1, 국판문자합1, 자분합2, 자배1, 방형자합1, 연판문유정1, 연판문호로소주1, 흑유잔1, 흑유자관2, 장갈유자관1, 장갈유소접1, 용미연1, 옥잠2, 백옥배2, 백옥주5, 백옥식2, 활석각1, 진지석1, 수정석1, 동전3(태평통보), 묘지1, 팔판능화대병동경1, 육판규화동경2, 동표1-도형표, 편장곡병, 통체정면각화문도안, 마묵도수용-10.7cm
2	고고	1994.2	강서 고안현 남송 순희6년 묘의 발견	장방형 권정전실묘 수장품은 동전제외하면 모두 明器	석비, 지권 옆에 둠, 지권(황송순희6년) 청용, 백호, 주작, 현무 각1, 도창2, 퇴소도병2, 도계1, 도견1, 동전34(개원통보, 순화원보, 경송원보, 대관통보)
3	고고	1992.4	강서 서창현발현 7기 송대기년묘	M1,5,7-토갱묘 M6-전실묘	희녕3년묘(M1)-장갈유도호1, 동전5(개원통보2, 지도원보1, 경덕원보1, 가우원보1) 지권1 선화6년묘(M2)-청백자관1, 청백자접2, 청와완1, 흑유자잔2, 팔괘경1, 동전13, 지권1 경원5년묘(M3~M5)-쌍계심복유도관3, 유도완1, 지권2 가정9년묘(M6)-쌍계심복유도관2, 유도관2, 도완1, 지권1 보우6년묘(M7)-쌍계심복유도관1, 지권1
4	고고	1991.1	강서 서창 남송기년묘	동숟가락1점(소흥3년묘. 장방형전실묘)	청백자병1, 청백자집병1, 유도관1, 동표1(파손), 동폐 수매, 지권1방

		(서창현무교향금봉촌, 횡향향번영촌)		경정2년-무교향이양호에 있었음. 장방형토갱수혈묘. 청백자척화관1, 청백자분저1, 청백자하화개1, 청백자척화합개1, 동경1, 옥잠1, 은점1, 옥산추1, 동전수매, 지권1
5	고고	1991.1	강서 구강현에서 발견된 북송묘 4기	1. 평면장방형, 토갱수혈식 2. 천파촌북송묘고분(이미 파괴)	채교촌 원풍8년(1085년)묘. 1. 자집호1, 자완4, 도발1, 동경1, 동전19(개원7, 태평통보2, 순화원보1 등), 매지권 2. 자집호1, 자완2, 소도관5, 도발1, 동경1, 동전15(태평통보 등), 지권1
6	문물	1990.9	강서 덕안 남송주씨묘	장방형전축묘 석곽-청석판으로 결구 칠관-장방형,앙신직지 152cm	사직품-포45, 상의1, 사면욕3 등 329권 소장용품-은렴내 은분합, 은접, 철 경, 목소, 죽잠, 죽도, 지소, 지비, 보요1, 유금은삼, 목소4, 금차4, 유금은향훈2, 은잔탁1, 은하합탁1, 은호슬, 은호주1, 단선1, 규양4, 집한2, 도지1, 종자1, 동전37, 명전1매(별도)묘지1 등 총 408점
7	문물	1990.9	강서 금계 송손대랑묘	좌북조남, 묘실-청전축성, 평면 장방형	영청자기13, 청자기2, 철정2, 동경2, 은두식1, 석연1, 석지권2
8	문물	1990.9	강서 구강 북송묘	장방형묘혈, 수혈토갱묘	동경1, 자접1, 자완1, 도관1, 도호1, 묘지1
9	고고	1990.8	강서 덕흥현 향둔송묘	송묘2, 권정쌍실합장묘, 소면청전절성. 사방청회전으로 둘렀음	노인좌용1, 문리용1, 무사용1, 동자용1, 무인용2, 십이생초용20, 청룡2, 백호1, 주작3, 현무1, 계2, 구1, 어1, 앙불1, 와불1, 자퇴소반룡병1, 동전8(개원통보2, 태평통보3, 황송통보3)
10	문물	1990.3	강서 낙평 송대벽화묘	장방형석구광실, 석축묘실	관목잔괴, 홍흑칠편, 아치, 쇄골 등 석병2, 상부통보, 원풍통보, 정화통보 각1, 철전
11	고고	1989.1	강서 길안 에서 발견된 북송 경각묘	남북향, 일관일곽. 묘실-장방형, 두단 초관	매지권(2방, 갑권, 을권)복청용8, 문리용8, 시용-4, 귀의병개1, 청룡1, 백호2, 주작1, 현무2, 와호2, 계1, 촉삽1, 은잠1쌍
12	고고	1988.4	강서 남풍현 상전송묘	쌍실합장제, 남동여서, 두향138° 감-3~5용, 순서따라 배열	대량의 자용과 약간의 실용기명 남실-능화경, 석연, 자잔, 수발, 유정잔, 발계 여실-신수경, 석연, 요잠, 동전, 철로, 옥견 자용-좌욕(노옹, 부인), 시용48, 무사용2, 시녀용1, 승려용2, 노년용1, 사방신용4, 용1, 회1, 작1, 귀1, 시신용12, 앙용1, 복용1, 쥐1, 사슴1, 자라1, 수두용1, 계용1, 견용1, 은발계1, 목비소1, 동전30, 가위1(여실), 요잠 기물-동경2, 석연2(대연; 남실), 영청자잔2, 자유정잔1, 영청자수발1, 철정로1
13	고고	1988.4	강서 임천현 송묘	1묘. 쌍혈전실합장묘 남송 소무지군 주제 남묘 사우경원 3년(1197) 익년 1198년에 葬	금질식편(계1, 차2, 식편2) 수정식물(조롱박형조식1, 황금구빙정주1, 과자형조식1, 타원형패식1, 과형식건1, 육변형다능식건1, 팔변형대형식건1, 자용70, 자퇴소개병4, 자고정관1, 자인화분합1, 소자관1,

					회도관1, 옥도1, 백료차1, 녹료차1, 소주식8과, 동필가1, 팔결규구동경1, 대파동경1, 석연1, 잡전판1, 묘비1괴, 지권1
14	문물	1987.8	강서 서창송묘 출토 자주요 계자병	長方形묘. 관4주위 사립으로 채웠음	묘실 후단(사자두단)에는 전지모란문자병 1쌍을 두었음 묘실중부에는 동전수매-부식엄중 광기1방 음각전주. 모두13행. 행2자. 합264자
15	문물	1987.2	강서 길수 기년송묘	1좌 장방형전실묘. 권정형	청유각화자반2, 백유인화자잔1, 백유각화자완1, 삼채침1, 토호문자잔1, 옥대구1, 반원방목신수동경1, 삼족동반1, 압형동향훈1, 청석질지권1, 가희원년(1237)
16	고고	1986.11	강서 서창현 이양호 남송묘	좌서북조동남, 장방형단실수혈묘, 석회석으로 치밀하게 축조	청백자합저, 청백자관, 파리잠, 동경, 동전, 지권, 송함순8년(1272)
17	문물	1986.1	강서 서창 2좌 북송기년묘의 발견	1.천경3년묘: 토갱수혈묘(1025) 2.경우2년묘: 토갱수혈묘(1035)	1. 수장품 모두 묘실동남. 지권 묘저. 곁에 월요청자반구병(동전 내장), 영청점채자합1, 연판문완1, 영청완2, 동도1, 동전-태평중보4, 건원중보2, 지권 2. 규구접1, 쌍계호1, 쌍계관2, 동경1, 동전(개원통보2), 지권1
18	고고	1985.5	강서 의춘시 송묘	1기, 권정소형전실묘	흑유지매척화병1, 흑유지매척화로1, 토갈금사접1, 정좌1, 동패112
19	고고	1984.8	강서 구강시, 낙안현 송묘	구강시북송태평흥국묘-토갱수혈묘, 평명장방형 낙안현 남송가태묘-권공전실묘, 조형소면전축관공단실	구강-유도관1, 유도소관4, 유도완1, 청자집호1, 청자발1, 백자소접1, 동경1, 동전4, 지권1, 묘지명1 낙안-영청호로집호1, 영청대개합2, 영청수우1, 영청귀의병2, 묘지1, 묘지명1
20	고고	1984.11	강서 연산현 연화산 송묘	장방형묘실, 마석조괴구축전실묘	영청대완주자1벌, 배2, 접6, 퇴소병3, 방형경1, 철과1, 묘지명1
21	문물	1980.5	강서 발견된 북송기년묘(6좌 기년의 북송묘장)	1. 덕안송묘-조형청석으로 벽을 짓고, 석판개정, 곽실은 장방형 수혈 2. 팽택송묘-1좌석곽묘. 광실은 청석판구조, 석곽과 목관 3. 진현송묘-전석으로 축조한 부부합장묘 4. 성자송묘-장방형수혈석곽합장묘 5. 길안송묘-전묘	1. 인골외 영청자항, 합, 완, 잔, 집호, 도기(관, 분, 세), 동경, 석연, 철정, 동월, 묘지(1040,보원3년) 2. 금은식면, 자접, 목소, 철전, 도, 금이환, 곤, 동경월, 박목인, 은촉, 북송원우5년(1090) 3. 무사용8, 문리용8, 십 이생초용12, 인수용신용2, 궤복용1, 의여용1, 남여시용각1, 묘지1(정화7년, 1117) 4. 영청자완, 잔각2, 영청집호1, 영청자항2, 철집호1, 동경1, 묘지2, 남묘정국원년 1101, 여묘연우7년 1092 5. 영청자항, 동경, 묘지, 전개, 지권(희녕6년, 1073)

22	고고	1977.4	강서 파양 송묘	북송 웅본처 시씨묘 1좌 묘실도굴, 기물위치 교란, 장조형 마석축성, 묘실장방형 시씨사우대관 3년(1109)	자기8(완2, 발1, 관1, 접1, 분합3, 금기6, 용두장1, 발차2, 발잠3), 은기3(쾌1쌍-원조상하단추형, 무문식, 길이23cm), 표1(잔장16.7cm)
23				남성현북송묘-전축단실	자귀의병1쌍, 자병1, 자주완1, 자완1, 자집호1, 자주호1, 자탁잔1쌍, 자배1쌍, 철잔1, 철도1, 철환1, 지계1, (가우2년 908)
24	고고	1965.11	강서 남성, 청강화영수 송묘	영수남송묘-전축쌍실합장	자귀의병2쌍, 자분관1, 석연1, 은경2, 은시1(타원형), 유병, 병단각「六位」2차, 은쾌1쌍 (장단육각하단원주), 은이알1, 은잠1, 지권2, 묘지1(1240)
25				청강현 남송묘2기-독립전실묘	자귀의병2쌍(여묘출), 자반1, 자분합1, 석연1, 동경2, 동전113(당대, 오대, 북송), 지권, 가정4년(1211)명 묘지
26	고고	1964.11	강서 영신북송유항묘 발굴 보고	합장묘	발잠1쌍, 帶狀飾品, 수정추1쌍, 반월형수정식품1, 목소3, 이환1, 동경1, 소도관1, 동전56(불명35, 당개원통보4, 건원중보3, 오대당국통보1, 송황송통보, 태평, 순화, 지도, 함평, 상부 등) 동실주벽-도자7
27	고고	1962.1	강서팽택(彭澤) 송묘	전축단실, 158°	묘지-북송경력7년(1047) 俑-최다 소감마다1용, 백자관, 자완, 석연, 은권, 은환, 동경, 개원통보63매
28	고고	2003.1	호북 곡성현 송묘 출토 정요인화자기	수혈식 전축단실묘	자완2, 자반1, 도관1
29	고고	2001.3	호북 효감시 서가분 송묘의 정리	7기출토. 남북향. 유선형, 장방형과 대이실의 아요형 M1-쌍실묘, 아요형, 묘전 M4-단실합장묘 M7-유도관	M1: 장조형청회색전(자주자, 유도관, 동경, 자완3) M4: 묘전-청회색(자완5, 동발차, 자주자, 유도관, 동전, 은이환) M7: 동전, 자완, 동발차, 은이환, 유도관, 뇌발, 자기린, 마두골, 동전, 동발차, 동감
30	고고	2001.12	호북 무혈시 종전촌 1기 북송묘	석판구조, 12괴 석조로 축성 개정2괴, 두향정남	도기6(권족관2, 심복관2, 쌍계관1, 집호1), 자기6(자침1, 천복완2, 두립완2, 소개편완1), 동기1(동경)
31	고고	1995.5	호북 양번유방강 7기 송묘	M1~M7 M1-단독 M2 M3-병렬 M5·6·7-동일묘광 7기모두장방형묘광대제형묘도의전실묘	M1-유물동벽배치, 안, 조(M1, 3, 4 동벽에 있음), 전(M3, 4 동벽에 있음), 정대(M1, 3, 4 동벽에 있음) 울두(다리미)(M1, 3 동벽, M4 북벽) 도관1, 자완1, 자잔3, 동차1, 동전7

				모두 소면청전을 사용	
32	고고	1995.5	호북 마성호가 반 발견된북 송전실묘 1기	장방형단실묘 수장품-묘실남단 배치	영청자집호1, 자완2, 자반2, 감람형유도관1, 동경1, 동전4(순화통보, 천희통보, 지도원보, 함평원보)철 관1, 석연1
33	고고	1995.11	호북 황피현 철문 감 유 적 송묘	5기, 장방형수혈토 갱묘	자기19건(완9, 잔2, 수주4, 사계관3, 관1) 동기-이환1쌍 2건, 전폐66매(M1-2, M2-16, M5-48), 관정, 칠기3
34	고고	1993.7	호북 홍호시 장령 북송묘	1기, 장방형수혈토 갱묘(목관묘)	칠기-관내 / 자기, 유도기-관외 / 동전-관 위와 관 내부에 산견 칠탁반1, 관재1, 목소1, 청백자완2, 유도관1, 유금 동발잠1, 동발차2, 동전32(서한오수, 당개원통보, 북송태평통보, 순화원보, 지도원보, 함평원보, 경덕 원보, 상부원보, 상부통보, 천희통보, 천평원보)
35	고고	1993.1	호북 영산의 3기 송묘의 발굴		대옥기송묘-쌍실전묘, 자완10, 도연1, 유도집호1, 유도로1, 동전32(희녕원보11, 치평통보4, 지화원보1, 황송통보2, 상부원보1, 경덕원보4, 함평원보2, 개원통보6) 철관정26, 지권2, 운모광석200g 토대만송묘-석축단실묘, 자완1, 흑유자완1, 유도발1, 유도관1, 쌍계관1, 동전2, 관정12 곽가만송묘-석축단실묘, 자완3, 자접1, 집호2, 과릉관1, 심복관1, 동경1, 철손두1, 금패식2, 은수촉1, 석연1, 지권1
36	고고	1989.9	호북 운서교장 파 1호 송묘	甲자형단실전실묘 묘실-방형, 정부파괴	도기관1, 자기완, 관은환(이환), 동전108(묘저와 양 관위-반량, 오수, 대당통보, 개원통보, 건원중보, 화장전1, 명문전6)
37	문물	1989.5	호북 효감 대 만길 북송묘	장방형쌍실묘, 쌍실병렬, 청전평축, 부부합장묘	자완2, 자접2, 철우2, 철저2, 지권1, 전폐15 (송태평통보, 원풍통보, 원우통보, 정화통보)
38	고고	1986.12	호북 무석시 석혜교 북송묘	장방형수혈토갱묘	두부우측-칠완, 석연 각1 목관 북단 외면 아래 목 질매지권(북송가우7년, 1062)
39	고고	1982.4	호북 무석시교 북송묘	2기, 수혈토갱묘	칠척1, 칠합2, 칠발1, 영청자타우1, 영청자소합1, 영 청분합1, 금이추1쌍, 금쌍어식1, 은잠1, 동경2, 동 전47, 목소1, 석연1
40	문물	1966.5	호북 무한시 십리포 북송묘 출토의 칠기등 문물	석회축성, 장방형 묘실, 묘정약성원 권형	수장품은 모두 관내. 칠기19, 자기19, 동기3, 금기3, 동전71 1. 칠기-대부분 식구: 완, 반, 잔탁, 발, 과합 등)타 우, 분합, 분, 목소, 목척 2. 자기-대부분 영청자, 이외 용천자, 기타요(완, 호, 로, 담, 관, 분합) 3. 동경2, 금기(금차, 금잠, 모식)
41	고고	1966.1	호북 강릉송묘 청리(만당~송)	권정전실묘, 장방형 동-서양실	서실-자충1, 자로1, 도관 동실-동병2, 동로, 소동경, 자충2

42	고고	1965.1	호북 마성 북송 석실묘 청리간보	석실묘	1기-묘지명, 도담1, 백자담1, 영청자항1, 영청자완2, 영청소다구, 양우, 영청자탁잔1, 영청소자접5, 녹유소자완2, 백자편, 동정1, 동경3, 철쇄, 철정, 석연1, 금질장식편 좌실-금차, 동전1000여개(개원통보; 대부분 북송전)
43	고고	1964.5	호북 무창탁도천 남송고분 2기의 정리	탁도천 북1km 서가산두상 1호-단실전묘, 묘지명 2호-단실전묘	1호-동우1, 동반1, 동경1, 쌍이장복도담1, 오유도관1, 청자병1, 영청자완4, 은완2, 옥탁, 석연1, 철전(가위)1, 칠항, 동전363(이실-61, 주실-302) 당개원통보, 남송소희통보 2호-동경1, 석연1, 회흑도관4, 도담1, 동전252(담내-46, 나머지 묘실중남벽)개원통보, 칠함, 칠반
44	고고	1996.12	호남 상덕시 대가산 송묘	토갱묘	동경1, 동전(천희통보 수매), 철관정, 청회전1괴
45	고고	1994.9	호남 익양시 대해광 당송묘	장방형토갱수혈묘 전(가위)-완당1, 북송1	M8-북송만기(8자형 전도출토) M2-철전출토(당대만기)
46	고고	1994.1	호남 기양현 황니광진 발견된 송묘	소형수혈토갱목관묘	관형도병-뚜껑탑정향정형, 양창 또는 전고, 내부 동전6매(숭녕중보5, 소흥통보1), 석연1
47	고고	1990.3	호남 자흥 수당오대송묘	M40-장방형전실 권정묘 M46-권정식 전석결구 부처합장묘	M40-출토유물43(청자완4, 청자병1, 청자호1, 동전10종 37매)송진종시기의 묘장 M46-청자퇴소관2, 청자완2, 철관정4
48	고고	1988.1	호남 임상육성 송원료 청리간보	송묘1, 원묘1 M1(송묘)-부부합장묘, 좌우(남북)2실	도자9, 금기9, 은기5, 동경, 동화폐, 석연(두감일대배치), 인물병, 장경자호, 자완, 자접, 석연, 동전(남실), 자완, 금은수식, 소, 청동경
49	문물	1984.12	호남 형양현 하가조 북송묘	묘내-곽-관 곽은 20개의 홍갈색 길다란 석판으로 구성	관내-남시 양신직지 방직품200여건, 기타은식1, 동경, 목소1, 목연1, 목필3, 석연1, 필루1, 초석 2조 관외-지화1폭, 도병1, 동전300여매, 관아래 석고층 위에 4중 각12매 48, 석고층 가운데 200여개 개원통보, 송원통보, 순화원보, 함평원보, 상무원보, 천희토오, 치평원보, 희녕원보, 원풍통보, 원우통보
50	고고	1981.3	호남 상덕 북송 장옹묘	묘실축제홍색사토 협력석축조 쌍실권정석실묘, 묘실장방형	동실-장옹 / 서실-장옹지처주씨 도굴분 도구연1, 백자잔구연1, 철관정15, 철쇄1, 동전13
51	고고	1961.3	호남 장사동교 양가산 송묘	남송부부합장전실묘, 동서향	석연, 백자로, 동경, 동분, 소동반, 동완, 동배, 호형동식, 동구(단추), 동전104매(당 개원통보, 오대개원통보, 황송통보, 지소원보, 정화통보 등 10여종), 장방형목결, 목인, 석묘지

52	고고	2000.3	광동 광녕현 태공산 출토 송대혼단	2기, 이차장토갱전실묘 교란심각, 평면-장방형	혼단 4점 출토
53	고고	1991.7	광동 동완 북송묘 조사보고	송대전실묘1기, 방형쌍실권정전묘 수장품교란. 도단4(내부볍씨소량)	도삼족로1, 자잔1, 은수탁1쌍, 은차1, 동경1, 동전 21(양실균등출토-순화원보, 원풍통보, 원우통보, 정화통보) 석비5 동실-여성(거울, 은축, 은차) / 서실-남
54	고고	1990.2	광동 심천송묘 조사보고	M2-장방형토갱수혈묘 M3-장방형토갱수혈묘 M4-장방형토갱수혈묘 M6-장방형토갱묘 M7-장방형토갱수혈묘	M2-(묘실앞-유도관2, 청자완1, 묘실가운데 철박도1, 동전6) M3-(묘실앞-유도관1, 청자완1, 흑유잔1, 청자완, 접1벌, 묘실중앙 철박도1, 동전10) M4-(관실앞-도관2, 청자발2, 가운데 철박도1, 동전9) M6-(묘실앞-도관2, 흑유잔1 / 두부-도관, 완, 접각1개 / 중부-철박도1, 동전12) M7-(묘실앞-유도관2, 청자완2 / 허리-철박도1 / 묘실내동전11 산포)
55	고고	1990.2	광동 심천송묘 조사보고「남두구 평산향 출토」	M1-장방형 전, 와, 석 혼합 구조	M1-(머리부분-은발잠, 유금동관1, 동경1, 철전2, 동전7) M2-두부-석묵연1, 철전1/허리부-동경1
56	고고	1990.2	광동 심천송묘 조사보고「남두구 평산향 출토」	신안진,철자산-장방형 전, 와, 석 혼합 결구 /수장품도굴	황송통보4매 심천방송국의 시내동쪽망천호 기초공사 시공 중 발견-파괴(혼담2, 청자완편)
57	고고	1984.6	광동 자금현 송묘출토 석조	묘실-장방형전축	석조, 도자기, 철관정 등 26점 도자기-도담2, 완2, 생초용6, 황두용1, 복지용1, 석구1, 용1, 호1, 봉1, 계1
58	고고	1964.1	광동 불산 고상강 송원명묘 개요	송묘3기 묘1-정남북 묘2-장방형묘실 묘3	1. 정중앙-흑유대도관(내부 골회와 동전을 넣은 흑유소도관) 대관의 주위는 벼를 넣은 6개의 흑유소도관 배치. 동전 16매(천희, 희녕, 원풍, 원우, 정화) 2. 부장품17 정묘실중앙, 흑유대도관(내부골회, 송동전10매, 당개원보 2매) 흑유소도관4 3. 흑유대도관1, 흑유소도관4, 동전12매, 소관내 벼
59	고고	1963.9	광동 조주 북송유경묘	목관석곽	흑유자완1, 도합, 동발1, 단연, 동인장, 동합, 녹색 옥질모식 일부 잔존
60	고고	1961.8	광동 소관시교 고묘	송묘2기	(한묘2, 동진1, 남조9, 당묘1) 13호-벽감내 청유자완6, 동전10(개원통보, 경덕원보, 상부원보, 희령중보), 철관정14 14호-파괴, 혼담(술단지), 동전2, 철포수2

328

61	문물	1956.5	(광동)삼년간 광주시 옛고분의 조사와 발견	소형고분, 묘실협소	근용1관. 전축분 2기출토, 청화소자관5
62	문물	1955.1	광동 광주 소 북송묘 요약	2기 1호-장방형. 수갱대권공전실묘 2호-묘실구조는 1호와 비슷	1호-청화소자담5, 은잠1, 동전, 전제묘지2 2호-흑유소도관5, 유금동차1, 연판유금곡선형동차1, 조루유금동차2, 은취이1, 유금동게압1
63	고고	2004.11	복건 남평시 남산진발견 송묘1기	전구쌍실권정, 평면장방형	자기6(접시2, 합2, 로1, 우1), 도기19(관1, 개관5, 삼계관1, 사계개관4, 분1, 조1, 부1, 병2, 창2), 동경1, 동전1(개원통보), 철지권1, 묘지2
64	문물	1998.12	복건 남평 송대 벽화묘	단광쌍실권정묘	자기7건-완4, 과릉집호1, 과릉병1, 소충1 도기9건-소관6, 호1, 다각개관1, 곡창관1 기타-철도1, 철부1, 동경1, 동연3
65	고고	1997.4	복건 건표시 적구 북송기년묘	파괴분. 묘실 형제 불명기물은 이미 파괴된 채 출토	자완1, 자개관2, 자장경병1, 자집호1, 자과릉개관1, (묵적, 경력3년 1043) 자수우1, 자다각관1, 도영희곡창관1, 도조1, 도하엽창곡관, 상부원보, 천경원보, 개원통보
66	고고	1995.7	복건 우계현 성관진 포두촌 발견된 북송 기년벽화묘	장방형, 전구쌍실묘	도다취호1, 철관정8, 도용12, 묘지2(정강원년1126)
67	고고	1995.2	복건 건구현수 남 송원고분	송묘2기 M1: 전실권정	M1-기개1, 동경1, 은발차1, 전폐(개원통보, 경덕원보), 철관정17 M2-쌍계개관2, 소구관2, 쌍계관2, 순구완2, 연개1, 철관정8
68	문물	1995.1	복건 복주 다원산 남송 허준묘	1기 수혈식평정삼광전석결구묘 남광중앙좌우양광처실	출토유물-59점 1.생활용구-유금은완1, 유금능화형은탁배1, 유금고권족은배1, 은개관1, 은발1, 유금은집호1, 은반1, 은세1, 은잔3, 은접1, 은사두2, 은호1, 은쾌1쌍(장조형, 일단략조, 일단점세, 횡절면육변형, 직경0.4~0.6cm, 길이21.8cm)은시1(시체엽면형, 장조형파, 길이12.8cm), 동협자1, 철전2 2. 소장용구-칠합1, 유금운경합1, 은분합1, 녹소2, 목비1, 유금은발관1, 골잠1, 규화형동경1, 장방형동경1, 향로형동경1 3. 패식품-은타식1, 접형은식2, 유금쌍어형은식1, 은조탈7, 목주항련1 4. 문방용품-모필1, 묵1, 연1, 동진지2 5. 기타-철우1, 태산석용4, 동전8, 명문전(순우10년), 매지권2, 묘지3

69	고고	1995.1	복건 삼명시 암전촌 송대벽화묘	쌍실, 장방형권정수혈대광-후에 전축묘실 도굴분	동경1, 석연대1, 도인물용11, 변형승용2, 소철도1, 철관정41(발정1, 원모정20, 방모정20)
70	고고	1992.5	복건 남평점구송묘 남송조기	전구권정쌍실묘 평면장방형	자기-흑유기(완1), 청백유기(접2, 합3, 개관4, 집호2, 관2, 견1) 도기-관1, 삼계관2, 개관4, 반용문개관2, 화분1, 조1, 곡창1, 석연1, 동경1 동전-개원통보, 태평통보, 천경원보, 철지권, 지권1, 진묘전1
71	고고	1991.8	복건 남평시 사근진 송묘	쌍실전권동식, 평면장방형 출토기물-83건	유도관11, 유도집호4, 유도반용개관4, 유도관이호1, 이2, 유도연마발2, 유도발2, 유도세1, 유도소접2, 유도소잔4, 유도잔탁3, 유도소충4, 유도등잔2, 도선형조1, 유도화분1, 유도고형좌돈2, 유도안기2, 도제통2, 도증1, 도우4, 획화대완2, 동저16, 도남입용1, 도여입용1, 도웅견1, 도자견1, 유도공계1, 유도모계1, 유도경악정2, 유도사척옥정1, 영청백자접2, 백자소관1
72	고고	1991.4	복건 우계 발견의 송대 벽화묘	1묘 장방형전실묘 묘실내 4벽-벽화	유도개관1, 철관정9
73	고고	1991.12	복건 남평대봉발현 송묘-남송조기	장방형전구쌍실권정, 쌍실좌우병렬위치	자기-완1, 사계관4 / 도기-소구관4, 직구소관4, 관1, 기개1, 소충4, 개병2, 조1, 부2, 창1, 석연1, 요차1, 동경3, 동전80내외, 철교고전1, 철지권1
74	고고	1990.8	복건 장포현 발견 북송묘1	전실묘(고분제작형태는 이미 알수없음)	청회유자관2, 청회유곡창1, 도배4, 전폐2(황송통보, 원풍통보)
75	고고	1989.7	복건 우계마양송 벽화묘 정리보고	청색벽돌로 천정을 쌓아올린 형태의 묘	묘실벽화-전, 후실 모두 벽화 출토유물-이미 유실. (백자과릉집호1, 도개관1, 철관정2)
76	문물	1988.4	복건 우계성관 송대벽화묘	1기 송대쌍실묘(장방형전실권정묘) 묘벽은 조형청전으로 평평하게 축조	벽화묘 수장유물-유물 여유좌실 도관8, 도집호1, 도병1, 도용10, 청자잔1, 장유발1, 동경1, 동전4(개원, 지도원보, 황송통보), 철관환1
77	고고	1987.9	복건 복주교구 청리 남송주저묘	2실분리, 남좌여우	우실-56건. 집호용3, 공수용4, 지물용6, 노인용1, 시립용1, 부도용1, 석마1, 석현무1, 석주초2, 석추1, 석비식1, 석묘지1, 다취식도관1, 대개소도관4, 동경1, 동전24, 철탁1, 좌실-63건 공수용2, 지물용4, 노인용1, 시립용3, 궤배용1, 궤시용1, 압어용1, 석구2, 석어1, 석주손1, 석불좌4, 석묘지2, 용천배2, 소도관개2, 동전25, 철우1
78	고고	1987.3	복건 순창현 북송묘 청리간보	1기, 백암석축, 묘실교란	북실-자기25점(청자류17-소배, 소관, 잔탁, 집호, 반리문대개병, 다각병, 백자류5, 소관, 고복소관2, 심복완1, 흑유자류3, 동기(동경1) 경덕원보1 남실-청자류4, 백자류2, 영청자류23(완, 접, 탁, 좌관, 집호, 병, 명기), 풍자형석연2, 동전33(개원통보3, 태평통보6, 상부통보4, 천희통보1, 황송통보1, 치평원보1, 희녕1, 원통12)

79	문물	1985.6	복건 우계 송대벽화묘	평면장방형. 묘는 권정전실 묘실양측과 정부에 벽화	동북각 벽감내 백지흑과자침1, 동북각 시골옆 백유자완1, 서남각 시골옆 흑유자완1, 송전2
80	문물	1983.8	복건 순창 대평림장 송묘	1기 부부합장묘 남좌여우-여관실은 교란. 화강암석판과 석조 축성 묘광 4벽은 큰석판으로 축조	남실-남주칠관, 관개 내면 약간 동전 부착. 청회유대완1, 청황유회화완1, 청회유인화다잔3, 갈황유과판집호1, 도조1, 철과1, 영청유자개1, 동전30여매(개원2, 지도2, 함평2, 경덕3, 상부4, 천희3, 천경2)
81	고고	1979.6	복건 순창 송묘 2기	1호-권정전실, 장방형 2호-청전채성단실 원권정	1호-자다취관1, 자관1, 자병1, 자주완3, 자우1, 자완11, 자단3, 자집호1, 자호2, 도관5, 철도1 2호-자집호2, 자관8, 자주완3, 자잔탁4, 자단2, 자완9, 자정잔1, 석조1, 동전10(개원통보, 북송지도원보, 함평원보, 상부원보, 천희통보, 황송통보, 원풍통보, 원부통보), 철관정
82	문물	1977.7	복건 복주시 북교 남송묘 정리보고	1좌 삼광병열의 송묘(장방형석실전곽) 묘주-황승 좌광-유인이씨	1. 사마류 2. 칠기-칠염1, 칠분합3, 칠 척1, 칠전전판1, 칠경가1 3. 죽목류-염주, 목남용, 죽렴1, 죽지1, 죽괄도1, 죽병종쇄1 4. 종질류-단선, 종모쇄1 5. 각질류-각소2, 각비4 6. 금은류-금추1, 은훈1, 은차3, 환련은접 1쌍, 은충1, 은개관1 7. 동철류-동경2, 동전22, 철우1 8. 잡류-갈색분괴2괴0, 파리쇄편, 수은684g, 묘지명
83	문물	1960.3	약담장사적 오대양송묘	북송묘-자기위주, 화폐는 많지 않음, 철기는 적은 편 토갱묘와 전실묘(장방형단실묘, 권정식) 전석결구묘-장방형수정묘 부장품 없음 석판표-3기 장방형2(여성), 방형1(남성) 묘벽소형석판축조	도기-도완, 도적, 도합, 도발, 고족배, 도타호, 도호, 도관, 도우, 도세, 쌍이도관, 루형도병, 다각도관 자기-자완, 자적, 자합 금속공예품-동경, 철전자기-철련백자완, 자완, 백자합 철기-철리환, 동이배 기타(유리이환, 동경, 유리장) KM16-장방형 상부에 좌관1, 호로형기1, 목소 동위표 쌍고동차1, 은차1 KM5-M16과 형제상사 근운두식 동경, 향분, 완, 적, 잔

표2-1- ⑥귀주성,사천성

	출전	발간연도	제목	특징	출토유물
1	고고	2004.1	귀주 중경 무산현 무협진 수봉촌묘지발굴간보	송대전실묘1기, 장방형 수혈토갱전실묘, 토광단면계단형	동경1, 동잠4, 동표2(병부는 가늘고 곧고, 표부는 타원형, 소면, 길이7.6cm, 국자너비1.7cm, 자루너비 0.5cm), 철가위1(이미 손상), 유도쌍이관1, 유도관1, 동전57
2	고고	1988.12	귀주 동재 송명묘 발굴개요	석실묘6, 암묘2, 석판묘3(야랑패에서 발견) 석관묘1(周市에서발견) 석실묘(송대)-산허리에 분포, 남북향, 실좌우양벽에 벽감	유도, 자, 철기 등 출토 자기(완, 병, 배, 유도접), 철관환4, 철폐200매, 석각 암묘-명대, 석판묘-명대 석관묘-송대
3	고고	1981.2	귀주 평패현 마장 당송묘	송묘3기, 장방형평정석실묘	도기1, 유도관3, 대파대류도관1, 도부4, 동발차4, 료주 수십매, 전폐(경덕원보, 희녕원보, 정화통보)
4	고고	1961.4	귀주 청진 평패 한실송묘 발굴보고(북송초기 혹은 만기)	송묘91기	도기, 도, 검, 표창두, 정, 과, 삼각가, 사각가
5	문물	1961.11	귀주 중경 정구 송묘 정리보고	전부 석재로 건조된 단단한 사암으로 축조. 석축고분이 중경과 川東지역에 가장 보편적	1좌-병열적 합장묘. 각유 단독적 묘문, 묘실. 대량의 묘벽 석각 32점 수장품-함평, 숭녕, 정화 등 동전, 영청자반, 흑유자관, 선어피유자완
6	문물	1960.6	귀주 청전 송묘 정리보고	100여기발굴	청나28호-장방형 토광묘. 묘실남단-철와1, 잔철기1(열쇠 모양) 청나26호-장방형묘실. 수장품-수탁, 동은항권, 동철지환, 대소골주, 동전2매(개원, 함평), 동항식1세트 청나34호-장방형, 수탁, 항권, 도항식, 원우통보
7	문물	1955.9	귀주 준의구의 송묘2기의 소개	좌우양실로 나뉨, 묘실 장방형, 복두형정, 전조(무사, 문관상, 부인계문, 욕진상, 묘주인좌상)	맹조분이라 부름. 좌우양실. 전조. 청요, 백호, 주인상 좌실-주인상 조착화문, 부인계문용진 우실-좌실보다 복잡정치. 무사상. 조각화문
8	고고	2004.5	성도시 이선교남 송묘 발굴간보(소흥 22년 1152)	장방형쌍실 권공전묘	도기49-용47 고(니질, 회흑도, 흑갈도, 무유), 무사용4, 문관용28, 남시용2, 여시용3, 생초용2, 인수사신용1, 인수조신용1, 호복용3, 구1, 고2, 남묘주인상1, 여묘주인상1, 자기3(쌍이관1, 완2), 동경1, 묘권16방(소흥22년)
9	고고	2001.5	사천 성도시북교 전국동한 및 송대고분 발굴보고	1기 송묘, 방형단실전실묘. 묘정 훼손, 수장품 위치변함	완1, 계1, 입용5

10	고고	1997.1	성도시 서교 금어촌 남송전실화장묘	전실화장묘. 9기 전실권정, 장방형소전축성	단실묘-M3,4,8,11(4기) 쌍실묘-M2,5,6,9,12 출토유물-101점과 홍사석질묘권10방, 매지권8방, 도용54(문용23, 입용2, 무용5, 여시용3, 남시용2, 앙청용1, 포복용5, 신견용1, 생초용1, 고2, 계4, 구5), 홍사석질좌상1, 도기32(제량소관, 접, 잔탁, 오족로, 쌍이관) 묘지-송대중기 묘주여인
11	고고	1995.7	사천광원 장가구 북송전실묘	고분이미 파괴, 전실묘	전조4점(인물2, 사자2), 동폐40매(오수1, 개원통보, 함평원보 등)
12	문물	1990.3	사천 성도 동교 북송 장각부묘	장방형쌍실권정전묘 묘장파괴엄중	1. 도용-17(무용2, 문관용3, 문리용2, 입용4, 여시용1, 괴좌여용1, 이형입용1, 인수사신용1, 용수1, 조1) 2. 도모형-병풍2, 안1, 봉4, 판부3 3. 도기10-훈로2, 오족로1, 관6, 완1 4. 기타-전폐33, 묘권5, 묘지2
13	고고	1990.2	사천광한현 락성진 송묘 정리	1호-권공일부, 문물일부파손 2호-묘갱파괴, 문물파손심각장방형 권공전실묘	1호-용류24(인물, 동물:무용2, 문용8, 악물 앙시용1, 견물행진용1, 대모여용1, 주취용1, 남시용4, 여시용2, 수면인신용1, 수면조신용1, 구용1, 계용1), 누방1, 교1, 상1, 답등1, 남녀와상용1, 병1, 탁1, 의3, 경대1 2호-도취사용1, 도생초용두3, 도녀용두2, 도고령사이관1, 매지전, 매지권1, 동전2(희녕통보), 화분1, 잔1, 고2, 온주기1, 배1, 탁배2, 호3, 고령사이관1
14	고고	1988.12	사천 간양현 발견된 송묘	교란분묘	도용3(가신성질의 단신입상 19.3cm), 숭녕통보 172매
15	문물	1986.12	사천 광원 송묘 석각	송묘4기(부부쌍실합장묘)	1기 전축(묘내 화상석곽), 나머지 석축 수장품 소수, 매지권으로 보아 남송시기 전조
16	문물	1984.7	사천 영창현 사패자송묘	장방형단실. 석각방목구조	수장품 없음
17	문물	1984.7	사천 덕양현 발견 송대교장	대도항내 유물	항 입구는 1개 큰 동분을 뚜껑으로 덮었음 항내 당대, 송대의 동기, 자기, 철기 등 61건 동분3, 동반1, 동발2, 동고형기1, 동사대2, 동병2, 동다구15세트 동쾌1쌍(24.4mm), 동경3, 흑유자완16, 철기1, 동경가운데 해수대포도경과 팔괘경은 당대문물
18	문물	1984.7	사천 한중현 출토 송대 교장 남송중기	6개석판으로 6변형으로 둘렀음. 석판, 자기, 동기-500여건	자기-청자삼족로2, 영청회화병1, 청자완20, 영청회화완18, 영청국화접6, 영청인화접8, 영청계구반6, 영청인화반4, 백자인화반8, 백자인화반8, 대모유반4, 영청기개4

					동기-동고1, 동이1, 동병16, 동기좌4, 동시111(1식-26건, 곡병, 병단 봉미상, 병 윗부분 오조쌍철현문, 25cm / 2식-85건, 곡병의 부면조단 칠조쌍철현문, 25cm) 동쾌122쌍(두부 복잡, 미부 가늘게, 원형, 무문식 23cm) 동기중 동반, 동분, 동발, 동정, 동차탁과 초두37조는 심하게 녹슴. 동전27(태평통보, 경우원보, 치평요보, 희녕원보, 원풍통보, 원우통보, 경송원보, 소흥원보, 8릉)
19	문물	1984.7	사천 대읍현 안인진 출토 송대교장	출토유물-72건	자기-쌍이삼족청유로1, 영청쌍어연하엽16, 영청과릉소사호1, 청유소자완4, 영청과고소관1, 영청분합2, 장유완6, 대모유병12, 녹유관이소병1, 장유부1, 팔괘경1, 집호2, 동병2, 동로1, 인합1, 동저1쌍(24cm), 동산1, 형미형동기족3, 동전7(지도원보2, 천경1, 희녕1, 원풍1, 원우1) 철기-철삽1, 철쇄1, 청차2, 'ㅜ'자형칭구(저울)1, 단연1, 단석필산1, 황석석진지1
20	문물	1982.6	사천 광원석각송묘 정리보고	1기 송대화상석실묘 부부분실의 석각권정묘 양실병렬 양실요갱-매지권(주위 동전다수)	도쌍이관4, 완1, 동경1, 전폐(관대위 3매 매지권 주위: 동실-35, 서실154) 24매 개원통보와 건원중보 그외 북송전 23종, 금발식1, 잔금식1, 금이환-대소2쌍, 원형옥식1, 매지권2(송경원원년, 1195)
21	고고	1982.1	사천 홍아송묘 발굴간보	쌍실병렬의 전묘	좌실-쌍이관4, 도용10, 철전2, 매지권1 우실-도집호1, 소도관2, 오계대도관2, 도완1, 철초두1, 은발계1, 철전1, 매지권1
22	고고	1973.6	사천 삼대현발현 송묘1기 남송가정4년(1211) 장심랑묘	곽실석판구성	도용20(문사-4, 무사용-2, 시용-6, 복용-3, 양면용-1, 여용2, 도계1, 구1) 자기4(병2, 완2), 동전22(곽실내출토, 숭녕통보19, 숭녕중보, 정화통보, 소희통보 각1), 석비(각실내위치)
23	문물	1957.12	사천 소화현 곡회향의 송묘석각	남송 순희계묘10년 후감 및 동서벽상 모두 석각부조, 석재로 지음 묘실, 벽감 유물없음	관대위 소동경1, 철관환6, 철관정 97개 중 37개 두상에 동전 1매, 각자 "慶堂"-순희계묘
24	문물	1956.6	사천 성도시교의 송묘	1. 장방형단실공정전묘 2. 소형화장묘 3. 상하층쌍실묘	1류-목관사용 2류-목갑과 도관, 양종(화장한 후 골회를 목갑이나 도관내에 둠) 3류-목관. 관에 옻칠. 관외 목곽 1,2류-도용. 매지권(진묘, 진문) 3류-관실의 좌우벽에 진묘, 진문배치, 기타 부장품은 모두 상층실내에 둠

					일반적인부장품-갑주착용무사용, 문신용, 여용, 인수계신, 독각용, 쌍인수사신용, 동물용(계, 구, 귀, 양) 사이관, 사족로, 제량관, 자완, 매지권
25	문물	1956.12	사천 화양현 북 송묘 조사보고	30여기의 역대묘장중 연호가 확실한 2기	M2, 3 구조 동일, 요갱딸린 전실권정묘 M2-도관2, 도병1, 도로1, 도병1, 도완1, 매지권1, 송신종희녕2년(1069) M3-대구4이관1, 사이관1, 매지권1, 송영종치평4년(1067)
26	문물	1955.9	천서의 소형송묘	천서지구 발견의 소형 송대고분 단실묘, 전축성	묘정은 권공, 묘벽은 감있음, 묘저에는 전대 있음 유물-도기위주, 자기가 다음으로 많음
27	문물	1955.9	사천 성도 동교 사하보 한당송대 묘장16좌	송묘13좌(전묘)	

2) 遼墓

표2-2-① 요령성, 길림성, 내몽고, 흑룡강성

	출전	발간연도	제목	특징	출토유물
1	고고	2001.5	요령 건평현 고산자 요묘	2기. 이미 훼손 M1-타원형권정전축단실묘 (시상에 인골2구) 관의 흔적이 없음 M2-전축권정방형단실묘	M1-백유쌍계자호2, 백유자반1, 자두립완2 M2-도관2, 자반1, 자완1, 대자완1
2	고고	1999.6	요령 수암현 장흥요금유적 발굴간보	방지. 야철작업방, 부엌자리, 회갱	도기(관, 분, 증, 부만, 접, 호, 연, 방륜, 망추, 판와, 적수, 와당, 치문, 수수, 전), 자기(조백자, 유백유자-반, 완, 기개, 회백유자-완, 반, 접, 정요백자-반, 완, 방정요백자-완, 반영청자-완), 철기-도, 비수, 촉, 관, 정, 동기-경, 식, 석기-방륜, 석주, 석질기자, 골기-잠, 투작, 동전 31매 18점
3	고고	1996.6	요령 법고현 영무대 8·9호 요묘	8호-전실묘 9호-석실묘(석괴축성)	8호묘-28점 자기-영청자접3, 영청자잔7, 영청호로형자병, 방정백자개발, 방정백자대완, 방정백자반, 조백자완6, 철기-명적, 촉, 쇄약, 철환 9호묘-정요백자완9, 호박소웅유금동사자, 금이타1쌍, 마뇌곶주, 은잠, 유금은관식3, 철절항, 철관정3과
4	고고	1995.11	요령 부신현 거란 요의 청리	1호-수천구 거란석곽묘 전석구조의 고분 2호-칠가자 요묘-1기, 방형 3호-오가자요묘-평면 8각형, 단실, 전축분	1.묘벽: 자연석판으로 쌓음. 묘실-원형단실 흑도병-2건. 백유자접4, 백유자완1, 동경1, 은식건1호. 골병쇄1, 금이추1쌍, 금이타1쌍, 철마함2, 철도1, 철검1, 철부1, 동령5, 유금동대구유9, 유금동대구6, 유금동절약4, 동식옥1, 동경12호, 백유자계관호1, 장유자반이호1, 영청자완1, 과릉형마뇌식1, 관상마뇌식건1, 철촉100여점, 철마등13호, 흑록유환양계관자호1, 황유자지포1, 황유자발2, 황유자접2, 회백유타우1, 철가정완1
5	고고	1993.3	요령 안산시 양이곡 요대화상석묘	녹니판암석주와 석판으로 묘실 축조 평면-팔각형단실묘	철기-철도2, 철추1, 소철추1, 철차관2, 자완1
6	문물	1992.6	요령 조양 손가만요묘	1기, 석구원형단실묘 묘실평면타원형	석복청2, 석남시용2, 석여시용2, 화상석3, 도완3, 도관2, 도호1, 철모1
7	고고	1989.4	요령 법고현 엽무대 요 초의묘-요조북 재상 초의	묘도-묘문-팔각전실-팔각이실-주실(팔각형) 상부-궁륭형	출토유물-석관(회색암석), 석묘지(도굴) 벽화-묘도양측(출행도, 귀래도), 용도양측(무사도), 묘문양측(헌식도, 상영도)

8	고고	1988.9	요령 강평현 후유둔 2호 요묘	전축방형권정단실묘 부부합장묘 묘도-용도-묘실	자기11, 철기65, 동기164, 은기1, 석기, 각기1, 유도기2 등 245점, 백자집호1, 영청자접8, 백자소완2, 철모1, 철골타1, 철정경1, 철구1, 철착2, 철표1, 철마등1, 청령6, 철촉47, 명적2, 유금동비식88, 유금동대가8, 유금동대고잡5, 유금동봉관1
9	고고	1988.4	요령 객좌 흥륭구 요묘	궁륭식 단실묘, 200° 실내 전축	도호1, 도관1, 도기개1, 자반2, 동경1, 개원통보1, 철정1
10	고고	1987.1	요령 조양시 요 유승사족묘	M1유사승(967, 음력17년) M4유은걸(1000, 통화18년) M3유일영(1046, 중희15년)	4호.(묘주: 유우길)-수혈전묘. 방형묘광 유금은식(산타형식2, 영형식1, 은포식6) 동식(쌍어식1, 동조1단) 철기(빙찬1, 소산1, 철정4, 원모2, 환정1, 철촉1, 갑편5, 구형기1, 이련환1) 도기, 자기(도완1, 도호1, 도관1, 도병1, 도초두1, 백유철화자편3, 화폐8(개원통보, 건원중보), 녹각, 묘지1 5호-4호와 상동. 녹채자합1, 백자완1, 배자접3, 유도관1, 계퇴담1, 탁잔1 6호-전축장방(유아묘, 주호1, 잔탁1, 도로)1, 2, 3호-유승사묘지1, 유일영묘지1, 도양1, 구배문경1
11	고고	1986.1	요령 건평현 수유동둔 요묘	전축단실, 뒷부분은 방형, 전부는 원형, 마등형 묘문, 묘정 파괴	유물-162점. 백자지관호1, 도호1, 구배문동경1, 어형금이식2, 동탁2, 마노관식2, 동뉴2, 유금화판형식6, 유금동완, 동잔탁1, 유금동표1(잔편, 작부분은 오리알형, 凹 정도는 비교적 얕음, 병부는 길다) 동포정2종 49건. 대동령6, 소동령12, 요형유금동절약8, 동비식2종 28건. 동대가 5종 11건, 유금동대고4, 우금동비식2, 철마등2, 철마함, 철울두1, 철산1, 철착1, 철도1, 소철도1, 철부1, 고경철등1, 철금정1, 철전1, 원두철정2
12	문물	1985.3	요령 건창구산 1호요묘	묘도-묘문-용도-동서이실-주실 주실 육각형. 청회색 큰사각전돌과 장방형전돌로 축성. 동서 이실-평면타원형. 주위벽은 사암석판과 돌을 쌓아서 구성	출토유물-자기, 은기, 동기, 철기, 칠기 등 166건 영청소완2, 영청소접4, 백자화구반2, 백자대완2, 백자화구대완2, 지퇴단2, 은배2, 은반1, 동경1, 동세1, 동발2, 동집호1, 동환1, 동전97

13	고고	1985.1	요령 부신현 백옥부 요묘	전석권정전석실묘 묘모-용도-이실(남북 각1)-주실 묘저는 전돌로 한층 보강	도기(협사도관1, 소면마광소도관2) 자기(백유제양지관호1, 백유집호1, 자완4, 천대병1, 소자관2, 백유자배1) 동기(동경1, 동령6, 소동령1, 유금동식8, 수면동대판8) 철기(철부1, 마등1, 철촉1, 철정1, 철구1)
14	고고	1984.5	요령 조양현 발견 요대 장양묘지	원형전실묘	묘지1 합만 수습, 나머지는 파괴 묘지-청록사암질
15	고고	1984.11	요령 금주시 장강촌 요묘 발굴보고	1호-묘실평면원형. 묘실기초-장산암삭평 2호-묘실석조. 방형석관묘. 석관뒤 와상	1호-철기: 철부1, 철전도1(철질탄황쌍고식), 철도1, 철등1, 동기: 동령2, 동경1, 은기: 은패, 은촉1부, 은이추1, 도자기: 오관, 자반4, 도완3, 백자호1, 반구병1, 역석1(영락주8-여성묘) 2호-철기: 직인착, 삼만인착, 변원인착자, 철부1, 철천1, 삼인첨상기, 철촉17, 철등1, 철작1, 동기(길섭대식동경1), 도자기(마등호4, 반구호1, 완2), 주옥기(영락주9, 와상옥식) 3호-도굴. 2호와 유사(자만 전돌로 만듦) 묘실평면장방형, 철기: 철부1, 철착1, 철천1, 철산1, 철도1, 철골타1, 동기: 동경2, 동전2, 도자기(소배1, 마등호1), 주옥(영락주9) 4호-도굴. 묘실방형. 관정(철질), 자편
16	문물	1983.9	요령 조양 요 조씨종묘	3기 모두 원형단실묘. 유석관. 화장묘 1. 상가구1호묘: 원형전실권정 2. 조광우묘: 원형축석묘, 권정 3. 조위간묘: 원형축석묘, 정권	1호. 묘지1(청석암 조각), 자기12(피양호2, 연판문조화백자주호1, 연판모조환백전, 온완1, 연판모조화백자관1, 백자대완1, 백자완2, 백자반4) 2호. 묘지1. 조화첩소후 자주호1, 백자소완1, 백자소반1, 동전30여개(지개와 각석사이 24매. 나머지 묘실) 3호. 묘내-석관(6개청사암석판조각으로 이름) 묘지1, 중희8년(1039)좌우
17	고고	1983.1	요령 법고, 천산 요소포로묘	묘도-묘문-용도-이실-주실 주실: 궁륭천정, 평면팔각형 전벽-산암축성. 채용측립, 평와축법, 진흙으로 보강	도자기-대부분 주실, 동남부바닥. 전 파편. 회도분1 자기-백자소접1, 백자화식구호접1, 백자소완1, 백자화식구대완1, 백자집호1, 백자편체소합1, 청백자소접1, 청백자화식구소접1, 청백자획화대완1, 청백자소합1 동철기-묘실목문상의 구건 동포수2, 횡식철쇄, 철환, 철구, 절화동제문포엽2, 동모철간문정14, 철정4 병기, 마구-철도2, 철촉4 석조-석조인두상1, 석축(항두)2, 석묘지, 동물골격
18	고고	1981.3	요령 안산시 왕가곡요화상석묘	팔각형단실묘	묘실-녹니판암의 석주와 석판기축 바닥-불규칙청전

19	문물	1980.7	요대 야율연녕 묘 발굴간보	묘주 통화4년(986)에 매장 전축원형권정 석관-녹사암으로 제작. 장방형	주요기물-석조상, 유금은식잔편, 옥식10, 백자소완2, 백자탁잔1, 장경도호1, 철산1, 철쇄2, 전실에서 묘지출토1
20	문물	1980.12	요령 조양 전창 호촌 요묘	석판묘. 장방형주실, 2개의 원형이실	고분은 당지의 황색사암석판으로 축조 출토유물-200여점. 도자기, 요금은기, 마노 식품, 상아제품, 각종동, 철 용구, 도자기20(백자5, 화구대완1, 소화구중완2, 소완1, 반1) 단색녹유도기-12(봉수병2, 지관호4, 주호1, 화구배1, 화식잔탁1, 화식완1, 연문세1, 차두1), 영청자기2(과형주자1, 연판완1) 청자기분합1, 장식품32, 유금은식품-은관1, 이수1쌍2건, 촉자2쌍4건, 희동대대, 유금은대요, 유금은미, 화구도형식2, 은사구6, 호로형패식1, 관통형패식2, 마노형식품-관천주5, 릉형식1, 동식품-유금동대가1 수장용품-동경3(요 사판연환문경1, 요 하화문경1) 상아수1, 마구-122건, 안, 마등, 함표2, 각식비구116, 장1, 분1, 산1) 기타(동전6-모두 개원통보) 수정관부1, 병기3(철모2, 철검1) 철제생활용구9(쇄1, 울두1, 등1, 집호1, 작자1, 전도1)
21	문물	1979.6	요령 조달지구 발견한 요묘 회화자료	10기(석관화묘2, 목관화묘1, 벽화묘7)	1. 극기열수28지1, 2호(석관화) 조기의 요묘-전축원형권정단실묘 2. -도굴. 옹우시기광덕공목관화묘-석축원형권정단실묘 3. 파림우기백안이등 요묘-석실방형권정, 용도양측 각각 방형이실 있음 4. 오한기강영자 벽화묘-전축권정팔각형단실묘 5. 파림좌기백암오포요묘 6. 객라신기루자점1호묘-전축원형권정단실묘 7. 옹우시기산저가3호묘-전축권정, 주실은 원형 8. 오한기북3가1호묘-전축권정다실묘 9. 옹우시기해방영자 벽화묘-석축원형권정단실묘(연음도, 탁상방완, 분, 작, 첩 합 등)
22	문물	1977.12	요령 북표수천1호 요묘 발굴 간보	전축권정의 방형묘. 이실, 전실과 주실	도기-녹유편신쌍천대지관호2, 녹유장경봉수병2, 다발녹유지퇴단2, 다말녹유도분1, 니질흑도지퇴단1, 협사회도지퇴단1 자기-용어형청자수우1(연적), 영청자완6, 백유관자화식대완1, 백유장경호1, 정요백유연화개주호1, 정요백유연화개관1, 정요백유연화잔탁1, 백유수우1

					마구-은안교, 마비식, 청마등, 철마함, 유금운수쌍용어문식판, 용어형석구식, 방형옥석대식, 엽형호박1, 유금은연3, 봉자형청석소관1
23	문물	1977.12	요양 발견 요묘와 금묘	남림자요묘, 소형전묘	백자주호2, 청자접3, 회색구문전축성의 4벽
24	문물	1975.12	요령법고엽무대 요묘요약	전실와 이실2, 장형실 상부는 고권정	주실후부-관실. 관실내부 석관, 노년부녀 관실전-공탁(제상)-위에 자완, 관, 칠항 주실-동남, 서남 모서리. 목탁-위에 칠작, 완, 우리방반, 마노배 사직품10여건, 포산, 당상, 수정주, 마조관, 금사구, 호박조식, 관상- 칠렴합
25	고고	1962.9	요령 객좌현 요왕열묘	전축원형 권정단실묘. 214°	도굴피해. 유물11건 도기-백자대완, 회도분, 삼족쌍이회도분, 회도기, 회도관, 누금동대가, 철정
26	고고	1960.2	요령성 건평신민의 3좌요묘	1. 건평장가영자요묘-벽화묘 2. 건평주록과요묘-전축묘 3. 신민파도요영자요-전축묘	1. 건평장가영자요묘-지하5m, 벽화 -출토유물-철쇄, 출토유물풍부 (봉식, 이룡대주도금금은관, 금이식, 탁상 은접, 은시, 은쾌, 마노완, 백자화식접, 도자기, 전지모란문동경, 금촉, 가릉빈가문동경, 사상문동경, 마비구, 철방도, 철부, 철산, 철촉 은제숟가락, 젓가락 䰠-술이 편평, 타원자루 세장, 뒤가 굽었다 26.7 / 젓가락-원주형, 끝은 죽절식, 20cm, 직경0.3cm) 2. 건평주록과요묘 -유물-36건. 백자창이관, 백자화구대완, 官자관백자완, 관가관백자장경병, 백자주호. 착금철전(전신 착금, 권초문으로 상감하였고, 도신에는 심형의 루공, 남은길이 20.2cm, 금식, 참화금수탁, 어형금이식, 사릉소면동경, 철정, 호박패, 마노식주, 은비1건-비체가 편평하고 뒤로가면서 만곡, 27cm, 자루뒤-거란문자(장가영자은접과 동일), 개원통보2매 3. 신민파도영자요묘 -좌소실-녹유장경병, 삼족철정 /우소실-없음 석마, 녹유장경병, 녹유계관호, 삼채인화해당장반, 황유고식연, 황유소분, 백자완, 동발, 동세, 동경, 누금루공동관, 도금동면구, 인물어주금잠, 은발차, 목판, 하엽식, 호박식, 타원형호박주, 죽절호박집병, 유리주, 철정
27	문물	1958.6	요령 1956년		백유대완, 장경병, 동경, 금촉, 금발잠, 금이식, 철울두, 철방로, 은시, 은쾌, 마노완, 옥석대구

28	고고		요령요양현 금창요화상석묘		3기, 출토유물 없음
29	고고	2001.1	길림 동요현 발견 요금문물	1993.4월초 길림성, 동요현 능운향삼랑촌 삼조촌 경지에서 황토층중에서 문물발견-지표아래 30cm	사계조자병, 자완, 자접, 동시 (주조, 표의 표면이 비교적 매끄럽고, 중간은 凹형이고, 색은 검은편. 병부는 비교적 길고, 판상어미형태이다. 마부는 다소 넓어진다. 숟가락부분 길이 7.5cm, 너비3.15cm, 병길이16.8cm) 동전1매 (황송통보)
30	문물	2000.7	길림 조양 서상대 요묘	전축방목구조 출토문물-일찍이 도굴 남은 유물 풍부	석질류: (1)경당좌3, (2)주추석 및 연화좌8, (3)불경석판14, 자기, 고족배2, 고족접2, 흑유두립분1, 유두문소관1, 은구자발1, 정병1, 자접8, 백자접2, 자기개1 전조류: 전조야초구건2, 전조화분구건1, 전조사신상3, 와당1, 척수두5(용수) 금속류: 청쇄1, 유금금강저1, 동전1(조원통보) 호박식건-잔여건, 묘내벽화 대부분 탈락
31	문물	1997.11	길림 요대상준 화묘 출토 위기자	1기, 원형전실묘	백자대완, 분, 오곡화식구반, 도수우, 관, 정, 두, 분, 반, 완, 잔탁, 호, 쌍계관, 병화철등잔 도발내에 372개의 실용 위기자가 있음
32	고고	1988.7	길림 전곽모산 요묘	단실 권정전묘(묘주는 노년 여성)	머리부근 수장품4점. 도호1, 골관식1, 요주2
33	고고	1985.7	길림 동발요묘	전석 혼축단실묘	묘도-묘문-액장-용통-묘실 도굴, 도분2, 철쇄1, 철기
34	고고	1984.9	길림 통유현 단결둔 요묘	전실묘, 평면 요대만기의 소유장자1호석실목곽묘	다변형 궁륭조정. 교란 도관2, 소자반2, 옥환2, 동경1
35	고고	1983.8	길림 쌍요현 발견 양좌 요묘	소형전묘-요대 완기 M1-전실묘, 평면원형, 궁륭천정 M2-전실묘, 장방형	M1-부장품교란-곡복관1, 구형관1, 자안1, 골환1 M2-유물교란-장경관1, 골괘1, 골잠1, 동전3(천희통보, 원풍통보, 원우통보)
36	문물	1973.8	길림 농안 만금탑묘		1) 전축방대상의 문물-석조소탑, 박철소탑, 사리합, 대중소3건, 사리주 2) 탁상의 문물-탁자1, 자기11(청백자완2, 백자완5, 백자천복소완2, 백자접1, 동저8개(원래 수량 알수없음, 유실된듯), 동시5건. 끝부분은 넓고 편병두단은 타원형. 전체길이13.5cm, 동경1, 동전21, 직물잔편2, 수정식물1, 석질통상물 잔여부분 7절
37	고고	2004.7	내몽고 통요시 토이기산 (요대중기)요대 묘장	1기, 석실묘 묘도-묘실-용도-묘실좌우이실로 구성 장구-채회목관, 내관 및 관상	묘실내 수장품-동기(종, 령, 패식, 동포-동유금), 은기(합, 쾌자, 개완, 호), 금기(단이팔릉금배, 침), 칠기(안, 합, 반) 마구(포은원마안, 마등, 대식, 패식), 유리기-유리배1

				관내수장품-대유소의 유금은패식, 마갈상금이추, 금수탁, 금계지, 마뇌수련, 원형금은패식, 금이작, 대향양의 마뇌항련, 침전포)
38	고고	2003.1	내몽고 찰로특기 호특화 요대 벽화묘-요대중기	1호-대형전축다실묘	동기10(유금식1, 조화마안식2, 소면마안식2, 대구3, 소면식2), 동전11(반량, 오수, 개원통보 등) 철기20(도1, 전도1 / 잔장22.8cm, 인부길이10.4cm) 요인편체족1, 삼익명적6, 쌍익촉7, 마함1, 정1 대금구형기1, 구형뉴기1, 자기2(완), 도기4(침, 분, 제량발), 목기12(사자도안구1, 오형구1, 사자형식1, 목로두1, 산두3, 두형구1, 주두식4, 봉형기1), 석기2, 골기2(비1, 계1), 마뇌2
39	문물	2002.3	내몽고 파림우기 상금구5호요묘 발굴간보(요대중기묘장)	묘주: 황실내의 빈부 전목구조의 다실벽화묘 묘도, 천정: 전실, 동서이실, 후실 묘실간 용도가 서로 연결되었음	수장품-여러 차례 도굴 청자조화호로형집호2, 청자조화화구탁반2, 영청각화완3, 영청완1, 영청화식접1, 백자국화문화구방접4, 백자시제문화구방접4, 백자쌍접문화구방접1, 백자화구접2, 명적1, 개원통보1
40	고고	2000.8	내몽고 임서현 출토 요대동경	임서현 삼단향 이단향촌 1좌 요대고분-훼손 심각	모란문 동경1
41	고고	1999.8	내몽고 파림좌기 적수호 요대 벽화묘	팔각형석실권정구조묘(파괴)	1폭-경식도 / 2폭-수장시봉도 3폭-하화수금도 / 4폭-비음도 5폭-선방집사도 / 6폭-인마출행도 7폭-귀래도
42	문물	1998.9	내몽고 오한기 피장고 1,2호 요묘	1호-6각형전축궁릉정묘 / 묘도-용도-묘실. 단인장. 40여세의 남성. 벽화묘	1호묘-교태녹유도합1, 녹유지관호1, 흑유자반1, 백유각화자반1, 도발1, 동복면1
43	문물	1998.1	내몽고 적봉 보산 요벽화묘 발굴보고	2호-조석축조. 묘도-문정-묘문-용도-묘실-석방	1호묘-전석구조. 정남. 묘실평면말각장방형. 벽화묘 수장품-여러 번 도굴. 금식, 금환, 동유금철화식건, 동대구, 동문비, 철괘구, 유도완, 백자반, 백자개관, 골기, 골관, 위기자(방질) 2호묘-수장품-여러 차례 도굴. 묘도, 남벽 가까이에서 타제석비, 벽화묘
44	문물	1996.1	내몽고. 요 야율우 묘 발굴간보	전석구조 묘도-문정-묘문-용도-동서이실-주실 주실방형, 벽화와 채회	1) 금기-오판화형금배1, 원형화판복금배1, 순형감옥금계지1, 순현리기문금계지1, 타원형리기문금계지1, 원형감송석금계지1, 용수형금탁1, 마갈형금이수1, 지심형금수1, 관상금수1, 누공금구1 2) 은기-금화은만세대석연합, 금화은사두1, 금화은완1, 유금절화은합1, 유금절화은반1, 유금절음관1, 좌상공은분1, 금화은분합1,

				금화은잠1, 유금절화은파배1, 이형은기1, 은표(표면대치타원형, 병 세장, 소면, 너비3.3cm, 길이)30.5cm) 3) 동기-동정잔1, 반룡문동경1, 해수문경1, 유금동인물식편, 유금동해동청식편, 유금동원형식편, 유금절화동극권, 유금동문비1, 유금, 동포정, 봉형사변유금동변, 봉형오변유금동령, 원형유금동령, 유금안교장식동편, 유금동안교포편, 도형유금동유대식건, 삼엽화엽유금동절약, 철자형유금동대구, 도형유금동대구, 아요형유금동대구, 유금동대잡, 장방형유금누공동대과, 규형유금누공동탁미, 화식변유금동대식 4) 철기-용기, 공기, 철마기, 무기 등 5) 도자기-나발구과릉복도호, 백자피양식계관호, 백자반구병, 백자계관, 박자관, 박자발, 규구백자대완, 백자분합, 갈유피양식자개관호, 천갈유나팔구좌호, 장유자관, 장유소구자관, 청자쌍이사개계관, 녹유좌병, 영자관, 백자대완, 규구청자완, 청자완 6) 목기-유금목조사자좌, 채회소문선 7) 옥-마노, 수정, 호박식건, 옥대과, 마뇌관, 수정구, 호박곳식 8) 사직품
45	고고	1995.9	내몽고 파림좌기 출토 요대 채지순묘지	요대묘군은 도굴됨 건통8년(1108)의 채지순묘지	
46	문물	1994.12	내몽고 파림우기 경주백탑 발견 요대 불교문물	불·보살상, 법사리탑109좌	제, 공구기명 은기, 자기, 칠기 및 기타기물-은기12(장경사리은병1, 은시1, 19cm) 소은접8, 소은완2, 자기10, 칠기2
47	고고	1994.11	내몽고 통요시 반절점 요대 화장묘군	도관내 성골회장	M1-5*6m²-10개 골회관 / M2-5*5m²-29개 골회관 / M3-5*10m²-12골회관 수장유물-골수1, 동전12(M1:9에서 11매, M3:6 1매) 개원통보5, 태평통보1, 순화원보2, 경덕원보1, 상부통보1, 천경원보1
48	문물	1993.3	내몽고 적봉시 아로과이심기 온다이 오서산 요묘 청리간보	1기 전축단실묘, 묘실8각형	1) 동기-유금면구2, 유금관2, 유금관식11, 유금잠화통2, 유금구식2, 유금접섭대1, 유금마안전교1, 유금유대식27, 유금식건1, 동경1, 동사망락의 2) 자기-경덕진청자각화반1, 화구반5, 화구병1, 훈로1 정요백자잔탁1 북방요도자기: 방덩자화, 구반5, 유도발1 3)철기-마등1, 대가1, 도1 4)기타-전조수두3, 치문2, 요관1

49	문물	1987.7	내몽고 고론기 7, 8호 요묘	7호-대형전실묘. 묘도-전정-묘문-전실-동서이실-주실 / 1개소 성년남성인골. 8호-대형전실묘. 묘도-천정-묘문-용도-묘실 / 묘실, 전실에는 이실이 없음	7호-백유자반잔편, 유금동도형식2, 유금동편; 철도평기, 철정10여매, 벽화 8호-동포자, 철정, 벽화
50	고고	1987.1	내몽고 오한기 사자구, 대횡구 요묘	1. 사자구1호-주실, 동서2실, 전후용도, 천전, 사파묘도, 도굴 2. 대횡구1호-단실묘, 방형, 전축권정유 용도(묘주-남자)	1. 도기(과릉관1, 호1, 계관호1쌍, 연2), 자기(반7, 완2, 고족배1), 철기(부1, 정1, 겸2, 표상기1, 부1, 산1, 반1, 장구4, 검1, 모5, 촉74, 마등6, 삼릉은두구1, 마형3, 첨엽상식1, 편표상식1, 팔판능화경1, 령13, 대구14, 전체유금), 익마문대식19(유금), 익마문절약5, 오변형사문대식11, 권혁문장조대식11, 영형식1, 장방형대투환7, 타원형대음환1, 은기7(방형전초문대식4, 규형대식2), 운판화형동대식2, 풍령상대식2, 교상식1, 육판화형동령조2, 권초화문방형대식4, 권조문오변형대식1, 권초화문오변형편공식9, 권조화문편도형편공식6, 소면동대식8, 사판화형편공식3, 소면규형대식3, 권초문규형대식11, 권초문타원형대식4, 권초문절약5, 도형대1, 저1쌍, 골조9, 소골편4, 골식1, 금기(이환1쌍), 옥, 석기(마석1, 옥구설1, 마뇌관3, 마뇌추2) 2. 도기(호1,과릉관1, 연1), 철기(모1, 검2, 촉식구1, 부2, 도1, 마형1), 동기(동경1, 령5, 영조1, 동식, 영상식1, 조두구운상식1, 방형유금대식7, 봉령상식2, 호로형, 도형유금대식5, 타원형유금대식1, 아요형유금대식1, 엽형유금대두1, 대구2, 관상대식1)
51	고고	1985.3	내몽고 통요현 이림장요묘	원형전실묘 궁릉정	도자기(지관호2, 삼채자침1, 자완4, 수우1, 도관1), 동기(동대요9, 동택미2, 동대공식4, 동대구13, 동패식3, 동대고8, 동안식구정6, 동령14, 유금동어2, 동구형식1, 동전환1, 동포1), 철기(철골타1, 철등1, 철모1), 기타(마노구식6, 마노패식52, 은관식1, 골명적3)
52	고고	1984.2	내몽고 철리목맹 발견 거란묘 몇기	1. 오사토화장묘-토갱화장묘. 풍식갱 2. 오일근탑라토갱수혈묘 3. 하엽합달석관묘-정남북향, 앙신직지. 관은 석판으로 축성	1호-철도, 철비, 마석, 도관1, 도호1, 니질도관 2호-반구도호1, 도완1, 철도1, 도형동대식7~8 3호-대구협사도관1, 반구과릉도호1, 도병1, 철모1, 철도1 4호-황토구중 주운 도기, 도관1, 도호1(진가구출토)
53	고고	1984.11	내몽고 소오달맹 오한기북3가 요묘	1호-주실육각형전실. 평와전축성 2호-방형단전실묘 3호-단실묘. 묘실육각형전축	1호-출토유물없음 (영청자접편, 목유수), 벽화 2호-백유장경자병2 3호-도굴

54	문물	1983.9	찰우전기 호결 영제 6호 요묘 청리간보	불규칙8각형. 첩삽찬첨식. 석구묘	여시-무관곽 유물-자기(자완1, 자접1), 동패도(옥병동도, 옥병동도형기, 목제도초, 옥환2, 칠반2, 목탁
55	문물	1983.9	과좌후기 호사 도 거란묘	토갱수혈묘 인두북쪽. 두부 주위 관호 등 생활용구 좌측-양골, 우측-무기, 다 리부분 안마구	출토유물-도자기(황유반12, 호1, 청황유반 부1) 구호1, 지관호3, 편호2, 도호1, 대개도 관1, 도관1 철기(철삽1, 철부1, 철호2, 철검1, 철모1, 철 비1, 철촉46, 마등1쌍, 마함1쌍) 동기, 동식(동경1, 동령5, 동대구11, 매미형 식, 원형식, 장형식, 타원형구정2 골기(골관2, 골촉1), 기타(마노식1, 려석1)
56	고고	1979.4	해방영자 요묘 발굴간보	석실목곽권정단실묘 묘실원형, 목곽-8각형	자기(첩합식합13, 녹유완2, 녹유잔탁2, 황 유지관호1, 황유집호1, 황유발1, 황유분1, 황우완1), 목기(상1, 침1, 탁1, 이1, 완2), 은 기(배1, 호1, 반1), 동기(경1, 작1, 쾌1쌍, 화점 1쌍), 면구2, 괄설형기1 작-효신편평. 손잡이부분은 화살날개모양 27cm 쾌-23cm, 파수부분은 비교적 넓고 아래는 좁다.
57	고고	1978.2	오한기 백탑자 요묘	육각형전실목곽묘 묘실명면육각형 전축권정	자기16, 도기3, 철기1, 동면구1, 영청자기14, 황유요자2 도기(관1, 바1, 마제형연대1), 철 분1, 동경1, 골쇄1, 칠저, 칠작 각1
58	고고	1964.11	내몽고 영성현 무관영자 발견 의 요대석함	화강암판석. 길이1.17m 너비1.07m 높이1.4m 두께25mm 중희14년(요 1045)	석전모형1, 전중출토유골함합, 철함, 누금 동방함, 사리관, 송향과립, 쇄골분, 백옥환, 금동소분, 동전, 육판방정자접, 백자병, 장 경동병, 두형동기, 누금소동완
59	고고	1963.1	내몽고 소맹파 림좌기 쌍정구 요화장묘 4기	MaM6Mc-반산파의 동쪽 나머지3기-서쪽	화장관-소구광견관1, 권구관2, 도합1, 관2 고령관3, 철구관1, 도합1, 관3
60	문물	1961.9	내몽고 소오달 맹 영성현 소 유장자 요묘 발굴간보	1호-팔각형석실묘/대청석 조를 이용하여 묘실 축성 2호-육각형석실묘 3·4호-모두 불규칙한 돌로 축성	1호-부장품교란. 삼색유도, 반, 접, 장반, 방 접, 백자발, 접, 황유우, 장경병, 철화분, 화 쾌, 철마등, 철령, 동마구, 주자 2·3·4호-수장품27점. 삼채유원반, 대반, 장반, 방접, 녹유장경병, 백자완, 황유발, 철 기(화분, 화쾌, 철전등) 동경, 식주 전실묘-2·5호 전실. 묘실은 전체 작은 전돌 로 만듬 시상, 앞-삼백장반, 방접, 황유대완, 소배, 봉수병, 백자대반, 접, 산형철, 마등, 교자, 령, 회도관, 동경, 철정

61	문물	1961.9	소오달맹 요상 위부묘 청리간 보	묘실은 전석구조. 묘실중앙 묘주골회. 서북측 개두골 묘실동벽아래 묘지, 그위에 골수. 교란토위에 은추자1, 연대와 도분각1	백자집호1, 백자주완1, 백자고권족소배5, 방정요백자완1, 방정요백자대완1, 백자평연대완2, 백자대반1, 백자천신대완1, 도분1, 골추1, 자1, 연대1, 상위부묘지1
62	문물	1961.12	내몽고 바림좌기 전후 소묘의 요대석굴		
63	문물	1955.3	열하성의 2좌 요대고묘	적봉11구 팔기 영자촌 대궁자연촌의 요대 초기부마묘1기와 요묘1기 다실의 전축묘, 상부는 궁륭식	석각묘지명. 자기는 단주채회동문병, 지관호, 금구사변화식구완 금기-화문대구, 화문동질유금식, 안비, 마령, 동쇄 은기-동문완, 탁잔, 제양호, 은사직조물 무기-회, 갑, 관, 전(화살) 목기-난간, 관상, 골기
64	문물	1955.3	소오달맹바림좌기와 우기에 발견된 몇곳의 요묘	4기 출토	4기 중 요묘 1기
65	문물	1955.2	소오달 맹림동 10좌요대 고분 정리	합장묘	10기중 1기가 도굴되지 않음 합장묘중 우측 여-목제경합, 목수, 머리 우측 녹유소관, 철전도, 동잠, 균요봉감색대완, 흑유대완, 소도관, 송대동전
66	문물	1927.11	요진국 공주와 부마 합장묘 발굴간보	전축다실묘 전실, 동이실, 서이실, 후실로 조성	벽화-묘도, 묘문, 전실벽, 권정단 수장유물 -금기(금면구2, 팔곡화식금합1, 누조금하포1, 참화금침통1, 쌍화문금촉2, 전기화문금촉2, 금계지17, 금구식4) -은기(유금은관1, 고시유금은관1, 금화은침2, 금화은화2쌍, 금화은합1, 금화은발1, 은장반1, 은수우1, 은잔탁3, 은호1, 소은관2, 은분합3, 은기개2, 옥병은도자1, 옥병은추, 유금은작2, 은작1) -동기(참화동분1, 동분1, 도은동경1, 유금동쇄 및 유금옥동약쇄2벌) -목기(목기관호1, 목궁경1, 목용2, 목위기자80) -도자기(채회도분1, 다녹유우퇴병3, 녹유장경병1, 녹유개관1, 화구청자완5, 청자소완3, 화구쌍접문청자반3, 화구국문청자반1, 화구백자완9, 백자합2, 연문백자개관1) -유리기(대파유리배2, 각화유리병1, 유정문우리병1, 유정문유리반1)

					-옥, 호박, 마노, 수정기(공구형옥 패1조7건, 동물형옥패1조6건, 용, 봉, 어형옥패1조6건. 쌍어옥패2조4건. 원앙옥식2, 강자, 형옥연2, 옥수우1, 호박진주이추2, 호박쌍어형합1, 호박원앙1, 호박소병1, 마노완1, 마노충2, 수정배1, 제연수정배3, 수정천주152) -요대(옥요은대1조, 금요은접섭접1조, 금동요은접섭대1조, 옥요사접섭대1조, 금요사대1조, 묘지1합
67	고고	1996.1	흑룡강성 야율우지묘		은기-금화은 '만세대' 연합1, 금화은사두1, 금화은완1, 유금절화은합1, 유금절화은관1, "좌상공" 은분1, 금화은분합1, 금화은잠1, 유금절화은파배1, 이형은기1, 은표(작면은 타원형, 병은 가늘고 김, 소면 국자너비 3.3cm, 전체길이 30.5cm) 동기-동등잔1, 반우문동경1, 해수눔경, 유금동인물식건, 유금동해동청식편, 유금동원형식건, 유금절화동구건, 유금동문비1, 유금동포정, 봉형4변유금동령, 봉형오변유금동령, 원형유금동령, 유금안교장식동편, 유금동안교포편1, 도형유금동유대식건, 삼엽화형유금동절약, 철자형유금동대구, 도형유금동대구, 야요형유금동대구, 유금동대고, 장방형유금루공동대요, 규형자금루공동택미, 화식변유금동대식철기-용기, 공구, 차마기, 무기 등 도자기-나팔구좌릉복도호, 백자피양 식지관호, 백자반구병, 백자개관, 백자관, 백자발, 계구백자대완, 백자분합, 갈유피 양식자지관호, 천갈유 나팔구자후, 장유자관, 장유소구자관, 청자쌍이사계개관, 녹유자병, 용자관백자대완, 계구청자완, 청자완, 목기-유금목조사자좌, 채회소문산옥, 마노, 수정, 호박식건, 옥대요, 마노관, 수정구, 호박천식 사직품
68	고고	1962.3	흑룡강 태래후와보둔 요묘	장방형수혈전실벽묘	도옹1, 도관2, 소철과1, 마등1쌍, 비수1, 호박대풍1, 도굴없었음
69	고고	1961.7	흑룡강 조동현합라성 고묘 청리간보	1호-회도관 2호-회도관 3호-흑도관 4호-회도관	1호-항권, 마노주, 백석주, 동포, 대구, 철소도 2호-철관환, 마석 3호-동시(머리쪽 22cm), 마뇌주, 철소도 4호-마노주, 마노관, 계심상식물, 누금동이환, 철소도

| 70 | 고고 | | 흑룡강 조동현 팔리성 청리간보 | | 석초, 구, 오, 마, 분, 부조동탑, 동불, 전폐(79매. 개원통보, 순화원보, 지도원보, 함평원보, 경덕원보, 상부원보, 천희통보, 천경원보, 경우원보 등), 골시(骨匙)잔편1(표는 평평하고 곡이 없고, 정교하게 갈아서 병은 일부 잔존)
장전, 방전, 수인비, 판와, 완당, 연, 삼공기, 자기20점, 무기(도, 모, 촉), 형구, 마구 |

표 2-2- ②하북성, 산서성, 섬서성, 감숙성

	출전	발간연도	제목	특징	출토유물
1	고고	2004.2	북경 대흥구 청운점 요묘	청전축으로 만든 원형 궁륭정 단실묘	M1-파괴. 도관5, 대개관3, 부대개관(덮개 없는관)2, 도완1, 도분2, 심복분1, 천복분1, 도조1, 도과1, 도증1, 도전1(19.5cm, 6cm), 백자완1, 동전1(개원통보) M2-백자완2, 청자완1, 도조1, 도과1, 도육구과1, 도증1, 도분6, 곡복분1, 심복분3, 천복분2
2	문물	1996.9	하북 선화요 장문조 벽화묘 발굴간보	7호묘. 장방형수혈묘광 묘광의 남부은 계단식묘도와 장방형천정. 방목건축구조의 쌍실묘 벽화-묘주인생전의 생활, 풍속화, 석락도 반영	출토유물86점 -황유기- 삼채기6, (화유기), 황유과릉호1, 황유수우1, 황유완1, 황유잔탁1, 황유괴7건 -자기27- 백유자병2, 백자소완2, 화구백자완3, 백자소자관8, 넉유자지퇴병2 -도기19- 집호1, 우1, 삼족정1, 분4, 창2, 채회대개창4, 이1, 소등완1, 울두1, 증1, 전1 -동기5- 와선(회오리모양)문동경1, 삼봉삼부문동경1, 소면동경1, 동이추1쌍, 동전8(개원2, 당원1, 순화1, 경덕1, 상부1, 황송1, 희령1) -철기5-아족등1,철쇄1 -목기9-대목탁1, 소목탁1, 목이2, 목분가1, 목이가1, 목경가1, 기타 13, 목수2, 칠반2, 칠비2(M7i42, 협저태, 주칠, 비수 몸쪽은 길고 둥글고, 병부는 곡선. 압출직선암문, 병단면은 삼각형. 신부 길이8cm, 전체길이25cm, / M7:12-협저택, 주칠, 소병, 몸통부분은 S자형, 비수부분은 납작안 원형, 시부 지름은 3.5cm, 전체길이는 23.2cm) 칠쾌2(M7:45 원래는1쌍 주칠, 길고 가는형. 머리부분은 원주상, 뾰족하고 단면 가늘게 됨. 머리부분 지름 1.3cm, 전체길이 28.2cm/ M7:37 원래는 1쌍, 남은 부분은 여러부분으로, 길이는 25cm) 목소주-1천. 총 86매, 목연주 1천, 수정주1건, 복두잔편, 소모잔편, 호호각, 판리, 먹거리 일부 잔존

3	문물	1995.2	하북 선화요대 벽화묘	M5-방목구조쌍실전묘 M6-묘도-묘문-전실-용도-후실 전실정방형. 후실육각형	M5-도기-관7, 잔탁2, 등1, 기1, 울두1, 방반1, 유두3, 경1, 우1, 집호1, 배1, 분1, 오자1, 전1, 로1, 구이관1, 정1, 초두1, 기개3, 석묘지1, 목관상1, 목식건1, 벽화 M6-전실동벽화, 장방형탁, 제양호, 쇄자, 도거, 표, 쾌, 개관, 방상
4	고고	1994.8	하북 선화 등가대 요묘	전실묘 전축방목궁릉정 단실묘 평면-육각형	부장품-남벽부근 집중, 24점 황유타우1, 철울두1, 동령5, 타원형동구정5, 방형동대잡1, 쌍어동패식1, 방형동구정3, 산자형동패식1, 쌍완형동대구1
5	문물	1993.3	북경 창평 진장요묘 정리간보	2기 1호-원형전실묘. 묘정무너져 내림. (궁릉형이었던 것으로 추측) 2호-전부파괴	1호-출토유물-자기49점. 전폐7매(6매-화감내에) 1. 도기-통형관6, 관3, 잔탁2, 기1, 주자1, 병1, 수두2, 분3, 관연반5, 권초문원반1, 연화문팔각반, 리기화분문방반1, 파랑권초문장방반1, 소배3, 삼족반1, 울두1, 완1, 수두1, 오자1, 화구발1, 부1, 화구작1, 남용1, 여용1, 2. 자기-백자반2, 백자완1, 청유완2 3. 전폐7(북송전, 함평원보, 천희토오, 연화통보)
6	고고	1993.1	하북 풍녕 소피장구 발견 요묘	1좌 전축단실묘. 인골 장구-교란	자기3(황유계수병2, 백자소완1), 삼채기(반1, 방반2), 철기8(철마합1, 착은철마등1, 철촉4, 철도), 은기(안교은포편14, 안식2), 동제품16(절약6, 마령8, 동안식2)
7	문물	1992.6	하북 선화하팔리 요한사훈묘	1기. 방목구조전축쌍실묘 묘도-묘문-전실-용도-후실 묘실평면방형 도굴, 파괴심각	도기-발2, 분2, 쌍이과1, 오자1, 기1, 파기1, 기개4, 울두1, 등1, 경1, 부1, 구1, 골잠1, 골수1, 동경1, 동전62, 석묘지1 벽화
8	문물	1992.6	북경 순의안 신장 요묘 발굴간보	1기전실묘 (전축원형단실묘)	자기14, 철기77, 동기129, 각기1, 마노기1 1. 도자기-자주호1세트, 자잔1세트, 자완6, 자지관호2, 자반구병1, 도관1 2. 철기-부1, 장1, 편산1, 좌1, 삭쇄1, 도2, 마등2부, 마함2, 쇄약(열쇠)1, 문축포각4, 명적6, 촉34, 작1(원형, 얇고 둥근바닥, 병부잔존 미약, 구경13cm) 대고1, 철관정16 3. 동기-유금대대구1, 사미2, 방식건10, 유금마구, 령7, 절약8, 대식3, 대가3, 동경1 기타-마조관, 각기1
9	고고	1991.1	하북 회안현 장가둔 요묘	전결구조원형궁릉정 단실묘	도도3, 도분1, 철정완3, 철쇄1, 철정9, 유금동대과13, 유금동소구1, 동대구1, 동대환1, 칠반1, 동전21(개원통보12, 무문개원통보8, 건원중보1)
10	고고	1990.1	하북 선화하팔리 요금벽화묘		1) 철기-울두2, 고가1 2) 자기-백자완4, 백자접24, 황자단이배1, 황자호1, 황자완, 황자잔탁1, 황자세1, 황자수우1, 장유병2 3) 동기및 전폐-동쇄1, 동경2, 동전5(개원통보, 상부원보, 당송통보, 원우통보 4종)

					4) 목기 및 칠기-목이2, 목합1, 목분가1, 목탁2, 칠표2(20.7cm), 칠쾌2부 5) 기타-옥식1, 골수2, 석묘지1 6) 벽화-4벽과 묘정
11	문물	1990.1	하북선화 하팔리 요금벽화묘 (M2, M3)	요 천경6년(1116년) 장세경벽화묘-M1	M1-북쪽과 동쪽에 요금시기 묘장 분포 M2-전축방목구 궁륭정단실묘/ 묘도-묘문-묘실 묘실평면6각형. 묘벽1.8m 그 위로 궁륭정. 자기는 목탁자 주위에서 많이 발견 묘정중앙에 1개의 동경이 걸려있음 1) 도기-호1, 과1, 울두1, 완3, 관8, 분3, 정2, 초두1, 수우1, 배1, 잔탁2, 등2, 증1, 오자1, 발3, 반1, 기자1, 전도1 2) 자기-백자호1, 백자접10, 백자완8, 지퇴병2 3) 동기-세1, 작1(설형작, 세장곡병, 24cm), 쾌(1부2 지. 24cm), 경, 전폐18(개원통보, 당국통보, 순화통 보, 지도원보, 함평원보 등 11종) 벽화-묘문, 남벽, 동남벽, 동북벽, 서남벽, 묘정 M3-묘도있는 전축방목궁륭정단실묘. 묘남향. 묘실 평면 남향 묘실중앙에 탁자2개. 자기와 칠기는 탁자 위에서 발 견-도기-참이과2, 쌍이과2, 반3, 오자1, 증2, 완3, 배1, 발1, 소관1, 관14, 제양관1, 누공관1, 쌍계관2, 분11, 기좌1, 화3, 부형정1, 분형정4, 관형정3, 초두2, 두1, 반1, 연1, 기자1, 잔탁2, 조1, 병2, 훈로1, 각형기1, 호1
12	고고	1989.11	하북 풍녕합 라 해구발견 요묘	목질장구-부식	계퇴단1, 도호1, 동소반2, 동경1, 철삭도1, 철차구1, 호박패식1
13	고고	1987.3	하북 탁록현 요대 벽화묘 발굴간보	봉토퇴적표지 석축전 권정단실묘 평면-원 형에 가까움	유물-백유관1, 백유완2, 동비2, 동쾌4(18.3cm) 벽화-성도, 산락도, 연음도
14	고고	1987.1	하북 장북현 청리1좌 요대벽화묘	평면은 불규칙팔각형. 묘정, 묘벽, 묘저, 석관 외벽-회화(수묵산수 화)	묘실-전체 흑색 선무암판 수장품-자완1, 철반1, 탁1
15	문물	1986.9	하북 역현 정각사 사리탑지궁 청리기	지관서벽묵서. 천경5 년(1115)	대기금병2, 유금은개1, 은탑1, 은합1, 은발1, 은 탁잔1, 은등1, 등비1(타원형, 장병, 병 부면삼각형 17.1cm) 은쾌자 1쌍(상부는 조잡하고 하부는 가늘 며 원주형 16.5cm), 은기좌1, 통정병2, 영청자31(영 청자병6, 영청자탁잔2, 영청자완2, 영청자훈로1, 영 청자반10, 영청자접10), 백자반1, 전폐154(반량3, 화 천1, 오후9, 상평오수1, 개원통보20, 건원중보, 당국 통보 등), 료관1, 료주4알, 소료호1, 수정주1, 진주1 과, 사리자180립
16	문물	1982.7	하북 평천현 소길구 요묘	1기 석축권정묘 주실과 2개 이실:모두 석권정	출토유물-120여건 유금은관, 소은완1, 백유반12, 장경주호1, 청유집호1,

				묘저는 편석으로 보함	녹유지관호1, 청유연화완1, 회청유완3, 잔탁1, 동우1, 유금동촉1, 철방로1, 마노비식1, 조작, 철산, 철전, 철령, 철울두
17	문물	1980.7	북경시 재당 요묘화묘 발굴간호	전축단실묘, 묘실장방형 묘벽은 위로가면서 경사져 궁륭형정을 이룸 도굴	삼채판롱향로, 삼채관, 백유관 묘실서부 봉토가 급대 다른 묘와 교란 회도합-내부동전 오수전, 개원통보1, 송원풍통보12, 금대정통보1
18	고고	1980.2	북경 방산현 북정촌 요탑 청리기	지궁함내 출토유물	석와불1, 요자접1, 은완1, 동완1, 은완, 동경1, 동시2(손잡이 가늘고 작부분은 평평, 전체길이15.6cm), 은불변4, 은보화2, 은번가1, 은곤사근, 수정주1천, 사리 한줌
19	문물	1980.12	북경시 대흥현 요대 마직온 부부합장묘	전실묘1기	원형묘실영청자탁자1, 영청자향훈기개잔편, 백자절복소접1, 백자소완1, 동전13(개원통보, 황송통보, 함평원보, 경덕원보, 상부원보, 지도원보, 천성원보, 원풍통보), 석묘당정1, 묘지1, 목통11, 대형활동관절목우인2, 병목소항1
20	문물	1975.8	하북 선화 요 벽화묘 발굴간보 묘주-장세경	방목구조의전축묘(도굴분) 묘내 4벽과 정부의 벽화	묘실 도굴 묘지명, 삼채반, 황유집호, 완, 수두, 탁잔, 도기, 동완, 동기(동완, 동종, 동검), 자기(삼채자반, 황유집호, 황유수우, 황우병완, 황우완, 황우탁잔, 영청자잔, 청유소집호), 도기(모두 니질회도, 은회색), 도집호, 도완, 삼족쌍이부, 삼족도쟁, 첨저도기, 탄분, 울두, 통형기, 기, 대개관, 철기(세자1), 석조각7
21	고고	1973.5	하북 천안 상로촌 요 한상묘	방목구조단실전묘	출토유물11점. 지관호2, 주자1, 반1, 완4, 탁잔1, 철마등1, 석묘지1(1017년)
22	고고	1972.3		원형전권묘. 방향남북	도분4, 삼족도분3, 도관4, 도완1 자기-백자15, 백우자1, 백자분1, 백자정수병1, 백자연판완2, 백자접1, 백자반2, 백자소완2, 백자관1, 흑유쌍이관, 단석합수연1, 동전29(개원7, 황송1, 건덕1)
23	고고	1972.3		1970.4발굴	선무구 해왕촌-요대토갱묘2기. 녹유지관호2, 백자관, 백자완, 도령, 대유소동기
24	고고	1972.3	근년 북경발견의 몇좌의 요묘	1970.3발굴	서성구 부성문외, 요보정군 철도자 금자숭록 대부검교 박겸어사중함중상 및 그 처 장씨합장묘 무너져 내림. 정확한 파악 안됨. 묘지명, 각석1
25	고고	1972.3		1970.3발굴 (원형권정전실묘)	서성구 부우가 라현호동과 서이자호동 발견의 요묘2기 교란. 기물 발견 안됨. 벽화일부
26	고고	1972.3		1971.1발굴 (1좌장방형말각전실요묘)	서성구 금십방가, 인골가2구 황유지관호1, 황유대용두이 세자1
27	고고	1972.3		1971.11발굴 (서성구 복수경대왕호동 1좌장방형요묘묘 4벽 심구분전축으로 조성)	백자완2, 백자반2, 백자인화소반5, 흑유자완1, 영청인화자잔1, 청유자잔탁1, 흑유개관7, 흑유지퇴병2 도기는 모두 회도-삼족과2, 육참과1, 울두2, 잔2, 후주, 전도1, 철태홍칠두1, 철합1

28	고고	1963.3	북경 서교 백만장요묘 발굴간보	1호-구문전 축성 2호-파괴	1호-전식: 정방형묘지(천경원년, 1111) 삼절도관, 삼족정가, 철정완, 잔금엽, 잔목합, 정자화월자편 2호-자기편, 동전107매 21종(개원통보, 건원통보, 외는 모두 송전)
29	고고	1963.3	북경 천단공원내 발견고묘	소형전실묘	부장품-21점, 니질회도 삼족와, 육절부집호, 개관, 분, 완, 접, 표, 정, 전, 동전13(북송전) 작, 전 출토
30	고고	1962.5	북경남교 요 조덕균묘	전실, 중실, 후실, 수차에 걸친 도굴	우전실-화토 위에 철과, 석과, 한백옥, 대완, 도관, 동표 2개(31cm) / 중실-150여편 도자잔편(백자, 청자-주자, 완, 배, 병, 합) 백자아래-관, 신관자명 있음
31	고고	1963.8	산서 대동 와호만 4좌 요대벽화묘		3호-백자완, 접, 용형좌적 소비 4호-화장. 관내 동전8매(개원통보, 건원중보, 천경원보, 치평원보, 희녕원보, 원풍통보), 벽화묘-飮宴도 5호-화장, 흑유자관. 관내동전17매(개원통보, 황송통보, 치평통보) 동벽화-회도분1, 매지권1, 벽화-대부분 탈락 6호-화장, 동전2(천희통보, 함평원보), 장방형화전1건. 벽화-차마출행도, 가정생활도
32	고고	1960.1	산서 대동교구 5좌 요벽화묘		십리보촌 동 27, 28호묘 -27호(동쪽)-장식은 화화골회장: 황백유각화→송진종 함평3년(1000) -28호(서쪽)-자관 →송진종 함평3년(1000) 부장품-관위에 유백유자완, 접시 각1점, 접시 위에 죽쾌1쌍 28호: 27호와 상동, 출토유물없음(도굴) 벽화-동벽-전(가위), 묘, 견 신첨보촌 동북 29호묘-석묘지, 천경9년(1119) 백자완, 백자발, 백자소완, 자병, 고족자기, 도수두, 사도팔각인문반, 소도호, 동전36매(대천오십, 희평원보, 개원통보7, 건원통보, 황송통보, 가우통보, 대관통보, 원우통보, 원풍통보)

표 2-2-③ 하남성, 산동성

	출전	발간연도	제목	특징	출토유물
1	문물	1994.1	하남 등봉왕상벽화묘 발굴간보	팔각형 당실전묘 교란. 1남2녀	백자완1, 벽화및 장식도안

3) 金墓

표 2-3-① 요령성, 길림성, 내몽고, 흑룡강성

	출전	발간연도	제목	특징	출토유물
1	고고	2004.9	요령 부신시 발현 1좌 금대묘장	견점토관주벽은 청전에 백회를 칠하여 축성한 묘실. 단실묘, 평면원형	자기5(완2, 접3), 말각방형묘지
2	문물	1977.12	요령 요양발견 요묘와 금묘	북원금묘. 전석합축장방형묘 묘저는흙으로 다짐	동경1, 동작1(작의 타원은 편평, 안미식병, 세장후곡, 전장32cm), 동개완1, 동항1, 동이1, 청자분1, 균요남자접1
3	고고	1962.4	요령 조양 금대벽화묘 대정24(1184)	묘실-전축, 방형권정 부부합장의 화장묘	출토유물-정요백자접2, 영청인화소자완1, 영청국식자접2, 회녹유계퇴담1, 골수자1, 신망 "대천오십" 1점, 철정1, 조화소석주1, 소석사자2
4	고고	1960.2	요령 신민현 전당포 금원유적		유지-토제양측. 동서-400, 남북-250 출토유물-토제 동측집중분호. 모두 1,021점 농구-화(가래), 팽이(곽), 겸, 철찰, 착, 와도, 말자, 차마기, 일용기구, 도자기, 화폐, 장식품
5	고고	1960.2	요령 수중현 성후촌 금원유적		철기-농구(화, 리원1, 철리견인1, 철서2, 타의2, 찰도3, 겸12, 호1), 공구(착2)차기-(차관1, 어도자1, 루승환1), 생활용구(대철와, 가위-대19, 소14.3) 형구(철료)도자기, 화폐, 대동와
6	고고	1991.4	길림 장춘시 석비령 금대묘지 발굴간보	비정유지와 장방형수혈토갱묘	도굴. 수장품 없음
7	고고	1963.11	길림 집안현 종가촌 발견 금대문물		육이대철과, 려관, 금추, 곽, 겸도, 부, 분, 착, 괄도, 곡배호인도, 삼족과, 울두, 유작, 전도2, 쇄, 산형기, 정, 구, 마등, 유도관
8	고고	1963.11	길림 부여현의 1기 금묘	석곽내 목관	철기12, 철부, 철겸, 철착, 철과, 동도, 목간철전, 철구, 재늑골초하부에 개원통보1개가 놓여 있음
9	고고	1960.4	하얼빈 동교의 요금유적과 고분	목관 부패, 교란	도관1, 삼족철촉, 철마등, 철관정, 철관환, 은항구관, 마치관, 마뇌주, 금구
10	고고	1995.9	내몽고 오한기노호구 금대박주방 어사묘	도굴. 대형석관, 한백옥질 거란소자묘지	백유자기, 팔각형전구조단실묘 석관-청회색암으로 제작, 소면. 철국자, 백유자반2, 동사망락(그물)동식건1, 한백옥질거란묘지1
11	고고	1993.12	내몽고 화림현 발견 1좌 금묘	묘실방형의 전실묘 (부부합장묘?)	균자소향로1, 삼채자반1, 흑유자완1, 동연화반1, 은발차1, 목수1

12	고고	1989.8	내몽고 무천현 오란요자 금묘 청리간보	M1-원형전실묘. 정부파괴 M2-육변형석권묘. 정부파괴	M1-도굴. 출토유물 전부훼손 M2 부장품-전실전부, 동기1, 자기5, 골기1, 경승전1, 자기(완, 천목아1, 지퇴단1, 반4, 호1, 동경1, 경승전1)
13	문물	1987.8	내몽고 오한기 영봉구 금대묘지	M1-팔각형 석축권정묘, 묘벽은 3층자연석괴로 축성 M2-석관및 묘비 각1 발견 M5-석관 청석제성, 장방형	M1-유물-녹유자완1, 백유자완2, 옥패식2 M2-묘주는 금대종실
14	고고	1987.12	내몽고 이사작로기 발견 서하저장창고 문물		자기, 철기 등 40여건. 장유척화병1, 장유척화관1, 장유호1, 장유병1, 장유관1, 백자완1, 장유분1, 석마1부, 철구1, 철간1(이상은 백건침 저장고) 와이토고저장고-장유척화관1, 장유분2, 갈유자완1, 도병1, 철척2, 철구1, 철려화1, 철과2 우기건태교장-철와2, 철착1, 철거1, 철조2, 전도1, 철도1, 철환1, 철구2, 철간1, 환형기1, 려화2, 철겸2, 철서5
15	문물	1959.7	오해시 소맹 파림좌기 임동진 금묘 (화장묘)	1호-파림좌기림 은피상경임횡부 소면전축성 단실팔면형 2호-미직문전축성, 長匣의 형태 3호-정방형 전축	1호묘: 인화도병1, 인화도정1, 백자대완1, 백자접2, 백자배1, 백자항1, 백자접1 2호묘: 소자접2
16	고고	1999.4	내몽고 파림좌기 왕가만 금대묘장	5기. M1,4-쌍인합장묘 M2,3,5-단인묘	M2-묘갱은 제형토갱수혈. 협부우측에는 장유권족자완1, 완아래 구록유자관1 M4-제형토갱수혈묘. 쌍인합장(목관2기) 진토동차1, 동이수1, 백유갈화자완1, 철구1, 녹유쌍계자병1 M5-장방형조갱수혈묘. 흑유자완1, 석조하철도1, 황색방식품, 주신 동전16 배치
17	문물	1997.4	흑룡강 수빈영생의 금대평민묘	12기. 토갱목관장, 유관유곽묘	1호-2차장, 원형동패식1, 옥추4, 삼각형석패식1, 동환1, 도주60, 옥주10 2호-2차장, 도관2, 도주7 3호-앙신직지, 도관3, 장방형석패식2 4호-앙신직지, 도주2, 도관2 5호-앙신직지, 도관1, 편두형동패식1 6호-2차장 7호-2차장, 도관1, 철촉5, 옥주2, 철도1 8호-앙신직지, 도관2, 경우원보1, 석괄삭기1 9호-화장. 도관3, 철촉5, 철대가2, 철함도1, 원형동패식1

				10호-앙신직지, 도관1, 성평원보1, 철차1, 동지환1 11호-앙신직지, 도관4, 금이수1, 상부원보1 12호-앙신직지, 도관2, 도항1, 철도1, 동대가1, 철축10, 철용기1, 석점상기1
18	문물	1989.1	흑룡강아성거원 금대제국왕묘 발굴간보	수혈토갱석곽목관묘. 묘광평면 철자형	목관내 부부2인. 남좌여우. 앙신직지 남성 8층으로 17건. 여성9층으로 16건 포, 삼, 군, 고, 요대, 관고와 혜, 말죽절형 금환식1쌍, 금사마노관정식1세트, 금이수식1쌍, 금정2괴, 은명패, 여의문은택식6, 여의문은포각8, 묵서목패, 철관환4, 철관정11
19	고고	1987.2	흑룡강 극동현 금대 포곡로 고성발굴		동대요, 도수, 도방윤, 철동감편, 철마등, 철촉, 골축, 골작, 월형소도, 와당철점자, 대병인물고사동경
20	문물	1977.4	흑룡강 반수빈 중흥고성 금대고분	12기 3,4,5와6,7,8 8호묘-북송전5배(1매 금대대정통운) 3,4,5,6-토장 /나머지-화장 3호-유관유곽	M1: 동식건5, 도편 약간 M2: 상부원보1, 황송통보1, 소철도1, 철분인, 동대구, 은대과, 도편, 균자편, 정자편 M3: 금옥요패1세트, 금화, 날금사이추, 수정알랍합1, 금천2, 철비수1, 정자소접7, 정자반2, 자주요자담1, 석인1, 도화1, 수은80g M4: 옥석비천1, 대초(칼집있는)철도1, 소철도1, 영락1꿰미, 동인1 M5: 삼족철과2, 철부1, 철마등2, 철마각1, 동안식9, 과릉형도관1, 정자완2 M6: 삼족철과, 삼족동과, 과릉도관, 도호, 흑도관, 화피탁1, 은완1(파손), 백자반, 항자완1, 관상천주13개 M7: 도관7, 철과7, 삼복철과1, 삼족동거1, 정자완1, 요자완1, 백자반1, 백자대완1, 흑유관1, 은잠1, 은차1, 은순2, 은완1, 은지환1, 동경, 옥어1, 옥인1, 옥조4, 반원형옥식1, 영락1천, 화피통1 M8: 철부1, 동대구1, 철기잔병1, 은안식건10, 칠완1
21	고고	1993.5	영하 서길현 한,금묘 발굴간보	흥릉금묘	방목구조건축의 전실묘 묘내교란 심각(도굴), 도관2
22	문물	1977.4	송화강하류 오리미고성 및 그 주위의 금대고분	2기-이미파괴 대형묘-장방형토갱목관묘(M24) 적석묘-M5 1기(합장묘) 장방형화장토갱묘M15	정자대완(M24), 자반(M17), 쌍록문옥주조패식(M24), 옥알랍합(M24) 수두형패식(M26), 석마(M6), 장조형수정패식(M4) 기타-도관, 도호, 마노당로, 금이수, 동전2매(정륭원보M22, 정화통보M24) 수장품은 묘갱의 양단에 두며, 삼족철과1, 과릉도관1, 회도관1, 화피통1, 석주5 삼족철과, 과릉도관은 이일대 금묘의 전형적 유물

표2-3-② 하북성, 산서성, 섬서성, 감숙성

	출전	발간연도	제목	특징	출토유물
1	문물	1997.1	하북 한단시 봉봉광구 출토의 두 개의 홍녹채자기	금 태화2년 최선노묘 출토의 홍녹채자용 FM1-수혈토동묘(토동을 파내어 묘실을 만든 것으로 추측)	FM1-묘지1, 묘실내 목관흔적없음. 여성인골1구 출토유물6-백유홍녹채자용5, 전묘지1, 앙와용, 전립남용, 좌고여용, 기고여용, 전립남용, 태화2년(1202)
2	고고	1995.1	하북 정해 동탄두 발견 송금묘	금묘1기-타원형전실	흑유쌍이관1
3	고고	1993.12	하북삼하현 요금원시대 고분 출토유물	행인장 "방탁자" 요금고묘구 74SJM1-석함묘. 사암착성 91SJM2-묘지출토 정방형	74SJM1-동북과 남쪽-3~4개의 도관, 도편 서합남부-백자온호(도치) 주위에 자완, 자반, 방동경을 포개둠. 서남에서 쌍서문자완, 도수두, 역석 등 출토 91SJM2-자기13(백자연화반, 온호, 백유각화완 3, 백유수파쌍어문완, 백유각화완, 백자완, 화구절복반, 백자천발2, 백유완1, 연마발, 요연소잔, 화구소잔, 왜령고복관, 사령편복관, 날인문요연관, 청유등잔1, 도기17(유물제심수두2, 고령집호2, 대유병삼족쟁, 울두)
4	문물	1988.7	북경시 해정구 남신장 금묘 청기보고		M1-이미 전부 파괴. 형제는 M2와 상통 M2-장방형수혈조관석곽묘 M2-백자완4, 백자호로형주자1, 백자합2, 백자반12, 백자분1, 백자소관6, 흑갈유자탁잔1세트, 녹유획화자침1, 도연1, 동경1, 소동도1, 철관환4, 목수1, 목비1, 지합1, 동전55(묘지출토. 상부원보, 천희원보, 천경통보, 희우원보, 가우통보, 희녕통보, 원우통보) M1출토-백자완2, 백자과릉주자1, 백자합2, 백자반4, 묘지1
5	고고	1987.12	하북 선화발견 금대 교장문물		도쌍계관1, 동방호1, 동두형기2, 동경1, 철6, 이과1, 철쌍이과1, 철부1, 철착1, 철질려1, 철준1
6	문물	1977.6	북경 방산현 석곽묘	노년부녀. 금대한족관료가속 석관은 균일한 6개의 갈아서 만든 10~15mm의 청석판으로 구성	석곽내부출토-옥기11건 쌍고옥차, 옥촉, 옥환, 장방형옥식, 삼각형옥식, 봉형옥식, 투조절지전화옥, 투조절지화옥식, 투조죽지형옥식, 투조쌍학비권쇄, 초문옥식편, 정화통보옥전
7	문물	1977.11	북경시 통현 금대고분 발굴보고	1호묘주-석종벽 석곽묘2기	1호-석곽6매, 청석판. 도기는 모두니질회도자명기(분, 구과, 부, 정, 당, 소관, 발), 자기(계퇴병), 요주요단이세, 정요채판각화완, 정요자병, 정요각화반, 정요소소환, 정요소완, 정요완, 정요소소접, 채판식소동경, 동전84(개원, 건온, 북송지도, 함평, 경덕, 상부, 금 정륭원보등 16종) 2호-석곽형, 구조는 1호와 동일. 출토기물44건. 당, 송전124

356

					자기-흑유자병2, 홍유과릉소관3, 흑유소관2, 정요각연화문반3, 정요각연화문소반10, 정요옥호춘병, 정요소자완, 정요소소배2, 정요소소완, 정요소소반, 도연, 은잠2, 유금소동환2, 상보석금수식2, 금박식편2, 철전도1(X자형), 대호동전124, 골소7, 묘주-여성
8	고고	1963.3	북경출토의 요, 금시대 철기		순의대고현촌-화, 운서, 리경 요: 통주동문밖-육참부, 방, 겸, 수산 화유상장촌-쟁, 과, 찰도, 육절부, 전(8자형) 금: 방산집장촌-서, 찰도, 겹도, 구겸, 화, 려경, 호, 운서, 부, 장병도, 계, 롱두, 착, 쟁, 채도, 구, 기가, 전(X자형)
9	문물	1959.9	근래 몇년간의 북경문물발굴의 한대분 77, 요대18 유물-요,금,송, 한(1105), 송(121)	송대유물-5,963점 요대-298 금대-272	M9- 채회도관5, 철부1, 소경원보 M10- 은이식2 M11- 대관통보 M12- 도관2, 도항2
10	고고	1994.11	숭례현 수정둔 발현 금대 석함묘 1기	묘실-평면원각장방형, 원과정 실내동서향남북병렬배치. 대소상근적석합양방	화장인골잔편 석함2건. 백유자완1, 동경1, 동전4(개원통보, 황송통보, 천희통보, 상부원보 각1)
11	고고	2004.9	산서대통시 금대 서귀묘	전축. 좌북남향 180°	수장품24점. 자기11(과릉형주완1, 과릉형주호1, 계구잔1, 교태발1, 접1, 각획화소접4, 관1, 조자관1 도기9(관1, 분2, 로1, 복1, 반1, 기자1, 수두2) 철기4(복1, 승반1, 울두1, 단유성기1)
12	문물	2003.3	산서 둔유송촌 금대벽화묘	1기. 전실묘. 여러 차례 도굴. 인골만 남고, 유물없음	묘실동벽, 북벽, 서벽, 묵서로 모두 기록 묘실벽화-금태종 천회13년(1135)
13	고고	2001.4	산서 효의시 발견 1좌금묘	팔각권정식단실합장전묘	평면-말각팔변형. 1남1녀 관4, 루1, 우1, 자기2(완1, 침1), 매지권1, 철우, 철환2, 동전1(지화통보), 대안원년(1209)
14	문물	2000.6	산서 신현 발견 금대전조묘	방목의 단실전묘. 묘실내 팔각형. 묘실내 전체벽 채회	동남-서북향 유물-도관5, 도반1, 흑자관1, 백자완1
15	문물	1995.5	산서 평정 송, 금벽화묘간보	1.강가구촌벽화묘: 전축단실묘. 좌북남향. 묘도-용도-묘실 묘실평면은 육각형(일부파괴)	1. 묘실에서 1구남경 발견. 묘실벽화. 8매동전출토(황송통보, 희령원보, 소성원보) 2. 관상중부에는 소도관5, 동경1, 백자완1 M2-남녀시골 각2구. 도관, 자발, 자침, 동경

				2.서관촌벽화묘 M1-전축단실묘. 묘실 평면팔각형 M2-파괴, 전축단실묘	
16	문물	1991.12	산서 분양금묘 발굴간보	1)M3, 5, 7, 8- 평면 팔각형. 궁륭접섭정, 방목구조 2)M2-육각형묘 3)M4, 6-묘실 장방형. 묘벽회벽화 M2, 3, 5, 7, 8 쌍인합장묘 M6-합장묘(단 그중 1기는 옮겨온것) M1, 4-단인장	전실묘8 1)자기-백자침2, 흑자완2, 백자완20-백자잔2, 흑자잔1, 흑자관2 2)도기-혼병3, 매병1, 개관2, 관3, 발4 3)동기, 경4, 동전300여매(한대오수, 당개원통보, 대위북송전, 가장 늦은것은 금대 정륭원보)
17	문물	1990.5	산서문희하양 송금시기묘	1좌 송금시기 전조벽화묘. 이미 교란. 부부합장묘	
18	문물	1990.5	산서 장치안창 금묘	방목구조전실묘	벽화. 북벽 14폭그림. 동벽5폭, 서벽을 5폭, 남벽 묵서 출토유물-도관1, 동잠1, 철려1, 철용1, 동전6(상부통보3, 원풍통보2, 선화통보1)
19	문물	1989.5	산서 영화현 출토 금대안3년 석관	석관-회황색사암	개, 신, 저, 좌, 이관성 1체 소면채회 아직 남아있음
20	문물	1989.5	섬서 감천금대 예굴 청리감부	예굴-전랑, 문도-굴실	출토유물 없음
21	문물	1989.1	산서 양분 금묘 정리간보	1. 형촌구촌금묘-전축단실묘. 묘실평면6각형. 2. 상장촌금묘-교란. 전축단실묘. 평면육각형. 3. 서곽촌금묘-전축다실묘, 묘도-전실-후실-동, 서이실로 조성	1. 동경1, 사벽전조 2. 장방형조석축조. 사벽전조. 묘저교란. 부부합장묘. 동경1 3. 장방형조전축조. 부장품 없음
22	문물	1988.7	산서 문희사저 금묘	금대전조벽화묘. 묘실평면 장방형	북벽전조. 탁-상회초, 탕분, 탕작, 포자, 석루, 리, 도
23	고고	1988.12	산서 양분현의 4좌 금원시기 묘장	가생금묘-단실전묘	소형도관3, 폐구소완1, 동경1

24	문물	1987.6	산서 삭현금대 화장묘	M105-묘실평면은 원형에 가까움, 궁륭정 M106-묘실평면은 원형에 가까움, 궁륭정. 9개벽감K1~K9. K2~K6 골회관 M109-105, 106과 유사	골회관10개(모두바닥, 1개만 2층대단), 도, 자, 동, 철, 옥, 골질기물49, 동전98 M105-17건(도관7, 도관1, 자반7, 자완1, 동잠1, 한, 당, 송, 금 동전53) M106-12건(도관5, 도분3, 옥환2, 장방형철판2, 당, 송동전33) M109-20건(도관8, 자관2, 도분2, 도완1, 자반4, 도기개1, 동기1, 골잠1, 북송전2)
25	문물	1986.12	산서성 문희현 금대전조 벽화묘	소라장1호(1156-1161) 2호(1188)	소라장금묘-6기. 전축묘. 1, 2호수장품 없음. 3호-심종색유자대완2, 장방형백자침1, 금전7(건원대관, 상부, 원풍, 명도, 항송, 정륭원보), 생철1괴 4호-흑유대자완1, 소완2, 흑자관1 5호-팔괘동경12, 하양촌금묘-묘실교란, 벽화남음
26	문물	1986.12	산서 양분현 곡리촌 금원 청리간보	1기 단실전조묘, 수혈 내 청전으로 묘실 축조, 평면장방형	사각찬첨접삽궁륭정 수장품-소자완1
27	고고	1984.8	산서 장치시 소장 금대기년묘	방목구조의 전실묘 채회벽화	수장유물-도침1, 회도관5, 백자완1, 흑자완저1, 관정6, 화폐89
28	문물	1983.1	산서직산 금묘 발굴간보	직산마촌, 화곡, 15좌 금묘. 전묘(24효 고사)	갑류(마촌M1, 2, 3, 4, 5, 8, 화산곡M4, M1)-방목구조는 비교적 복잡, 조각청치, 장식화려 2류(마촌 M6, 7, 9, 화산곡M1, 2, 3, 5)-방목구조 비교적간단, 장식 평상, 남촌 M4, 5, 8, 1부2처, M6, 7-부1처 유물-자등완2, 대자완3, 배금각화자침1, 동잠1, 동전6(경우원보, 희녕원보, 마촌M1, 천경원보, 치평통보, 원우통보, 대관통보 각1매, 마촌M5), 24효고사
29	문물	1983.1	산서 신강남범장, 오령장 금원묘 발굴간보		남범장금묘, 묘도-묘문-단실-후실-좌우이실 전후좌우4개묘실 전축권정 수장품기물 정확히 알 수 없음
30	문물	1979.8	산서 양분현 남동금묘 정리보고	전축묘, 묘실은 단실과 후실, 그사이에 용도, 전실은 방형, 후실은 장방형, 전실3인, 후실6인, 관목X, 시체는 전돌로 제작한 관에 안치	유물-목상1, 한백옥석구1, 자완4, 회도분1, 지퇴관1, 흑자관1, 백자침4, 동식판1 각종유의 조전은 동쪽에 산재하고, 시종, 시녀, 수문무사조전, 화, 옹, 수조전

31	문물	1978.4	산서 대동 금대 영덕원묘 발굴 보고	방목구조의 전축단실 묘 묘도-용도-묘실 묘실후부 전축의 관상 상, 동서가로방향으로 관곽이 있음	90여건의 유물출토. 3개의 목공탁, 탁위에는 작은 수장품들이 다양하게 있음 목기20점-공탁1, 장공탁2, 명풍2, 영병1, 건가1, 다지1, 분좌2, 목탑1, 이1, 목지탁1, 향탁2, 사대1쌍, 방항탁1, 방가1, 모가1 칠기14점-칠우1, 칠투합1, 대칠완5, 소칠완2, 칠점2, 원칠합2, 우각인장5 자기16점-두청암문장경자병2, 백자대완1, 백자관5, 균자소향로1, 백자소완1, 백유각화소필세1, 흑유요점소완2, 소자유완1, 장유지퇴단2, 세직품24, 석각기물5, 향로1, 석사자2, 석침1, 묘지1, 소동경1, 대동경1, 동대구1, 동화편3, 잔석병1, 도방두1, 모잠2, 골제장파쇄1, 상아계판1, 목수1, 등괴장1, 융제관1, 염주2꿰미, 소료환2목표(杓=勺)(남은 길이20cm, 외포은편), 목쾌1벌(잔장28cm, 외포은편)
32	고고	1965.1	산서 태원교구 송·금·원대 전묘	소정곡금묘(송말금초)	장방형조전축조, 평면8각형(벽화묘) 묘실내 물이 차서 교란, 가운데-직통형평저흑유자관1, 백유암화직복권족소발, 백자완 각1 의정촌금묘-묘실내부 적수(소원백자함1) 금대정15(1176) 서류촌금묘, 내부적수, 회도관1, 회도호1
33	고고	1961.12	산서 후마금묘 발굴간보	6기금묘, 1, 2호 이미 발표된 것 31, 29, 9, 5호묘	31호-벽화묘, 금대안4년(1212) 29호-벽화묘, 백유자완, 홍황록삼색채회, 완내저 "청" 자명, 완위에 녹유자반, 흑유자관, 자정, 동경, 목저1쌍 9호-백자완2, 백자반2, 흑자정1, 회고대개관1 5호는 없음
34	문물	1959.6	산서 후마금대 동씨묘 소개	2기, 1기보존 양호 매지권 태화8년(1208) 묘실방형, 4벽 조각, 상수팔각, 정은 조정형	백자완2, 인화백자반, 인화청자반1, 소백자완1, 소흑자접1, 죽쾌1쌍, 목수1, 목질발잠1묘실내 가득 조각으로 장식, 당옥, 대분, 격선, 병풍, 지계화분, 인물고사, 조수화초, 희대, 묘주주인조상, 시종
35	고고	1960.7	섬서 효의 하토경과 양가장의 금,원요 발굴간보	금묘. 전축묘단실. 357° 벽화묘	철우, 철환, 능화경, 전조견, 도관, 도배
36	문물	1994.12	감숙 임하 금대 전조묘	1기 전실묘 묘실 내부 교란 평면정방형. 1남2녀	동경1, 전묘비, 금대정15년(1175) 방목구조궁륭정 단실전조묘
37	고고	1985.9	감숙 정녕발견 금대묘장	묘실-방형에 가까움, 방전을 보조축조. 사벽은 전돌 축성	조전-생활호면, 의부고사, 효자이야기 도굴로 유물 없음
38	문물	1957.3	감숙 란주중산림 금대조전묘 조사보고	1기-주실, 좌우이실 전권묘정	묘실 각벽 전조화분 록, 마, 인물 있음

표 2-3-③ 하남성, 산동성

	출전	발간연도	제목	특징	출토유물
1	문물	2002.9	하남 낙양 도북금대 전조묘	M1719 일찍이 도굴 방목구조전축단실묘, 좌북남향	수장품 없음 벽화와 전조
2	고고	1996.1	하남 신향 송금묘	M1·2-2기 장방형수혈토광묘(남북향, 동서병렬) 금대정18(178년)	M1-인골 일부 성별 불명, 관 내부 중앙에 동전 3매, 동쪽에 동전2매, 묘 바닥 서북쪽 자관1 M2-묘저북단 자관1, 동전5매-1매는 부식심각, 개원통보, 송신종원풍통보, 송철종소경원보, 금세종-대정통보
3	문물	1995.2	하남 수무대위금대 잡극전조묘	1기, 좌북면남, 전체 소전으로 축성, 방목 구조	묘실평면은 불규칙 육변형, 전조와 벽화 자완1, 동경1, 매지권1
4	고고	1987.1	하남 휘현 석천 금묘 발굴간보	1기 팔각형단전실묘, 남북향, 벽화묘	백자편1, 자배잔편
5	문물	1979.8	하남 초작금묘 발굴보고	단실묘, 156개의 크기가 다른 청석으로 쌓아 올림, 평면을 부등변의 팔각형	1. 추전화상석묘: 산락도화상석, 온주도화상석, 시녀도화상석, 제사도화상석, 고사도 11폭 2. 노만장금벽화묘-평면팔각형전축단실묘, 도굴, 자기3점(자관2, 자완2) 3. 서빙봉금묘: 묘도-전실-용도-후실, 묘도 외 모두 작은 벽돌로 목조건축구조를 모방하여 만듦, 조전과 전용-18개(시리용5, 남녀사용 각1, 산악동용-2, 무도동용-2, 무도동-1, 취적용-1, 취초용1, 열창용-1, 시철판용-2, 남동용-2) 4. 신이봉고묘-채회도용(남여도용-41건, 28건은 파손, 13건은 남녀사용)
6	문물	1979.2	하남 무척현 소동 금대조전묘	소회전으로 만들어진 팔각형 방목구조 단실묘	서벽 모란조각전, 격선문조전, 사자조전으로 둘러 장식하고, 북벽은 하화자고, 수충조전, 모란조전, 출토유물 없음
7	고고	1984.4	산동 등현 금소 우묘	토광수혈, 묘정은 3개의 방형모양의 석판봉개 광중 석곽	기명석1, 동경2, 목수1, 속계1, 잔지권1, 철관환1, 전폐41(한묘 석곽사용)
8	문물	1982.1	산동 고당금대 우인묘 발굴간보	방목구조건축의 원형 전축단실묘	묘실내 1남3녀, 자기5건(백자대완1, 개편자반1, 백자반3), 비형지석2방, 벽화16장
9	고고	1979.6	산동 제남시구 발견금묘	1-평면육각형, 장방형전으로 전체 축조 2-좌북향남, 평면원평, 찬첨정 3-평면원형, 좌북남향, 찬첨정	1-외부는 채회로 장식, 2구인골, 도굴백자1, 동전51 2-부장품, 인골 없음 3-전조-경가, 탁자, 이자, 다지, 목주, 대방탁, 인골2구

4) 元墓

	출전	발간연도	제목	특징	출토유물
1	고고	1994.5	요령 무순토 구자촌원묘	장방형전실 석판봉정 유물-13점	청백자완2, 청백자절요소완2, 청백자소접1, 흑유 삼계자병1, 동비1(청동제26cm, 자루18cm 두께가 얇고 장식 이 없다. 자루상단에 6도 획문 있음) 동전-6매(숭녕, 대관, 정화)
2	고고	1990.2	요령 객라심좌 익 자치현원묘	파괴토광수혈묘	동전7, 장유소완1, 자반3, 천란유대완1, 도잔1, 별 구대완1, 동경1
3	문물	1985.6	요령 릉 원부 가둔원묘	M1-황색니판암과 청 회색조 전축성 M2-황색니판암석조 축성 M3-황색니판암석조 건성, 묘정은 첩삽, 궁 륭정	M1-균요완1, 균요완잔편1, 도등잔1 M2-다말유조자병1, 소도완1 M3-은발차1, 도색역석4, 소도완1, 철산과 니말1, 고골가1
4	문물	1983.9	요령 건창 보사중 발현 중요문물	이백유석관-석관은 백색변질암으로 만듦	자기2(관내)용천요소완1, 균요소완 지원31년(1294)관내 골회 있음-화장
5	고고	1964.5	요령 객좌현 대성자 원대석곽묘	석곽목곽묘, 우벽감실	녹유도향로, 회도분, 균요완2, 용천요소점1, 소구 장복병2, 동차1, 은차1, 상아식1, 옥식2, 사직풍잔 편60여개(릉, 견, 라)
6	문물	1995.4	길림 부여시 석 교환영전장 원 묘청리간보	2기, 토광수혈 평면 장방형 사자-두서조 진앙신직지장	M1-철촉9, 철도5, 철대가1, 철마등1, 철관정1, 골 촉12, 지석2, 동투문대요2, 동대가1, 동환4, 청화 자기1, 오채자완잔편1 M2(아동묘)동환2, 마노주1, 유리주2
7	문물	1994.1	내몽고 양성현 후덕승원묘 청리간보	6기, 벽화묘(M1)전실 묘(M2) 토동묘(M3~M6)	M1-전권방목구조벽화묘, 파괴심각, 묘실평면방 형, 벽화 M2-평나면장방형, 전실묘, 쌍인합장묘 M3~M6(M3은 평면장방형): 토동묘-14점출토, 도기3, 자기3, 동기6, 은기1, 철려화1 도기-관1, 분1, 반1, 자기-사계병1, 우1, 잔동기(서수포도경1, 잠1, 이 수1, 북송전), 은잠1, 철려화1
8	문물	1992.2	내몽고 적봉사 자산 원대벽화 묘	전실구조 단전착봉평 축 묘실평면정방형	사벽 및 두정부-벽화 모두 9폭

9	문물	1983.4	내몽고 적봉시 원보산 원대벽화묘	전축권정형 묘도-묘문-묘실 (2.5*2.5) 남녀1쌍, 남좌여우	동경2, 동전3('어곤' 발견, 북송전, 순화원보, 함평원보, 조성원보), 동안식3, 은이환1, 철기약간(차천, 추형기, 마등2, 철환)목기 약간, 채회(산거도, 행려도, 생활도, 예악희장도)
10	문물	1982.1	내몽고 소맹적봉삼안정 원대벽화묘	2좌, 소형전축단실묘	M1-장방형(도굴, 유물없음) M2-정방형권정(부부합장묘), 자완4, 흑유자단1, 해수포도동경1, 벽화 M2-연음도, 선방(식사방), 출렵도, 출렵귀래도
11	문물	1961.9	내몽고 오란찰포 맹찰우전기고묘 조사보고	40기 발견-27기 조사완료 전묘2, 석판묘-3, 전석구조묘1, 토갱묘9, 옹관묘12	전묘-장방형견정 수장품 머리쪽 베개(침)아패쪽(동질 쌍교차, 견직물) KM13-장방형수정, 관목흔, 충진토 위에서 계형판와, 묘인 동남, 서남에서 흑유지퇴병각1, 동남 "동고각병" 각자병 출토 토갱묘-전석묘와 다름 KM3-장방형, 남성 KM4-화석조매화식편, 원우통보, 경송원보 KM2-묘실 가운데 목과, 수장품-완풍통보, 명도원보 옹관화장묘-KM9-옹중 골회와 잔단동잠1, 칠기잔편 KM10 옹내 골회와 은잠 KM8-목관, 연은합금수축1쌍, 흑자관, 수, 사직, 토건, 은차, 감금동잠, 송전70매, 옥석편

표2-4-②하북성, 산서성, 섬서성, 감숙성

	출전	발간연도	제목	특징	출토유물
1	문물	2004.3	하북 탁주 원대벽화묘	묘장 좌북향남 토광전축궁륭정단실묘 묘실평면팔각팔변형	묘실 북반부위치-전축방목구조의 관, 전관부분 밖 묘벽, 묘정 모두 벽화 그림 수장품-64건(민간수습동전4매, 관내7점 제외) 1. 도기-관1, 발1 2. 유도기-병2, 로1 3. 자기3, 영청자배1, 백자반1, 장유자관1 4. 동기: 경2, 잠12, 이수1, 전폐31매(한 반량, 오수, 왕망화천, 당개원, 북송), 오수 최다 패식1 5. 옥기-패식1, 식건1, 묘지1
2	고고	1997.2	하북 자현 1좌원묘	토갱묘, 동서방향	장방형 백지흑화문자침1, 흑유쌍이관1, 백유고복관1, 동전4(태평통보, 함평원보, 원풍통보, 원우통보-모두 북송전)
3	문물	1996.9	하북 석가장시 후태보 원대사씨묘군 발굴간보	M2- 석곽묘(도굴) 목관 내목관1구 M5-방형단실전묘	M2-수장품: 관내(금잠, 금수배, 금이수, 동잠, 금폐, 옥식, 수정, 마노, 유리식, 동전32매) M5-철정, 불로 구운 흑생의 인골조각편, 동유의 묘장은 M6

				M1-팔각팔면형의 다실전실묘; 주실. 1남2녀인골 도굴 M4-장방형다실전묘, 묘주여성 M3과 M1 동류 묘장, 묘실은 육각육변형 단실	M1-4족향로, 동사뉴훈로개, 청자매병, 용천청자, 하엽형기개-균자완, 개편문대완, 금화잔편, 동이알, 동전(성송원보, 소성원보) M4-금잠, 금차, 동잠, 옥잠, 우리잠, 금촉2, 동전50여매, 금계지2, 금이수2
4	고고	1993.12	하북 삼하현 요금 원 시 대 고분	장백탑원묘, 원형전묘, 부부합장묘	사계감람형병3, 쌍계관, 흑갈유쌍계관, 원균우, 원균완3, 원균조태완, 흑유완, 전등잔, 동전110(개원통보, 건덕원보, 남송경원통보), 북송전 1195~1200
5	고고	1990.3	하북 회안하왕둔 벽화묘 발굴보고	전축공형권정단실묘 평면-호각 장방형 유대개식(계단식)묘도	벽화묘 도관1, 자병2, 유호유완1, 철환원모기4, 철관정17, 동전9, 묘실벽화
6	문물	1984.6	북경시 밀운현 원대벽화묘	1기 전실묘 하방상원궁릉정	동경, 백유흑화자반, 백유흑화자와1, 백자경병2, 단계지퇴병1, 쌍계회도관1, 잔채회관판 2괴
7	고고	1983.3	하북성 울현 원대묘장	묘실-방형단실전묘 묘정-원호형전축묘문 묘실서북쪽	묘실중앙 백자기와 동전을 둠, 자기13(백자대완1, 백자중완2, 백자회화중완1, 백자대반1, 백자중반2, 백자배1, 백자소접5), 동전2, 진묘권청전 도관1구-내부골회있음
8	고고	1963.3	북경 창평 백부촌 한,당,원 고분 발굴	원대초기 원묘4기, 58·59·64·67호 3기-장방형토관수혈, 남북향 1기-정방형, 동서향, 모두 부부합장	녹유도정대, 녹유도정, 청자고족반, 균요대반, 균요소완, 장유관, 유정완, 철화, 은부식, 당대개원전, 송 금 원시대의 태평, 순화, 지도, 함평, 경덕, 희령 등 동전
9	문물	1988.4	산서 운성서 리장 원대 벽화묘	장방형단실전권묘 묘내 교란	묘실4벽 벽회면에 채회벽화 수장품-장목상, 당송원대 동전22매(지대통보-원전)
10	고고	1988.12	산서 양분현의 4개 금원시기 고분	정촌1호-단실전묘 정촌2호-단실찬첨정전묘 해촌원묘, 정촌1호와 동일	정촌1호-흑자관1, 흑자알1, 제량도관1, 동경1, 방찰3개, 비2, 지권1, 상부원보1 정촌2호-백자침1, 흑자권족관1, 철등1, 잔 해촌원묘-쌍계흑자관1, 폐구소완1, 지권1방
11	문물	1987.7	산서 장치현 혁가장 원묘	1기 좌북향남, 방형궁릉정전실묘 묘실벽화	도반1, 도집호2, 도관10, 도병2, 도완1, 도이1, 도잔탁1, 도자완1, 백자완1, 철저1, 철우2, 철판1
12	문물	1987.6	산서 대동동교 원대 최영이씨묘	남북향 방형권정전실묘	관내 견리의 골회 내부에 이수, 계지→여성 관상2, 공탁1, 장탁2, 영향로2, 태사이1, 방등2, 건가1, 화분가1, 향로1, 사대2, 대좌장경병2, 장경병2, 탁잔5, 연관완1, 두1, 주호1, 개관2, 이1, 반1, 접6, 수두병육룡배2, 택반1, 은계지1, 홍마노이수2, 황송통보1, 목작1(구경4.8cm, 병장 11.8cm)골괘병1, 철지권1

13	문물	1985.6	산서 장치시 착마촌 원대 벽화묘	2기. 모두방형궁릉정전실묘	M1-1남2녀 / 자등잔, 도관, 청우, 철조 각1 M2-1남1녀 / 백자등잔1
14	문물	1983.1	산서 신강 남 범장; 오령장 금원묘 발굴 간보	오령장원묘: 묘도-묘문-전실-후실 및 좌우이실 남범장금묘도 비슷	4실 모두 방목구조에 채회를 함께 함 지원16(1279)
15	문물	1978.4	산서 추현원 대 이유암묘 청리간보	땅을 굴착하여 화강남괘결과 석영석과 자갈 등으로 땅을 메운 다음 그위에 다듬은 석회암 돌로 크기가 다른 2개의 석곽을 만듬	대석곽-지정106?(1350) 시체하 1층 동전69개(개원전북송남송전, 원대전은 없음) 소석곽-목수, 골잠 출토유물-사, 면, 마직품, 제작한 남여의상과 신발 모자 55건 이, 공탁, 향탁, 다기, 목산, 영병, 수장, 소면경
16	고고	1966.1	산서 신강채 리촌 원묘	1기 북향남, 목구조건축, 방형, 묘실마다 벽돌로 깔았음	부부합장묘, 청자완1점, 2인사용의 베게로 보이는 1장의 상괴, 두공 아래에 동발잠, 벽화묘, 聖大3년~4(1310~1311)
17	고고	1965.1	산서 태원교구 송금원대 전묘	와요촌원묘(벽화묘) 3인 매장안치 1남2녀	延祐7년(1320)
18	고고	1963.5	산서 태원 서 남교 조사의 한~원대 고분	1기 6각형, 전축단실	흑유대개자관, 어수문동경, 자관개에 "元大德十五年五月"
19	문물	1962.1	산서 대동시 원대 빙도진 왕청묘 청리 간보	빙도진묘-전축단실묘, 묘실, 용도, 묘도, 묘실, 평면방형, 묘정은 사각찬첨의 원추형 왕청묘-묘실평면방형, 정원수상(원대전실묘)	빙도진묘-자기11(자향로1, 두청장경병1, 두청자관1, 도청유리홍대자완1, 두청소자완3, 두청대자접3, 청자연판소접1) 목기(목관담1, 대방옥1, 목패위1, 계판1, 목영병1, 목건가1, 분좌1, 목사대2, 목병2, 목완택자2, 목경가1, 목연대합1(합내 석연대, 용문묵, 옥바소도), 잔목공탁판1 동기(대동분, 전기모란문대동경1, 소동경1), 칠기(원보형도관1, 이발1), 사직품(등제초모, 옥환사대1, 나전화회도, 칠합1, 대도돤4, 흑사옥종형침두1, 석연대, 용문묵1, 진씨철척1, 석묘비), 묘실벽화 지원2년(1265) 왕청묘-회도기류-도이1, 도건가1, 도영병1, 도장방공탁4, 도방공탁1, 도소공탁1, 도세1, 대도완1, 도충1, 도접5, 도원합1, 대좌도완6, 도병3, 도향로1, 도사촉대2, 묘지비1, 대동경1, 동발1, 동반1, 동충, 동잠4 사직류-등모, 등계석장, 목수3, 목념주1천, 요주2천, 백자대완1, 초모1, 양석 수괴
20	고고	1960.7	산서 양가장 원묘	원묘2기	자배, 자완, 매지권장

21	문물	1959.9	산서 후마지구 동주, 양한, 당, 원 묘장 발굴감보	원묘1기, 소형전실묘, 평면정방형	원복축구흑자관4, 조화석기1, 철등1, 잔동기2, 매지권1
22	문물	1959.12	산서 후마원대묘 발굴감보(연우원년, 1314)	1기 원전묘 묘실: 방목구조건축과 조각 및 채회장식 있음	묘실 4벽은 장조전 평와단축, 6구인골 동경1, 흑유자관1, 단청색유다완, 철구습유자완2, 대파동등1, 전권2괴
23	문물	2004.1	서안동교 원대벽화묘	1기. 묘실평면방형 묘정은 궁륭정 적축방형궁륭정묘 벽화-용도양벽, 묘실4벽 및 궁륭정	자기8, 등잔1, 토호잔3, 잔탁4건, 철기3, 우2, 등1, 석괴5, 유리조정, 전지권1
24	문물	1992.2	섬서 보계 원묘	1기 좌북조남, 토갱묘 방형	유물43건, 도기-무사용6, 여시용1, 남시용1, 도마2, 도기명 및 모형 24건, 합2, 쌍이병2, 매병1, 관1, 완3, 분2, 반3, 접1, 충1, 창5, 로1, 조1, 자기5, 완3, 관2 묘도양쪽으로 각각 소감, 감내4건도용, 도마, 묘실내 도창, 도합, 도병, 자완, 자관, 동경
25	고고	1988.8	섬서 동천진 로진 발현 원대 교장	출토유물 69점	완, 접(각각사용흔적), 등잔, 고족배, 옥호춘병, 쌍이삼족로, 쌍계관, 도기(사과), 요구(갑발)
26	문물	1979.4	섬서호현 하씨묘 출토 대량 원대용	가승 등 3묘, 전석혼축 묘실방형, 저부에는 장방형석판으로 보함. 1호와 2호, 정방형, 정남북향	기물은 주로 1, 3호에서 나옴, 1호 풍부-131점, 남기마용-9, 남견마용-4, 남호기타용-1, 남견낙타용-1, 낙타4, 마10, 남지분용-2, 남위사용19, 남시용7, 남립용5, 무사용-1, 여지합용-4, 여시용15, 동물모형21(도용-1, 소4, 양6, 돼지2, 개2, 오리2, 닭4, 거북이1), 도창8, 도병6, 사대2쌍, 향로2, 상유관·상유완 각1, 금기 1매, 금사, 금박, 전폐7(천경원보, 소원경보, 오수, 개원통보, 경원통보 등)
27	문물	1958.6	섬서 서안 곡강지서촌 원묘 청리간보	묘실전정상면은 활토, 남녀합장	도기(용12, 남용8, 여용4, 도마8, 조1, 완3, 접5, 표[작: 숟가락, 국자]5(리수병표2, 리수어신장병표1, 누표1, 장병표1) 이1, 분1, 반1, 관5, 창2, 연1, 병1, 압단호5, 마차1, 석대2, 로3, 방2
28	문물	1956.1	섬서 서안 옥상문외 원대전묘 청리간보	묘실은 요도과 구분 용도:전축으로 만든 공형, 묘실은 방형, 정은 공형, 관목 남벽 아래 인골 교란(2인)	묘실동북-도용, 막, 차, 세, 창, 하화병, 관, 조, 증용, 과, 동남-금상옥인, 동경 각1 묘실중부-자접, 완 서남-회화자침, 금상옥인-1쌍, 은잠1, 동경1, 동소환, 자침1, 자접1, 자완6, 철환4, 도기(회흑색) 남어용2, 시녀용2, 장의녀용2, 도마4필, 차1, 병3, 창5, 소1, 돼지1, 개1, 닭1, 용1, 세1, 관2, 등1, 조1, 증용5, 철전(대덕통보), 원성종때 주조

	출전	발간연도	제목	특징	출토유물
29	문물	1982.2	감숙 장현 원대 왕세현 가족묘장	7좌 원묘, M8~M16 (12, 15 제외) M10, M4자연파괴, M9도굴 M16-왕원창묘지 발견 M8, 9, 11, 13-건축형제 기본상동, 좌서향동의 전 구단실묘. 목관	수장기물-188건 도기-33 모두회도(도안3, 도관6, 도사대2, 도향로2, 도반, 도작 각1, 도두77, 도합4, 도정1,도호1,도준1, 도궤2, 동분1) 동기-21(동작2, 동반3, 동금강간2, 동경4), 자기6(자기족배3, 옥대구1, 석조식10), 철기, 골기(골차, 골악이작, 골도-M13남관내), M9, M11내 골조식, 골제소쇄 전폐30(M11관내황송통보, 치평원보, 희평원보, 원우통보, 정화통보), 목기21(목의가2, 목옥1, 목천주, 목두, 목호, 목사대, 목작, 목반, 목합), 사직품29건, 금은수식15(금이수5, 금계지1, 금투구2, 금전4, 은차1, 은차2), 석각묘지3
30	문물	1982.2	간보지이 (1972-1979년 청리18좌)	묘실(M7 제외하면 수혈 전실묘)	도기163(도단7, 도관30, 흑유관1, 회도둔1, 도두35, 도병4, 도종6, 두호4, 도정5, 남시용3, 도창13, 판이관3), 자기53(병6, 고족완3, 고족배1, 집호1, 접14, 반1, 완20, 충2, 잔1, 이1, 우리연화배, 탁 각1배), 동기94(동경25, 작14, 세12, 정4), 은, 석기(병, 이, 잔, 충, 시, 저, 세, 잠, 합 등 19건), 금, 옥기(잠, 천, 합, 촉, 구, 주, 옥대구, 이환), 목기, 죽기127(안1, 창2, 채회목판1, 사직품 포함하여 22건), 수은1,000g, 묘지

표2-4-④ 안휘성, 절강성, 강소성

	출전	발간연도	제목	특징	출토유물
1	문물	1954.10	절강 가선현 발현 송묘 및 원대 벽화묘	파괴분 6기, 양혈품자형 전묘	철우1, 무화문칠기2(권족칠분1, 칠합1), 칠기잔편, 경원통보 묘지
2	문물	1957.2	안휘 합비발현 원대금은기명		매장된 고대금은기명은 최하층에서 출토 은호사이 공간에 금배, 은접, 은과합 매장 출토금은기-11종 102건 금접6, 금배4, 은접9, 은배6, 은과합1, 은호9, 은이6, 은완4, 은쾌55쌍(조부8방형, 세무원형, 젓가락 조부와 세부사이에 칠도현문), 은작1, 동반1
3	문물	1957.5	안휘 안경시 기반산 발현 원묘	1기 전실권정, 부부 합장	자관1, 동로1, 자담1, 은식10, 금식8, 은식10, 주자권1, 은전99, 금식10, 은식19, 금전38, 금십자8옥식1, 향목1혼 목식조홀, 옥인1, 금화1기
4	문물	1959.11	강소 오현 원묘 청리감보	장조청색전축의 수혈묘	금기-금조칠근, 금완1, 금반2, 금지심형천2, 금대관1, 장방형금대1, 장방금대식1, 방형금대식7, 화형대식1, 은금팔릉은과합2, 은우1, 금편합1, 은원합2, 매화은합1, 소은합1, 은수우1, 은준1, 은시2 (한 개는 반절남고 파손, 1개는 완전, 천작, 장병)

5	문물	1964.12	강소 무석시 원묘중 출토된 문물 (연우 7년, 1320)	1기 묘실은 청회색 장조전조 전축의 수혈 동실남, 서실녀 부부합장묘 묘정은 4개의 대청석판으로 덮음	출토유물154-금기6, 은기40, 동기1, 옥기19, 마노4, 수정3, 호박1, 사직품28, 칠기10, 목기8, 지폐33, 석기1 금기-배1, 잠1, 고형식품1, 대식3 은기-병4, 합2, 이2, 사두2, 대유배1, 분2, 완2, 쾌1쌍(1쌍필심 25.2 / 1쌍공심24.4 / 원형 상세하조, 머리부분은 뾰족) 동실-관곽은 부패. 두경 일부 남음-가까이 금배, 금잠, 은완, 은쾌, 은시 각1, 요부수금대식3, 금고식1, 옥필세1 서실-관곽완정 시신남아있음, 함수은, 머리은발조, 은삽화, 침두1, 의포 옆 은완, 쾌시, 비 각1건. 시2(병궁형작천면타원1-27.6 / 1-24.8), 비1, 관1, 발조1, 차2, 삽화3, 공이1, 천1, 화변형식품2, 잔건9, 동기(동경1) 옥기-필세1, 대구1, 타원형식품1, 발잠1, 양형식품1, 어형식품2, 인형식품1, 병형식품2, 능형식품1, 도형식품1, 호로형식품1, 원형식품1, 패형식품1, 반원형식품1, 식잔건3, 마노후형식품1, 동자형1, 도형1, 주자1천, 수정능형1, 향로형1, 주자1천. 호박이수1, 사직품 칠기-창1, 합3, 분공4, 통2 목기-목수6, 침두, 핵주1천, 지폐, 묘지, 연우7년(1320)
6	문물	1982.2	절강해녕 원대가춘묘	묘실장방형, 전석구조 수혈묘 1기	칠합1, 수1, 수장1, 마석1, 마포5괴, 면포1괴, 묘비1괴, 지석1괘
7	문물	1982.7	상해시 청포현 원대임씨 묘장기술 (1327~1353)	유구설명없음 71건의 유물	자기-관요현담식병4, 관료투호식병2, 관요쌍이로2, 경덕진추부유인화운용고족완1, 경덕진추부유완11, 경덕진추부유극이병1, 경덕진추부유삼족로1, 경적진추부유병좌2, 용천요완4, 용천요점화삼조로1, 함병8 칠기-조칠산수인물도합1, 칠창1, 칠소원합4, 칠병1 기타-은연판구각화반1, 은각화잠1, 은장병원작1, 은장병작1, 은소관1, 석잔탁1, 석분1, 동삼족지수소호1, 동경1, 원형삼족연1, 장방형연1, 장방형대개연1, 목수1, 우각장병작, 백옥로정1, 금세화발잠1, 금세연1, 금세모화1
8	고고	1986.10.	안휘 육안현 화석저 고묘 청리간보	2기발견-모두홍사암석을 파내어 만듦. 모두 장방형수갱	M1-은반1, 은배와앙연은탁자1세트2건, 대은발2, 소은발1, 은파배1, 은작1, 은수호1, 은기개1, 동발잠1, 동경1 M2-인물철화은배와 탁반1세트 2건, 은반1, 은수호1, 은발1, 은세1, 유금원앙문은향11, 능형각화백자은, 은패식1, 목수1, 동紛구2, 동紛구1, 전화금차2, 전사문금차2, 유병동경1, 각수4, 흑칠반1, 동전40매

9	문물	1990.9	항주시 발견 원대선어구묘	장방형전실묘 권정부분이미 붕괴	수장품14, 서연1, 필서식3, 옥환1, 옥봉1, 옥체1, 청자관이호2, 청자정식로1
10	고고	1993.12	강소 서주대산두 원대기년 화상석묘	만두상봉토퇴, 토갱하나를 파서 석판을 이용해서 축성	삼족자로, 고족자배1, 자완1, 자잔1, 동경1, 석향로5, 석주2, 전폐12매(태평통보2, 원우통보2, 희령원보1, 경송통보1, 치평원보1, 원풍통보2-모두 송전) 석향로-중휴에 연우7년 장윤지영이라 새김
11	고고	1999.1	강소남경시 척가산 명묘 발굴보고 (명대묘장)		*강소남경시 척가산 명묘발굴보고(유통원묘, 자기14, 옥기1, 금은기6, 동철기13)(우씨묘-자기4, 금기[소금편1]) 옥요대, 금잠, 소금식편, 은차, 동경, 동반, 동발, 동과 *강소남경시 당가요 명대장운묘(청유옥호 자병, 청유자잔탁, 청유자잔, 청유자완, 동경1, 철착1, 유금금은식1) *강소남경시 남교 2개 대형명묘의 정리 -장흥후 부인 진씨묘-도굴, 금잠1, 식명기, 묘지, 당대마도 위조휘묘-도굴, 도관, 동전6매, 유리와, 유리치문1, 묘지1 *강소남경시 판창촌 명묘의 발굴-평정단실묘, 장방형묘실, 금요대1조, 호박요대1조, 백옥요대1조, 백옥반2, 백옥배1, 금잠2, 금명전21(장명부귀) 금식, 호박식, 주마노식1, 홍보석1립, 청화자관1, 동전11 *강소남경시명검국공 목창조, 목예묘 -목창조 부부합장묘-다실권정묘, 장방형청청전축성, 금속발관1, 벽옥잠2, 금호심경1, 금모화1, 은정1, 백옥요대1, 금명전21, 은명전12, 동경1(이상 좌실), 금모화1, 금향낭1, 금추구1, 금촉2, 금명전8, 은명전10, 은정4, 동경1, 식촉대2, 수정식1, 벽옥식1, 호박식1, 백옥요대1, 백자개관1 -목예묘-금제생활용구1벌(소금통 내부 이알, 야식, 섭자, 비연, 봉), 금련호박패1, 화엽형금식1, 금패1, 금호로함1, 감보석금합1, 금촉2, 금모식1, 상옥금배1, 금식5, 금명전49, 금정3, 은명전12, 은압승전1, 은작1, 은정12, 동경2, 감보석금상옥요대1, 백옥요대1, 백옥완2, 청옥완1, 벽옥완1, 백옥배2, 옥속2, 옥제양치1, 옥편1, 백옥불상1, 옥판지1, 피하소완1, 호박배1, 수정배1, 수정주1, 마노주2, 발잠12, 유도주성1, 도용5, 유도마2, 유도록2, 백자개관1, 황유암화자병1, 유도강1, 묘지
12	고고	1999.1	강소 남경시 명기회공 강무재묘	전축권정(상층묘실)조석봉개(하층묘실)일찍이 도굴	금기6(대구2, 완1, 반1) 은기(정1, 옥호춘병1, 쌍이병2, 병1, 반12, 쾌자1부[상단절면육각형, 하단원형, 중단은 3방향 凸현문 있음 26cm], 시1(설상, 세장, 자루부분은 만곡형, 작 길이7cm, 병부길이 23cm) 대구1, 작1, 이알1,

					동기, 철기10점(동식4, 철도1, 철종형기2) 기타(식호1, 옥배1, 도강1, 도병1, 목용3, 동전2, 묘지1)
13	고고		강소 남경시 등촌산 명동복년 처진씨묘	단실전축묘권정, 평면일제형	금포계1, 금잠4, 금차1, 금이추2, 금계지2, 금폐7, 금도금은요대1, 금용리호박관식1, 호박정연1천, 자완2, 동전1(순치통보), 금계1, 은이배1

표 2-4-⑤ 강서성, 호북성, 호남성, 광동성, 복건성

	출전	발간연도	제목	특징	출토유물
1	문물	1992.2.	강서 무주 원묘출토자기	전축쌍실권정합장고묘	자퇴소병2, 자완3, 자접2, 자관1, 자창1, 석묘지2
2	고고	1989.6.	강서 고안현 한가산 원묘	파괴분 권정전실묘 203°	도용19(공봉용11, 시립용5, 앙와용1, 복청용2, 사신용4 1별-청룡2, 주작2, 현무2, 동물용(구1), 모형명기(도창2), 자기4(자병2, 완2), 동기10(동경1, 동경구-모두 송전), 지계문1
3	문물	1987.7.	강서 영풍현 원대 연우6년(1319)	묘장 및 출토정황 불확실	지권1, 동경1, 길주요채회기개1, 청백자통형로1, 청백자퇴소병2, 청백자하역개소관1, 미황유소관1
4	고고	1987.3.	강서 고안현발현 원대 천력2년 기년묘(1329)	묘장불명 석곽묘지(천력2년) 출토	시립용4, 앙시용2, 복청용2, 주작2, 현무2, 청룡2, 백호2, 계2, 구2, 창2, 도판2괴, 석연1, 청백자, 퇴소병(진묘병)4, 연청자분합1, 동경2, 금잠2, 석각묘지1
5	문물	1976.11.	강서 피양출토 원대자기	전실묘 양실합총적 부부합장묘	동묘실출토-영청병2, 방용천요자향훈1, 영청대완1, 자소옥1 서묘실-청화연좌매병2, 영청자로1
6	고고	1963.10.	강서 남창 주고교 원묘	1기 남북향	귀의병4
7	문물	1989.5	호북 무한시 황피현 주가전원묘	전석구조평정삼실묘 삼실의 후벽에 벽감있음	부장품-도관2, 자완4, 쌍용연화금차2, 원앙하엽금잠1, 연화금잠1, 금발식2, 금절배1, 은조탈1, 쌍어문동경1, 화조문동경1, 동전23, 철전1, 칠합1
8	고고	1998.1.	호남 임상육성 송원묘 청리감보	임상육성2호 전실권정식 부부합장묘	수장품 교란, 인문청전, 대소백자완, 청백자고족배, 청류자완, 청자배, 연화문청자완, 자색지종회색유도자, 마아 등
9	고고	1964.1	광동 불산고상강 송원명묘 요약기록	4기-토갱묘(화장묘)	흑유소도관 중 골회를 넣고 이것을 대관에 넣었다. 지정2년(1342)10월 12일 지정9년(1349)
10	고고	1996.6	복건 남평시 삼관당 원대기년묘적청리	1기, 24cm두께의 장석판(장석판으로 둘러 쌓고, 고분은 나무구조를 모방한 전축, 쌍실권정, 부부합장)	청유완1, 청유관1, 소잔, 잔탁, 기개1, 은관1, 목용1, 동경2, 동전13(원풍통보, 황송통보, 태평통보, 치평원보), 보수문환1, 지권1, 묘지

| 11 | 고고 | 1995.2 | 복건 건구현 수남 송원묘장 | M3-전실정권, 평면장 방형 | 관1, 소관2, 철도1, 철잠1, 전폐-개원통보 수매, 철관정11 |
| 12 | 고고 | 1995.1 | 복건 장락원대 벽화묘 | 양실평면균등장방형 묘장양실좌우 및 후벽 모두 벽화 | 출토유물 없음 |

표 2-4-⑥ 귀주성, 사천성

	출전	발간연도	제목	특징	출토유물
1	문물	1987.2	사천간양동계원예장 원묘	1기 석실묘 장방형석실묘 단실. 평정	출토기물 612점(자기-525, 동기-61, 유도완, 철곤, 철합, 석병 각1, 석연17, 동전1, 철전4) 청유자기231(병22, 로3, 등2, 오관병1, 우14, 관1, 완45, 세18, 반70, 접33, 배21, 렴1), 영청자기198(완61, 반10, 접115, 배8, 온호1, 화통2, 수호1), 백자기82(완13, 반9, 접60, 장유자완9, 흑유자완5) 동기(사대9, 등1, 로11, 병4, 호16, 우2, 수호1, 부3, 세1, 증1, 삼족반3, 고2, 용호패1, 인합1, 령2, 편종1) 기타-석연17, 석병1, 유도와1, 철곤1, 철합1, 동오수전1, 철전4(송원통보3, 태평통보1)

송·요·금·원 수저 편년연구

어미형 숟가락의 출현

5

01 서

이 글은 필자가 발표한 고려시대의 청동수저에 대한 연구와 송·
요·금·원묘에서 출토되는 수저나 철제 가위의 출토경향에 대한 논문
의 후속편이라고 할 수 있다.[1] 앞선 글에서 필자는 우리나라에서 청동수
저가 무덤에 부장되게 되는 것은 고려시대부터이며 어떤 배경에서 청동
수저가 부장품으로 선택되었는지 밝히고자 하였다. 선행 연구를 진행하
면서 한가지 아쉬웠던 점은 고려묘나 조선묘에서 출토되는 청동수저에
대한 편년이 숟가락 자체가 가지는 보수성으로 용이하지 않다는 것이며
이를 보완하기 위하여 도자사의 편년을 차용할 수밖에 없다는 것이었
다.

중국에서 숟가락이 출토되는 무덤은 전체 조사된 것에 비하여 많다
고는 할 수 없으나 중국은 우리나라와는 달리 묘지가 발견되어 유물의

---

1 鄭義道, 2007, 「韓國古代靑銅匙箸硏究-高麗時代-」, 『石堂論叢』 第38輯, 東亞大學校 石
   堂學術院 ; 鄭義道, 2007, 「高麗時代 鐵製가위(鐵鋏)硏究」, 『慶文論叢』 創刊號, 慶南文化
   財硏究院 ; 鄭義道, 2009, 「宋·遼·金·元墓 匙箸 및 鐵鋏 出土傾向-高麗墓 副葬品과
   關聯하여-」, 『文物硏究』 第15號, 財團法人 東아시아文物硏究學術財團

하한이 분명한 것이 적지 않다. 이처럼 절대연대를 가진 수저를 중심으로 송~원의 청동수저 편년을 시도하여 우리나라 고려시대 이후 분묘에서 출토되는 청동수저 편년연구의 비교자료로 활용하고자 하는 것이 이번 논문의 목적이 되겠다.

이를 위하여 먼저 유적 가운데 청동숟가락과 젓가락이 출토되는 유적을 골라 시대순으로 배열하여 숟가락의 지역과 시대에 따른 변화상을 검토하고자 한다. 실제로 우리나라에는 숟가락의 술잎을 기준으로 타원형과 유엽형으로 나눌 수 있고 자루를 기준으로 하면 자루의 끝이 호형이나 능형을 이루면서 막힌 것(鳳尾形)과 삼각형으로 넓어지면서 둘로 좌우로 나누어지는 것(燕尾形)으로 구분된다.[2] 그리고 술잎이 타원형인 것은 봉미형인 경우가 많고 유엽형인 것은 연미형인 것이 대부분이다. 그러나 우리는 이 두 종류의 숟가락이 지역적이거나 신분적인 차이에서 비롯된 것인지 또는 시대적인 차이에서 비롯된 것인지 별다른 문제 인식이 없는 듯하다. 또한 송나라 이전 즉 당나라의 숟가락이나 통일신라의 숟가락을 보면 모두 봉미형이므로 연미형은 후행하는 양식으로 볼 수 있는데 그렇다면 연미형은 언제, 어떤 배경에서 발생하여 고려로 전래되었는지에 대한 답도 아직 우리는 아는 바가 없는 것이다.

이번 논문에서 숟가락 연구의 많은 문제점이 한꺼번에 해결될 것을 기대하지는 않지만 적어도 이상과 같은 문제점은 염두에 두고 차후의 연구를 진행하고자 하는 것이니 선배 동학의 많은 가르침을 바란다.

---

2 필자는 숟가락 자루의 끝이 능형(삼각형)을 띠는 것을 「稜形숟가락」으로 형식분류하였으나 이번 글에서는 연미형이라는 형식에 대비하여 「鳳尾形」이라고 칭하기로 하였다.(鄭義道, 2007, 「韓國古代靑銅匙箸硏究-高麗時代-」,『石堂論叢』第38輯, 東亞大學校 石堂學術院)

02

수저 출토유적

송대에서 원대까지 편년의 대상이 되는 수저가 출토되는 유적은 분묘가 주류를 이루지만 교장유적도 빼놓을 수 없고 사리탑에서 발견되기도 한다. 또한 자료를 보완하는 뜻에서 벽화에 그려져 있는 숟가락이나 젓가락도 포함시켜 살펴보기로 한다. 그러나 많은 분묘들이 도굴의 피해를 입어 매장 당시의 상황이 그대로 전해지지 않았다는 점과 소개하는 모든 자료를 필자가 실견한 것이 아니라 도상에서 이해하였다는 것도 유물의 해석에 또 다른 문제점이 될 것이다. 다음은 수저가 출토된 유적을 왕조별로 분류한 것인데 이것은 따로 표를 만들어 제시해 두었으니 참고하기 바란다.[3][표 1]

---

3 각 유적에서 수저와 함께 동반하여 출토되는 유물은 다음의 논문을 참고하기 바란다.
   鄭義道, 2009,「宋·遼·金·元墓 匙箸 및 鐵鋏 出土傾向-高麗墓 副葬品과 關聯하여-」,『文物研究』 제15호, 재단법인 동아시아문물연구학술재단
   그리고 본고에 인용된 사진은 보고서에 실려 있는 것을 그대로 사용하여 상태가 대단히 좋지 못한 것도 포함되어 있다. 이점 독자의 양해를 바라며 차후 현지조사의 기회를 만들어 보완하고자 한다.

1) 北宋(960~1126)~南宋(1127~1279) [표 1-북송~남송]

(1) 江蘇省 常州市紅梅新村의 제2호 송묘에서 黑檀으로 제작한 젓가락 1쌍이 출토되었다. 가는 棒狀으로 위는 두텁고 아래는 가늘다. 가운데는 꽃을 새기고 은을 입혀 장식하였다. 길이는 32.5cm에 이르는데 일반적인 餐具로 보기는 어려운 실정이다. 2호묘에서 출토된 白瓷盒이 江西省 瑞昌縣 黃橋公社에서 1982년 출토된 天慶3年(1025)의 것과 동일한 것으로 보아 11세기 전반 경으로 편년된다.[4]

(2) 江蘇省 无錫興竹宋墓에서 조사된 2기의 분묘 중 熙寧4~7年(1071~1073) 사이에 조성된 것으로 보이는 1호에서 은제 숟가락이 출토되었다. 술잎은 타원형이며 후단에는 가시형으로 도치된 부분이 있다. 자루는 말각방형으로 휘어져 있으며 자루의 끝은 비교적 넓은데 구멍을 뚫어 화판장식을 하였다. 길이는 19cm이다.[5]

(3) 江蘇省 溧陽竹簀北宋李彬夫婦墓는 元祐6年(1091)에 조성된 것으로 청동제 숟가락과 은제 젓가락이 출토되었다고 하였으나 그 형태에 대한 자세한 설명은 없다.[6] 아울러 무석에서는 11기의 송묘가 발견되었고 대체적으로 송대 초기에 축조된 것으로 알려져 있다. 출토유물 가운데 칠기로 제작한 국자와 젓가락이 포함되어 있으나 역시 자세한 설명은 없다.[7]

---

4 常州市博物館, 1997-11, 「江蘇常州市紅梅新村宋墓」, 考古, pp. 44~50

5 无錫市博物館, 1990-3, 「江蘇无錫興竹宋墓」, 文物, pp. 19~23

6 鎭江市博物館 · 溧陽縣文化館, 1980-5, 「江蘇溧陽竹簀北宋李彬夫婦墓」, 文物, pp. 34~39

7 朱江, 1956-4, 「無錫宋墓淸理紀要」, 文物, p. 19

(4) 雲夢縣 罩子墩宋墓에서는 동한묘 1기(M1)와 송묘 2기(M2, M3)가 발견되었다. 그 중 M3호에서 젓가락 한쌍과 숟가락 1점이 출토되었다. 모두 은제로 젓가락은 단면 원형이고 중상단에 五道凸弦紋을 새겼으며 길이는 19cm이다. 숟가락은 술잎이 유엽형이고 자루는 비교적 평평하다. 술잎 길이는 7cm, 너비는 3cm이다. 묘의 조성연대는 출토된 유물로 보아 元祐年間(1086~1094)으로 추정된다.[8]

(5) 安徽省 全椒西石北宋墓에서는 동제 숟가락 1점과 은제 젓가락 1쌍이 출토되었다. 元祐7年(1092)에 축조된 분묘인데 도면을 참고하면 숟가락과 젓가락 모두 시신의 발치에서 출토되었다. 길이는 숟가락이 24cm, 젓가락은 25cm인데 손잡이 부분의 단면은 육각형, 하단은 원형이다. 출토유물에 대한 자세한 설명이 없어 단언하기는 어려우나 젓가락이 숟가락보다 긴 경우는 극히 예외적인 현상이다.[9]

(6) 洛陽邙山宋代壁畵墓는 北宋 崇寧2年(1103) 전후에 축조된 것으로 은제 숟가락과 은제 젓가락이 출토되었다. 숟가락은 피장자의 왼쪽 팔꿈치 안쪽 은제 젓가락의 위에 놓여 있었다. 비교적 긴 숟가락 자루의 끝은 葉狀이며 배면에는 「文伯」 2자를 새겼고 길이는 24.6cm이다. 은제 젓가락은 1쌍이 출토되었는데 상부의 단면은 육각형, 중간은 죽절형, 아래는 원주형이다. 상부에는 대칭되게 「云甫」 「明之」라고 새겼다. 길이는 23.4cm로 숟가락 길이보다 조금 짧다.[10]

8 雲夢縣博物館, 1987-1, 「雲夢罩子墩宋墓發掘簡報」, 江漢考古, pp. 16~18

9 滁縣地區行署文化局 · 全椒縣文化局, 1998-11, 「安徽全椒西石北宋墓」, 文物, pp. 66~71

10 洛陽市第二文物工作隊, 1992-12, 「洛陽邙山宋代壁畵墓」, 文物, pp. 37~51

(7) 河南省 方城鹽店庄村宋墓에서 모두 10지(枝)의 石箸가 발견되었다. 길이는 19cm, 중간과 상부에 새끼문양이 새겨져 있는데 이 무덤은 宣化開元(1119)에 축조된 것이다.[11]

(8) 江蘇省 吳縣藏書公社의 조림하는 과정에서 발견된 송묘에서 3점의 은제 숟가락이 출토되었다. 1점은 원형으로 술잎이 장타원형이고 길이 12.5cm, 너비 3cm이다. 다른 1점은 橄欖形이며 길이 5.7cm, 나머지 1점은 자루가 결실되어 2cm 가량의 술잎만 남아 있다. 동반유물로 보아 북송 말년(12세기 초)에 편년된다.[12]

(9) 重慶 巫山縣巫峽鎭秀峰村墓에서는 서한 토갱묘 3기, 동한 전실묘 2기, 송대 전실묘 1기가 조사되었다. 송묘에서는 동잠, 동경, 철제 가위와 더불어 청동제 숟가락 2점이 출토되었고 축조시기는 북송말년(12세기 초)으로 편년된다. 그 가운데 1점은 파손되었고 1점은 자루가 가늘고 곧은 편이지만 술잎은 타원형을 이룬다. 별다른 장식은 없고 길이 7.6cm, 술잎 너비 1.7cm, 자루 너비 0.5cm이다.[13]

(10) 江蘇省 常州北環新村의 주택 공사에서 1기의 송묘가 발견되었는데 목관 내부에는 은제 숟가락 1점, 쌍두 은제 숟가락 1점, 은제 젓가락 1쌍이 출토되었다. 은제 숟가락의 술잎은 타원형이며 약간 오목하다. 자루는 편평하지만 좁고 길게 제작되었고 무늬는 없고 길이는 23.5cm이다. 술잎이 두개인 숟가락 1점의 술잎은 한쪽은 타원형이고 한쪽은

---

11 河南省文化局文物工作隊, 1958-11,「河南方城鹽店庄村宋墓」, 文物參考資料, pp. 75~76

12 葉玉奇 · 王建華, 1986-5,「江蘇吳縣藏書公社出土宋代遺物」, 文物, pp. 78~80

13 四川省文物考古研究所 · 巫山縣文物管理所 · 重慶市文化局三峽文物保護工作領導小組, 2004-10,「重慶巫山縣巫峽鎭秀峰村墓地發掘簡報」, 考古, pp. 47~61

편원인데 약간 오목하다. 길이는 19cm이다. 은제 젓가락 상단은 방형으로 하단은 원형으로 제작하였고 길이는 23.5cm이다. 무덤 내부에 辛卯銘 칠탁자가 출토되어 宋 徽宗 政和年間(1111~1117)에 축조된 것으로 보인다.[14]

(11) 安徽省 合肥市 郊外 城蚌鄕에서 발견된 北宋馬紹庭夫妻合葬墓에서 동제 숟가락과 젓가락, 칠기 숟가락과 젓가락이 출토되었다. 1호관(남성)에서는 동제 숟가락 2점이 출토되었는데 술잎은 유엽형이고 약간 오목하다. 무문이고 도금되어 있으나 대부분 탈락되었다. 다른 한점은 편평하고 호형의 자루 중간이 가장 높다. 술총은 삼각형이며 길이는 25cm이다. 그리고 젓가락은 원형으로 아래로 갈수록 가늘어지고 길이는 25.2cm이다. 2호관에서 발견된 칠기 숟가락은 목심에 무문이고 전체적으로 검붉은 색을 띤다. 칠은 비교적 두텁게 발랐고 술잎은 유엽형이며 긴 자루는 원주형이다. 잔존 길이는 23.5cm이고 너비는 3.3cm이다. 젓가락 1쌍은 완형은 아니며 원주형이고 아래로 갈수록 가늘어진다. 숟가락과는 달리 죽심이며 전체적으로 검붉은 색을 띤다. 잔존 길이 17.5cm이다. 1호관에서 발견된 묘지에 기록된 「政和戊戌」은 1118년에 해당된다.[15]

(12) 浙江省 寧波天封塔地宮에서 은제 숟가락 1점이 출토되었다. 무문으로 제작이 정교한 것이다. 전체 길이 10cm, 술잎의 너비 2.7cm이다. 천봉탑 지궁에서 출토된 유물은 북송말~남송초에 편년된다.[16]

14 常州市博物館, 1984-8, 「江蘇常州北環新村宋木槨墓」, 考古, pp. 65~69

15 合肥市文物管理處, 1991-3, 「合肥北宋馬紹庭夫妻合葬墓」, 文物, pp. 26~38

16 林士民, 1991-6, 「浙江寧波天封塔地宮發掘報告」, 文物

(13) 洛陽安樂宋代窖藏에서는 백자와 청자, 영청자와 함께 동제 숟가락 2점이 출토되었는데 길이는 22.5cm이다. 자세한 설명은 하지 않았다. 출토 자기로 보아 11세기 말에서 12세기 중반 경으로 편년된다.[17]

(14) 安徽省 郎溪唐宋墓에서는 모두 9기의 분묘가 확인되었는데 (M13은 당묘) 그 중 M11호에서는 동제 젓가락 1쌍, M15호에서는 은제 젓가락 1쌍이 출토되었다. M11호의 젓가락은 한 점은 절단되었고 나머지 1점은 상단은 두껍고 하단은 얇은 편인데 상단에는 凹弦紋 4줄을 새겼다. 길이 20.5cm, 직경 0.2~0.5cm이다. M15호의 은제 젓가락 가운데 한 점은 절단되었는데 상단은 두껍고 하단은 얇다. 역시 상단에 凹弦紋을 여러 줄 돌렸다. 길이는 15.5cm, 직경은 0.3~0.5cm이다. 보고자는 이 유적을 북송말~남송초(12세기 중반)에 편년하였다.[18]

(15) 江浦縣에서 발견된 張同之夫婦墓에서는 은제 숟가락 2점과 은제 젓가락 1쌍이 장동지의 처 장씨의 무덤에서 출토되었다. 은제 숟가락 1점은 술잎은 圓錢形이며 직경은 4.3cm, 자루는 편병에 길이는 15.7cm이다. 나머지 1점의 술잎은 유엽형에 자루는 앞이 좁고 뒤가 넓은 형태로 자루의 끝은 삼각형을 이룬다. 길이는 15.7cm이다. 젓가락은 1쌍으로 긴 원주형에 상단의 직경이 하단보다 크고, 길이는 20.2cm이다. 묘지에 따르면 張同之는 慶元 元年(1195)에 사망하였고 장동지의 처 章氏는 慶元 5년(1199)에 사망하였다.[19] 남자의 무덤에서는 벼루나 묵, 동진지 등 문방구가 출토되고 여자의 무덤에서는 숟가락과 젓가락, 은합, 은반, 은발 등 기명이 주로 출토된 것은 부장품에 남녀의 구별이 있었음

---

17 洛陽市文物工作隊 張劍, 1986-12,「洛陽安樂宋代窖藏瓷器」, 文物, pp. 69~71
18 宋永祥, 1992-4,「安徽郎溪唐宋墓」, 考古, pp. 324~330
19 南京市博物館, 1973-4,「江浦黃悅岭南宋張同之夫婦墓」, 文物, pp. 59~63

을 보여주는 것이다.

(16) 山西省 襄汾縣 趙康公社에서 마늘 심기 위하여 구덩이를 파던 중 陶罐 내에서 동기와 같이 청동숟가락 2점이 출토되었다. 1점은 전체 길이 12.5cm로 술잎은 舌狀이며 원주형 자루는 S자 곡선을 이룬다. 자루의 끝에는 직경 4cm의 능화편권 장식이 붙어 있는데 설상이며 자루는 편평한데 앞은 좁고 뒤로 가면서 넓어져 삼각형을 이룬다. 이곳에서 출토된 숟가락은 菊江市 江浦縣의 南末 張同之妻의 무덤에서 출토된 것과 동일하여 12세기 말경의 유물로 편년된다.[20]

(17) 四川省 閬中縣의 絲綢敞 개건시에 송대의 교장이 발견되었는데 교장 내부에는 다수의 자기와 함께 동제 숟가락 111점, 동제 젓가락 122쌍이 출토되었다. 동제 숟가락은 2형식으로 나누어지는데 1식(26점)은 술총이 봉미상이고 자루 상면에 5조의 쌍철현문을 새겼다. 길이는 25cm이다. 2식(85점)은 휘어진 자루의 단면이 원형이며 무문이고 길이는 23cm이다. 젓가락은 모두 같은 형식으로 상단의 직경이 하단의 직경보다 크다. 상단의 끝에는 7조의 쌍철현문을 새겼다. 길이는 23cm이다. 교장에서 출토된 동전 가운데 가장 시기가 늦은 것이 紹興年間(1131~1162)에 제작한 소흥원보로서 교장의 상한은 12세기 중반이 되어 교장의 대체적인 시기는 남송 중기로 편년된다.[21]

(18) 四川省 大邑縣安仁鎭의 수구 주변에서 발견된 송대 교장에서 길이 24cm의 청동 젓가락 한쌍이 출토되었다. 교장의 연대는 가장 늦

---

20 襄汾縣文化館, 1977-12, 「山西襄汾縣出土宋代銅器」, 文物, pp. 89~90

21 閬中縣文化館, 張啓明, 1984-7, 「四川閬中縣出土宋代窖藏」, 文物, pp. 85~90

은 동전이 북송의 원우통보이고 남송전은 전혀 보이지 않는 점, 교장에서 출토된 자기가 대부분 북송대 것이고 일부만 남송조기의 수법을 보이고 있어 남송 중만기(12세기 말~13세기 초)로 편년된다.[22]

(19) 江西省 永修縣에서 송 위왕의 후손 조시주와 그의 처 조씨의 합장묘가 발견되었다. 내부에서 발견된 1점의 은제 수저는 술잎이 타원형이며 자루가 남아 있고 자루의 끝에는 「八位」라고 새겼다. 젓가락 1쌍의 상단은 6각형이고 하단은 원주형이나 손상되었다. 크기는 알 수 없다. 조시주 부부는 南末 理宗 嘉熙4年(1240)에 사망하였다.[23]

(20) 福州茶園山 가운데 소학교 건조장에서 발견된 許峻墓에서 은제 숟가락과 젓가락이 출토되었다. 은제 숟가락의 술잎은 유엽형이고 자루는 길고 가늘다. 길이는 12.8cm이다. 은제 젓가락은 1쌍이며 가늘고 길지만 하단으로 갈수록 가늘어진다. 단면 육각형이고 직경 0.4~0.6cm, 길이 21.8cm이다. 무덤에서는 許峻(中室, 1223~1272, 葬咸淳八年/1272), 許峻夫人趙氏(右室, 1234~1287, 葬丁亥年/1287), 宋孺人陳氏(左室, 1227~1249, 葬郭祐庚戌/1250) 등 3개의 묘지가 출토되었는데 숟가락과 젓가락은 좌실에서 출토되었다.[24]

(21) 浙江省 蘭溪市靈洞鄕에서 채석하던 중 발견된 1기의 부부합장묘의 출토유물 가운데 은제 숟가락과 젓가락이 포함되어 있다. 은제 숟가락의 상면에는 「玉三郎」이라고 새겼다. 묘지는 발견되지 않았으나 남묘에서 출토된 동전 38매가 모두 明道元寶(1032~1033)이고 내벽에 인화

---

22 大邑縣文化館, 1984-7, 「四川大邑縣安仁鎭出土宋代窖藏」, 文物, pp. 91~94
23 薛堯, 1965-11, 「江西南城, 淸江和永修的宋墓」, 考古, pp. 571~576
24 福建省博物館, 1995-10, 「福州茶園山南宋許峻墓」, 文物, pp. 22~33

문이 새겨지고 구연 아래 뇌문이 둘러져 있어 남송대에 축조된 무덤으로 추정된다.[25]

(22) 四川省 德陽縣景福公社 작업 중에 발견된 교장에서 발견된 다수의 유물 가운데 동제 젓가락이 포함되어 있다. 발견된 1점은 단면 원형이며 길이는 24.4cm이다. 유물은 당대의 해수포도문경과 팔괘경을 제외하면 모두 송대의 것이다.[26]

2) 遼(916~1125) [표 1-요]

(1) 遼寧省 建平縣絨家營子 遼墓에서 은제 숟가락과 젓가락이 출토되었다. 숟가락의 편평한 타원형이며 자루는 가늘고 길지만 뒤로 가면서 곡선을 이루고 넓어진다. 길이는 26.7cm이다. 젓가락은 원주형이고 상단은 죽절식이다. 길이 20cm, 직경 0.3cm이다. 그리고 건평현 주록과에서 발견된 요묘에서 발견된 은제 숟가락 1점의 술잎은 편평하지만 자루는 술총으로 갈수록 만곡한다. 전체 길이는 27cm 인데 자루의 배면에는 거란문자를 새겼다. 요대 초기에 편년된다.[27]

(2) 赤峰市 阿魯科爾沁旗 罕蘇木蘇木朝克圖山에서 대형의 遼墓가 도굴되었는데 수습조사를 거쳐 피장자는 遼 東丹國 左相 耶律羽之인 것으로 밝혀졌다. 이 묘는 벽화묘로서 부장품도 다양한 종류의 금

25　蘭溪市博物館, 1991-7,「浙江蘭溪市南宋墓」, 考古, pp. 670~672

26　四川省文物管理委員會 · 德陽縣文物管理所, 1984-7,「四川德陽縣發現宋代窖藏」, 文物, pp. 82~84

27　馮永謙, 1960-2,「遼寧省建平, 新民的三座遼墓」, 考古, pp. 15~24

기, 은기, 동기, 철기, 도자기, 옥·마노·수정·호박장식 등이 출토되었는데 은제 숟가락도 1점 포함되어 있다. 은제 숟가락은 술잎이 대체로 타원형이며 자루는 세장하고 무문이다. 술잎의 너비는 3.3cm, 두께 0.1~0.2cm, 전체 길이 30.5cm이다. 묘지에 의하면 야율우지는 會同4年(941) 8월에 사망하였고 다음 해 3월 「裂峰之陽」에 장사지냈다고 하였으니 유물의 하한은 942년이 된다.[28]

(3) 內蒙古哲里木盟 奈曼旗靑龍山鎭 동북쪽 10km에서 수도공사 중에 遼陳國公主와 駙馬의 합장묘가 완전한 상태로 발견되었다. 무덤 내부에는 진귀한 예술품에 해당되는 다양다종한 유물이 부장되어 있었는데 그 가운데는 도금은제 숟가락(鎏金銀匙) 2점, 은제 숟가락 1점이 포함되어 있다. 도금은제 숟가락의 술잎은 평타원형이며 자루는 만곡세장하며 죽절형태를 띤다. 자루의 끝에는 쌍어를 마주보게 새겼고 꼬리가 마주하는 부분에 직경 0.3cm의 원공이 나 있다. 전체 길이 28cm. 은제 숟가락의 술잎은 편평 타원형이며 자루는 역시 만곡세장하다. 술총은 오리의 물칼퀴처럼 만들었다. 전체 길이 21.8cm. 한편 진국공주는 景宗皇帝의 손녀이며 부마는 蕭紹矩인데 『遼史』에 의하면 공주는 統和9年(1001)에 출생하여 開泰7年(1018)에 사망하였다.[29]

(4) 萬金塔은 農安縣城의 북쪽 30km에 위치하는데 탑기 내의 지궁에서 동제 숟가락 5점과 동제 젓가락 8점이 발견되었다. 동제 숟가락이 처음부터 5점이었는지 분명치는 않지만 목제 탁자 위에 놓여 있었다. 숟가락은 자루는 편평하지만 끝은 넓다. 술잎은 타원형이다. 전체

28 內蒙古文物考古硏究所·赤峰市博物館·阿魯科尒沁旗文物管理所, 1996-1,「遼耶律羽之墓發掘簡報」, 文物, pp. 4~32

29 內蒙古文物考古硏究所, 1987-11,「遼陳國公主駙馬合葬墓發掘簡報」, 文物, pp. 4~24

길이 13.5cm. 젓가락 8점도 일부 유실이 있었을 것으로 보이는데 단면 원형이고 아래로 갈수록 좁아진다. 길이 6~6.4cm, 직경 0.15~0.4cm 이다. 만금탑의 조성시기는 자기나 동기, 그리고 北宋 眞宗 天禧年間(1017~1021)에 주조된 천희통보 등을 참고하여 遼 經宗 開泰年間(1017~1021)을 상한연대로 볼 수 있을 것이다.[30]

(5) 遼 慶州 白塔의 보수과정에서 발견된 유물 가운데 은제 숟가락이 1점이 포함되어 있다. 길이 9cm 정도이며 술잎의 너비는 2.2cm이다. 술잎의 전면에 「千年萬載」라고 새겼다. 자루는 세장하며 뒤로 갈수록 만곡하면서 넓어진다. 은병과 같이 놓여 있었는데 사리를 집는데 사용한 것으로 보인다. 한편 석가불사리탑이라고도 하는 백탑의 건립은 遼 重熙16年(1047)에 시작하여 重熙18年(1049) 7월에 사리를 안치하고 密覆封頂하여 완료된다.[31]

(6) 建平縣西窯村遼墓에서 발견된 부부합장묘에서 칠기로 제작한 숟가락과 목제 젓가락이 출토되었다. 칠기 숟가락은 목제 탁자 위에 놓여 있었는데 목심으로 흑칠을 하였다. 술잎은 타원형이며 약간 오목하다. 자루는 만곡하며 길다. 전체 길이 27cm, 술잎 길이 6.5cm, 너비 4.3cm, 자루 두께 0.3cm이다. 목제 젓가락은 한 점만 출토되었는데 원주형이며 상단에는 팔도철현문을 새겼다. 길이 25.6cm, 직경 0.5~0.8cm이다. 이 분묘의 연대는 茶末釉鷄腿罈, 白磁碗이 요대 조기로 편년되고 출토 동전 가운데 가장 늦은 시기의 것이 咸平通寶로 宋 眞宗 時期(997~1022)에 해당되므로 遼 統和年間(983~1011) 요대 중기에 해당되

---

30 劉振華, 1973-8, 「農安萬金塔基出土文物」, 文物, pp. 48~54

31 德信 · 張漢君 · 韓仁信, 1994-12, 「內蒙古巴林右旗慶州白塔發現遼代佛教文物」, 文物, pp. 4~33

는 유적으로 볼 수 있다.[32]

(7) 內蒙古 敖漢旗沙子溝 1호 요묘는 요대 조기(10세기 초)에 속하는 분묘로 뼈로 제작한 젓가락(골저) 9점이 출토되었고,[33] 遼 淸寧3年(1057)에 축조된 의현 청하문요묘에서는 1점의 청동젓가락이 출토되었다. 이것은 원주형으로 하단으로 가면서 가늘어지는 오늘날의 젓가락과 같은 형태이며 길이 24cm, 직경 0.4cm이다.[34]

(8) 北京市房山縣北鄭村 遼塔地宮에서 출토된 重熙20年銘 石函 (1.2x1.2x1.02m)에서 다수의 동전과 함께 석와불, 자기, 그리고 동제 숟가락 1점이 출토되었다. 숟가락의 술잎은 타원형, 세장만곡하는 자루의 끝이 삼각형을 이루며 전체 길이 15.6cm이다.[35] 석함에 새겨진 重熙20年은 遼 興宗20年(1051)에 해당된다.

(9) 天津薊縣獨樂寺塔의 상층탑실 내에서 동전 65매를 포함하여 169점의 유물이 출토되었다. 유물은 소재에 따라 금, 은, 동, 옥, 파리, 마노, 수정, 호박, 자기, 나무, 돌 등 12종에 달한다. 은제 숟가락과 젓가락이 출토되었는데 숟가락의 술잎은 타원형이며 자루는 만곡형이고 술총은 뾰족하다. 전체 길이 16.8cm이다. 젓가락은 원주형이고 길이는 16.2cm이다. 상층탑실 내의 출토유물은 모두 요대의 유물인데 자기는 송대 定窯 또는 耀州窯에 속하는 것으로 淸寧4年(1058)명 石函이 하한연

32 李慶發, 1991-1,「建平西窯村遼墓」, 遼海文物學刊, pp. 120~123
33 敖漢旗文物管理所, 1987-10,「內蒙古敖漢旗沙子溝, 大橫溝遼墓」, 考古, pp. 889~904
34 李文信, 1954,「義縣淸河門遼墓發掘報告」, 考古學報 第8冊, pp. 163~202
35 齊心·劉精義, 1980-2,「北京市房山縣北鄭村遼塔淸理記」, 考古, pp. 147~158

대를 제시하고 있다.[36]

(10) 河北省 宣化區 下八里에서는 1974년 張世卿壁畵墓(M1호, 天慶6년, 1116)가 발견된 바 있고 이어서 1989년 3월 장세경벽화묘의 북쪽에서 요금시기의 묘장 2기(M2, M3)가 추가로 확인되었다. 먼저 M1호의 후실 서벽 備茶圖에는 方卓을 그리고 그 위에 白磁碗, 燕尾形 湯杓子, 食盒, 漆盞托, 白磁盞이 놓여 있고 좌측의 인물은 흑색연건을 쓰고 오른손에는 연미형숟가락 자루를 잡고 있다.[37] M2호 역시 벽화묘로 내부에서는 풍부한 양의 유물이 출토되었는데 동제 숟가락과 젓가락도 함께 출토되었다. 동제숟가락의 술잎은 유엽형이며 자루는 만곡세장하다. 전체 길이는 24cm이다. 젓가락은 한쌍이 출토되었고 길이는 24cm이다. M3호에서는 칠기 숟가락 2점과 칠기 젓가락 2벌이 출토되었다. 숟가락의 술잎은 유엽형이고 자루는 세장하며 만곡한다. 자루의 끝은 화판형으로 만들었고 전제적으로 검붉은 색을 띤다. 젓가락은 세장하며 상단은 죽절상을 띠고 전체적으로 검붉은 색을 띤다. 전체 길이는 20.7cm이다.

한편 M2의 피장자는 張恭誘라는 인물로 遼 天慶3年(1113)에 사망하여 천경7년(1117)에 장사를 지냈다. 그리고 M3는 부부합장묘로 남성피장자 張世本은 大安4年(1088)에 사망하여 大安9年(1093)에 장사지냈고 그의 처 焦씨는 金 皇統3年(1143)에 사망하여 다음 해에 장세본과 합장하였다. 그러므로 이 두 무덤은 요대 말년과 금대 초년의 시기가 겹쳐 있으며 27년의 시기 차가 난다.[38]

---

36 天津市歷史博物館考古隊·薊縣文物保管所, 1989-1,「天津薊縣獨樂寺塔」, 考古學報, pp. 83~119

37 河北省文物硏究所,『宣化遼墓』1974~1993년 고고발굴보고, 2001, 文物出版社, pp. 192~238 ; 河北省文物硏究所編,『宣化遼墓壁畵』, 2001, 文物出版社, p. 68

38 張家口市文物事業管理所·張家口市宣化區文物保管所, 1990-10,「河北宣化下八里遼金壁畵墓」, 文物, pp. 1~19

그리고 장세경묘의 남서쪽과 동남쪽에서 요대 벽화묘 2기(M5, M6)가 발견되었다. M5호(遼天慶7年, 1117)의 피장자는 張世古인데 備茶圖에는 백자완에 연미형 湯杓子가, 비연도의 백자완에는 붉은색의 봉미형 漆杓子가 그려져 있다.[39] 또한 이 중 3남2녀와 가구, 기명 등을 그려 차를 준비하는 장면을 그린 M6호의 전실 동벽화에 숟가락과 젓가락이 그려져 있다. M6호는 도굴이 심하여 정확한 연대를 추정하기는 어려우나 묘장의 형식과 벽화의 내용, 도자편 등을 참고하면 요대 만기에 속하는 것으로 볼 수 있다.[40] 또한 장공유의 조부인 張文藻壁畵墓(M7)도 발굴되어 보고되어 있는데 여기에는 장세경묘의 동벽화와 거의 동일한 내용의 벽화가 역시 전실 동벽에 그려져 있고 칠기로 제작한 숟가락 2점과 젓가락 2쌍이 출토되었다.

숟가락 1점은 夾紵胎에 주칠을 하였다. 술잎은 타원형이며 자루는 만곡형이고 술총은 삼각형이다. 술잎 길이 8cm, 자루 너비 1.5cm, 전체 길이 25cm이다. 나머지 숟가락 역시 협저태에 주칠하였으나 자루에는 문양이 없다. 전체적인 형태는 'S'자를 띠고 술잎은 편원이며 너비는 3.5cm, 전체 길이 23.2cm이다. 젓가락 1쌍은 주칠을 하였고 세장하다. 상단부는 원주상인데 하단으로 갈수록 가늘어진다. 최대경 1.3cm이고 전체 길이 28.2cm이다. 다른 한쌍은 부러져 있다. 전체 길이 약 25cm이다.

M7호묘의 피장자 장문조는 묘지에 의하면 M2호의 피장자 장공유의 조부가 되는데 咸雍10年(1074)에 사망하여 大安9年(1093)에 개장하였다고 한다. 이것은 장문조의 사망 후 20년이 지나 그의 전처 賈氏와 합장하기 위함이었다.[41]

39 河北省文物研究所,『宣化遼墓』1974~1993년 고고발굴보고, 2001, 文物出版社, pp. 239~267 ; 河北省文物研究所編,『宣化遼墓壁畵』, 2001, 文物出版社, pp. 77~78
40 張家口市宣化區文物保管所, 1995-2,「河北宣化遼代壁畵墓」, 文物, pp. 4~28
41 河北省文物研究所 · 張家口市文物管理處 · 宣化區文物管理所, 1996-9,「河北宣化遼張文藻壁畵墓發掘簡報」, 文物, pp. 14~46

(11) 河北省 易縣 淨覺寺의 舍利塔은 「太寧寺塔」이라고도 불리는데 지궁에서 묵서제기와 금기, 도금은기, 은기, 동기, 자기, 동전 등을 수습하였다. 그 가운데 은제 숟가락과 젓가락이 발견되었는데 숟가락의 술 잎은 타원형이며 자루는 길다. 자루의 단면은 삼각형을 띠고 전체 길이는 17.1cm, 두께는 0.2cm이다. 젓가락은 원주형으로 상단이 두껍고 하단으로 갈수록 가늘어진다. 길이는 16.5cm이다. 정각사의 사리탑 지궁은 출토된 묵서에 요대 말기에 해당하는 天慶5年(1115) 3월15일에 건립하였다고 하였다.[42]

(12) 山西省 大同城 서남 5km에 위치한 十里舖에서 2기의 요묘가 발견되었다.(동묘-27호, 서묘-28호) 그 중 27호는 화장묘인 것으로 확인되었는데 대부분의 부장품은 관상 위에 진열되어 있었고 대접 위에 대나무 젓가락 1쌍이 놓여 있었다. 이 무덤은 天慶9年(1119)銘 묘지가 발견된 인근의 新添堡村 동북의 29호묘와 축조수법이 유사하고 벽화의 채색도 일치하여 천경9년보다는 약간 앞서는 시기에 축조된 것으로 보인다.[43]

(13) 河北省 涿鹿縣酒敲에서 壁畵墓 1기가 발견되었다. 출토유물은 모두 11점인데 그 중 동제 숟가락 2점, 동제 젓가락 2벌이 포함되어 있다. 숟가락은 이미 상태가 대단히 좋지 못하지만 사진으로 보아 유엽형의 술잎에 자루는 끝으로 가면서 약간 넓어진다. 젓가락은 길이가 18.3cm이고 상단의 직경은 0.35cm, 하단의 직경은 0.2cm이다. 이 무덤은 북경지구에서 나타나는 일반적인 송요벽화묘의 특징을 가지고 있고 일부 자기가 山西 大同의 新添堡村 동북의 29호묘와 유사하다. 또한

42 河北省文物管理處, 1986-9, 「河北易縣淨覺寺舍利塔地宮淸理記」, 文物, pp. 76~80
43 山西省文物管理委員會, 1960-10, 「山西大同郊區五座遼壁畵墓」, 考古, pp. 37~42

벽화의 내용과 화풍이 河北 宣化 下八里 張世卿壁畵墓(天慶6년, 1116)와도 서로 닮아 있어 요대 만기의 유적으로 볼 수 있을 것이다.[44]

(14) 黑龍江省 肇東縣 蛤蜊城 북쪽 40km 지점에서 4기의 분묘가 확인되었다. 그 중 2호에서 출토된 청동숟가락 1점은 머리 쪽에 놓여 있었고 전제 길이 22cm이다. 크게 보아 요대로 편년된다.[45]

(15) 通遼市 吐尒基山 채석장에서 발견된 1기의 요묘에서 은제 젓가락과 합, 개완, 호 등이 출토되었다. 이상의 유물은 棺床 앞에 놓인 漆案 위에 놓여 있었다. 출토유물은 만당에서 요대조기(10세기 초)의 분위기를 풍기고 있다.[46]

(16) 吉林省 東遼縣綾雲鄕 三良村의 황토층에서 발견된 유물은 자완, 자접, 동전(皇宋通寶) 등과 동제 숟가락 1점이 있다. 숟가락은 주조품이며 술잎은 윤이 나지만 약간 오목한 부분은 검은 편이다. 자루는 비교적 긴 편인데 자루꼬리는 둘로 갈라진 魚尾形(燕尾形)이다. 중간으로 가면서 좁아졌다가 끝에서 다시 넓어진다. 표면에는 금분의 흔적이 남아 있고 휘어지는 부분에는 팔자형 장식이 드러나 있다. 술부의 길이 7.5cm, 너비 3.15cm, 자루 길이 16.8cm, 너비 0.6~0.8cm이다. 보고자는 전체 유물의 양상이 동제 숟가락을 제외하면 거란 혹은 여진의 문화적 특징이 농후한 금대유물이라고 하였다.[47]

44 張家區地區博物館, 1987-3, 「河北涿鹿縣遼代壁畵墓發掘簡報」, 考古, pp. 242~245
45 王修治, 1961-7, 「黑龍江肇東縣蛤蜊城古墓淸理簡報」, 考古, pp. 361~363
46 內蒙古文物考古硏究所, 2004-7, 「內蒙古通遼市吐尒基山遼代墓葬」, 考古, pp. 50~53
47 遼源市文物管理所, 2001-10, 「吉林東遼縣發現遼金文物」, 考古, pp. 95~96

3) 金(1115~1234) [표 1-금]

(1) 문화대혁명 중에 遼寧省 遼陽市 南郊 北園에서 분묘 1기가 발견되었다. 출토 유물 가운데 동제 숟가락 1점이 포함되어 있는데 술잎은 편평한 타원형이다. 자루는 연미형이며 끝으로 갈수록 세장하고 만곡한다. 전체 길이 32cm이다. 출토 자기로 보아 금묘로 판단된다.[48]

(2) 黑龍江省 克東縣金代蒲峪路 故城發掘에서 뼈로 만든 숟가락이 출토되었다. 자루는 훼손되고 타원형의 술잎만 남은 것이다. 잔존 길이는 10.8cm, 너비는 3.3cm이다. 남문을 조사하는 과정에서 大定元寶(1161~1189) 1점이 토벽과 석벽 사이에서 발견되어 성곽의 수축시기를 보여주고 있다.[49]

(3) 閻德源墓는 대동성 서쪽 약 1km 지점에 위치한다. 총 90여 점의 부장품이 출토되었는데 칠기, 자기, 골기, 도기, 동기, 석제조각품, 인장, 직조품 등으로 이루어져 있다. 그 가운데 목제 숟가락 1점과 젓가락 1쌍은 모두 은을 입혔다. 숟가락은 20cm 정도만 남아 있고 젓가락은 28cm 정도 남아 있다. 묘지에 의하면 염덕원은 금대에 활동한 도사로서 서경의 玉虛觀 宗主大師였다.[50]

(4) 山西省 侯馬 金代董氏墓에서는 대나무로 만든 젓가락(竹筷) 1쌍

---

48 遼陽市文物管理所, 1977-12,「遼陽發現遼墓和金墓」, 文物, pp. 90~92

49 黑龍江省文物考古研究所, 1987-2,「黑龍江克東縣金代蒲峪路故城發掘」, 考古, pp. 150~158

50 大同市博物館, 1978-4,「大同金代閻德源墓發掘簡報」, 文物, pp. 1~13

이 출토되었다. 묘지에 의하면 피장자는 大安2年(1210)에 안장하였다.[51] 또한 후마29호묘에서도 목제 젓가락 1쌍이 출토되었는데 축조연대는 大安4年(1212)명 묵서가 남아 있는 31호와 크게 다르지 않을 것으로 보인다.[52]

(5) 山西省 聞喜縣 侯村鄕의 寺底村에서 발견된 금대의 磚彫假壁畫墓의 북벽 벽화에 탕표가 그려져 있는데 자루의 꼬리가 연미형으로 분명하게 그려져 있다. 이 벽화묘는 聞喜下陽金代磚彫假壁畫墓, 山西長治市故漳金代紀年墓와 화풍이 유사하여 금대 중기(12세기 중후반)에 축조된 것으로 볼 수 있다.[53]

4) 元(1271~1368) [표 1-원]

(1) 臨澧縣 新合에서 발견된 교장에서 다량의 금은기가 출토되었는데 이 중에는 은제 숟가락 10점, 은제 젓가락 2쌍이 포함되어 있다. 은제 숟가락 가운데 1식은 전체 길이 31cm, 술부 길이 9cm, 너비 2.5cm이다. 술잎은 타원형이며 약간 오목한데 가운데 折枝三葉小花를 새겼다. 자루의 끝은 비교적 넓고 삼각형을 이룬다. 자루의 끝부분에는 12道弦紋을 새겼고 자루와 술잎이 연접되는 술목은 점차 가늘어진다. 2식은 게 껍질형으로 전체 길이 29cm, 술부 길이 6cm, 너비 9cm이다. 그리고 젓가락은 원주형으로 1쌍은 상단이 크고 다른 1쌍은 상단이 작다. 길이

51 山西省文管會侯馬工作站, 1959-6, 「侯馬金代董氏墓介紹」 文物, pp. 50~55

52 山西省文物管理委員會侯馬工作站, 1961-12, 「山西侯馬金墓發掘簡報」, 考古, pp. 681~683

53 聞喜縣博物館, 1988-7, 「山西聞喜寺底金墓」, 文物, pp. 67~73

15cm, 큰 것의 직경 0.4cm, 작은 것의 직경 0.2cm이다. 교장의 연대는 출토유물 가운데 金杯나 多花金叉는 남송시기에 속하는 기물인데 簪柄 상부에 「癸未季春」이라고 한 것이 1283년으로 추정되어 원대 조기 또는 중기로 편년된다.[54]

(2) 江蘇省 吳縣 蘇州市 虎丘山 북쪽 1리에서 발견된 원묘에서 은제 숟가락 2점이 출토되었다. 1점은 반만 남아 있었고 1점은 완형이다. 완형의 술잎 깊이는 얕고 긴 자루의 끝은 물갈퀴 형태를 이룬다. 묘지에 의하면 피장자는 呂師孟이라 하고 宋 端平 元年(1234)에 출생하여 元 大德8年(1304)7월에 사망하였고 동년 12월에 장사지냈다. 그의 처는 元 皇慶2年(1313)에 사망하여 延祐2年(1315)에 장사지냈다.[55]

(3) 江蘇省 无錫市 남쪽 窯窩里에서 원대 분묘가 발견되었다. 출토유물 가운데 머리 부위에서 금배, 금잠, 은완, 은쾌, 은시가 출토되었다. 은제 숟가락 2점은 자루가 궁형이며 술잎은 얕고 타원형이다. 그 중 1점에는 자루에 「鄧萬四郎」이라고 압인하였고 전체 길이는 27.6cm이다. 다른 1점에는 「陳鋪造○」라고 압인하였고 길이는 24.8cm이다. 또 한 점의 숟가락은 자루가 편평하고 자루의 끝은 뾰족한 것으로 술부는 능형이며 자루 위에는 「○○四郎」이라고 압인하였다. 길이는 21.2cm이다. 젓가락은 2쌍인데 원주형으로 위가 넓고 아래가 좁다. 1쌍은 속이 차있고 「篠橋東○○○」이라고 압인하였으며 다른 1쌍은 속이 빈 것으로 「陳鋪造○」라고 압인하였고 길이 24.8cm이다. 묘지에 의하면 피장자 이름은 錢裕이며 宋 淳祐7年(1247)에 출생하여 元 延祐7年(1320)에 사망하였다.[56]

---

54 常德地區文物工作隊,「臨澧縣新合出土一批窖藏金銀器」湖南考古輯刊2, pp. 113~119
55 江蘇省文物管理委員會, 1959-11,「江蘇吳縣元墓淸理簡報」, 文物, pp. 19~24
56 无錫市博物館, 1964-12,「江蘇无錫市元墓中出土一批文物」文物, pp. 52~60

(4) 西安 曲江池 西村의 농장에서 발견된 원묘에서 陶製杓子 5점이 발견되었다. 이들은 먼저 다른 표자와는 달리 재질이 도제라는 점에서 특이하지만 자루의 형태는 더욱 주목할 만하다. 5점 가운데 螭首柄杓 2점, 螭首魚身長柄杓 1점이 포함되어 있다. 이수병표의 크기는 구경 7cm, 자루 길이 4cm이고 내외를 희게 칠하였다. 이수어신장병표의 구연은 타원형이며 구경 4~5.5cm, 자루 길이 14cm이다. 술잎은 회색인데 자루는 희게 칠하였다. 그리고 1점은 漏杓인데 회색이고 구경은 5~6.4cm, 자루 길이 12cm이다. 나머지 한 점은 자루가 긴 표 1점이다. 묘지에 따르면 피장자의 이름은 段繼榮이고 壬子十月에 사망하였고 夫人劉氏는 乙丑年十日月에 사망하여 다음해 元月十二日에 장사지냈다고 하였다. 여기서 乙丑年은 元 至元2年(1336)에 해당된다.[57]

(5) 安徽省 合肥市의 도로공사 중에 출토된 교장에서 다수의 원대 금은기명이 출토되었다. 이 중에는 은제 젓가락 55쌍이 포함되어 있다. 길이는 거의 비슷한데 상단은 팔각형이고 하단은 원형을 이루고 있다. 그리고 상단과 하단 사이에는 七道弦紋을 새겼다. 같이 출토된 은제표자 1점의 술잎은 4엽형에 환저이다. 한편 출토된 금은기의 상면에 「至順癸酉」,「章仲英造」 등의 명문이 남아 있어 元朝 文宗 至順4年(1333) 전후의 기물로 판단된다.[58]

(6) 撫順市 肉聯廠에서 발견된 원묘에서 청백자완과 청백자소접과 함께 청동제 숟가락 1점이 출토되었다. 전체 길이 26cm, 자루 길이 18cm로 기벽은 얇고 무문이다. 자루의 상단에 六道弦紋을 새겼다. 출토

57 陝西省文物管理委員會, 1958-6,「西安曲江池西村元墓清理簡報」, 文物, pp. 57~61
58 吳興漢, 1957-2,「介紹安徽合肥發現的元代金銀器皿」, 文物, pp. 51~58

된 자기들은 모두 원대 景德鎮 樞府窯에서 제작된 것으로 13세기 말 경으로 추정된다.[59]

(7) 赤峰縣 三眼井에서 원대 벽화묘 2기(M1, M2)가 발견되었는데 M1호는 이미 도굴되어 원형을 알기 어려운 형편이었으나 M2호는 완전한 모습으로 남아 있었다. 벽화는 원대 귀족의 일상생활을 위주로 묘사한 것인데 그 중 宴飮圖에는 연미형 국자의 모습이 선명하게 그려져 있다. M2호의 벽화는 민간화가가 그린 것으로 당시 大都의 생활상을 잘 나타내고 있어 원대사회를 연구하는 중요하는 자료라고 한다.[60]

(8) 南京市 明靳國公 康茂才의 묘에서 은제 숟가락 1점과 젓가락1쌍이 출토되었다. 숟가락의 술잎은 유엽형이고 자루는 세장하며 약간 만곡한다. 술부 길이 7cm, 자루 길이는 23cm이다. 젓가락의 상단은 육각형이고 하단은 원형이다. 젓가락의 중간에 三道凸弦紋이 남아 있다. 길이는 26cm이다. 康茂材는 묘지에 의하면 延祐2年(1315)에 출생하여 洪武3年(1370)에 사망하였다.[61]

59　徐家國, 1994-5,「遼寧撫順土口子村元墓」, 考古, p. 478

60　項春松·王建國, 1982-1,「内蒙昭盟赤峰三眼井元代壁畵墓」, 文物, pp. 54~58

61　南京市博物館, 1999-10,「江蘇南京市明靳國公康茂材墓」考古, pp. 11~17

표1 수저출토유적일람

區分 王朝	番號	遺蹟名	出典	時期	備考
北宋	1	浙江溫州五代, 北宋瓷制明器	考古, 1993-8, 716~720	五代~北宋	鐵鋏 1(8字形)
	2	江西瑞昌發現南宋紀年墓	考古, 1991-1, 92~94	11세기 초반	銅杓子 1
	3	江蘇常州市紅梅新村宋墓	考古, 1997-11, 44~50	11세기 전반 (天慶3년 前後)	黑檀箸 1双
	4	准格尒旗發現西夏窖藏	考古, 1987-8, 91~96	11세기 후반	瓷杓子 1
	5	江蘇无錫興竹宋墓	文物, 1990-3, 19~23	熙寧4~7년 (1071~1073)	銀匙 1
	6	江蘇溧陽竹簀北宋李彬夫婦墓	文物, 1980-5, 34~39	元祐6년(1091)	銅匙 1, 銀箸 1
	7	無錫宋墓淸理紀要	文物, 1956-4, 19	宋初~宋末	漆杓子 1, 漆箸 1
	8	雲夢罩子墩宋墓發掘簡報	江漢考古, 1987-1, 16~18	元祐年間 (1086~1094)	銀匙 1, 銀箸 1双
	9	安徽全椒西石北宋墓	文物, 1998-11, 66~71	元祐7년(1092)	銅匙 1, 銀箸 1双
	10	洛陽邙山宋代壁畵墓	文物, 1992-12, 37~51	崇寧2년(1103)	銀匙 1, 銀箸 1双
	11	河南方城鹽店庄村宋墓	文物參考資料, 1958-11, 75~76	宣化改元(1119)	石箸 10
	12	江蘇吳縣藏書公社出土 宋代遺物	文物, 1986-5, 78~80	북송말 (12세기 초반)	銀匙 3
	13	重慶巫山縣巫峽鎭秀峰村墓地發掘簡報	考古, 2004-10, 47~61	북송말 (12세기 초반)	銅匙 2, 鐵剪 1
	14	江蘇常州北環新村宋 木槨墓	考古, 1984-8, 65~69	12세기 초반	銀匙 2(雙頭銀匙 1점 포함), 銀箸 1双
	15	合肥北宋馬紹庭夫妻 合葬墓	文物, 1991-3, 26~38	政和戊戌(1118)	銅匙 2, 銅箸 1双, 漆匙 1, 漆箸 1双
	16	浙江東陽市胡前山村 發現南宋墓	考古, 1996-9, 89~92	13세기 중반	銀杓子 1
	17	浙江寧波天封塔地宮 發掘報告	文物, 1991-6, 1~27	북송 말~ 남송 초반	銀匙 1
	18	洛陽安樂宋代窖藏	文物, 1986-12, 69~71	11세기 말~ 12세기 초반	銅匙 2
南宋	19	安徽郎溪唐宋墓	考古, 1992-4, 324~330	북송 말~남송 초반 (12세기 중반)	銀箸 1双, 銅箸 1双
	20	江浦黃悅岭南宋張同之 夫婦墓	文物, 1973-4, 59~63	慶元元년 (1195), 慶元5년 (1199)	銀匙 2, 銀箸 1双

	21	山西襄汾縣出土宋代銅器	文物, 1977-12, 89~90	12세기 말	銅匙 2
	22	四川閬中縣出土宋代窖藏	文物, 1984-7, 85~90	紹興年間 (1131~1162)	銅匙 111, 銅箸 122双
	23	四川大邑縣安仁鎭出土 宋代窖藏	文物, 1984-7, 91~94	남송 중만기 (12세기말~ 13세기초)	銅箸 1双
	24	江西南城, 淸江和永修的 宋墓	考古, 1965-11, 571~576	嘉熙4년(1240)	銀匙 1, 銀箸 1双
	25	福州茶園山南宋許峻墓	文物, 1995-10, 22~33	左室 葬淳祐庚 戌(1250)	銀匙 1, 銀箸 1双
	26	浙江蘭溪市南宋墓	考古, 1991-7, 670~672	남송	銀匙 1, 銀箸 1双, 銅錢 38枚
	27	四川德陽縣發現宋代窖藏	文物, 1984-7, 82~84	송	銅箸 1
遼	28	遼寧省建平, 新民的三座 遼墓	考古, 1960-2, 15~24	요대 초기	銀匙 2, 銀箸 1双
	29	遼耶律羽之墓發掘簡報	文物, 1996-1, 4~32	會同4년(941)	銀匙 1
	30	遼陳國公主駙馬合葬墓發 掘簡報	文物, 1987-11, 4~24	開泰7년(1018)	銀匙 3(鎏金銀匙 2점 포함)
	31	農安萬金塔基出土文物	文物, 1973-8, 48~54	開泰年間 (1017~1021)	銅匙 5, 銅箸 8
	32	內蒙古巴林右旗慶州白塔 發現遼代佛敎文物	文物, 1994-12, 4~33	重熙18년(1049)	銀匙 1
	33	建平西窯村遼墓	遼海文物學刊, 1991-1, 120~123	統和年間 (983~1011)	漆匙 1, 木製箸 1
	34	內蒙古敖漢旗沙子溝, 大 橫溝遼墓	考古, 1987-10, 889~904	淸寧3년(1057)	骨箸 9
	35	義縣淸河門遼墓發掘報告	考古學報 第8冊, 1954, 163~202	11세기 중반	銅箸 1
	36	北京市房山縣北鄭村 遼塔 淸理記	考古, 1980-2, 147~158	重熙20년(1051)	銅匙 1
	37	天津薊縣獨樂寺塔	考古學報, 1989-1, 83~119	淸寧4년(1058)	銀匙 1, 銀箸 1双, 銅錢 65
	38	河北宣化遼張文藻 壁畫墓 發掘簡報(M7)	文物, 1996-9, 14~46	咸雍10년(1074) 大安9년(1093) 改葬	漆匙 2, 漆箸 2双
	39	河北宣化下八里遼金 壁畫 墓(M2, M3)	文物, 1990-10, 1~19	M2(天慶7년, 1117) M3(大安 9년, 1093 / 皇 統3년, 1143)	(M2) 銅匙 1, 銅 箸 1双 (M3) 漆匙 2, 漆箸 2双
	40	河北易縣淨覺寺舍利 塔地 宮淸理記	文物, 1986-9, 76~80	天慶5년(1115)	銀匙 1, 銀箸 1双

	41	河北宣化遼代壁畵墓(M1)	宣化遼墓壁畵, 2001, 68	天慶6년(1116)	匙 1, 杓子 1(壁畵)
	42	河北宣化遼代壁畵墓(M5)	宣化遼墓壁畵, 2001, 77~78	天慶7년(1117)	杓子 2(壁畵)
	43	河北宣化遼代壁畵墓(M6)	文物, 1995-2, 4~28	요대 만기	匙 1, 箸 1双(壁畵)
	44	山西大同郊區五座遼 壁畵墓	考古, 1960-10, 37~42	天慶9년 이전	竹筷 1双
	45	河北涿鹿縣遼代壁畵 墓發掘簡報	考古, 1987-3, 242~245	요대 만기	銅匙 2, 銅箸 2双
	46	黑龍江肇東縣蛤蜊城古墓清理簡報	考古, 1961-7, 361~363	요대	銅匙 1
	47	內蒙古通遼市吐尒基山 遼代墓葬	考古, 2004-7, 50~53	요대 조기(10세기 초)	銀箸
	48	北京南郊遼趙德鈞墓	考古, 1962-5, 246~252	後晉天福2년(遼天顯12년, 937)에서 수년 이내	銅杓子 1
	49	黑龍江城肇東縣八里 城清理簡報	考古, 1960-2, 36~40	요대	骨匙 1
	50	遼寧康平縣后劉東屯二號遼墓	考古, 1988-9, 819~824	요대 초기	鐵杓子
	51	突泉縣西山村遼墓	內蒙古文物考古文集, 542~547	요대 중반	杓子 1
	52	遼寧朝陽前窓戸村遼墓	文物, 1980-12, 17~27	統和22년(1004) 전후	鐵杓子 1
	53	法庫葉茂臺遼墓記略	文物, 1975-2, 26~36	요대 전기	漆杓子 1
	54	北京順義安辛庄遼墓 發掘簡報	文物, 1992-6, 17~23	요대 중기	鐵杓子 1
	55	北京昌平陳庄遼墓清理簡報	文物, 1993-3, 68~77	12세기 초반	花口杓子 1
	56	河北平泉縣小吉溝遼墓	文物, 1982-7, 986~1031	요대	鐵杓子, 鐵剪
	57	昭烏達盟寧城縣小劉伏子遼墓發掘簡報	文物, 1961-9, 44~49	요대 만기	火箸 2双
	58	吉林東遼縣發現遼金文物	考古, 2001-10, 95~96	금대 전기	銅匙 1
金	59	遼陽發現遼墓和金墓	文物, 1977-12, 90~92	금대	銅匙 1
	60	黑龍江克東縣金代蒲峪路故城發掘	考古, 1987-2, 150~158	12세기 중반~12세기 말	骨匙 1
	61	大同金代閻德源墓發掘 簡報	文物, 1978-4, 1~13	금대	鍍銀木匙 1, 鍍銀木箸 1双
	62	侯馬金代董氏墓介紹	文物, 1959-6, 50~55	大安2년(1210)	竹筷 1双

	63	山西聞喜寺底金墓	文物, 1988-7, 67~73	금대 중기(12세기 중후반)	湯杓(磚雕壁畫墓의 北壁 壁畫)
	64	北京出土的遼, 金時代鐵器	考古, 1963-3, 140~144	요대~금대	鐵剪 2
	65	北京天壇公園內發現古墓	考古, 1963-3, 171	금초	陶杓子 1, 陶剪 1
	66	山西侯馬金墓發掘簡報	考古, 1961-12, 681~683	大安4년(1212)	木箸 1双
	67	河北井陘縣柿庄宋墓 發掘報告	考古學報 29册, 1962, 31~68	요대	北孤臺墓區 4號-金墓에 剪(壁畫)
	68	臨澧縣新合出土一批窖藏金銀器	湖南考古輯刊 2, 113~119	癸未季春(1283, 원대 조기~중기)	銀匙 10, 銀箸 2双
元	69	江蘇吳縣元墓清理簡報	文物, 1959-11, 19~24	大德8년(1304), 延祐3년(1315)	銀匙 2
	70	江蘇无錫市元墓中出土一批文物	文物, 1964-12, 52~60	延祐7년(1320)	銀匙 2, 銀箸 2双
	71	西安曲江池西村元墓清理簡報	文物, 1958-6, 57~61	至元2년(1336)	陶杓子 5
	72	介紹安徽合肥發現的元代金銀器皿	文物, 1957-2, 51~58	至順4년(1333) 전후	銀箸 55双
	73	遼寧撫順土口子村元墓	考古, 1994-5, 478	13세기 말	銅匙 1
	74	內蒙昭盟赤峰三眼井元代壁畫墓	文物, 1982-1, 54~58	원대	宴飲圖의 燕尾形杓子(壁畫)
	75	江蘇南京市明鄆國公康茂才墓	考古, 1999-10, 11~17	洪武3년(1370)	銀匙 1, 銀箸 1双

수저의 편년과 특징

앞서 수저가 출토되는 북송과 남송, 요, 금, 원의 유적 가운데 수저가 출토된 유적은 묘지나 묵서명 등의 절대연대를 기준으로 선후를 따라 정리하였기 때문에 전체적인 순서는 대체로 완성되어 있다. 그러므로 이제부터는 시기를 따라 각 유적에서 보이는 수저의 형태에 대한 몇 가지 특징을 지적하는 것으로 편년을 마무리하고자 한다.

1) 北宋~南宋(960~1279)[표 2]

『考古』와 『文物』에 실린 송대의 분묘 가운데 10세기 중후반에 편년되는 분묘에서는 수저가 확인된 경우가 아직 없고 대부분 11세기 중반을 지나는 유적에서 확인된다. 당나라에서 무덤에 수저가 부장되는 경우가 없지 않기 때문에 당의 문화를 계승한 송에서도 일부 계층에서는 전통을 이어서 수저를 부장품으로 사용하였을 것인데 아직 발견되지 않고 있다.[62] 아무래도 중국학자들의 일반적인 관심이 수저보다는 금은기나 도자기, 장신구에 우선하기 때문이기도 하겠고 또 오늘날 식탁에서 숟가락을 거의 거의 쓰지 않는 중국 사람들의 입장에서는 당연한 결과일 수도 있을 것이다. 차후 발굴조사가 진행되어 더 많은 자료가 축적되면 해결될 문제라고 생각한다.

지금까지의 자료로 보아 송대로 편년되는 수저 가운데 江蘇省 常州市紅梅新村의 黑檀箸 1쌍이 11세기 전반 경, 熙寧7年에 축조된 江蘇省 无錫興竹宋墓 출토의 은제 숟가락[사진 11]이 시기가 앞서는 것이다. 젓가락은 용도에 따라 길이에는 차이가 있는 것 같으나 음식물을 집는다는 점에서는 재질을 막론하고 원주형을 기본으로 하면서 상단이 하단보다 두껍고 사각이나 육각등 각을 세우는 것이 일반적이다. 숟가락의 형태는 송대를 지나 원대에 이르는 약 400년간 상당한 변화를 겪게 되지만 송대의 숟가락이 雲夢縣 罩子墩宋墓에서 출토되는 숟가락처럼 대개 唐代의 숟가락을[63] 계승하는 경향에 비하면 흥죽송묘의 은제 숟가락은 그 형태가 일반적이라고 보기는 어려울 것 같다.

그런데 12세기 초의 洛陽邙山宋代壁畵墓에서 출토된 숟가락[도면 1]은 12세기 초에 편년되는 것으로 숟가락의 자루가 끝으로 가면서 삼각형으로 넓어지는 변화를 보여주는 것으로 중요한 유물이다. 또한 江蘇省 常州北環新村宋墓는 宋 徽宗 政和年間에 축조된 것으로 여기에서 출토된 은제 숟가락[사진 2]은 타원형의 술부에 만곡세장하는 자루의 끝이 능형으로 막혀 있어(鳳尾形) 송대 숟가락의 전형을 보여주는 것이라 할 수 있

---

62 중국에서 수저가 출토된 유적의 보고문에 수저의 사진과 도면이 모두 실려 있지 않은 것은 유물을 모두 실견하기는 어려운 상황에서 수저연구에 상당한 핸디캡이 될 수 밖에 없다.

63 中國社會科學院考古研究所河南第二工作隊, 1987-5, 「河南偃師幸園村的六座紀年唐墓」, 考古 ; 陝西省考古研究院 · 法門寺博物館 · 寶鷄市文物局 · 扶風縣博物館編著, 2007, 『法門寺考古發掘報告』上 · 下, 陝西省考古研究院田野考古報告 第45號, 文物出版社, pp. 136~137 ; 東京國立博物館, 1998~1999, 『宮廷の榮華 唐女帝 · 則天武后とその時代展』, p. 132

402

다. 그리고 合肥 馬紹庭夫妻合葬墓는 常州北環新村宋墓와 연대차가 거의 없는 것인데 숟가락이 漆器[사진 3]이어서 재질이 다르기는 하나 그 형태는 거의 동일하고 洛陽女樂宋代窖藏에서 출토된 은제 숟가락[사진 4]도 그 형태는 거의 다르지 않다. 이처럼 자루가 彎曲細長하고 자루의 끝이 넓어지면서 능형을 이루고 술잎은 타원형을 띠는 것이 시기적으로 12세기 전반이라는 공통점 때문인지 아니면 낙양, 합비, 상주 등 비교적 근접하고 있고 북방으로부터 영향을 벗어난 지역적 장점 때문인지는 분명하지 않다. 이러한 경향은 12세기 말에 축조된 張同之墓에서 출토된 2점의 숟가락[사진 5] 가운데 앞서 지적한 자루의 끝이 넓어지면서 능형을 이루고 술부는 타원형이라는 두가지 특징을 유지하고 있다.

한편 13세기 초로 편년되는 閬中縣窖藏에서는 111점이라는 가장 많은 양의 청동숟가락[사진 6]이 발견되었는데 이들은 2가지로 분류할 수 있다. 1식은 26점으로 만곡하는 자루와 봉미형 술총, 자루에 5조의 쌍철현문이 있는 것이고 2식은 86점으로 곡병에 자루의 단면이 원형이며 무문인 것이다. 결국 이들의 특징은 자루에 현철문이 있느냐 없느냐의 차이일 뿐 봉미만곡형의 자루에 타원형 술부를 가진 것으로 요약될 수 있으므로 송대 숟가락의 전통을 그대로 이어가고 있다고 하겠다. 이와 같은 경향으로 보아 송대 숟가락의 징은 당대의 숟가락에 비하여 자루의 끝 부분이 삼각형으로 넓어지는 경향을 보이는 것이라고 할 수 있을 것이다.

한편 수저가 주로 출토되는 유적은 분묘나 교장을 들 수 있지만 불교유적인 탑의 기초 아래에서 나타난 지궁도 포함된다. 寧波 天封塔地宮에서 출토된 숟가락[도면 2]은 제작수법이 몹시 정교하고 길이 10cm, 술잎의 너비는 2.7cm로 술잎의 형태가 심엽형이며 자루의 끝은 능형으로 봉미형에 속한다. 숟가락의 용처는 아마도 사리를 뜨는데 사용하였을 것으로 생각되는데 통일신라 감은사탑에서도 소형의 숟가락과 집게가 출토된 예가 있다.[64] 한편 이 지궁은 북송말~남송초의 유적(12세기 전후반)에 속하는 것으로 遼 重熙8年(1049)에 축조된 慶州白塔에서도 거의 같은 크기나 형태의 숟가락이 출토된 점은 주목할 만하다고 하겠다.

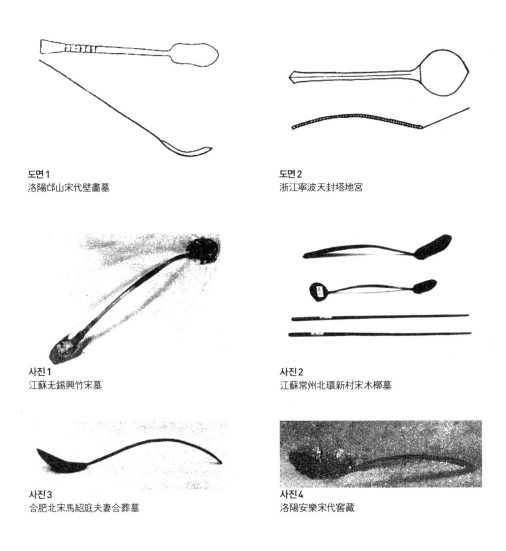

도면 1
洛陽邙山宋代壁畵墓

도면 2
浙江寧波天封塔地宮

사진 1
江蘇无錫興竹宋墓

사진 2
江蘇常州北環新村宋木槨墓

사진 3
合肥北宋馬紹庭夫妻合葬墓

사진 4
洛陽安樂宋代窖藏

64   國立中央博物館, 1961,『感恩寺址發掘調査報告書』國立博物館 特別調査報告 第二册,
乙酉文化史, pp. 79~80, 圖版 55

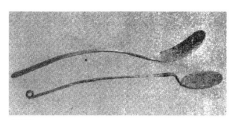

사진5
江浦黃悅岭南宋張同之夫婦墓

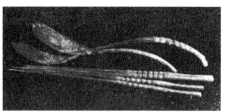

사진6
四川閬中縣出土宋代窖藏

표2 송대 수저 편년안

시대	10C	11C	12C	13C	14C
宋	북송-1	북송-3 북송-5	북송-10 북송-10 북송-12 북송-13 북송-14 북송-15 북송-15 북송-17 북송-18 북송-11	남송-20 남송-20 남송-21 남송-21	
				북송-22 북송-16	

도판의 번호는 [표1]의 유적번호와 동일(축척부동)

2) 遼(916~1125)[표 3]

요대 초기(10세기 전반)의 숟가락은 建平遺蹟과 耶律羽之墓에서 출토된 것이다. 먼저 建平 張家營子墓 출토 숟가락의 자루 끝이 넓어지고[사진 7] 朱碌科 출토 은제 숟가락에는 거란문자가 새겨진 것이 특징이다. 耶律羽之墓에서 출토된 은제 숟가락[도면 3]은 길이가 30.5cm로 앞선 숟가락 길이 27cm보다는 길고 술잎의 형태가 타원형으로 제작되어 장릉형 숟가락 가운데 가장 시기가 빠른 것이다. 11세기 초·중반의 遼陳國公主駙馬合葬墓는 수저의 형태변화를 연구하는 중요한 자료로 평가된다. 진국공주묘에서는 모두 3점의 숟가락이 출토되었는데 그 중 2점은 금도금한 것이다. 보고자의 설명에 따르면 금도금한 것 중의 1점은 자루의 끝에 쌍어를 새겼고 꼬리가 서로 마주 보는 지점에 圓孔이 있다고 하였다. 또한 은제 숟가락 1점의 자루 끝은 오리의 물칼퀴 형태를 보인다고 하였다.[도면 4·사진 8] 이러한 묘사는 자루의 끝이 넓게 제작되었다는 것을 암시하고 있는 셈인데 12세기 송나라 숟가락의 변화 가운데 하나도 자루의 끝이 넓어지고 있다는 점은 숟가락의 형태변화를 이해하는 데 있어 중요한 포인트가 된다.

요대를 대표하는 분묘유적으로 河北 宣化遼墓가 있는데 11세기 말에서 12세기 전반 즉 요대 말기까지 걸쳐 조성된 것이다. M2호(張恭誘墓, 遼天慶7年, 1117)에서는 동제 수저[도면 5], M3호(張世本夫婦墓, 遼大安9年, 1093)에서는 칠기 숟가락과 칠기 젓가락[도면 5], M6에서는 전실 동벽의 備茶圖에 수저[그림 1]가 그려져 있다. 그리고 M7호(張文藻墓, 遼大安9年, 1093)에는 칠기 숟가락과와 칠기 젓가락[사진 9]이 출토되었다. 묘지에 의하면 M2호는 요대 말기에 속하고 M3호는 요대 말기에서 금대 초기에 해당하는데 M2호는 동제수저가 부장되어 있고 M3호에는 칠기로 제작한 수저가 부장되어 있다. 게다가 숟가락의 형태도 상당한 변화를 보이고 있다. 술부

그림 1
河北宣化遼代壁畵墓(M6)
그림 2
宣化遼墓(M1)

그림 3
宣化遼墓(M5)

는 청동으로 만든 것과 나무로 만든 것의 차이로 본다고 하여도 자루의 끝은 하나는 뾰족한 능형이지만 다른 하나는 자루 끝에 화판을 새겨 넣었다.

화판의 여부는 차치하고 자루의 끝으로 가면서 넓어지는 형태가 2단으로 나누어 전개되고 있는 점은 연미형 숟가락의 전단계로 보아도 무방할 것으로 보인다. 이러한 변화는 요대 말기에 축조된 宣化遼墓 M1호(張世卿墓, 遼天慶6年, 1116년) 벽화에 보이는 연미형 숟가락과 연미형 탕표[그림 2], 그리고 M5호(張世古墓, 遼天慶7年, 1117년) 벽화에 공존하는 봉미형 칠표자와 연미형표자[그림 3]에서 본격적으로 나타난다. 숟가락 자루의 끝이 넓어지는 경향은 물론 일반적인 것은 아니어서 건평서요촌 출토 칠기 숟가락의 자루처럼 만곡하지만 넓이는 거의 변화가 없는 예도 있다.

한편 요대 만기의 유적 가운데 涿鹿縣絰壁畵墓에서 출토된 숟가락 2점[사진 10]과 黑龍江省 肇東縣 蛤蜊城古墓에서 출토된 숟가락 1점[도면 6]

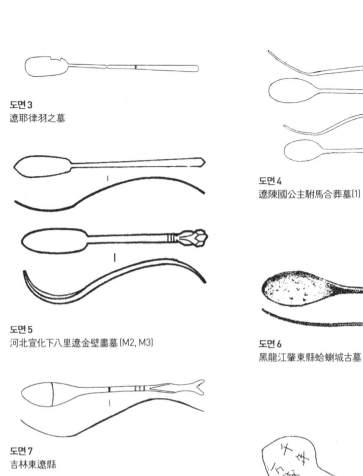

도면 3
遼耶律羽之墓

도면 4
遼陳國公主駙馬合葬墓[1]

도면 5
河北宣化下八里遼金壁畫墓[M2, M3]

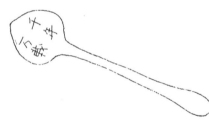

도면 6
黑龍江肇東縣蛤蜊城古墓

도면 7
吉林東遼縣

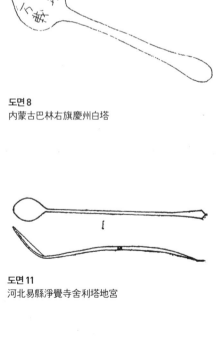

도면 8
內蒙古巴林右旗慶州白塔

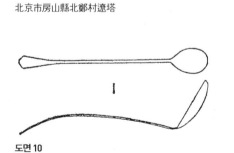

도면 9
北京市房山縣北鄭村遼塔

도면 10
天津薊縣獨樂寺塔

도면 11
河北易縣淨覺寺舍利塔地宮

408

사진 7
寧省建平, 張家營子墓

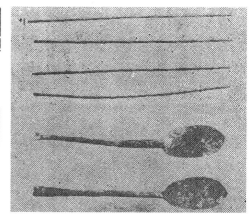

사진 10
河北涿鹿縣遼代壁畫墓

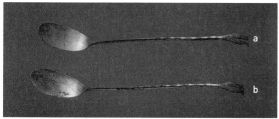

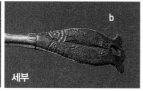

사진 8
遼陳國公主駙馬合葬墓(2)

사진 11
遼陽金墓

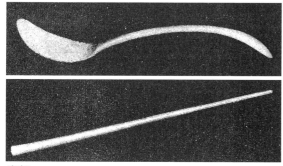

사진 9
河北宣化遼張文藻壁畫墓(M7)

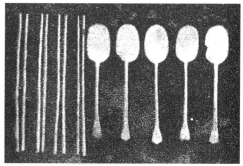

사진 12
農安萬金塔基

등은 타원형의 술잎을 유지하면서 자루 끝이 넓어지는 변화를 인식하기
에 충분하다고 본다.

　　吉林東遼縣의 황토층에서 발견된 동제 숟가락[도면 7]은 소위 연미형
이라고 하는 것으로 전체 길이 24.3cm, 유엽형의 술잎에 자루가 끝으
로 가면서 2단에 걸쳐 확장되고 끝은 좌우로 갈라져 있다. 보고자는 우

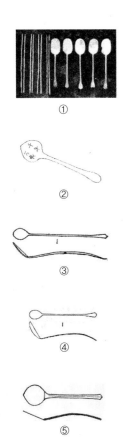

① 農安萬金塔
② 內蒙古巴林右旗慶州白塔
③ 天津薊縣獨樂寺塔
④ 北京市房山縣北鄭村遼塔
⑤ 浙江寧波天封塔地宮

삽도 1
불교의식구로서의 수저 출토 예

리나라에서 일반적으로 사용하는 「燕尾形」이라는 용어 대신 「魚尾形」이라고 하였다.[65] 보고자가 사용한 어미형이라는 용어는 단순하게 자루의 끝이 갈라진 형태를 어미형으로 본 결과이며 고고학적 상황을 해석하여 명명한 것은 아니다. 이와 같은 관점은 遼陽 北園金墓에 출토된 연미형의 청동 숟가락[사진 11]을 보고는 「雁尾式柄」이라고 하였다.[66]

그리고 요는 건국초기부터 농경민을 통치하기 위하여 불교를 수용하여 불교문화를 크게 발달시켰지만 특히 聖宗(982~1031)과 興宗(1031~1055), 道宗(1055~1101)의 3대에 걸쳐 크게 융성하였다.[67] 요황실은 수많은 사탑을 건립하며 불교의 보급에 앞장섰는데 그런 배경에서인지 수저가 출토되는 불교유적은 송에 비하여 훨씬 많다. 農安萬金塔基, 慶州白塔, 房山北鄭村遼塔, 薊縣獨樂寺塔, 易縣淨覺寺舍利塔地宮 등 5건에 이르고 시기는 11세기 초반(1021)부터 12세기 초(1116)까지 100년에 걸쳐 있어 수저의 형태변화를 찾아 볼 수 있다. 萬金塔基에서는 청동숟가락 5점과 젓가락 8점이 출토되었는데 숟가락[사진 12]의 길이는 13.5cm이고 술잎은 타원형에 자루의 끝이 넓다. 慶州白塔 출토 은제 숟가락[도면 8]의 길이는 9cm, 너비 2.2cm이고 술잎은 심엽형에 자루의 끝은 점점 넓어진다. 北鄭村遼塔 출토 동제 숟가락[도면 9]은 길이 15.6cm, 薊縣獨樂寺塔 출토 은제 숟가락은 길이 16.8cm, 자루는 세장하며 술총 능형으로 뾰족하다.[도면 10] 그리고 12세기 초 淨覺寺 舍利塔地宮에서 출토된 은제 숟가락[도면 11]은 형태가 계현독락사에서 출토된 숟가락과 유사한데 길이 17.1cm, 자루는 세장하며 술총은 역시 능형으로 뾰족한 것이다. 이렇게 보면 만금탑에서 출토된 숟가락은 일반적인 찬구로서의 형태와 다

---

65 遼源市文物管理所, 2001-10, 「吉林東遼縣發現遼金文物」, 考古, pp. 95~96

66 黑龍江省文物考古硏究所, 1987-2, 「黑龍江克東縣金代蒲峪路故城發掘」, 考古, pp. 90~92

67 李錫厚·白濱, 2003, 『遼金西夏史』 中國斷代史系列, 上海人民出版社, pp. 407~411; 배진달, 2005, 『중국의 불상』, 일지사, pp. 365~373

르지 않은데 나머지 4점은 사리탑과 관련하여 특별히 제작한 것으로 볼 수 있겠다. 앞서 지적하였다시피 경주백탑과 천봉탑지궁에서 출토된 숟가락의 형태가 유사하고 북정촌요탑과 독락사, 그리고 정각사에서 출토된 숟가락의 형태가 유사한 것은 숟가락이 일반적인 찬구가 아니라 불교 의식구(삽도 11)로서 따로 제작된 것을 의미하는 것이며 이들도 일정한 형식이 있었음을 보여 주고 있다.

표3 요대 수저 편년안

시대	10C	11C	12C	13C	14C
遼	요-28 요-48 요-29 요-33 요-33 요-50	요-30 요-31 요-32 요-36 요-37 요-37 요-46 요-40	요-39 요-39 요-39 요-38 요-38 요-55 요-43 요-45 요-41 요-42 요-43		

도판의 번호는 [표1]의 유적번호와 동일(축척부동)

3) 金 (1115~1234) [표 4]

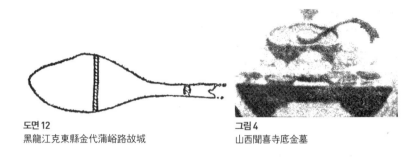

도면 12
黑龍江克東縣金代蒲峪路故城

그림 4
山西聞喜寺底金墓

　　금나라의 유적 가운데 수저가 출토되는 유적은 그다지 많지 않다. 왕조의 존속기간이 앞선 송이나 요에 비하여 120년간으로 짧은 탓도 있겠지만 필자의 생각으로는 요보다 젓가락을 많이 사용한 한족의 문화에 경도된 결과로 볼 수 있지 않을까 한다.

　　먼저 蒲峪路故城에서는 골제 숟가락[도면 12]이 한 점 발견되었는데 완형은 아니고 술잎의 형태는 타원형이다. 이어서 한가지 중요한 자료는 聞喜寺 寺底村에서 발굴된 금대 벽화묘에 그려진 湯杓[그림 4]의 형태이다. 이 벽화묘는 금대 중기 후반(12세기 말)에 속하며 평면형태는 장방형으로 묘실 사벽과 천정사면에 모두 회화가 남아 있다. 그 중 北壁 磚雕 卓子 위에 화초와 탕분, 탕표, 포자, 석류, 복숭아, 배 등을 그렸다. 남녀가 탁자를 중심으로 마주 앉아 탁자 위에 탕분을 놓고 탕표는 탕분에 담겨 있는데 탕표의 술부는 거의 타원형으로 보이고 탕표 꼬리의 끝은 둘로 갈라진 연미형이 분명하다. 이와 같은 연미형 숟가락의 등장은 북송과 남송, 그리고 요에서 보이던 숟가락 자루가 넓어지는 경향이 금대에 이르러 또 다른 형식으로 정착되었다고 볼 수 있을 것이다.

4) 元 (1271~1368)[표 4]

금대에 연미형 숟가락이 유행한 것은 사실이나 모든 사람들이 연미형 숟가락을 사용한 것은 아니다. 13세기 말 臨灃縣 新合의 窖藏遺物 가운데 출토된 은제 숟가락 12점은 1식(31cm)과 2식(29cm)로 나누어지고 1식의 술잎은 타원형에 약간 오목한데 자루의 끝은 약간 넓어져 뾰족한 삼각형을 이룬다고[사진 12] 하여 앞선 송·요의 숟가락 형태와 다를 것이 없다.[68] 그리고 1320년 无錫市 元墓에서 출토된 숟가락은 자루가 편평하거나 휘어진 차이는 있지만 연미형이 아닌 것은 분명하다. 그러나 江蘇 吳縣元墓 출토 숟가락[사진 13]의 자루는 끝으로 갈수록 넓어지고 西安 曲江池村元墓에서 출토된 螭首魚身長柄杓[사진 14]의 자루는 명칭이 말해주듯 생선의 꼬리를 선명하게 만들었다. 그리고 遼寧省 撫順土口子村元墓[사진 15]와 邇陽小南門 출토 숟가락[사진 16]의 자루는 연미형이 분명하고 安徽合肥 교장에서 출토된 花口銀杓의 자루[사진 17]도 연미형이며 赤峰 三眼井元代壁畵 宴飮圖[그림 5]에 나타난 湯杓도 연미형으로 표현되고 있다. 이와 같이 요대에 하나의 형식으로 완성되어 금대에 유행하게된 연미형은 원대에도 이어져 숟가락과 국자의 자루에 적용되고 있었다고 생각된다.

---

68 길이 29cm의 2식을 일종의 蟹殼形이라고 하였는데 자세한 설명이나 도면, 사진이 누락되어 있어 어떤 형태인지 잘 알 수 없다. 술잎의 크기가 길이 6cm, 너비 9cm라고 하였으니 혹 杓子를 지칭하는 것이 아닐까 한다.

사진 12
臨澧縣新合

사진 14
西安曲江池西村元墓

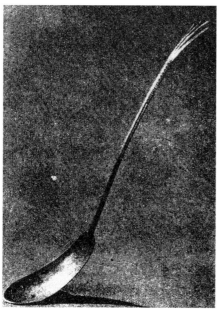

사진 13
江蘇吳縣元墓

사진 15
遼寧撫順土口子村元墓

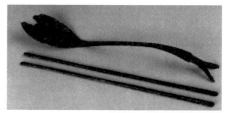

사진 16
遼宁沈陽小南門

사진 17
安徽合肥

그림 5
內蒙昭盟赤峰三眼井元代壁畫墓

414

표 4 금·원대 수저 편년안

시대	10C	11C	12C	13C	14C
金		 금-67 금-67	 금-58 금-59 遼寧遼陽三道壕	 금-60 금-63 北京市通縣金代墓[1177] 금-64	
元				 원-68 원-70 원-73 遼寧沈陽小南門 원-74	 원-69 원-71 원-71 원-72 원-75

[축척부동]

04 어미형 숟가락의 출현

지금까지 보고된 자료를 중심으로 수저의 변화 양상에 대하여 살펴보았다. 숟가락의 출토 양상이나 형태의 변화를 참고하여 앞으로 수저 연구에 있어 몇가지 문제점과 차후의 연구방향을 지적하고자 한다.

먼저 수저가 출토되는 유적은 상당히 희귀한 편으로 앞선 연구결과를 인용하면 송대 3%, 요대 11%, 금대 3%, 원대 7% 내외의 비율을 보이고 있으며 유목민족이 세운 요대의 숟가락 출토비율이 가장 높은 것은 숟가락 사용과 관련하여 의미 있는 통계치라고 하겠다. 이러한 현상은 우리나라 사람들이 아직도 숟가락을 사용하고 있고 또한 고려시대를 거쳐 조선시대를 지나면 거의 대부분의 사람들이 숟가락을 사용하게 되는 원인도 우리나라도 북방문화권이라는 역사적 전통도 하나의 원인으로 작용하지 않았을까 한다.

다음은 송대 전반과 요대를 걸친 숟가락의 변화, 그리고 연미형숟가락의 등장시기와 연미형에 포함된 길상적 의미를 중심으로 숟가락의 형태변화와 그 배경에 대하여 알아보기로 하자. 송대의 숟가락 형태는 당대의 숟가락 전통을 이어받아 큰 변화 없이 이어지는 양상이었으나 점차 숟가락의 자루에 변화가 일어나기 시작한다. 자루의 끝이 삼각형을 띠면서 넓어지는 것은 우선 힘을 더 줄 수 있는 장점과 숟가락을 잡기가 더 용이하게 되는 기능적인 발전이 있다고 생각된다. 이러한 변화의 원인은 지금 필자의 능력으로서 헤아리기는 어렵다. 다만 송대는 중국음식문화에 있어 물산이 풍부하여 음식 재료에 변화가 일어나고 가공기술이 발전하게 되는 번성기로 볼 수 있으며, 따라서 숟가락을 사용하여 떠오는 음식물에도 변화가 있었을 것으로 짐작할 뿐이다.[69]

한편 같은 시기에 북방의 요나라에서는 다른 방향으로 변화가 일어나고 있었다고 볼 수 있다. 요녕성 건평 출토 숟가락에 오리 물갈퀴형 자루[사진 7]가 나타나는 것은[70] 송에서 숟가락의 자루가 넓어지면서 생겨나는 경향인 자루의 끝이 넓어지는 것과 일부 유사하기도 하다. 즉 張文藻墓 출토 漆匙나[사진 9] 涿鹿縣遼代壁畵墓에서 출토된 동시[사진 10] 또한 자루의 끝이 삼각형으로 넓어지는 단계에 해당된다고 할 수 있다. 그러나 요 진국공주묘(開泰7년, 1018) 출토 숟가락과 河北宣化下八里M3 출토 칠시는 북송이나 남송의 숟가락 자루의 변화와는 다른 변화를 보여주고 있다. 진국공주묘 출토된 숟가락은 도금 은숟가락으로 길이가 28cm이며 숟가락 자루는 죽절문을 새기고 끝에는 雙魚를 새긴 것이 2점 출토되었다.[71][도면 4·사진 8] 또한 河北宣化下八里M3호에서 출토된 칠시는 자루의 끝이 2단계에 걸쳐 넓어지고 술부가 유엽형으로 변화하는 것은 북방 숟가락의 변화를 보여주는 중요한 유물이라고 생각된다.[도면 5] 그리고 이러한 변화는 요대 말(12세기 초)의 吉林 東遼縣 출토 연미형 숟가

69 徐海榮 主編, 1999,「第九編 宋代的飮食」,『中國飮食史』卷四, 華夏出版社, 北京, pp. 4~167

70 四川省文物管理委員會 · 德陽縣文物管理所, 1984-7,「四川德陽縣發現宋代窖藏」, 文物, pp. 82~84 ; 內蒙古文物考古硏究所, 1987-11,「遼陳國公主駙馬合葬墓發掘簡報」, 文物, pp. 4~24

71 中國歷史博物館 內蒙古自治區文化廳, 2002,『內蒙古遼代文物精華 契丹王朝』, 中國藏學出版社, p. 199

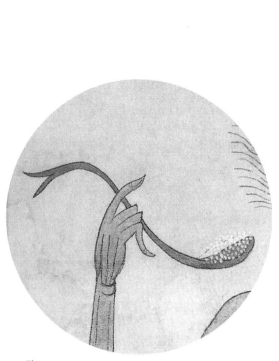
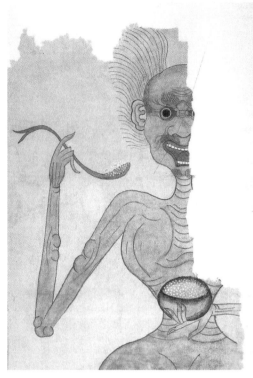

그림 6
러시아 에르미타쥬박물관 소장
서하 흑수성 출토 아귀도

락[도면 7], 宣化遼墓 M1호(1116년) 벽화에 보이는 연미형 숟가락과 연미형 탕표[그림 2], 그리고 M5호(1117년) 벽화에 공존하는 봉미형 칠표자와 연미 형표자[그림 3]는 이미 연미형 숟가락의 형태가 완성되고 있음을 보여주 고 있으며 본격적인 금대의 연미형 숟가락과 표자로 이어진다.

요대 말기에 하나의 형식으로 완성된 연미형은 금대에 이르러 더욱 유행하면서 聞喜縣 寺底村의 磚雕壁畫墓에서도 탕표의 꼬리가 좌우로 갈라진 연미형으로 표현되게 되고[그림 4] 서하·흑수성에서 발견된 12C 대의 「餓鬼圖」에서는 아귀가 「연미형」숟가락을 들고 있기도 하는 것이 다.[72][그림 6]

---

72 안귀숙, 2004, 「고려시대 금속공예의 대중교섭」, 『고려미술의 대외교섭』, 한국미술사학회, 예 경, p. 170

이처럼 요대 말 연미형 숟가락과 국자는 금대에 들어서면서 숟가락 자루의 끝이 좌우로 갈라지는 소위 연미형이 보다 넓게 유행하게 되는 배경이 되었을 것으로 보인다. 앞서 제시한 필자의 송~원 수저 편년안을 기준으로 하면 소위 본격적인 연미형의 출현은 遼天慶年間(1111~1120) 즉 요대말기에 해당된다. 길림 동요현 출토 연미형 숟가락이나 벽화에 나타난 것을 기준으로 하면 연미형 숟가락은 요대에 이미 완성되었다고 할 수 있다. 또한

그림 7
文會圖 부분

지금까지 출토된 자료로 보아 쌍어문을 새긴 숟가락이 처음으로 나타난 곳은 내몽고자치구였고 연미형 숟가락의 완성된 형태가 나타난 곳은 하북성 장가구시이다. 이와 같이 연미형 숟가락의 출토지역은 북방민족국

가인 요와 금, 그리고 서하의 영역에서만 한정적으로 출토되고 있으므로 연미형 숟가락은 북방민족 특유의 숟가락 형식으로 볼 수 있고 숟가락에 대한 그들만의 사상이 표출된 것으로 볼 수 있을 것이다.[73]

아울러 북송이 금에 밀려 항주에 도읍을 옮기기 전에 그려진 「文會圖」는 이런 점에서 참고할 만하다.[74][그림 7] 이 작품은 북송 휘종 년간 (1082-1135)에 궁중에서 차를 마시는 장면을 그린 것이다. 그림 속에는 8 文士가 方桌을 둘러싸고 앉아있고 그 아래에는 차를 준비하는 모습이 그려져 있다. 방탁 위에는 다양한 그릇과 함께 수저가 그려져 있는데 숟가락은 모두 자루는 휘어져 있고 술총은 자루보다 조금 더 넓게 표현되어 있으며 모두 수저를 한벌로 놓았다. 이것은 당시 궁중에서 수저를 일반적으로 사용하기는 하나 숟가락의 형태는 쌍어형이 아니라 기본형의 자루에 술총이 조금 더 넓어진 형태를 하고 잇는 것으로 요나라나 금나라에서 보이는 쌍어형과는 구분된다 하겠다.

여기서 연미형이라는 용어의 적절성에 대하여 검토해 보고자 한다. 연미형이라는 용어는 이난영의 논문에서 「長陵型式」과 함께 등장한 용어로 숟가락 자루의 끝이 좌우로 갈라져 제비의 꼬리를 닮았다고 하여 붙여진 이름이다.[75] 그러나 숟가락과 제비와의 관련성은 물론 없고, 필자는 오히려 요대에 출현한 遼陳國公主墓의 雙魚文이 부가된 숟가락 자루의 형태에 주목하고자 한다. 보고자에 따르면 鎏金銀匙는 2점이 출토되었는데 대소의 차이는 있어도 완전히 같은 형태의 것으로 술잎은 편평 타원형이며 자루는 세장한데 뒤로 갈수록 만곡한다고 하였다. 또한 자루에는 쌍어를 새겼는데 눈과 꼬리, 비늘이 선명하며 쌍어의 꼬리부분

---

73 안귀숙은 유엽형 술부와 연미형 손잡이를 한 전형적인 고려동시는 금대에 요녕성에서 완성되어 고려에 전파된 것으로 보았다.(안귀숙, 2004, 「高麗時代 金屬工藝의 對中 交涉」, 『高麗美術의 對外 交涉』, 예경, pp. 170~171)

74 文會圖-國立故宮博物院, 2006, 『大觀 北宋書畵特展』

75 李蘭瑛, 1992, 「고려시대의 숟가락」, 『韓國古代金屬工藝研究』, 일지사, pp. 117~137

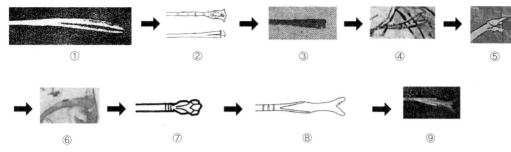

① 遼寧省建平, 新民的三座遼墓
② 遼陳國公主駙馬合葬墓
③ 河北涿鹿縣遼代壁畫墓
④ 宣化遼墓(M1)
⑤ 宣化遼墓(M5)
⑥ 宣化遼墓(M5)
⑦ 河北宣化下八里遼金壁畫墓(M2, M3)
⑧ 吉林東遼縣發現遼金文物
⑨ 遼陽發現遼墓和金墓

삽도 2
어미형 숟가락의 변화

에는 원공이 있다고[도면 4·사진 8] 하였다.[76] 이와 같이 진국공주묘 쌍어문 숟가락은 도금한 은숟가락으로 당시로서는 보기 드물게 호화롭게 제작된 최고 수준의 숟가락으로 볼 수 있을 것이다. 그런데 자루에 새겨진 쌍어문은 생선의 몸체를 새기면서 일단계가 넓어지고 꼬리를 새기면서 다시 한번 넓어지는 형태이다. 이처럼 쌍어를 표현하기 위하여 2단에 걸쳐 자루가 넓어지는 것이 河北宣化下八里 출토 漆匙이고 다음 단계로 형식화되면서 나타나는 예가 선화요묘 M1호(1116년) 벽화에 보이는 연미형 숟가락과 M5호(1117년) 벽화의 연미형표자이고 이어서 길림성 동요현과 요양시에서 출토된 연미형 숟가락으로 보는 것이 필자의 생각인 것이다.[삽도 2]

그런데 어문은 공예품에서 주로 쌍어로 나타나며 이는 雌雄을 반영하는 것으로 볼 때 夫婦融恰과 和睦을 상징하는 개념으로서 결국 子孫繁昌을 의미하는 것으로 볼 수 있겠으며 좀 더 확대된 개념으로 생각하

---

76 內蒙古自治區文物考古研究所 · 哲里木盟博物館, 1993, 「遼晉國公主墓」, 文物出版社, pp. 43~44

사진 18
雙魚文(子厚)鏡(平南 江東郡 鳳
津面 漢王里 出土)

도면 13
金代 双魚鏡

자면 음양의 상징으로서 자연의 순리와 법칙을 의미하는 것으로 생각된다. 결국 쌍어는 융합과 평화를 상징하며 현실적인 면에서는 榮華와 富貴를 의미하는 것으로도 해석이 가능하다.[77] 또한 고려의 雙魚蓮花文鏡 중에 연화문이 생략되고 「子厚」銘이 있는 형식이 있다.[사진 18] 자후는 길상과 자손융성을 의미하는 것으로 쌍어문 본래의 뜻을 잘 나타내고 있는 것으로 생각된다.[78] 생각해 보면 식탁에서 밥을 먹으면서 가족의 융합과 자손의 번창을 기원하는 것은 자연스러운 일이라고 하겠으며 그러한 염원을 상징하는 쌍어문을 숟가락 자루에 새겨 넣은 것은 충분한 설득력을 가지고 있다고 볼 수 있다.

송대에서 원대에 이르기까지 雙魚文이 많이 채용된 공예품으로서 쌍어문경을 들 수 있는데 특히 금대에 이르러 쌍어문경이 매우 유행하였으며[도면 13] 금대 후반에 가면 도식화된 변형 문양이 출현한다고 한다.[79] 실제로 쌍어문은 耶律羽之墓(會同4年, 941)에서 出土된 圓口花腹金杯

77 황정숙, 2006, 「高麗中・後期 思想을 통해 본 銅鏡文樣의 象徵性 研究」, 대구카톨릭대학교 대학원 박사학위청구논문, pp. 173~178

78 李蘭瑛, 2003, 『高麗鏡研究』, 도서출판 신유, pp. 173~177

79 孔星祥・劉一曼, 1992, 『中國銅鏡圖典』, 文物出版社, pp. 815~822 ; 孔星祥・劉一曼 著 安京淑 譯, 2003, 『中國古代銅鏡』, 圖書出版 周留城, pp. 385~389

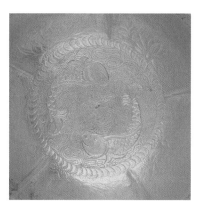

사진 19
耶律羽之墓(會同4年, 941) 出土 圓口花腹金杯

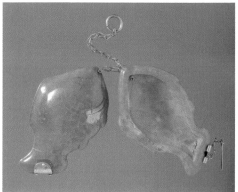

사진 20
陳國公主墓(開泰7年, 1018) 出土
魚形盒琥珀佩

사진 21
陳國公主墓(開泰7年, 1018) 出土
雙魚玉佩

사진 22
陳國公主墓(開泰7年, 1018) 出土
魚形玉佩

사진 23
喀喇沁旗官家營子鄕吉旺營子
(916~1125) 出土 魚形水晶佩

그림 8
河北井陘縣枏庄宋墓

사진 19), 五瓣花口金杯의 雙魚紋, 魚形盒玉佩, 魚形盒琥珀佩(사진 20), 陳國公主墓(開泰7年, 1018) 出土의 雙魚玉佩(사진 21), 魚形玉佩(사진 22), 喀喇沁旗官家營子鄕吉旺營子(916~1125) 出土의 魚形水晶佩(사진 23) 등으로 보아 요대의 어문 또는 쌍어문은 조기에서 말기까지 전기간에 걸쳐 확인된다.[80] 요대의 쌍어문은 容器나 裝飾物에 그치지 않고 숟가락 자루에까지 새겨지게 되는데 이를 보다 간략화하여 숟가락 자루에 나타낸 것이 지금 우리가 연미형으로 부르는 것이며 요대 말에 등장한 연미형 숟가락은 금대 초에 이르러 쌍어문이 본격적으로 유행하게 되자 더욱 더 널리 유행하게 되었던 것으로 볼 수 있지 않을까 한다.

이와 같이 「연미형」이라는 용어는 「鴨蹼形-오리 물갈퀴형」이나 「雁尾形-기러기꼬리형」처럼 좌우로 갈라진 숟가락 자루의 형태만을 두고 붙여진 용어이며 어떤 학술적인 근거에서 붙여진 것은 아닌 것으로 판단된다. 이상과 같이 자루의 끝이 좌우로 갈라진 것이 쌍어문의 변형이라고 볼 수 있다면 「燕尾形」, 「鴨蹼形」 또는 「雁尾形」이라고 부르는 것보다 雙魚의 象徵性과 形態를 아우르는 「魚尾形」이라고 부르는 것이 타당할 것이라고 생각한다. 그리고 「魚尾形」보다 「雙魚形」이고 부르는 것도 고려해 볼만 하다고 생각되지만 종래의 숟가락을 「鳳尾形」이라고 불러야 하는 현실적인 문제가 있어 전체 명칭을 통일하는 뜻에서 「魚尾形」이 무난하지 않을까 한다.

그리고 「魚尾形」이라는 용어가 적합하다는 것은 금대 聞喜寺底村의

---

80 안귀숙, 2004, 「고려시대 금속공예의 대중교섭」, 『고려미술의 대외교섭』, 한국미술사학회, 예경, pp. 148~317

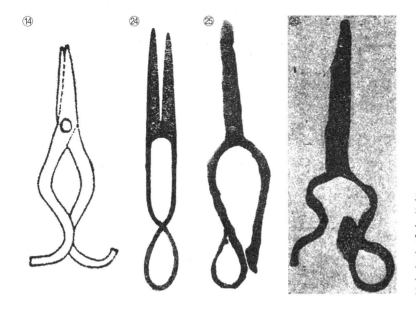

도면 14
北京市 通縣金代墓
사진 24
懷柔上庄村
사진 25
房山縣焦庄村遺蹟
사진 26
河南方城鹽店庄村宋墓

벽화, 河北井陘縣柿庄金代 壁畵墓 賞樂圖[81]에서 나타난 탕표의 자루[그림 8], 元代 西安 曲江池村 출토 螭首魚身長柄杓[사진 14], 合肥 출토 銀杓子의 자루[사진 17], 赤峰縣 三眼井 宴飮圖[그림 5]에 그려진 국자의 자루가 좌우로 나누어져 표현되어 있어 魚尾를 그대로 象徵化하여 표현한 것으로 입증된다고 하겠다.

이로서 필자는 연미형–어미형(이하 어미형) 숟가락에 대하여 품었던 형태와 등장시기에 대한 막연한 의문을 한 모퉁이나마 풀었다고 생각되는 한편 또 다른 문제점을 지적하지 않을 수 없다. 먼저 한가지 지적해 둘 것은 쌍어문을 숟가락 자루에 새기던 요대 이래의 전통이 금대에 이르러 정착된 어미형 숟가락은 북송과 남송의 유적에서는 전혀 확인되지 않는다는 것이다. 그러므로 어미형 숟가락은 북방 거란족과 여진족의 특징적인 기물로 보아도 무방할 것으로 생각된다. 그러나 중국에

---

81 孟繁峰, 2000,「井陘柿庄金代壁畵墓」,『河北古代墓葬壁畵』, 河北省文物研究所編, 文物出版社, 圖104

그림 9
河北井陘縣柿庄宋墓

서 전래되어 고려시대 분묘에서 출토되는 어미형 숟가락과 봉미형 숟가락을 북방계(요 금계)와 남방계(북송 남송계)로 나눌 수 있는지 또는 단순한 취향의 문제인지, 그리고 조선시대 전기 분묘에서 출토되는 어미형 숟가락은 또 어떻게 이해하여야 하는지 아직 필자로서는 결론내기가 쉽지 않다.[82]

이와 관련하여 생각해 보아야 할 것이 또 하나 있다. 그것은 철제 가위에 관한 것인데 필자는 고려시대의 가위에 관한 연구에서 한 줄의 철봉을 다듬어 서로 교차하게 하여 제작한 가위를 「8」자형 가위, 2개의 날을 만들어 못을 박아 X자로 교차시킨 가위를 「X」자형 가위라고 분류하였다. 그런데 고려분묘에서 출토되는 「X」자형 가위의 부장시기는 13세기 후반으로 편년되는 것으로 보았고[83] 실제 발굴조사 결과에서도 이런 연구성과가 받아들여지고 있는 실정이기도 하다.[84]

그런데 어미형 숟가락은 이미 지적하였다시피 중국측 자료를 살펴보면 12세기 전반에는 이미 나타나고 「X」자형 가위도 11세기 후반 또는 12세기 초반이면 나타나고 있다는 것이다. 예를 들면 北京 懷柔上庄村의 요대 유적에서는 「8」자형가위[사진 24], 房山縣焦庄村遺蹟과 북경시 通縣金代墓에서는 「X」자형가위가 출토되고 있어[도면 14·사진 25] 「X」자형가위가 금대에 유행하기 시작하는 것은 분명한 것 같다.[85] 그리고 武峽鎭秀峰村宋墓와 河南方城鹽店庄村宋墓에서도 「X」자형가위가 출토되어[사진

---

82 동일묘군 내에서 봉미형과 어미형 숟가락이 같이 출토되는 예가 있기도 하여 지역적인 차이가 있는지 또는 시대적인 변화가 있는지 검토가 필요한 사항이다.

83 鄭義道, 2007, 「高麗時代 鐵製가위研究」, 『慶文論叢』 創刊號, pp. 273~328

84 강경숙, 2008, 「단양현곡리고분출토 도자기」, 『丹陽玄谷里 高麗古墳群』, 서울시립대학교 박물관학술총서 제4집, 서울시립대학교 박물관 · 한국도로공사, pp. 255~266

85 北京市文物工作隊, 1963-3, 「北京出土的遼, 金時代鐵器」, 『考古』, pp. 140~144

26] 북송 말기(12세기 초)에 이르면 이를 사용하였음을 알 수 있다. 특히 河北井陘栁庄 北孤臺墓區 金墓4號의 동벽 남측벽에는 「8」자형가위와 「X」자형가위가 동시에 그려져[그림 9] 있어[86] 두 형식의 가위 사용 시기는 겹치는 것으로 볼 수 있는 분명한 자료가 되는데 축조시기는 金 天會年間 (1123~1137)에 해당되는 것이다. 이와 같이 「X」자형가위의 출현시기는 북송말 금대초인 12세기 초반경으로 보아도 별다른 무리가 없는 상황이다.

이상의 문제점을 요약하면 요대말–적어도 12세기 전반경에는 등장하는 「X」자형 가위가 어째서 고려에서는 13세기 전반경이 지나서야 나타나는가 하는 것이다. 아직 본격적인 자료들이 출토되지 않았다고 볼 수도 있겠으나 지금으로서는 100년이라는 세월이 쉽게 메울 수 없어 굉장히 혼란스러운 생각이 들어 필자의 편년에 문제점이 있을 것이라는 생각을 해보지만 아직은 이 간극을 메울 자료나 근거가 없어 차후 연구과제로 미루고자 한다.

---

86 河北省文化局文物工作隊, 1962-29, 「河北井陘縣栁庄宋墓發掘報告」, 『考古學報』, pp. 31~71

05 결론

 이상과 같이 송~원 숟가락 편년을 중심으로 숟가락의 변천과정을 서술하면서 요대 말에서 금대초에 등장한 어미형 숟가락의 의미와 등장 배경에 대하여 정리해 보았고 어미형 숟가락이 북방계라고 하였을 때 앞선 봉미형 숟가락을 사용하는 집단 또는 계층이 존재하는지 의문점을 지적하였다. 그리고 고려분묘에서 출토되는 「X」자형가위가 13세기 후반에 등장하는데 반해 중국에서는 북송말, 늦어도 금대 초에 등장하는 것을 밝혀 우선 약 100년간의 시기차가 있음을 지적해 두었다.

 이렇게 장황한 글의 끝에 아직 해결하지 못한 몇 가지 문제를 차후의 연구과제로 남기면서 이번 글을 마치고자 한다. 먼저 수저에 관한 글을 쓴다고 하였으나 이번에도 젓가락에 대한 정리를 하지 못하였다. 숟가락의 변화에만 급급하고 젓가락은 단순하다고 置薄하여 생기는 단순한 편견에서 비롯된 것은 아니고 다음 글에서는 일단의 생각을 정리할 예정이다. 또한 어미형 숟가락의 술잎은 유엽형이고 봉미형 숟가락의 술잎은 타원형으로 제작되는데 이를 사용하는 집단 또는 계층의 구별이 가능한 것인지, 제작에 있어 분명한 차이점은 어디에서 비롯되는 것인지 밝혀야 할 문제이다. 그리고 숟가락과 젓가락 재료의 종류, 분묘에서 숟가락의 출토위치, 합장묘에서 나타나는 남녀묘를 구별하는 부장품의 차이와 숟가락과 젓가락의 형태와 재료의 차이, 숟가락이 3개가 부장되었을 때 숟가락 용도의 차이, 숟가락 크기 변화, 그리고 일반적인 餐具로서의 숟가락과 의식용구로서의 숟가락의 구분 등이 차후의 연구과제가 될 것이다.

송은 박익선생묘 출토유물의
고고학적 해석

01 서

송은 박익선생묘(密陽古法里壁畵墓, 以下 朴翊墓)는 고고학적으로 대단히 특이한 사례에 속한다.[도면 1] 조선시대의 벽화묘 자체가 희귀한 것이기도 하지만 더불어 석실 내부에서 출토된 지석과 화문석은 최근 조선시대묘의 발굴성과를 검토해 보아도 손으로 꼽을만한 유물로 볼 수 있다. 이번 글은 10년 전에 시행되었던 박익묘 발굴성과를 되짚어 유물의 출토상황을 재검토하는 한편 출토유물의 고고학적 해석을 시도하고자 하는 것이다. 발굴 당시 이미 도굴되어 유물은 훼손이 심각하고 제자리를 잃은 것이 대부분이어서 쉽지 않은 작업이 되겠지만 최근까지 이루어진 고려시대와 조선시대의 분묘 발굴성과를 참고하여 유물의 성격과 특징을 살펴보고자 하는 것이 이번 글의 목적이다.[1]

---

1 최근 10년 사이에 발굴조사된 고려와 조선시대의 분묘는 대단히 많아서 일일이 열거하기 어려울 정도이다. 대표적인 것만을 든다면 배기동 외, 2002, 『안산대부도육곡고려고분군』 한양대학교 박물관 제 51집 ; 중앙문화재연구원, 2001, 『논산원북리유적』 ; 이남석 외, 2003, 『염창리고분군』 공주대학교박물관 학술총서03-01, 공주대학교박물관 ; 한국문화재보호재단 · 한국토지공사, 2000, 『청주용암유적 I · II 』 학술조사보고 제74책 ; 한국문화재보호재단 · 한국토지공사, 1999, 『상주성동리고분군』 학술조사보고 제40책 ; 영남문화재연구원 · 한국고속철도건설공단, 2003, 『김천모암동유적 II 』 영남문화재연구원 학술조사보고 제57책 ; 영남문화재연구

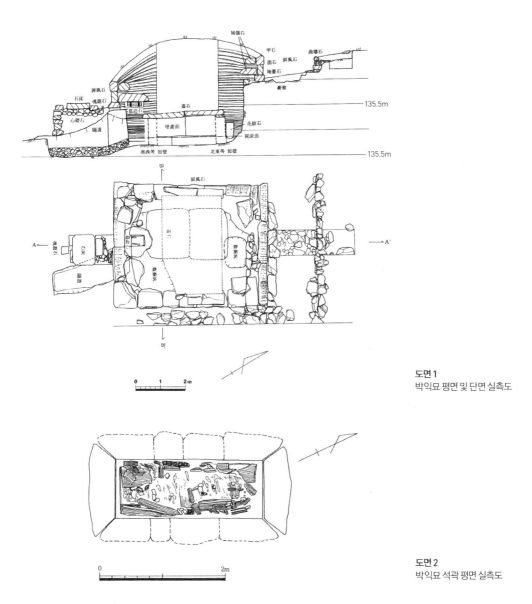

도면 1
박익묘 평면 및 단면 실측도

도면 2
박익묘 석곽 평면 실측도

원, 2000, 『대구내환동고분군』 영남문화재연구원 학술조사보고 제26책 ; 영남문화재연구원, 2003, 『대구욱수동 · 경산옥산동유적Ⅰ』 영남문화재연구원 학술조사보고 제64책 ; 경남고고학연구소, 2009, 『김해 구산동유적Ⅰ~Ⅴ-조선묘군(1~4), 고려 · 조선묘군』 ; 경남고고학연구소, 2004, 『진주무촌Ⅰ·Ⅱ (고려 · 조선묘1)』 ; 심봉근 외, 1995, 『김해덕산리민묘군』 고적조사보고 제23책 ; 정의도 외, 2004, 『고성신전리민묘군』 학술조사연구총서 제29집, 경남문화재연구원 ; 우리문화재연구원, 2009, 『밀양 용지리유적』 학술조사보고 제13책 ; 우리문화재연구원, 2009, 『의령운암리유적』 학술조사보고 제16책 ; 동아세아문화재연구원, 2009, 『창원가음정복합유적』 발굴조사보고서 제29책 등을 들 수 있다.

02 유물의 출토상태

다음은 박익묘에서 출토된 유물이 어떠한 경과를 거쳐 확인되었는지 보고서를 일부 정리하여 본 것이다.[2]

1) 木棺[도면 2]

석실 내부에는 관재가 부식된 채 가득히 채워져 있었고 관재 사이로 유골이 일부 잔존하고 있었던 것이 확인되었다. 사용된 목관의 두께는 4.5cm이며 내외면을 검게 옻칠을 하고 그 위에 은색의 중권문과 범자문을 외면에 가득히 시문하고 있었다. 그리고 일부 관재에는 비단으로 보이는 붉은 명정 파편이 부착되어 있었다. 목관편 사이에서 확인된 유골은 앙와신전장으로 신장은 152cm 정도, 나이는 60여세 정도로 추정되었다.

---

2 沈奉謹, 2002, 『密陽古法里壁畵墓』古蹟調査報告書 第三十五冊, 東亞大學校 博物館
　　2장의 내용은 유물의 출토상황을 정리하기 위하여 보고서를 초록한 것인데 차후 필자의 유물에 대한 설명과 크기나 명칭에 있어서 일부 다를 수 있다. ([도면 1]의 隨道는 隧道의 오기이다.)

사진 1
남서쪽 봉분내 도굴갱과 지석출토 지점
사진 2
남서쪽 봉분내 지석 노출상태 근경

2) 誌石 [사진 1·2]

지석은 남서쪽 단벽의 북서쪽 봉분 내부에서 발견되었다. 묘갱 내부에 석실을 안치하고 생토층 지면 높이까지 판축으로 석실 상부를 채운 다음 봉분 병풍석의 지대석을 사방에 배치하고 있는데 지석은 전면 지대석 내부에 깔린 판석으로 된 부석층 아래에서 발견되었다.

지석은 상하 2매로 된 장방형 판석으로 조립한 것으로 사암계 판석 2매를 장방형으로 제작하여 문자가 새겨진 받침돌 상면과 뚜껑돌 하면이 서로 접합되게 조립한 형태이다. 조립된 지석의 크기는 가로 44cm, 세로 27cm, 두께 8.5cm, 총 무게 29kg이다. 받침돌 윗면에 음각된 묘지명은 다음과 같이 횡렬 5행 48자이다.

1열 朝奉大夫 司宰少監

2열 朴翊墓 長子融 二子昭 三子昕

3열 四子聰 長女適孫奕 二女適曹

4열 功顯 三女適孫億

5열 永樂 更子 二月 甲寅葬

이라 기록하여 송은선생의 생존시 벼슬을 비롯하여 네명의 아들과 세명의 사위 이름, 그리고 장례시기(1420) 등을 간단히 밝히고 있다.

사진3
화문각석 출토상태

3) 化紋刻石 [사진 3]

이 화문각석은 북동쪽 도굴갱에서 발견되었다. 화강암제 장방형 석
주형태로서 높이 57cm, 전면 폭 27.4cm, 측면 폭 19.8~21.2cm 크기이
다. 문양이 새겨진 상단부는 붉게 도장되었던 흔적이 부분적으로 남아
있으며 상단부는 넓고 정교하게 다듬었으나 하단부는 좁고 다듬는 수법
도 조잡하여 지하에 묻어두기 위한 것으로 판단된다.

문양은 전면과 좌우 측면의 3면에만 음각으로 새겨져 있는데 전면
에는 원문 내부에 끝이 벌어진 역 만자문과 연과, 좌측면에는 5엽의 타
원형 잎사귀와 줄기를 가진 초엽문, 우측면에는 연꽃 한송이가 새겨져
있다.

사진4
청동수저 출토상태

4) 青銅수저[사진 4]

북동쪽 단벽 두위에서 발견된 청동수저 한 벌은 수저 끝이 북동쪽 단벽을 향하도록 가지런히 놓여 있었다. 숟가락의 자루는 만곡이 심하고 끝이 넓다가 좁아지면서 단면 반원상을 이룬다. 술잎은 타원형으로 배면 중앙에 얇은 돌기상이 있다. 길이는 29.5cm이다. 젓가락은 손잡이 부분은 단면 방형이지만 끝 부분은 단면 원형이며 중간의 손잡이 부분 가까이에 음각된 선문과 원문이 있다. 길이는 26.15cm~26.2cm이다.

5) 銅錢[사진 5]

석실 바깥의 북동쪽 도굴갱에서 수습된 황송통보 등 동전 9점이 수습되었는데 본래의 위치가 아닌 도굴꾼에 의해 이동된 것이다. 동전은

사진 5
동전출토상태
사진 6
도자기출토상태

모두 중국전으로 천희통보(당 1017)[3], 천성통보(북송 1023), 경우원보(북송 1034), 황송통보(북송 1039), 가우원보(북송 1056), 원우통보(북송 1086), 소성원보(북송 1094), 홍무통보(명 1386), 영락통보(명 1408) 등 각각 다른 것으로 주로 송대의 것이 대부분이며 명대에 제작된 것도 포함되어 있다.

6) 陶磁器 [사진 6]

도자기는 봉분 후면의 곡장과 병풍석 사이의 부석층에서 출토되었다. 모두 2점인데 1점은 녹유계통의 옹형 도기이고 1점은 백자사발[4]이다. 그 중 옹형도기는 구연부가 외반되고 동부는 둥글며 저부는 돌림바닥이다. 기벽이 얇고 내외면에 녹유가 시유되어 있으나 조잡한 것이다. 백자사발은 표면에 주름진 회전자국이 일정 간격으로 남아 있고 순수한 조선백자보다는 기표면에 백분이 도장되고 그 위에 유액이 씌워진 느낌을 주는 것이다. 기형상으로는 분청사기 사발과 유사한 것이다. 옹형도기는 14.15cm(추정), 구경 10.5cm, 저경 10.35cm이고 백자사발은 높이 7.45cm(추정), 구경 9.0cm, 저경 2.85cm이다.

---

3   천희통보(당 1017)에서 '당'은 북송의 오기로 보인다.
4   분청사기 혹은 분청자의 오기로 보인다.

출토유물의 특징과 해석

1) 목관과 명정(銘旌)

발굴조사 당시 석실 내부에는 부식된 관재가 가득 채워져 있었고 목관의 두께는 4.5cm이며 내외면을 검게 옻칠을 하고 그 위에 은색의 중권문과 범자문이 외면에 시문된 채로 발견되었다. 목재의 수종은 소나무과의 연송류(soft pine)으로 우리나라에 분포하는 연송류는 잣나무(Pinus koraiensis)와 눈잣나무(Pinus pumila), 섬잣나무(pinus parviflora) 등이 있으나 눈잣나무는 구조재나 관재 등의 용재로 사용될 만큼 수형이 곧고 크게 자라지 못하므로 잣나무로 볼 수 있다고 한다.[5] 관재는 방사성탄소연대 측정 결과 AD 1290~1400년이었다. 이 시기는 나무를 사용한 시기를 말하는 것이 아니라 나무를 자른 시기를 나타내는 것이다.[6]

---

5 김익주, 2002, 「Ⅴ. 관재의 수종」, 『밀양고법리벽화묘』고적조사보고서 제35책, 동아대학교 박물관, pp. 299~301

6 이현주 외, 2002, 「Ⅳ. 목관 방사성탄소연대 측정결과」, 『밀양고법리벽화묘』고적조사보고서 제35책, 동아대학교 박물관, pp. 292~298

조선 건국초기 의전이 갖추어지지 못하여 시행하던 전례와 고사를 취하고, 당송의 제도와 명나라의 제도를 취하여 편찬한 『國朝五禮儀』를 참고하면「관은 송판으로 만드는데 두께가 2촌이며 머리 쪽이 넓고 발 쪽이 좁게 하되 몸만 겨우 넣을 수 있도록 한다. 높이, 넓이, 길이는 때에 맞추어 정한다. 관을 합봉하는 곳은 칠로 마감하거나 송진을 바른다. 철정으로 박아 내외를 모두 견고하게 한다」고 하였고 또한「못은 철정으로 하되 안팎으로 칠을 하여 견실하도록 한다.」고 하였으나 조사 결과 관재의 두께가 4.5cm 정도였으니 2촌에는 미치지 못하였고 철정은 한 점도 출토되지 않아 당시에 철정을 쓰지 않았는지 알 수 없다. 그러나 당시의 발굴상황은 도굴 당한 무덤에 대한 수습조사였고 더구나 직계 후손이 직접 선대 조상의 유골을 대하는 형편이었으므로 전반적인 정밀 조사가 이루어지기는 어려운 형편도 없지 않았을 것이다.[9]

그리고 옻칠을 한 관을 조사한 결과 옻칠은 3회 도포작업을 한 것으로 확인되었는데 단면조직의 검사결과 1층과 2층의 칠층은 그 두께가 균일하지 않아 세밀한 작업을 한 것은 아니었다. 그러나 3층과 2층 사이에 연마흔적이 확인되고 그 위에 균일한 두께의 3층이 도포된 것으로 보아 표면층의 칠작업은 다른 층에 비하여 한층 세밀한 마무리 칠작업을 하였던 것으로 확인되었다.

관은 내외면에 옻칠을 하고 그 위에 중권문과 범자문을 외면 가득

7 『國朝五禮儀』卷八 凶禮 大夫士庶人喪儀 「治棺」護喪命匠擇用松板爲棺 厚二寸頭大足 小 僅取容身 高廣及長 臨時裁定 棺之合縫處 用全漆或松脂塗之 釘以鐵釘 內外皆漆務 令堅實 槨亦用松板爲之厚三寸 僅取容棺 漆釘同治棺 初喪之日擇木爲棺 恐倉卒未得其 木 漆亦未能堅完 或値暑月屍難久留 古人亦有生時 自爲壽器者 況送死之道 唯棺與槨爲 親身之物 孝子所宜盡之 非預凶事也

8 高麗大學校 民族文化硏究所, 1971, 『韓國圖書解題』, p. 70

9 그렇다고 하더라도 박익묘가 도굴이 되지 않고 정식 발굴조사 절차를 밟아 조사되었다면 묘주 와 축조연대가 분명한 무덤의 관재의 정확한 길이와 크기, 장식수법, 그리고 당시 부장된 유물 의 전모 등을 살펴볼 수 있었을 것이라는 아쉬움은 이 시대를 전공하는 고고학자의 입장에서는 피할 수 없는 감정이다.

사진 7
목관에 시문된 梵字文

시문하고 있었다. 범자문과 이를 둘러싼 중권문은 흰색 안료를 사용하였는데 범자문 가운데 「　」 등의 3자만 어렵게 판독이 가능하다.[사진 7] 목관 상부의 범자문과 원형 테두리를 그린 부분의 흰색 안료를 관찰한 결과 흰색의 작은 알갱이로 범자와 문양을 그린 것으로 확인되었다. 또한 단면 관찰 결과 흰색의 안료는 칠층과 분리되어 관찰되었다. 이는 칠이 마르기 전에 흰색의 안료로 장식한 것이 아니라 칠 작업 후에 안료를 알갱이 상태로 만들어 다시 글자나 문양을 장식하였던 것으로 볼 수 있다. 목관 외면에 시문한 범자문과 중권문의 흰색 안료에 대한 분석 결과 은, 석영, 철, 금이 검출되었다. 은 성분은 거의 순은과 같은 감도를 보였다.[10]

그리고 일부 관재에는 비단으로 보이는 붉은 명정 파편이 부착되어 있었는데 이 또한 『국조오례의』에 따르면 「명정은 붉은 비단으로 만들고 너비는 비단 폭의 끝까지로 하고 길이는 8척이다. 모관모공의 운구라고 쓴다」고 하였으니[11] 장례를 치를 당시에는 붉은 비단에 「司宰少監 朴公之 柩」라고 썼을 것으로 짐작되지만 일부 비단 조각만 남아 있어 원래의 모

---

10 문환석 외, 2002, 「Ⅲ. 벽화 적외선촬영 및 안료재질분석연구」, 『밀양고법리벽화묘』 고적조사 보고서 제35책, 동아대학교 박물관, pp. 255~291

11 『國朝五禮儀』卷八 凶禮 大夫士庶人喪儀 「銘旌」以絳帛爲銘旌 廣終幅長八尺 五品以 下七尺 書曰某官某公之柩 無官卽隨其生時所稱 以竹爲杠如其長有趺 立於靈座之右 執友親厚之人 至時入哭 上香再拜遂书主人 相向哭盡哀 主人以哭對無辭

습을 알기는 어렵다. 한편 비단 조각의 분석 결과 정련견이 아닌 생사를 바로 직조한 것으로 확인되었다.[12]

2) 지석 [도면 3, 사진 8·9]

지석은 묘지명이 적혀 있는 석판을 뜻하는 것으로 묘지명은 무덤의 주인공이 누구이고 어떤 삶을 살았는지 후세에 전하려는 뜻으로 무덤에 함께 매장하는 금석문을 지칭하는 것이다. 대개 죽은 이의 성씨와 벼슬·고향 등을 기록하는데 이를 지(誌)라 하고 지를 바탕으로 무덤 주인의 일생을 압축하여 지은 글을 명(銘)이라고 한다. 기록하는 재료나 방법은 약간 차이가 있지만 묘지명에는 일반적으로 한 인물의 이름과 가계와 행적 등을 적는데 그 기록의 대부분은 매우 자세하면서도 생생하기 때문에 한 개인에 대한 충실한 전기적인 자료가 될 뿐만 아니라 그가 속한 집단이나 사회를 이해하는 데 있어서도 중요한 자료가 된다.[13]

먼저 박익묘에서 출토된 지석의 출토 위치에 대하여 살펴보기로 한다. 지석을 묻는 풍습은 중국에서 시작된 것으로 우리나라에서 발견된 최초의 지석은 백제 무령왕릉에서 출토된 것이다.[14] 이후 본격적인 지석이 매납되는 것은 고려시대부터라고 할 수 있는데 이 시기의 분묘 매장 풍습은 송나라와 요나라 혹은 금나라의 영향에서 비롯되었다고 볼 수 있다.[15]

---

12 문환석 외, 2002, 「Ⅲ. 벽화 적외선촬영 및 안료재질분석연구」,『밀양고법리벽화묘』고적조사
    보고서 제35책, 동아대학교 박물관, p. 263
13 김용선, 2006, 「고려묘지명-돌에 새겨진 삶과 사회」,『다시 보는 역사 편지 高麗墓誌銘』국립
    중앙박물관, pp. 136~141
14 文化公報部 文化財管理局, 1973,『武寧王陵』, pp. 46~53
15 鄭義道, 2009, 「宋·遼·金·元墓 匙箸 및 鐵鋏 出土傾向」-高麗墓 副葬品과 關聯하

사진8
지석 蓋石(좌) 底石(우)

　지석은 석제, 도제, 자기제 등으로 크게 나눌 수 있는데 고려시대의 주된 지석의 재질은 석제였으며 조선시대에 이르러 석제에서 자기제로 변화하게 되는데 석재의 재질상 채석 및 제작과정의 어려움, 조질 석재의 유통, 지석에 새겨진 글이 세월이 지남에 따라 마모가 심하여 알아보기 어려운 경우가 많은 점 등의 문제점이 지적된 것이 그 이유라고 하겠다. 이러한 사정으로 15세기에 제작된 석제 지석은 4점뿐이고, 이를 포함하여 임진왜란이 발발하기 전까지 제작된 석제지석은 모두 7점에 불과하지만 자기나 도기로 제작한 예는 83점에 이른다.[16] 그러므로 박익묘 출토지석은 고려의 석제지석의 전통을 따르고 있는 것으로 보아야 할 것으로 판단된다.

　다음으로 지석은 상하 2매로 철대로 감아 석실의 개석 상단 남쪽에 매납하였는데 봉분의 판축이 지석 상부에 축조되어 있어 봉분을 축조하면서 묻은 것이 확실하다. 지석의 제작과 매납 위치는 『국조오례의』나[17]

여-, 『文物硏究』第15號. 東아시아文物硏究學術財團, pp. 69~73

16　金世眞, 2009, 『朝鮮時代 磁器製 誌石硏究』忠北大學校 碩士學位論文, pp. 145~159

17　『國朝五禮儀』卷八 凶禮 大夫士庶人喪儀 「刻誌石」用石二片 其一爲盖 刻云某官某公之墓 無官卽書其字曰某君某甫 其一爲底 刻云某官某公諱某字某某州某縣人 考諱某某官母氏某封某年月日生 書歷官遷次某年月日 終某年月日 葬于某鄕某里某處 娶某氏某人之女子 男某某官 女適某官某人 婦人夫在卽盖云 某官姓名 某封某氏之墓 無封卽云 妻夫無官則 書夫之姓名 夫亡則云某官某公某封某氏 夫無官則云 某君某甫妻某氏 其底叙年若干適某氏 因夫子致封號無則否 葬之日以 二石字面 相向而以鐵束之 埋

사진 9
지석 명문

『朱子家禮』에 따르면[18] 「개석과 저석을 합하여 철사로 묶어서 묘광 3~4척 앞에 묻는다」고 하였는데 박익묘의 지석은 개석과 저석 2매로 이루어져 있고 이를 철사로 묶어 봉분의 남쪽, 묘광 상단에 묻어 당시의 장례 절차를 충실하게 보여주었다고 생각된다.

한편 지석에는 횡렬 5행 48자로

1열 朝奉大夫 司宰少監
2열 朴翊墓 長子融 二子昭 三子昕
3열 四子聰 長女適孫奕 二女適曹
4열 功顯 三女適孫億
5열 永樂 更子 二月 甲寅葬

이라 새겼다. 그 내용은 박익선생의 생존시 관직명, 네명의 아들과 사위 이름, 그리고 장례시기에 대하여 밝혀 두었다. 박익묘 지석이 상하 2매로 되어 『국조오례의』에서 언급한 제작 방법과 동일한 것은 사실이지만 지석에 기록하는 세부 내용에 있어서는 사뭇 다른 점이 보인다. 『국조오례의』에서는 2매로 이루어진 지석 가운데 蓋石-즉 상석에는 묘주의 관직과 이름을 쓰고 底石-하석에 관직과 이름, 출신지, 장지 등을 기록한다고 하였다. 그러나 박익묘의 지석 중 개석에는 아무런 글이 새겨져 있지 않으며 저석에만 관직과 묘주명, 그리고 4남의 이름과 3명의 사위 이름, 장례시기를 새겼을 뿐이다. 이와 같이 고려 이래의 지석

___

之壙前近地面三四尺間 蓋慮異時陵谷變遷或誤爲人所動而 此石先見則人有知其姓名者 庶能爲掩之也

18 『朱子家禮』喪禮「刻誌石」葬之日 以二石字面相向而 以鐵束之 埋之壙前近地面三四尺間 蓋慮異時陵谷變遷 或誤爲人所動而此石先見則人有知其姓名者 庶能爲掩之也

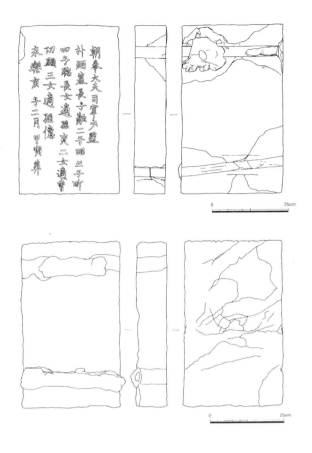

朝奉大夫司宰少監
朴翊墓長子融二子昭三子昕
四子聰長女適裵矩二女適曺
○顗三女適孫億
來縶寅冬二月
日寶葬

도면 3
지석 실측도

을 매납하는 전통을 따르고 있으면서도 그 내용을 고려시대에 일반적으로 작성되었거나 조선시대 전기의 다른 예와 같이 지와 명으로 나누어 기록하지 않고 소략하게 처리한 점은 박익묘의 축조과정을 이해하는 다른 단서가 될 것으로 보인다.[19]

그리고 묘지의 글을 지어주거나 글씨를 써 준 사람은 묘지의 주인과 특별한 관계에 있는 사람이 대부분이었다고 하는데 박익묘의 지석에는

19 지석의 내용이 소략한 것은 박익선생의 유언 중에 '나는 왕치 혼령을 따라 가지만 너희는 이치의 세상에 있게 되었다. 이미 다른 사람의 신하가 되었으니 충성을 한다면 힘껏 하여라. 선천과 후천이라, 아버지와 아들이지만 시대가 달라졌다[吾歸王魂 汝在李世 旣爲人臣 忠則竭力 先天後天 父子異時]'라고 하여 고려의 사람으로 조선 왕조에 들어 죽는 것이 자랑스럽지 않아 그리하였을 것으로 생각된다. [『국역 송은선생문집』 「유서」]

찬자가 빠져 있는 셈이다. 박익선생은 황희가 쓴 묘표에 의하면 「公生于 壬申 卒于戊寅」이라고 하여 정종 즉위년(1398)에 사망한 것이 거의 확실 하다고 한다.[20] 지석에 새겨진 「永樂更子二月」은 박익선생이 사망하고 난 다음 22년이 경과하였기 때문에 새롭게 만든 지석일 가능성을 보여주는 근거가 될 수도 있을 것이다. 실제로 박익묘에서 출토된 관재를 분석한 결과 관에는 옻칠을 3회 도포하였는데 2번을 도포한 후 한차례 마연한 다음 다시 세 번째 칠을 올렸기 때문에 준비하는데 상당한 기간이 걸렸 음을 암시하고 있다. 즉 밀양 고법리에서 발굴조사된 박익묘는 박익선 생이 사망한 다음 바로 준비하여 만든 무덤이 아닐 가능성이 적지 않다 고 생각된다.

3) 화문각석 [도면 4, 사진 10]

화문각석의 발굴 당시 출토 위치는 북서쪽 도굴갱에서 발견되었으 므로 원래의 위치를 알 수 없는 상황이었다. 발굴조사 보고서를 참고하 면 당시 조사단에서는 화문각석의 원래 위치를 봉분 북서쪽 도굴갱이 설치된 양쪽 단벽 바깥 부분이 아니면 석실 내부에 설치하였던 것으로 보았다. 화문각석이 일부 땅에 묻혀 있었던 것은 화문각석 하단부를 다 듬지 않은 것으로 보아 타당한 견해로 볼 수 있겠지만 화문각석과 유사 한 석물이 고려시대 또는 조선시대의 분묘 석실 내부나 양쪽 단벽 바깥 부분에 설치된 예가 아직 보고된 바 없어 원래의 위치를 단언하기는 대 단히 어려운 실정이고 더불어 그 정확한 용도에 관하여서도 설명하기

---

20 김광철, 2002, 「여말선초 사회변동과 박익의 생애」, 『밀양고법리벽화묘』 고적조사보고서 제 35책, 동아대학교 박물관, pp. 169~173

어렵다. 다만 석주의 4면 가운데 1면에는 문양이 없기 때문에 어느 벽에 붙여 세워두었을 것으로 추정되는 점은 있으나 그렇다고 하여도 구체적인 용도는 여전히 알기 어렵다.

다음으로 화문각석에 새겨진 문양에 대하여 살펴보기로 하자. 먼저 전체 크기는 화강암제 장방형 석주 형태로서 높이 57cm, 전면 폭 27.4cm, 측면 폭 19.8~21.2cm 크기이다. 문양이 새겨진 상단부는 붉게 도장되었던 흔적이 부분적으로 남아 있으며 상단부는 넓고 정교하게 다듬었으나 하단부는 상단부보다 좁고 다듬는 수법도 조잡하여 지하에 묻어두기 위한 것으로 판단된다.

화문은 3면에만 새겨져 있었는데 편의상 오엽문이 새겨진 면을 A면, 역만자문이 새겨진 면을 B면, 연봉이 새겨진 면을 C면이라고 하면 A면은 길이 57.5cm, 너비 21.2cm이며 문양이 새겨진 길이는 25.9cm로 그 아래 31.6cm는 다듬지 않았다. 음각선으로 문양을 표현하였는데 중앙에 길게 줄기를 배치하면서 그 위에 잎을 새겼고 좌우로 각각 2쌍의 줄기와 잎을 거의 대칭되게 배치하였다. B면은 길이 57.5cm, 너비 27.4cm로 A면보다 더 넓고 음각한 문양도 상단에 「역만자원문(逆卍字圓紋)」 1쌍과 그 아래에 가운데 긴 줄기와 그 끝에 연과를 배치한 후 좌우로 줄기와 연과를 3개씩 새겼다. 문양을 새기기 위하여 다듬은 길이는 32.5cm 가량이며 나머지 25cm는 거칠게 돌을 떼어 낸 흔적이 남아 있다. C면은 A면과 크기가 비슷한데 너비는 19.8cm, 길이 57.5cm이다. 상단에서 27.3cm까지 연봉우리 한송이를 음각으로 새겼고 그 아래에는 돌을 거칠게 다듬어 마감하였다. 그리고 발굴조사 결과를 참고하면 문양에는 주칠이 되어 있었을 것으로 보이며 세월이 경과함에 따라 탈락되어 희미하게 흔적만 남아 있다.

연꽃은 불교의 상징으로 깨달음과 극락을 뜻하는 것이며 정토와 윤회를 나타내기도 한다. 특히 연과에는 많은 씨앗이 들어 있어 풍요와 다

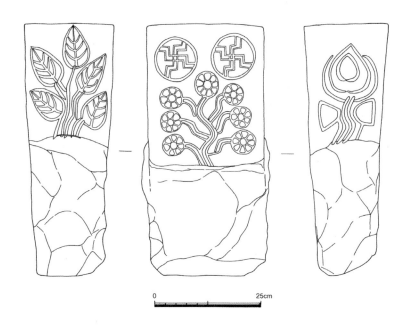

도면 4
화문각석 실측도

A면   B면   C면

사진 10
화문각석

448

산을 상징하기도 한다.[21] 이렇게 보면 석주형 화문각석은 연꽃이 잎을 피우고 꽃을 피우고 열매를 맺는 윤회의 과정을 표현한 것이라고 할 수 있겠고 특히 B면 상단에 새겨진 한쌍의 역만자원문과 더불어 불교적인 문양이라고 할 수 있을 것이다. 그러므로 이 석주형 화문각석은 범자문 목관과 더불어 잎이 피고 꽃이 피고 열매를 맺는 것을 표현하여 무덤의 주인공이 불교에 심취한 사람이며 그 내용은 불교의 윤회사상과 다산과 풍요를 기원하는 상징으로 보아도 좋을 것이다.

4) 청동수저 [도면 5, 사진 11]

청동수저는 북동쪽 단벽 두위에서 발견되었고 수저 끝이 북동쪽 단벽을 향하도록 가지런히 놓여 있었다. 술목 부분이 부러진 것을 복원한 것인데 전체 길이 28cm이고 자루는 만곡하며 술잎은 만곡하는 자루의 끝에서 위로 들려 있어 술부는 도상의 길이(6cm)와 실제 길이(8.6cm)에 차이가 난다. 이러한 현상은 조선시대 초기까지 'S'자로 만곡하는 우리나라 대부분의 숟가락에 나타나는 공통적인 현상이다. 지금까지 필자의 숟가락에 대한 조사 결과에 의하면 숟가락을 옆에서 지면에 붙인 채 옆에서 보아 술목에서 이어지는 자루가 가장 높은 지점에서부터 자루로 볼 수 있다.[22] 그리고 술잎은 자루의 중심에서 약간 왼쪽으로 붙어 있거나 왼쪽이 조금 더 넓은데 이것은 대부분 오른손잡이인 사용자를 고려한 제작방식으로 판단된다.[23]

---

21 韓國文化象徵辭典編纂委員會, 1992, 『韓國文化象徵辭典』, 東亞出版, pp. 476~480
22 숟가락 자루에 시문을 할 경우 이 부분에서 시작하는 것이 일반적이며 경우에 따라서는 홈을 내서 구분하기도 한다.
23 이것은 고려시대와 조선시대의 분묘에서 출토되는 대부분의 숟가락에 해당되는 사항으로 각 종 발굴보고서에 실린 숟가락의 도면을 통해서도 확인할 수 있다.

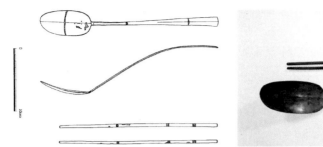

도면 5
청동수저 실측도
사진 11
청동수저

자루는 술목(0.7cm)을 지나 약간 더 좁아졌다가(0.5cm) 다시 넓어져 능형을 이루는 자루의 끝까지 넓어지고(1.4cm) 중앙에는 약한 돌기가 남아 있다. 그리고 술부는 술목에서 좌우로 넓어지면서(3.6cm) 타원형으로 제작되었는데 최대 폭은 4cm이며 술잎의 끝으로 가면서 약간 좁아진다.(3.8cm) 자루를 아래로 하고 보았을 때 술부의 왼쪽 하단이 닳아 있어 숟가락을 사용한 사람(박익선생)은 생전에 오른손잡이였을 것으로 생각된다. 술부의 중앙에는 자루와 마찬가지로 약한 돌기가 남아 있다.

청동숟가락이 무덤에 부장되는 최초의 예는 백제 무령왕릉이지만[24] 중국의 영향으로 보다 일반적인 경향으로 부장되게 되는 시기는 고려시대부터라고 할 수 있다. 고려시대부터 식탁에서 대부분의 사람들이 청동숟가락을 사용하였다고 보기는 어렵고 청동숟가락은 상당히 귀한 도구로서 사후의 세계까지 사자를 동반하게 되었던 것으로 볼 수 있다. 왜냐하면 발굴조사 결과 청동숟가락이 출토되는 분묘의 비율은 대체로 30%를 넘지 않는 점, 숟가락에는 대부분 사용흔이 남아 있고 더러는 술부가 심하게 닳은 것도 부장품으로 매납된 점 등은 당시로서 청동숟가락은 흔히 볼 수 있고 누구나 사용하였던 식도구는 아니었던 것을 반증하고 있다.

24 文化公報部 文化財管理局, 1973, 『武寧王陵』, pp. 39~40 ; 鄭義道, 2008, 「靑銅숟가락의 登場과 擴散-三國時代~統一新羅時代」石堂論叢 第42輯, 東亞大學校 石堂學術院, pp. 283~286 ; 鄭義道, 2009, 「武寧王陵 出土 靑銅匙箸硏究」, 『先史와 古代』, pp. 217~226

고려시대와 조선시대의 숟가락은 크게 3가지 형식으로 나눌 수 있다. 먼저 유엽형의 술잎에 만곡하면서 끝으로 가면서 약간 넓어지는 형식(기본형), 유엽형의 술잎에 만곡하면서 끝으로 가면서 넓어지는 자루가 좌우로 갈라지는 형식(쌍어형), 그리고 타원형의 술잎에 길게 만곡하는 자루가 부가된 형식(장릉형) 등으로 나누어 볼 수 있다.[25] 이 가운데 박익묘에서 출토된 숟가락은 장릉형에 속하는 것인데 이것은 고려 인종 장릉(황통6년, 1146)에서 출토된 타원형의 술잎에 비교적 길고 우아하게 만곡하는 자루가 부가된 은제의 숟가락을 기준하여 명명한 것이다.[26]

같은 형식의 숟가락은 경기도 파주군 주내면 연풍리에서 청동제함, 청동제발, 청동탁잔, 개원통보와 홍무통보 등 9점의 동전과 같이 출토된 예와 평남 강서군 증산면 화선리에서 은제병명, 은제배, 청동세, 석제벼루, 분청병 등과 함께 출토된 예가 있어 되어[27] 박익묘와 동일한 시기에 상당한 수준의 유물을 동반하는 무덤에서 출토되고 있다. 게다가 장릉형 숟가락은 상당히 드물게 출토되는 형식으로 예를 들면 김해 구산동 유적 I 에서는 모두 84점의 청동숟가락이 출토되었는데 그 가운데 장릉형은 단 1점에 불과하였다.[28]

젓가락은 상단의 손으로 잡는 부분은 4각이나 6각 등으로 각을 세우고 음식물은 집는 하단은 대개 단면 원형으로 상단의 잡는 부분보다는 가늘게 만드는 것이 일반적이다. 박익묘 출토 젓가락도 이러한 제작 수법을 그대로 따르고 있는데 젓가락 1쌍은 길이가 각각 26.1cm, 26.2cm로 약간 차이가 나며 상단의 너비도 0.5cm, 0.55cm로 차이가 난다. 상

25 鄭義道, 2010, 「雙魚形銅匙硏究」, 『漢代城市和聚落考古與漢文化』, 中國社會科學院考
    古硏究所・河南省文物考古硏究所, 科學出版社, pp. 447~450
26 이난영, 1992, 「3] 고려시대의 숟가락」, 『한국고대금속공예연구』, 일지사, p.118
27 이난영, 1992, 「3] 고려시대의 숟가락」, 『한국고대금속공예연구』, 일지사, pp. 117~121
28 慶南考古學硏究所, 2009, 『金海 龜山洞遺蹟-朝鮮墓群[1]』

단에서 7.8~8cm 지점에 약간의 홈을 내고 홈의 상하에 각각 2조의 음 각선을 내어 잡는 부분을 표시하고 있다. 상단의 손잡이 부분은 단면 방 형이며 음식물을 집는 부분은 단조하여 단면 원형으로 제작하였는데 직 경 각각 0.3cm, 0.36cm이다. 이렇게 젓가락의 길이와 두께가 다른 것은 당시로서는 흔한 일이며 이것은 젓가락이 숟가락에 비하여 사용빈도가 훨씬 낮았던 것임을 보여주고 있다.

박익묘에서는 이와 같이 수저 한 벌이 출토되었는데 이것은 당시 조선시대나 고려시대의 분묘에서 출토되는 숟가락과 젓가락의 동반 출토 상황을 고려하면 상당히 드문 예에 속한다. 수저가 세트를 이루 면서 출토된 경우를 살펴보면 대구 욱수동유적에서는 2/18(11%), 상 주 병성동유적 0/9(0%), 상주 성동리유적 0/11(0%), 대구 내환동고분 군 1/69(1.5%), 김천 대신리유적 2/27(7.5%), 사천 선인동유적 1/24(4%), 고성 신전리민묘군 0/13(0%), 김해 덕산리민묘군 18/43(42%), 청원 남 촌리유적 2/12(17%), 논산 원북리유적 21/51(41%), 충주 수룡리유적 0/11(0%), 진안 수천리유적 1/9(11%) 등이다. 이 가운데 김해 덕산리민 묘군과 논산 원북리유적만이 40%를 약간 넘을 뿐 대부분 10%를 넘지 못하고 있다.[29]

이와 같이 박익묘에서 출토된 청동숟가락과 젓가락은 우선 한 벌이 출토되었다는 점에서 상당히 예외적일 뿐만 아니라 숟가락이 장릉형에 속한다는 것 또한 당시에 사용하였던 숟가락 가운데 일반적이라고 하더 라도 상당한 수준에 있었던 자들만이 사용할 수 있었던 숟가락-기본형 이나 쌍어형 숟가락에 비하여 한 단계 더 높은 수준의 숟가락이었음을 알 수 있고 이것의 술부 왼쪽에 사용흔이 남아 있어 박익선생이 생존할

---

29 鄭義道, 2007, 『韓國古代青銅匙箸研究-高麗時代-』石堂論叢 第38輯, 東亞大學校 石 堂學術院, pp. 117~122

당시에 식탁에서 직접 사용하였던 숟가락으로 볼 수 있다.

5) 동전[도면 6, 사진 12]

석실 바깥의 북동쪽 도굴갱에서 황송통보 등 동전 9점이 수습되었다. 이것은 모두 중국전으로 천희통보(天禧通寶), 천성통보(天聖通寶), 경우원보(景祐元寶), 황송통보(皇宋通寶), 가우원보(嘉祐元寶), 원우통보(元祐通寶), 소성원보(紹聖元寶), 홍무통보(洪武通寶), 영락통보(永樂通寶) 등 각각 다른 것으로 북송대의 동전 7점과 명대의 동전 2점이 포함되어 있다. 이들의 자세한 크기와 주조연대는 아래와 같다.[30]

	錢種	直徑[cm]	鑄造年代	王朝	判讀
1	天禧通寶	2.4	1017~1021	北宋 眞宗	回讀
2	天聖通寶	2.5	1022~1031	北宋 仁宗	回讀
3	景祐元寶	2.53	1034~1038	北宋 仁宗	回讀
4	皇宋通寶	2.6	1039	北宋 仁宗	對讀
5	嘉祐元寶	2.35	1056~1063	北宋 仁宗	回讀
6	元祐通寶	2.4	1086~1094	北宋 哲宗	回讀
7	紹聖元寶	2.5	1094~1098	北宋 哲宗	回讀
8	洪武通寶	2.3	1386~1398	明 太祖	對讀
9	永樂通寶	2.5	1403~1424	明 成祖	對讀

무덤에 동전을 넣은 것은 중국의 오랜 풍습이며 우리나라에서는 고려시대에 이르러 중국으로부터 전래되어 시작된 것이다. 우리나라의 분

---

30 中國錢幣大辭典編纂委員會編, 2005, 『中國錢幣大辭典』 宋遼西夏金編 北宋卷 · 南宋卷, 中華書局出版發行

묘에서 출토되는 경우는 그리 흔치 않다. 기원전후의 유적인 삼천포 늑도유적이나 해남 군곡리유적, 그리고 다호리 유적에서는 반량전이나 오수전이 출토되고 있지만 삼국시대에 들어서는 백제 무령왕릉과 경산 임당고분에서 오수전이 발견된 것을 제외하면 동전이 출토되는 분묘는 거의 없는 실정이다. 이것이 삼국시대에 화폐경제가 발달하지 않아 동전이 실질적인 가치가 없었기 때문에 중국의 장례풍습을 받아들일 만한 사회적인 배경이 형성되지 않았던 것인지 단정하기는 어렵다.

이후 고려시대에 이르러 기록에만 남아 있는 乾元重寶(966)를 비롯하여 東國重寶, 東國通寶(998년 이후), 海東通寶, 三韓通寶(1102년 이후)에 주조되어[31] 일부 부장되기도 하지만 고려시대의 분묘에서 주로 출토되는 것은 중국동전이다. 그 중에서도 아직 분명한 이유는 알 수 없지만 주로 북송전이 출토되고 있으며 원풍통보, 황송통보, 원우통보, 천성원보 등이 상당한 비중을 차지하며 출토되고 있다.[32] 북송전이 선호되는 것은 북송을 지나 남송이 지속되는 남송시대(1127~1279)까지도 계속되며 고려시대의 장례풍습이 이어지는 조선시대 전기까지도 이어진다는 것이다. 북송전을 선호하는 것이 화폐 본래의 가치가 뛰어나기 때문에 빚어진 현상인지는 차후 연구결과를 기다려야 할 것이다.

북송전과 아울러 명전이 2점 출토되었다. 모두 명나라 초기전들인데 특히 영락통보는 그 주조연대가 明 成祖 1年(1403)을 소급할 수 없는 것이므로 박익묘에서 출토된 지석에 永樂 更子年(成祖 18年, 1420)에 장례를 치렀다는 기록을 뒷받침하고 있다. 한편 지금까지의 연구결과를 참고하면 동전은 주로 숟가락이나 청동제 그릇과 함께 매납되거나 피장자의

---

31 원유한, 2006, 『한국화폐사(고대부터 대한제국시대까지)』연구용역보고서, 한국은행 발권국, pp. 39~57

32 李承一, 2002, 『高麗墓 出土 中國錢에 關한 研究』碩士學位論文, 東亞大學校 大學院, pp. 43~47

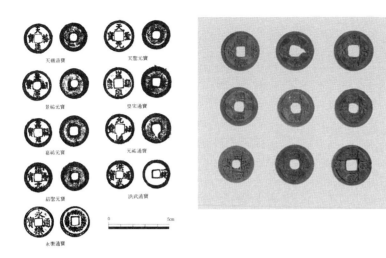

天禧通寶　天聖元寶
景祐元寶　皇宋通寶
嘉祐元寶　元祐通寶
紹聖元寶　洪武通寶
永樂通寶

0　　　　5cm

도면 6
동전 탁본도
사진 12
출토 동전 일괄

손에 쥐어주는 것이 일반적인데 도굴에 의하여 제자리를 떠나서 발견된
점은 아쉬운 부분이다.

6) 도자기 [도면 7, 사진 13]

출토된 도자기는 총 2점으로 분청사기 대접과 도기 호(항아리)이다.
출토위치는 봉분 후면의 곡장과 병풍석 사이의 부석층으로 이 묘와 직
접적인 관련이 있는지는 자세하지는 않지만 묘역 내부에서 확인되었다.

분청사기 대접은 구연과 기벽 일부가 결실된 상태로 출토되었다. 구
연은 직립하면서 살짝 외반하고 기벽은 사선으로 오르며 기벽 전체에
물레흔이 관찰된다. 내저면은 평평하게 완만한 곡면으로 오르며 안 바
닥에 내저원각이 있다. 문양은 무문이나 구연과 굽 언저리를 제외한 내
외면에 귀얄장식 하였다. 태토는 짙은 회색계열로서 입자의 구성이 치
밀하지 못한 편으로 다량의 석립이 혼입되어 있다. 유약을 얇게 전면 시
유하였으나 굽 접지면은 유약을 닦아 내었다. 전체적으로 시유상태와
용융상태가 양호하지 않아 일부 뭉쳐진 예도 보인다. 굽은 직립하며 외

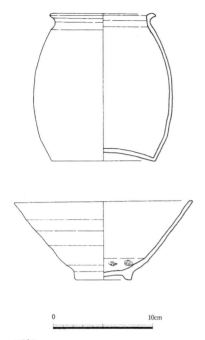

도면 7
도기호(위)와 분청사기 대접(아래)
실측도

0 ────────── 10cm

면의 정리 상태가 조잡하며 안 바닥은 편평하게 정리하였다. 굽 전지면의 폭은 0.4~0.5cm로 일정하기 않다. 내저면 안바닥에 백색 계열의 내화토 빚음을 각각 5개씩 정면하게 받쳐 번조한 것으로 보인다. 높이는 7.5cm, 구경 9cm, 저경 2.9cm이다.

분청사기 대접과 함께 출토된 도기 호는 구연과 동체 일부가 결실되었으나 전체 형태는 남아있다. 구연은 목 부분에서부터 외반 되기 시작하여 밖으로 벌어진 형태이다. 기벽은 얇고 기면 안쪽으로 박자흔과 물레흔이 관찰된다. 바닥과 기면을 이어 붙였으며 바닥은 평저이고 조개를 받쳐 번조한 흔적이 보인다. 문양은 없으며 태토는 회색계열로 입자의 구성이 치밀하지 못하고 석립이 혼입되어 있다. 유약은 전면에 고루 시유하였으나 용융상태가 불량하여 박락되거나 뭉쳐져 있다. 저부 바닥의 지름 10.4cm, 구경 10.5cm, 높이 14.2cm이다.

한국 도자사에서 분청사기는 고려에서 조선으로 왕조가 바뀌면서 14세기 중엽 경부터 시작하여 16세기 전반까지 사용된 도자기를 말한다.[33] 명칭은 그릇의 특징을 가장 뚜렷하게 명명한데서 유래하였는데 그릇의 표면은 백토로 분장되었고 색은 회청색이라는 의미를 줄여 '분청사기' 또는 '분청자'로 부르게 되었다. 분청사기의 변천 시기는 여러 학자들에 의해 연구되었으며 기존의 편년유물과 기록, 그리고 새로운 발굴자료 등을 고려하여 1기-태동기(1365~1400년), 2기-발생기(1400~1432년), 3기-발전기(1432~1469년), 4기-변화기(1469~1510년경), 5기-쇠퇴기(1510~1550

---

33   강경숙, 2004, 「분청사기의 특징과 변천」, 『분청사기 명품전』, 호림박물관, p. 279

사진 13
분청사기 대접(좌)·도기 호(우)

년경) 등의 5시기 구분이 가능하다.[34]

한편, 박익묘에서 출토된 분청사기 대접은 사선으로 벌어지면서 구연이 살짝 외반하고, 내저원각이 희미하게 남아 있는 형태면에서 조선전기 경남일대에서 확인되는 예와 유사하다.[35] 문양적인 특징으로 귀얄문이 기면 내외면 전체로 발라져 있는데 이 또한 경남일대에서 다수 확인되었다. 귀얄문에 대한 절대 편년자료는 단종2년(1454)에 축조된 溫寧君墓에서 출토된 분청귀얄문호와 접시를 생각해 볼 수 있다.[36] 또한 백색계열의 내화토를 받쳐 번조한 예는 15세기 중후반 경남 일대에서 가마에서 도자기 번조시 다수 확인되고 있으므로 고법리 출토 분청사기 대접의 제작시기는 15세기 중반 이후로 편년된다.

그리고 도기는 흙으로 가마 안에서 구은 모든 그릇을 총칭하는 넓은 의미로부터 고려시대 이후 토기를 지칭하기도 하며 그 외 유약이 입혀진 그릇을 말하기도 한다. 박익묘 출토 도기 호와 기벽의 두께 및 형태 등이 비슷한 예는 화명주공아파트 조선전기 분묘[37]와 하동 백련리[38], 사

---

34 강경숙, 1986, 『분청사기연구』, 일지사, pp. 367~376 ; 강경숙, 2004, 「분청사기의 특징과 변천」, 『분청사기 명품전』, 호림박물관, p. 280

35 경남발전연구원 역사문화센터, 2004, 『진해웅천도요지 II 』 ; 국립진주박물관, 2004, 『조선지방사기의 흔적』 ; 국립진주박물관, 2007, 『경상남도 도요지 지표조사 보고서1』

36 강경숙, 1986, 『분청사기연구』, 일지사, p.55

37 한국문물연구원, 2008, 『부산 화명주공아파트 재건축 부지내 문화재 발굴(시굴)조사』자문회의 자료

38 김윤희, 2004, 『경남지방 조선전기 백자연구-하동 백련리 출토 백자를 중심으로』, 동아대학교

사진 14
香爐石, 床石, 魂遊石의 측면 광경

香爐石　　　　　　床石　　　　　　魂遊石

천 우천리[39] 등 가마에서도 일부 예가 확인되며, 함께 출토된 분청사기 대접을 통해서 제작시기는 1450년 이후가 될 것으로 생각된다.

　　이와 같이 박익묘의 묘역 내에서 출토된 분청사기와 도기 호는 그 제작시기가 15세기 중반경으로 편년되며 경남지역의 조선시대 분묘에서도 흔하게 출토되는 유물이다. 유물의 제작시기를 15세기 중반으로 하였을 때 지석에 나타난 장례시기보다 약 30년 정도 차이가 나게 되는데 이것은 박익묘가 축조된 다음에도 계속하여 제사를 지내거나 관리되고 있었음을 보여주는 근거로 생각할 수 있으며 지금 남아 있는 박익묘는 1420년 축조 당시의 모습 그대로라고 생각할 수 없는 것이다. 장례가 치러진 세종 2년(경자년, 1420) 이후로 박익묘는 후손에 의하여 끊임없이 관리되어 왔을 것이며 그것은 조선시대 전기에는 없다가 17세기 이후에 나타나는 것으로 알려진 혼유석이 상석과 봉분 사이에 배치된 것으로 보아도[도면 1, 사진 14] 알 수 있는 사실이라고 하겠다.[40]

　　석사학위논문

39　배보늬, 2005,『조선시대 영남지방 옹기에 관한 연구-사천우천리 유적을 중심으로』, 동아대학교 석사학위논문

40　정해득, 2009,「朝鮮時代 京畿地域 墓祭石物研究」,『朝鮮時代史學報』第51卷, pp. 76~82

결론

이상과 같이 출토유물에 대한 장황한 설명을 정리하면서 결론에 대신하고자 한다. 먼저 발굴조사 결과 출토된 유물이 박익묘가 조성되던 당시의 유물 전부가 아니라는 것이다. 발굴조사 결과 석실 내에서 출토된 유물은 관재와 지석, 그리고 청동제 수저 한 벌이 전부였고 그나마 화문각석과 9점의 동전은 도굴갱 내에서 수습되었다. 고려말에서 조선초에 조성된 분묘에서 출토되는 유물상과 박익묘의 축조수법과 남아 있는 유물을 고려하면 청동제합 세트, 동경, 철제가위, 유리제 장신구, 벼루 등이 당시의 부장품으로 매납되었을 가능성이 높을 것으로 추정된다.

먼저 가장 중요한 유물은 묘주와 장례시기를 알려주는 지석이라고 하겠다. 지석은 조선 세종을 지나 성종에 이르러 완성되는 『국조오례의』에 기록된 방법과 크게 다르지 않게 제작되었다. 그러나 그 내용에 있어서는 대단히 소략한 점이 있어 그 연유는 박익의 생애와 장례 시기 등을 아울러 검토하여야 할 필요가 있을 것이다. 한가지 더불어 지적해 둘 것은 조선시대에 이르면 석실묘가 거의 사라지고 석재로 만든 지석도 그 예가 드문 편인데 박익묘에서는 고려조의 전통을 고수한 까닭인지 석실묘와 석제 지석을 사용하였고 아울러 관에도 옻칠을 한 후 그 외면에는 범자문과 중권문을 시문한 것을 사용하였다.

그리고 사용흔이 남아 있는 한 벌의 청동제 수저는 수저 한 벌로 출토된 것도 드문 경우긴 하지만 청동숟가락은 형식 분류 상 장릉형에 속하는 것으로 고려~조선시대 분묘에서도 그 출토 예가 드문 것이다. 또한 9점의 동전은 모두 중국전으로 출토위치를 알 수 없지만 고려시대 이래의 도교적인 계세사상과 매지권, 불교적인 육도전에 대한 관념이 존재하고 있을 것으로 볼 수 있고 영락통보는 지석의 기록을 뒷받침하는 아주 중요한 유물로 판단된다.

출토유물 가운데 가장 특이한 것이 화문각석인데 연이 잎을 나고 꽃을 피우고 열매를 맺는 세 단계를 표현한 것이라고 할 수 있겠고 한 쌍의 역만자원문과 연과를 함께 새긴 것은 불교적 색채를 뚜렷이 하고 있으며 관재에 그려진 범자문과 더불어 분명한 불교적인 문양이라고 할 수 있을 것이다. 아쉬운 것은 도굴로 인하여 화문각석의 원래의 위치를 알 수 없는 것이며 각석의 4면 중 1면이 비어있는 것은 벽면 한쪽에 세우기 위한 것으로 판단되지만 이와 유사한 출토 사례가 아직은 없어 정확한 설치 목적을 알기가 매우 어렵다.

이와 같이 박익묘의 조선시대에 조성된 분묘로는 드문 형식의 석실묘에 벽화는 원대의 내용을 답습하는 내용으로 그렸다. 관에는 범자문과 중권문을 그리고 석주에는 윤회를 상징하는 문양을 새겨 생전에 고려의 주된 이념이라고 할 수 있는 불교를 따르고 있다. 내부에서 출토된 숟가락과 동전 역시 고려의 전통을 그대로 따르고 있어 박익선생은 조선시대를 살았던 마지막 고려인이라 할 수 있을 것이다. 한편 봉분 후면의 곡장과 병풍석 사이의 부석층에서 15세기 중반의 분청사기 대접과 도기 호가 출토된 것은 박익묘가 축조된 이래 끊임없이 유지 보수되어 왔음을 보여주는 자료라고 생각된다.

경남지역 조선전기 숟가락 연구

지역성과 상징성

7

01 서

숟가락은 우리나라의 식문화 전통을 가늠하는 중요한 식도구임에도 불구하고 고고학적인 연구는 이제 시작 단계에 불과하다. 최근 들어 고려·조선시대 분묘 출토 청동숟가락에 대한 관심과 편년연구가 발굴조사 보고서를 통하여 진행되고 있는 실정이지만 숟가락을 통하여 보는 식도구의 변화상이나 식생활의 변화를 읽어내는 것은 아직 요원한 실정이다.

발굴조사 현장에서 숟가락이 출토되는 고려시대와 조선시대의 분묘가 보고서에서 고고학적 고찰의 대상이 된 것은 최근 10년 사이에 일어난 변화라고 하여도 과언이 아니다. 특히 숟가락은 아직도 우리가 사용하고 있고 또 그 전하는 수도 많아서 고고학적 관심의 대상이 되기는 어려웠던 것으로 볼 수 있다. 그런데 2000년 이후 고려시대와 조선시대의 분묘가 대규모로 발굴되면서 상당한 출토비율을 보이는 숟가락을 단순하게 또 다른 숟가락이 출토되었다고 보기는 어려울 지경이 되었다. 고고학 연구목적 가운데 하나가 당시 사람들의 생활 복원이라는 관점에서 본다면 발굴조사를 통하여 출토되는 이렇게 많은 숟가락을 왜 무덤에

묻게 되었으며, 언제부터 어떤 배경에서 이렇게 청동숟가락을 사용하게
되었는가 하는 의문을 가지지 않을 수 없게 되었다.

이러한 의문에 접근하기 위하여 필자는 삼국시대 이후 고려시대에
이르기까지의 숟가락에 대한 연구를 진행하였는데 그 결과를 간단하게
요약하면 다음과 같다. 우리나라에서 청동숟가락은 백제 무령왕릉에서
처음 등장하여 통일신라시대로 이어지며 일본에 전해지기도 하였다. 청
동숟가락을 식탁에서 본격적으로 사용하게 되고 무덤의 부장품으로 등
장하게 되는 것은 고려시대에 이르러 중국 특히 요나라와 금나라 등 중
국북방과 깊은 관련이 있을 것으로 추정하였다. 이어서 고려가 원나라
의 지배를 받으면서 채식 위주의 음식에 육류가 본격적으로 등장하게
되고 식탁에 국이 빠지지 않게 되는 점도 숟가락 사용을 촉진하게 된 계
기가 되었음을 지적하였다.[1]

이러한 숟가락 사용은 조선시대 전 시기를 통하여 전승되고 오늘에
까지 이르고 있는 것으로 볼 수 있는데 부장품으로서의 숟가락은 고려
시대 이래의 전통이 조선시대로 이어지는 것으로 보인다.[2] 그러나 조선
시대의 숟가락은 지역별로 부장량이 적지 않고 변형이 많아 우리나라
전역에서 출토되는 조선시대 전기의 전체 숟가락을 대상으로 숟가락의
여러 변화상을 고찰하기에는 쉽지 않은 상황이다. 그러므로 이번 글에
서는 경남지방에서 조사된 조선시대 분묘 유적에서 출토된 숟가락을 중

---

1 정의도, a. 2007, 「한국고대청동시저연구-고려시대-」, 『석당논총』 제38집, 동아대학교 석당학
술원 b. 2008, 「청동숟가락의 등장과 확산-삼국시대~통일신라시대-」, 『석당논총』 제42집, 동
아대학교 석당학술원 c. 2009, 「송 · 요 · 금 · 원묘 시저 및 철협 출토경향-고려묘 부장품과 관
련하여-」, 『문물연구』 제15호, 재단법인 동아시아문물연구 학술재단 d. 2009, 「무령왕릉 출토
청동시저연구」, 『선사와 고대』 제30호, 한국고대학회 e. 2010, 「송 · 요 · 금 · 원 수저(匙箸)
편년연구-어미형 숟가락의 출현-」, 『문물연구』 제17호, 재단법인 동아시아문물연구 학술재단
f. 2010, 「双魚形銅匙硏究」, 『漢代城市和聚落考古與漢文化 國際學術硏討會』 中國社會
科學院 考古硏究所 · 河南省文物局 考古硏究所 g. 2010, 「송은 박익선생묘 출토유물의 고
고학적 연구」, 『선사와 고대』 제33호, 한국고대학회
2 정의도, 2010, 「송은 박익선생묘 출토유물의 고고학적 연구」, 『선사와 고대』 제33호, 한국고대
학회

심으로 형식분류안을 제안한 다음 각 형식간의 출토 빈도와 지역 간의 부장품의 차이에 대하여 살펴보고자 한다. 이러한 연구는 차후 진행될 각 지역별 비교연구의 교두보 역할을 할 수 있을 것으로 필자는 기대하고 있다. 아울러 청동숟가락과 같이 출토되는 젓가락과 가위에 대한 형식학적인 연구와 몇 가지 문제점도 지적해 보고자 한다.

연구방법 02

최근의 발굴성과를 고려하면 조선의 개국에서 임진왜란에 이르는 기간이 14세기 말에서 16세기 말까지 약 200년간의 기간이지만 발굴조사된 분묘의 수와 출토된 숟가락의 양은 상당하여 이를 모두 아우르는 작업은 지난한 작업이 아닐 수 없게 되었다. 그래서 조선시대 숟가락 연구를 위한 1차 작업으로 우선 경상남도 지역에서 조선시대 분묘가 50기 이상 발굴조사된 유적을 선정하고 아울러 지역적인 특징을 알 수 있는 유적을 골라 숟가락의 변화 양상과 지역적인 특징을 고찰하여 보기로 하였다. 일단 50기 이상 조사된 유적을 조건으로 한 것은 출토되는 숟가락이 최소 10점 이상은 되어야 숟가락 형식의 선호도를 추정할 수 있기 때문이다. 또한 지역적인 특징을 거론한 것은 지금도 각 지방마다 또는 집안마다 장례풍속이 다른데 이것은 조선시대 이래 지방 또는 집안(가문)에 따라 각자의 방식을 따라 장례를 치렀던 전통을 답습하고 있는 것으로 생각되기 때문이다. 아마도 발굴조사 결과만으로 구체적인 장례풍속을 복원하기는 어렵겠지만 출토유물의 비교연구를 통하여 적어도 상이한 장례 풍속이 있었다는 것은 입증할 수 있을 것으로 기대된다.

이를 위하여 지금까지 여러 가지 용어와 각각의 제안으로 사용되고 있는 숟가락의 각 명칭과 형식분류를 제안하고자 한다. 이어서 경남지방에서 발굴조사된 대표적인 유적을 골라 이를 정리하여 앞서 제안한 형식분류에 따라 분류한 다음 이를 바탕으로 숟가락의 크기와 각 지역의 숟가락 형식에 대한 지역별 편차를 확인하여 당시 지역사회의 숟가락에 대한 선호도를 확인하고자 한다. 이와 같은 목적을 달성하기 위하여 계측을 통한 일반화 작업이 필수적이지만 필자가 모든 유물을 직접 보고 계측할 수는 없었고 보고서 도면을 보고 계측한 것도 있어 착오가 적지 않을 것아 걱정이다. 또한 숟가락의 형식별 선후관계를 확인하기 위하여 청동숟가락과 동반되는 도자기의 편년을 이용하여 시기구분을 시도하고자 하며 아울러 청동숟가락 각 형식의 대체적인 크기도 살펴보고자 한다.

그리고 숟가락과 뗄 수 없는 젓가락의 출토 상황과 크기, 출토 경향 등을 살펴서 당시의 식탁에서 젓가락이 점하고 있었던 위치를 알아보고자 하며 조선시대 전기의 무덤에서 청동 수저와 함께 빈번하게 출토되는 철제 가위의 출토 경향과 크기에 따른 분류도 함께 시도하여 보고자 한다.

용어 및 형식분류 03

숟가락은 우리나라와 일본에서는 한자로 匙라고 하고 중국측 보고
서에서는 勺이라고 쓴다. 그리고 젓가락은 箸라고도 하는데 중국에서는
筋, 筋, 또는 筷로 써서 모두 대죽변이 붙은 글자를 쓴다. 이는 젓가락의
형태나 재질을 알려주는 듯하지만 우리와는 조금 다른 용어를 사용하
는 경향이 있다.[3] 우리는 숟가락와 젓가락을 합하여 수저라고 하며 숟가
락을 술이라고 하고 젓가락을 저 또는 저분이라고도 한다. 지금까지 보
고서에서는 숟가락을 청동시, 동시, 숟가락, 청동숟가락 등으로 적고 있
는데 숟가락이라는 우리말이 있으니 재질을 감안하여 청동숟가락이라
고 부르는 것이 가장 적절할 듯하다. 그리고 젓가락은 청동저나 동저 보
다는 청동숟가락의 예를 따라 청동젓가락이라고 부르는 것이 좋지 않을
까 한다. 그리고 숟가락이나 젓가락의 각 부분에 대한 명칭은 한가지로
통일하기 어려울 만큼 보고서마다 용어가 다른 형편인데 일단 고려시대

---

3 劉雲, 1996, 『中國箸文化大觀』, 科學出版社 ; 向井由紀子 · 橋本慶子, 2001, 『箸(はし)』,
   ものと人間の文化史 102, 法政大學出版局

숟가락에 대한 글에서 제안한 숟가락의 용어를 그대로 사용하기로 한다.[4][도면 1]

숟가락에 대한 형식분류는 이난영이 금속제 수저를 원형시와 타원형시로서 한 세트가 되는 통일신라시대의 전형적인 예를 Ⅰ형식, 국자형시로서 시면이 원형이기는 하나 앞에서 본 Ⅰ형식의 원형시보다 크고 자루도 긴 것을 Ⅱ형식, 가비형시로서 정창원에 소장된 숟가락 가운데 조개껍질에 막대기를 끼운 형태로 주조된 것을 Ⅲ형식, 연미형으로 전형적인 고려양식으로 곡선이 심한 연미형에까지는 이르지 않는것을 Ⅳ형식으로 분류하였다.[5]

이와 같은 형식분류는 통일신라시대 숟가락을 모두 하나의 형식으로 보고 국자도 숟가락의 형식분류에 포함한 것으로 숟가락만의 형식분류는 아니고 통일신라시대와 고려시대의 일부 숟가락만을 대상으로 한 것이다. 그나마 이난영의 형식분류 이후 별다른 형식분류에 대한 연구 없이 연미형은 여러 논문과 보고서에서 사용되고 있는 실정이다.

필자는 고려시대 숟가락에 대한 연구에서 술잎은 타원형과 유엽형으로 나눌 수 있고 손잡이의 끝은 능형과 약시형, 연미형과 연봉형으로 나눌 수 있다고 하였지만 뚜렷한 형식분류 제안을 한 것은 아니었다. 이번 기회에 청동숟가락이 본격적으로 무덤의 부장품으로 채택된 고려시대와 조선시대를 아우를 수 있는 나름의 형식분류안을 제안하고자 한다.

우선 숟가락은 술잎의 형태에 따라 유엽형[Ⅰ형식]과 말각장방형[Ⅱ형식]으로 나눌 수 있다. 유엽형 술잎에 부가되는 자루의 형태는 끝으로 가면서 넓어지다가 대개 호상으로 마무리되는 기본형[Ⅰ-1형식],

---

4 정의도, 2007, 「한국고대청동시저연구-고려시대-」, 『석당논총』제38집, 동아대학교 석당학술원, pp.69~71

5 이난영, 1992, 「Ⅳ. 금속공예의 중요유물 4) 금속제 수저」, 『한국고대금속공예연구』, 일지사, pp.278~284[이상은 제안자의 분류안과 명칭을 그대로 따른 것이다.]

468

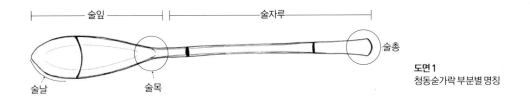

술잎 ├──────── 술자루 ────────┤

술총

도면 1
청동숟가락 부분별 명칭

술날 　　　　 술목

표1 청동숟가락 형식분류안

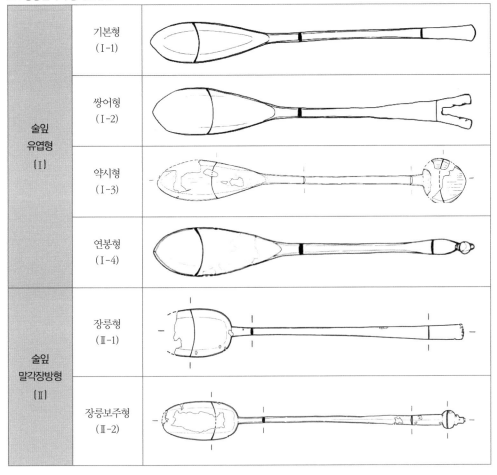

술잎 유엽형 〔Ⅰ〕	기본형 (Ⅰ-1)	
	쌍어형 (Ⅰ-2)	
	약시형 (Ⅰ-3)	
	연봉형 (Ⅰ-4)	
술잎 말각장방형 〔Ⅱ〕	장릉형 (Ⅱ-1)	
	장릉보주형 (Ⅱ-2)	

자루의 끝(술총)이 둘로 나누어지는 쌍어형[Ⅰ-2형식], 자루의 끝에 약시가 달린 약시형[Ⅰ-3형식], 자루의 끝에 연꽃 봉오리가 달린 연봉형[Ⅰ-4형식]으로 나눌 수 있다.[6] 그리고 말각장방형 술잎에 부가되는 자루는 비교적 긴 자루가 끝으로 가면서 넓어지다가 호상이나 능상으로 마무리되는 장릉형[Ⅱ-1형식]이 대부분이었으나 최근의 발굴을 통하여 술총에 보주가 부가된 형식이 발견되기도 하여 장릉보주형[Ⅱ-2형식]으로 분류하기로 한다.[표 1]

---

6 쌍어형 숟가락은 필자가 주)1의 e 논문에서 어미형이라는 명칭을 제안한 바 있다. 이것은 연미형이란 명칭을 대체하는 뜻에서 제안한 것이었다. 사실 숟가락 자루의 끝이 둘로 나누어진 것은 요대의 숟가락 자루의 끝에 쌍어를 새기던 것이 간략화되면서 이루어진 현상이므로 원래 의도한 바를 따라 어미형라는 것보다 쌍어형이라고 이름하는 것이 타당할 것으로 생각된다. 쌍어형이라는 명칭은 금대의 쌍어문 동경과도 어울리는 명칭이라고도 하겠다.

청동숟가락 출토유적

청동숟가락이 가장 많이 출토되는 15세기와 16세기에 걸친 조선시대의 상황을 가장 잘 기록해 놓은 지리서로 『新增東國輿地勝覽』이 있다. 조선 성종 당시에 편찬된 이 지리서에 따르면 지금의 경남지방은 경주진관에 울산과 양산, 동래, 기장, 언양, 대구진관에 밀양이 포함되어 있었지만 대부분 진주진관과 김해진관에 포함되어 있었다.[7] 그러므로 조선시대 전기에 경남지방에서는 진주목과 김해도호부, 창원도호부, 밀양도호부가 비교적 거읍이라고 하겠는데 이 지역에 조성된 유적을 선택하여 당시 숟가락을 중심으로 하는 부장풍습의 지역적 대표성을 확보하고자 하였다.

또한 최근의 발굴성과를 감안하여 경남지역에서 발굴조사된 조선시대 분묘유적 가운데 숟가락의 출토량이 20점 이상 확인된 유적과 앞서 지적한 지역적인 분포를 감안하여 다음과 같은 유적을 선정하여 숟가락의 부장 상황과 형태의 변화를 살펴보고자 하였다. 대상 유적은 김해 구

---

7 『新增東國輿地勝覽』慶尙道篇

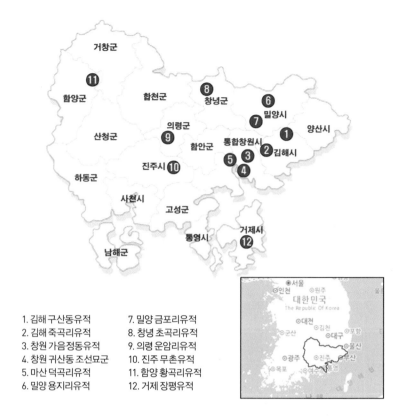

지도 1
조선시대 전기 분묘유적 분포도

1. 김해 구산동유적
2. 김해 죽곡리유적
3. 창원 가음정동유적
4. 창원 귀산동 조선묘군
5. 마산 덕곡리유적
6. 밀양 용지리유적
7. 밀양 금포리유적
8. 창녕 초곡리유적
9. 의령 운암리유적
10. 진주 무촌유적
11. 함양 황곡리유적
12. 거제 장평유적

산동유적과 죽곡리유적, 창원 가음정유적과 귀산동조선분묘군, 마산 진
북 덕곡리유적, 밀양 금포리유적, 용지리유적, 의령 운암리유적, 창녕 초
곡리유적, 진주 무촌유적, 함양 황곡리유적, 거제 장평유적 등이다. 아쉽
게도 양산, 함안, 합천, 하동, 남해지역은 빠져 있지만 차후 조사성과가
축적이 된다면 다른 지역과의 비교연구가 가능할 것으로 생각된다.<지도
1>

472

1)김해 구산동유적[8]

구산동유적은 경운산과 분성산 사이에 남~북으로 길게 형성된 곡저 평지의 입구에 위치하고 있다. 이곳에서 조사된 조선시대 분묘는 2,417 기에 이르는데 중복없이 일정한 간격으로 조성되어 있었고 대부분 토광 묘이다. 구산동유적은 모두 8개군으로 나누어져 조사되었는데 각 군별로 출토된 숟가락은 다음과 같다.

구산동 I 은 하나의 계곡을 사이에 둔 2개의 능선으로 이루어진 구 산동 유적의 가장 남쪽에 위치하는 1~250호까지의 조선시대 분묘이다. 모두 91점의 숟가락이 출토되었고 유형별로는 기본형 31점(34%), 쌍어 형 20점(22%), 약시형 2점(2%), 연봉형 2점(2%), 술잎 유협형 19점(21%), 장릉형 1점(1%), 불명 16점(18%)이다.

구산동 II 는 구산동 I 의 바로 오른쪽 능선을 따라 상하로 분포하는 252~500호에 해당하는 분묘군으로 모두 102점의 숟가락이 출토되었 다. 유형별로는 기본형 28점(27%), 쌍어형 21점(23%), 약시형 4점(4%), 연 봉형 2점(2%), 술잎 유엽형 22점(22%), 장릉형 7점(7%), 불명 18점(18%)이 다.

구산동 III 은 구산동유적을 좌우로 나누는 골짜기의 바로 왼쪽의 능 선을 따라 분포하는 분묘군과 골짜기를 건너 가장 정상부에 위치하는 분묘군 501호~802호까지 해당되며 여기에서는 106점의 숟가락이 출토 되었는데 기본형 33점(31%), 쌍어형 28점(26%), 약시형 4점(4%), 연봉형 2점(2%), 술잎 유엽형 16점(15%), 장릉형 6점(6%), 불명 17점(16%)이다.

---

8 경남고고학연구소, 2009, 『구산동유적 I [조선묘군1]』 ; 『구산동유적 II [조선묘군2]』 ; 『구 산동유적 III [조선묘군3]』 ; 『구산동유적 IV [고려 · 조선묘군4]』 ; 『구산동유적 V [고려 · 조 선묘군5]』 ; 『구산동유적 VI [고려 · 조선묘군6]』 ; 『구산동유적 VII [고려 · 조선묘군7]』 ; 『구 산동유적 VIII [고려 · 조선묘군8]』

구산동Ⅳ는 구산동유적을 좌우로 나누는 골짜기의 우측 정상부 아래에 분포하는 분묘군과 좌측의 아래쪽에 분포하는 일군의 조선묘군 803호~1120호까지를 포함하는 것으로 91점의 숟가락이 출토되었다. 이 중 기본형이 33점(36%), 쌍어형 21점(23%), 약시형 4점(4%), 연봉형 4점(4%), 술잎 유엽형 7점(8%), 장릉형 10점(11%), 불명 12점(13%)이다.

구산동Ⅴ는 우측 능선의 하단부에 분포하는 1121~1490호까지의 분묘를 포함하는 공간으로 이곳에서는 86점의 숟가락이 출토되었다. 형식별 출토량은 기본형 27점(31%), 쌍어형 17점(20%), 약시형 3점(3%), 연봉형 4점(5%), 유엽형 14점(16%), 장릉형 15점(17%), 변형 1점(1%), 불명 5점(6%)이다.

구산동Ⅵ은 오른쪽 구릉의 중위에 분포하는 1491~1840호에 해당하는 조선시대 분묘군으로 이곳에서 출토된 100점의 숟가락은 기본형 39점(39%), 쌍어형 18점(18%), 약시형 1점(1%), 연봉형 5점(5%), 유엽형 19점(19%), 장릉형 14점(14%), 불명 4점(4%)으로 이루어져 있다.

구산동Ⅶ은 우측 구릉의 좌측 하단부에 분포하는 조선시대 분묘군과 골짜기를 건너 일부 분포하는 1841~2280호까지의 조선시대 분묘가 포함된다. 모두 67점의 숟가락이 출토되었는데 이 가운데 기본형 18점(27%), 쌍어형 10점(15%), 약시형 2점(3%), 연봉형 3점(4%), 유엽형 20점(30%), 장릉형 11점(16%), 불명 3점(4%)이다.

구산동Ⅷ은 구산동유적의 가장 남쪽에 위치하는 분묘군과 구릉 하단을 따라 분포하는 분묘군을 포함하는 공간이다. 이곳에서는 73점의 숟가락이 출토되었고 이 중 기본형은 19점(26%), 쌍어형은 17점(23%), 약시형은 5점(7%), 연봉형 5점(7%), 유엽형 19점(26%), 장릉형 1점(1%), 불명 7점(10%)이다.

구산동유적에서 출토된 숟가락의 비율을 각 구간별로 살펴보면 기본형은 구산동Ⅰ-34%, 구산동Ⅱ-27%, 구산동Ⅲ-31%, 구산동Ⅳ

-36%, 구산동 Ⅴ-31%, 구산동 Ⅵ-39%, 구산동 Ⅶ-27%, 구산동 Ⅷ-26%를 나타내어 구산동 Ⅵ이 39%로 가장 높고 구산동 Ⅷ이 26%로 가장 낮다. 그리고 쌍어형은 구산동 Ⅰ-22%, 구산동 Ⅱ-23%, 구산동 Ⅲ-26%, 구산동 Ⅳ-23%, 구산동 Ⅴ-20%, 구산동 Ⅵ-18%, 구산동 Ⅶ-15%, 구산동 Ⅷ-23%로 구산동 Ⅲ이 26%로 가장 높고 구산동 Ⅶ이 15%로 가장 낮다.

약시형은 구산동 Ⅰ-2%, 구산동 Ⅱ-4%, 구산동 Ⅲ-4%, 구산동 Ⅳ-4%, 구산동 Ⅴ-3%, 구산동 Ⅵ-1%, 구산동 Ⅶ-3%, 구산동 Ⅷ-7%를 나타내어 구산동 Ⅷ이 7%로 가장 높고 구산동 Ⅵ이 1%로 가장 낮다. 또한 연봉형은 구산동 Ⅰ-2%, 구산동 Ⅱ-2%, 구산동 Ⅲ-2%, 구산동 Ⅳ-4%, 구산동 Ⅴ-5%, 구산동 Ⅵ-5%, 구산동 Ⅶ-4%, 구산동 Ⅷ-7%를 나타내어 구산동 Ⅷ이 7%로 가장 높고 구산동 Ⅰ과 구산동 Ⅱ가 2%로 가장 낮다.

한편 장릉형은 구산동 Ⅰ-1%, 구산동 Ⅱ-7%, 구산동 Ⅲ-6%, 구산동 Ⅳ-11%, 구산동 Ⅴ-17%, 구산동 Ⅵ-14%, 구산동 Ⅶ-11%, 구산동 Ⅷ-1%를 나타내어 구산동 Ⅰ과 구산동 Ⅷ이 각각 1%로 가장 낮고 구산동 Ⅴ와 구산동 Ⅵ이 각각 17%와 14%의 높은 비율을 보이고 있다.

구산동 Ⅰ~Ⅷ까지 출토된 숟가락은 모두 716점에 달하고 이를 형식별로 분류하여 보면 기본형 228점(32%), 쌍어형 152점(21%), 약시형 25점(3%), 연봉형 27점(4%), 자루가 결실된 유엽형 136점(19%), 장릉형 65점(9%), 변형 1점, 불명 82점(12%)이 된다.

구산동유적은 발굴조사된 분묘의 수도 많고 따라서 출토된 숟가락도 700점을 넘어서 다른 유적에서는 쉽게 볼 수 없는 다양한 변형이 보이고 있다. 예를 들면 먼저 구산동 Ⅴ-1156호에서는 형식분류안에 있어 기본이 되는 말각장방형의 술잎에는 예가 없는 쌍어형의 자루가 부가된 아주 특이한 변형이 출토되었다.(도면 2) 구산동 Ⅱ-420호 기본형과 소형 가위 2점이 출토되었고(도면 3) 구산동 Ⅱ-401호와 432호, 구산동 Ⅵ-1676

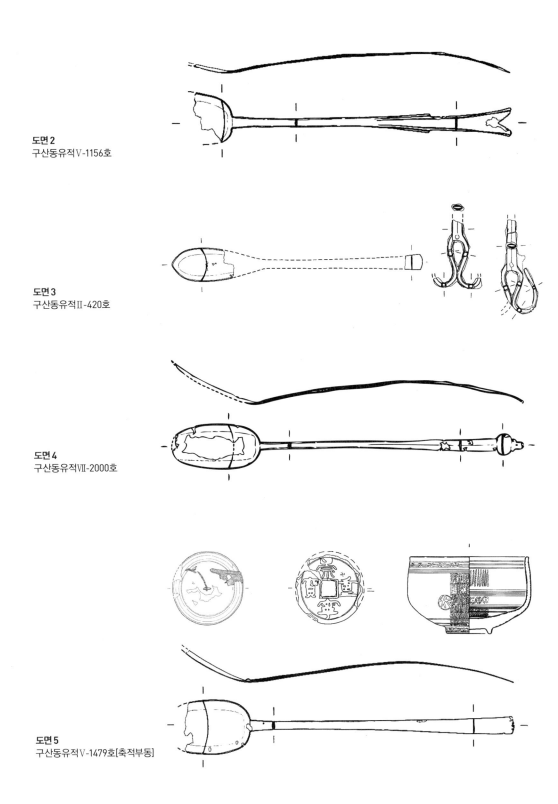

도면 2
구산동유적Ⅴ-1156호

도면 3
구산동유적Ⅱ-420호

도면 4
구산동유적Ⅶ-2000호

도면 5
구산동유적Ⅴ-1479호[축적부동]

호, 구산동Ⅶ- 1916호, 2000호에서는 장릉보주형이 출토되었는데 구산동Ⅶ-2000호에서 출토된 장릉보주형(도면 4)은 길이가 35.1cm로 구산동 유적 전체에서 발견된 숟가락 가운데 가장 크다. 그리고 구산동Ⅲ-566호에서 출토된 기본형은 술총이 직선형이며 구산동Ⅳ-980호에서 출토된 기본형은 술총이 능형으로 호선형인 일반적인 형태와는 다른 일종의 변형이라고 할 수 있고 구산동Ⅴ-1479호에서는 김해명 분청발과 동경, 장릉형 숟가락과 천계통보(1621)가 출토되어(도면 5) 숟가락을 부장하는 전통은 17세기 전반까지는 이어지며 때로 분청자가 전세되어 분묘에 들어가기도 한다는 예를 보여 주었다.

2)김해 죽곡리유적[9]

죽곡리유적에서 조선시대 분묘는 모두 239기가 조사되었다. 분묘의 주축방향은 등고선과 직교한 남북향을 기본으로 조성되었으며 등고선상에 일정한 간격을 유지하면서 조성되었다. 조선시대 분묘는 매장주체부의 구조에 따라 회격묘, 목관묘, 토광직장묘 등으로 구분되는데 출토된 유물은 관정을 제외하면 136점에 불과하여 경제적으로는 그리 우월한 촌락의 묘역은 아니었던 것으로 판단되었다.

출토유물 가운데 숟가락은 기본형 21점(47%), 쌍어형 5점(11%), 약시형 4점(9%), 연봉형 3점(7%)과 술잎만 남은 유엽형 13점(29%), 장릉형 3점(7%) 등 모두 45점이 출토되었다. 먼저 유엽형 술잎을 가진 Ⅰ형식이 42점으로 93%에 이르고 그 가운데서도 기본형이 21점이고 유엽형 술

---

9 신용민 외, 2010,『김해 죽곡리유적 고려 · 조선시대 (상)(하)』발굴조사보고서 제44집, 재단법인 동아세아문화재연구원 · 한국철도시설공단

도면 6
김해 죽곡리 유적 2호·92호

도면 7
김해 죽곡리 유적 86호묘

잎을 가진 13점을 Ⅰ형식을 이루는 4가지 형식의 출토비율로 나누면 기본형이 거의 30점에 이르러 전체 출토 숟가락 가운데 2/3를 차지한 다. 그리고 젓가락과 함께 출토된 예는 9호, 26호, 36호 등 3기인데 9호 와 26호는 기본형, 36호는 불명으로 젓가락은 Ⅰ형식 숟가락과 동반하 여 출토되고 있다. 한편 죽곡리 조선시대 분묘 가운데 편방이 설치된 것 은 모두 43기에 이르는데 이 가운데 편방이 오른쪽에 위치한 것이 36기 (83.7%)로 대다수를 차지하여 죽곡리지역 조선분묘의 한 특징을 보여주 고 있다.

출토유물 가운데 2호와 92호에서 조선통보(1423~1445) 17점과 4점, 구슬이 8점과 5점이 출토되어[도면 6] 같은 구성의 부장품을 보여주고 있 고 86호묘에서 출토된 숟가락에는 조억수라는 사용자 이름이 새겨져 있 었다.[도면 7]

3) 창원 가음정복합유적[10]

가음정복합유적에서는 조선시대 분묘 83기가 조사되었고 매장주체

---

10 배덕환 외, 2009, 『창원가음정복합유적(하) 고려시대~조선시대』발굴조사보고서 제29집, 동아세아문화재연구원 · 창원시

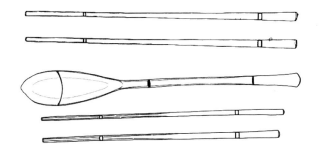

도면 8
창원 가음정복합유적 73호·69호

부의 구조에 따라 탄묘, 회묘, 목곽묘, 목관묘, 토광직장묘 등으로 나눌 수 있다. 이들은 입지상 병렬 또는 종열상으로 배치되었고 유물은 자기, 청동합, 청동수저 등의 반상기류와 가위, 관정, 철편 등 철기류, 유리, 옥, 청동제 장신구, 구슬, 동전 등이 출토되었다. 출토유물 가운데 숟가락은 모두 28점이며 형식별로 분류하면 기본형 12점(43%), 쌍어형 8점(29%), 약시형 2점(7%), 연봉형 2점(7%), 술부 유엽형은 3점(11%)으로 Ⅰ형식이 27점인 반면 Ⅱ형식인 장릉형은 단 1점(4%)에 불과하다.

아울러 젓가락만 출토된 예는 35호, 73호 등이 있고 수저가 함께 출토된 예는 3호, 48호, 51호, 69호, 70호, 72호, 75호, 76호, 78호, 82호, 83호 등 모두 11기로 39%에 이른다.[도면 8]

81호묘에서 30대 후반의 남자인골이 출토되었는데 양 손목에 구슬팔찌를 하고 있었다. 79호와 80호는 동일한 묘축에 축조된 부부이혈합장묘로 추정하였는데 좌측에서 30대의 남자 인골이 연봉형 숟가락과 함께 출토되었고 우측에서는 쌍어형 숟가락이 출토되었다.[도면 9] 그리고 69호와 70호, 73호와 74호, 82호와 83호도 부부이혈합장묘로 추정하였다. 이 가운데 82호와 83호의 출토유물은 좌측의 82호에서 청동합, 백자발, 백자종지, 백자접시, 청동숟가락, 젓가락, 가위 등이, 우측의 83호에서는 백자발과 백자접시, 백자종지와 청동숟가락과 젓가락 등이 출토되었고 숟가락은 모두 기본형이다.[도면 10]

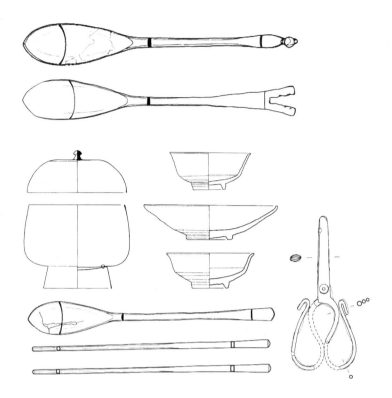

도면 9
창원 가음정복합유적 79호·80호

도면 10
창원 가음정복합유적 82호·83호

4) 창원 귀산동조선묘군[11]

귀산동조선묘군에서 출토된 숟가락은 모두 35점이다. 이들은 모두
Ⅰ형식에 속하며 기본형 11점(31%), 쌍어형 11점(31%), 연봉형 2점(6%),
유엽형 술부만 남은 11점(31%)등이다. 약시형과 장릉형은 출토되지 않
았으며 숟가락과 젓가락이 함께 출토된 것은 86호가 유일하였다.[도면 11]
한편 청동지환이 출토된 것은 45호, 81호, 82호, 83호가 있고 37호에서
는 동경, 71호와 83호에서는 가위가 출토되었다.

---

11 김판석 외, 2008, 『창원 귀산동 조선묘군』발굴조사보고서 제25집, 동아세아문화재연구
    원 · 현대건설

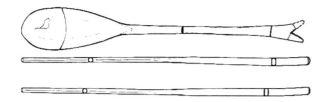

도면 11
창원 귀산동조선묘군 86호

5) 마산 진북 덕곡리유적[12]

덕곡리유적에서는 남쪽 사면부를 중심으로 조선시대 무덤 108기가 조사되었는데 100기는 목관묘, 2기는 목관을 사용하지 않은 직장묘, 탄곽묘는 5기, 소아묘 1기 등이다. 숟가락은 모두 60점이 출토되었는데 기본형 32점(53%), 쌍어형 5점(8%), 약시형 2점(3%), 연봉형 5점(8%), 유엽형 술부 4점(7%), 불명 13점(22%) 등이며 장릉형은 출토되지 않았다. 그리고 수저가 함께 출토된 것은 A-15호, 19호, 31호, 41호, 42호, 44호[도면 12], B-27호, C-8호, D-11호 등 9기이다. 덕곡리유적에서 유물이 출토된 무덤은 74기인데 그 중 도기병은 30기에 이르러 상당한 비율을 차지하였다. 그리고 A-11호, 28호, 29호, 30호, 35호, 43호, B-9호, 34호, 35호, 36호[도면 13], C-1호, 6호, 7호, 12호 등의 도기병은 모두 경부가 손상된 채로 출토되었다.

12 경남발전연구원 역사문화센터 · 부산지방국토관리청, 2011, 『마산 진동 우회도로 건설구간 내 마산 진북 덕곡리유적 본문 · 도면 · 도판』조사연구보고서 제84책

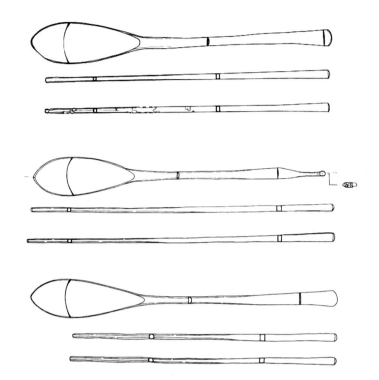

도면 12
마산 진북 덕곡리유적
A-19호·A-31호·A-44호

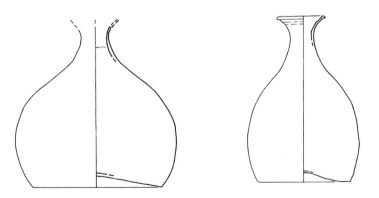

도면 13
마산 진북 덕곡리유적
A-35호·A-43호

6) 밀양 용지리유적[13]

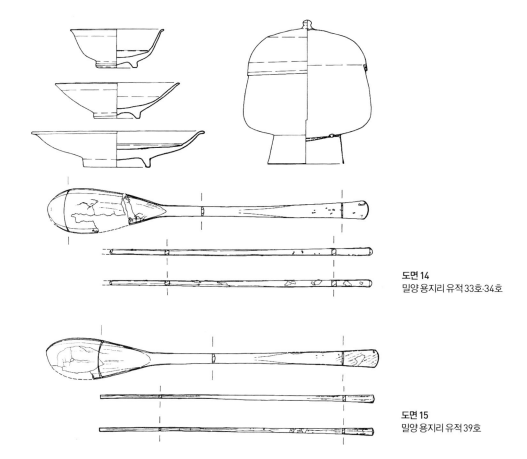

도면 14
밀양 용지리 유적 33호·34호

도면 15
밀양 용지리 유적 39호

　　용지리유적에서는 남북 능선을 따라 등고선과 직교되게 조성한 조
선시대 분묘 184기가 조사되었다. 청동숟가락은 모두 90점이 출토되었
는데 이 가운데 84호에는 숟가락 2점이 출토되어 숟가락이 확인된 무덤
의 수는 89기이다. 청동숟가락을 형식별로 분류하면 기본형 34점(38%),

13　우리문화재연구원 · (주)한라주택 · (주)태원건설 · 동우건설(주), 2009, 『밀양 교정시설 신축
　　예정부지내 밀양 용지리유적-본문 · 도판』학술조사보고 13책

쌍어형 16점(18%), 약시형 3점(3%), 연봉형 5점(6%), 술부 유엽형 27점(30%), 장릉형 5점(6%), 불명 3점(3%) 등으로 Ⅰ형식에 속하는 것이 82점으로 90%를 상회하고 Ⅰ형식 가운데서도 기본형이 38%에 달하여 주류를 차지하고 있고 쌍어형은 18%로 기본형의 절반에 미치지 못한다. 수저가 한쌍으로 출토된 것은 12호, 20호, 33호, 34호[도면 14], 38호, 39호[도면 15], 56호, 89호, 105호, 112호, 163호, 165호 등 12기이다. 이 중 33호와 34호는 나란히 위치하며 부장품은 청동숟가락과 젓가락 이외에도 33호는 백자접시와 청동대부합, 34호는 백자종지와 백자접시가 있다. 한편 28호에서는 청동거울과 철제 가위, 뒤꽂이와 금제이식, 유리구슬 8점이 출토되기도 하였다.

7) 밀양 금포리유적[14]

금포리유적에서 조사된 조선시대 분묘는 2기의 목관묘와 4기의 회격묘 등 모두 6기로 특히 3호는 합장묘로서 청동숟가락이 기본형과 연봉형이 각 1점씩 2점 출토되었다.[도면 16] 청동숟가락은 모두 4점이 출토되었고 3점은 기본형, 1점은 연봉형이다. 그리고 1호의 C14연대는 1540±50이다.

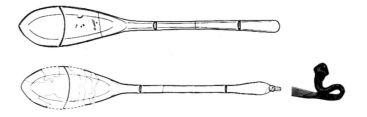

도면 16
밀양 금포리유적 3호

14 배덕환 외, 2008, 『밀양 금포리유적』발굴조사 보고서 제 23집, 재단법인 동아세아문화재연구원 · (주)한진중공업

8) 창녕 초곡리유적[15]

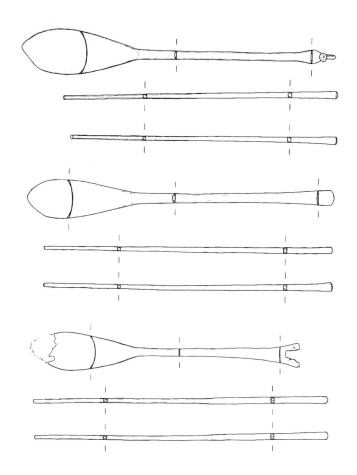

도면 17
창녕 초곡리유적 1호·6호·31호

초곡리유적에서 확인되는 토광묘 117기 가운데 69기의 토광묘에서 유물이 출토되었는데 이 중 조선시대 토광묘는 73기이고 주로 왕거분묘 군 V구간에 집중하여 분포한다. 부장품이 조사된 분묘는 27기로 21점 의 청동숟가락이 출토되었다. 유형별로 나누어보면 기본형 10점(48%), 쌍어형 4점(19%), 연봉형 1점(5%), 술잎 유엽형 6점(29%) 등으로 약시형

15 ㈜동훈 · 우리문화재연구원, 2010, 『창녕 힐마루 골프장 예정부지 내 창녕 초곡리유적』학술 조사보고 31책

과 장릉형은 출토되지 않았다.

초곡리유적에서는 13세기에서 14세기에 걸치는 고려시대의 분묘에서는 팔각형청자접시, 청자화형접시, 청동합, 다양한 북송전, 청자병, 도기병, 은제장식, 청동거울, 청동숟가락과 젓가락 등이 출토되어 부장품의 내용으로 보아 같은 지역에서 고려시대의 부장풍습이 조선시대로 단절없이 이어지고 있음을 보여주었다. 초곡리유적에서 수저가 같이 출토된 유구는 1호, 6호, 31호[도면 17] 등이고 14호에서는 가위가 피장자의 머리 쪽에서 출토되기도 하였다.

9) 의령 운암리유적[16]

운암리유적에서 조사된 조선시대 분묘는 Ⅰ구역에서 21기, Ⅱ구역에서 176기, 수습구역 4기 등 모두 201기로 목관묘, 회격묘, 토광묘, 이단굴광묘 등 4가지로 나눌 수 있다. 이 유적에서는 모두 119점의 청동숟가락이 출토되었는데 유물이 출토되는 대부분의 무덤에서 숟가락이 출토되었다.

형식별로 나누어보면 기본형 47점(39%), 쌍어형 27점(23%), 약시형 9점(8%), 연봉형 5점(4%), 술잎 유엽형 27점(23%), 장릉형 2점(2%), 불명 2점(2%) 등으로 Ⅰ형식의 점유율이 96%에 달한다. 그 가운데에도 기본형이 40%에 가깝게 출토되어 주류를 이루는데 Ⅰ형식에 속하는 유엽형까지 포함하면 50%를 상회할 것으로 보인다. 그리고 수저가 함께 출토된 것은 Ⅰ-5호, Ⅱ-18호, 27호[도면 18], 33호, 36호[도면 19], 39호, 40호,

16 우리문화재연구원 · 부산지방국토관리청, 2009, 『의령 칠곡~가례간 국도건설공사구간 내 의령 운암리유적-본문 · 사진』학술조사보고 16책

42호, 52호, 60호, 62호, 73호, 74호, 91호 등 14기이다.

한편 운암리유적에서는 다수의 가위가 출토되었는데 Ⅱ-18호, 27
호, 36호, 40호, 48호, 60호, 62호, 73호, 113호[도면 20] 등에서는 거의 완
형으로 출토되었고 모두 35점이 출토되어 이 지역의 특징적인 부장품으
로 판단된다.

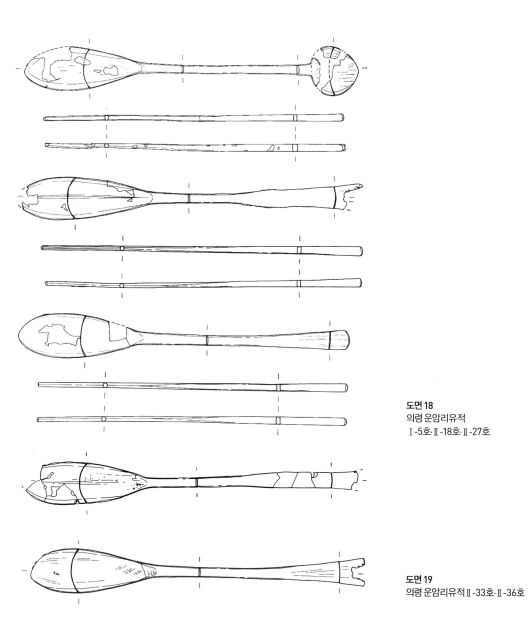

도면 18
의령 운암리유적
Ⅰ-5호·Ⅱ-18호·Ⅱ-27호

도면 19
의령 운암리유적Ⅱ-33호·Ⅱ-36호

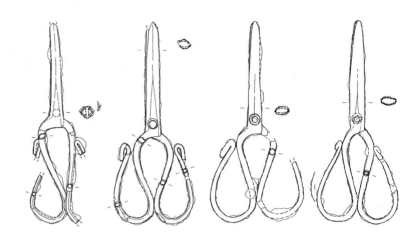

도면 20
의령 운암리유적Ⅱ-60호·62호·73호·113호

10)진주 무촌 조선묘군[17]

　　진주 무촌조선묘에서는 108기에서 111점의 청동숟가락이 출토되었다. 이것은 1기의 무덤 내에서 2점의 숟가락이 출토된 3기(3구-14호, 26호, 157호)가 있기 때문이다. 출토된 숟가락을 유형별로 나누어보면 기본형 37점(33%), 쌍어형 19점(17%), 약시형 8점(7%), 연봉형 9점(8%), 술잎유엽형 36점(32%), 불명 2점(2%) 등으로 술총이 결실되거나 일부만 남아 형식분류가 어려운 예를 제외한 73점 중 기본형이 50%를 넘는 비율을 차지한다. 무촌조선묘군에서는 특이하게도 장릉형은 한 점도 출토되지 않았고 동제합을 대신하여 대접과 완을 조합하여 합으로 이용한 예가 상당수 확인되었다. 한편 수저가 1쌍 출토된 예는 2구 5호[도면 21], 3구 3호, 15호, 85호[도면 22], 98호, 153호 등 6기에 불과하다. 그러나 가위는 상당히 높은 비율로 출토되었는데 1구 21호, 29호, 33호, 110호, 2구 37호와 117호[도면 23], 3구 17호, 21호, 22호, 25호, 26호, 36호, 66호, 69호, 76호, 78호, 98호[도면 24], 99호, 100호, 109호, 143호, 167호, 168-1

17　경남고고학연구소, 2004,『진주 무촌-고려·조선묘군[1][2]』

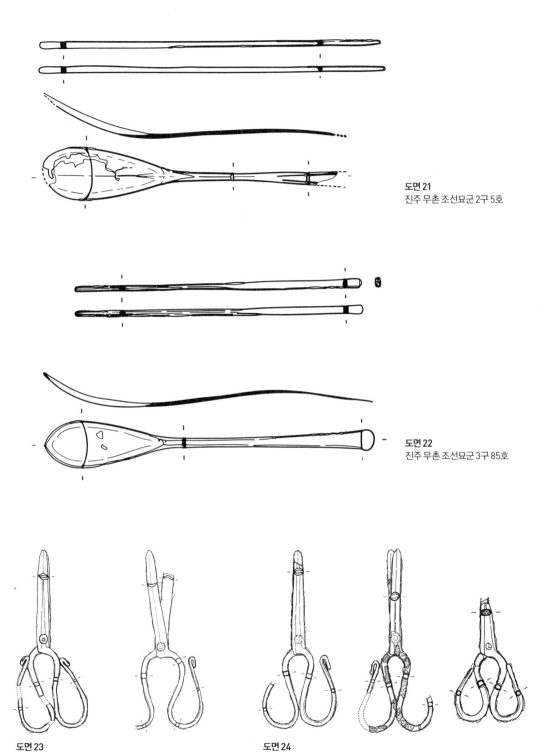

도면 21
진주 무촌 조선묘군 2구 5호

도면 22
진주 무촌 조선묘군 3구 85호

도면 23
진주 무촌 조선묘군 1구 33호·2구 117호

도면 24
진주 무촌 조선묘군 3구 22호·66호·76호

호, 169호 등 24기에서 출토되었다. 무촌유적의 한가지 특징은 청동합은 별로 출토되지 않았으나 도자기를 이용하여 합을 만들어 부장한 예가 상당수에 이른다는 것이다.

11) 함양 황곡리231번지 유적[18]

황곡리유적에서는 A구역에서 38기, B구역에서 53기, 수습조사 9기 등 모두 100기의 조선시대 분묘가 조사되었는데 주로 폭이 좁고 길게 뻗은 구릉의 정선부를 따라 열상으로 분포하고 있으며 일부 경사가 완만한 구릉의 남쪽 사면부에는 등고선과 직교하게 조영되어 있다. 관정을 포함하여 유물이 출토된 분묘는 58기인데 그 중 B-20호에서 청동숟가락이 2점이 출토되어[도면 25] 38기에서 39점이 출토되었다. 이를 유형별로 나누어보면 기본형 13점(33%), 쌍어형 7점(18%), 약시형 3점(7%), 장릉형 3점(8%), 술잎 유엽형 13점(33%)이다. 유엽형 술잎만 남은 것은 I 형식에 포함되지만 이를 제외한 26점 가운데 13점이 기본형으로 절반에 이르고 쌍어형과 약시형을 합하면 88%에 이른다.

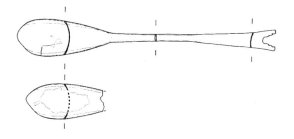

도면 25
함양 황곡리231번지유적 B-20호

18   함양군·우리문화재연구원, 2010, 『함양 안의 제2농공단지 조성부지내 함양 황곡리 231번지 유적』

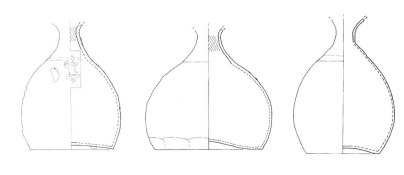

12) 거제 장평조선묘군[19]

　장평유적은 3~4개의 구릉과 계곡부로 이루어져 있는데 12기의 조선시대 분묘가 조사되었다. 부장품이 발견된 무덤은 10기이며 청동숟가락은 9점이 출토되었다. 이를 분류하면 기본형 6점(67%), 쌍어형 1점(11%), 연봉형 1점(11%), 술잎 유엽형 1점(11%)으로 나누어진다. 한편 도기병이 8점 출토되어 상당한 출토비를 보이고 있는데 이 가운데 4호, 7호, 8호(도면 26), 12호 도기병은 구연부가 파손된 채로 출토되었다. 숟가락과 젓가락이 함께 출토된 것은 5호, 8호, 12호 등 3기이다.

19　김판석 외, 2007, 『거제 장평조선분묘』발굴조사보고서 제18집, 동아세아문화재연구원 · 부산지방국토관리청

청동숟가락의 편년

고고학연구에 있어 형식분류는 사물을 이해하는 그릇이기도 하지만 시대적인 변화를 읽어내는 도구이기도 하다. 필자가 앞서 제안한 청동 숟가락의 형식분류안은 우선 술잎의 형태에 따라 유엽형[Ⅰ형식]과 말 각장방형[Ⅱ형식]으로 나누고 이를 다시 자루의 형태에 따라 Ⅰ형식을 기본형, 쌍어형, 약시형, 연봉형으로 나누었다. 다음으로 Ⅱ형식은 장릉 형[Ⅱ-1]이 유일한 것인데 최근에는 자루의 끝에 보주를 올린 듯한 형 태도 가끔씩 나오고 있어 이를 장릉보주형[Ⅱ-2]으로 나눈 것이다.

통일신라시대 숟가락의 형태를 살펴보면 조선시대 숟가락의 술잎이 유엽형과 말각장방형인데 반하여 비교적 원형에 가까운 형태를 하고 있 고 이것은 분황사에서 출토된 거푸집[도면 27] 에서도 확인되는 것이다.[20] 조선시대에 사용한 청동숟가락은 그 형태나 동반유물의 종류로 보아 고 려시대에 사용하던 것이 전승된 것이라고 보아야겠는데 고려시대의 숟

---

20   국립경주문화재연구소, 2005, 『분황사』발굴조사보고서Ⅰ ; 2006, 『특별전 분황사 출토유물』 특별전 도록 제2책

가락은 중국의 영향을 받아 제작되고 무덤에 부장품으로 들어간 것이기 때문에[21] 일단 무덤에서 부장품으로 출토된 예가 없는 통일신라시대의 숟가락과는 구별되어야 할 것 같다.

도면 27
분황사지 출토 숟가락 거푸집

　　조선시대의 숟가락은 다른 동반 유물 없이 단독으로 출토되는 예가 많아 편년에 상당한 문제점으로 작용하고 있고 앞서 지적한 역사적 배경으로 숟가락 자체의 형식만으로 선후를 알기는 어려운 실정이고 숟가락의 형태가 비교적 단순하여 형식분류의 요소가 적은 것도 사실이다. 따라서 동반유물을 따라 편년이 가능하겠는데 동반유물 가운데 가장 많이 출토되는 것으로 분청자나 백자가 있다. 물론 분청자나 백자의 구체적인 생산연대나 사용 시기에 대하여는 많은 논의가 있으나 여기서 상론할 바는 아니다.

　　그러므로 여기서는 청동숟가락을 분청자 동반단계, 분청자 및 백자 동반단계, 백자 동반단계 등 3단계로 나누어서 당시 청동숟가락의 형식별 선후관계와 지역별 사용상황을 김해 구산동유적, 창녕 가음정유적, 마산 덕곡리유적, 밀양 용지리유적, 의령 운암유적, 진주 무촌유적을 중심으로 도자기와 동반되는 숟가락의 출토 상황을 검토하여 보기로 하겠다.[22]

　　구산동유적은 규모가 방대하지만 전체적인 숟가락 출토 내용은 크게 다르지 않으므로 숟가락이 100점 이상 출토된 구산동 Ⅱ · Ⅲ · Ⅴ를

21　정의도, 2007, 「한국고대청동시저연구-고려시대-」, 『석당논총』 제38집, 동아대학교 석당학술원, pp.109~114 ; 2009, 「송 · 요 · 금 · 원묘 시저 및 철협 출토경향-고려묘 부장품과 관련하여-」, 『문물연구』 제15호, 재단법인 동아시아문물연구 학술재단, pp.69~73

22　이와 같은 동반 도자기를 이용한 시기구분은 필자가 생각하기에 이미 각 형식이 혼재한 조선전기의 숟가락 편년은 어려운 실정이라고 판단되었기 때문이다. 분청자나 백자의 사용시기에 대하여는 아직 이설이 없는 것은 아니지만 일반적으로 지방에서 백자보다 분청자의 사용이 빠르다는 것을 근거로 나누어 본 것이다.

중심으로 정리하도록 한다.

구산동Ⅱ에서는 분청자 동반 5기, 분청자 백자 동반 5기, 백자 동반 15기, 구산동유적Ⅲ에서는 분청자 동반 17기, 분청자 백자 동반 4기, 백자 동반 16기, 구산동Ⅴ에서는 분청자 동반 10기, 분청자 백자 동반 4기, 백자 동반 11기 등이다.

우선 구산동유적에서는 분청자만 출토되는 단계의 유적, 분청자와 백자가 함께 출토되는 유적, 백자만 출토되는 유적이 비교적 고르게 분포하고 있어 조선시대 전기 전기간을 통하여 조성된 분묘유적임을 알 수 있지만 특히 구산동Ⅲ에서는 분청자가 동반되는 유구가 17기에 이르러 이 유적의 주된 형성시기를 짐작할 수 있다. 구산동Ⅱ에서 보이는 형식상 선후관계는 기본형과 쌍어형(분청자 동반), 쌍어형과 장릉형(분청자 백자 동반), 기본형과 쌍어형, 장릉형, 약시형(백자 동반) 등 크게 3단계로 나누어볼 수 있다. 구산동Ⅲ에서는 분청자와 동반한 숟가락은 상태가 좋지 않은 것이 많았지만 쌍어형과 기본형이 있고 분청자와 백자동반 시기에는 기본형과 쌍어형, 백자동반 시기에는 기본형, 쌍어형, 약시형 등이 있다. 구산동Ⅴ에서는 쌍어형, 기본형-분청동반, 기본형, 쌍어형-분청백자동반, 기본형, 쌍어형, 약시형-백자동반 등으로 나타나 구산동유적에서 시기별 형식의 선후 관계는 증명하기 어려운 실정이었다.

다음으로 죽곡리유적에서는 분청자 동반 2기, 백자 동반 4기 등이 확인되어 분청자와 백자가 함께 출토되는 유구는 없었다. 분청자와 동반하는 숟가락은 기본형, 백자와 동반하는 숟가락은 기본형과 쌍어형이다. 창원 가음정유적에서는 분청자 동반 2기, 백자 동반 12기 등인데 가음정유적에서도 분청자와 백자가 동반하여 나타나는 유구는 없다. 분청자와 동반하는 숟가락은 쌍어형이며 백자와 동반하는 숟가락의 형식은 연봉형, 약시형, 기본형, 쌍어형 등으로 기본형이 5기, 쌍어형 3기, 약시형 2기, 연봉형 2기 등으로 다양하다.

덕곡리유적에서 숟가락이 분청자와 동반하는 유구는 1기, 분청자 및 백자와 동반하는 유구는 2기뿐이지만 백자와 동반하는 유구는 19기로 덕곡리유적이 조성된 주된 시기는 백자가 부장되는 시기임을 알 수 있다. 숟가락의 형태는 기본형 13점, 쌍어형 3점, 약시형 1점, 연봉형 2점으로 기본형이 가장 많고 모든 형식이 출토되지만 장릉형은 없다.

밀양 용지리유적에서는 분청자 동반 7기, 분청자와 백자 동반 9기, 백자 동반 7기 등이 출토되어 3단계의 유적이 고른 분포를 하고 있다. 분청자와 동반하는 숟가락은 기본형 3점, 쌍어형 2점, 유엽형 2점이며 분청자 및 백자와 동반하는 숟가락은 기본형 3점, 쌍어형 4점, 연봉형 1점, 유엽형 1점이다. 백자와 동반하는 숟가락은 기본형 5점, 쌍어형 1점, 연봉형 1점 등으로 백자와 부장되는 시기로 내려올수록 기본형이 증가하는 경향을 보이고 있다.

그리고 운암리유적에서는 분청자 동반 2기, 분청자 백자 동반 3기, 백자 동반 28기 등이었다. 운암리유적 역시 숟가락이 분청자와 동반하거나 분청자 및 백자와 동반하는 경우는 많지 않고 백자와 동반하는 경우가 월등하게 많아 이 유적의 주된 조성시기를 보여주고 있다. 분청자와 동반하는 시기의 숟가락은 쌍어형과 장릉형이며 분청자와 백자가 동반하는 시기의 숟가락은 약시형, 장릉형, 유엽형으로 다른 유적과는 달리 장릉형이 비교 우위를 점하고 있다. 그러나 백자가 동반하는 시기에는 기본형 10점, 쌍어형 13점, 약시형 3점, 연봉형 1점, 유엽형 1점 등으로 쌍어형이 가장 높은 비율을 점하고 있지만 장릉형은 1점도 출토되지 않았다. 이것이 시기에 따른 선호현상인지 또는 지역적인 특징을 나타내는 것인지 알 수 없다.

진주 무촌유적에서는 분청자 백자 동반 2기, 백자 동반 28기로 분청자를 동반하는 숟가락은 없었으며 분청자 및 백자와 동반하는 유구 2기와 나머지는 모두 백자와 동반하는 단계의 유적이다. 백자와 동반하는 숟가락의 유형은 기본형 13점, 쌍어형 6점, 약시형 5점, 연봉형 4점으로 기본형이 가장 높은 비율을 보이지만 다른 유적에 비하여 약시형이나 연봉형의 비율이 상대적으로 높은 편이다.

이와 같은 상황을 두고 보면 먼저 분청자 동반 유구 48기, 분청자와 백자 동반 유구 27기, 백자 동반 유구 140기로 백자가 출토되는 유구가 훨씬 많다. 백자가 출토되는 유구가 많은 것은 결국 인구와 물산의 증가로 이해할 수 있겠는데 이것은 고려시대를 지나 조선이 태종조와 세종조를 지나면서 정치적인 안정을 이룩하고 인구의 증가와 경제적인 성장을 이루었기 때문으로 풀이된다.[23]

---

23 세종7년(1425)에 『慶尙道地理志』를 편찬하고 성종 12년(1481)에 『동국여지승람』 50권을 완성한 후 연산군 5년(1499)의 개수를 거쳐 중종 25년(1530)에 이행·홍언필의 증보에 의해 『新增東國輿地勝覽』의 완성을 보게 된 것은 이와 같은 국력의 성장을 확인하는 작업이었다고도 할 수 있다.(서인원, 2002, 『조선초기 지리지 연구-동국여지승람을 중심으로-』, 혜안, pp.275~291)

표 2 청동숟가락 시기별 출토현황

유적명			동반유물
구산동 유적Ⅱ	분청자 동반	367호	분청자구연부편, 청동주구부완, 동완, 쌍어형 23.3cm(잔), 젓가락 26.8cm
		371호	분청자대접, 쌍어형 23.6cm
		439호	분청자명, 유엽형 17.9cm(잔)
		471호	분청자대접, 불명 18.6cm
		500호	분청자구연부편, 철도자, 기본형 29.9cm
	분청자 백자 동반	326호	분청자완, 분청자저부편, 백자소명, 백자저부편, 쌍어형 22.3cm, 숟가락 불명 1점
		343호	분청자명, 분청자대접, 백자명, 동완, 쌍어형 25.1cm
		382호	김해장흥집용명 분청자명, 백자명, 장릉형 23cm(잔)
		429호	분청자완, 분청자대접, 백자완, 백자대접, 불명 14.6cm(잔)
		444호	분청자완, 백자대접, 불명 10.3cm
	백자 동반	337호	백자대접, 백자명, 쌍어형 25.3cm
		359호	백자대접, 쌍어형 28.8cm
		364호	백자구연부편, 기본형 26.6cm
		378호	백자대접, 백자명, 약시형 22.5cm(잔)
		407호	백자대접, 동완편, 기본형 27.9cm
		412호	백자대접, 백자소명, 유엽형 27.1cm(잔), 젓가락 25.1cm
		426호	백자완, 동합, 청동지완, 구옥, 기본형 27.5cm
		443호	백자대접, 동완, 다면옥, 쌍어형 24.8cm
		445호	백자완, 불명, 가위 21.1cm
		453호	백자소명, 백자대접, 기본형 23.8cm
		457호	백자명, 백자대접, 기본형 24.1cm(잔)
		470호	백자대접, 장릉형
		475호	백자명, 백자대접, 쌍어형 28.1cm
		491호	백자완, 백자명, 동완, 유엽형 19.6cm(잔)
		494호	백자편, 동완, 기본형 20.6cm
구산동 유적Ⅲ	분청자 동반	505호	분청자발, 분청자명, 분청자대접, 쌍어형 25.9cm
		515호	분청자발, 쌍어형 26.2cm
		519호	분청자대접, 분청자명, 쌍어형 27.9cm
		566호	분청자 동체편, 기본형 24.2cm
		569호	분청자대접, 기본형 20.6cm
		571호	분청자잔, 동합, 동완, 연봉형 22.5cm
		589호	분청대접, 장릉형 23.4cm

구산동 유적Ⅲ	분청자 동반	633호	분청자구연부편, 불명 12.7cm(잔)
		649호	분청자발, 불명 23cm(잔)
		660호	분청자발, 유엽형(잔)
		661호	분청자명, 동완, 불명 26.2cm(잔)
		665호	분청자발, 쌍어형 25cm(잔)
		685호	분청자명, 분청대접, 쌍어형 23.2cm
		691호	분청자발, 불명 16.5cm(잔)
		692호	분청자명, 유엽형 18.3cm(잔)
		757호	분청자발, 불명 12.8cm(잔)
		766호	분청대접, 기본형 28.1cm
	분청자 백자 동반	557호	분청자잔, 분청자명, 백자명, 백자구연부편, 동합, 기본형 23.7cm, 젓가락 23cm
		636호	분청자명, 백자발, 불명 20cm
		693호	분청자발, 백자발, 백자명, 쌍어형 25.5cm
		792호	분청자대접, 백자대접, 동완, 쌍어형 29.4cm, 젓가락 2.7cm(잔)
	백자 동반	508호	백자발, 숟가락 2점
		510호	백자명, 기본형 23cm
		532호	백자발, 기본형 24.8cm
		533호	백자완, 동합, 기본형 26.4cm, 가위 21.3cm
		545호	백자발, 기본형 26.3cm
		553호	백자명, 백자잔, 동완, 쌍어형 26.3cm
		567호	백자양이부잔, 기본형 31cm
		572호	백자잔, 쌍어형 22.6cm
		588호	백자명, 백자발, 쌍어형 23.8cm
		598호	백자대접, 백자발, 백자구연부편, 백자저부편, 약시형 27cm(잔)
		673호	백자발, 기본형 25.5cm
		680호	백자발, 쌍어형 25.9cm
		681호	백자발, 쌍어형
		701호	백자발, 유리옥, 불명 12.5cm(잔)
		746호	백자발, 쌍어형 잔존
		765호	백자구연부편, 기본형 18.8cm(잔)
		786호	백자발, 쌍어형 13.8cm(잔)
구산동 유적Ⅴ	분청자 동반	1143호	분청자편, 기본형 27.7cm

구산동 유적V	분청자 동반	1152호	분청자마상배, 분청자대접, 분청자발, 숟가락 병부잔존
		1236호	분청자명, 분청자대접, 불명 23cm(잔)
		1277호	분청자명, 분청자대접, 쌍어형 잔존
		1349호	분청자대접, 유엽형 잔존
		1374호	분청발, 기본형 25.8cm
		1386호	백자잔, 동완, 쌍어형 25.1cm
		1461호	분청자명, 유엽형 22.6cm(잔)
		1465호	분청자명, 기본형 20.5cm
		1479호	김해장흥집용명 분청자발, 동경, 천계통보, 숭녕중보, 장릉 형 27.9cm (잔)
	분청자 백자 동반	1278호	분청자명, 백자대접, 동합, 기본형 26.7cm
		1388호	분청자명, 백자완, 유엽형 19.7cm
		1398호	분청자대접, 백자명, 기본형 23.3cm
		1482호	분청자명, 분청자완, 백자명, 쌍어형 23.6cm
	백자 동반	1144호	백자발, 백자명, 기본형 26.2cm
		1171호	백자명, 쌍어형 33cm
		1206호	백자구연부편, 기본형 잔존
		1287호	백자구연부편, 약시형 21.6cm
		1301호	백자명, 백자대접, 기본형 23.8cm
		1336호	백자명, 불명 잔존
		1343호	백자명, 동완, 기본형 26cm
		1363호	백자명, 유엽형 잔존
		1413호	백자발, 연봉형 24.8cm
		1443호	백자발편, 유엽형 15cm(잔)
		1489호	백자명, 쌍어형 28.8cm, 젓가락 19.7cm(잔)
죽곡리 유적	분청자 동반	144호	분청종지, 기본형 25cm, 가위 21.5cm
		234호	분청귀얄발, 유엽형
	백자 동반	5호	백자발, 불명 잔존
		22호	백자발, 기본형 25.8cm
		47호	백자연적, 기본형 25.9cm
		91호	백자접시, 백자발, 쌍어형 22.1cm
		145호	백자접시, 백자발, 기본형 25.3cm
		155호	백자접시, 백자발, 기본형 25.3cm
		191호	백자발, 백자접시, 쌍어형 27cm

가음정 유적	분청자 동반	3호	분청합, 쌍어형 30.6cm, 젓가락 22.9cm
		67호	분청귀얄접시, 청동발, 쌍어형 22.6cm(잔), 청동지환
	백자 동반	6호	백자발, 백자종지, 백자접시, 연봉형 24.6cm
		13호	백자발, 백자종지, 약시형 20cm
		41호	백자접시, 청동합, 구슬, 쌍어형 31.7cm, 젓가락 23.1cm
		43호	백자접시, 백자발, 기본형 26.7cm
		69호	청동합, 백자발, 백자종지, 백자접시, 기본형 26.7cm
		74호	청동합, 청동발, 약시형 25.5cm, 어형장신구, 유리구슬
		76호	백자발, 백자접시, 백자종지, 기본형 25.9cm, 장신구
		78호	청동합, 백자발, 백자접시, 백자종지, 쌍어형 30.9cm, 젓가락 23.6cm, 가위 24.1cm
		79호	청동합, 백자발, 백자종지, 백자접시, 연봉형 19.6cm
		80호	백자발, 백자접시, 백자종지, 쌍어형 25.8cm
		82호	청동합, 백자발, 백자종지, 백자접시, 기본형 26.8cm, 젓가락 23.8cm, 가위 13cm, 구슬
		83호	백자발, 백자접시, 백자종지, 기본형 26.5cm, 젓가락 25.6cm
덕곡리 유적	분청자 동반	B-1	분청자접시, 숟가락
	분청자 백자 동반	A-14	청동주구부발, 분청자종지, 백자접시, 연봉형 25cm
		A-28	분청자접시, 백자발, 가위, 기본형 27.3cm
	백자 동반	A-2	백자접시, 백자발, 쌍어형 31.2cm
		A-27	백자발, 백자접시, 백자종지, 백자대접, 도기병, 기본형 25.7cm
		A-31	백자접시, 백자종지, 청동합, 연봉형 25cm, 젓가락 26.2cm, 지환, 가위
		A-35	백자접시, 도기병, 쌍어형 23.4cm
		A-36	백자접시, 청동대부완, 가위, 백자발, 기본형 27cm, 가위 10.8cm
		A-40	백자접시, 백자발, 기본형 26.7cm
		A-41	백자접시, 청동합, 기본형 24.8cm, 젓가락 23.7cm, 가위 24.4cm
		B-6	청동합, 백자접시, 기본형 24cm
		B-13	백자접시, 백자발, 약시형 19.7cm(잔)
		B-14	백자접시, 백자발, 기본형 26.7cm, 가위
		B-15	백자접시, 도기병, 쌍어형 28cm(잔)
		B-19	백자병, 백자발, 백자접시, 백자종지, 청동대부완, 기본형 27.1cm

덕곡리 유적	백자 동반	B-26	백자발, 백자접시, 도기병, 기본형 26.9cm, 가위 18.3cm, 철도자
		B-27	백자접시, 백자발, 백자종지, 기본형 27.5cm, 젓가락 27.3cm
		B-28	백자접시, 백자대접, 기본형 27.7cm
		B-30	백자발, 도기병, 연봉형 24.2cm
		B-33	도기병, 백자발, 백자접시, 기본형 25.9cm
		C-1	백자발, 도기병, 기본형 26.5cm
		C-6	백자종지, 백자접시, 백자대접, 백자발, 도기병, 기본형 26.9cm, 가위 22.9cm, 청동지환, 구슬
용지리 유적	분청자 동반	12호	분청국화문접시, 청동대부완, 기본형 12cm(잔)
		36호	분청귀얄대접, 유엽형 18.4cm(잔)
		79호	분청인화문발, 분청인화문접시, 유엽형, 가위 17.1cm
		104호	분청소접시, 기본형 29.2cm, 가위 20.2cm
		111호	분청귀얄문발, 분청귀얄소접시, 구슬, 쌍어형 23.2cm
		117호	분청귀얄접시, 구슬, 기본형 22.3cm(잔)
		161호	인화분청자편, 쌍어형 29.1cm
	분청자 백자 동반	10호	분청귀얄접시, 백자발, 쌍어형 25.6cm
		13호	백자대부합, 분청귀얄접시, 백자접시, 유엽형 25.3cm(잔)
		20호	분청귀얄발, 백자접시, 쌍어형 29.2cm
		21호	백자대부합, 분청접시, 쌍어형 26.4cm
		25호	백자발, 분청귀얄접시, 쌍어형 26.4cm
		39호	분청구연부편, 분청귀얄구연부편, 분청접시, 백자접시, 백자발, 백자접시, 기본형 25.5cm, 젓가락 21.1cm
		46호	분청귀얄접시, 백자잔, 백자접시, 기본형 23.6cm
		71호	분청귀얄접시, 백자발, 백자잔, 백자접시, 기본형 24.3cm
		85호	분청귀얄문발, 백자접시, 연봉형 26.8cm
	백자 동반	33호	백자접시, 청동대부합, 기본형 25.3cm, 젓가락 20.6cm
		38호	청동합, 청동환, 염주, 양이잔, 백자접시, 기본형 25.5cm, 젓가락 23.6cm
		63호	백자발, 백자접시, 백자소접시, 구슬, 쌍어형 26.2cm
		101호	백자접시, 연봉형 24.9cm
		112호	청동합, 백자접시, 기본형 25.4cm, 젓가락 23.5cm
		129호	백자발, 백자종지, 기본형 27.2cm
		181호	백자종지, 백자뇌문발, 백자접시, 청동완, 기본형 27.1cm
운암리 유적	분청자 동반	Ⅱ-136호	분청자발, 쌍어형 29.9cm

운암리 유적	분청자 동반	Ⅱ-139호	분청자발, 장릉형 24.3cm
	분청자 백자 동반	Ⅰ-5호	분청소접시, 백자접시, 청동합, 약시형 27.4cm, 젓가락 24.5cm
		Ⅱ-77호	분청사기발, 장릉형 24.2cm(잔)
		Ⅱ-96호	분청자접시, 백자접시, 청동합, 유엽형
	백자 동반	Ⅰ-8호	백자접시, 백자완, 연봉형 25.3cm
		Ⅰ-10호	백자접시, 백자발, 쌍어형 25.1cm
		Ⅰ-14호	백자발, 청동합, 쌍어형 25.8cm, 가위 19.7cm
		Ⅱ-2호	백자종지, 청동완, 약시형 28.2cm, 구슬
		Ⅱ-3호	백자접시, 백자소접시, 유엽형 15.6cm(잔), 철제가위
		Ⅱ-8호	백자발, 백자접시, 쌍어형 26.2cm
		Ⅱ-11호	백자완, 백자접시, 기본형 23.1cm
		Ⅱ-12호	백자완, 백자접시, 기본형 24cm
		Ⅱ-20호	백자접시, 청동완, 가위 23.6cm, 유리구슬, 기본형 27cm
		Ⅱ-26호	백자접시, 백자종지, 백자발, 쌍어형 24.5cm, 가위
		Ⅱ-36호	백자접시, 청동대부합, 쌍어형 26.4cm, 젓가락 25.2cm, 가위 23.3cm
		Ⅱ-38호	백자접시, 청동대부완, 쌍어형 27cm, 가위 10.7cm
		Ⅱ-39호	백자접시, 백자발, 기본형 27.4cm, 젓가락 22.8cm
		Ⅱ-40호	청동대부완, 청동완, 백자연적, 약시형 28.6cm, 젓가락 22.9cm, 청동꽂이, 가위 21.9cm
		Ⅱ-42호	백자접시, 백자발, 청동대부완, 기본형 25.8cm, 젓가락 25.1cm, 벼루, 철도자
		Ⅱ-55호	백자종지, 백자접시, 백자발, 쌍어형 23.3cm, 벼루
		Ⅱ-74호	백자발, 청동대부합, 쌍어형 26cm, 젓가락 27.6cm
		Ⅱ-87호	백자발, 기본형 24.9cm
		Ⅱ-88호	백자발, 백자접시, 쌍어형 22.6cm
		Ⅱ-95호	백자접시, 백자발, 기본형 22.7cm, 가위, 청동지환
		Ⅱ-98호	백자접시, 쌍어형 24.6cm(잔)
		Ⅱ-108호	백자접시, 백자발, 기본형 22.7cm
		Ⅱ-109호	백자접시, 백자발, 청동합, 청동완, 쌍어형 25.6cm
		Ⅱ-133호	백자발, 백자접시, 약시형 19.1cm
		Ⅱ-137호	백자발, 백자접시, 기본형 27.2cm
		Ⅱ-140호	백자발, 백자접시, 기본형 18.9cm(잔)
		Ⅱ-170호	백자접시, 쌍어형 24.2cm
		Ⅱ-173호	백자완, 백자접시, 청동합, 쌍어형 24.1cm

	분청자 백자 동반	1구-1호	분청자잔, 분청자완, 백자완, 유엽형 26.6cm(잔)
		3구-29호	분청자명, 백자완, 유엽형 21.4cm(잔)
무촌 유적	백자 동반	1구-110호	백자명, 기본형25.7cm
		2구-39호	백자완, 약시형 20cm(잔), 가위
		50호	백자완, 백자명, 기본형 25cm
		57호	백자완, 백자명, 쌍어형 25.6cm
		73호	백자명, 백자완, 기본형 21.7cm
		102호	백자잔, 백자완, 백자명, 약시형 20cm(잔)
		113호	백자명, 기본형 27.6cm
		126호	백자잔, 약시형 19.2cm
		3구-5호	백자완, 백자접시, 쌍어형 24.8cm
		12호	백자완, 백자접시, 쌍어형 21.4cm
		13호	백자완, 백자접시, 기본형 25.8cm
		14호	백자완, 백자명, 쌍어형 24.4cm, 기본형 27.3cm
		18호	백자명, 백자완, 철유병, 연봉형 22cm(잔)
		24호	백자완, 쌍어형 25.6cm
		26호	백자명, 백자완, 기본형 22.4cm, 가위 21cm
		42호	백자잔, 백자완, 동경, 연봉형 27.4cm
		57호	백자명, 백자완, 기본형 24cm
		60호	백자잔, 약시형 17.8cm
		61호	백자명, 백자완, 구슬, 청동인장, 금제지환, 기본형 29.2cm
		62호	백자명, 백자완, 기본형 23.3cm
		66호	백자완, 연봉형 26.6cm, 가위 23cm
		69호	백자완, 연봉형 26.4cm
		74호	백자명, 백자완, 약시형 21.8cm
		77호	백자완, 연봉형 25.7cm, 낫
		85호	동합, 백자명, 기본형 26cm, 젓가락 22.4cm
		87호	백자완, 쌍어형 24cm(잔)
		123호	백자명, 백자발, 기본형 23.8cm
		168-1호	백자명, 백자완, 기본형 27cm, 가위 19cm

이상과 같이 숟가락은 기본형, 쌍어형, 약시형, 연봉형, 장릉형 등의 형태로 사용되고 있었지만 이것이 시기에 따른 변화상을 보여주고 있는 것 같지는 않다. 이상과 같은 형식은 고려시대에 이미 출현하여 있었고

이와 같은 다양한 형태의 숟가락이 원간섭기를 지나면서 대중에게 널리 퍼져 나가면서 각각의 형식이 섞이게 되고 변형이 발생하게 되는 것으로 볼 수 있지 않을까 생각된다. 그러므로 숟가락의 형태나 형식만으로 편년의 근거로 삼는 것은 상당한 문제점을 내포하게 되는 것으로 생각되며 각종 고려시대나 조선분묘 조사보고서에서 숟가락의 편년이 별다른 의미를 주지 못하고 다양한 형태만 제시하고 있는 것은 결국 이러한 역사적 배경 때문이라고 생각된다.

한편 이상과 같이 분류된 형식을 놓고 보았을 때 이것이 지역별 또는 시기별 선호도를 보여주고 있는 면도 없지 않아 청동숟가락을 형식별로 출토된 상황을 살펴보면 다음과 같다.

표3 청동숟가락 형식별 출토비 (단위 %)

유적명	기본형	쌍어형	약시형	연봉형	장릉형
구산동 I	34	22	2	2	1
구산동 II	27	23	4	2	7
구산동 III	33	26	4	2	6
구산동 IV	36	23	4	4	11
구산동 V	31	20	3	5	17
구산동 VI	39	18	1	5	14
구산동 VII	27	15	3	4	11
구산동 VIII	26	23	7	7	1
죽곡리	47	11	9	7	7
가음정	43	29	7	7	4
귀산동	31	31	·	8	·
덕곡리	53	8	3	8	·
용지리	38	18	3	6	6
운암리	39	23	8	4	2
초곡리	48	19	·	5	·
무촌	33	17	7	8	·
황곡리	33	18	7	·	8

먼저 기본형의 출토비는 구산동Ⅰ-34%, 구산동Ⅱ-27%, 구산동Ⅲ-33%, 구산동Ⅳ-36%, 구산동Ⅴ-31%, 구산동Ⅵ-39%, 구산동Ⅶ-27%, 구산동Ⅷ-26%로 대체로 30% 내외를 유지하고 있으며 전체출토비도 32%로 나타나 기본형의 점유비율은 일정한 경향을 보여주고 있다. 그런데 기본형의 점유비율은 같은 김해지역의 죽곡리유적은 47%에 달하고 멀지 않은 창원 가음정유적은 43%에 이르러 김해 구산동유적보다는 높은 비율을 보이고 있다. 창원 귀산동유적의 기본형 비율은 31%, 마산 덕곡리유적 53%, 밀양 용지리유적 38%, 창녕 초곡리유적 48%, 의령 운암리유적 39%, 진주 무촌유적 33%, 함양 황곡리유적 33%를 나타내고 있다. 이것은 조선시대 전기의 숟가락 가운데 기본형이 차지하는 비율은 대체적으로 30%대를 유지-1/3정도-하고 있었다고 볼 수 있겠지만 덕곡리와 초곡리는 50%에 가까운 점유비를 나타내고 있다.

이어서 쌍어형의 출토비를 살펴보면 먼저 구산동Ⅰ-22%, 구산동Ⅱ-23%, 구산동Ⅲ-26%, 구산동Ⅳ-23%, 구산동Ⅴ-20%, 구산동Ⅵ-18%, 구산동Ⅶ-15%, 구산동Ⅷ-23%로 나타나고 전체 비율도 21%를 보이고 있어 구간별로 차이는 있으나 대개 20%~25%의 비율을 점하고 있다. 그리고 죽곡리유적 11%, 가음정유적 29%, 귀산동 31%, 용지리유적 18%, 초곡리 19%, 운암리유적 23%, 무촌유적 17%로 대개 20% 내외의 점유비를 보이지만 창원에 위치한 가음정유적과 귀산동유적의 점유비는 30% 내외로 상당히 높다.

약시형은 구산동Ⅰ-2%, 구산동Ⅱ-4%, 구산동Ⅲ-4%, 구산동Ⅳ-4%, 구산동Ⅴ-3%, 구산동Ⅵ-1%, 구산동Ⅶ-3%, 구산동Ⅷ-7%로 나타나고 전체 비율도 3% 정도이다. 그런데 죽곡리 9%, 가음정 7%, 귀산동 0%, 용지리 3%, 초곡리 0%, 운암리 8%, 무촌 7%, 황곡리 7%로 귀산동과 초곡리는 출토 예가 없고 죽곡리와 운암리가 9%, 8%의 비교적 높은 점유율을 보이고 있다.

연봉형은 구산동Ⅰ-2%, 구산동Ⅱ-2%, 구산동Ⅲ-2%, 구산동Ⅳ-4%, 구산동Ⅴ-5%, 구산동Ⅵ-5%, 구산동Ⅶ-4%, 구산동Ⅷ-7%를 나타내어 구산동Ⅷ이 7%로 가장 높고 구산동Ⅰ과 구산동Ⅱ가 2%로 가장 낮은데 구산동유적 전체 비율은 4%이다. 한편 죽곡리유적의 연봉형은 7%, 가음정유적은 7%, 귀산동유적 8%, 용지리유적 6%, 초곡리유적 5%, 운암리유적 4%, 무촌유적 8%, 황곡리유적 0%로 8%의 점유율을 보이는 유적도 있다.

한편 장릉형은 구산동Ⅰ-1%, 구산동Ⅱ-7%, 구산동Ⅲ-6%, 구산동Ⅳ-11%, 구산동Ⅴ-17%, 구산동Ⅵ-14%, 구산동Ⅶ-11%, 구산동Ⅷ-1%를 나타내어 구산동Ⅰ과 구산동Ⅷ이 각각 1%로 가장 낮고 구산동Ⅴ와 구산동Ⅵ이 각각 17%와 14%의 높은 비율을 보이는데 전체 점유율은 9%이다. 그리고 죽곡리유적 7%, 가음정유적 4%, 귀산동유적 0%, 용지리유적 6%, 초곡리유적 0%, 운암리유적 2%, 무촌유적 0%, 황곡리유적 8% 등으로 나타나는데 먼저 구산동Ⅴ와 구산동Ⅵ에서 각각 17%와 14%의 높은 비율을 보이고 있는 것은 다른 지역과 분명한 차이점이라고 하겠다. 상기 두 구간은 구산동유적의 오른쪽 능선의 우측 하단에 집중되어 분포하는 유구를 포함하는 것으로 비교적 근접한 시기, 또는 가까운 혈연의 집단묘로 보아도 무방하지 않을까 한다. 그리고 숟가락 전체 형식 가운데 지역을 막론하고 장릉형의 출토비가 가장 낮고 귀산동이나 초곡리, 무촌유적에서는 아예 출토되지 않고 있다. 장릉형 자체가 고려 인종묘에서 출토되어 이름이 붙여진 것이고 중국에서도 요나라 황족의 무덤에서 출토된 것이지만 고려나 조선에서 특정한 계층이나 인물이 사용한 형식이었는지 단정하기는 어렵다.[24]

---

24 장릉형은 이난영이 고려 인종(1122~1146)묘에서 출토된 은제 숟가락을 대표적인 형식으로 삼아 명명한 것인데 출토예가 그리 많지 않은 형식이다.(이난영, 1992, 「고려시대의 숟가락」, 『한국고대금속공예연구』, 일지사, pp.117~121) 중국에서 출토된 예는 遼나라 황

이상과 같이 각 지역별로 각 형식의 출토비가 다르고 특정한 형식이
출토되지 않기도 하는 것은 조선시대에는 고려시대를 지나면서 이미 일
반화된 청동숟가락이 각 지역별 또는 집단별로 선호하는 형식이 따로
있었음을 보여주는 자료로 볼 수 있을 것이다.

족 야율우의 무덤에서 출토된 것이(會同 4년, 941년) 가장 빠른 것으로 보인다. (内蒙古文
物考古研究所 · 赤峰市博物館 · 阿魯科爾心旗文物管理所, 1996, 「遼耶律羽之墓發
掘簡報」, 『文物』, 1996-1, pp.4~32)

06 청동숟가락과 동반유물

조선시대 분묘에서 숟가락과 함께 출토되는 유물에는 젓가락은 물론이고 가위가 있다. 지금부터는 앞선 유적에서 출토된 숟가락의 상태를 검토하여 각 형식별 숟가락의 크기, 지역별 선호형식, 파병(破柄)현상, 1기 2점 출토 현상 등을 알아보기로 한다. 그리고 젓가락은 출토 예가 많지는 않으나 숟가락과 때어 놓고 보기는 어려운 유물이므로 형태상의 특징이나 크기 등에 대하여 살펴보기로 한다. 또한 가위는 철로 만들어져 출토 상태가 좋지 못하여 별다른 연구가 진척되지 못하고 있는 상황이다. 여기서는 가위의 크기, 숟가락과 대비되는 사용빈도에 대하여 살펴본 다음 크기와 상징성에 대하여 검토하여 보기로 한다.

1) 청동숟가락

숟가락은 모두 단조하여 제작하는데 보통 긴 봉 형태의 청동을 두드려 만들게 된다.[25] 이때 음식물을 뜨는 술잎 부분과 숟가락을 잡는 자루 부분은 얇고 편평하게 늘려야 하는데 발굴조사에서 숟가락의 술잎이나 술총이 손상되거나 탈락되어 출토되는 원인이 여기에 있다. 또한 지금까지 출토된 숟가락은 특별한 경우를 제외하면 대부분 사용한 것들이고 술잎의 왼쪽에 사용흔이 남아 있어 당시의 사람들은 오른손잡이였을 것으로 보인다. 더불어 숟가락을 자세히 살펴보면 자루의 중심에서 약간 왼쪽으로 술잎이 붙어 있는데 이것은 대부분 오른손으로 숟가락을 사용하던 당시 사람들의 편의를 위한 배려인 것 같다.

표4 청동숟가락 형식별 크기(단위 cm)

유적명	기본형	쌍어형	약시형	연봉형	장릉형
구산동 I	23.4	24.6	21.5	20.5	16.2
구산동 II	23.1	24.0	23.1	22.9	27.0
구산동 III	23.7	24.9	22.1	20.5	26.1
구산동 IV	27.7	25.8	25.1	24.9	28.4
구산동 V	24.6	28.3	22.9	23.3	29.8
구산동 VI	23.8	25.7	·	22.5	24.5
구산동 VII	26.4	26.7	22.6	25.2	26.5
구산동 VIII	22.2	22.7	20.6	23.4	21.1
죽곡리	25.3	24.5	·	25.0	26.0
가음정	25.8	28.2	22.7	22.0	28.7
귀산동	25.7	24.8		·	·
덕곡리	26.4	27.7	·	25.2	·
용지리	25.3	25.8	23.6	24.7	24.4
운암리	25.6	25.9	24.4	24.9	
초곡리	25.2	26.4	·	·	·
무촌	24.7	26.0	20.1	24.3	
황곡리	24.0	26.3	24.9	·	·

---

25 안귀숙, 2002, 『중요무형문화재 제77호 유기장』, 국립문화재연구소
안성유기에서 대량 생산의 단계에 주조가 등장하는 것은 사실이지만 고려시대나 조선시대 전기까지는 대부분 방자유기로 단조로 생산하였다고 보는 것이 타당하겠다.(이난영 선생과 안귀숙 선생의 가르침에 따른 것이다)

한편 술목에서 술자루로 이어지는 부분의 두께는 고려 후기를 지나면서 시작되어 조선시대 전기 말에 이르기까지 일반적으로 얇아지는 경향이 있는데 이것은 고려후기의 전쟁과 조선조에 들어서면서 청동의 수요가 확대되어 가능하면 숟가락에 들어가는 청동의 양을 줄여보고자 하는 결과로 볼 수도 있을 것이다.[26] 또한 술목이 얇아지는 현상이 숟가락이 휘어지는 곡선이 점차로 직선화되는 것과 같이 보이는 현상이기 때문에 당시 식단의 변화, 새로운 형태의 그릇의 등장과도 같은 맥락에서 보아야 할 것으로 판단된다.

그러면 완형으로 출토된 숟가락을 중심으로 사용 당시의 크기에 대하여 알아보기로 하겠다. 구산동유적에서 출토된 숟가락의 길이를 계측하여 보면 기본형 구산동Ⅰ-23.4cm, 구산동Ⅱ-23.1cm, 구산동Ⅲ-23.7cm, 구산동Ⅳ-27.7cm, 구산동Ⅴ-24.6cm, 구산동 Ⅵ-23.8cm, 구산동Ⅶ-26.4cm, 구산동Ⅷ-22.2cm로 24cm를 전후한 크기인데 27.7cm인 구산동Ⅳ는 10%이상 더 길게 제작되었다. 쌍어형은 구산동Ⅰ-24.6cm, 구산동Ⅱ-24cm, 구산동Ⅲ-24.9cm, 구산동Ⅳ-25.8cm, 구산동Ⅴ-28.3cm, 구산동Ⅵ-25.7cm, 구산동Ⅶ-26.7cm, 구산동Ⅷ-22.7cm로 구산동Ⅴ가 가장 크며 25cm를 전후한 크기가 평균치가 되고 이것은 기본형보다 1cm 정도는 더 큰 것이다.

그리고 약시형은 구산동Ⅰ-21.5cm, 구산동Ⅱ-23.1cm, 구산동Ⅲ-22.1cm, 구산동Ⅳ-25.1cm, 구산동Ⅴ-22.9cm, 구산동Ⅶ-22.6cm, 구산동Ⅷ-20.6cm로 평균치는 22cm인데 구산동Ⅳ와 구산동Ⅷ에서 출토된 약시형은 평균치의 1/10 이상 크거나 작은 것이다. 연봉형은 구산동Ⅰ-20.5cm, 구산동Ⅱ-22.9cm, 구산동Ⅲ-20.5cm, 구산동Ⅳ-24.9cm,

---

26 술목 두께의 뚜렷한 변화양상과 그 배경에 대해서는 아직 구체적인 지적은 없었으나 차후 기회를 마련해 보고자 한다.

구산동Ⅴ-23.3cm, 구산동Ⅵ-22.5cm, 구산동Ⅶ-25.2cm, 구산동Ⅷ -23.4cm로 평균 23cm 정도인데 구산동Ⅳ와 구산동Ⅶ은 10% 정도 더 크게 제작된 것이다. 문제는 장릉형인데 장릉형은 구산동Ⅰ-16.2cm, 구산동Ⅱ-27cm, 구산동Ⅲ-26.1cm, 구산동Ⅳ-28.4cm, 구산동Ⅴ -29.8cm, 구산동Ⅵ-24.5cm, 구산동Ⅶ-26.5cm, 구산동Ⅷ-21.1cm로 편차가 아주 커서 구산동Ⅴ의 크기는 구산동Ⅰ의 거의 배에 달하여 일 반적인 평균치를 구하기가 어렵고 오히려 27cm 이상과 21cm 이하의 2 개의 크기로 나누어 사용자와 용도의 차이를 생각해 보는 것도 좋을 듯 하다.

그리고 김해 죽곡리유적의 형식별 평균은 기본형 25.3cm, 쌍어 형 24.5cm, 연봉형 25cm, 장릉형 26cm로 오히려 기본형이 쌍어형보 다 더 크다. 가음정유적에서는 기본형 25.8cm, 쌍어형 28.2cm, 약시형 22.7cm, 연봉형 22cm, 장릉형 28.7cm로 역시 장릉형이 가장 크고 쌍 어형과 기본형이 다음으로 크게 제작되었다. 그러나 같은 창원지역의 귀산동유적은 기본형이 25.7cm로 24.8cm의 쌍어형보다 크고 덕곡리 에서는 반대로 기본형 26.4cm, 쌍어형 27.7cm, 연봉형 25.2cm로 쌍어 형이 더 크게 나타났다. 밀양 용지리유적에서는 기본형 25.3cm, 쌍어 형 25.8cm, 약시형 23.6cm, 연봉형 24.7cm 장릉형 24.4cm로 장릉형 의 크기가 상당히 작고 의령 운암리유적에서는 기본형 25.6cm, 쌍어형 25.9cm, 약시형 24.4cm, 연봉형 24.9cm로 기본형과 쌍어형의 크기가 별 차이가 없다. 그리고 창녕 초곡리유적에서는 기본형 25.2cm, 쌍어 형 26.4cm, 진주 무촌유적에서는 기본형 24.7cm, 쌍어형 26cm, 약시형 20.1cm, 연봉형 24.3cm 다른 지역보다 약시형의 크기가 상당히 작다. 함양 황곡리유적에서는 기본형 24cm, 쌍어형 26.3cm, 약시형 24.9cm 로 기본형이 쌍어형보다 작다.

이와 같은 각 형식의 차이는 지역별 제작지의 차이는 있다 하더라

표5 청동숟가락 2점 출토유구 일람

유적명	유구명	숟가락형식	유적명	유구명	숟가락형식
구산동-I	82호	술부1, 병부1	구산동-IV	814호	술총 2
	104호	쌍어형 2		828호	쌍어형1, 기본형1
구산동-II	326호	술부1, 병부1	무촌유적 3구	14호	쌍어형1, 기본형1
	448호	병부 2		26호	부부합장묘(기본형1, 유엽형1)
구산동-III	508호	장릉형1, 병부1		157호	유엽형 2
	710호	기본형1, 유엽형1	용지리	84호	유엽형 2
구산동-VIII	2433호	기본형1, 연봉형1	황곡리	B-20호	유엽형1, 쌍어형1

도 숟가락은 수작업으로 청동봉을 늘려 제작하는 공정상 나타날 수 있는 현상이라고 볼 수 있을 것이다. 이상과 같은 계측 결과를 종합하여 본 각 형식의 크기는 기본형 25cm, 쌍어형 26cm, 약시형 23cm, 연봉형 24cm, 장릉형 27cm 정도가 된다.

여기서 문제가 되는 것은 숟가락의 제작 당시의 길이나 크기가 사용자나 용도를 나타내는 것은 아닐까 하는 것이다. 말하자면 숟가락의 평균치에서 1~2cm 크거나 작거나 한 것은 일반적인 용도로 보아도 무방하겠지만 대소의 차이가 너무나 분명한 것이 없지 않다는 것이다. 구산동유적에서 기본형 가운데 가장 큰 것은 34cm, 작은 것은 13.8cm이다. 쌍어형은 34.2cm와 11.4cm이고 약시형은 25.1cm와 16.4cm, 연봉형은 28cm와 14.8cm이다. 특히 장릉형은 35.1cm와 15.4cm로 2배 이상 차이가 나 제작과정에서 일어나는 일반적인 차이라고 생각하기는 어렵고 용도의 차이로 볼 수 있겠지만 출토 상황이 좋지 않고 동일한 예가 많지 않은 것이 해석에 어려움을 준다.

다음으로 생각하여 볼 것은 숟가락이 2점 부장된 유구가 발견되고 있다는 것이다. 예를 들면 구산동 I -82호(술부, 병부 반), 104호(쌍어형 2)[도면 28], 구산동 II -326호(술부, 병부) 448호(병부), 구산동 III -508호(장릉형, 병부반) 710호(기본형, 유엽형) 구산동IV-814호(자루 2), 828호(쌍어형, 기본형), 구산

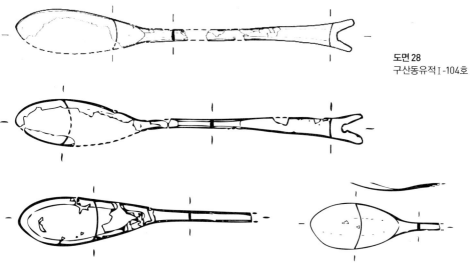

도면 28
구산동유적 I -104호

도면 29
구산동유적 II -448호·III -508호·710호

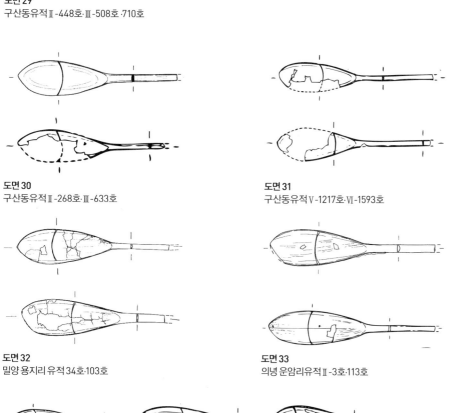

도면 30
구산동유적 II -268호·III -633호

도면 31
구산동유적 V -1217호·VI -1593호

도면 32
밀양 용지리 유적 34호·103호

도면 33
의녕 운암리유적 II -3호·113호

도면 34
진주 무촌 1구18호·1구22호·2구99호

동Ⅷ-2433호(기본형, 연봉형) 등 9기[도면 29], 무촌유적 3구-14호(쌍어형, 기본형), 26호(부부합장묘, 기본형, 유엽형), 157호(유엽형2) 등 3기, 황곡리 B-20(유엽형, 쌍어형) 1기 등이며 죽곡리유적, 덕곡리유적, 가음정유적, 귀산동유적, 초곡리유적, 운암리유적, 용지리유적, 장평유적에서는 확인되지 않았다. 진주무촌유적 3구14호에서 출토된 2점의 숟가락은 반함을 이루는 것으로 보았다. 우리나라는 단독묘의 전통이 강한 지역으로 대부분의 숟가락도 무덤 1기당 1점이 출토되고 있으며 대부분의 숟가락이 개인용으로 생전에 사용한 것을 그대로 부장하는 것으로 보이기 때문에 부부합장묘가 아니라면 1점씩 출토되는 것이 당연해 보이는데 2점씩 출토되는 것은 이해하기 어려운 부분이다.

한편으로 숟가락을 부장하면서 숟가락의 자루를 고의로 부러뜨린 경우가 있는 것으로 보인다. 유물을 직접 확인하지 못하고 도면만으로 검토한 것이어서 문제점이 없지 않을 것이나 자루를 고의적으로 부러뜨리거나 훼손한 예가 있는 것만은 분명한 것 같다. 즉 구산동Ⅱ에서 268호, 361호 등 6기, 구산동Ⅲ에서 546호, 633호 등 4기[도면 30], 구산동Ⅳ에서 872호 등 4기, 구산동Ⅴ에서 1217호 등 5기, 구산동Ⅵ에서 1497호, 1516호, 1593호, 1638호, 1664호 등 10기[도면 31], 구산동Ⅶ에서 1926호, 2272호 등 5기, 구산동Ⅷ에서 2390호, 2469호 등 4기가 확인되었다. 그리고 죽곡리유적에서 2기(49호, 81호), 귀산동유적에서 3기(44호, 51호, 85호), 덕곡리유적에서 1기(C-11호), 용지리유적에서 8기(34호, 47호, 84호, 103호)[도면 32], 운암리유적에서 10기(Ⅱ-3호, 13호, 25호, 96호, 113호)[도면 33], 초곡리유적에서 2기(2호, 8호), 무촌유적에서 14기(1구 18호, 22호, 2구 99호, 115호, 3구 26호, 44호, 49호, 105호, 169호)[도면 34], 황곡리유적에서 2기(A-33호, 수습6호) 등을 지적할 수 있다.[27]

---

27 보고서 도면을 보고 판단한 것으로 일부는 착오가 있을 수 있겠지만 분명하게 숟가락의 자루

표 6 파병 청동 숟가락 출토유구 일람

유적명	유구명	기수	유적명	유구명	기수
구산동Ⅱ	268호, 290호, 297호, 326호, 361호, 363호	6	귀산동	44호, 51호, 85호	3
			덕곡리	C-11호	1
구산동Ⅲ	546호, 591호, 633호, 701호	4	용지리	34호, 47호, 72호, 76호, 84호, 103호, 115호, 148호	8
구산동Ⅳ	872호, 923호, 1032호, 1077호	4	운암리	Ⅱ-3호, 13호, 21호, 25호, 28호, 37호, 96호, 113호, 154호, 164호	10
구산동Ⅴ	1217호, 1283호, 1332호, 1335호, 1363호	5			
구산동Ⅵ	1497호, 1501호, 1504호, 1516호, 1562호, 1593호, 1618호, 1638호, 1659호, 1664호	10	초곡리	2호, 8호	2
			죽곡리	49호, 81호	2
			황곡리	A-33호, 수습6호	2
구산동Ⅶ	1926호, 2165호, 2199호, 2261호, 2272호	5	무촌	1구-18호, 22호, 24호, 25호, 29호, 30호, 53호 2구-99호, 115호, 3구-26호, 44호, 49호, 105호, 169호	14
구산동Ⅷ	2390호, 2413호, 2416호, 2469호	4			

　　운암리유적이나 무촌유적에서 숟가락 자루를 고의적으로 부러뜨리는 현상이 다른 유적에 비하여 빈도수가 높은 것은 각 지역별 장례 절차와 각 기물이 가지고 있는 상징성이 달랐던 것을 반증하는 것이라 하겠다. 또한 부부합장묘인 진주 무촌3구 26호에서는 숟가락 2점이 출토되었으나 1점은 완형으로 또 1점은 자루가 부러진 채로 발견되어 이러한 현상이 남녀의 구별을 뜻하는 것인지 차후 자료의 축적이 필요한 부분이다. 그리고 이와 같은 파병의 현상은 특히 마산 덕곡리유적이나 거제 장평조선묘군에서 도기병을 부장품으로 채택하면서 주둥이 부분을 깨어서 넣는 것과 상통하는 현상이 아닐까 한다.

　　숟가락을 제작하는 과정에서 청동봉을 늘려 제작하기 때문에 술잎이나 술총이 오랜 세월을 경과하면서 녹이 슬어 탈락되는 것은 충분히 짐작되는 일이지만 일정한 두께를 유지하고 있는 자루의 중앙이 부러져

를 부러뜨린 것을 확인할 수 있다.

있거나 부러진 자루가 휘어져 있는 현상은 자루의 고의적인 훼손으로 밖에는 보기 어려운 것이다. 고의적인 파병현상이 무엇을 의미하는 것인지 단언하기는 어려우나 이승을 하직하는 사람과의 이별의 징표거나 더 이상 이 세상의 밥을 먹지 않는다는 뜻으로 이루어진 행위인지 차후 민속자료도 함께 검토하여야 할 사항이다. 다만 이러한 파병현상이 지역이나 유적에 따라 확인되는 경우도 있고 그렇지 않은 경우도 있기 때문에 숟가락의 출토 위치 등을 고려한 연구가 더욱 진행되어야 하겠다.

2)젓가락

젓가락은 손으로 잡는 부분과 음식을 집는 부분으로 나눌 수 있다. 간단한 2가지 기능을 수행하기 위하여 제작된 젓가락은 대체적으로 손으로 잡는 부분의 단면은 방형 또는 장방형이고 음식을 집는 부분의 단면은 원형으로 제작된다. 즉 단면의 형태로 두가지 기능이 나누어진다는 것이다. 이를 구분하기 위하여 고려시대에 제작된 젓가락 가운데는 단면의 형태가 달라지는 부분에 죽절이나 음각선을 넣기도 하였는데 조선시대에 들어서면 이러한 예는 현저하게 줄어든다.

그러면 수저가 같이 출토되거나 젓가락만 출토되는 유구를 〈표 6〉을 통하여 살펴보기로 한다.

구산동유적에서 각 구간별 젓가락 출토상황은 구산동 I 유적에서 젓가락 8쌍 출토, 숟가락 대비(91점) 9%, 평균 길이 25.6cm, 구산동 II 유적에서 젓가락 7쌍 출토, 숟가락 대비(102점) 7%, 평균 길이 25.3cm, 구산동 III 유적에서 젓가락 6쌍 출토, 숟가락 대비(106점) 6%, 평균길이 23.5cm, 구산동 IV 유적에서 젓가락 16쌍 출토, 숟가락 대비(91점) 18%, 평균 길이 24.6cm, 구산동 V 유적에서 젓가락 10쌍 출토, 숟가락 대비

(86점) 12%, 평균 길이 24.2cm, 구산동Ⅵ유적에서 젓가락 4쌍 출토, 숟가락 대비(100점) 4%, 평균 길이 25.3cm인데 구산동Ⅶ유적과 구산동Ⅷ유적에서는 젓가락이 출토되지 않았다. 이를 종합하면 구산동유적에서는 모두 51쌍의 젓가락이 출토되었는데 숟가락은 716점이 출토되어 7%의 비율을 보이고 평균 길이는 24.8cm이다.

죽곡리유적에서 젓가락은 3쌍 출토, 숟가락 대비(45점) 7%, 평균 길이 24.7cm, 가음정동유적에서 젓가락은 12쌍 출토, 숟가락 대비(28점)

표7 청동젓가락 출토유구 일람

유적명	유구명	길이(cm)	비율 (젓가락/숟가락)	유적명	유구명	길이(cm)	비율 (젓가락/숟가락)
구산동Ⅰ	29호	26.3	9%(8/91)	가음정	41호	23.1	43%(12/28)
	62호	24.0			48호	9.5(잔)	
	88호	28.3			51호	27.8	
	102호	24.9			69호	23.2	
	170호	4.5(잔)			70호	24.0	
	190호	25(잔)			72호	23.2	
	207호	25.6			73호	21.7	
	232호	24.3			75호	23.4	
구산동Ⅱ	278호	24.4	7%(7/102)		76호	23.5	
	288호	23.0			78호	23.6	
	313호	23.5			82호	23.8	
	367호	26.8			83호	25.6	
	411호	29.2		덕곡리	A-15호	불량	13%(8/60)
	412호	25.1			A-17호	21.5	
	482호	24.9			A-19호	23.2	
구산동Ⅲ	511호	24.1	6%(6/106)		A-31호	26.4	
	557호	23.0			A-38호	23.0	
	615호	25.6			A-44호	24.2	
	630호	24(잔)			B-27호	27.3	
	682호	21.4			C-8호	불량	
	792호	2.7(잔)		용지리	12호	25.4	12%(11/90)
구산동Ⅳ	894호	23.2	18%(16/91)		20호	23.6	

구분	호	수치	비율
구산동IV	896호	25.8	
	926호	26.5	
	935호	25.0	
	963호	22.7	
	972호	25.1	
	999호	23.7	
	1008호	21.6	
	1039호	21.9(잔)	
	1054호	15.1(잔)	
	1079호	26.0	
	1090호	24.2	
	1093호	27.3	
	1095호	24.2	
	1099호	26.0	
	1102호	22.7	
구산동V	1326호	26.5	12%(10/86)
	1328호	21.6	
	1341호	22.5	
	1344호	25.2	
	1450호	23.0	
	1452호	24.7	
	1460호	24.6	
	1466호	23.2(잔)	
	1481호	26.7	
	1489호	19.9(잔)	
구산동VI	1559호	24.2	4% (4/100)
	1696호	27.0	
	1742호	24.8	
	1787호	25.0	
죽곡리	47호	25.9	7%(3/45)
	137호	23.5	
	173호	20(잔)	
귀산동	53호	24.1	6%(2/35)
	86호	24.7	

구분	호	수치	비율
용지리	33호	20.6(잔)	
	38호	23.6	
	39호	21.1	
	56호	24.1	
	89호	21.4	
	105호	25.0	
	112호	23.5	
	163호	25.4	
	165호	23.3	
무촌	2구-5호	27.4	6%(6/108)
	3구-3호	23.0	
	3구-15호	24.0	
	3구-41호	23.0	
	3구-85호	22.4	
	3구-98호	24.8	
황곡리	A-34호	23.6	3%(1/39)
운암리	I-5호	24.5	12%(14/119)
	II-18호	25.1	
	II-27호	24.1	
	II-33호	24.8	
	II-36호	25.2	
	II-39호	22.8	
	II-40호	22.9	
	II-42호	25.1	
	II-52호	25.1	
	II-60호	25.5	
	II-62호	23.0	
	II-73호	24.6	
	II-74호	27.6	
	II-91호	26.8	
초곡리	1호	22.3	14%(3/21)
	6호	24.5	
	31호	26.4	

43%, 평균 길이 23.9cm, 귀산동유적에서 젓가락은 2쌍 출토, 숟가락 대비(35점) 6%, 평균 길이 24.4cm, 덕곡리유적에서 젓가락은 8쌍 출토, 숟가락 대비(60점) 13%, 평균 길이 24.3cm, 용지리유적에서 젓가락 11쌍 출토, 숟가락 대비(90점) 12%, 평균 길이 23.6cm, 운암리유적에서 젓가락 14쌍 출토, 숟가락 대비(119점) 12%, 평균 길이 24.8cm, 초곡리유적에서 젓가락 3쌍 출토, 숟가락 대비(21점) 14%, 평균 길이 24.4cm, 무촌유적에서 젓가락은 6쌍 출토, 숟가락 대비(108점) 6%, 황곡리유적에서 젓가락 1쌍이 출토, 숟가락 대비(39점) 3%, 길이는 23.6cm이다.

이와 같은 상황을 종합하여 보면 젓가락의 출토비는 가음정유적이 43%로 가장 높고 다음이 초곡리유적(14%)과 덕곡리유적(13%)이다. 구산동유적 전체의 젓가락 출토비는 7%로 낮은 편이지만 구산동Ⅳ와 구산동Ⅴ는 각각 18%와 12%로 높은 반면 구산동Ⅶ과 구산동Ⅷ은 젓가락이 한 점도 출토되지 않아 이와 같은 상황이 조사구역을 나눈 단순한 결과에서 비롯된 것인지 또는 유적의 조성시기나 피장자 집단의 성향을 반영하는 것인지 지금으로서는 알기 어렵다. 다만 의령 운암리유적에서 Ⅱ-91호 이후 Ⅱ-174호까지 숟가락이 46점이 출토되는 상황에서 젓가락 1점도 출토되지 않은 것은 시기적인 차이거나 또는 장례풍습의 변화를 보여 주는 것으로 보아도 무방하지 않을까 싶다.

어쨌건 젓가락의 숟가락 대비 출토비율은 10% 대를 겨우 유지하고 있는 정도인데 이것은 수저가 한 쌍으로 출토되는 비율인 것이다. 즉 앞서 정리한 유적 가운데 조선시대 전기로 보이는 숟가락과 젓가락만 두고 산출한 것이므로 조선시대 전기의 유물이 출토되는 전체 유구를 기준으로 출토비율을 따져 보면 10%에 훨씬 미치지 못할 것이 분명해 보인다. 이러한 상황은 지금 우리가 식탁에서 수저를 같이 사용하고 있는 경우와는 확실히 다른 것이다.

수저가 동반되어 출토되는 유구는 예를 들면 구산동Ⅰ-29호에서 동

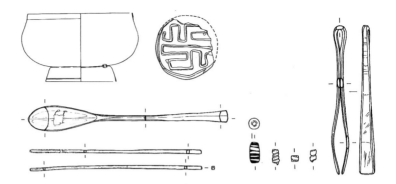

도면 35
구산동유적 I-29호

제유대완, 동완, 기본형, 젓가락, 동인, 동제 집게, 동전, 구옥, 조옥, 고옥, 권옥 등이 출토되어[도면 35] 숟가락만 출토되거나 분청자나 백자 등 자기가 출토되는 유구보다도 부장품이 풍부한 경향이 있는 것도 사실이므로 젓가락의 사용은 그야말로 한정적이었다고 보는 것이 타당할 것으로 판단된다. 이러한 관점에서 본다면 가장 높은 수저 출토 비율을 보이고 있는 창원 가음정동유적은 상당한 경제적인 수준에 올라 있던 집단의 무덤일 가능성이 높다고 판단된다.

그리고 젓가락의 길이는 대체적으로 숟가락보다 짧은데 이것은 오늘날의 식탁에서 숟가락보다 길거나 거의 같은 길이를 유지하고 있는 것과는 다른 현상이다.[28] 또한 젓가락이 한 쌍으로 출토된다고 하여도 똑같이 제작되어 한 쌍을 이루는 것은 거의 없다시피 하다. 이것 또한 당시 식탁에서 젓가락을 별로 사용하지 않았던 것을 보여주는 사례라고 판단된다.[29]

---

28 아주 드물게 숟가락보다 길게 제작된 젓가락도 있다.[구산동 V-1466호] 이것은 당시 일반적인 경향이기 보다 아주 특별한 예이거나 평소에는 사용하지 않다가 장례 당시에 부장될 젓가락을 구하다보니 비롯된 것으로 생각된다.

29 젓가락이 많이 출토되지 않는 것은 고려시대와 동일한 현상으로 적어도 원간섭기 이후부터 조선시대에 이르기까지 음식문화에 큰 변화는 없었던 것으로 보아야 할 것이다. [정의도, 2007, 「한국고대청동시저연구-고려시대-」, 『석당논총』 제38집, 동아대학교 석당학술원, pp.119~120]

3) 가위

조선시대 전기 분묘에서 출토되는 가위는 모두 철로 제작되어 출토 상태가 대부분 불량하며 제작 당시의 모습을 유지하고 있는 예는 드문 형편이다. 〈표 8〉은 가위가 출토된 유구와 크기를 유적별로 정리한 것이다.

이를 숟가락 출토량과 비교하여 보면 구산동 I 에서는 가위 2점[숟가락/가위, 91/2-2%], 구산동 II 에서는 가위 3점[숟가락/가위, 102/3-3%], 구산동 III 에서는 가위 2점[숟가락/가위, 106/2-2%], 구산동 IV 에서는 가위 3점[숟가락/가위, 91/3-3%], 구산동 V 에서는 가위4점[숟가락/가위, 86/4-5%], 구산동 VI 에서는 가위 3점[숟가락/가위, 100/3-3%], 구산동 VII 에서는 가위 1점[숟가락/가위, 67/1-2%], 구산동 VIII 에서는 가위 2점이 출토되어 구산동유적 전체에서는 모두 21점의 가위가 출토되었다.[716/21-3%]

그리고 김해 죽곡리유적에서는 가위 6점[숟가락/가위, 45/6-13%], 창원 가음정동유적에서는 가위 4점[숟가락/가위, 45/4-9%], 귀산동유적에서는 가위 3점[숟가락/가위, 35/3-9%], 마산 덕곡리유적에서는 가위 15점[숟가락/가위, 35/15-43%], 의령 운암리유적에서는 가위 34점[숟가락/가위, 119/34-29%], 밀양 용지리유적에서는 가위 2점[숟가락/가위, 90/2-2%], 진주 무촌유적에서는 가위 24점[숟가락/가위, 108/24-22%], 창녕 초곡리유적에서는 가위 2점[숟가락/가위, 21/2-10%], 함양 황곡리유적에서는 가위 6점[숟가락/가위, 39/6-15%], 거제 장평유적에서는 가위 5점[숟가락/가위, 9/5-56%]이 출토되었다.

숟가락이 20점 이상 출토된 유적을 대상으로 숟가락과 가위의 출토량을 비교하여 보면 의령 운암리유적에서 모두 34점의 가위가 출토되어 출토량이 가장 많고 숟가락 출토량과 비교하여 보면 덕곡리와 운암리,

표8 철제가위출토유구일람

유적명	유구명	길이(cm)	비율(가위/숟가락)	유적명	유구명	길이(cm)	비율(가위/숟가락)
구산동I	233호	16.9(잔)	2%(2/91)	귀산동	83호	22.0	9%(3/35)
	246호	17.7(잔)		용지리	79호	17.1	3%(3/90)
구산동II	407호	21.8	3%(3/102)		104호	20.2	
	420호	5(잔)/6.8(잔)			172호	5.1(잔)	
	445호	21.1		덕곡리	A-17호	20.1	43%(15/35)
구산동III	621호	18.9	2%(2/106)		A-19호	24.0	
	623호	21.0			A-26호	23.0	
구산동IV	834호	19(잔)	3%(3/91)		A-28호	·	
	1039호	19.5(잔)			A-31호	·	
	1074호	10.0(잔)			A-33호	·	
구산동V	1279호	22.6	5%(4/86)		A-36호	10.8	
	1286호	13.2(잔)			A-39호	20.7(잔)	
	1295호	18.4			A-41호	24.4	
	1344호	18.4			B-14호	·	
구산동VI	1742호	22.9	3%(3/100)		B-21호	22.0	
	1808호	21.1			B-26호	18.3	
	1836호	18.5			C-6호	22.9	
구산동VII	2122호	12.8	2%(1/67)		C-8호	22.0	
구산동VIII	2502호	19.4	3%(2/73)		지표수습	19.7	
	B-11호	24.0		황곡리	A-16호	23.9	15%(6/39)
죽곡리	44호	19.0	13%(6/45)		B-5호	18.1(잔)	
	45호	21.3			B-15호	20.1	
	100호	8.8(잔)			B-46호	18.8(잔)	
	144호	21.5			B-47호	16.9	
	145호	20(잔)			수습-3호	22.0	
	225호	17.8		장평	2호	20.9	56%(5/9)
가음정	21호	14.6(잔)	9%(4/45)		6호	13.0	
	22호	17.8			7호	21.1	
	78호	24.1			8호	21.0	
	82호	13.0			12호	23.1	
귀산동	27호	22.1	9%(3/35)				
	71호	20.7					

유적	호	수치	출토비	유적	호	수치	출토비
초곡리	14호	21.3	10%(2/21)		Ⅱ-20호	23.6	
	17호	18.8			Ⅱ-22호	10.7	
무촌	19-21호	21.0	22%(24/108)		Ⅱ-25호	20.8(추정)	
	19-29호	17.0(잔)			Ⅱ-26호	10.4/ 10.7(잔)	
	19-33호	20.0			Ⅱ-27호	21.1	
	19-110호	20.2(잔)			Ⅱ-29호	23.7	
	29-37호	13.0(잔)			Ⅱ-31호	17.8(잔)	
	29-117호	32.5			Ⅱ-33호	19.2	
	39-17호	19.0			Ⅱ-34호	13.2	
	39-21호	18.0(잔)			Ⅱ-35호	18.4(잔)	
	39-22호	21.0			Ⅱ-36호	23.3	
	39-25호	18.0(잔)			Ⅱ-38호	10.7	
	39-26호	21.0(잔)			Ⅱ-40호	21.9	
	39-36호	20.0		운암리	Ⅱ-48호	27.5	29%(34/119)
	39-66호	23.0			Ⅱ-52호	21.7	
	39-69호	31.0(잔)			Ⅱ-54호	8.8(잔)	
	39-76호	13.0(잔)			Ⅱ-60호	25.1	
	39-78호	14.0(잔)			Ⅱ-61호	20.9	
	39-98호	22.0			Ⅱ-62호	22.0	
	39-99호	19.0(잔)			Ⅱ-63호	6.8(잔)	
	39-100호	21.5			Ⅱ-65호	18.2	
	39-109호	18.0(잔)			Ⅱ-71호	20.1	
	39-143호	22.0			Ⅱ-73호	20.6	
	167호	12.0			Ⅱ-80호	17.9(잔)	
	168-1호	19.5			Ⅱ-91호	17.5(잔)	
	169호	22.0			Ⅱ-95호	16.5(잔)	
운암리	Ⅰ-7호	16.4			Ⅱ-103호	20.6	
	Ⅰ-11호	18.8			Ⅱ-113호	21.8	
	Ⅰ-14호	19.7			Ⅱ-126호	18.3(잔)	
	Ⅱ-3호	12.4(잔)			Ⅱ-174호	20.9	
	Ⅱ-18호	22.7					

무촌유적에서는 각각 43%와 29%, 22%의 출토비를 나타내고 있다. 그
런데 다양한 숟가락이 출토된 김해 구산동유적과 용지리에서는 3%의

낮은 출토비를 보이고 있어 각 지역별, 또는 집단별로 선호하는 부장품이 따로 있었던 것을 보여주고 있다.

한편 가위는 출토 상태가 좋지 않지만 그 형태가 마주보게 날과 손잡이를 만들고 날과 손잡이의 중간에 못을 박아 제작한 것이다. 필자의 분류안에 따르면 고려시대 전기까지의 가위는 「8」자형이며 원간섭기를 지나면서 사용되는 것이 「X」자형가위이다.[30] 그러나 아직 조선시대 가위를 대상으로 형식분류를 제안할 만한 근거가 필자에게는 없다. 다만 가위의 크기에 따라 다음과 같이 대 · 중 · 소 세가지 종류로 나눌 수 있을 것 같다.

가위의 크기는 지역별로 살펴보면 가위가 가장 많이 출토된 운암리유적에서는 27±2cm 크기(대형-Ⅰ형)가 2점, 21±2cm(중형-Ⅱ형) 19점, 12±2cm 크기(소형-Ⅲ형)가 4점 출토되었다. 운암리유적 다음으로 많은 가위가 출토된 덕곡리유적에도 그대로 적용되어 계측 가능한 10점 가운데 중형이 9점에 달하고 1점은 10.8cm로 소형에 해당된다. 다음으로 무촌유적에서는 27±2cm(대형-Ⅰ형) 1점, 21±2cm(중형-Ⅱ형) 12점, 12±2cm(소형-Ⅲ형)가 4점 출토되었다. 그리고 구산동유적에서는 13점 가운데 중형 12점, 소형 1점, 무촌유적에서는 7점 중 중형에 속하는 것이 6점, 소형으로 분류되는 것이 1점, 죽곡리유적은 4점 모두 중형, 가음정동유적은 중형 2점, 소형 1점, 황곡리유적 중형 3점, 소형 1점, 장평유적 중형 4점, 소형 1점이다. 그러므로 조선시대 전기의 가위는 21±2cm 크기가 가장 일반적이었음을 알 수 있다.

가위를 크기에 따라 나누는 것이 타당한 관점인지는 차후 검증을 받아야겠지만 이런 분류가 가능하다면 이 세가지 크기의 가위가 남녀, 또

---

30 정의도, 2007, 「고려시대 철제가위(鐵鋏) 연구」, 『경문논총』창간호, 경남문화재연구원, pp.299~309

는 아이 등 사용자를 나타내는 것인지, 옷을 짓거나 종이를 자르거나 나무를 다듬거나, 또는 부장용 등 그 용도를 보여주는 것인지 차후의 연구가 더 필요한 부분이다.[31]

　한편 최근 가위가 출토된 보고서를 검토하여 보면 가위를 여성을 상징하는 기물로 보아 가위가 출토되는 분묘의 피장자를 여성으로 판단하였으나 실제로는 피장자가 남성인 경우가 있다. 창원 가음정동78호의 부장품에 가위가 포함되어 있으나 인골은 남성으로 판명되었다. 73호와 74호는 부부이혈합장묘인데 73호(남)에서는 젓가락만 출토되었고 74호(여)에서는 청동합, 청동발, 약시형숟가락, 어형장신구가 출토되었다. 75호와 76호는 75호가 여자, 76호가 남자인데 75호에서는 백자와 기본형 숟가락과 젓가락, 동경, 장신구, 76호에서는 백자와 기본형 숟가락과 젓가락, 장신구 1점이 출토되었다. 그리고 82호는 여자, 83호는 남자의 무덤인데 82호에서는 13cm의 소형 가위와 기본형 숟가락과 젓가락, 구슬 1점, 83호에서는 숟가락과 젓가락이 출토되었는데 숟가락의 크기는 여자의 것이 더 크다. 이와 같이 특정한 유물로서 남녀를 구분하는 것은 지금의 관점으로는 분명치 않은 문제점이 내포되어 있는 것이다.

　그리고 가위는 자르는 것을 기본 기능으로 하는 것으로 조선시대에는 흔히 규중칠우 가운데 하나로 옷을 짓는데 기본적인 도구로 인식되어 있다. 그런 배경에서 흔히 가위를 옷을 상징하는 기물로 판단하여 무덤을 사자의 주, 청동그릇이나 자기를 음식, 가위를 의복에 비유하여 의식주를 갖추었다고 하기도 하고 가위가 출토되는 유구의 피장자를 여성으로 구분하는 근거로 삼기도 한다.

31　가위의 용도가 여러 가지였던 것을 보여주는 자료로는 『조선고적도보』에 고려시대 가위를 소개하면서 9촌1분과 6촌3분, 4촌2분의 길이를 가진 것을 소개하고 있는 것이 참고가 되고 일본에는 다양한 용도로 사용된 가위가 회화로 남아 있기도 하다.(朝鮮總督府, 1928, 『朝鮮古蹟圖譜』第9冊 ; 岡本誠之, 1979, 「鋏」, 『ものと人間の文化史』33, 法政大學出版局)

그러나 필자의 생각으로 가위는 단순히 옷을 짓는 도구뿐만이 아니라 종이를 자르고 수염이나 손톱을 다듬거나 꽃을 자르거나 하는 등 집안의 일상사에서 빼놓을 수 없는 중요한 도구라고 생각되며 가위로서 옷을 상징하거나 피장자의 성별을 구별하는 기물로 보기는 어려울 것 같다. 가위가 숟가락과 함께 무덤의 부장품으로 채택된 것은 고려시대에 들어서의 일인데 이것은 중국의 영향을 받아서 시작된 것으로 보인다.[32] 실제로 삼국시대에 일부 고분에서 가위가 출토되는 예는 있으나 집수지에서 출토된 예도 있고 통일신라시대에 들어서면 화왕산성 집수지와 안압지 등 모두 물과 관련된 유적에서 출토되고 있다.[33] 특히 안압지에서는 가위가 94점(90점-납제, 3점-철제, 1점-청동제)이나 출토되었으나 납제 가위 90점은 모두 실용성이 없이 가위의 형태만 띤 것이었다.[34] 또한 가위는 요대의 무덤에서는 실용성을 도외시하고 진흙을 8자로 말아 번조하여 가위형태로 만든 다음 부장품으로 넣기도 하였는데 무덤의 주인공은 남자였다.[35]

그러므로 고려시대의 장례풍습을 전승하고 있는 조선시대 전기의 부장품으로서 가위를 옷을 만드는 기물로만 보고 이것을 반드시 성별을 상징하는 것으로 보기는 어려운 상황이다. 오히려 옷감이나, 손톱, 털 등을 자르는 가위가 그 기능을 확대하여 이승과 저승을 나누거나 악한 기운을 자르는 상징물로서 채택되어 부장된 것으로 보는 것이 좋을 것 같다.

32 정의도, 2009, 「송 · 요 · 금 · 원묘 시저 및 철협 출토경향-고려묘 부장품과 관련하여-」, 『문물연구』 제15호, 재단법인 동아시아문물연구 학술재단 pp.69~72

33 정의도, 2007, 「고려시대 철제가위(鐵鋏) 연구」, 『경문논총』창간호, 경남문화재연구원, pp.278~281

34 문화공보부 문화재관리국, 1978, 『안압지 발굴조사보고서』-본문편- pp.395~399;고경희, 1989, 『안압지』빛깔있는 책들28, 대원사

35 요대 말의 선화요묘 가운데 M10호(張匡正墓), M7호(張文藻墓), M5호(張世古墓), M2묘(張恭誘墓)에서 출토된 가위 참조(河北省文物研究所, 2001, 『宣化遼墓 1974~1993年 考古發掘報告 上 · 下』文物出版社)

결론

−차후의 연구과제와 관련하여

　　지금까지 김해 구산동유적 Ⅰ·Ⅱ·Ⅲ·Ⅳ·Ⅴ·Ⅵ·Ⅶ·Ⅷ(청동숟가락 716점), 김해 죽곡리유적(청동숟가락 45점), 창원 가음정유적(청동숟가락 28점), 창원 귀산동유적(청동숟가락 35점), 마산 덕곡리유적(청동숟가락 60점), 밀양 용지리유적(청동숟가락 90점), 의령 운암리유적(119점), 창녕 초곡리유적(21점), 함양 황곡리유적(청동숟가락 39점), 거제 장평유적(청동숟가락 9점)에서 출토된 청동숟가락에 대하여 살펴보았다. 출토된 1,100점이 넘는 청동숟가락에 대한 통계처리도 미숙할뿐더러 워낙 다양한 형태의 숟가락에 대한 분석이 그야말로 주마간산격이 되고 만 것 같다. 부족하지만 이번 글을 통하여 필자의 분명한 숟가락 편년안을 제시하면서 각 지역별로 선호하는 형식이 있었음을 지적하였다. 특히 운암리유적에서 출토된 다량의 가위와 마산 덕곡리유적에서 출토된 다량의 도기는 각 지역에서 부장품으로 선호하는 기물이 따로 있는 것을 증명하는 자료로 판단하였다.

　　그러나 청동숟가락은 고려시대를 지나면서 정착 단계를 지나고 조선시대에 이르면 이미 대중화되는 것으로 지역별 또는 형식별로 편년은 쉽지 않았지만 지역별로 선호하는 형식과 크기가 있었고 형식별 대체적인 크기는 앞서 제시한 바와 같다.

그리고 젓가락은 고려시대와 마찬가지로 그 출토 예가 많지 않았는데 이것은 당시 젓가락의 사용이 일부 계층에 한정되어 있거나 짝이 맞지 않는 예가 많은 것으로 보아 식탁에서 사용되지 않았음을 보여 주고 있다. 그리고 형태는 상단의 손으로 잡는 부분의 단면이 방형이거나 장방형이고 음식을 집는 부분은 원형으로 처리한 것이 일반적이었다.

가위는 철로 만들어서 그 출토 상태가 좋지 못하였는데 의령 운암리 유적과 마산 덕곡리유적, 진주 무촌유적에서 가장 높은 비율로 출토되었다. 가위가 부장품으로 채택된 것은 중국의 영향을 받은 고려시대로부터 시작되었기 때문에 가위를 여성을 상징하는 기물로 보기는 어렵다고 판단되었다. 그리고 가위는 크기에 따라 세가지로 분류되었는데 크기별 용도나 사용자의 구분은 차후 연구과제이다.

이상으로 숟가락과 젓가락, 그리고 가위에 대한 일단의 생각을 난삽하게나마 정리하였으나 앞으로 연구하여야 할 과제가 산적하여 있다. 숟가락과 젓가락을 비롯하여 도자기, 가위, 반지, 경식으로 통칭되는 다양한 종류의 구슬, 연적, 벼루, 호미, 철도자, 자물쇠, 동전 등의 각종 유물에 대한 해석과 남녀의 구분, 유물의 출토위치에 대한 연구는 필수적이라 하겠다. 또한 당시 주민의 평균 신장이 155cm를 전후하는 것으로 알려져 있는데 목관의 크기는 이 보다 20cm 이상 큰 이유도 다양한 부장품의 종류와 그 상징적 배경과 더불어 밝혀야 할 과제이다. 그리고 17세기 초반까지 유지되던 조선 전기의 부장품이 퇴조되면서 전기의 다양한 숟가락이 조선 후기에 들어서 하나의 형식으로 통일되어 가는 배경과 젓가락 사용의 확대 등이 음식문화의 변화, 그릇의 변화와 아울러 연구하여야 할 추후의 숙제라 하겠다.

끝으로 필자가 이번 논문을 작성할 수 있었던 것은 각종 개발의 현장에서 추위와 더위를 이겨가며 묵묵히 발굴조사를 수행하여 값진 보고

서로 만들어 펴낸 문화재조사연구기관 조사원들의 덕택이며 그분들의
노고에 깊이 감사드리는 바이다.

조선시대 분묘 출토유물의 지역성

김해 구산동유적과 은평 진관동유적의 비교연구

8

01 서

임진왜란이 발발하기 전까지 조선시대의 분묘에서는 도자기를 비롯하여 청동숟가락과 젓가락, 청동합, 가위, 장신구 등과 명기가 부장품으로 출토되고 있다. 이러한 부장품은 고려시대 이래의 전통으로 볼 수 있지만 임진왜란을 지나면서 서서히 사라지게 된다.

고려시대를 거쳐 조선시대 분묘에서 출토되는 부장품 가운데 특히 청동숟가락과 젓가락, 그리고 철제 가위에 주목하여 온 필자는 경남지역에서 조사된 조선시대 분묘에서 출토되는 부장품이 지역적인 선호가 갈리는 것을 확인한 바 있다. 아직 그에 대한 뚜렷한 배경은 설명하기 어려운 실정이지만 동일한 시대를 살았던 경남이라는 넓지 않은 지역에서 뚜렷하게 부장품의 선호가 갈리는 것은 의외의 현상이었다.[1]

이러한 연구 성과를 바탕으로 필자는 경남지역과 다른 지역을 비교해 보면 과연 어떤 결과가 도출될까 하는 것이 이번 연구의 시발점이다.

---

1 정의도, 2011, 「경남지역 조선전기 숟가락연구-지역성과 상징성-」, 『문물』 창간호, 한국문물연구원

이를 위하여 필자는 기왕에 연구를 진행한 경남지역과 당시 수도가 위치하고 있었던 경기지역의 유물 출토 경향을 분석하여 보기로 하였다. 마침 서울지역의 은평 진관동유적에서는 4,000기 이상의 조선시대 분묘에서 다양한 부장품이 출토되어 당시의 분묘문화의 실상을 잘 보여 주고 있다고 판단되었다. 또한 지난 연구에서 살펴본 바 있는 김해 구산동유적 역시 2,500기에 가까운 다종다양한 유물이 출토된 바 있으므로 상기 두 유적에서 출토된 유물의 지역성을 잘 보여 줄 수 있을 것으로 기대된다.[2] 이상과 같은 연구목적을 달성하기 위하여 숟가락, 도자기, 동합, 가위, 동경, 유리구슬, 동전, 지환 등의 부장품을 선택하여 출토 빈도 및 출토 상황 등을 차례로 검토하여 발견되는 차이점에 대한 배경을 설명하는 것으로 이번 글을 진행하고자 한다.

---

2 이 두 유적에서 출토되는 유물은 일부를 제외하고 모두 조선시대 전기라는 동일한 시간축에 편년되는 것으로 판단하고 비교연구의 대상으로 삼았다.

02 김해 구산동유적의
유물 출토 경향[3]

　　김해 구산동유적은 김해의 중심부인 대성동 북서쪽에 위치한 경운 산의 동쪽 붕적사면에 해당하며 구릉말단부와 다수의 소구릉으로 이루 어져 있다. 유적은 남쪽에서 북쪽으로 올라가며 A구역, B구역, C구역으 로 나누어 조사되었으며 조선시대 분묘는 주로 A구역에서 출토되었다. 각 구역별로 조사된 유적을 살펴보면 A구역에서는 청동기시대 주거지 90기, 수혈 51기, 분묘 5기, 삼국시대 토기가마 1기, 고려~조선시대 분 묘 2,344기가 확인되었다. B구역에서는 청동기시대 분묘 4기, 조선시대 건물지 2동, 고려~조선시대 분묘 85기와 C구역에서는 청동기시대 석곽 묘 2기, 탄요 1기, 수혈 1기, 조선시대 분묘 10기 등이 확인되어 김해 구 산동유적에서 조사된 고려~조선시대의 분묘는 모두 2,439기에 이른다.

3　경남고고학연구소, 2010, 『김해구산동유적 I ~VIII』

1) 숟가락

구산동분묘 2,439기 가운데 유물이 출토된 분묘는 905기로 출토비는 37%인데 이 가운데 숟가락이 출토된 분묘가 711기에 이르러 79%의 비율을 점하고 있다. 이것은 경상도지역에서 조선시대 전기의 분묘 부장품으로 숟가락이 포함되는 것이 일반적인 경향이었음을 반영하고 있으며 한 묘광에서 2점의 숟가락이 출토되는 경우도 없지 않으나 기본적으로는 단독묘를 전통으로 하는 고려~조선시대의 묘광에서 1점씩만 출토되는 것이 일반적이다. 그리고 숟가락과 젓가락이 쌍을 이루어 출토되는 예는 59기로 7%, 젓가락만 출토되는 예는 3기에 불과하여 조선시대 전기만 하여도 젓가락의 사용은 아직 일반적이었다고 보기는 어려울 것 같다.

2) 도자기

도자기의 출토 경향을 살펴보면 청자가 출토되는 고려묘 6기를 제외하면 분청과 백자가 출토되는 예는 모두 385기에 이르러 43%의 출토율을 보이는데 이중 분청자만 출토되는 예는 133기(15%), 백자만 출토되는 예는 196기(22%), 분청과 백자가 함께 출토되는 예는 56기(6%)로 백자가 출토되는 분묘가 분청자 출토 분묘보다 우위를 점하고 있다. 이것은 조선시대 전기만을 두고 볼 때 백자의 생산기간이 분청자의 생산기간보다 길었던 것을 의미하는 것이라기보다는 당시 사람들이 백자를 선호하였음을 반영하는 것으로 해석할 수 있을 것이다.

3) 청동합

구산동유적에서는 동완과 동합이 다수 출토되었는데 합은 45점, 완 60점이 출토되어 모두 105점에 달한다. 또한 주구부동완 2점, 동완과 동합이 함께 출토된 예가 2기, 동완이 2점 출토된 3기, 동개 6점, 동개 대각 1점, 합과 동개가 함께 출토된 1기, 청동주구부완과 동완이 함께 출토된 1기까지 모두 합치면 125점에 이르러 14%에 가까운 출토비를 보인다.

이와 같이 동완만 출토되는 유구에서 개는 부장 당시에 없었다기보다 목제 등의 다른 재질로 대체하였거나 오랜 세월이 지나면서 얇은 기벽이 토압으로 먼저 훼손되었을 것으로 판단되기 때문에 분묘를 조성할 당시에는 모두 합의 형태였을 것이다.

이를 반증하는 유물이 바로 분청자나 백자의 발과 완을 이용하여 합의 형태를 만든 것이 30기에서 확인되었다. 분청자완과 분청자발을 이용하여 합의 형태를 한 것은 9기, 분청자완과 백자발을 이용한 것은 7기, 백자완과 백자발을 이용한 것은 12기로 모두 28기에 달하고 청동완에 분청발과 백자발을 이용한 것은 각각 1점씩 출토되었다. 이들을 모두 청동합의 범주에 넣어 계산하면 합은 17% 이상의 출토비를 보인다. 이것은 구산동유적의 부장품 구성에 있어 숟가락과 도자기에 이은 높은 출토율로서 구산동유적 출토유물의 특징으로 볼 수 있다.

4) 가위

가위는 모두 철제로 39점이 출토되었고 4%의 출토비를 나타낸다. 필자의 연구에 의하면 가위는 고려시대 후기 즉 고려가 원의 지배하에 들었던 13세기 후반부터는 「8」자형 가위에서 「X」자형으로 변하게 된다. 그리고 크기에 따라 대형(27±2cm), 중형(21±2cm), 소형(12±2cm)로 나눌 수 있는데 구산동유적에서 출토된 가위는 2274호에서 동곳과 같이 출토된 가위, B구역 11호와 94호에서 「8」자형 가위가 출토되어 모두 13세기 중반 이전의 것으로 편년된다. 나머지 가위는 모두 「X」자형이며 20점 중 계측이 가능한 13점은 중형 12점, 소형 1점으로 이루어져 있다. 그런데 가위의 출토 위치를 살펴보면 233호, 407호, 445호, 508호, 533호, 671호, 940호, 1074호, 1286호, 1344호, 1511호, 1693호, 1695호, 1696호, 1843호, 2122호 등은 모두 편방에서 출토되어 출토 위치에 있어 상당한 편향성을 보이고 있다.

5) 동경

동경은 모두 10점에 불과하여 39점이 출토된 가위보다 더 낮은 1.1%의 출토율을 보이며 그 중 B지구 89호에서 출토된 것은 고려시대의 것이다. 나머지 9점 가운데 682호에서 출토된 것만 고려말기에 등장하는 소형의 만자문 병경이다. 동경이 출토되는 분묘는 일반적으로 부장품이 풍부한 것이 특징이다. 물론 700호와 같이 동경만 부장된 예도 있으나 395호에서는 백자발, 분청자발, 동완, 서도, 동제집게, 621호에서는 숟가락, 가위, 철겸, 환옥, 682호에서는 동완, 수저, 지환, 환옥 등과 같이 출토되었다. 이들 동경의 출토 위치는 모두 관의 내부에서 출토되는데 머리 쪽에서 출토되는 경우와 허리 쪽에서 출토되는 것으로 나눌 수 있어서 편방에서 출토되는 경향이 현저한 가위와는 구별된다.

크기는 682호에서 출토된 「卍」자형의 소형병경의 직경이 3.6cm로 가장 작지만 190호나 395호, 1742호에서 출토된 것들은 직경이 모두

15cm 이상이고 고려시대 동경은 직경 24cm로 피장자들이 실제로 사용하던 것을 부장하였을 가능성이 높다고 판단된다.

이와 같이 동경이 출토율이 낮고 동반하여 출토되는 유물이 풍부한 것은 일단 동이 부족하던 조선 전기의 사정을 참고하면 동경이 흔치 않은 기물이었을 것이므로 동경을 부장하는 집안의 경제적인 능력을 반영하는 것으로 생각해 볼 수 있겠다.

6) 유리구슬

유리구슬은 모두 74기에서 출토되어 8%의 출토율을 보이며 환옥이나 구옥, 화옥 등 특정한 형태를 띠는 유리옥류는 47기에서 출토되었다. 작은 형태의 구슬은 대부분 20점 이하지만 29호에서는 123점, 1227호에서는 87점, 1992호에서는 208점이 출토되었다. 보고서에 따르면 옥의 종류는 환옥, 화옥, 구옥, 다면옥, 유리옥, 편옥 등으로 다양한 편인데 이들은 작은 형태의 구슬과는 달리 대부분 한 종류로만 구성되었고(47기 중 36기) 나머지는 모두 화옥과 환옥, 환옥과 권옥, 구옥과 환옥 등의 두 종류로 이루어져 있다.

구슬의 출토위치는 대부분 피장자의 머리 또는 팔목 부근에서 출토되고 있다. 구슬의 용도에 관하여 복식사의 관점에서 구체적인 검토가 있어야 하겠지만 머리 부근에서 출토되는 구슬을 목걸이로 단정 짓고 피장자의 성별 또한 여성으로 구분하는 것은 타당하지 못하다고 생각되며 당시의 복식과 사회적 풍토를 고려한 검토가 필요하다.

7) 동전

동전은 11기에서 출토되어 1%에 불과한 낮은 비율을 보이고 있다. 출토되는 동전은 조선통보와 상평통보가 있고 대관통보와 희녕중보, 순희원보 등의 북송전과 남송전 등이 있다.[4] 출토위치는 묘광의 중앙 바닥에서 출토된 것이 437호, 1363호, 1479호 등이고 장벽의 하단에서 출토된 것은 224호, 567호, 1139호, 1922호, 2074호 등이다.[5]

동전은 주조연대가 분명하여 유구의 조성시기를 판단하는 결정적인 자료가 되는데 예를 들면 1479호에서는 장흥고명 분청자발 1점, 장릉형 숟가락 1점, 동경 1점, 환옥 3점이 천개통보 등과 함께 출토되었다. 천개통보의 출토로 이 분묘의 조성시기가 17세기 전반을 소급하지 못한다는 사실과 함께 장릉형 숟가락을 사용하는 시기가 17세기까지 이어진다는 것도 확인한 중요한 사례가 되었다. 사실 다양한 숟가락의 형식이 19세기에 이르러 하나의 형식으로 정착되는 것은 사실이지만 그렇게 다양한 형식의 숟가락을 사용하던 전통이 일조일석에 사라지기는 어려웠을 것이다. 이를 증명하는 유물이 통도사 성보박물관에 소장된 천계3년(1623)명 숟가락으로 쌍어형이고 길이 47.2cm에 이르며 제사용으로 제작된 것으로 보인다.[6]

---

4 中國錢幣大事典編纂委員會編, 2005, 『中國錢幣大事典』 宋遼西夏金編 北宋卷, 中華書局

5 부산화명주공아파트 외곽도로 개설부지유적에서는 두개골의 입과 쇄골 사이에서 동전(熙寧元寶)이 출토되어 반함으로 보이는 예가 있는데 구산동유적에서는 인골의 흔적이 남아 있는 것이 없었다.(화명주공아파트재건축조합 · 한국문물연구원, 2012, 『부산 화명동 조선시대분묘군』 고적조사보고 제23책)

6 통도사 성보박물관 소장 숟가락은 통도140, 통도 141 등 2점이고 젓가락과 세트를 이루는 것이다. 이것은 통도사 성보박물관 소장 청동수저에 대한 조사에서 확인한 것인데 이 조사는 당시 통도사 성보박물관 관장 현근스님과 학예연구실장 신용철선생, 담당 학예사 김수영선생의 도움으로 이루어졌다. 그리고 이 숟가락은 통도사성보박물관, 1999, 『통도사성보박물관 명품도록』, 통도사성보박물관 개관기념 특별전, p.110에 실려 있기도 하다.

임진왜란을 지나면서 거의 사라져가는 숟가락이나 도자기를 부장하는 풍습이 17세기 전반까지 이어진다는 사실과 16세기 전반 경이면 사실상 제작되지 않는 장흥고명 분청자가 상당한 시기가 지나 분묘에 부장된 사실을 확인한 근거가 되었다. 이것은 숟가락의 형식과 분청자만으로 조성시기를 판단한 것과 천계통보가 출토되어 상한연대를 확인한 조성연대와는 상당한 차이를 보여주는 중요한 자료라고 생각한다.

8) 지환

지환은 28기에서 출토되어 3%의 비율을 보이는데 지환은 1점씩 출토되는 것이 일반적이나 때로 352호, 1287호, 1608호처럼 2점이 출토되는 경우도 있고 682호에서는 3점이 출토되었다.[7] 출토위치는 매장 이후의 여러 가지 상황으로 원위치에서 발견되기는 어려우나 451호, 487호, 575호, 615호, 609호, 682호, 869호, 1467호, 1608호, 1630호 등은 묘광 중앙에서 약간 내려온 곳에서 출토되어 피장자가 생전에 지환을 착용하였던 것으로 볼 수 있지만 834호, 1287호에서는 편방 내부에서 숟가락과 함께 출토되어 또 다른 장례 절차를 보여주고 있다.

---

7 부산 화명동 898-9번지유적 B지구 9호에서는 지환 9점이 구슬 19점과 함께 출토되었는데 단일유구에서 출토된 지환의 수로는 가장 많은 것이다.[화명주공아파트재건축조합 · 한국문물연구원, 2010, 『부산 화명 주공아파트 재건축부지내 부산 화명동 898-9번지유적』 고적조사보고 제10책, pp. 161~165]

은평 진관동유적의 유물 출토 경향

03

은평 진관동유적[8]은 구파발역에서 기자촌으로 연결된 도로의 북쪽에 남향으로 발달한 능선 사면부에 위치한다. 은평 뉴타운 2지구 C공구는 이말산에서 남쪽으로 뻗어 내리는 능선과 능선 사면부에 형성된 민가를 포함하는 지역으로 이곳에서는 조선시대 토광묘와 회곽묘 등 조선시대 분묘가 밀집하여 분포하고 있었다. 중앙문화재연구원이 조사한 지역에서는 조선시대 분묘 3,466기와 신라석실묘 1기, 기타 20기 등 3,487기의 유구를 발굴 조사하였다. 그리고 한강문화재연구원에서는 은평 뉴타운 2지구 B공구와 3지구 A-2, C-2공구를 조사하였는데 조선시대 토광묘 1,290기를 발굴 조사하였다. 이를 합치면 은평2지구와 3지구에서 발굴 조사된 조선시대 분묘는 모두 4,756기에 이른다. 이 가운데 유물이 출토된 분묘는 1,993기에 달하여 전체적으로 42%의 분묘에서 부장품이 출토되었다.

---

8   중앙문화재연구원 · SH공사 · 두산건설 · 금호건설, 2009, 『은평진관동분묘군 I ~ VI』; 한강
    문화재연구원 · SH공사 · 현대건설, 2010, 『서울진관동유적 I ~ IV』

1) 숟가락

출토 빈도가 높은 유물별로 살펴보면 먼저 숟가락은 955기에서 968점이 출토되어 유물이 출토되는 1,993기 대비 48%의 비율을 보여서 절반에 가까운 비율로 숟가락이 부장되었음을 알 수 있다. 아울러 수저는 모두 116기에서 출토되어 숟가락만 출토되는 경우에 비하면 그 비율이 현저하게 떨어지고 젓가락만 출토되는 경우는 6기에서만 확인되었다. 그러므로 사용하던 숟가락을 피장자를 위하여 묻어주던 시기에는 숟가락의 사용은 대체로 일반화되었다고 말할 수 있을지 모르겠으나 젓가락의 사용은 일반화되었다고 말하기는 어려울 것으로 보인다.

2) 도자기

자기류가 출토된 유구는 모두 157기에 불과하여 유물이 부장된 유구 1,993기 중에서 차지하는 비율은 8%를 미치지 못하고 있다. 그나마 백자가 출토된 유구가 133기로 도자기 출토유구 가운데 85%에 가까운 비율로 대부분을 차지하고 분청자가 출토된 유구는 16기, 분청자와 백자가 함께 출토되는 유구는 8기에 불과하다. 이것은 은평 진관지구가 본격적인 묘역으로 사용되기 시작한 시점이 분청자 제작이 거의 끝나갈 때쯤이었음을 반증하는 것인지 또는 당시 이 지역에 묘를 썼던 사람들이 부장품으로 도자기를 선호하지 않았던 탓인지 아직은 잘 알 수 없다.

한편 진관동유적에서는 46기의 분묘에서 명기가 출토되어 2.3%의 출토율을 보이고 있다. 명기는 대부분 백자명기이다. 중앙진관 Ⅱ-3 10호, 44호, Ⅲ-3 979호, Ⅳ-1 222호, 275호, Ⅳ-2 33호, 한강진관 Ⅱ-1

25호 등의 일부 유적(7기)에서 와증, 와부, 와정, 와로 등의 명기가 숟가락과 같이 출토되기도 하였다. 명기는 발, 경첩, 호, 배, 접시, 병, 반 등 1점씩 출토되는 경우도 있으나 대부분 관이, 관반, 접시, 관반, 잔탁, 타호 등을 세트로 부장하는 예가 더 많다.

예를 들면 중앙진관 Ⅳ-1 175호에서는 백자명기 반발, 잔탁, 잔, 관반, 관이, 중앙진관 Ⅴ-1 151호에서는 백자명기 호, 잔탁, 잔, 관반, 개, 수기, 관이, 갱첩, 접시, 명기, 187호에서는 백자명기 관이, 수기, 병, 접시, 관반, 잔, 개, Ⅴ-2 24호에서는 백자명기 호, 반발, 명기, 잔, 주기, 타우, 병, 관이, 관반, 잔탁, 접시, 한강진관 Ⅱ-2 74호에서는 백자명기 잔, 접시, 관이, 타우, 수기, 반발, 심발, 개, 입호, 소병, 한강진관 Ⅱ C공구4지점 3호에서는 백자명기 잔, 접시, 수기, 반발, 타우, 개, 입호, 주병 등으로 구성되어 출토되었다.

명기의 출토위치는 일정하지 않으나 명기가 종류가 많은 경우 편방에서 출토되는 경우가 많다. 중앙진관 Ⅵ 24호, 29호, 62호, 71호, 한강진관Ⅱ-1 21호, Ⅱ-2호 74호, Ⅱ-3 313호, Ⅲ C공구 4지점 3호, 회묘 4호, 회묘 7호 등은 모두 편방 내부에서 출토되었다.

3) 청동합

은평 진관동유적에서 출토된 청동합은 1점에 불과하다. 한강진관Ⅳ-1 D공구1지점 188호에서 청동합 뚜껑 1점, 청동합 대부발 2점, 수저 1점, 구슬 3점이 함께 출토되었다.

4) 가위

가위는 2점이 출토된 것이 전부이고 두 개의 날을 못으로 교차시켜 절단부를 만드는[X]형이다. 중앙진관 Ⅲ-3지구 1088호에서는 목관의 내부 머리 부위에서 숟가락, 청동장신구, 지환 등과 함께 출토되었고 구슬 2점은 턱뼈에 가깝게 출토되었다. 그리고 또 한 점은 한강진관 Ⅳ-1권 63호에서 묘광 내 서쪽 바닥 중앙에서 철부와 함께 출토되었다.

5) 동경

동경은 모두 20점이 출토되어 출토율 1%에 불과한 유물이다. 모두 원형의 청동제품으로 중앙진관 Ⅰ-1지구 147호, Ⅱ-4지구 5호, Ⅲ-2지구 434호, 444호, Ⅲ-4지구 422호, Ⅳ-1지구 393호, Ⅳ-2지구 33호, 한강진관 Ⅳ-2권 142호 등 12점의 거울은 거울 중앙에 「卍」자와 주연을 따라가며 육자진언을 양각한 것으로 소형의 자루가 달린 것이다. 이러한 형식은 고려말에 발생한 것으로 편년되는 것이다.

중앙진관 Ⅰ-1지구 36호, 37호, 147호, Ⅲ-2지구 124호, 444호, 한강진관 Ⅳ-1권 289호 등은 머리 부위에서 출토되었다. 이와 같이 거울은 관 내부에서 대부분 머리와 가슴 부위에서 출토되는 것이 특징인데 아마도 거울로 얼굴을 덮거나 배 위에 놓았을 것으로 생각된다.

6) 유리구슬

은평 진관유적에서 유리구슬이 출토된 유구는 모두 342기, 3,285점에 달하여 17%의 출토비를 보이고 개체수로는 가장 많다. 구슬은 각 유구에서 1점씩 출토되는 경우도 있지만 유구와 유물을 나누어 평균으로 하면 10개 가량이다. 이 가운데 중앙 진관 Ⅱ-2지구 24호 179개, 한강진관 Ⅱ-3 88호 106점, Ⅳ-D공구1지점 232호 110개가 가장 많고 40~50개가 많은 편인데 10기 정도이다. 출토위치는 보고서를 검토한 결과 약 150여기에서 머리 부위에서 출토되고 있고 나머지는 허리와 발치에서 출토되고 있다.

구슬은 보고서에 따르면 머리 쪽에 흩어져 발견되거나-중앙진관 Ⅱ-3지구 8호, 턱뼈에 인접하여 출토된 것-Ⅲ-3지구 1088호, 피장자의 머리 오른쪽에서 출토되는데-중앙진관 Ⅴ-1지구 80호, 이러한 출토상태를 감안하면 목걸이로 보기보다는 갓끈 장식으로 보는 것이 타당할 것으로 생각된다.[9] 다만 손목 근처에서 출토되었다는 뚜렷한 보고가 있는 중앙진관Ⅲ-2 116호, 832호, 한강진관Ⅲ-C공구 3지점 19호, 한강진관Ⅳ-D공구 1지점 74호 등은 팔찌로 사용하였을 것이다. 어쨌건 이 구슬의 용도는 출토 상태와 아울러 조선시대의 복식사적인 관점에서도 충분히 검토되어야 할 중요한 사항이다.

또한 구슬은 목관 상단에서 흩어져 출토된 경우-중앙진관 Ⅱ-3지구 86호, 전신에 흩어져서 출토된 경우-중앙진관 Ⅱ-3지구 167호, 보강토에서 출토된 경우-중앙진관 Ⅱ-4지구 154호, 205호, Ⅲ-2지구 472호, Ⅲ-3지구 908호, 921호, 관 외부에 부장한 경우-중앙진관 Ⅲ-2지구 425호 등을 제외하면 모두 관 내부에서 출토되어 피장자는 구슬을 착용한 채로 매장되었던 것으로 판단되며 편방에 따라 구슬을 부장한 예는 없었다.

---

9 이경자 · 홍나영 · 장숙환, 2003, 『우리 옷과 장신구』 한국전통복식 그 원형의 미학과 실제, 열화당, pp. 36~47

7) 동전

동전은 모두 39기에서 495점이 출토되어 출토유구로는 약 2%의 점유율을 보인다. 시기별로 동전을 시기별로 살펴보면 가장 시기가 앞선 것이 개원통보와 선화통보로 중국전이며 다음으로 조선통보와 상평통보, 그리고 대한제국 발행 반전(융희2년), 일본전, 한국은행전 등이다. 이로서 부장품으로 동전을 매납하는 풍습은 널리 유행되지는 않았으나 오랜 기간 동안 지속되었음을 알 수 있다. 그 중에서 중앙진관 Ⅱ-3지구 12호, Ⅲ-4지구 63호, Ⅳ-1지구 99호에서는 각각 132개, 36개, 82개의 조선통보가 출토되었는데 모두 관의 바닥 전면에 깔려서 출토된 것이 특징이다. 또한 다리 부위나 허리 부위에서 출토되는 동전은 피장자의 손에 쥐어 주었던 것일 가능성이 높고 머리나 가슴에서 발견되는 것은 반함으로 사자의 입속에 넣어 두었을 가능성이 높을 것으로 보인다.

8) 지환

지환은 모두 21기에서 26점이 출토되어 거울과 같은 약 1%의 출토비를 보인다. 이 중 2점이 세트를 이루면서 발견된 것은 4기에 불과하고 모두 1분묘 1점씩만 출토되었다. 출토위치는 분명치 않은 것이 대부분인데 중앙진관 Ⅱ-2지구 83호, Ⅳ-1지구 385호, 435호, Ⅴ-1지구 136호는 허리 부위에서 출토되어 지환을 낀 채로 피장되었던 것으로 보이고 중앙진관 Ⅱ-4지구 161호, Ⅲ-3지구 1088호, 한강진관 Ⅳ-2 296호, 298호 등은 머리 부위에서 출토되어 별다른 제사 행위가 있었던 것으로 판단된다.

유물 출토 경향의 비교 04

먼저 유물의 출토비를 살펴보면 김해 구산동유적이 조사된 유구 2,439기 가운데 905기에서 출토되어 37%의 비율을 보이고 있고 은평 진관유적은 4,756기가 조사되어 1,993기에서 유물이 출토되어 42%의 비율을 보이고 있다. 이것은 결과적으로 분묘가 조성된 다음 분묘가 겪게 되는 훼손과 멸실을 고려한다면 거의 40% 내외의 비율을 보여주고 있다고 하겠다.

한편 이 비율은 묘역에서 유물을 부장하던 풍습이 유행하던 시기에 조성된 분묘의 비율을 보여주는 것으로 조선전기에 해당되는 약 200년 간의 시기와 그 이후부터 20세기 초반까지의 300년간의 시기를 생각하면 거의 부합하는 비율이라고 하겠다. 이러한 해석이 가능하다면 조선시대 전기에서 후기 말기에 이르기까지 인구의 증가는 미미하였던 것으로 볼 수 있을 것이다.

다음으로 생각하여 볼 것은 높은 비율을 차지하는 유물은 어떤 것이 있으며 출토율을 순서대로 배열하면 어떤 결과를 볼 수 있는가 하는 것이다. 구산동유적에서는 숟가락79%-도자기43%-청동합14%-유리구

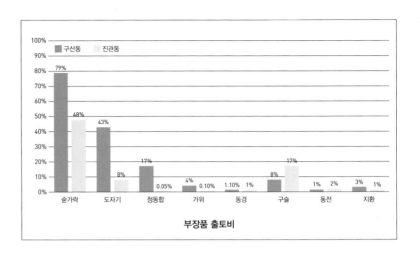

도면 1
구산동·진관동 유적 부장품
출토비

슬8%-가위4%-지환3%-동전1%-동경1%로 나타났다. 그리고 진관동
유적에서는 숟가락48%-유리구슬17%-도자기8%-동전2%-지환1%-
동경1%-가위0.1%-청동합0.05%로 나타났다. 두 유적에서 가장 많이
출토된 유물이 숟가락이라는 것은 동일하지만 집중도에서 차이가 난다.
집중도와 관련하여 주목할 것은 진관동유적이 전체적으로 집중도가 구
산동유적보다는 훨씬 약하다는 것이다.[도면 1]

1) 숟가락

숟가락이 출토된 유구는 구산동유적은 711기-905기로 79%의 출토
비를 보이지만 진관동유적은 955기-1993기로 48%의 출토비를 보이고
있어 두 지역이 현격한 차이를 보이고 있다. 수저가 한쌍으로 출토되는
것은 구산동은 59기, 진관동은 116기로 각각 출토 숟가락 대비 8%와
12%의 비를 보이고 있어 진관동이 더 높게 나타났다. 필자가 판단하기
에 젓가락은 조선시대 전기를 지나 조선시대 후기에 이르러 그 사용이
본격화되는 것으로 진관동유적에서 그 출토빈도가 높은 것은 유행의 변

화를 선도하는 징표로도 볼 수 있을 것 같다.

그리고 구산동과 진관동에서 출토된 숟가락의 형식별 출토비를 표시하여 보면 기본형 32%-56%, 쌍어형 22%-5%, 약시형 4%-13%, 연봉형 4%-3%, 장릉형 8%-0.2%으로 나타나고 자루가 훼손되어 유엽형의 술부만 남은 유엽형으로 분류한 것도 26%-22%의 비율을 보인다. 가장 주목되는 점은 기본형과 쌍어형, 그리고 약시형과 장릉형의 구성비가 너무나 뚜렷하게 확인된다는 것이다. 앞선 연구 결과를 참고하면 죽곡리분묘군, 덕곡리분묘군과 초곡리분묘군의 경우에 기본형과 쌍어형의 구성비가 각각 47%-11%, 53%-8%, 48%-19%로 3배 이상의 차이가 나는 경우도 없지 않았으나 다른 대부분의 지역은 각각 30%와 20% 전후를 유지하고 있었다.[10]

이러한 차이를 지역적인 차이로 볼 수도 있겠으나 특히 기본형이 조선후기에 들어서면서 술잎은 둥글어지고 술대는 직선화되는 것은[11] 이러한 숟가락의 변화를 예견하게 하는 점이 없지 않다. 경남지방에서 고집스럽게 사용되던 대개 20% 내외의 출토율을 보이는 쌍어형이 진관동유적에서 5%대에 불과한 것은 이러한 현상을 뒷받침하는 것이라고 생각된다.

2) 도자기

도자기의 출토 현상을 살펴보면 구산동은 모두 391기에서 출토되어 43%의 출토비를 보이는 한편 진관동유적에서는 157기에서 출토되어

---

10 정의도, 2011, 「경남지역 조선전기 숟가락연구-지역성과 상징성-」, 『문물』 창간호, 한국문물연구원

11 국립민속박물관, 2007, 『한민족역사문화도감 식생활』, pp. 76~95

8%에 불과한 상황이다. 이를 분청자-분청·백자-백자의 구성비를 살펴보면 구산동유적은 분청자 133기-분청자·백자 56기-백자 196기로 34%-14%-50%, 진관동유적은 분청자 16기-분청자·백자 8기-백자 133기로 10%-5%-85%의 비율로 나타난다. 결국 도자기를 부장품으로 많이 선택한 지역은 김해 구산동이며 진관동은 도자기를 부장품으로 선택하는 것에는 그다지 적극적이지 않았던 것이다. 또한 백자의 선호도가 진관동유적이 85%로 50%에 불과한 구산동유적보다 훨씬 높다. 조선전기 백자의 출현이 경남지방이 서울지방에 비하여 빠르지는 않았겠지만 백자가 포함되는 전체비율이 구산동 64%에 비하여 진관동이 90%에 이르는 것은 백자에 대한 선호가 유별났다는 것을 잘 보여주고 있다.

이러한 지역적인 편차가 큰 유물에 명기가 있다. 명기는 앞선 청동합과는 달리 구산동유적에서는 한 점도 보고되지 않았으나 진관동유적에서는 46기의 분묘에서 출토되어 2.3%의 출토비를 보이고 있다. 명기는 와질로 제작되거나 백자로 제작되는 2가지 경우가 있으나 분청으로 제작된 명기는 없다. 조선시대 전기에 제작된 제기에 분청으로 제작된 예도 있고 백자로 제작된 예도 있지만 분청으로 제작된 명기가 없고 오히려 와질로 명기를 제작한 것은 참으로 이례적이라 하겠다.[표3]

주목할 것은 와질로 제작된 명기는 모두 7기에서 출토되었을 뿐(15%) 대부분 백자로 제작되었고 명기와 같이 숟가락이 출토된 분묘는 모두 12기에 불과하였다.(26%) 그런데 와질로 제작된 명기와 같이 숟가락이 출토된 분묘가 6기로 (85%) 와질로 제작된 명기가 출토되는 대부분의 분묘에는 숟가락을 함께 부장한 것으로 보인다. 숟가락이 와질로 제작된 명기와 함께 출토되는 경향이 높은 것은 아마도 숟가락을 부장하는 전통이 강하게 남아 있었던 당시에 조성된 유구였음을 보여주는 것은 아닐까?

이것은 또한 숟가락을 부장하던 전통에서 본다면 명기는 와질로 먼저 제작되기 시작하였을 것이란 추정도 가능하다. 아마도 백자로 제작한 명기를 부장하고자 하였으나 조선시대 전기의 사정으로는 백자의 생산이 그렇게 여의치 않아 와질로 제작하였을 가능성이 없지 않다는 것이다. 이렇게 되면 와질의 명기나 숟가락이 동반되는 백자의 명기가 백자 명기만 출토되는 분묘보다는 먼저 조성되었을 것으로 볼 수 있다.

이와 같은 상황은 『주자가례』의 장례물목을 갖추기 시작한 것이 조선시대에 들어서 시작된 것이며 그것도 일부에서부터 시작되어 와질의 명기로 시작되었음을 보여주는 고고학적 상황으로 이해할 수 있다. 중국과 같이 백자의 명기를 부장하려 하였으나 여의치 않아 와질의 명기와 아직은 전대의 전통을 따라 숟가락을 갖추어 넣는 단계에서 서서히 백자의 명기와 숟가락을 부장하고 드디어 백자의 명기만 부장하게 되는 상황이 아니었을까?

명기는 일부 발치에서나 머리 부위에 부장되기도 하지만 그 구성이 잘 갖추어진 것은 대부분 편방에서 출토되는 것도 이채롭다. 『주자가례』에 의하면 명기는 나무를 깎아 수레와 말, 하인과 시녀가 각각 봉양하던 물건을 가지고 있는 모습을 만든 것으로 평시의 생활을 형상하되 작게 한다. 준령에 5품과 6품은 30가지, 7품과 8품은 20가지, 조관에 오르지 못한 사람은 15가지라고 하였다. 또한 甒은 자기 세 개로 명기 이하는 흙이 반 정도 차기를 기다렸다가 곧 그 옆에 편방을 뚫어서 저장한다고 하였으니 명기를 편방에 안치한 것은 아마도 『주자가례』를 따른 것으로 볼 수 있겠다.[12]

---

12 造明器 刻木爲車馬僕從侍女 各執奉養之物 象平生而小 准令五品六品三十事 七品八品二十事 非陞朝官十五事 補註 檀弓曰 之死而致死之 不仁 而不可爲也 之死而致生之 不知 而不可爲也 是故 竹不成用 瓦不成味 木不成斲 琴瑟張而不平 竿笙備而不和 有鐘磬而無簨簴 其曰明器 神明之也 中略 甒 瓷器三 以盛酒醢醯 司馬溫公曰 自明器以下 俟實及半 乃於其旁 穿便房以貯之 中略 實土及半 乃藏明器下帳苞筲甒於便房 以板塞其門

3) 청동합

도자기와 함께 같은 식도구로서 부장되었던 청동합에 대하여 살펴
보면 구산동유적에서는 동합과 동완이 출토된 것은 모두 125기로 14%
에 가까운 출토비를 보이고 자기를 이용하여 합을 만든 30기를 포함한
다면 17% 이상의 출토비를 보이고 있다. 그러나 은평 진관동유적에서
는 한강진관Ⅳ-1 D공구1지점 188호에서 청동합 뚜껑 1점, 청동합 대
부발 2점이 출토된 것이 전부로 청동합 뚜껑이 1점 훼손되었다고 보면
1개 유구에서 2점의 합이 출토된 것이 전부이며 자기를 이용하여 합을
이룬 것은 한 점도 보고된 바가 없다. 1기의 예는 그야말로 예외적인 것
으로 통계치에 포함시키기도 어려운 상황이 아닐 수 없다.[표 1]

김해 구산동유적에서는 청동합이 상당한 경제적 능력을 보여주는
유물로 평가되며 자기를 이용하여 합의 형태까지 만들어 부장하였기 때
문에 이를 부장품 가운데 중요한 기물로 취급하였음이 틀림없다. 고려
말에 이르러 동기가 부장되는 비율이 점점 높아지고 있다는 연구와는
달리 진관동에서는 전혀 다른 결과를 보이고 있는 것이다. 이러한 상황
이 진관동유적에서는 부장품에 청동합을 포함시키지 않은 특별한 사회
적 분위가 있었는지 또는 진관동유적만의 특별한 경우인지, 그래서 이
를 지역적인 특색으로 확대 해석할 수 있을 것인지 차후 연구가 주목된
다.

4) 가위

가위는 모두 철제로 구산동유적에서는 39점이 출토되어 4%의 출토
비를 보이고 진관동유적에서는 단 2점만 출토되었다. 구산동유적에서

표 1 구산동·진관동유적출토 대표 유물 일람(청동합, 가위)

유물	구산동유적			진관동유적
청동합	267호	591호	963호	한강진관Ⅳ-1 D공구 188호
	1054호	1657호(동완2)	75호(백자+동완)	
	1174호(분청+분청)	2401호(분청+백자)	588호(백자+백자)	
가위	407호　533호　1286호　1511호　1693호			중앙진관Ⅲ-3 1088호　한강진관Ⅳ-1 63호

출토된 가위 중 8자형 가위는 고려시대의 것으로 이를 제외한다고 하여
도 37점이 출토되었고 이 중 상당수가 편방에서 출토되어 사용하던 기
물을 피장자를 위하여 묻어준다는 것보다는 다른 특별한 의미가 있다고
하겠다. 이것이 가위가 자르는 것이 주된 용도이기 때문에 산 자와 죽은
자를 가르는 상징적인 도구로서 가위를 택한 것인지 알 수 없다. 그러나
진관동유적의 가위는 구산동유적의 가위와는 전혀 상황이 다르다.

출토비에서 현격한 차이가 나는 정도가 아니라 단 2점만 출토되어
조선시대 전기 진관동유적의 유력한 부장품 가운데 한가지라고 말하기
도 어려운 실정이다.[표 1] 이러한 차이를 지역성의 차이라는 것으로 설명

이 될지 아니면 이미 구산동과는 다른 가치관이 이런 차이를 낳은 것인지 생각해 볼 일이다.

5) 동경

구산동유적에서는 10점의 동경이 출토되어 1.1%의 출토율을 보이고 있고 진관동유적에서는 20점이 출토되어 1%의 출토율을 보인다. 출토율도 거의 비슷한 상황이기도 하지만 모두 관 내부에서 출토되었고 출토 위치도 머리나 허리 부위에서 확인되는 점도 크게 다르지 않은데 유물의 내용을 보면 같다고 보기는 어려운 점도 있다. 그것은 구산동유적에서 출토된 동경은 1점만이 만자문 소형병경이고 나머지는 모두 실생활에 사용되었던 것으로 보이지만 진관동유적에서 출토된 동경은 20점 가운데 12점이 소형의 「卍」자형 병경 또는 그 변형으로 판단되기 때문이다.[표 2]

결국 동경이 다른 부장품과는 달리 두 유적의 출토율이 비슷하여 동경을 보는 두 지역의 가치관이 크게 다르지 않았던 것으로 판단된다. 그러나 그 내용에서 구산동유적은 실제로 사용되었던 동경이 주가 되었던 반면 진관동 유적은 60%가 실생활용으로 보기는 어려운 소형의 병경을 부장하고 있는 것이다. 더욱이 이 소형의 만자문 병경은 고려말 또는 조선 초기에 유행하는 형식으로 진관동유적은 새로운 양식의 부장품 점유율이 구산동유적의 경우보다 훨씬 높다고 말할 수 있다.

표 2 구산동·진관동유적출토 대표 유물일람(동경, 구슬, 동전)

유물	구산동유적			진관동유적		
동경	682호	893호	1742호	중앙진관Ⅲ-2 434호	중앙진관Ⅲ-2 444호	한강진관Ⅳ 284호
구슬	29호		811호	중앙진관Ⅱ-2 24호	중앙진관Ⅱ-3 43호	중앙진관Ⅱ-4 5호
		1183호		중앙진관Ⅱ-4 68호	중앙진관Ⅱ-1 141호	중앙진관Ⅲ-2 116호
				중앙진관Ⅲ-2 274호	중앙진관Ⅲ-4 248호	중앙진관Ⅴ-1 74호
				중앙진관Ⅲ-4 35호	한강진관Ⅱ-3 88호 한강진관Ⅳ-1 15호	한강진관C공 5지점 6호 한강진관Ⅳ-1 74호
동전	29호 / 1575호	1139호 / 1991호	1479호 / 1479호 공반유물 (장흥고명 분청발)	중앙진관Ⅱ-3 12호 / 한강진관Ⅳ-1 회묘7호	중앙진관Ⅲ-2 270호 / 한강진관Ⅳ-1 회묘24호	중앙진관Ⅲ-4 63호	중앙진관Ⅲ-4 346호

6) 유리구슬

구산동유적에서 유리구슬이 출토된 유구의 비율은 8%에 불과하지
만 진관동유적에서 유리구슬이 출토된 유구는 17%를 상회하여 2배 이
상의 출토율을 보인다. 구슬이 출토되는 위치를 두 유적에서 살펴보면
머리 부위, 허리 부위 등이 일반적이어서 그 용도나 피장자의 성별도 다
르지 않다고 하겠다.[표 2] 다만 숟가락이나 도자기, 청동합 등 고려시대
이래의 전통적인 부장품에서는 그 출토비가 진관동유적이 현저하게 낮
았는데 비교적 새로운 부장품이라고 할 수 있는 구슬이 출토되는 유구
의 비율이 구산동유적보다는 훨씬 더 높은 것이 주목된다.

7) 동전

동전은 구산동유적에서는 11기에서 출토되어 1%의 출토율을 보이고 진관동유적에서는 2%의 출토율을 보여 진관동유적의 출토율이 더 높게 나타났다. 동전은 중국전과 조선전으로 나누어 볼 수 있는데 구산동유적에서 출토된 중국전이 대관통보와 희녕중보, 순희원보 등으로 개원통보와 선화통보만 출토된 진관동유적의 경우보다 그 종류가 많다. 조선전은 조선통보와 상평통보가 발견된 것은 같고 진관동유적에서는 대한제국의 동전과 일제강점기의 동전, 그리고 한국은행 발행의 동전까지 출토되어 우리나라에서 동전을 부장하는 풍습이 최근까지도 지속되고 있음을 보여 주었다.[표 2] 특이한 점은 진관동유적에서 36점, 82점, 132점 등 다량으로 조선통보가 출토된 유구가 확인되었는데 이들은 모두 동전이 관의 내부 전반에 깔려서 출토되었다. 그리고 동전이 출토되는 위치 중에서 머리 부위에서 확인되는 것은 『주자가례』에 보이는 반함[13]의 결과로 사자의 입속에 넣어 두었을 것으로 판단된다.

8) 지환

구산동 28기에서 34점이 출토되어 3%의 출토율을 보이지만 진관동유적에서는 21기에서 26점이 출토되어 1%의 출토율을 나타내고 있어 두 유적은 상당한 차이를 보이고 있다. 지환은 대개 1점씩 부장되는 것이 대부분이지만 구산동 682호에서는 3점, 1608호와 2122호에는 2점이

---

13 乃飯含 主人哭盡哀 左袒自前扱於腰之右 盥水執箱以入 侍者一人 挿匙於米盌 執以從 置於尸西 以幦巾入 徹枕覆面 主人就尸東 由足而西牀上坐東面 擧巾以匙抄米 實於尸口之右幷實一錢 又於左於中亦如之 主人襲所袒衣復位

표3 구산동·진관동유적 출토 대표 유물 일람(지환, 명기)

유물	구산동유적	진관동유적		
지환	 352호　1287호　1608호	 중앙진관 II-2 83호	중앙진관 V-1 136호	중앙진관 II-4 161호 한강진관 IV-2 296호　한강진관 IV-2 299호
명기		 중앙진관 V-1 151호(백자명기)일괄 중앙진관 III-3 979호 (명기와증 등)		한강진관 II-1 25호(명기와증 등) 한강진관 II-2 74호(백자명기)일괄

출토되었고 중앙진관 II-4지구 15호, III-2지구 428호 등에서도 2점이
출토되었다.[표3] 출토위치는 손의 주변에서 출토되는 예가 일반적이지만
편방에서 출토되기도 하고 머리 부위에서 출토되기도 하여 지환을 착용
한 채로 묻히기도 하지만 또 다른 제의 행위가 있었던 것으로 보인다.

9) 소결

이상과 같이 검토한 8가지 부장품 중에서 구산동유적에서 높은 출
토율을 보이는 품목은 숟가락, 도자기, 청동합, 가위, 지환 등이며 진관

동유적에서 높은 출토율을 보이는 품목은 백자 또는 와질의 명기, 구슬류, 동전 등이고 비슷하거나 같은 출토율을 보이는 것은 동경이었다.

문제는 왜 이런 차이가 보이는가 하는 것이다. 물론 경남지방의 연구에서도 보았듯이 각 지역이나 집안의 전통이나 선호도가 달랐기 때문이라고 하여도 무방할 것이다. 그러나 구산동유적은 우리나라에서 가장 남쪽에 위치한 유적이고 진관동유적은 당시 조선의 수도가 위치하였던 곳이니만큼 지리적인 위치만큼이나 정치, 사회적인 분위기가 많이 달랐을 것은 분명해 보인다는 것이다.

이상과 같은 두 유적의 차이에 대한 필자의 의견을 제시하여 보기로 하겠다. 먼저 출토된 도자기와 숟가락이 대체적으로 조선시대 전기에 해당되는 것이라면 구산동유적은 고려시대 이래의 전통을 변함없이 유지하고 있다고 할 수 있고 반면에 진관동유적은 고려시대 이래의 전통에서 벗어나고 있다든지 또는 새로운 장례풍습을 만들어가고 있다고 하여야 할 것이다.

조선시대 전기에 조성되는 무덤에서 출토되는 부장품은 앞에서 살펴본 숟가락과 도자기, 청동합, 가위 말고도 집게, 귀 후비개, 비녀, 귀걸이, 장도, 도자, 도끼, 벼루와 먹, 등잔, 철부, 철겸, 지석 등 실로 다양한 종류가 있지만 출토유물 전체를 다 헤아려 보지는 않았으나 부장품의 종류가 구산동유적보다는 진관동유적이 더 많은 것은 분명해 보인다.

이것은 단순히 출토된 유물의 수가 많다는 것이 아니라 유물의 종류가 많다는 것에 주목하여야 한다는 것이다. 앞서 지적하였다시피 진관동유적의 유물 집중도는 구산동유적보다 상대적으로 훨씬 낮았으며 이것은 전체적으로 보아 유물이 출토되는 유구의 비가 비슷하다고 보았을 때 정해진 부장품의 품목이 다양하고 새로운 것이 끼어들었다는 것을 뜻하며 이것은 장례 풍습의 변화를 예고하는 것으로 보아야 한다는 것이다.

실제로 고려가 멸망하고 조선이 한양으로 천도하면서 많은 것에 변화가 있었다. 왕의 성이 왕씨에서 이씨로 변한 것은 말할 것도 없고 국가이념도 불교에서 유교로 바뀌었다. 정치의 주된 세력은 불교를 숭상하던 구 귀족에서 성리학을 익힌 사대부로 바뀌었다. 외교관계 또한 고려귀족들이 원과의 계속적인 통교를 원하였으나 이성계를 비롯한 신진 사대부들은 명나라에 대한 사대외교를 주장하였다.[14] 이러한 변화의 소용돌이를 보다 빠르게 체감하고 적응한 결과의 하나가 이러한 장례 풍습의 변화에 까지 이어진 것은 아닐까 하는 것이다.

더구나 남경에 세워진 명나라는 요나라 이후 금과 원에 이르기까지 중국을 지배하였던 북방의 이민족과는 달리 황하 이남의 한족이었고 이들의 장례풍습은 북방민족과는 달랐으며 식탁에서도 그들은 숟가락을 별로 사용하지 않고 젓가락을 사용하였다.[15] 북경 일원에서 발굴 조사된 명대의 무덤에는 원대까지 자주 출토되던 숟가락은 더 이상 보이지 않는다.[16] 그러나 구산동–김해지역은 아직 이러한 변화를 실감하지 못하였던 탓일지도 모르겠으나 고려시대 이래의 장례 전통을 변함없이 이어가고 있는 것이다.

진관동유적의 출토유물 가운데 구산동보다 출토비율이 높은 것은 명기와 구슬, 동전이었다. 명기는 구산동유적에서는 한 점도 출토되지

---

14 이태진, 2012, 『새한국사-선사시대에서 조선시대까지』, 까치, pp. 251~274 ; 김인걸, 「제1장 조선 건국과 지방지배구조의 재편」, 임선빈, 「제2장 외관제의 확립과 운영구조」, 정순우, 「국가의 교육통재정책과 촌락사회」, 2000, 『조선은 지방을 어떻게 지배했는가』 한국역사연구회 조선시기 사회사연구반, 아카넷, pp. 21~81

15 장경 지음 · 박해순 옮김, 2002, 『공자의 식탁 중화요리 4000년의 문화사』, 뿌리와 이파리, pp.181~188

16 江西省博物館 · 南城縣博物館 · 新建縣博物館 · 南昌市博物館編, 2010, 『江西明代藩王墓』, 文物出版社 ; 上海市文物管理委員會, 2009, 『上海明墓』, 文物出版社
그리고 명대 초기는 원대까지의 벽화에서 다수의 목용과 도용이 등장하게 되는 시기이기도 하다. 한편 정통 6년에 사망한 양장왕묘는 호북성 종상시 장탄진 대홍촌에 위치하는데 여기에서는 장릉형의 금제 수저와 금제 루표가 출토되어 원대의 전통을 따르고 있다.[湖北省文物考古研究所 · 鐘祥市博物館 編著, 2007, 『梁莊王墓』 上 · 下, 文物出版社]

않은 것이어서 진관동유적의 성격을 더욱 잘 드러내고 있는 유물이라고 생각된다. 명기는 조선시대에 들어 유행하기 시작하는 『주자가례』에 나타난 장례물목 중의 하나이다. 앞서 지적한 것처럼 명기는 와질 명기와 백자 명기가 있을 뿐 분청 명기는 없다. 그런데 와질의 명기가 출토되는 대부분의 유구에서는 숟가락이 함께 출토되었고 백자의 명기가 출토되는 유구의 경우는 그렇지 않다. 이것은 숟가락을 부장하는 전통이 남아 있던 시기에 조성된 분묘에서 와질의 명기가 출토되는 상황으로 볼 수 있을 것이다. 결국 명기는 『주자가례』에 따라 부장하는 것으로 고려시대의 전통에 따라 부장하는 숟가락과는 같이 부장할 수 없는 물건이었을 것이다. 이와 같이 명기의 출토가 『주자가례』의 영향을 보여주는 것이라면 구산동유적은 『주자가례』의 영향을 거의 받지 않았다는 것으로 해석된다.

우리나라에 『주자가례』가 도입된 것은 고려 말 경으로 성리학과 함께 수용되었다. 안향을 비롯한 일부 유학자들은 가묘를 세우고 삼년상을 행하는 등 불교 의식을 버리고 실천적 이념으로서의 가례를 생활의 준거로 삼고자 하는 한편 신흥 사대부 계층에게 있어서는 새로운 개혁과 사회질서를 추구하는 이념적 체계로 받아들여졌다. 조선이 건국된 후 가례는 사대부 관료들에게 필수적으로 권장되었고 국가 전례에 있어서도 부분적으로 사용되었다. 말하자면 조선을 창건한 신진사대부들의 이념의 근간이었던 성리학을 집대성한 주자가 저술한 관혼상제에 관한 기본참고서라 할 수 있는 것이었다.[17]

'한결같이 『주자가례』대로 했다(一依朱子家禮 一遵朱子家禮)' 라는 구절은 고려말 정몽주로부터 시작해 16세기 중종조 이후까지 사대부들의 행장에서 자주 나타난다. 조선전기 사대부들이 『주자가례』 그대로 행하였다

---

17 주희 지음 · 안민혁 옮김, 2009, 「해제」, 『주자가례』, 예문서원, pp. 11~24

는 것은 회의적이기는 하지만 적어도 『주자가례』가 당시 사대부들이 생활지침이었을 것은 분명해 보인다. 기록에 의하면 16세기에 들어서면 상례수행의 중요 요인인 지팡이 집기, 음주 절제 등이 포함되고 있는데 이것은 『주자가례』에 따라 시행한 것이라는 것이다.[18] 그러나 조선왕조가 『주자가례』를 국가차원에서 수용하고 보급한다고 하여도 장례전통이라는 것은 오랜 세월에 걸쳐 형성된 것이니 만큼 일조일석에 바뀌는 것은 아니었을 것이며[19] 그것이 전국적으로 확산되기까지도 상당한 시간이 소요되었을 것이다.[20]

『주자가례』를 따라서 장례를 행하면 당연히 숟가락을 비롯하여 도자기, 가위, 청동합을 부장하는 고려시대 이래의 장례는 사라지게 되고 마는 것이었다. 이러한 변화를 가장 잘 보여주는 사례가 『주자가례』에 따른 와질과 백자로 제작한 명기의 등장이며 이를 편방에 안치하게 되는 것이 아닐까?

또한 동전을 부장하는 풍습은 필자의 연구에 의하면 한족의 장례풍습에서 비롯된 것이며 북방족의 장례풍습은 아니었다.[21] 동전을 부장하는 비율이 진관동유적이 구산동유적보다 높다는 것은 진관동유적이 좀더 중국 한족의 장례풍습에 더 기울어져 있다는 것이고 그것은 요와 금을 거쳐 원으로 이어지는 북방족의 영향에서 벗어나 명으로 대표되는

18 이혜순, 2008, 「16세기 『주자가례』 담론의 전개와 특성-가례의 문화적 수용 연구를 위한 예비적 고찰-」, 『조선중기예학사상과 일상문화-『주자가례』를 중심으로-』 이화한국학총서7, 이화여자대학교 출판부, pp.21~53

19 이문주, 2010, 「『주자가례』의 조선 시행과정과 가례주석서에 대한 연구」, 『유교문화연구』 제16집, 성균관대학 동아시아학원 유교문화연구소. pp. 41~46

20 『朝鮮王朝實錄』 성종3년의 기사에는 『주자가례』가 태조 대는 물론이고 세종 대에도 그리고 성종 대에도 의도한만큼 시행되지 않았음을 보여주고 있다.[成宗實錄 3년 6월 戊寅 在世宗祖 從文公家禮 令士大夫家廟 庶人立淨室 祭以四仲朔 今此制陵夷 士大夫不立家廟 甚者不作神主 代以紙錢 士大夫尙爾 況庶人乎 宜加檢察 以警其餘]

21 정의도, 2009, 「송요금원 시저 및 철협 출토경향-고려묘부장품과 관련하여-」, 『문물연구』 제15호, 재단법인 동아시아문물연구 학술재단

한족과의 교류에서 비롯된 것으로 볼 수 있을 것이다.

그리고 청동합으로 대표되는 동기가 진관동유적이 구산동유적보다 압도적으로 적은 것은 특기할 만한 사항이다. 최근의 연구성과에 의하면 고려말에 이르러 북방음식문화의 영향과[22] 원나라의 영향, 경제적 동기, 취향의 변화 등으로 동기의 사용 증가하는 경향을 보인다고 한다.[23] 청동합은 이와 같이 고려시대의 전통을 잇는 대표적인 기명이므로 청동합과 합의 형태로 조합한 도자기가 많이 출토되는 구산동유적은 고려시대 이래의 전통을 지켜가고 있는 유적으로 볼 수 있고 반대로 청동합이 거의 출토되지 않는 진관동유적은 고려시대의 전통에서 벗어난 성향을 지닌 유적이라고 할 수 있을 것이다.

이와 같은 상황은 가위에서도 볼 수 있다. 가위는 구산동유적에서는 유리구슬에 이어서 5번째의 출토율을 보이고 있으며 출토위치도 편방이 다수인 유물이지만 진관동유적에서는 단 2점만 출토되었다. 중국에서 가위는 중국 호북성 일대에서 가장 많이 출토되며 선화요묘에서는 도제 가위도 출토되어[24] 가위가 부장품으로 상징적인 위치를 점하고 있었던 것으로 판단된다. 이와 같이 가위 또한 중국의 북방문화가 고려로 전래되어 온 이래 고려묘에서 부장품으로 채택된 것이었으나 진관동유적에서는 가위의 출토비도 지극히 낮아 북방계의 장례전통에서 벗어나고 있는 것으로 추정할 수 있다.

한편 이러한 구산동과 진관동유적의 출토유물의 경향은 조선전기 성리학적 지배체제의 성립과정의 한 단면을 보여주는 것으로 이해할 수

22 정의도, 2007, 「한국고대청동시저연구 고려시대-」, 『석당논총』 제38집, 동아대학교 석당학술원

23 신은제 · 허선영, 2011, 「14세기 동기의 유행과 그 의미:고려시대 분묘유적을 중심으로」, 『석당논총』 제51집, 동아대학교 석당학술원, pp.33~45

24 河北省文物研究所, 2001, 『宣化遼墓1984~1993년 發掘調査報告書』上 · 下, 文物出版社

있을 것이다. 조선이 개국한 다음 조선은 유교이념에 따라 지방 지배체제를 확립하여 가게 되지만 지방의 지방에 대한 지배체제의 확립은 일조일석에 이루어지는 것은 아니었을 것이다. 도성이 위치한 한양과 경기지방에서부터 성리학적 지배체제를 이루어나갔다고 보는 것이 합리적일 것이며 지방에까지 완전한 지배체제가 확립되기까지는 상당한 시간이 필요하였을 것이다.

실제로 중앙집권적 군현제의 확립과 진관체제의 성립은 수차례에 걸친 개편을 통하여 이루어졌고 이러한 체제의 완성이 성종조에 완간되는 경국대전에 수록되게 되는데 여기까지 조선개국 후 100년이 걸린 셈이다. 그러므로 유교이념에 입각한 중앙집권체제의 확립은 일조일석에 이루어지는 것이 아니라 장구한 시간이 필요한 것이며 중앙에서 이미 확립된 제도라할지라도 지방에까지 정착되는 것은 더욱 많은 시일이 소요된다는 것이다.

이것을 이번 연구에서 확인된 고고학적 결과로 바꾸어 말하면 한양도성에 가까운 진관동유적이 조선 전기에 남해안 동쪽 끝에 위치한 구산동유적보다 먼저 고려의 장례전통에서 벗어나 이미 『주자가례』의 장례절차가 반영된 부장품이 보이는 것은 이와 같은 유교적 이념에 따른 지방 지배체제의 성립과정을 보여주는 고고학적 상황으로 볼 수 있다는 것이다.

05 맺음말 −시대적 변화

　김해 구산동유적에 출토된 유물상은 숟가락이나 도자기 등 높은 집중력을 보여주고 있는 한편 은평 진관동유적에서 출토된 유물상은 숟가락과 유리구슬을 제외하면 그다지 높은 집중도를 보여주고 있는 것은 아니었다. 또한 유물의 출토율을 보아도 숟가락을 제외하면 구산동유적의 특징적인 유물은 도자기와 청동합, 그리고 가위였고 진관동유적의 특징적인 유물은 유리구슬, 명기, 동전이라고 할 수 있다. 구산동유적에서 출토율이 높은 청동합과 가위가 진관동유적에서 거의 출토되지 않는 것은 두 유적의 특징을 반영한 결과로 판단된다. 또한 유물이 출토된 유구의 비율이 거의 비슷하다고 할 때 진관동유적의 경우처럼 유물의 집중도가 낮은 현상은 결국 진관동유적에서 출토된 부장품의 종류가 다양하다는 것으로 해석될 수 있다.

　한편 구산동유적에서 높은 집중도를 보이는 숟가락, 도자기, 청동합, 가위 등은 고려시대 이후 분묘의 부장품으로 선택되어 오던 기물이었으므로 구산동유적은 고려시대의 장묘문화의 전통을 고수하고 있는 것으로 판단할 수 있다. 그러나 진관동유적에서는 급격한 증가세를 보이는 구슬류의 부장과 명기가 편방에서 출토되는 상황과 전통의 부장품이라고 할 수 있는 청동합과 가위의 퇴조 현상은 『주자가례』를 중심으로 하는 유교질서의 확립과도 무관치 않은 것이며 새로운 장례문화의 시작 또는 구시대의 장례문화의 변화를 보여주는 것으로 보아도 좋을 것이다.

이상과 같은 고고학적 상황은 김해 구산동과 은평 진관동이 위치한 지리적인 조건과도 무관치 않을 것으로 보인다. 은평 진관동은 당시 조선의 수도가 위치하였던 곳으로 새로운 왕조의 개창과 함께 새로운 변화의 중심지였을 것이나 영남지방의 남쪽 김해 구산동은 이러한 변화와는 어느 정도 거리를 두고 있는 실정이었을 것이다. 말하자면 조선 조정이 이루고자 하였던 성리학적 지배질서의 확립이 한양과 경기지방을 중심으로 먼저 이루어지고 지방에 대한 실질적인 지배는 경기지방보다는 훨씬 뒤에 이루어지는 것으로 볼 수 있다는 것이다.[25] 이러한 상황이 고려시대 이래의 장례 풍습을 이어가는 김해 구산동과 새로운 지배질서와 이념에 따라 변화의 과정에 있었던 은평 진관동유적으로 설명될 수 있다는 것이다.

이상으로 조선전기에 조성된 2개의 분묘군에 대하여 유물의 출토 경향을 중심으로 한 연구는 일단락을 짓지만 이러한 관점이 과연 다른 지역에도 적용이 가능할지 차후 연구를 지속시켜 나가고자 한다.

---

25 국사편찬위원회, 2003, 「조선초기의 정치구조」, 『한국사』23, 탐구당

조선후기 숟가락의 변화

9

01 서론

    지금까지 연구 결과에 따르면 숟가락은 고려시대에 들어 무덤의 부장품으로 선택되었으며 동반유물로는 도기, 자기, 청동기 등의 음식을 담는 도구와 소도자, 가위, 집게, 동경 등의 실생활용구, 칼, 낫, 괭이 등의 무기나 농경구, 반지나 팔찌, 구슬 등의 장신구 등이 있다. 무덤에 숟가락을 부장하는 풍습은 고려시대를 지나 조선시대 전기까지 이어지며 부장품의 전체적인 양상은 일부 변화가 있기는 하나 대체로 조선시대 전기까지 고려시대의 분위기가 이어지는 것으로 볼 수 있다. 그러나 이와 같은 상황은 임진왜란과 병자호란을 지나면서 일변하게 된다. 말하자면 17세기 이후에 조성되는 것으로 추정되는 분묘의 부장품은 그 내용이나 수량에서 그 이전 시기의 상황과는 완전히 구별되며 숟가락 또한 조선시대 전기에 유행하던 여러 가지 형식은 한가지 형식으로 통일되게 된다는 것이다.

    우리나라 숟가락에 대한 필자의 연구결과 숟가락은 지금도 우리 식탁에서 사용되며 우리 식탁의 정체성을 보여주는 것으로 볼 수 있는 것이며, 조선 전기까지는 분묘의 대표적인 부장품으로 다양한 형식적인 특징과 지역적인 선호를 달리하는 것으로 이해하고 있다.[1] 그러나 이와 같은 상황의 숟가락이 왜 17세기 이후에 들어 한가지 형식으로 통일되게 되었는지 알지 못하고 있다. 이번 글에서는 어떤 정치적, 사회적 상황이 임란 전까지 유행하던 장법을 바뀌게 하였으며 숟가락 또한 어떠한 배경에서 하나의 형식으로 통일되는지 검토하여 보기로 한다. 이를 위하여 먼저 조선이 건국된 이후 15세기 말의 안정기를 지나 임진왜란 발발 이전까지 분묘에서 분청사기나 백자 등과 함께 출토되는 숟가락의 특징을 살펴보기로 한다. 즉 15~16세기까지의 숟가락의 변화를 검토하여 본 다음 17세기 이후의 분묘에서 출토되는 부장품과 숟가락의 변화상을 함께 검토하여 과연 숟가락 변화의 배경은 무엇인지 살펴보고자 한다.

1 정의도, 2011, 「경남지역 조선전기 숟가락 연구」, 『문물』 창간호, 한국문물연구원, pp.131~189

16세기까지의 숟가락

　　2000년 이후 우리나라에서 진행된 구제발굴로 상당한 수의 조선시대 분묘유적이 발굴되어 있다. 조선시대의 분묘는 고려시대 분묘와 함께 발견되는 경우가 많고 유구도 밀집하여 분포하는 경향이 있어 일단 개발대상지역에 포함되면 발굴조사를 피하기는 어렵다. 이렇게 발굴조사된 조선시대의 분묘가 상당수에 이른 지금 조선시대의 분묘에 대한 연구성과도 증가하고 있는 것은 바람직한 일이지만 조선시대의 유적을 일부 경시하는 듯한 인식은 아직도 우리 주변에 남아 있다.

　　기록이 풍부하게 남아 있는 조선시대에 조성된 분묘를 고고학적 발굴이나 연구의 대상으로 수용하고 이제는 더 이상 민묘라는 애매한 용어를 사용하지 않게 되었을 뿐만 아니라 유적의 수적 증가와 이에 따른 출토유물의 분석으로 당시의 사회상을 이해하고자 하는 상당한 수준의 발굴보고와 이에 따른 고찰이 따르고 있는 것은 다행스러운 일이다. 그렇다고 하여도 이 방면의 연구는 이제 시작단계에 불과하다. 출토유물에 대한 구체적인 이해가 부족하여 유물을 오판하고 오독하는 경우도 적지 않고 유구의 도면 작성에 있어 출토 유물의 위치가 표시되지 않거나 유물의 출토 상황에 대한 구체적인 기술이 누락되어 있는 보고서도 없지 않다. 숟가락에 대한 예를 들자면 아직도 간단한 숟가락의 구조에 반하여 각 부분에 대한 명칭은 다양하고 서술 방식도 각색이다. 유물을 관찰하는 다양한 관점이나 인식이 다양한 명칭으로 불릴 수 있는 것은 불가피한 일이겠지만 동일한 인식 위에 다르지 않는 명칭을 다만 한자어를 사용하거나 한글을 사용하여 다른 용어처럼 보이게 하는 것이라든지 유물의 형태에 대한 비판적인 검토 없이 겉모습만으로 칭하는 것은 지양하여 할 연구방법이라고 생각한다.

이상과 같은 상황을 기본으로 하여 지금부터는 조선시대 분묘유적 가운데 대표적인 것을 선별하고 그 가운데 16세기 경의 특징을 보여주고 있는 것으로 판단되는 숟가락에 대하여 살펴보기로 한다. 이를 위하여 선정된 유적은 100기 내외의 조선분묘가 확인되어 당시의 분묘 조성 상황을 추정할 수 있는 1. 경기도- 남양주 호평 · 평내택지개발지구내 유적, 인천 원당동유적, 은평 진관동유적 2. 충청도-제천 하소동유적 3. 전라도-유상리유적 4. 경상도-창녕 영산서리유적, 창원 가음정유적, 김해 구산동유적, 대구 욱수동, 경산 옥산동유적, 김천 문당동유적, 청도 대전리유적, 대구 내환동유적 등을 중심으로 살펴보기로 한다.

이 글을 진행하기 전에 밝혀 둘 것은 숟가락 편년을 위한 일반적인 특징에 대한 것이다. 숟가락의 자루가 많이 휘어져 있는 것은 고려시대 전기 숟가락이며 조선시대의 숟가락의 자루는 그에 비하면 덜 휘어져 있는 경향을 보인다. 이를 보고자마다 자루가 많이 휘어져 있다 또는 자루의 만곡도가 심하다고 하는데 이와 같은 「많이」 「심하다」라는 표현은 지극히 주관적인 판단으로 모두가 수긍하기는 어려운 것이다. 이번 글에서는 이와 같은 주관적 표현을 버리고 숟가락을 바닥에 평평하게 놓고 보았을 때 술잎이 바닥에 닿는 지점을 기점으로 하고 자루가 손잡이까지 올라가면서 휘어지는 부분까지 임의의 직선을 그어 그 각도를 측

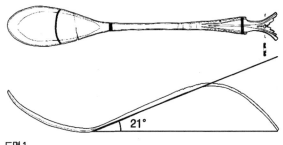

도면 1
자루각 측정 예시도

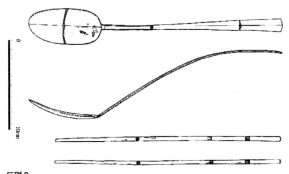

도면 2
송은 박익선생묘 출토 수저

정하여 값을 제시하였고 이를 「자루각」이라는 용어로 새롭게 정하여 사용하였다.[도면 1]

15세기대의 숟가락 가운데 고려의 전통이 강하게 남아 있는 숟가락은 밀양의 송은 박익선생묘와 온녕군묘에서 출토된 것으로 사용시기가 분명한 것이다. 먼저 박익선생묘에서 출토된 숟가락은 장릉형으로 전체길이 28cm, 술잎 길이 8.6cm, 자루두께 0.3cm, 자루각 13도이다.[도면 2]

박익선생은 지석에 따르면 영락 경자(18년, 1420년)에 장례를 치렀다고 하였으나 실제 사망연대는 정종 즉위년(1398)이다. 박익선생의 분묘는 그 구조나 목관, 벽화, 출토유물에 이르기까지 고려의 유풍을 따라 조성되었다.[2] 온녕군은 단종1년(1453)에 사망한 인물로 그의 무덤에서는 분청사기호 2점, 접시 2점과 함께 수저가 출토되었다.[도면 3] 숟가락의 자루는 한번 단을 이루면서 끝이 갈라지는 쌍어형이며 전체 길이 30.3cm, 술잎의 길이 10cm, 자루두께 0.3cm, 자루각은 15도이다.[3]

다음은 조선통보와 홍무통보 등이 출토되어 15세기경에 편년되는 것이 분명한 숟가락들을 살펴보기로 하자. 조선 세종대(1427)에 제작 유

---

2 심봉근, 2002, 『밀양고법리벽화묘』 고적조사보고서 제35책, 동아대학교 박물관
3 이난영, 1992, 「조선시대의 숟가락」, 『한국고대금속공예연구』, 일지사, pp.137~140
   그리고 묘주가 밝혀진 것 가운데 15~16세기 경의 분묘로는 고령김씨 일가분묘, 광주 광산노씨 일가분묘 등이 있으나 자료를 구하지 못하여 이번 논문에서 제외하였다. 추후 자료를 찾아 논문을 보완할 것을 약속한다.

포된 조선통보[4]가 출토되는 분묘에서 출토되는 숟가락은 제작 상한연대를 알 수 있다는 점에서 대단히 중요하다.

경남지역은 김해 율하리유적 E99호에서 조선통보 6점과 장릉형 숟가락 1점이 출토되었는데 술잎의 왼쪽에 사용흔이 남아 있다.[5] 창원 가음정유적 2호에서 조선통보 3점과 장릉형 숟가락이 출토되었는데 술날은 장기간 사용하여 닳아있다. [도면 4]

김해 구산동유적 1-29호에서는 조선통보 1점, 대관통보 1점과 기본형 수저가 출토되었다. 구산동유적 V-1139호에서는 가태통보(1201~1204), 희녕중보

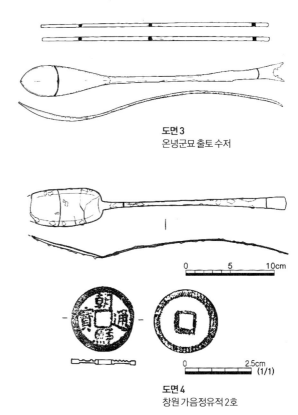

도면 3
온녕군묘 출토 수저

도면 4
창원 가음정유적 2호

(1068~1077)와 함께 장릉형 숟가락이 출토되었고 1174호에서는 분청대접 2점, 분청접시(장흥고명) 1점과 기본형 숟가락이 출토되었다. 특이한 사례로 1479호에서 장흥고명 분청사기 발 1점, 무문동경 1점, 숭녕중보 (1102~1106) 1점, 천계통보 1점(1621)과 함께 장릉형 숟가락 1점이 출토되었다.[도면 5] 정확한 상황은 좀 더 검토를 해봐야 할 일이겠으나 분청사기와 천계통보는 전혀 사용시기가 부합되지 않는 유물들이다.[6]

---

4 조선통보는 조선 최초의 동전으로 세종때(1470년 경) 주조되어 유포되었다가 저화의 발행으로 폐지되었다. 이후 인조11년(1633)에 다시 주조되었는데 앞서 해서체로 주조된 조선통보와 구별하기 위하여 팔분서체로 주조하였다.

5 경남발전연구원 역사문화센터 · 한국토지공사경남지역본부, 2008,『김해율하리유적 I 』

6 경남고고학연구소, 2009,『김해구산동유적 I ~ X 』
   천계통보는 주조연대가 1621년이지만 장흥고명 분청사기발과 장릉형 숟가락과 함께 출토되었다. 분청사기는 15세기 중반경을 전후하여 유행하던 것이니 백년 이상의 편년차를 보이는 유물이 동시에 부장된 것이다. 천계통보만 출토되지 않았다면 분청사기와 더불어 출토된 장릉형

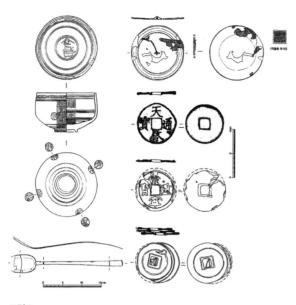

도면 5
김해 구산동유적 1479-1호

기장 방곡리 가지구 50호에서는 원풍통보 1점과 장릉형 숟가락 1점이 출토되었고 가지구 144호에서는 조선통보 2점, 기본형 숟가락 1점이 출토되었다. 또한 나지구 18호에서는 지도원보 1점, 조선통보 2점, 환옥 1점, 토제병 1점, 장릉형 숟가락 1점이 출토되었다.[7]

경북지역은 경산신대·부적조선묘군 Ⅱ-31호에서 유리제의 나선형과 원형의 장신구 47점, 조선통보 1점, 쌍어형 숟가락 1점이 출토되었고[8] 청도 대전리유적 34호 토광묘에서는 청동합 1점, 숟가락 1점, 조선통보 2점과 성송원보 1점, 청동집게 1점, 청동팔찌 1점, 청동귀면장식 1점이 출토되기도 하였다.[9] [도면 6] 조선시대 분묘가 부장품으로서 피장자의 성별을 구분하기 어려운 것이 사실인데 팔찌를 여성의 장신구 가운데 하나로 본다면 34호 토광묘의 피장자는 여성으로 판단된다.[10] 상주청리 H-가 73호에서는 단평통보 1점, 숭녕중보 2점과 기본형 숟가

숟가락은 당연히 15세기 중반경의 숟가락으로 편년할 수 있었을 것이다. 분청사기발이 전세되어 오다가 부장된 것이라면 숟가락 또한 전세된 것으로 보는 것이 타당하지 않을까 한다. 왜냐하면 17세기에 이르면 숟가락을 부장하는 예가 거의 없어지고 있고 분청사기와 숟가락이 거의 동시대로 편년되는 것이기 때문이다. 아마도 이들 유물은 이장 또는 개장하면서 천개통보가 후대에 더하여졌을 가능성이 높다고 생각된다.

7 울산대학교박물관, 2007, 『기장방곡리유적』 학술연구총서 제14집

8 성림문화재연구원, 2008, 『경산신대·부적조선묘군』 학술조사보고 제25책

9 성림문화재연구원, 2008, 『청도대전리 고려·조선묘군Ⅰ』 학술조사보고 제18책

10 조선시대 분묘의 피장자는 출토유물만으로 구분하기 어려운 것이 사실이다. 가위나 집게 등의 부장품이 단지 여성만을 상징하는 도구로 보기에는 근거가 빈약하다. 다만 여기에서 출토된 팔찌는 직경이 5cm 정도로 남자가 착용하기는 어려우므로 팔찌를 여성의 장신구로 보고 피장자를 여성으로 판단한 것이다.

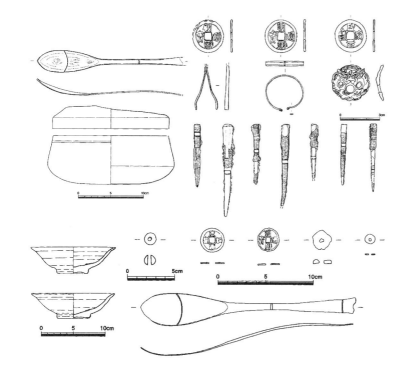

도면 6
청도 대전리유적 34호

도면 7
달성 본리리유적 58호

락 1점이 술잎 일부가 손상된 채 출토되었고[11] 달성 본리리유적 58호 토광묘에서는 분청사기접시 2점, 개원통보 1점, 조선통보 1점, 유리구슬 1점, 쌍어형 숟가락 1점이 출토되었다.[도면 7][12]

경기지역에서는 은평진관동 분묘군Ⅱ-3지구 12호에서는 조선통보 132점과 함께 수저1벌이 출토되었고 진관동Ⅲ-4지구 63호에서는 조선통보 36점과 장릉형 수저가 출토되었다.[13] 인천 원당동2-29호에서는 개원통보 1점, 숭녕통보 1점, 홍무통보 1점과 청동합 1점, 장릉형 수저 1벌이 출토되었다.[14]

---

11   한국문화재보호재단 · 한진중공업, 1999,『상주청리유적Ⅹ』

12   경상북도문화재연구원, 2007,『달성본리리고분군발굴조사보고서』학술조사보고86책

13   중앙문화재연구원 · SH공사 · 두산건설 · 금호건설, 2009,『은평진관동분묘군Ⅰ~Ⅵ』;
       한강문화재연구원 · SH공사 · 현대건설, 2010,『서울진관동유적Ⅰ~Ⅳ』

14   한국문화재보호재단 · 인천시금단개발사업소, 2007,『인천원당동유적(Ⅰ)』

표 1 15세기대 청동숟가락 유적별 출토현황

유적명	유구명	출토유물	숟가락					비고
			형식	전체 길이	술잎 길이	자루 두께	자루각 (°)	
밀양 송은박익선생 (1332~1398)묘	석실묘	화문각석1, 지석1, 천희통보1, 천성통보1, 경우원보1, 황송통보1, 가우원보1, 원우통보1, 소성원보1, 홍무통보1, 영락통보1	장릉형	28	8.6	0.3	13	영락 통보 (1411년 주조)
온녕군이정 (1407~1453)묘	온녕군묘	분청사기호2, 분청사기접시2	쌍어형	30.3	10	0.3	15	
김해 율하리유적	E-99호	조선통보6	장릉형	29.9	9	0.2	5	
창원 가음정동유적	2호	조선통보3	장릉형	28.4	8.2	0.1	12	
김해 구산동유적	29호	조선통보1, 대관통보1	기본형	34	9	0.2	7	
	1139호	가태통보1, 희녕중보1	장릉형	31.5	9.2		12	
	1174호	분청사기대접2, 장흥고명분청사기접시1	기본형	28.4	10	0.1	8	
	1479호	장흥고명분청사기발1, 무문동경1, 숭녕중보1, 천계통보1	장릉형	30	9	0.2	8	전세품 또는 이장/ 개장
기장 방곡리유적	가-50호	원풍통보1	장릉형	28.4	7	0.2	10	
	가-144호	조선통보2	기본형	27.3	8.5	0.2	10	
	나-18호	지도원보1, 조선통보2, 환옥1, 토제병1	장릉형	25.5 잔	8	-	-	
경산 신대·부적유적	Ⅱ-31호	유리장신구47, 조선통보1	쌍어형	28.5	9.5	0.2	18	
청도 대전리유적	34호	청동합1, 조선통보2, 성송원보1, 청동집게1, 청동팔찌1, 청동귀면장식1	유엽형	22.2 잔	9.4	0.2	-	피장자 여성?
상주 청리유적	H-가73호	단평통보1, 숭녕중보2	기본형	23.2	7	0.2	8	
달성 본리리유적	58호	분청사기접시2, 개원통보1, 조선통보1, 유리구슬1	쌍어형	22.7	9.2	0.2	7	
은평 진관동유적	Ⅱ-3-12호	조선통보132	유엽형	-	-	-	-	
	Ⅲ-4-63호	조선통보36	장릉형	29.2	7.6	0.2	9	

인천 원당동유적	2-29호	개원통보1, 숭녕통보1, 홍무통보1, 청동합1	장릉형	28.8	6.5	0.3	10	
서천 옥남리유적	갓재골76호	백자완1, 청동지환3, 유리구슬14, 홍무통보1	유엽형	–	–	–	–	홍무 통보 (1368)

이상과 같이 15세기 대의 숟가락은 자루두께는 계측 가능한 16점 중 10점이 0.2cm이고 0.3cm에 이르는 것도 4점이나 된다. 전체 길이와 술잎의 비율은 형식별로 보면 먼저 장릉형은 고려말 조선초의 것으로 볼 수 있는 박익묘와 온녕군묘 출토 숟가락은 각각 30.7%와 30.1%에 이르고 나머지 숟가락은 28.9%, 29.2%, 30% 등 앞선 숟가락과 비슷한 것과 24.6%, 26%, 22.6% 등으로 술잎의 비율이 낮은 것이 있다. 그런데 기본형은 4점 가운데 26%의 비율을 보이는 것이 1점, 나머지는 35%, 31.1%, 30%의 비율을 보인다. 그리고 자루각은 형식을 불문하고 측정이 가능한 10점을 대상으로 하면 평균 10도를 보이고 있다.[표 1]

이상과 같은 15세 경의 숟가락의 특징 위에 16세기경의 숟가락의 상황을 살펴보기로 한다. 숟가락은 숟가락의 특징만으로 편년하기는 아직 어려움이 없지 않으므로 주로 백자와 동반하여 출토되는 것을 중심으로 편년하였다.

경기지역의 인천 원당동유적 I -18호에서는 백자접시 1점, 백자대접 1점, 기본형 숟가락 1점이 출토되었다. 아산 명암리유적 조선분묘 50호에서는 백자접시 1점, 흑갈유대접 1점, 연봉형 숟가락 1점이 출토되었다.[15]

경기평내호평4지구 3호분의 동벽 편방에서는 장릉형 수저 한벌, 북

---

15 한국문화재보호재단 · 인천시금단개발사업소, 2007, 『인천원당동유적(I)』

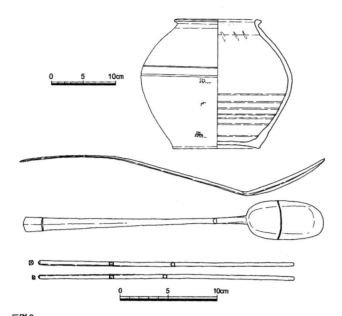

도면 8
남양주 평내유적 4지구 3호분

벽 편방에서는 백자호 1점이 출토되었다.[도면 8][16]

충청지역의 서천 옥남리 갓재골유적 76호에서는 벡자완 1점, 청동지환 3점, 유리구슬 14점, 흥무통보 1점, 숟가락 1점이 출토되었다.[17]

충청지역의 청원 부강리유적 M-011호 백자대접 1점과 숟가락 1점이 출토되었다.[18] 청원 오창유적 I의 7호 토광묘에서 백자사발 1점, 백자완 1점, 기본형 수저 1벌이 출토되었고, 8호 토광묘에서는 백자사발 1점, 백자 접시 1점, 연봉형 숟가락 1점이 출토되었다.[도면 9][19]

제천 하소동유적 89호 토광묘에서는 백자접시 1점, 백자호 1점, 백자발 1점, 구슬 2점과 기본형 숟가락 1점이 출토되었다.[도면 10][20]

조선시대의 분묘 조사 예가 드문 전라지역에서는 전주 유상리유적 I지구 78호 토광묘에서 가위와 수저가 청동완과 백자잔 1점과 함께 출토되었고[도면 11] III지구 16호 토광묘에서는 백자발 1점, 백자잔 1점, 기본형 숟가락 1점이 출토되었다. 또한 32호 토광묘 편방에서는 백자발 1점, 백자접시 1점, 백자완 1점, 백자잔 1점과 함께 기본형 숟가락이 1점

16 기전문화재연구원 · 한국토지공사, 2001, 『남양주 호평 · 평내택지개발지구내 문화유적 시 · 발굴조사보고세(I)-조선시대분묘군』학술조사보고 제21책

17 충청문화재연구원, 2008, 『서천 옥남리유적』문화유적발굴조사보고 제82책

18 고려대학교 매장문화재연구소 · 한국고속철도건설공단, 2002, 『부강리유적』연구총서 제15집

19 한국문화재보호재단 · 한국토지공사, 1999, 『청원오창유적 I ~ III』

20 중앙문화재연구원, 2007, 『제천하소동유적』발굴조사보고 제100책

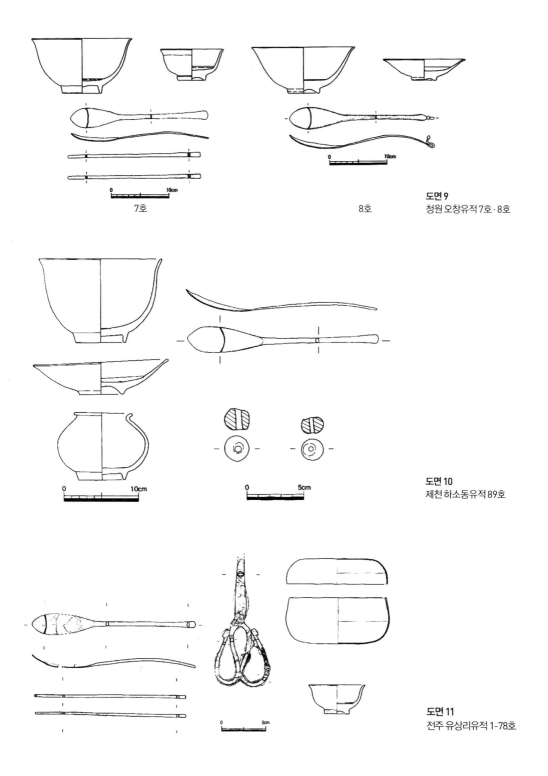

도면 9
청원 오창유적 7호·8호

7호

8호

도면 10
제천 하소동유적 89호

도면 11
전주 유상리유적 1-78호

출토되었다.[21]

경북지역의 경산신대 · 부적 조선묘군Ⅱ-152호에서는 백자발 1점, 백자대접 1점, 백자접시 1점, 분청자종지 1점, 분청자접시 2점, 쌍어형 숟가락 1점이 출토되었다.[22] 대구 욱수동 · 경산 옥산동유적Ⅲ의 토광묘 375호에서는 백자대접 1점, 백자접시 1점, 기본형 숟가락 1점이 출토되었고[도면 12] 토광묘 382호에서는 백자접시 2점, 백자대접 2점, 분청사기 대접 1점, 쌍어형 숟가락 1점이 출토되었다. 토광묘 391호에서는 백자대접 1점, 기본형 숟가락 1점이 출토되었다.[23] 청도 대전리 고려 · 조선 묘군Ⅱ의 Ⅰ-70호에서는 백자발 2점, 백자접시 1점, 기본형 수저 1벌이 출토되었다.[24]

김천 대신리유적 16호 토광묘에서는 백자대접 1점, 백자접시 1점, 기본형 숟가락 1점이 술잎이 일부 파손된 채 출토되었고 21호 토광묘에서는 백자대접 1점, 백자종자 1점, 약시형 숟가락 1점이 출토되었다. 46호 토광묘에서는 백자대접 1점, 백자접시 2점, 백자종자 1점, 기본형 숟가락 1점 등이 출토되었다. 50호 토광묘에서는 백자대접 1점, 백자접시 2점, 백자종자 1점, 청동발 1점, 연봉형 숟가락 1점 등이 출토되었다.[도면 13][25]

김천 모암동유적Ⅱ-13호에서는 집게와 가위, 구슬 25점, 기본형 숟가락 1점이 출토되었다. 자루는 거의 직선화되어 있다. 14호에서는 백자접시 2점, 청동합 1점, 기본형 수저 1벌 등이 출토되었다. 33호에서는 백자종지 1점, 청동합 1점, 기본형 숟가락 1점이 출토되었다.[도면 14] 숟가락은 완형으로 전체길이 26cm, 술잎길이 9.5cm, 자루두께 0.3m, 자

21 전북문화재연구원, 2007, 『전주유상리유적』 유적조사보고 제13책

22 성림문화재연구원, 2008, 『경산신대 · 부적조선묘군』 학술조사보고제25책

23 영남문화재연구원, 2011, 『대구욱수동 · 경산 옥산동유적Ⅲ』 학술조사보고 제185책

24 성림문화재연구원, 2008, 『청도대전리 고려 · 조선묘군Ⅱ』 학술조사보고 제20책

25 중앙문화재연구원 · 한국철도공사, 2003, 『김천대신리유적』 발굴조사보고 제30책

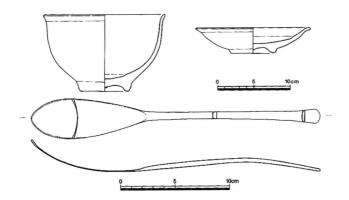

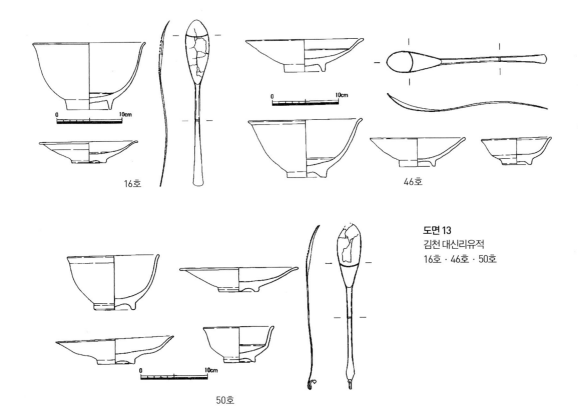

16호

46호

50호

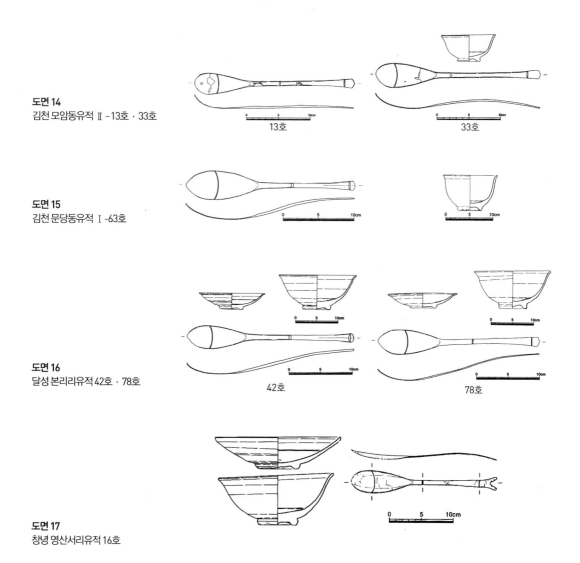

도면 14
김천 모암동유적 Ⅱ-13호 · 33호

13호

33호

도면 15
김천 문당동유적 Ⅰ-63호

도면 16
달성 본리리유적 42호 · 78호

42호

78호

도면 17
창녕 영산서리유적 16호

루각 7도이다.[26] 김천 문당동유적 Ⅰ지구 63호에서는 백자대접 1점과 기본형 순가락 1점이 출토되었고 72호에서는 청동합 1점과 기본형 순가락 1점이 출토되었다.[도면 15][27] 그리고 달성 본리리유적 42호 토광묘에서

26 영남문화재연구원 · 한국고속철도건설공단, 2003, 『김천모암동유적Ⅱ』학술조사보고 제57책

27 경상북도문화재연구원, 2008, 『김천문당동유적』학술조사보고 제91책

는 백자대접 1점, 백자접시 1점, 기본형 숟가락 1점이 출토되었고 78호 토광묘에서는 백자접시 1점, 백자대접 1점, 기본형 숟가락 1점이 출토 되었다.[도면 16][28]

경남지역의 창녕 영산서리조선묘군 서구 16호 목관묘에서는 백자 접시 1점, 백자완 1점, 쌍어형 숟가락 1점, 청동합 1점, 철도자 1점 등이 출토되었다.[도면 17] 42호에서는 백자완 1점과 쌍어형 숟가락 1점이 출토 되었다. 51호 목관묘에서는 백자완 2점과 백자발 1점, 기본형 숟가락 1 점이 출토되었다.[29] 김해 죽곡리유적Ⅱ-145호에서는 백자접시 1점, 백 자종지 1점, 가위 1점, 기본형 숟가락 1점이, 155호에서는 백자접시 3 점, 백자발 1점, 기본형 숟가락 1점이 출토되었다.[도면 18][30]

창원 가음정유적 69호에서는 청동합 1점, 백자발 1점, 백자종지 1점, 백자접시 4점, 기본형 수저 1벌이 출토되었는데 1560±50의 절대연대 가 나왔다. 70호에서는 백자발 4점, 백자접시 3점, 백자종지 1점, 기본형 수저 1벌이 출토되었다. 또한 75호에서는 백자발 3점, 백자종지 1점, 옥 제장신구 1점, 병경 1점, 기본형 수저 1점이 출토되었는데 1660±50의 절대연대가 추출되었다. 76호에서는 백자발 2점, 백자접시 3점, 백자종 지 1점, 유리제장신구 1점, 기본형 수저 1점이 출토되었으며 1695±60 의 절대연대가 나왔다.[도면 19][31]

진주 무촌유적Ⅰ의 2구-50호에서는 백자완 1점, 백자대접 1점, 기 본형 숟가락 1점이 출토되었다. 57호에서는 백자대접 1점, 백자접시 3 점, 쌍어형 숟가락 1점이 출토되었다. 숟가락의 전체길이 26cm, 술잎 길이 8.8cm, 자루두께 0.2cm, 자루각 0도이다. 진주 무촌유적Ⅱ의 3

---

28 경상북도문화재연구원, 2007, 『달성본리리고분군발굴조사보고서』 학술조사보고86책

29 삼강문화재연구원, 2012, 『창녕 영산서리조선묘군』

30 동아세아문화재연구원, 2010, 『김해죽곡리유적Ⅱ』 발굴조사보고서 제44집

31 동아세아문화재연구원, 2009, 『창원가음정복합유적』 발굴조사보고서 제29집

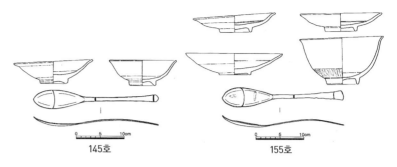

도면 18
김해 죽곡리 유적
145호 · 155호

145호

155호

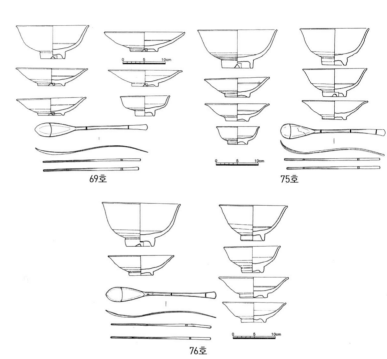

69호

75호

도면 19
창원 가음정유적
69호 · 75호 · 76호

76호

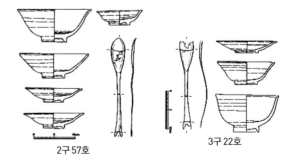

도면 20
진주 무촌유적
2구 57호, 3구 22호

2구 57호

3구 22호

구-22호에서는 백자접시 1점, 백자대접 1점, 가위 1점, 쌍어형 숟가락 1점이 출토되었다. 69호에서는 백자완 3점, 가위 1점, 연봉형 숟가락 1점이 출토되었고 74호에서는 백자접시 1점, 백자완 1점과 약시형 숟가락 1점이 출토되었다.[도면 20] 79호에서는 백자접시 1점, 백자완 1점, 기본형 숟가락 1점이 출토되었다. 123호에서는 백자접시 1점, 백자완 1점, 기본형 숟가락 1점이 출토되었다. 숟가락 전체 길이 23.8cm, 술잎 길이 10cm, 자루두께 0.2cm, 자루각 8도이다.[32]

16세기대 숟가락의 특징을 잠시 살펴보면 자루의 두께는 전체 57점 가운데 27점이 0.2cm, 14점이 0.3cm로 72%를 점하여 주류를 이룬다. 그리고 기본형에 있어 전체길이와 술잎의 비는 1/3을 넘는 경향을 보이고 있으며 측정이 가능한 숟가락 55점의 평균 자루각은 7.4도로 15세기대의 10도보다 낮다. [표 2]

---

32   경남고고학연구소, 2004, 『진주무촌유적Ⅰ · Ⅱ』

표 2 16세기대 청동숟가락 유적별 출토현황

유적명	유구명	출토유물	숟가락					비고
			형식	전체길이	술잎길이	자루두께	자루각	
인천 원당동유적	1-58호	백자접시1, 백자대접1	기본형	24.5	9.4	0.2	8	
양주 호평·평내 지구 유적	4지구3호	백자호1	장릉형	31.2	9.2	0.4	8	
아산 명암리유적	50호	백자접시1, 흑갈유대접1	연봉형	18	-	0.2	9	
청원 부강리유적	M-011호	백자대접1	유엽형	17.8잔	7	0.2	-	
청원 오창유적	I-7호	백자사발1, 백자완1	기본형	24.1	8.6	0.2	5	
	I-8호	백자사발1, 백자접시1	연봉형	25.3	9.9	0.2	7	
제천 하소동유적	89호	백자접시1, 백자호1, 백자발1, 구슬2	기본형	25.4	10.1	0.2	4	
	123호	백자대접1, 백자접시1	기본형	24.2	8.6	0.2	7	
전주 유상리유적	I-78호	철제가위1, 청동완1, 백자잔1	기본형	26.4	6.5	0.3	8	
	III-16호	백자발1, 백자잔1	기본형	25.5	8.2	0.2	7	
	III-32호	백자발1, 백자접시1, 백자완1, 백자잔1	기본형	24.4	8.5	0.3	5	
경산 신대· 부적조선묘	II-152호	백자발1, 백자대접1, 분청사기종지1, 분청사기접시2	쌍어형	23.4	9.5	0.15	9	
대구 욱수동· 경산 옥산동유적 III	375호	백자대접1, 백자접시1	기본형	26.3	10.5	0.5	4	
	382호	백자접시2, 백자대접2, 분청사기대접1	쌍어형	24.4	9.5		8	
	391호	백자대접1	기본형	27.2	9.7	0.3	9	
청도 대전리 고려·조선묘군 II	I-70호	백자발2, 백자접시1	기본형	23.9	9.1	0.2	10	
김천 대신리유적	16호	백자대접1, 백자접시1	기본형	25	9.7	0.2	7	
	21호	백자대접1, 백자종자1	약시형	23.5	8.7	0.4	7	
	27호	백자접시1, 백자종자1	기본형	25.2	9.3	0.2	5	
	29호	백자대접1, 백자접시1, 청동완1, 철제가위1	기본형	25.1	8.4	0.2	13	
	46호	백자대접1, 백자접시2, 백자종자1	기본형	24.7	8.5	0.2	8	
	50호	백자대접1, 백자접시2, 백자종자1, 청동완1	연봉형	23.8	9.1	0.2	3	

유적	호	유물	형식					
김천 모암동유적Ⅱ	13호	청동집게1, 철제가위1, 구슬25	기본형	25.4	9.2	0.3	0	
	14호	백자접시2, 청동합1	기본형	25.5	12	0.4	11	
	33호	백자종지1, 청동합1	기본형	26	9.5	0.3	7	
김천 문당동유적	1지구7호	백자명기3, 담뱃대1, 빗1, 백자접시1, 백자대접1	유엽형	-	-	-	-	17세기 이후
	63호	백자대접1	기본형	23.9	10.5	0.3	5	
	72호	청동합1	기본형	25.5	10.2	0.4	4	
달성 본리리유적	42호	백자대접1, 백자접시1	기본형	27	9.5	0.4	3	
	78호	백자접시1, 백자대접1	기본형	26.2	10	0.1	3	
창녕 영산서리 조선묘군	서구16호	백자접시1, 백자완1, 청동합1, 철도자1	쌍어형	23.5	9.2	0.2	5	
	42호	백자완1	쌍어형	31	10.2	0.3	10	
	51호	백자완2, 백자발1	기본형	26	9	0.2	10	
김해 죽곡리유적	Ⅱ-145호	백자접시1, 백자종지1, 철제가위1	기본형	26	10.6	0.2	9	
	155호	백자접시3, 백자발1	기본형	25.3	10.5	0.1	8	
창원 가음정동 유적	6호	백자발1, 백자종지1, 백자접시1	연봉형	24.6	9.1	0.1	12	
	69호	청동합1, 백자발1, 백자종지1, 백자접시4	기본형	26.7	9.9	0.2	11	1560±50
	70호	백자발4, 백자접시3, 백자종지1	기본형	25.3	9	0.2	7	
	75호	백자발3, 백자종지1, 옥제장신구1, 병경1	기본형	26.1	9.6	0.3	9	1660±50
	76호	백자발2, 백자접시3, 백자종지1, 유리장신구1	기본형	25.9	9.1	0.3	10	1695±60
	78호	청동합1, 백자발1, 백자접시3, 백자종지1, 철제가위1	쌍어형	30.9	10.9	0.3	8	
	79호	청동합1, 백자발1, 백자종지1, 백자접시5	연봉형	19.6	7.8	0.3	9	
	80호	백자발1, 백자접시3, 백자종지1	쌍어형	25.8	10	0.2	9	
	82호	청동합1, 백자발1, 백자종지1, 백자접시3, 철제가위1	기본형	23.8	9.8	0.3	7	
	83호	백자발1, 백자접시4, 백자종지1	기본형	26.5	9.2	0.2	12	

진주 무촌유적	2구50호	백자완1, 백자대접1	기본형	25	10	0.3	11	
	2구57호	백자대접1, 백자접시3	쌍어형	26	8.8	0.2	0	
	2구111호	백자접시1, 백자완1	연봉형	21	9	0.2	3	
	3구22호	백자접시1, 백자대접1, 철제가위1	쌍어형	22.8잔	8잔	0.2	11	
	3구26호	청동유대완1, 철제가위1, 백자접시1, 백자대접1	기본형1, 유엽형1	22.4 –	9 –	0.4 –	5	–
	3구42호	백자잔1, 백자완1, 병경1	연봉형	27.5	10	0.4	10	
	3구66호	백자완1, 철제가위1	연봉형	26.6	10	0.2	9	
	3구69호	백자완3, 철제가위1	연봉형	26.4	8.5	0.4	8	
	3구74호	백자접시1, 백자완1	약시형	21.8	8	0.1	4	
	3구77호	백자완2	연봉형	25.7	9	0.3	9	
	3구79호	백자접시1, 백자완1	기본형	26	10	0.2	9	
	3구123호	백자접시1, 백자완1	기본형	23.8	10	0.2	8	

17세기 이후의 변화

백자접시와 대접, 청동합 등과 함께 숟가락을 부장품으로 매장하던 16세기까지의 상황은 임진왜란과 병자호란이 지나면서 급격하게 변모한다. 대규모 조선시대 묘를 발굴한 결과를 검토하여 보아도 묘광 내에서 부장품이 출토되는 경우가 거의 없다시피 하고, 있다고 하여도 동전 몇 점에 불과할 뿐이다. 지금부터는 역시 동전이 출토되어 조성시기가 분명한 분묘를 검토하여 보기로 한다.

은평 진관동유적3 A공구 회묘 7호에서 상평통보 1점, 진관동유적4 1권 D공구1지점 회묘 7호에서 상평통보 1점, 회묘 24호에서 반전(융희2년, 1908), 회묘 37호에서는 상평통보(호육당호) 1점이 출토되어 16세기까지의 부장품과는 완전히 다르다.[33] 또한 경산신대 · 부적조선분묘군의 I-3호에서 상평통보 1점, II-173호에서 상평통보 1점이 출토되었지만 동반유물은 없었다.[34] 경산 신대리유적 III의 18호에서는 상평통보 2

---

33 한강문화재연구원 · SH공사 · 현대건설, 2010, 『서울진관동유적 I ~ IV』

34 성림문화재연구원, 2008, 『경산신대 · 부적조선묘군』 학술조사보고 제25책

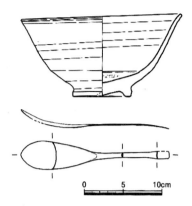

도면 21
창녕 영산서리유적 서구-22호

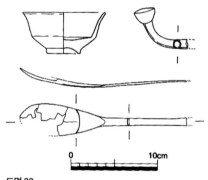

도면 22
제천 하소동유적 39호

점, 21호에서는 상평통보 1점과 구슬 2점, 65호에서는 옹기편과 상평통보 2점이 출토되었다. 이 유적에서 확인된 분묘 334기 가운데 유물이 출토된 분묘는 98에 이르고 상평통보가 출토된 분묘는 3기 5점에 불과하다.[35]

그리고 창녕 영산 서리조선묘군에서는 11기에서 모두 44점의 상평통보가 출토되었는데 17점(170호), 10점(647호)이 발견된 예도 있다.[36][도면 21]

김해 구산동유적 1479호에서는 장흥고명 분청사기발 1점, 무문동경 1점, 숭녕중보 1점, 장릉형 숟가락 1점과 함께 천계통보가 출토되었다. 천계통보는 1621~1627년에 주조된 것이다. 1991호에서는 화도 1점, 도자 1점, 상평통보 1점이 출토되었고 2074호에서는 상평통보 4점이 출토되었다.[37] 그리고 출토유물로 보아 17세기 이후에 조성된 분묘에서 숟가락이 출토된 예는 김천 문당동유적 Ⅰ지구 7호와 제천 하소동유적 39호의 경우이다. 문당동에서는 백자명기 3점, 담뱃대 1점, 빗 1점, 백자접시 1점, 백자대접 1점과 유엽형 수저 1벌이 출토되었다. 숟가락은 술잎만 남아 자루의 형태는 알 수 없고 담뱃대와 함께 출토되어 17세기 이후의 분묘로 편년된다.[38] 또한 제천 하소동유적 39호에서는 백자종자1점, 숟가락 1점이 담뱃대와 함께 출토되어 17세기 이후에 조성된 것이다.[도면 22][39]

---

35 영남문화재연구원, 2010, 『경산신대리유적Ⅲ』학술조사보고 제176책

36 삼강문화재연구원, 2012, 『창녕 영산서리조선묘군』

37 경남고고학연구소, 2009, 『김해구산동유적Ⅰ~Ⅹ』

38 경상북도문화재연구원, 2008, 『김천문당동유적』학술조사보고 제91책

39 중앙문화재연구원, 2007, 『제천 하소동유적』발굴조사보고 제100책

그리고 생몰연대가 분명한 피장자가 확인된 것으로 울산학성이씨 일가묘에서 확인된 예가 있다. 학성이씨 현령공파 일가묘 가운데서 출토된 이충립장군(1582~1665)묘에서는 명정과 도아, 장도, 접선, 귀이개, 빗, 참빗, 쇄자(갓을 손질할 때 쓰는 작은 솔), 구의가 출토되었다. 숟가락이나 청동합, 백자 등은 전혀 포함되어 있지 않아 17세기의 달라진 묘장 풍습을 엿보게 한다. 그런데 그의 어머니 숙인 박씨의 무덤에서는 유리옥 3점과 청동합 1점, 기본형 숟가락 1점이 출토되어 이것은 생전의 장례풍습을 따라 부장품을 구성한 것으로 볼 수 있고 임진왜란을 전후로 하는 장례풍습의 변화를 단적으로 보여주고 있다.[40]

그런데 유물은 출토되지 않지만 묘광의 축조수법이나 분포가 분청사기나 백자, 그리고 청동숟가락을 부장하는 분묘와 다르지 않아 조선시대 후기로 편년되는 분묘의 비율은 상당히 높다. 아산 명암리유적에서는 조선시대의 분묘(토광묘)는 50기가 확인되었으나 그 중 유물이 출토된 것은(관정만 출토되는 분묘 제외) 7기에 불과하다. 그 중 10호와 20호는 각각 동곳 1점과 구슬이 출토되었을 뿐이다.[41] 진천 사양리유적에서는 모두 118기의 분묘가 조사되었으나 유물이 출토된 것은 29기에 불과한데 청동숟가락이 21점 출토되어 부장품의 주된 대상이었음을 알 수 있다.[42] 부강리유적에서는 조선시대 토광묘 126기가 조사되었으나 단 7기에서만 유물이 출토되었고 그 중 청동숟가락은 5점이 출토되었다.[43]

아울러 포항 오도리 조선묘군에서는 59기 가운데 17기에서만 유물

40 울산박물관, 2013, 『학성이씨 일가 묘 출토유물』
    이충립묘 출토유물은 울산시문화재자료 제11호로 지정되어 있다.

41 충청문화재연구원, 2003, 『아산명암리유적』 문화유적조사보고 제34집

42 중앙문화재연구원 · 진천군, 2001, 『진천사양리유적』 발굴조사보고 제5책

43 고려대학교 매장문화재연구소 · 한국고속철도건설공단, 2002, 『부강리유적』 연구총서 제15집

이 출토되었고[44] 경산신대·부적유적에서는 조선시대~근대 토광묘 298
기가 출토되었으나 부장품이 확인된 유구는 34기에 불과하고 그 중 2
기에서만 상평통보가 출토되었다.[45] 가장 많은 조선시대의 분묘가 발굴
조사된 김해 구산동유적에서는 2,439기의 고려~조선시대 분묘 중 905
기에서만 유물이 출토되었고[46] 4,756기에 이르는 고려~조선시대 분묘
가 조사된 은평 진관동유적에서 유물이 출토된 분묘는 1,993기 뿐이어
서 유물이 출토되지 않은 분묘가 과반을 차지하고 있는 상황인 것이다.[47]
한편으로 조선 후기의 분묘군의 분위기를 가장 잘 보여주는 유적으로는
창녕 영산서리조선묘군일 것이다. 이 유적에서는 조선시대 분묘 919기
와 근대분묘 13기가 조사되었으나 유물이 출토된 분묘는 52기에 불과
할뿐더러 동전과 동반되어 출토된 유물은 한 점도 없었다.[48] 이와 같은
상황은 17세기 유물이 출토되어 묘주가 확인된 분묘의 부장품을 살펴보
면 더욱 분명해진다. 묘주가 확인된 16세기말~17세기에 조성된 분묘의
부장품은 크게는 복식으로 주자가례를 따라 염습제구, 보공품, 치관제
구가 대부분을 이루며 이들 구성품은 『국조오례의』『상례비요』에서 제시
되는 것과 유사한 유교적 상례의 특징을 보이며 15~16세에 걸쳐 유행
하던 부장품은 전혀 보이지 않는다.[49]

그런데 왜 이렇게 갑자기 분묘의 부장의 양상이 17세기 이후로 달라
져버렸는지 참으로 궁금한 일이 아닐 수 없다. 조선의 건국 이후 유교적
지배질서를 확립해 가는 과정에서 주자가례에 의거하여 상장례를 치르

---

44 성림문화재연구원, 2008, 『포항오도리조선묘군』 학술조사보고 제22책
45 성림문화재연구원, 2008, 『경산신대·부적조선묘군』 학술조사보고 제25책
46 경남고고학연구소, 2009, 『김해구산동유적 I ~ X』
47 중앙문화재연구원·SH공사·두산건설·금호건설, 2009, 『은평 진관동분묘군 I ~ VI』 ;
    한강문화재연구원·SH공사·현대건설, 2010, 『서울 진관동유적 I ~ IV』
48 삼강문화재연구원, 2012, 『창녕 영산서리조선묘군』
49 안지원, 2013, 「17세기 남성용품의 특징」, 『학성이씨 일가묘 출토유물』, 울산박물관

고자 하였던 움직임은 일부나마 밝혀진 바 있다. 말하자면 고려시대 이후의 전통이 강하게 남아 있는 청동합이나 이를 접시나 발을 이용하여 합으로 사용한 예, 또는 숟가락을 부장하는 것은 고려시대 이후의 풍습이 조선시대까지 이어진 것으로 볼 수 있다.[50] 그러나 조선시대 들어서면서 앞서 지적한 전통적인 부장품의 부장비율이 감소하고 복식소품과 명기의 부장이 증가하고 있는 상황은 주자가례에 의거하여 장례를 치르는 사회적 분위기를 보여주는 것이며 이것은 유교적 지배질서를 확립하고자 하였던 당시 조선 조정의 노력과도 부합하는 것이라고 할 수 있다.

그런데 고려시대의 장례풍습이 그나마 유지되던 16세기까지와는 달리 17세기에 들어서면 부장품이 발견되는 분묘는 거의 없다시피 한데 지금까지 보고된 조선시대분묘의 보고서를 검토해 보아도 아무런 부장품이 없는 분묘는 모두 조선시대 후기에 조성된 것으로 보는 것이 일반적인 추세이다. 그것은 출토유물이 없어 뚜렷한 근거를 제시하기는 어려우나 같은 묘역 내에 조성된 것으로 묘광의 축조수법이나 분포 양상 등을 고려하고 드물게 출토되는 상평통보 등과 같은 유물을 참조하여 추정한 것이다.

이와 같이 17세기에 조성된 것으로 분명하게 볼 수 있는 분묘는 거의 손으로 꼽을 지경이며 상평통보가 출토되어 18세기에는 조성된 것이 분명한 분묘도 지금까지 발견된 분묘의 수에 비하면 터무니없이 적은 수이다. 생각해 볼 것은 상평통보라도 출토되는 분묘군보다 상평통보 조차도 아예 출토되지 않은 분묘군이 훨씬 더 많다는 것은 18세기경에 이르면 아예 부장품을 넣지 않는 것이 사회적인 추세로 자리를 잡았음을 짐작할 수 있다. 17세기 이후 이러한 상장례 절차의 급격한 변화의 원인은 무엇일까 하고 생각해보지 않을 수 없는 이유가 여기에 있다.

---

50   정의도, 2012, 「조선시대분묘 출토유물의 지역성」, 『문물』 제2호, pp.175~205

먼저 『조선왕조실록』 숙종24년(1698) 11월 24일에 다음과 같은 기사가 있다. '영의정 유상운과 우의정 이세백이 모두 말하기를 기근과 전염병이 든 나머지 또 이런 화재가 있었으니 수성하는 도를 진실로 십분 더하는 뜻이 있어야 마땅한데⋯ 임금이 말하기를 능 위의 석물을 후릉의 예와 같이 하는 것은 내가 평일에 가지고 있던 마음이었다. 그러므로 이번과 이후에도 이러한 규정에 따르라는 뜻을 하교하였으며 서책과 의복을 퇴광에 넣는 것은 비록 전례이기는 하지만 고사로 말한다면 한문제의 패릉만이 홀로 도굴의 화를 면하였으며 임진왜란때 선릉과 정릉은 망극한 참변을 당하였으니 지금 이후로부터 광 속에 아무것도 넣지 않는 것이 옳을 것이다.'[51]

이러한 임금의 전교에 따라 조정에서 이를 시행하고자 하여도 전국적이고 일률적으로 적용되었다고 보기는 어렵지 않을까? 17세기에 조선은 유난히 많은 자연재해를 입었을 뿐만 아니라 전란, 북벌론, 반정, 예송, 환국, 대동법, 진휼청, 반란 등 조선의 주요 사건이 자연재해와 관련이 깊다는 지적이 있다.[52] 상장례의 변화와 관련하여 필자가 주목하는 한 가지 상황은 17세기 이후 조선사회도 피해 갈 수 없었던 기후변화로 비롯된 대기근이다. 『增補文獻備考』「象緯考」에는 조선왕조의 개창 이후 1908년까지 104회 정도 발생하여 대략 5년마다 한번씩 기근이 발생하였음을 기록하고 있고 대기근은 총 25회로 20년마다 발생하였다.[53]

16세기를 임진왜란으로 끝낸 조선은 다시 병자호란을 맞게 된다. 조

---

51 乙未/引見大臣, 備局諸臣. 領議政柳尙運, 右議政李世白皆言: "飢饉癘疫之餘, 又有此火災, 修省之道, 固宜十分加意, 而其要無出務實, 崇德, 節儉." 上嘉納之⋯ 上又曰: "陵上石物, 倣厚陵例者, 是予平日之心, 故飭以今番及日後, 皆從此規之意下教, 而書冊, 衣服納於退壙, 雖是前例, 以古事言之, 漢文帝灞陵, 獨免掘發之禍. 壬辰之亂, 宣, 靖陵遭罔極之變, 自今以後勿納壙中可也."

52 이태진, 2012, 『새한국사-선사시대에서 조선 후기까지』, 까치글방, pp. 335~371

53 『增補文獻備考』「象緯考」 상위고가 「輿地考」나 「帝系考」보다 앞서 배치되어 있는 것은 국가통치에 있어 천문관측이 그만큼 중요하였다는 사실을 반증하는 것이다.

선은 이 당시 「丙丁大饑饉」이 지나가고 있었던 어려운 시기였다. 이 대
기근은 전년의 각종 재해로 시작해 인조4년(병인, 1626)과 인조5년(정묘,
1627)에 정점에 오른 후 1628년과 1629년까지 무려 4년간 지속되었다.
이 기근은 함경도에서 제주도까지 전국을 강타한 초대형 기근이었다.
게다가 인조5년(1627) 1월에 후금이 3만군사를 거느리고 조선을 침입해
굴복시킨 후 6만명 이상의 포로를 잡아가고 많은 재물을 강요한 것이
정묘호란이다.

병자호란은 조선백성들에게 상처만 남긴 채 끝이 났지만 얼마 지나
지 않아 현종11년(경술, 1670)과 현종12년(신해, 1671) 두 해에 걸쳐 연이어
「庚申大饑饉」이라는 대참사를 겪어야 했다. 이 경신대기근 동안 재해는
냉해, 가뭄, 수해, 풍해, 충해 등 5대 재해가 겹친 전례 없는 대재해였다.
여기에 전염병과 가축병이 겹치면서 역사에 기록될 만한 대재앙으로 인
식되었다. 2년 내내 전염병과 가축병이 전국을 들끓었고 유독 혹독한
겨울 추위가 엄습하였다.

대재앙은 조선사회를 구렁텅이로 몰아넣었고 사람들은 굶주림과 병
으로 죽어나갔다. 1670년에서 1671년 사이에 한양과 전국팔도에서 전
염병에 감염되었다고 보고된 수는 5만 2천명에 이른다. 그리고 전염병
으로 사망한 사람의 수는 2만 3천명 이상이다. 현종12년 12월에 사간원
윤경교는 상소문에서 기근과 여역으로 떠돌다 죽은 사람과 고향에서 죽
은 사람을 모두 합하면 그 수가 거의 백만에 이른다고 하였다. 이것이
사실이라면 1669년 당시 조선의 인구가 516만명 가량이기 때문에 전
인구의 1/5이 기근과 전염병으로 사망한 것이다.[54]

그러므로 임진왜란을 겪고 다시 병자호란을 겪은 당시 조선사회는
고려시대이후 계속되어 온 상장례 절차를 지탱하기가 곤란하였을 것이

---

54 김덕진, 2008, 『대기근, 조선을 뒤덮다』, 푸른역사, pp.32~43

다. 흉작으로 곡물가가 뛰고 사재기가 극성을 부리는 상황과, 먹을 것이 없어 초근목피로 연명하고 길거리에 기아자들이 가득하여 내일을 알 수 없는 지경이었다. 그런데 지금까지의 상장례 절차를 따르기 위하여 많은 나무가 땔감으로 필요한 도자기를 구워야 하고 청동합이나 청동숟가락, 철제 가위 등의 재화를 준비하여야 했다. 더구나 이렇게 많은 경비와 시간을 들여 준비한 것이지만 일단 무덤에 부장하게 되면 재사용이 불가능한 것이었으므로 당시의 사회적인 상황에는 가납하기 어려운 것이었다.

더구나 이러한 상장례 절차가 조정에서도 권하고 있는 주자가례의 절차와도 부합하지 않는 것이라면 이것을 더 이상 지속하여야 할 명분도 없어지게 된 상황이 조선전기까지 이어져오던 상장례 절차가 한꺼번에 바뀌게 되는데 일조하였을 것이라고 볼 수 있지 않을까? 또한 17세기 중반을 지나면 명기의 부장도 거의 소멸되게 된다. 조선에서 명기를 부장하게 되는 것은 주자가례를 따라 시작된 것으로 볼 수 있을 것이다. 16세기 전반경부터 제작 사용되기 시작하였던 백자명기는 정묘호란과 병자호란을 거치면서 거의 소멸기로 들어가게 된다.[55] 이과 같은 명기의 부장이 쇠퇴하게 되는 상황도 지금까지 지적한 대기근의 여파와도 무관치 않을 것이라고 생각한다. 말하자면 이처럼 급박한 분위기가 아니라면 일시에 상장례 절차가 전국적으로 변하게 되기는 어려웠을 것으로 생각되며 이런 배경에서 상평통보조차도 18세기 이후의 분묘에서는 출토되기 어려운 상황으로 전개된다고 생각할 수 있다.[56]

이와 같이 분묘에 부장품이 거의 없어지다시피 하면서 부장된다고

---

55 이지현, 2000, 『조선시대 명기의 연구-백자명기를 중심으로-』, 홍익대학교대학원 석사학위논문, pp.85~89

56 지금까지 가장 많은 조선시대 분묘가 발굴된 진관 은평유적과 김해 구산동유적이지만 이 두 유적에서 상평통보는 각각 2점씩 발견되었을 뿐이다.

하여도 명기가 부장되다가 동전 몇 점으로 대체되고 말아 17세기 이후의 숟가락의 변화를 분묘 출토 유물로 살펴보는 것은 어렵게 되고 말았다. 지금으로 보아 17세기에 제작된 것이 분명한 숟가락은 양산 통도사 박물관에 소장되어 있는「天啓三年」銘 숟가락과 젓가락이다. 이 숟가락 6점은 모두 쌍어형으로 숟가락 자루의 앞면과 뒷면에 각각「化儀天啓三年」「通度三(寺)癸亥」「施主崔末男」이라고 점각되어 있다.[57] 그리고 구산동 1479호에서는 천계통보가 출토되어 1621년 이후에 조성된 것이 확실하지만 동반 출토된 장흥고명 분청사기발의 사용시기가 15세기를 넘기는 어렵기 때문에 천계통보는 분묘의 이장 또는 개장으로 뒤에 들어갔을 가능성이 높다고 생각되고 동반 출토된 장릉형 숟가락은 분청사기와 같은 시기에 제작된 것으로 보는 것이 타당하겠다.[58]

그렇다고 하여도 17세경에 조성된 분묘에서 숟가락의 출토예가 전혀 없는 것은 아니다. 앞서 지적한 것처럼 김천 문당동유적의 Ⅰ지구 7호에서는 백자명기와 백자접시, 백자대접이 담뱃대와 함께 출토되었고[59]

---

57 통도사성보박물관에는 상당수의 고려~조선숟가락이 수장되어 있다. 필자는 당시 통도사성보박물관 관장 현근스님과 담당 학예사 김수영선생의 협조를 받아 성보박물관 소장 숟가락에 대한 조사를 할 수 있었고 현지조사에서는 우리 연구원 김순정선생이 시종일관 도와 주었다. 통도140[통도사성보박물관 유물 수장번호]「天啓三年」명 숟가락은 길이가 47.2cm에 달하며 명문은 자루 뒷면에 점각되어 있다. 같은 형태의 숟락은 모두 8점인데 길이 47cm에 달하는 것이 3점[통도 140, 141, 142]이고 나머지 5점[통도125, 126, 127, 128, 129]은 길이가 37cm이다. 그런데 길이 37cm의 숟가락의 배면에는「施主崔末男」이라고 점각되어 있다. 이 숟가락들은 길이만 47cm와 37cm 두 가지로 구분될 뿐 재료나 제작수법, 명문을 새기는 방법은 모두 동일하여 숟가락 8점은 같은 시기에 같은 목적으로 제작되었을 것으로 판단되고 천계3년[1623]에도 조선전기의 숟가락 전통이 그대로 이어지고 있음을 절대연대로 보여주는 중요한 유물이다. 이 유물은 통도사성보박물관, 1999,『통도사성보박물관 명품도록』과 문화재청·재단법인 불교문화재연구소, 2011,『한국의 사찰문화재 전국사찰문화재일제조사 경상남도 Ⅲ』에도 실려 있다.

58 한편으로 생각하여 보면 장릉형 숟가락이 17세기에도 제작 사용되었다는 가능성도 없지 않을 것이다. 다만 동반된 장흥고명 분청사기는 백자가 15세기 후반부터 지방에서도 제작 유통되면서 더 이상 생산되지 않으므로[김윤희, 2005,『경남지역 조선전기 백자연구-하동백련리출토백자를 중심으로-』, 동아대학교 석사학위논문] 숟가락은 분청사기와 같은 시기에 제작되어 부장품으로 매납된 것으로 보는 것이 타당할 것으로 판단되었다.

59 경상북도문화재연구원, 2008,『김천문당동유적』학술조사보고 제91책

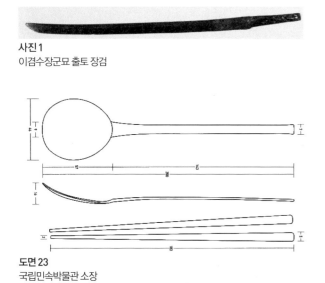

사진 1
이겸수장군묘 출토 장검

도면 23
국립민속박물관 소장

제천 하소동 39호 토광묘에서는 백자종자와 철제 가위, 숟가락이 담뱃대와 함께 출토된 예가 있다.[60] 그리고 17세기의 절대연대가 검출된 창원 가음정유적 75호와 76호의 경우도 조선시대 전기의 숟가락 형태가 계속하여 조선 후기까지 연결되고 있음을 보여주고 있다.[61]

또한 울산 학성이씨 현령공파 일가묘 가운데서 출토된 숙인 박씨의 무덤에서는 유리옥 3점과 청동합 1점, 기본형 숟가락 1점이 출토되었다. 숙인박씨는 1582년생인 이충립장군의 출생 연도를 감안하면 1562년 경에 출생한 것으로 볼 수 있을 것이다. 그렇다면 숙인박씨의 분묘에서 출토된 기본형 숟가락은 16세기에 제작된 것이며 17세기 초반 경에 매납된 것으로 볼 수 있는 것이다. 아울러 양산시 웅상에서 출토된 이겸수장군(1555~1598)의 묘에서는 장도 1자루만이 출토되어 17세기의 또 다른 묘장풍습의 변화를 보여준다.[62] [사진 1]

지금 조선시대 후기의 숟가락으로 남아 있는 것은 분묘 등의 유구에서 다른 부장품과 함께 출토된 것이 아니라 대부분 박물관에 따로 소장된 것들이며 그 형태는 지금 사용하고 있는 숟가락과 그 형태가 별로 다르지 않다. 국립민속박물관에 소장되어 있는 청동숟가락은 기본형으로 구분되지만 구체적인 제작 시기는 잘 알 수 없다.[도면 23]

---

60 중앙문화재연구원, 2007, 『제천 하소동유적』 발굴조사보고 제100책

61 동아세아문화재연구원, 2009, 『창원가음정복합유적』 발굴조사보고서 제29집

62 이겸수장군은 임진왜란의 공훈으로 원종훈삼등공신(原從勳三等功臣)에 책록 되었으며, 남강서(南岡祠)에 제향된 인물로 이장 당시 묘광 내에서는 장도 1점만 출토되었다고 한다. 장도에는 명문이 남아 있으나 판독하기 어렵다. 사진은 양산유물전시관에서 제공한 것이다.

도면 24
김홍도 풍속화
「주막」(左)·「점심」(右)

도면 25
기산 김준근 풍속도
「농부뎜심먹고」
「ᄆᆡ돌갈고」
「판수경닉고」

　그러나 숟가락은 술잎이 거의 원형을 띠고 있어 조선시대 전기에 편
년되는 숟가락의 술잎이 유엽형인 것과는 구분되고 자루는 술목에서 거
의 평행하게 연결되어 지금 우리들이 쓰고 있는 숟가락과 다름이 없다.[63]
이와 같은 숟가락의 변화는 회화자료에서도 파악된다. 김홍도의 「주막」
도에는 국밥을 먹고 있는 인물이 묘사되어 있는데 그가 들고 있는 국밥

63　국립민속박물관, 2007, 『한민족역사문화도감 식생활』 pp.76~87

그릇은 저부의 너비에 비하여 그릇의 높이가 훨씬 높고 숟가락의 술잎은 약간 유엽형에 가까우나 자루는 곧게 뻗어 있어 자루가 휘어져 있는 16세기까지의 숟가락과는 구분된다. 거의 같은 형태의 숟가락은 「점심」도에 잘 나타나 있기도 하다. 남녀노소가 모여 앉아 점심을 먹은 이 그림에는 두 명의 성인이 자루는 직선이고 술잎은 유엽형으로 보이는 숟가락으로 음식을 떠서 입으로 넣고 있고 다른 한명은 젓가락으로 반찬을 집고 있는 장면을 그렸다.[도면 24]

이와 같은 변화는 19세기 말에 제작된 기산 김준근의 풍속도에서도 살펴 볼 수 있다. 1,000여점이 넘는 기산의 그림 속에는 「농부덤심먹고」「믹돌갈고」「판수경닉고」가 포함되어 있다.[64] 이 그림들 속에 그려진 숟가락은 모두 자루가 직선화되어 있으며 술잎도 원형에 가까운 것으로 변화되어 있는 것이 확인된다.[65] [도면 25]

---

64 「농부덤심먹고」는 두 명의 농부가 일손을 멈추고 점심을 먹고 있다. 밥과 반찬을 따로 놓고 먹고 있으며 젓가락이 없이 숟가락으로만 밥을 먹고 있다. 「믹돌갈고」는 부부가 마주 앉아 맷돌로 곡식을 갈아서 가루로 만드는 작업 모습으로 부인이 남편과 함께 맷돌을 돌리면서 곡식을 숟가락으로 떠서 맷돌 윗구멍에 넣고 있다. 「판수, 곧 점복을 주업으로 하는 소경이 송경을 하고 있다. 차려 놓은 제상 놓인 밥그릇에는 밥을 수북하게 담고 그 위에 자루가 직선인 숟가락을 3개 꽂아 두었다.」

65 숭실대학교 기독교박물관, 2008, 『기산 김준군 조선풍속도』

변화의 배경 **04**

　우리들은 지금도 식탁의 처음부터 끝까지 숟가락을 사용하고 있고
재료는 스테인레스, 플라스틱, 나무, 청동 등을 들 수 있다. 그리고 숟가
락의 형태는 술잎은 거의 둥글고 자루는 직선으로 술잎에 연결되어 있
는 한편 평상시 식탁에서 숟가락 보다 젓가락의 사용이 증가하고 있는
추세를 반영하여 숟가락보다 젓가락이 길어지고 있다.[사진 2]

　이러한 숟가락의 형태는 지금 우리가 박물관에 가서 조선시대 후기
의 숟가락으로 보게 되는 것인데 조선시대 전기까지 「기본형」「쌍어형」
「약시형」「연봉형」「장릉형」「보주장릉형」 등으로 구분되고 재료는 청동을
사용하던 것에 비하면 술총은 기본형의 형식에 휘어져 있던 자루는 직
선화되고 술잎은 유엽형에서 원형에 가까운 형태로 변화된 것이다.[66] 이
러한 변화는 어떻게 무엇 때문에 일어난 것일까 생각해 보기로 한다.

　사실 이와 같은 변화는 16세기에 이미 시작되고 있었다고 하여도 좋

66　숟가락의 형식분류에 관하여는 정의도, 2011, 「경남지역 조선전기 숟가락연구-지역성과 상징
　　성-」,『문물』창간호, 한국문물연구원, pp.135~137

사진 2
현대의 숟가락과 젓가락

을 것 같다. 왜냐하면 필자가 제시한 15세
기대의 숟가락과 16세기대의 숟가락에서
측정된 자루각의 변화를 살펴보면 술대의
직선화가 시작되고 있었다고 볼 수 있기
때문이다.

자루각은 필자가 숟가락 형태의 변화
를 객관적으로 증명하기 위하여 임의로 정
한 것이지만 단양 현곡리유적의 경우처럼 고려시대 전기에서 후기를 거
쳐 조선시대 전기까지 계속하여 조성된 분묘에서 출토된 숟가락에서 도
출된 자루각은 시기를 따라 높은 각에서 낮은 각으로 변화하는 양상을
보여준다. 현곡리유적에서 출토된 숟가락의 자루각을 살펴보면 대체로
13세기경의 숟가락은 석실묘 14호, 15호, 18호, 26호에서 출토되었는
데 각각 18도(쌍어형), 16도(쌍어형), 20도(쌍어형), 20도(쌍어형)의 각을 이룬
다. 다음 14세기로 편년되는 목관묘 3호와 4호의 자루각은 15도와 18도
를 이룬다. 이어서 조선시대의 목관묘 1호와 2호의 숟가락은 각각 9도
와 10도를 나타내어 시기를 따른 자루각의 변화를 한 분묘군 내에서 보
여주고 있다.[67]

아울러 앞서 제시한 박익묘나 온녕군묘, 그리고 조선통보가 출토되
는 15세기에 조성된 분묘에서 출토된 숟가락의 자루각을 검토하여 보면
대부분 10도 이상을 유지하고 있지만 16세기에 조성되어 백자와 함께
출토된 숟가락의 자루각은 대부분 10도 아래에 값을 나타내고 있어서
앞선 가설을 뒷받침하고 있다.[표 1, 2] 결국 이러한 변화는 술잎과 자루가
거의 평평하게 이어지는 변화가 16세기 대에 이미 진행되고 있었음을
보여주는 것이다.

---

67   서울시립대학교 · 한국도로공사, 2008, 『단양 현곡리고려고분군』

이처럼 숟가락의 자루가 직선의 형태로 변하는 것은 그릇 형태의 변화와 함께 하는 것으로 보여 주목된다. 16세기대에 숟가락과 함께 출토되는 백자대접을 살펴보면 대개 저부보다 구연이 훨씬 넓은 형태의 대접은 자루각이 대개 10도~15도 내외의 숟가락과 동반하지만 16세기 후반에서 17세기 전반에 이르게 되면 그릇의 깊이가 깊어지면서 기벽이 바로서는 기형의 백자대접은 등장한다. 대표적인 것이 청원 오창유적 7호, 제천 하소동유적 89호, 김천 대신리 16호와 50호, 대구 욱수동·경산 옥산동 유적Ⅲ-375호, 김천 문당동 Ⅰ-63호, 창원 가음정유적 76호, 진주 무촌유적 3구 22호 등에서 출토되고 있는데 이들과 동반하는 숟가락의 자루각도는 10도 이하를 이루고 있다.[68]

숟가락의 자루가 평평해지면서 두께가 두꺼워지고 숲잎이 유엽형에서 원형에 가까운 형태로 변하게 되는 것은 일단 음식물의 변화와 함께 하는 것으로 추정할 수 있다. 조선조에 들어서면서 15세기 대에 각종 농서를 발간(농사직설 1429년, 금양잡록 강희맹 1492년 성종 23년)하고 농사를 장려하고 있다. 특히 17세기는 음식문화사의 분수령이라 불릴만큼 고추의 전래를 중심으로 음식문화의 전기가 이루어진다. 특히 궁중식이 양반식에 영향을 주고 그 양반식은 평민식에 영향을 주게 되어 각 계층들의 음식이 섞이게 된다. 아울러 이 시기에는 식품의 종류가 증가하고 어획의 종류도 크게 증가하여 고려시대에 비하여 훨씬 다양한 식품을 섭취하였던 것으로 보인다.[69]

---

68 필자와 같은 견해는 아사카와 다쿠미(淺川巧)에 의하여 일부 피력된 바 있다. 그는 『조선의 소반·조선도자명고』라는 책에서 상감청자와 동반하는 자루각이 큰 숟가락, 백자와 동반하는 자루각이 작은 숟가락, 그리고 당대의 직선화된 숟가락을 제시하면서 '밥 뜨는 부분이 시대가 흐름에 따라 점차적으로 둥근 형태를 띠어온 것과 자루의 곡선이 어느 때부터인가 직선으로 변한 것이다. 이들의 변화는 주로 실용적인 필요에 따라 다른 식기의 변화를 모방한 것이라고 보아야 하며 따라서 각 시대 식기 모습의 반영이라고도 볼 수 있는 것이다.'라고 하여 숟가락의 변화는 그릇의 변화를 반영한 것이라고 하였다.

69 강인희, 1993, 『한국식생활사』, 삼영사, pp.224~260

실제로 조선시대 전기까지 사용되었던 숟가락을 살펴보면 술잎의 깊이는 거의 없는 편이며 자루는 휘어져 있지만 0.1~0.2cm 정도로 얇은 편으로 요즘 같은 차진 밥을 떠먹었다고 보기는 어렵고 죽과 같은 수분이 많은 음식물을 섭취하였던 것으로 추정된다.[70] 분묘에서 출토되는 숟가락은 거의 예외 없이 술잎의 왼쪽이 닳아 있는데 이것은 고형물을 떠 먹었다기 보다는 수분이 많은 음식을 그릇의 바닥에 대고 긁어 먹었던 결과로 볼 수 있기 때문이다. 지금 가지고 있는 고고자료로 보아 숟가락이 일직선의 자루에 원형에 가까운 술잎을 가진 것으로 변하게 되는 것은 담뱃대와 함께 숟가락이 출토되는 김천 문당동유적이나 제천 하소동유적의 예가 17세기경으로 편년할 수 있기 때문에 일단 18세기경으로 추정하고자 하며[71] 김홍도의 주막에 술잎이 유엽형에 가까우나 자루는 직선화된 국밥을 먹는 숟가락은 이러한 변화가 포함된 것으로 볼 수 있다. 이러한 변화는 계속 이어져 19세기 말에 제작된 기산의 풍속도에 나타난 숟가락이 되고 최종적으로는 현재 우리가 사용하는 것과 다름이 없는 원형의 술잎에 일직선 자루가 부가된 형태로 변해 가는 것으로 생각된다.

그렇다면 다양한 형식으로 각 지역적인 선호에 따라 사용하던 숟가락은 왜 조선 후기에 들어 하나의 형식으로 통일되게 되었을까? 『世宗

---

70 『고려도경』에 의하면 긴 낭하에 불상을 설치하고 큰 항아리에 흰쌀죽을 담아 두고 사람들로 하여금 먹게 하였다고 하였는데 당시의 밥이란 것이 이렇게 물이 많았던 것이 아닐까 추정해 본다.(『高麗圖經』卷二十三 施水 王城長廊 每十間 張布幕設佛像置大瓮貯白米漿 復有杯杓之屬恣往來之人飲之 貴賤而以僧徒主其事)

71 17세기에 이르면 더 이상 분묘에 숟가락을 부장하지 않기 때문에 더 이상의 숟가락 편년은 어려운 실정이다. 그러나 17세기 중반까지는 통도사성보박물관에 소장된 숟가락을 보더라도 조선시대 전기의 숟가락을 그대로 만들고 있는 것이 사실이기 때문에 조선유교사회가 좀더 안정기에 접어드는 18세기를 숟가락이 하나의 양식으로 정착하게 되며 이것이 19세기를 지나면서 보편화되는 것으로 볼 수 있지 않을까 한다. 식생활도 고추가 들어와 김치 제조와 각종 음식조리에 활용되어 식생활에 커다란 변혁을 일으키게 된다. 19세기에는 감자가 전래되고 식품의 구입과 전문 음식점이 증가하는 한편 외국식생활의 자극으로 식생활의 전통적 완성과 근대화가 이룩된 시기였다.(강인희, 1993, 『한국식생활사』제2판, 삼영사, pp.297~300)

實錄』「凶禮 明器圖說」에 그려진 숟가락
은 목제 쌍어형이지만 『國朝五禮儀』「凶
禮 明器圖說」에는 숟가락 그림은 빠져 있

도면 26
『世宗實錄』「凶禮 明器圖說」

고 18세기 말에 편찬되는 『春官通考』에도
사정은 마찬가지여서 기록으로 그 변화를 찾기는 힘들다.[도면 26] 지금으
로 추정할 수 있는 것은 조선후기 들어 사회적 분위기가 주자학 일변도
로 흐르면서 모든 의례절차를 주자가례에 의하여 치르게 되면서 숟가락
또한 하나의 형식으로 통일되지 않았을까 추정해 보지만 단언하기는 어
렵다.

실제로 16 · 17세기에 들어 각종 예서의 편찬이 이루어지고 있는 것
은 곧 예속의 수용이 진행되고 있음을 말하는 것이다. 그러나 사대부조
차 주자가례를 지키기 어려워 그를 집례하는 대표적인 인물들이 나타나
고 있다는 것은 그만큼 일반에 의한 주자가례의 수용이 이루어지지 않
고 있다는 증거이기도 하였다. 이에 따라 주자가례의 내용을 이해하기
쉽도록 줄이거나 한글로 바꾸어 보급하였다. 申湜의 『家禮諺解』(인조 10년,
1632) 金長生의 『喪禮諺解』(숙종 42년, 1716) 安某의 『家禮喪葬三禮諺解』와
같은 언해서는 이와 같은 노력의 결실이다. 아울러 상하가 같이 참여하
는 향약에서도 상례를 점차 상세하게 규제하면서 사족만이 아닌 일반인
을 그 대상 범주로 확대하였다.[72]

이와 같이 17세기 이후 주자가례에 의거한 유교식 의례의 확산은 조
선사회를 하나의 가치기준으로 움직이게 하였을 것이며 이러한 사회적
분위기에 편승하여 숟가락 또한 지역적인 양식의 선호에서 벗어나 하나
의 양식으로 통일되고 정착되었던 것으로 18세기경에 하나의 양식으로
통일된 숟가락은 구한말을 지나 근대의 숟가락으로 보편화되는 것으로

---

72 국사편찬위원회, 2003, 「유교문화와 농민사회」, 『한국사31』, pp.231~252

볼 수 있다.

이러한 추정은 조선 후기 유교의례가 확산되어 가면서 성립되는 음식의 발전과도 관련지어 생각해 볼 수 있으며 대표적인 것으로 김치의 정착과 발전을 예로 들 수 있다. 김치는 조선 전기에 들어 유교의례 음식으로 포함되게 되지만 조선 후기 들어 성리학적 시스템에 입각한 의례사가 김치의 확산에 중요한 단서가 된다. 즉 김치는 조선의 건국과 더불어 유교의례의 정비가 이루어지면서 고려시대까지 국례의 음식으로만 확인되던 저채가 조선적으로 전환되는 문제가 발생하게 된다. 또 저(菹)라는 한자어가 16세기 이후 일상생활에서도 보편적으로 쓰였던 것과 우리말 김치의 한자 표현인 침채(沈菜)가 제사용으로 쓰이게 된 배경도 유교 의례문화의 보급과 무관치 않다는 것이다. 즉 조선 후기 사회의 특유현상으로 유교적 의례문화와 특유의 조선적 김치 문화가 성립되고 저변화된다는 것이다.[73] 그러므로 조선시대 후기에 들어 성립되고 확산된 주가가례를 중심으로 한 유교의례는 앞 시대의 가치기준을 부정하거나 변화시켜 유교사회에 적합한 하나의 가치기준에 적합한 음식을 섭취하거나 기물을 생산하게 되는 계기가 되었을 것이며 이러한 상황 속에서 숟가락도 하나의 양식으로 통일되어 갔다고 볼 수 있을 것이다.

---

73 박채린, 2013, 『조선시대 김치의 탄생-조선시대 김치문화의 성립과 김치식속의 다면성 연구』, 민속원 아르케북스007, pp.11~19, 101~154

맺음말 05

　조선시대 전기까지 다양한 형식으로 존재하던 숟가락은 국이 빠질 수 없는 조선의 식탁에 필수적인 식도구였고, 지역적으로 선호를 달리 하는 기물이었으며 부장품으로 가장 일반적으로 선택되던 것이었다. 그 러나 숟가락을 부장하던 장례풍습은 17세기에 들어서면서 일변하게 되 어 조선시대 후기의 분묘에서는 드물게 상평통보 등의 동전이 출토될 뿐이다. 아울러 다양한 형식의 숟가락은 원형에 가까운 술잎에 직선의 자루가 부가되는 형식으로 통일되게 된다.

　먼저 부장품을 더 이상 묻지 않게 된 사정은 17세기에 들어서면서 2 차례에 걸친 대기근으로 더 이상 앞선 시대의 장례절차를 이어가기 어 려운 상황과 『주자가례』에 의거한 상례가 보급되면서 쇠퇴하게 된 것으 로 보았다. 아울러 숟가락이 하나의 형식으로 통일되게 되는 것은 유교 의례가 전반적으로 보급되고 주자학이 조선사회의 하나의 가치기준으 로 성립되게 되는 것에 영향을 받았을 것으로 추정하였다.

　숟가락은 자루각을 측정한 결과 15세기 대에는 10도 이상을 유지하 지만 16세기 대에는 7도 내외로 낮아지는 경향을 보인다. 숟가락은 음식을 떠서 입으로 나르는 운반도구이기 때문에 숟가락의 변화는 음식문화의 변화와 무관하지 않을 것이다. 숟가락은 17세기를 지나면서 하나의 형식으로 통일되는데 일단 17세기까지는 조선시대 전기의 전통을 잇는 숟가락이 출토되는 제천 하소동유적이나 창원 가음정유적 등의 분묘에서 숟가락이 출토되고 있고 양산 통도사 소장 천계삼년명 쌍어형 숟가락도 있기 때문에 숟가락 형식이 통일되는 시기는 김홍도의 회화자료가 남아 있는 18세기로 생각해 볼 수 있고, 정착되어 보편적으로 사용되는 시기를 19세기경으로 추정하는 것도 이와 같은 배경에서이다.

고려전기 분묘 출토
쌍어형 숟가락 연구

10

01 서

고려시대에 조성되는 분묘에는 숟가락이 포함되어 있고 그 숟가락의 단면형태는 자루가 [S]자로 크게 휘어져 있어 지금 우리가 사용하는 숟가락과는 상당히 다른 분위기를 풍긴다.[1] 필자는 고려시대의 숟가락에 대한 연구를 진행하면서 숟가락이 부장품으로 포함되게 된 것은 중국-특히 요와 금으로 대표되는 북방과의 교류의 결과이며 통일신라의 전통이 이어진 것이 아니고 고려시대에 들어 새롭게 등장한 묘장풍습으로 시작된 것으로 보았다.

그런데 숟가락에 관한 연구를 진행하면서 숟가락 자체의 변화 원인에 기초한 편년문제나 젓가락과의 관계, 형식분류에 있어 각 형식의 발생과정과 그에 대한 해석은 굉장히 까다로운 문제였다. 실제로 필자는 아직도 숟가락 자체만으로 성립된 편년안을 확립하고 있지 못하며 숟

---

1 숟가락에 대한 명칭은 적지 않다. 청동시, 동시, 청동숟가락, 숟가락, 술 등을 쉽게 들 수 있을 것이다. 그러나 본 논문에서 대상으로 하는 유물은 고려시대 전기 분묘에서 출토되는 숟가락에 한정되고 있고 당시의 분묘에서 출토되는 숟가락의 재질은 청동 밖에는 없고, 숟가락이 우리나라의 고유한 식음문화를 대표하는 도구이므로 한자말보다는 우리말을 사용하여 숟가락으로 통칭하여 부르기로 하고 젓가락과 한 벌로 출토되면 수저라고 부르기로 한다.

가락 자체의 변화원인을 충분히 설명하지 못하고 있다. 숟가락의 변화가 단시간에 변하는 것도 아니겠지만 숟가락이 기본적으로 음식물을 그릇에서 입으로 옮기는 운반도구라는 특성상 음식의 변화와 깊은 관련이 있을 것임은 재론의 여지가 없을 것이지만 시대를 따라 변화하는 음식물의 변화를 숟가락의 변화와 아울러 설명할 수 있는 자료를 찾기가 쉽지 않다는 것도 이 방면의 연구를 어렵게 하는 원인 중의 하나이다.

이에 대한 반성적 연구를 수행한 것이 숟가락의 지역적인 선호 형식에 대한 검토나, 지역적인 묘장풍습의 차이점에 대한 입증, 그리고 막연하게 「숟가락의 자루가 많이 휘어졌다」라는 표현에 대하여 보다 객관적인 근거를 확보하고자 술목에서 자루로 이어지는 각도를 「자루각」으로 명명하고 그 각도를 측정하여 시기적인 차이를 입증하고자 하였다.[2] 또한 술총이 둘로 나누어지는 형식을 단순히 「연미형」이라고 부르는 것은 비고고학적이라는 생각에 이르게 되었다. 이에 요나라와 금나라의 숟가락 자료를 검토하여 그것이 숟가락 자루 끝에 쌍어를 부가한 것이 시기를 따라 단순화된 것임을 밝혀내고 「쌍어형」으로 부르는 것이 타당하다는 것을 지적하기도 하였다.[3]

이와 같은 연구 성과 위에서 필자가 한편 궁금하게 생각하던 것은 13세기 후반을 기점으로 전국적으로 고려시대의 분묘에서 숟가락이 본격적으로 포함되는 것으로 볼 수 있다면 고려의 개국에서 항몽전쟁기로 접어들기 전 까지 고려전기에 숟가락은 과연 어떠한 고고학적 상황에서 파악될 수 있는가 하는 것이며 부장품으로 포함된 숟가락이 중국으로부터 전래된 것으로 볼 때 과연 어떤 형식으로 전래되었겠는가 하는 것이

---

2 정의도, 2013.6, 「조선후기 숟가락의 변화」, 『문물』 제3호, 한국문물연구원, pp.283~284

3 정의도, 2010, 「송·요·금·원 수저 편년연구-어미형 숟가락의 출현」, 『문물연구』 제 17호, 문물연구학술재단 ; 鄭義道, 2012, 「雙魚形銅匙研究」, 『漢代城市和聚落考古與漢文化』 中國社會科學院 考古硏究所·河南省文物考古硏究所 編, 科學出版社

었다. 게다가 고려시대 분묘의 대부분이 피장자를 모르고 있지만 피장자가 알려진 무덤 중에 출토된 숟가락이 쌍어형이라는 사실은 고려전기에 부장품으로 등장한 숟가락을 어떻게 이해하는 것이 바람직할까 하는 의문을 갖게 하였다.

이상과 같은 의문점을 해결하기 위하여 최근의 발굴성과를 중심으로 고려시대 전기에 조성된 것으로 보이는 분묘를 경기도지역, 충청도지역, 전라도지역, 경상도지역으로 나누어 숟가락의 출토 상황을 살펴보기로 한다. 이를 바탕으로 고려전기 묘장의 지역적인 특징과 아울러 숟가락의 특징을 검토하고 그 배경을 살펴보는 것으로 이 글을 마무리하고자 한다.

숟가락의 지역별 출토 상황

숟가락이 고려시대에 새롭게 시작되는 묘장풍습의 일환으로 부장품에 포함되게 되었다면 구체적으로 어떤 유적에서, 어떤 상황에서 출토되고 있는지 검토하여 보기로 한다. 이를 위하여 최근의 발굴조사 자료를 중심으로 10기 이상의 고려시대 전기 분묘가 확인되는 유적을 중심으로 4개 지역(경기도, 충청도, 전라도, 경상도)으로 나누어 살펴보았다.[4]

아울러 출토유물은 고려전기로 편년되는 유구의 것을 보고서에 수록된 순서대로 기록하고 숟가락에 대한 기술은 1. 형식, 2. 전체길이, 3. 술잎비(술잎의 너비/길이-비율), 4. 자루각(술목에서 자루가 이어지는 각도) 순으로 정리하였다.

그리고 숟가락의 형식은 기본형, 쌍어형, 약시형, 연봉형, 장릉형 등으로 나눌 수 있다는 것은 앞선 글에서 이미 제시하였다. 이번 글에서는

---

4   고려의 수도인 경기도 개성지역과 황해도 일원의 자료를 함께 검토할 수 없는 것은 고려시대 고고학 전공자들의 공통된 고민일 것이다. 고려시대 전기유물에 대한 편년은 숟가락만으로는 시기를 결정하기 어려운 점이 있어 도자사의 연구 성과를 적용하였고 숟가락의 자세한 형식 분류기준과 자루각에 대한 설명은 정의도, 「경남지역 조선전기 숟가락연구-지역성과 상징성-」, 『문물』 창간호, 한국문물연구원, 2011을 참고하기 바란다.]

쌍어형 가운데 자루에서 술총이 바로 둘로 나누어지는 것(1단)과 자루가 술총으로 가면서 한번 넓어졌다가 다시 좁아져 둘로 나누어지는 것(2단)으로 구분하여 서술하였다. [표 1]

표1 쌍어형 숟가락의 분류[5]

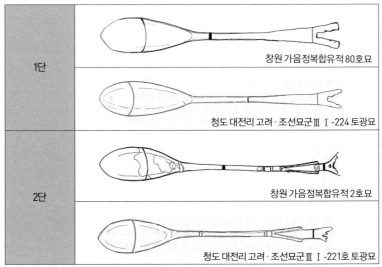

1단	창원 가음정복합유적 80호묘
	청도 대전리 고려 · 조선묘군 Ⅲ Ⅰ-224 토광묘
2단	창원 가음정복합유적 2호묘
	청도 대전리 고려 · 조선묘군 Ⅲ Ⅰ-221호 토광묘

1) 경기도지역

a. 용인 마북리 고려고분[6]

마북리고려고분에서는 A지구 토광묘 1호(백자대접, 청자접시, 청자대접, 도기병, 숟가락), 2호(청자반구병), 3호(청동발, 청자대접, 숟가락, 팔릉무문경, 동곳, 북송전?, 도기병, 유리구슬, 8자형가위), 석곽묘 1호(8자형가위), 3호(청자접시, 청자대접, 도기병, 팔릉무문경, 동곳) 등이 고려전기에 조성된 유구로 판단된다. 숟가락은 토광묘 1호와 3호, B지구에서 각각 1점씩 출토되었는데 B지구 숟가락은 수

5 동아세아문화재연구원, 2009, 『창원가음정복합유적』 ; 성림문화재 연구원, 2008, 『청도 대전리 고려 · 조선묘군 Ⅲ』에서 도면 참조

6 경기도박물관 · 정광종합건설, 2001, 『용인마북리고분군』 유적조사보고 제5책

습유물로 1단 쌍어형에 전체길이 20.2cm, 술잎비 3.9/7.5cm-0.52, 자루각 11°이다.

b. 안성 매산리고려고분군[7]

고려시대 전기에 조성된 분묘는 1지점의 토광묘 3기, 2지점의 8호와 9호 석곽묘 등 7기가 있다. 출토유물은 8호 석곽묘에서 도기호, 청자화형발, 청자완, 반구청자병, 은제환, 철제과대편 등이 출토되었고 12세기를 전후한 시기에 조성된 것으로 판단된다. 숟가락은 3호 토광묘에서 1점(2단 쌍어형, 22cm, 4/9cm-0.44, 17°)과 8호 석곽묘에서 1점(기본형, 25.5cm, 3.6/9.6cm-0.38, 11°)에서 출토되었다.

c. 광교 신도시문화유적 V [8]

11지점의 석곽묘 3기와 토광묘 1기에서는 청자화형발, 청자접시, 고려백자완, 방형소문경, 고려백자반구장경병 등이 숟가락과 함께 출토되었고 13지점의 1호와 4호 석곽묘에서도 도기병과 청자접시, 고려백자완이 출토되었다. 1지점의 11호 토광묘에서 출토된 숟가락은 쌍어형, 13지점 1호 석곽묘에서는 기본형이 출토되었다.

d. 용인 양지리유적[9]

3구역 2호 석곽묘와 8구역 1호 토광묘, 4호 석곽묘 등이 고려전기에 조성된 분묘이다. 청자접시, 청자완, 반구도기병 등과 숟가락이 출토되었다. 숟가락은 석곽묘 8-1호에서 기본형(23.5cm, 3.4/7.4cm-0.46, 14°)이 드물게 젓가락과 함께 출토되었다.

---

7 경기도박물관 · 안성시, 2006, 『안성매산리고려고분군』 유적조사보고 제23책
8 기호문화재연구원 · 경기도시공사, 2011, 『광교신도시문화유적 V』 발굴조사보고 제19책
9 건황로지스틱스 · 한겨레문화재연구원, 2011, 『용인 양지리유적』 학술조사보고서 제4책

e. 오산 궐동유적[10]

5지점 4호, 7호, 12호, 13호, 18호 등에서 도기병, 청동발, 청동병, 북송전이 출토되어 고려시대 전기에 조성된 분묘로 분류된다. 숟가락은 4호, 7호, 13호, 18호 등에서 출토되었는데 젓가락도 함께 출토된 것은 7호이다. 18호에서 출토된 숟가락은 2단 쌍어형이고 전체 길이 26.4cm에 이른다. 궐동유적에서는 13세기 후반에서 14세기에 걸쳐 조성된 것으로 보이는 분묘도 다수 확인되었는데 5지점 3호, 6호, 12호, 14호 등에서도 숟가락이 출토되었다. 이 중에서 5-3호 토광묘에서만 장릉형이 출토되었고 나머지는 모두 2단 쌍어형 숟가락이 출토되었다.

f. 파주 운정유적[11]

고려시대 전기로 편년되는 유물이 출토되는 분묘는 청자완과 청자철화초문장경반구병이 출토된 5지점 석곽묘 1호와 3호, 4호와 청자잔, 도기매병, 북송전이 출토된 토광묘 14호와 17호, 고려백자접시가 출토된 16지점 16호 토광묘 등이다. 이 중 숟가락이 출토된 분묘는 5-14호(기본형, 3.7/8.7cm-0.44, 19°)와 17호이다.

g. 평택 용이동유적[12]

8자형가위가 출토된 Ⅶ지구 1호와 4호 토광묘, 해무리굽 청자완과 백자접시 등이 출토된 Ⅲ지구 2호 석곽묘, 청자완, 청동발, 8자형가위 등이 출토된 8호 토광묘가 고려시대 전기로 편년되는 유적이다. 4호 토광묘에서 8자형 가위와 함께 출토된 숟가락은 장릉형으로 술잎 일부만 결실되었을 뿐 완형이다.

---

10 중앙문화재연구원 · 한국토지주택공사, 2013, 『오산 궐동유적』 발굴조사보고 제199책

11 중앙문화재연구원 · 한국토지주택공사, 2011, 『파주운정유적』 발굴조사보고 제171책

12 한국문화재보호재단 · 평택시청, 2011, 『평택용이동유적(학술조사보고)』 제239책

h. 오산 외삼미동유적[13]

가지구 9호와 16호 토광묘에서 각각 청자철화반구병과 해동통보, 그리고 청자대접과 8자형 가위가 출토되어 고려시대 전기 유구로 편년된다. 고려전기 숟가락은 출토되지 않았고 고려 후기에 조성된 것으로 보이는 가지구 17호 토광묘에서 장릉형 숟가락 1점, 나지구 1호 토광묘에서 반구도기병, 앵무문 청자대접과 수저 1벌, 6호 토광묘에서 도기호, 상감청자호, 청자대접과 숟가락 1점이 출토되었는데 6호 토광묘 숟가락의 술총 가운데는 원공이 남아 있다.

i. 안산 대부도육곡고려고분군[14]

2002년 발간된 보고서에 따르면 토광묘 2호에서는 청자양각보상당초문대접과 숟가락, 7호에서는 청자접시, 청자대접, 중국정요백자편, 청동인장, 북송전 8점, 10호에서는 절요형 청자접시, 숟가락, 9호에서는 도기호, 청자반구병, 청동발편, 북송전, 석곽묘 7호에서는 청자접시, 주름무늬도기병, 청자유병, 8자형 가위, 9호에서는 청자양인각모란문대접, 백자반구병 등이 출토되었다. 숟가락은 2호와 10호 토광묘에서만 출토되었는데 잔존상태가 좋지 않다. 술잎이 유엽형(2호 토광묘)이고 1점(10호 토광묘)은 쌍어형일 가능성이 있으나 그 외 특징을 파악하기는 어렵다.

2006년 발간된 보고서에 따르면 토광묘 3호에서는 청자대접, 5호에서는 구슬, 8호에서는 도기호, 13호에서는 청자대접, 청자상감유병등과 함께 숟가락이 출토되었다. 숟가락은 17개 유구에서 총 17점이 출토되었으며 술총의 형태는 쌍어형이 9점, 기본형이 1점으로 확인되었다.

13　경기고속도로주식회사 · 한백문화재연구원, 2011, 『오산 외삼미동유적』 학술조사총서 제29책
14　한양대학교박물관 · 박물관총서 제51집-2002, 제64집-2006, 『안산대부도육곡고려고분군』

표2 경기도지역 고려전기분묘 출토유물 일람표

유적명	유구명	출토유물	수저(단위 cm,°)				
			형식	전제 길이	술잎비	자루각	비고
용인 마북리 고려 고분	A지구 토광묘 1호	백자대접, 청자접시, 청자 대접, 도기병, 숟가락		11.5(잔)			술잎·술총 결실
	A지구 토광묘 2호	청자반구병					
	A지구 토광묘 3호	청자발, 청자대접, 숟가락, 8자형 가위, 팔릉무문경, 동곳, 북송전, 도기병, 유리구슬	2단 쌍어형	24.6			
	A지구 석곽묘 1호	8자형 가위					
	A지구 석곽묘 3호	청자접시, 청자대접, 팔릉 무문경, 동곳, 도기병					
	B지구 수습유물	숟가락 외	1단 쌍어형	20.2	0.52	11	
안성 매산리 고려 고분군	3호 토광묘	숟가락	2단 쌍어형	22.0	0.44	17	
	8호 석곽묘	도기호, 청자화형발, 청자 완, 청자반구병, 은제환, 철제과대편, 숟가락	기본형	25.5	0.38	11	
광교 신도시 문화 유적V	11지점 석곽묘 1호	청자화형발, 청자 접시, 고려백자완, 구슬, 방형소문경, 숟가락	유엽형	24.4(잔)	0.49		술총 결실
	11지점 석곽묘 4호	청자발, 고려백자완, 고려백자반구장경병, 숟가락	유엽형	24.6(잔)	0.33		술총 결실
	11지점 석곽묘 5호	도기반구장경병, 청자접시					
	11지점 석곽묘 6호	도기편병, 청자발, 청자접시, 숟가락		22.9(잔)	0.56		술총 결실
	11지점 토광묘 11호	청자발, 청자반구장경병, 팔릉경, 청동발, 숟가락, 동곳, 북송전2, 구슬, 목제빗	2단 쌍어형	20.5		12	술잎 일부 결실
	11지점 토광묘 18호	교구, 대단금구, 철제방형 과판, 철도자					
	11지점 토광묘 21호	청자발, 청자접시, 고려백자, 고려백자장경병, 철도자					
	13지점 석곽묘 1호	도기병, 고려백자완, 숟가락	기본형	19.7	0.56	11	

용인 양지리 유적	3구역 석곽묘 2호	청자접시, 청자완2, 병, 수저	2단 쌍어형	23.2		19	술날 결실 젓가락 (24.5)
	8구역 묘 1호	청자인화문팔각접시, 청자완, 병, 청동발, 수저	기본형	23.5	0.46	14	젓가락 (26.05)
	8구역 석곽묘 4호	청자접시, 청자완2, 잔, 병2, 숟가락, 8자형가위	기본형	21.3 (추정)			술잎·술목 결실, 술총 3 원 음각
오산 궐동 유적	오산 5지점 토광묘 3호	숟가락	장릉형	30.2	0.49	7	
	오산 5지점 토광묘 4호	도기병, 수저, 북송전8	2단 쌍어형	24.8	0.46	16	젓가락 (26.7)
	오산 5지점 토광묘 6호	청동발, 청자상감연당초 문발, 청동병, 청동발, 청동경, 숟가락, 가위	2단 쌍어형	23.8	0.45	19	
	오산 5지점 7호	청동병, 청동합, 수저,	2단 쌍어형	27.2	0.43	20	젓가락 (27.1)
	오산 5지점 토광묘 12호	청자상감국문병, 도기호, 청동발, 숟가락	2단 쌍어형	25.1	0.49	15	
	오산 5지점 토광묘 13호	도기병, 청동발, 수저	2단 쌍어형	27.4	0.43	19	젓가락 (25.3)
	오산 5지점 토광묘 14호	청동병, 청동발, 수저, 북 송전4 동곳, 가위	2단 쌍어형	27.4	0.45	18	젓가락 (25.6)
	오산 5지점 토광묘 18호	도기병, 청동발, 숟가락	2단 쌍어형	26.4	0.47	15	
파주 운정 유적	5지점 석곽묘 1호	청자완, 철화초문 청자반 구장경병					
	5지점 석곽묘 2호	동곳					
	5지점 석곽묘 3호	청자화형접시					
	5지점 석곽묘 4호	동곳, 청동완					
	5지점 토광묘 14호	창자잔, 청자발, 도기매병, 북송전3, 숟가락	기본형	24.3	0.44	19	
	5지점 토광묘 17호	청동완, 숟가락		22.0(잔)	0.41		술총 결실
	5지점 토광묘 22호	청자완, 도기병, 동곳					
	16지점 토광묘 16호	고려백자접시, 청자발, 도기편병					

평택 용이동 유적	Ⅶ지구 수습조사 토광묘 1호	도자, 8자형가위, 은제동 곳, 북송전73					
	Ⅶ지구 수습조사 토광묘 4호	8자형가위, 동곳, 숟가락	장릉형	32.6(잔)	0.5	14	
	Ⅲ지구 석곽묘 2호	도기편병, 청자완, 백자접시					
	Ⅲ지구 석곽묘 4호	도기 저부편, 청자병					
	Ⅲ지구 토광묘 8호	청자반구병, 청자완, 청동 발, 8자형가위					
오산 외삼미동 유적	가지구 토광묘 9호	청자철화반구병, 청자대 접, 해동통보					
	가지구 토광묘 16호	청자병, 청자대접, 8자형 가위					
	가지구 토광묘 17호	청자발, 숟가락	장릉형	14.6(잔)			고려후기
	나지구 토광묘 1호	반구도기병, 앵무문 청자 대접, 수저	유엽형	14.4(잔)	0.5		고려후기, 술총 결실, 젓가락(23.4)
	나지구 토광묘 6호	도기호, 상감청자호, 청자 대접, 숟가락	2단 쌍어형	24.1	0.45	13	고려후기 술총 가운데 원공
안산 대부도 육곡 고려 고분군	토광묘 2호	청자양각보상당 초문대접, 숟가락	유엽형	7.4(잔)			술잎 일부 잔존
	토광묘 7호	청자접시, 청자대접, 중국 정요백자편, 청동인장, 북송전8					
	토광묘 9호	도기호, 청자반구병, 청동발편, 북송전					
	토광묘 10호	절요형 청자접시, 숟가락	2단 쌍어형		0.54		술잎·자루 일부 잔존
	석곽묘 7호	청자접시, 주름무늬도기병, 청자유병, 8자형 가위					
	석곽묘 9호	청자양인각모란문대접, 백자반구병					

	토광묘 3호	청자대접2, 숟가락	유엽형	22.7(잔)	0.46		14세기 술총 결실
	토광묘 5호	구슬, 숟가락	2단 쌍어형				14세기 자루 잔존
	토광묘 6호	숟가락	2단 쌍어형	12.2(잔)			14세기 자루 잔존
	토광묘 8호	도기호, 수저	2단 쌍어형				14세기 술잎·술총 일부 잔존, 술총 원공, 젓가락 (23.2)
	토광묘 13호	청자대접, 청자상감유병, 숟가락, 동곳	쌍어형 (추정)	14.9(잔)			14세기 술잎, 술총 결실
	토광묘 14호	청자대접, 숟가락, 도자	유엽형	9.0(잔)	0.46		14세기 술잎, 술총 잔존
	토광묘 16호	청자상감운학문대접, 숟가락, 청동발편	2단 쌍어형	22.7	0.44	20	14세기
	토광묘 17호	숟가락	유엽형	5.8(잔)			14세기 술잎 잔존
안산 대부도 육곡 고려 고분군Ⅱ	토광묘 19호	젓가락					14세기 젓가 락 (26.3)
	토광묘 20호	도기병, 숟가락	장릉형	20.5(잔)	0.53		14세기 술총 결실 좌측 마모
	토광묘 22호	청자대접, 청자상감국판 문대접, 청자접시, 청자병, 숟가락	1단 쌍어형	22.5	1.49	11	14세기 술총 재가공 (추정) 술총원공
	토광묘 26호	청자대접, 청자접시, 숟가락, 청동발굽	기본형	24.3	0.44	15	14세기
	토광묘 30호	청자접시, 청자잔, 청자병, 숟가락	유엽형	4.8(잔)			14세기 술잎 일부 잔존
	토광묘 32호	숟가락	유엽형	8.4(잔)			14세기 술잎 잔존
	토광묘 34호	편병, 청자대접, 숟가락, X자형가위	2단 쌍어형	7.9(잔)			14세기 술총 잔존
	토광묘 36호	청자접시, 숟가락	2단 쌍어형	11.3(잔)			14세기 술총 잔존
	석곽묘 3호	다리굽 청자화형소접시, 숟가락, 동곳	유엽형	3.8(잔)			14세기 술잎 잔존
	석곽묘 5호	청자양각화형소접시, 숟가락, 도기병	2단 쌍어형				14세기 술총·술목 일부 잔존

2) 충청도지역

a. 청주 용암유적Ⅱ [15]

금천동Ⅱ유적에서는 대규모 고려시대 전기의 분묘가 발굴조사되었다. 숟가락이 출토되는 유구 가운데 대표적인 것은 토광묘 55호, 60호, 79호, 100호, 127호, 148호, 204호, 207호 등을 들 수 있다. 숟가락과 동반하여 출토되는 유물은 청자유병-55호, 8자형가위-55호, 60호, 73호, 177호, 204호 등이 있고, 청자연판문대접은 100호, 148호, 청자반구병은 73호 등이 있다.

출토된 숟가락은 모두 27점에 이르는데 그 특징을 살펴보면 대개 쌍어형으로 분류되고 전체길이는 20.5cm 정도이며 자루각은 13°정도로 평균치를 구할 수 있다. 수저가 한쌍으로 출토된 것은 79호, 127호, 163호 등이다.

b. 보은 부수리고분군 [16]

부수리고분군에서는 고려전기로 편년되는 석곽묘 12기와 3기의 토광묘가 발견되었고 그 중 3기에서만 숟가락이 출토되었다. 특히 석곽묘 5호에서는 도기반구병과 청자해무리굽완, 6호에서는 청자해무리굽완, 청자접시, 편병이 출토되었고 15호와 21호에서는 고려백자완이 출토되었다. 숟가락은 3점이 출토되었는데 14호와 15호에서 출토된 것은 술잎은 유엽형이나 자루와 술총이 결실되어 특징을 파악하기 어렵고 17호에서 출토된 것은 1단 쌍어형, 술잎 일부 결실, 18.5cm, 9°이다. 부수리고분군에서 확인된 고려전기의 분묘는 10세기 후반에서 11세기 초반경에

---

15 한국문화재보호재단 · 한국토지공사, 2000, 『청주용암유적Ⅱ』, 학술조사보고 제74책

16 중앙문화재연구원 · 한국도로공사, 2004, 『보은 부수리고분군』, 발굴조사보고 제46책

조성된 것으로 판단되는 것으로 초기 숟가락의 부장양상을 보여주는 것으로 볼 수 있다.

c. 아산 둔포리유적[17]

고려전기의 분묘유적은 5지구와 6지구에서 확인되었다. 먼저 5지구 3호와 5호 토광묘에서는 각각 청자철화반구병과 청자접시, 도기병이 출토되었고 6지구 1호와 2호, 7호 석곽묘에서는 각각 철제과판, 청동과대금구, 도기 대부완, 도기 완 등이 출토되었다. 숟가락은 출토되지 않았다.

d. 대전 용계동유적[18]

대전 용계동유적에서는 14기의 석곽묘가 고려시대 전기에 조성된 것으로 판단되며 출토유물은 1호(청자발, 청자접시, 편병), 2호(편병, 숟가락), 14호(청자병, 해무리굽 청자완, 도기병), 17호(청자완, 편병), 19호(청자완, 편병, 도기완), 20호(숟가락), 21호(도기병, 청자발, 음각문 청자접시, 도기완, 철도자, 관모테 숟가락), 23호(청자완), 25호(도기편병)이 있다. 이 가운데 숟가락은 2호, 20호, 21호에서 출토되었고 21호에서 출토된 숟가락은 기본형에 자루각은 10°이다.

e. 청주 율양동유적 I [19]

청주율양동유적은 역대골유적, 주중동 I 유적, 당골 I 유적 등 3개 유적군으로 나누어진다. 역대골유적에서 확인된 고려전기의 분묘는 모두 토광묘이며 대표적인 유물로는 54호(해무리굽청자완), 72호(흑유반구병, 도기반구병, 8자형가위, 청동발, 숟가락), 83호(청자연판문발, 숟가락), 132호(황비창천경, 북송

17 중앙문화재연구원 · 아산테크노밸리, 2011, 『아산 둔포리유적』, 발굴조사보고 제84책
18 중앙문화재연구원 · 한국주택공사 · 대전도시공사, 2011, 『대전용계동유적』 발굴조사보고 제179책
19 중앙문화재연구원 · 한국토지주택공사, 2011, 『청주율양동유적 I 』 발굴조사보고 제182책

전3), 166호(U자형 삽날, 청자발, 숟가락), 177호(청자압출양각발, 숟가락), 180호(청자앵무문접시), 189호(청자발, 철제망치), 239호(은제동곳, 화조문팔릉화형거울, 8자형가위), 247호(청자병, 청자유병, 청자파도문완, 동곳), 255호(청자병, 도기병, 8자형가위, 숟가락) 등이다.

그리고 주중동 I 유적에서는 1호 석곽묘(청자병, 청자화형접시, 백자음각모란당초문접시, 북송전11, 숟가락), 7호 토광묘(북송전24, 철제호미), 46호 토광묘(화조문오릉경, 동곳) 등이 고려전기분묘에 해당되고, 당골 I 유적 1호 석곽묘(청자화형잔, 청동등잔), 5호 석곽묘(도기반구병)이 고려전기 분묘에 해당된다.

출토된 숟가락 가운데 역대골유적 출토 숟가락은 40호-기본형, 19.8cm, 3.8/6.4cm- 0.59, 72호-1단 쌍어형, 19.3cm, 10°, 83호-기본형(변형?), 술총 일부 결실 17.9cm잔존, 166호-술부 술총 결실, 177호-2단 쌍어형, 20.8cm, 13°, 244호-기본형, 20cm복원, 10° 등이 대표적인데 전체 평균 길이는 20cm, 자루각은 11°내외이다.

f. 단양 현곡리고려고분군[20]

현곡리고려고분에서 고려시대 전기에 축조된 분묘는 대부분 석곽묘로 17기에 이르지만 토광묘는 3기에 불과하여 고려전기의 주된 묘제가 석곽묘임을 보여주고 있다.

출토유물은 2호(백자음각운문완, 청자압출양각국초화문완, 도기반구병, 청동박쥐문단추, 금동과대장식, 목걸이 장식물), 4호(도기반구병, 청자호, 청동합, 백동제 동곳, 8자형가위), 5호(청자해무리굽완, 청자유병), 6호(청자대접편, 도기유병, 점문팔릉동경, 동곳, 8자형가위), 7호(도기반구병, 청자발, 도기유병, 동곳, 도자), 8호(청자발, 도기호, 동곳, 8자형가위), 9호(청자음각앵무문발, 청자잔탁, 청자유병, 도기반구병, 청동경, 8자형가위, 목걸이장식물, 알껍질, 사슴뼈), 10호(청자압출양각화문접시, 철제고리, 암키와편), 11호(청자반구

20   서울시립박물관 · 한국도로공사, 2008, 『단양 현곡리고려고분군』 박물관학술총서 제4집

병, 청자발, 청자잔받침, 금동과대장식, 청동도자), 12호(도기반구병, 도기호, 청동합, 원문화형동경, 동곳, 청동소자), 16호(청자압출양각초화문발, 청자접시, 청자반구병, 은제고리, 구슬), 18호(청자백퇴화문, 도기호, 청동합, 숟가락), 22호(청자반구병, 청동잔, 은제과대장식), 23호(청자상감국화문과형주자, 청자잔, 청자백퇴화문접시, 백자잔, 청자압출양각운학문완, 청자병, 금동과대장식, 철사, 철제도자), 24호(청자발, 도기병, 앵무당초문팔릉동경, 동곳, 8자형가위), 25호(청자반구병, 청자발, 동곳, 청자유병), 27호(청자호, 청자발, 팔릉화형소문동경, 동곳, 청동도자) 등이 석곽묘이고 1호(청자압출양각모란문발, 청동반구병, 금동과대장식, 철제집게), 2호(청자반구병, 청자발), 6호(도기항아리, 청동합, 동곳, 8자형가위) 등이 토광묘이다.

고려전기 숟가락은 석곽묘 18호-쌍어형, 26cm, 19°에서만 출토되어 숟가락이 석곽묘 단계에서는 일반적인 부장품으로 보기는 어렵다. 다만 고려후기에 조성된 것으로 보이는 석곽묘 14호-2단 쌍어형, 15호-2단 쌍어형, 17호-쌍어형?술총결실, 21호-2단 쌍어형, 26호-2단 쌍어형, 토광묘 3호-2단 쌍어형, 4호-2단 쌍어형, 5호-쌍어형? 술총결실 등에서 숟가락이 다수 출토되고 있다.

g. 충주 본리 · 영평리 · 완오리유적[21]

이 유적은 본리새터골유적과 영평리Ⅱ · Ⅲ유적으로 나누어서 조사되었다. 본리 새터골에서는 고려시대 전기에 조성된 다수의 석곽묘가 발견되었다. 숟가락이 발견된 유구는 석곽묘 1호, 2호, 5호, 6호, 8호와 토광묘 2호와 3호인데 석곽묘 2호에서는 청자반구병, 5호에서는 고려백자완, 6호에서는 청자반구병, 8호에서는 청자철화반구병이 출토되었고 토광묘 1호와 2호, 그리고 4호에서도 청자철화초화문병이 출토되었다.

---

21 중앙문화재연구원 · 한국토지주택공사, 2009, 『충주 본리 · 영평리 · 완오리유적』 발굴조사보고 제157책

이 중 석곽묘 2호, 5호, 6호, 8호에서는 모두 숟가락이 출토되었고 토광묘에서는 2호에서 숟가락이 출토되었다.

영평리 Ⅱ유적은 앞선 새터골유적보다 숟가락의 출토 빈도가 낮은데 고려 전기로 편년되는 석곽묘 3호, 5호, 7호, 8호, 9호, 10호, 12호, 23호, 24호 중 23호에서 도기반구병과 청자해무리굽완이 출토되어 주목된다. 숟가락은 10호에서 청자편병과 함께 1점만 출토되었다. 영평리 Ⅲ유적에서는 4기의 토광묘만 고려전기에 조성된 것으로 보이는데 10호에서 청자해무리굽완이 출토되었고 11호에서는 청자병이 8자형가위와 함께 출토되었다. 숟가락은 출토되지 않았다.

h. 연기 갈운리유적 Ⅱ[22]

연기 갈운리유적 Ⅱ는 1지구, 2지구, 3지구로 나뉜다. 1지구에서는 석곽묘 3호에서 도기편병과 함께 청자선해무리굽완이 출토되어 주목되고 2지구 석곽묘 11호에서도 청자해무리굽완이 출토되었으나 숟가락은 동반되지 않았다. 숟가락은 석곽묘 21호에서 청자접시, 청동발과 함께 출토되었고, 토광묘에서는 청자발과 도기병(11호), 청자병, 청자반구유병, 청동발(49호), 청자상감국화문유병, 청자상감학문합, 용문경, 청동인장, 숟가락, 8자형가위(56호)와 함께 출토되었다.

3지구의 석곽묘 3기에서는 숟가락이 출토되지 않았고 토광묘는 12기 가운데 11기에서 숟가락이 출토되어 대비된다. 숟가락과 동반되는 유물은 도기반구병, 도기매병, 청자음각연판문발, 청자반구유병, 은제동곳, 북송전 등이 있다.

숟가락은 쌍어형이 주류를 이루는데 2지구 10점 중 형식 파악이 가능한 9점 가운데 5점이 쌍어형이고 3지구 역시 11점의 숟가락 가운데

---

22 중앙문화재연구원 · 한국토지주택공사, 2011,『연기 갈운리유적 Ⅱ』발굴조사보고 제177책

형식 파악이 가능한 것은 8점인데 6점이 쌍어형이다. 전체 숟가락의 크기는 평균 21cm이다.

i. 옥천 인정리유적[23]

국화동마을 석곽묘에서는 청동완과 숟가락이 출토되었고 3지점 석곽묘 4호에서는 청자철화반구병과 청자해무리굽완이 출토되었으나 숟가락은 출토되지 않았다. 그리고 토광묘 8호에서는 도기호, 서수문동경, 동곳과 함께 숟가락이 출토되었다. 석곽묘에서 출토된 숟가락은 기본형으로 22.4cm, 3.4/7.4cm-0.46, 17°이고 토광묘 8호에서 출토된 숟가락은 2단 쌍어형, 24.5cm, 3.4/7.6cm-0.45, 21°로 자루각이 좀 큰 편이다.

j. 금산 상리(2)유적[24]

토광묘 3기가 고려시대 전기에 조성된 것으로 보인다. 각 토광묘에서 모두 숟가락이 출토되었는데 도기병, 청자대접, 청자접시(3호), 청자압출양각모란문대접, 청자백퇴화문접시(20호), 청자대접(22호), 청자대접, 청자잔, 청자접시(27호) 등이 동반유물이다. 숟가락 중에는 27호에서 출토된 것의 자루각이 20°로 가장 크다.

k. 연기 송담리 · 송원리유적[25]

송원리유적에서는 석곽묘 4기, 토광묘 30기가 고려시대 전기에 조성된 것으로 분류된다. 숟가락이 출토되는 유규는 석곽묘는 77호와 98호인데 77호에서는 숟가락이 2점 출토되었다. 토광묘 30기 중 20기에서 숟가락이 출토되어 상당한 비율을 보이고 있다. 숟가락이 출토되는 유

23 중앙문화재연구원 · 옥천군, 2012, 『옥천인정리유적』 조사보고총서 제137책

24 충청문화재연구원, 2008, 『금산상리(2)유적』 문화유적조사보고 제75집

25 한국고환경연구소 · 한국토지주택공사, 2010, 『연기 송담리 · 송원리유적』 연구총서 제39집

구와 출토되지 않는 유구의 유물 가운데 특별히 드러나는 유물은 보이지 않는다. 숟가락의 제작시기를 파악하는데에는 12세기 경으로 편년되는 19호 청자연판문대접, 21호 청자음각연판문대접, 102호 청자음각연화문대접, 137호 청자음각연화문접시, 은제 동곳, 8자형가위, 142호 도기병, 청자종지, 숟가락, 8자형가위, 147호 동이, 청자종지, 청동합, 청동병, 8자형가위, 156호 청자철화당초문반구병, 172호 도기반구매병, 구슬, 은제 동곳, 177호 도기반구병, 250호 청자양각당초문접시, 258호 청자장경병, 청자연판문대접, 청자양각당초문접시 등이 도움이 된다.

송원리유적의 석곽묘 77호에서는 숟가락이 2점 출토되어 주목된다. 숟가락은 a. 기본형, 22cm, 3.4/7cm-0.49, b. 쌍어형, 23cm, 3.5/7cm-0.5, 21°로 형식은 다르지만 크기 및 술잎비나 자루각은 크게 차이가 없다. 그 외에는 모두 21점의 숟가락이 출토되었는데 기본형은 6점으로 쌍어형이 주류를 이루고 크기는 23cm 정도로 연기 갈운리유적의 경우보다 크다.

1. 서천 추동리유적(Ⅲ지역)[26]

서천 추동리유적에서 확인된 고려전기의 유구는 석곽묘 4기, 토광묘 6기 등이다. 석곽묘에서는 고려백자완(1호)과 청자음각모란당초문화형접시, 청자음각모란당초문대접, 청자완, 도기반구병, 철제보습(2호) 청동잔(3호), 철제보습(4호)이 출토되었고 토광묘에서는 청자접시, 청자대접, 청자음각연판문대접, 녹청자유병, 동곳, 숟가락(3호), 철사형유물, 철제대금구, 과대(4호), 청자완, 청자잔, 청자병, 철제보습(6호), 청자접시, 유리구슬, 북송전 6점, 8자형가위(7호), 청자유병, 청자음각연화당초문병, 청동발, 청동화조문경, 철제괭이편, 북송전 10점, 숟가락(8호) 등이 출토되었

26   충청문화재연구원, 2008, 『서천추동리유적(Ⅲ 지역)』 문화유적조사보고 제70책

다. 숟가락은 모두 3점이 출토되었는데 모두 상태가 좋지 못하여 완형으로 남은 것은 없다.

m. 청원 대율리, 마산리, 풍정리유적[27]

마산리유적에서는 석곽묘 1기와 토광묘 11기가 출토되었다. 마산리 석곽묘 2호(도기이면편병, 청자완, 동곳), 토광묘 3호(청자반구병, 청자대접, 청자접시, 철도자), 4호(청자반구병, 청동완), 13호(8자형가위, 동곳), 15호(도기편병, 청동완, 동곳), 16호(8자형가위)에서는 숟가락이 출토되지 않았고, 토광묘 9호(청자반구병, 청자대접, 숟가락), 11호(청자반구병, 청자완, 청동발, 숟가락), 12호(청자철화초문병, 청자잔, 청자대접, 청자접시, 숟가락), 14호(청자반구병, 청동발, 숟가락), 18호(청자반구병, 청자반구유병, 청동완, 청동발, 청동접시, 숟가락), 19호(청자접시, 청자대접, 숟가락)에서는 숟가락이 출토되었다.

숟가락은 18호-1단 쌍어형, 18.3cm, 3.3/6.2cm-0.53, 11°와 19호-기본형, 17.9cm, 4.5/6cm-0.75, 11°가 완형으로 평균길이 18cm, 자루각 11°이며 술잎 너비와 길이의 비는 2점 모두 0.5를 넘는다.

n. 청주 명암동유적[28]

토광묘 14기가 고려전기에 조성된 것이다. 8호에서는 청자해무리굽완이 출토되었고 4-1호에서는 동국통보와 숟가락편, 19호에서는 도기반구병, 도기반구소병, 은제 동곳, 8자형가위, 숟가락, 23호에서는 청자소완, 은제 동곳이 출토되었다. 한편 19호에서 출토된 숟가락이 완형인데 기본형이고 전체 길이 20.9cm, 술잎 폭과 길이는 3.6/6cm-0.6, 자루각 12°이다.

---

27 중앙문화재연구원 · 충청북도, 2005, 『청원 대율리, 마산리, 풍정리유적』 발굴조사보고 제68책
28 국립청주박물관 · 청주시, 2001, 『청주 명암동유적』 학술조사보고서 제6책

표 3 충청도지역 고려전기 분묘 출토유물 일람표

유적명	유구명	출토유물	수저(단위 cm, °)				
			형식	전제 길이	술잎비	자루각	비고
청주 용암 유적 II	토광묘 1호	청자대접, 숟가락	2단 쌍어형	21.4	0.48	15	
	토광묘 12호	개원통보4점, 8자형 가위					
	토광묘 20호	청자대접, 숟가락, 불두잠형동 곳	2단 쌍어형	21.7	0.42	14	
	토광묘 28호	청자대접, 청자접시, 청동도 자, 북송전5, 숟가락	1단 쌍어형	20.2	0.5	9	
	토광묘 30호	청자접시, 청동발, 동곳, 북송 전3, 8자형가위, 숟가락	1단 쌍어형	20.0	0.46	12	
	토광묘 38호	유희동자문경, 8자형가위					
	토광묘 46호	불두잠형동곳, 소문경, 북송 전10, 목제빗					
	토광묘 47호	청자이중연판문대접, 청자대 접					
	토광묘 49호	불두잠형동곳, 소문경, 북송 전10, 목제빗					
	토광묘 50호	청동발, 숟가락, 청동도자, 북 송전12	기본형	19.8	0.43	11.5	
	토광묘 55호	청자유병, 청동발, 청동접시, 북송전5, 8자형가위, 숟가락	기본형	19.3	0.45	10	
	토광묘 57호	청동발, 청동접시, 불두잠형 은제동곳, 쌍룡운문경, 북송 전, 해동중보, 삼한통보, 8자 형가위					
	토광묘 60호	청동발, 8자형가위, 숟가락	쌍어형 (추정)	17.9	0.52	8	술총 결실
	토광묘 73호	청자반구병, 도기병, 청동접 시, 숟가락, 북송전5, 8자형가 위	1단 쌍어형	19.6	0.43	11	
	토광묘 74호	청동발, 은제동곳, 8자형가위, 숟가락	1단 쌍어형	19.4	0.49	8	
	토광묘 79호	청자접시, 청동발, 수저	2단 쌍어형	23.3	0.42	16	
	토광묘 89호	청자대접, 화문경, 8자형가위, 숟가락	기본형	21.6	0.46	13	
	토광묘 90호	청자대접, 청자유병, 소문경, 숟가락	기본형	19.3	0.43	15	

청주 용암 유적 Ⅱ	토광묘 97호	고려백자대접, 청자접시, 숟가락	기본형	20.5	0.46	10	
	토광묘 100호	청자중연판문대접, 청자압출양각접시, 숟가락	2단 쌍어형				술목 결실
	토광묘 102호	청동발, 숟가락, 동곳, X자형가위	2단 쌍어형 (추정)	21.7 (잔)	0.43		술총 일부 결실
	토광묘 113호	청자연판문대접, 숟가락	2단 쌍어형	22.3	0.42	14	
	토광묘 118호	청동발, 숟가락	2단 쌍어형	18.5	0.46	24	
	토광묘 127호	흑갈유반구병, 청동발, 청동잔, 청동도자편, 북송전10, 수저	2단 쌍어형	22.7	0.44	14	젓가락 (22.8)
	토광묘 129호	청자대접, 청자접시, 숟가락	2단 쌍어형	21.0	0.42	15	
	토광묘 148호	청자중연판문대접, 청자압출양각접시, 동곳, 숟가락	2단 쌍어형	23.3	0.46	12	술총 삼원문
	토광묘 151호	청자압출양각접시, 청동발, 숟가락	2단 쌍어형	20.9	0.46	13	
	토광묘 154호	청자대접, 청자소병, 숟가락	기본형	17.8	0.52	11	
	토광묘 155호	동곳, 황송통보, 8자형가위					
	토광묘 157호	화문경, 8자형 가위					
	토광묘 163호	청동발, 청동접시, 청동도자, 북송전4, 환옥, 수저	기본형	20.1 (추정)	0.42 (추정)	15	젓가락 (24.8/23.6)
	토광묘 167호	청자대접, 8자형 가위, 숟가락	유엽형	16.8(잔)	0.43		술총 결실
	토광묘 175호	도기병, 청동발, 청동접시, 동곳, 8자형가위, 숟가락	2단 쌍어형	19.6		13	술잎 일부 결실
	토광묘 176호	청자완, 동곳, 8자형가위					
	토광묘 177호	도기병, 8자형가위, 숟가락	기본형	19.9	0.53	8	
	토광묘 179호	8자형가위					
	토광묘 185호	청동접시, 동곳, 북송전9, 8자형가위, 숟가락	유엽형	9.9(잔)	0.45		술총 결실
	토광묘 204호	청자대접, 도기반구병, 8자형가위, 숟가락	기본형	17.7	0.5	11	
	토광묘 207호	백상감청자잔, 흑갈유병, 청동발, 청동접시, 화형경, 북송전5, 8자형가위, 동곳, 숟가락	2단 쌍어형	21.6	0.48	14	
	토광묘 211호	청자대접, 청자접시, 북송전3, 동곳, 숟가락	유엽형	17.0(잔)	0.42		술총 결실

보은 부수리 고분군	석곽묘 5호	도기병, 청자해무리굽완					
	석곽묘 6호	청자해무리굽완, 청자접시. 편병					
	석곽묘 7호	청자접시, 청자완, 도기병, 도기발					
	석곽묘 8호	청자접시, 청자병, 도기병					
	석곽묘 10호	청자편, 도기병					
	석곽묘 13호	청자접시, 청자병, 철제도자					
	석곽묘 14호	편병, 숟가락	유엽형	10.7(잔)	0.5		자루·술총 결실
	석곽묘 15호	고려백자완, 숟가락	유엽형	14.1(잔)	0.53		자루·술총 결실
	석곽묘 17호	청자사발, 청자접시, 도기병, 동곳, 숟가락	1단 쌍어형	18.5(잔)		9	술잎 일부결실
	석곽묘 21호	고려백자완					
	석곽묘 24호	청자완					
	석곽묘 25호	청자완					
	토광묘 2호	청자대접					
	토광묘 3호	청자접시, 청동완					
	토광묘 8호	청자완					
아산 둔포리 유적	5지구 토광묘 3호	청자철화반구병					
	5지구 토광묘 9호	청자유병					
	5지구 토광묘 12호	청자접시, 도기병					
	6지구 석곽묘 1호	철제과판7					
	6지구 석곽묘 2호	청동과대금구					
	6지구 석곽묘 7호	도제대부완, 도제완					
	6지구 석곽묘 17호	철제대금구					
	6지구 토광묘 21호	도기편병, 청동발, 청동접시					
대전 용계동 유적	석곽묘 1호	청자발, 청자접시, 편병					
	석곽묘 2호	편병, 숟가락	기본형	20.3(잔)	0.52		술총 결실
	석곽묘 14호	청자병, 청자해무리굽완, 도기병					

	석곽묘 17호	청자완, 편병					
	석곽묘 19호	청자완, 편병, 도기완					
	석곽묘 20호	숟가락		18.1(잔)			술잎 결실
	석곽묘 21호	도기병, 청자발, 청자음각문접시, 도기완, 철도자, 관모테, 숟가락	기본형	21.0 (추정)		10	술부 일부결실
	석곽묘 23호	청자완					
	석곽묘 25호	도기편병					
청주 율양동 유적I	역대골유적 토광묘 13호	청자발					
	역대골유적 토광묘 40호	숟가락, 철도자	기본형	19.8	0.59	10	
	역대골유적 토광묘 54호	청자해무리굽완					
	역대골유적 토광묘 61호	청자발, 청자접시					
	역대골유적 토광묘 72호	흑유반구병, 도기반구병, 8자형가위, 청동발, 숟가락	1단 쌍어형	19.3	0.49	10	
	역대골유적 토광묘 83호	청자연판문발, 숟가락	기본형 (변형)	17.9(잔)	0.52		술총 일부 결실
	역대골유적 토광묘 132호	황비창천경, 북송전3					
	역대골유적 토광묘 166호	U자형 삽날, 청자발, 숟가락	유엽형	11.6(잔)			술부 술총 결실
	역대골유적 토광묘 177호	청자압출양각발, 숟가락	2단 쌍어형	20.8	0.45	13	
	역대골유적 토광묘 180호	청자앵무문접시					
	역대골유적 토광묘 189호	청자발, 철제망치					
	역대골유적 토광묘 201호	청자발, 청자접시, 숟가락	1단 쌍어형	13.8(잔)		8	술잎 결실
	역대골유적 토광묘 227호	청자발, 청자접시, 북송전3, 숟가락	2단 쌍어형	18.6(잔)		11	술잎 결실
	역대골유적 토광묘 239호	은제동곳, 화조문팔릉화형경, 8자형가위					
	역대골유적 토광묘 244호	청자발, 숟가락, 동곳	기본형	20.0 (추정)	0.52 (추정)	10	술잎 일부 결실
	역대골유적 토광묘 246호	청자화형압출양각발, 청자연판문접시, 북송전5, 숟가락		9.0(잔)			술목·자루 일부 잔존

	역대골유적 토광묘 247호	청자병, 청자유병, 청자파도문완, 동곳					
	역대골유적 토광묘 255호	청자병, 도기병, 8자형가위, 숟가락	1단 쌍어형	15.4(잔)		9	술잎 결실
	역대골유적 토광묘 256호	청자완, 팔릉소문경					
	주중동I유적 석곽묘 1호	청자병, 청자화형접시, 백자음각모란당초문접시, 북송전11, 숟가락	유엽형	16.7(잔)			술잎·술총 결실
	주중동I유적 토광묘 7호	북송전24, 철제호미					
	주중동I유적 토광묘 46호	화조문오릉경, 동곳					
	당골I유적 석곽묘 1호	청자화형잔, 청동등잔					
	당골I유적 석곽묘 5호	도기반구병					
단양 현곡리 고려 고분군	석곽묘 2호	백자음각운문완, 청자압출양각국초화문완, 도기반구병, 청동박쥐문단추, 금동과대장식, 목걸이 장식물					
	석곽묘 4호	도기반구병, 청자호, 청동합, 백동제 동곳, 8자형가위					
	석곽묘 5호	청자해무리굽완, 청자유병					
	석곽묘 6호	청자대접편, 도기유병, 점문팔릉동경, 동곳, 8자형가위					
	석곽묘 7호	도기반구병, 청자발, 도기유병, 동곳, 도자					
	석곽묘 8호	청자발, 도기호, 동곳, 8자형가위					
	석곽묘 9호	청자음각앵무문발, 청자잔탁, 청자유병, 도기반구병, 청동경, 8자형가위, 목걸이장식물, 알껍질, 사슴뼈					
	석곽묘 10호	청자압출양각화문접시, 철제고리, 암키와편					
	석곽묘 11호	청자반구병, 청자발, 청자잔받침, 금동과대장식, 청동도자					
	석곽묘 12호	도기반구병, 도기호, 청동합, 원문화형동경, 동곳, 청동소자					

	석곽묘 16호	청자압출양각초화문발, 청자접시, 청자반구병, 은제고리, 구슬					
	석곽묘 18호	청자백퇴화문, 도기호, 청동합, 숟가락	2단 쌍어형	26.0	0.4	19	고려전기
	석곽묘 22호	청자반구병, 청동잔, 은제과대장식					
	석곽묘 23호	청자상감국화문과형주자, 청자잔, 청자백퇴화문접시, 백자잔, 청자압출양각운학문완, 청자병, 금동과대장식, 철사, 철제도자					
	석곽묘 24호	청자발, 도기병, 앵무당초문팔릉동경, 동곳, 8자형가위					
	석곽묘 25호	청자반구병, 청자발, 동곳, 청자유병					
	석곽묘 27호	청자호, 청자발, 팔릉화형소문동경, 동곳, 청동도자					
	토광묘 1호	청자압출양각모란문발, 청동반구병, 금동과대장식, 철제집게					
	토광묘 2호	청자반구병, 청자발					
	토광묘 6호	도기항아리, 청동합, 동곳, 8자형가위					
	석곽묘 14호	청동합, 수저	2단 쌍어형	24.2	0.47	15	고려후기 젓가락 (26.6)
	석곽묘 15호	청자접시, 토기병, 청동합, 숟가락	2단 쌍어형	21.2	0.45	16	고려후기
	석곽묘 17호	도기소옹, 숟가락, 청동합	쌍어형 (추정)	22.3(잔)	0.4		고려후기 술총 결실
	석곽묘 21호	청자대접, 도기병, 청동합. X자형가위, 숟가락	2단 쌍어형	25.8	0.41	18	고려후기
	석곽묘 26호	청자발2, 도기병, 수저, X자형가위	2단 쌍어형	27.5 (추정)		20	고려후기 술잎 결실 젓가락 (26.5)
	토광묘 3호	청자접시2, 토기항아리, 청동합, 수저, 동곳, X자형가위, 구슬	2단 쌍어형	22.0	0.39	14	고려후기 젓가락 (25.0)
	토광묘 4호	청자상감중권문발, 토기항아리, 청동합, 숟가락	2단 쌍어형	22.6	0.4	17	고려후기
	토광묘 5호	도기병, 청동합, 수저	쌍어형 (추정)	20.9(잔)	0.46		고려후기 술총 결실

충주 본리 영평리 완오리 유적	본리새터골유적 석곽묘 1호	청자접시, 청자잔, 청자압출양 각화문접시, 청자발, 청자병, 도기병, 숟가락, 8자형가위	유엽형	18.1(잔)	0.5		술총 결실
	본리새터골유적 석곽묘 2호	도기잔, 청자잔, 청자완, 청자 발, 청자반구병, 숟가락	기본형	21.8	0.47	11	
	본리새터골유적 석곽묘 5호	청자화형발, 청자발, 고려백자 완, 청자퇴화문병, 숟가락, 동 곳, 8자형가위	기본형	18.6(잔)		11	술잎 일부 결실
	본리새터골유적 석곽묘 6호	청자반구병, 청자병, 청자발, 청자접시, 숟가락	기본형	18.9	0.57	9	
	본리새터골유적 석곽묘 8호	청자접시, 청자발, 청자철화문 병, 숟가락	유엽형	14.0(잔)			술잎 · 술총 결실
	본리새터골유적 석곽묘 9호	청자발, 청자접시, 청자병, 도 기병, 8자형가위					
	본리새터골유적 석곽묘 11호	청동접시, 동곳, 8자형가위					
	본리새터골유적 토광묘 1호	청자철화초문병, 8자형가위					
	본리새터골유적 토광묘 2호	청자철화초문병, 청자발, 숟가 락	유엽형	11.7(잔)	0.44		자루 결실
	본리새터골유적 토광묘 3호	청자병, 청자발, 숟가락, 동곳	유엽형	13.2(잔)	0.52		술총 결실
	본리새터골유적 토광묘 4호	청자발, 도기병, 청자철화초문 병					
	영평리Ⅱ유적 석곽묘 3호	청자편병, 백자완					
	영평리Ⅱ유적 석곽묘 5호	도기편병, 청자접시, 청자발, 8자형가위					
	영평리Ⅱ유적 석곽묘 7호	청자반구병, 청자완, 청자발					
	영평리Ⅱ유적 석곽묘 8호	도기반구편병					
	영평리Ⅱ유적 석곽묘 9호	청자반구병					
	영평리Ⅱ유적 석곽묘 10호	청자편병, 청자음각초문완, 청 동대부발, 청동완, 청동접시, 숟가락	기본형	17.9	0.61	14	
	영평리Ⅱ유적 석곽묘 12호	도기병, 청자발, 동곳					

유적	묘	출토유물	형식				비고
	영평리Ⅱ유적 석곽묘 23호	도기반구병, 청자해무리굽완					
	영평리Ⅱ유적 석곽묘 24호	청자발, 동국통보, 삼한통보, 개원통보					
	영평리Ⅲ유적 토광묘 3호	청자유병, 도기병, 청자압출양각발, 청자접시, 청자병					
	영평리Ⅲ유적 토광묘 4호	도기발, 도기병, 청동접시					
	영평리Ⅲ유적 토광묘 10호	청자해무리굽완					
	영평리Ⅲ유적 토광묘 11호	청자병, 동곳, 8자형가위					
연기 갈운리 유적Ⅱ	52지점 1지구 석곽묘 3호	도기편병, 청자선해무리굽완, 철제도자, 교구, 철제과판					
	52지점 2지구 석곽묘 11호	도기병, 청자해무리굽완, 청자접시					
	52지점 2지구 석곽묘 21호	청자접시, 청동발, 은제동곳, 숟가락	유엽형	12.2	0.52		자루 결실
	52지점 2지구 토광묘 5호	청자발, 동곳, 숟가락	기본형	17.1	0.55		술총 결실 후 재가공
	52지점 2지구 토광묘 6호	청자음각연판문발					
	52지점 2지구 토광묘 8호	청자발, 숟가락	기본형	16.1(잔)		11	술잎 결실
	52지점 2지구 토광묘 9호	청자발, 청자접시					
	52지점 2지구 토광묘 11호	청자발, 도기병, 숟가락	기본형	19.9	0.48	15	
	52지점 2지구 토광묘 13호	청자발, 청자접시, 숟가락, 도기병	2단 쌍어형	22.2	0.46	20	
	52지점 2지구 토광묘 22호	청자접시, 북송전2, 8자형가위					
	52지점 2지구 토광묘 29호	숟가락	기본형	19.8	0.48	8	
	52지점 2지구 토광묘 36호	청자발, 청자압출양각접시					
	52지점 2지구 토광묘 37호	청자접시, 숟가락	2단 쌍어형	21.6	0.43	14	
	52지점 2지구 토광묘 40호	청자구연부편, 숟가락	2단 쌍어형	22.0	0.49	14	

	52지점 2지구 토광묘 45호	청자철화초문병, 청자잔, 청자 압출양각모란문접시, 청자압 출양각초화문발					
	52지점 2지구 토광묘 49호	청자병, 청자반구유병, 청동 발, 숟가락	2단 쌍어형	21.0	0.5	11	
	52지점 2지구 토광묘 56호	청자상감국화문유병, 청자상 감학문합, 용문경, 청동인장, 숟가락, 8자형가위	2단 쌍어형	20.4	0.47	10	
	52지점 3지구 석곽묘 10호	청동반구병, 청동완, 철제등잔, 철도자					
	52지점 3지구 석곽묘 11호	도자, 철제교구, 과판					
	52지점 3지구 석곽묘 12호	청자반구병, 청자완, 철제등잔					
	52지점 3지구 토광묘 6호	숟가락	기본형	19.2	0.49	11	
	52지점 3지구 토광묘 17호	청자접시, 숟가락	2단 쌍어형	23.3	0.44	13	
연기 갈운리 유적Ⅱ	52지점 3지구 토광묘 28호	도기반구병, 청자유병, 청자 발, 8자형가위, 숟가락	2단 쌍어형	20.5(잔)		13	술잎 결실
	52지점 3지구 토광묘 31호	도기반구병, 도기유병, 칠보문 경, 청동접시, 청동발, 8자형 가위, 숟가락	1단 쌍어형	20.9	0.53	11	
	52지점 3지구 토광묘 35호	도기매병, 청자접시, 8자형가 위, 숟가락	2단 쌍어형	16.0(잔)		13	술잎 결실
	52지점 3지구 토광묘 36호	청자발, 청자접시, 숟가락	기본형	21.1	0.5	14	
	52지점 3지구 토광묘 39호	청자음각연판문발, 청자압출 양각국화절지문발, 숟가락	유엽형	8.2(잔)			술잎 잔존
	52지점 3지구 토광묘 41호	청자반구유병, 청자접시, 청자 발, 동곳, 숟가락	유엽형	7.9(잔)			술잎 일부, 술목 잔존
	52지점 3지구 토광묘 46호	청자병, 청자접시, 숟가락	2단 쌍어형	19.4	0.47	14	
	52지점 3지구 토광묘 47호	청자철화초문병, 청자발					
	52지점 3지구 토광묘 52호	청자발, 청자완, 은제 동곳, 숟 가락	1단 쌍어형	20.0	0.5	13	
	52지점 3지구 토광묘 53호	북송전1, 청동교구, 숟가락	기본형	19.5	0.58	11	
옥천 인정리 유적	국화동마을 석곽묘	청동완, 숟가락	기본형	22.4	0.45	17	
	3지점 석곽묘 4호	청자철화문반구병, 청자해무 리굽완, 청자발					

유적	묘	유물	형식				비고
	3지점 석곽묘 5호	도기병편, 동곳					
	3지점 석곽묘 7호	청자접시, 청자발					
	3지점 석곽묘 8호	청자발, 숟가락	기본형	19.9	0.52	14	
	3지점 와관묘	청자발, 숟가락	기본형	20.3	0.51	12	
	3지점 토광묘 8호	도기호, 서수문동경, 동곳, 숟가락	2단 쌍어형	24.5	0.45	21	
금산 상리(2) 유적	토광묘 3호	도기병, 청자대접, 청자접시, 숟가락	유엽형	20.8(잔)	0.41		술총 결실
	토광묘 20호	청자압출양각모란문대접, 청자백퇴화문접시, 숟가락	유엽형				술목·자루 잔존
	토광묘 22호	청자대접, 숟가락	기본형	21.5	0.41	11	자루 일부 결실
	토광묘 27호	청자대접, 청자잔, 청자접시, 숟가락	2단 쌍어형	24.5	0.4	20	
연기 송담리 송원리 유적	송원리유적 석곽묘 73호	도기호, 청자접시					
	송원리유적 석곽묘 74호	도기병, 청자대접					
	송원리유적 석곽묘 77호	청자발, 청동소발, 청동발, 청 동접시, 청동완, 숟가락2	기본형	22.0	0.49		
			2단 쌍어형	23.0	03.5	21	
	송원리유적 석곽묘 98호	청자접시, 도기호, 숟가락	기본형	24.0	0.51	9	
	송원리유적 토광묘 12호	청동발, 숟가락	2단 쌍어형	25.0	0.46	15	
	송원리유적 토광묘 13호	청동발편, 숟가락	2단 쌍어형		0.5	14	
	송원리유적 토광묘 19호	청자연판문대접, 숟가락	2단 쌍어형	26.5	0.43	14	
	송원리유적 토광묘 21호	청자음각연판문대접, 청자접 시, 숟가락	기본형	19.8	0.5	13	
	송원리유적 토광묘 24호	편병					
	송원리유적 토광묘 35호	도기반구병, 청자접시					
	송원리유적 토광묘 42호	청자반구병, 숟가락	1단 쌍어형	24.2	0.48	17	
	송원리유적 토광묘 64호	청자대접, 도기반구병					

연기 송담리 송원리 유적	송원리유적 토광묘 85호	도기반구병, 청자대접, 청자접시					
	송원리유적 토광묘 89호	청자대접, 숟가락	2단 쌍어형	20.6	0.5	15	
	송원리유적 토광묘 92호	숟가락	2단 쌍어형	23.4	0.53	15	
	송원리유적 토광묘 98호	청동합, 숟가락	2단 쌍어형	25.3	0.37	12	
	송원리유적 토광묘 102호	청자대접, 청자음각연화문대 접					
	송원리유적 토광묘 137호	청자음각연화문접시, 은제 동곳, 8자형가위					
	송원리유적 토광묘 138호	청자대접, 청자소발					
	송원리유적 토광묘 140호	청동발, 청동합, 숟가락	2단 쌍어형	22.0	0.43	17	
	송원리유적 토광묘 142호	도기병, 청자종지, 숟가락, 8자형가위	2단 쌍어형	23.5(잔)		7	술잎 결실
	송원리유적 토광묘 146호	도기반구병					
	송원리유적 토광묘 147호	동이, 청자종지, 청동합, 청동 병, 8자형가위					
	송원리유적 토광묘 148호	청동대접, 도기반구병, 숟가락	1단 쌍어형	21.2		9	술잎 일부 결실
	송원리유적 토광묘 155호	청자대접, 숟가락	1단 쌍어형	31.0		12	술잎 일부 결실
	송원리유적 토광묘 156호	청자철화당초문반구병, 청자 대접, 숟가락	1단 쌍어형	27.2	0.25	15	
	송원리유적 토광묘 162호	청자대접,청자접시, 구슬12, 숟가락	유엽형	21.6(잔)			술잎·술목 술총 결실
	송원리유적 토광묘 163호	도기병, 청자접시, 동곳, 청동 발, 숟가락	유엽형	10.7(잔)			술잎 자루 결실
	송원리유적 토광묘 172호	도기반구매병, 구슬, 은제 동곳, 숟가락	기본형	22.0	0.56	13	
	송원리유적 토광묘 177호	도기반구병, 숟가락	2단 쌍어형	29.5	0.49	15	
	송원리유적 토광묘 181호	동곳, 북송전70					
	송원리유적 토광묘 200호	숟가락	2단 쌍어형	28.8		11	술잎 일부 결실
	송원리유적 토광묘 250호	청자양각당초문접시, 숟가락	기본형	24.7	0.44	14	

유적	분묘	출토유물	형식				비고
	송원리유적 토광묘 256호	청자병, 청자대접, 숟가락	기본형	19.4	0.48	9	
	송원리유적 토광묘 258호	청자장경병, 청자연판문대접, 청자양각당초문접시, 청자잔					
서천 추동리 유적 (Ⅲ지역)	석곽묘 1호	고려백자완, 도기병					
	석곽묘 2호	청자음각모란당초문화형접시, 청자음각모란당초문대접, 청 자완, 도기반구병, 철제보습, 숟가락	유엽형	19.0 (추정)			술잎·자루 일부 잔존
	석곽묘 3호	청동잔					
	석곽묘 4호	철제보습					
	토광묘 3호	청자접시, 청자대접, 청자음각 연판문대접, 녹청자유병, 동 곳, 숟가락	유엽형	23.5 (추정)			술잎·자루 일부 잔존
	토광묘 4호	철사형유물, 철제대금구, 과대					
	토광묘 6호	청자완, 청자잔, 청자병, 철제 보습					
	토광묘 7호	청자접시, 유리구슬, 북송전6, 8자형가위					
	토광묘 8호	청자유병, 청자음각연화당초 문병, 청동발, 청동화조문경, 철제괭이편, 북송전10, 숟가락	유엽형	22.0 (추정)	0.42		술총·자루 결실
	토광묘 9호	청자대접, 도기편병, 동곳					
청원 대율리 마산리 풍정리 유적	마산리 석곽묘 2호	도기이면편병, 청자완, 동곳					
	마산리 토광묘 3호	청자반구병, 청자대접, 청자접 시, 철도자					
	마산리 토광묘 4호	청자반구병, 청동완					
	마산리 토광묘 9호	청자반구병, 청자대접, 숟가락	기본형	11.8(잔)		8	술잎 결실
	마산리 토광묘 11호	청자반구병, 청자완, 청동발, 숟가락	1단 쌍어형	20.3	0.58	11	
	마산리 토광묘 12호	청자철화초문병, 청자잔, 청자대접, 청자접시, 숟가락	기본형	21.6 (추정)			술목 결실
	마산리 토광묘 13호	8자형가위, 동곳					
	마산리 토광묘 14호	청자반구병, 청동발, 숟가락	기본형	20.0 (추청)			술목 결실
	마산리 토광묘 15호	도기편병, 청동완, 동곳					

	마산리 토광묘 16호	8자형가위					
	마산리 토광묘 18호	청자반구병, 청자반구유병, 청동완, 청동발, 청동접시, 숟가락	1단 쌍어형	18.3	0.53	11	
	마산리 토광묘 19호	청자접시, 청자대접, 숟가락	기본형	17.9	0.6	11	
청주 명암동 유적	토광묘 4-1호	동국통보, 숟가락편	1단 쌍어형	16.2 (추정)	0.48	14	자루 중간 결실
	토광묘 8호	청자해무리굽완					
	토광묘 10호	상부원보, 동국통보					
	토광묘 11호	동곳, 불명철기					
	토광묘 12호	도기반구병, 청자대접					
	토광묘 13호	청자화형대접편					
	토광묘 16호	숟가락편, 동제합편					
	토광묘 19호	도기반구병, 도기반구소병, 은제 동곳, 8자형가위, 숟가락	기본형	20.9	0.6	12	
	토광묘 23호	청자소완, 은제동곳					
	토광묘 24호	은제장신구 1쌍, 철도자					
	토광묘 25호	도기소병, 청자대접, 숟가락	유엽형	13.3(잔)	0.42		자루 결실
	토광묘 27호	청자대접					
	토광묘 28호	청자대접					
	토광묘 29호	청자병					

3) 전라도지역

a. 장흥 하방촌고분군, 와요지[29]

하방촌고분에서는 16기의 석곽묘에서 고려시대 전기의 유물이 출토되었는데 유적의 중심 시기는 11~12세기에 해당된다. 대표적인 출토유물은 청자반구병(1호, 3호, 4호, 9호, 15호, 18호, 27호, 31호)이 대표적이며 도기반구병도 5호와 24호에서 출토되었다. 숟가락은 15호와 17호에서 출토되었는데 15호 출토 숟가락은 기본형이며 전체 길이 19cm, 술잎 3.6/6.9cm-0.52, 자루각 8°로 고려전기 숟가락의 통상적인 형태이다.

b. 광주 쌍촌동주거지[30]

쌍촌동주거지에서 확인된 고려시대 전기의 분묘는 토광묘 3기이며 그 중에서 2점의 숟가락이 출토되었다. 2호에서는 수저 한 벌이 8자형 가위, 청자양각화문대접, 청자상감국화문대접 등과 함께 출토되어 13세기 전반 경의 유구로 편년된다. 술총은 결실되어 정확한 형식은 알 수 없고 젓가락의 길이는 23.7cm이다.

c. 보성 도안리석평유적Ⅱ(Ⅱ지구)[31]

석곽묘와 토광묘에서 각각 1점의 숟가락이 출토되었다. 동반유물은 도기편병과 청자반구병이 있다. 젓가락은 출토되지 않았고 숟가락은 상태가 좋지 못하다.

---

29 호남문화재연구원, 2004, 『장흥 하방촌고분군, 와요지』 학술조사보고 제26책

30 전남대박물관·광주광역시도시공사, 1999, 『광주쌍촌동주거지』

31 한국도로공사·마한문화연구원, 2012, 『보성 도안리석평유적Ⅱ(Ⅱ지구)』 마한문화연구총서52

d. 수천리고려고분군[32]

수천리고려고분은 전라도지역의 고려시대 전기를 대표하는 유적으로 고려전기에 해당되는 석곽묘는 26기인데 숟가락이 출토되는 것은 7기 8점(48호 2점 출토)으로 1/3이 채 되지 않아 그렇게 높은 비율로 출토되는 것은 아니다. 이 가운데 청자해무리굽완이 출토된 것은 5호, 7호, 42호인데 그 중 5호와 42호에서 숟가락이 함께 출토되어 주목된다. 이외에도 청자반구병(16호, 28호, 30호, 42호), 도기반구병(27-1호, 35호, 41호), 흑갈유반구병(41호, 44호), 백자반구병(40호) 등 반구병이 다수 출토되었고 28호에서는 청자해무리굽완이 청자반구병과 함께 출토되기도 한다.

그리고 토광묘 8기가 고려시대 전기에 조성된 것으로 보이지만 숟가락은 13호에서만 동반유물 없이 출토되었다. 특히 19호에서는 회청색경질벼루가 도기대항, 옥장신구와 함께 출토되어 피장자가 남성일 것으로 추정되었다. 숟가락은 상태가 좋지 못하지만 술잎의 길이와 너비의 비가 대개 0.5를 전후하는 것으로 나타났고 형식으로는 기본형이 많이 남아 있다.

---

32 원광대 마한백제문화연구소 · 진안군 한국수자원공사, 2001, 『수천리고려고분군』 유적조사 보고 제41책

표4 전라도지역 고려전기 분묘 출토유물 일람표

유적명	유구명	출토유물	수저(단위 cm, °)				
			형식	전제길이	술잎비	자루각	비고
장흥 하방촌 고분군	석곽묘 1호	청자반구병, 청자접시					
	석곽묘 3호	청자반구병					
	석곽묘 4호	청자반구병, 청자화형대접					
	석곽묘 5호	도기반구병					
	석곽묘 6호	청자전접시, 동곳					
	석곽묘 7호	동곳					
	석곽묘 9호	청자철화병, 청자음각모란문대접					
	석곽묘 14호	동곳					
	석곽묘 15호	청자병, 청자반구유병, 청자대접, 숟가락, 동곳	기본형	19.0	0.52	8	고려전기
	석곽묘 17호	청자철화문병, 청자반구유병, 청자발, 청자대접, 숟가락, 동곳	유엽형	17.0(잔)			술잎·술총 결실
	석곽묘 18호	청자철화문반구병, 청자반구유병, 청자대접, 청자접시, 청자화형접시					
	석곽묘 22호	도기편병, 청자대접					
	석곽묘 24호	도기반구유병					
	석곽묘 27호	도기발, 청자철화문반구병, 청자접시, 청자화형전접시, 청자잔					
	석곽묘 31호	청자철화문병, 청자접시					
	석곽묘 32호	청자대접					
광주 쌍촌동 주거지	토광묘 1호	동곳					
	토광묘 2호	동곳, 청동완, 수저, 8자형가위, 청자유병, 청자접시, 청자양각화문대접, 청자상감국화문대접, 도기병, 옥11점	유엽형	16.6(잔)	0.44	18	술잎·술총 일부 결실 젓가락 (23.7)
	토광묘 3호	청동합, 청동개, 도기편병, 숟가락	기본형	17.8(잔)	0.44	11	술총 일부 결실
보성 도안리 석평 유적Ⅱ (Ⅱ지구)	토광묘 1호	도기편병, 청자접시, 청동완, 숟가락	장릉형 (추정)	17.5(잔)	0.59		술총 결실
	석곽묘 1호	청자반구병, 청자대접, 청자접시, 숟가락		5.2(잔)			술잎·자루 일부 잔존

수천리 고려 고분군	석곽묘 4호	도기향완, 과대					
	석곽묘 5호	도기합신, 청자해무리굽완, 청 자향완, 청자편병, 청동접시, 청동발, 숟가락	유엽형	17.7(잔)	0.51		술총 결실
	석곽묘 7호	도기발, 청자해무리굽완, 청자 완					
	석곽묘 12호	청동발, 청동접시					
	석곽묘 16호	도기병					
	석곽묘 18호	청자음각연판문완, 청자음각 연판문접시, 청자음각연판문 발, 청자압출양각연당초문완, 청자흑백상감국화절지문주 자, 청자반구병, 청자병					
	석곽묘 19호	동경편					
	석곽묘 21호	숟가락	장릉형	33.1	0.51	13	
	석곽묘 23호	청자완, 청자음각연판문발, 도기발, 청동발, 청동합					
	석곽묘 27-1호	도기병, 동곳					
	석곽묘 27-2호	청자음각연판문발					
	석곽묘 28호	청자해무리굽완, 청자반구병					
	석곽묘 30호	청자철화반구병, 청자접시, 녹 청자발, 청자압출양각모란당 초문발, 금박장신구, 교구					
	석곽묘 31호	청동합신					
	석곽묘 34호	청자유병					
	석곽묘 35호	도기소발, 도기반구병, 도기유병, 청자해무리굽완, 청동접시, 청동발					
	석곽묘 36호	청동발, 불명동기, 숟가락	유엽형	17.0(잔)	0.56		술총 결실
	석곽묘 39호	청자무문발, 숟가락	기본형	22.5	0.46	14	
	석곽묘 40호	백자반구병					
	석곽묘 41호	도기편병, 청자무문접시, 도기발, 흑갈유도기반구병, 청동발					
	석곽묘 42호	도기발, 청자음각연판문반구 병, 청자해무리굽완, 청동합, 청동접시, 숟가락	기본형	20.5	0.46	14	
	석곽묘 44호	흑갈유반구병, 청자접시, 청자발, 청동발, 청동합					

수천리 고려 고분군	석곽묘 46호	도기유병, 도기개, 도기발, 숟가락		14.9(잔)			술잎·술총 결실
	석곽묘 47호	흑갈유병					
	석곽묘 48호	녹청자발, 청자접시, 동곶, 숟가락2	기본형	23.6	0.48	16	
			기본형	19.3	0.52	21	
	석곽묘 49호	청자완, 숟가락					술잎·자루 일부 잔존
	석곽묘 50호	도기병					
	토광묘 9호	청자완, 청자접시, 청자유병, 도기병, 청자병, 동경, 동곶					
	토광묘 10-1호	청자유병, 청자접시, 청자발, 도기병					
	토광묘 13호	숟가락	기본형	17.6(잔)	0.46		술총 결실
	토광묘 17호	청자발, 청자접시, 도기병					
	토광묘 19호	도기대항, 회청색 도제벼루, 옥장신구					
	토광묘 22호	청자발, 청자접시					
	토광묘 23호	흑갈반구유병					
	토광묘 32호	청자상감유병					
	토광묘 34호	도기편병, 동곶					
	토광묘 35호	집게					
	회격묘 3호	도기향완, 도기병					

4) 경상도지역

a. 상주 청리유적IX[33]

청리유적 H-가지구 석곽묘에서는 도기편병, 청자해무리굽완, 도기 반구병 등이 출토되고 있으나 숟가락은 청자화형대접, 청자반구병과 함께 출토되고 있는 것이 특징이다. 출토된 3점의 숟가락 중 2점은 상태가 좋지 못하지만 16호 출토 숟가락은 기본형이고 전체길이 19.1cm, 술잎 비 3.5/6.9cm-0.51, 자루각 11°이다. 아울러 토광묘는 7기가 확인되었는데 숟가락은 1점만 출토되었다. 청자반구병(7호, 29호, 43호, 68호)이 다수 출토된 것은 석곽묘와 동일한 시기에 토광묘도 조성되고 있었음을 보여주고 있고 68호에서는 청자반구병과 함께 청자화형완, 청자해무리굽완이 동반하여 출토되었다.

b. 청도 대전리고려조선묘군 I [34]

청도대전리고려조선묘군 I 에서 확인된 고려전기의 토광묘는 14 기이며 출토된 숟가락은 11점이다. 숟가락과 동반되는 유물은 도기반구병, 청자유병, 청자화형접시, 청동대부발, 8자형가위 등이 있다. 숟가락의 형식은 11점의 숟가락 가운데 쌍어형 7점, 기본형 3점, 불명 1점 등으로 쌍어형이 다수(64%)를 차지한다. 쌍어형 가운데 가장 긴 것은 27.7cm에 이르고 평균 길이는 25.5cm, 기본형은 22.7cm 2점, 20.5cm 가 1점으로 평균 길이 21.9cm로 쌍어형이 좀 더 길다. 수저가 1쌍으로 출토된 것은 3기(38호, 50호, 60호, 80호)이며 주로 쌍어형 숟가락과 동반하고 젓가락의 길이는 각각 25.6cm, 27.4cm, 25.7cm, 25.3cm이다.

---

33 한국문화재보호재단 · 한진중공업, 『상주청리유적IX』 학술조사보고 제14책

34 성림문화재연구원, 『청도대전리고려조선묘군 I 』-학술조사보고 제19책, II-학술조사보고 제 20책

c. 고령 낙동강유적기념숲조성부지내유적[35]

석곽묘 1기와 토광묘 2기에서 고려시대 전기의 유물이 출토되었다. 출토유물은 석곽묘 1호에서 청자반구병, 청자완, 청자발, 철제보습, 토광묘 36호에서 청자완, 청동합편, 숟가락 등이 있다. 토광묘 36호 숟가락의 자루는 결실되었으나 술잎비 0.43을 나타낸다.

d. 고령 지산동고분군Ⅳ[36]

고령지산동고분군에서 확인된 고려시대 전기의 분묘는 석곽묘 7기와 토광묘 20기 등 모두 27기이고 숟가락은 토광묘에서만 5점 출토되었다. 이 유적에서는 고려백자가 다수 출토되었는데 석곽묘에서는 Ⅰ-38호(백자접시, 백자대접), Ⅱ-13호(도기유병), Ⅱ-20호(백자대접, 청자장경반구병) 등이 출토되었고 토광묘에서는 Ⅰ-18호(청자화형접시, 청자대접, 도기병), Ⅰ-32호(청자대접, 청자완, 도기반구병, 도기반구유병, 쌍어형), Ⅰ-38호(청자장경병), Ⅰ-45호(백자음각연판문대접, 기본형), Ⅱ-9호(백자접시, 백자대접, 청자장경반구병, 흑유소병, 기본형) 등이다.

숟가락은 모두 6점이 출토되었는데 기본형 3점, 쌍어형 2점으로 구분된다. Ⅰ-32호-쌍어형, 23.4cm, 3.3/7.0cm-0.47, 15°, Ⅰ-45-기본형, 18.5cm, 3.1/6.8cm-0.46, 18° Ⅱ-1-기본형, 19.1cm, 3/6.8cm-0.44, 15°, Ⅱ-9-20cm, 3.6/7.4cm-0.49, 15° 등이다.

e. 경주 물천리고려묘군유적[37]

고려전기로 편년되는 토광묘는 모두 7기이다. 출토유물은 도기병(Ⅱ-6, Ⅱ-15), 청자접시(Ⅱ-6, Ⅱ-15 Ⅱ-39), 청자유병(Ⅱ-18), 청동인장(Ⅱ-21), 북

---

35 고령군 불교문화재연구소, 2007, 『고령낙동강유적기념숲조성부지내유적』 학술총서 제1책
36 영남문화재연구원, 2006, 『고령지산리고분군Ⅳ』 학술조사보고 제112책
37 성림문화재연구원, 2007, 『경주 물천리고려묘군유적』 학술조사보고 제10책

송전(Ⅱ-21, Ⅱ-25), 동경(Ⅱ-21, Ⅲ-11) 등이다. 숟가락은 2점(Ⅱ-6, Ⅱ-39)이 출토되었는데 Ⅱ-6호에서는 수저 1벌이 출토되었다.

f. 울산 유곡동 · 우정동유적[38]

석곽묘 1기와 토광묘 2기가 고려시대 전기에 조성된 것으로 보인다. 3기 중 석곽묘 1호와 토광묘 95호에서는 청저철화초화문반구병이 출토되었으나 숟가락은 출토되지 않았고 토광묘 221호에서 도기병, 청자발 등과 함께 숟가락이 출토되었다. 숟가락은 쌍어형이고 잔존 길이 20.4cm, 술잎비 3.5/6.3cm-0.56, 자루각 12°이다.

g. 울산 효문동 산68-1유적[39]

효문동 산68-1유적에서 확인된 고려전기의 토광묘는 15기이다. 도기반구병, 청자철화반구병, 청자반구편병 등의 유물이 대표적인 것은 다른 유적의 경우와 크게 다르지 않다. 다만 Ⅱ구역 6호와 11호에서 청자반구병과 함께 숟가락이 출토되지 않았으나 Ⅲ-1구역 토광묘 5호에서는 청자반구병과 함께 숟가락이 출토되었다. 숟가락은 5점이 출토되었고 그 가운데 기본형 2점만 형식이 확인된다.

h. 창녕 초곡리유적[40]

초곡리유적의 왕거분묘군은 고려시대 전반에 걸쳐 형성된 유적이다. 방형묘 2호에서는 청자양각모란접시와 청동합 등이 출토되었고 석곽묘 3호에서는 도기병과 동곳, 숟가락이 출토되었다. 그리고 3기의 석개토광

---

38 중앙문화재연구원 · 한국토지주택공사, 2012, 『울산 유곡동 우정동유적』 발굴조사보고 제192책

39 대동문화재연구원, 2011, 『울산 효문동 산68-1유적』 학술조사보고 제26집

40 우리문화재연구원, 2010, 『창녕 초곡리유적』 학술조사보고 제31책

묘에서는 청자발, 청자접시 등과 함께 숟가락이 출토되었고 토광묘에서
는 도기장경반구병, 청자발, 청자접시, 도기반구유병, 8자형가위 등과 함
께 숟가락이 출토되었다.

숟가락은 방형묘 2호와 석곽묘 3호 숟가락은 모두 기본형이며 길이
가 19.4cm 내외이고 석개토광묘 1호, 2호, 3호 출토 숟가락은 모두 쌍
어형이다. 길이는 22.3cm, 22.8cm, 20.7cm로 조금 더 크고 자루각도
24, 21, 17°로 큰 편이다. 그리고 토광묘에서 출토된 숟가락은 대부분 쌍
어형(4점)으로 전체 길이는 각각 23.9cm, 25.2cm, 20.8cm, 21.3cm로 석
곽방형묘나 석개토광묘 출토 숟가락보다 큰 편이다.

표 5 경상도 지역 고려전기 분묘 출토유물 일람표

유적명	유구명	출토유물	수저(단위 cm,°)				
			형식	전제 길이	술잎비	자루각	비고
상주청리 유적IX	H-가지구 석곽묘 2호	청자반구편병					
	H-가지구 석곽묘 3호	청자화형대접, 청자반구소 병, 청자호, 동곳, 숟가락	기본형 (추정)				술잎·술총 결실
	H-가지구 석곽묘 6호	도기편병, 청자해무리굽완, 암키와11					
	H-가지구 석곽묘 8호	청자사발, 도기반구병, 청 자소병, 숟가락	유엽형	16.5	0.42		술총 결실
	H-가지구 석곽묘 13호	암키와10					
	H-가지구 석곽묘 16호	청자접시, 청자반구병, 숟가락	기본형	19.1	0.51	11	
	H-가지구 석곽묘 17호	도기반구병, 암키와22, 수키와4					
	H-가지구 토광묘 7호	청자반구병, 흑유반구병, 청자대접, 철도자, 청동반, 숟가락	유엽형	10.3(잔)	0.44		자루 결실
	H-가지구 토광묘 29호	청자반구병, 청자화형완					
	H-가지구 토광묘 31호	청자병, 청동완편					

유적/묘군	토광묘	유물	형식				비고
상주청리 유적Ⅸ	H-가지구 토광묘 43호	청자반구병, 청자사발					
	H-가지구 토광묘 44호	청자국화절지 문상감유병, 청자완					
	H-가지구 토광묘 61호	청자완, 도기반구병					
	H-가지구 토광묘 68호	청자반구병, 청자화형완, 청자해무리굽완					
청도 대전리 고려·조선묘군 Ⅰ·Ⅱ	토광묘 19호	도기반구병, 도기호, 청자 양각국화문대접, 청자접시, 숟가락, 쌍룡운문대경, 불명철기	2단 쌍어형	25.3	0.44	15	
	토광묘 29호	청동발, 청동접시, 사유서 조경, 동곳, 8자형가위, 불명철편					
	토광묘 Ⅰ-38호	도기반구병, 도기유병, 청동대부발, 청동접시, 수저	기본형	22.7	0.44	17	젓가락 (25.6)
	토광묘 Ⅰ-44호	도기병, 청자유병, 청동대부 발, 8자형가위, 숟가락	2단 쌍어형	24.2	0.46	15	
	토광묘 Ⅰ-50호	도기반구병, 청자접시, 청자화형접시, 청동대부발, 청동접시, 수저	2단 쌍어형	26.2	0.39	18	술총 원공 젓가락 (27.4)
	토광묘 Ⅰ-51호	도기반구병, 청자완, 청자화형접시, 청동대부발, 숟가락	2단 쌍어형	23.6	0.44	24	
	토광묘 Ⅰ-60호	녹유도기병, 청자유병, 청동대부발, 청동접시, 수저, 동곳	2단 쌍어형	25.8	0.46	17	술총 원공 젓가락 (25.7)
	토광묘 Ⅰ-80호	도기반구병, 청자대접, 청자접시, 청자화형접시, 청동대부합, 청동접시, 수저	2단 쌍어형	27.7	0.46	20	술총 원공 젓가락 (25.3)
	토광묘 Ⅰ-81호	도기병, 청자완, 청동발편, 숟가락	유엽형	19.7(잔)	0.4		술총 결실
	토광묘 Ⅰ-82호	도기병, 청자완, 숟가락	기본형	20.5	0.49	13	
	토광묘 Ⅰ-91호	도기병, 녹유장동호, 청동대부합, 8자형가위					
	토광묘 Ⅰ-147호	도기반구소병, 청자완, 숟가락	기본형	22.7	0.48	13	
	토광묘 Ⅰ-148호	도기반구병, 청동대부발, 숟가락	2단 쌍어형	23.5(잔)		13	술잎 결실

고령 낙동강유적 기념숲조성 부지내유적	석곽묘 1호	청자반구병, 청자완, 청자발, 철제보습					
	토광묘 31호	평저호					
	토광묘 36호	청자완, 청동합편, 숟가락	유엽형	15.8(잔)	0.43		자루 결실
	토광묘 38호	도기병 동체부, 청자완, 청동합편, 숟가락	2단 쌍어형	23.5	0.38	18	
고령 지산동 고분군 Ⅵ-1	토광묘 Ⅰ-8호	백자대접, 녹청자병, 토제					12세기
	토광묘 Ⅰ-15호	백자완, 청자대접, 청자완, 단경호					12세기
	토광묘 Ⅰ-18호	청자화형접시, 청자대접, 도기병(구연결실)					12세기
	토광묘 Ⅰ-22호	도기유병					
	토광묘 Ⅰ-23호	도기병					
	토광묘 Ⅰ-32호	청자대접, 청자완, 도기반구병, 도기반구유병, 숟가락	쌍어형	23.4	0.47	15	12세기
	토광묘 Ⅰ-34호	청자대접, 도기병(구연결실)					12세기
	토광묘 Ⅰ-36호	청자장경병(구연결실), 토제품					
고령 지산동 고분군 Ⅵ-2	석곽묘 Ⅰ-38호	백자접시, 백자대접, 백자유병					12세기
	석곽묘 Ⅰ-43호	청자음각연판문완, 다면옥, 환옥					11세기
	토광묘 Ⅰ-44호	백자완, 도기장경병(구연결실)					
	토광묘 Ⅰ-45호	백자음각연판문대접, 숟가락	기본형	18.5	0.46	18	
	토광묘 Ⅱ-1호	도기단경호, 청자대접, 숟가락	기본형	19.1	0.44	15	12세기
	토광묘 Ⅱ-9호	백자접시, 백자대접, 청자장경병, 흑유소병, 숟가락	기본형	20.0	0.49	15	12세기
	토광묘 Ⅱ-10호	백자대접, 도기장경병(구연결실)					
	토광묘 Ⅱ-11호	백자대접, 백자접시					12세기
	석곽묘 Ⅱ-13호	도기유병(구연결실)					
	석곽묘 Ⅱ-14호	백자대접, 도기음각화형병 (구연결실)					

고령 지산동 고분군 Ⅵ-2	석곽묘 Ⅱ-15호	청자접시, 백자대접, 청자장 경병(구연결실)					
	석곽묘 Ⅱ-18호	백자대접					11세기
	석곽묘 Ⅱ-19호	청자접시, 녹청자병(구연결 실)					
	석곽묘 Ⅱ-20호	백자대접, 청자장경반구병					12~13세기
	토광묘 Ⅱ-3호	백자접시, 백자대접, 도기장경반구병					12세기
	토광묘 Ⅱ-24호	백자대접, 백자장경병(구연결실)					
	토광묘 Ⅱ-25호	백자대접, 도기반구유병					
	토광묘 Ⅱ-26호	백자대접, 도기반구유병					
	토광묘 Ⅱ-29호	백자대접, 숟가락	유엽형				술잎·술총 결실
경주 물천리 고려묘군 유적	토광묘 Ⅱ-6호	도기병, 청자대접, 청자접시, 청동발, 수저	2단 쌍어형 (추정)	24.8(잔)	0.45 (추정)		술총·술잎 일부 결실, 술총 원공, 젓가락(21)
	토광묘 Ⅱ-15호	도기병, 청자접시, 북송전, 청동발, 팔릉경, 은제 동곳					
	토광묘 Ⅱ-18호	옥가락지, 청자유병					
	토광묘 Ⅱ-21호	칠보문경, 동곳, 청동인장, 북송전25, 불명철편					
	토광묘 Ⅱ-25호	청동편, 북송전30					
	토광묘 Ⅱ-39호	청자대접, 청자접시, 청자화 형접시, 수저, 불명철기	유엽형	17.1(잔)	0.48		술총 결실
	토광묘 Ⅲ-11호	방곽소문경, 동곳, 장신구, 불명철기, 북송전9					
울산 유곡동· 우정동 유적	석곽묘 1호	청자철화초문반구병, 청자접시, 청자발					
	토광묘 95호	청자접시, 청자발, 청자철화 초문반구병					
	토광묘 221호	청자접시, 청자발, 도기병, 숟가락	2단 쌍어형	20.4(잔)	0.56	12	술잎 일부 결실

유적	묘	출토유물	형식				비고
울산 효문동 산68-1 유적	Ⅱ구역 토광묘 3호	청자접시, 8자형가위					
	Ⅱ구역 토광묘 6호	청자접시, 청자연판양각발, 청자철화반구병					
	Ⅱ구역 토광묘 7호	청자접시, 도기반구병					
	Ⅱ구역 토광묘 9호	청자접시, 도기반구병					
	Ⅱ구역 토광묘 11호	청자화형접시, 청자접시, 청자반구병					
	Ⅱ구역 토광묘 13호	청자소병					
	Ⅱ구역 토광묘 14호	청자접시, 청자반구편병, 숟가락	기본형	22.0	0.44	12	
	Ⅲ-1구역 토광묘 5호	청자반구병, 숟가락	기본형	15.2(잔)			자루 잔존
	Ⅲ-1구역 토광묘 26호	청자화형접시, 청자발, 도기소병, 숟가락, 동곳	유엽형	10.9(잔)			술잎·술총 결실
	Ⅲ-2지구 토광묘 4호	청자화형접시, 청자접시, 도기병					
	Ⅲ-2지구 토광묘 25호	청자접시, 숟가락, 동곳		2.9(잔)			술잎 일부 잔존
	Ⅲ-2지구 토광묘 26호	청자화형접시, 청자접시, 숟가락	유엽형	7.5(잔)			술잎 잔존
	Ⅲ-2지구 토광묘 27호	청자접시, 도기병, 숟가락		2.4(잔)			술잎 일부 잔존
	Ⅲ-2지구 토광묘 32호	청자접시, 도기병, 숟가락					자루 3개편 잔존
	Ⅲ-2지구 토광묘 36호	도기병, 동곳, 숟가락	유엽형	14.5(잔)	0.46		술잎·자루 일부 잔존
창녕 초곡리 유적	왕거분묘군Ⅰ 방형묘 2호	청자접시, 청자발, 청동합, 숟가락, 옥	기본형	19.4(잔)		19	술잎 일부 결실
	왕거분묘군Ⅰ 석곽묘 3호	도기병, 숟가락, 동곳	기본형	19.3	0.39	16	술잎 일부 결실
	왕거분묘군Ⅰ 석개토광묘 1호	청자발, 청동합, 청동교구, 동전, 수저	2단 쌍어형	22.3	0.37	24	젓가락 (23.8)
	왕거분묘군Ⅰ 석개토광묘 2호	청자접시, 청자발, 숟가락, 북송전4	2단 쌍어형	22.8	0.26	21	술총 원공

왕거분묘군I 석개토광묘 3호	청동합, 동곳, 숟가락	2단 쌍어형	20.7(잔)	0.37	17	
왕거분묘군I 토광묘 4호	청자접시, 도기장경반구병, 청동접시, 청동합, 청동과 대, 숟가락	2단 쌍어형	23.9	0.4	17	
왕거분묘군I 토광묘 17호	청자발, 청동접시, 숟가락, 동곳	유엽형	17.8(잔)	0.4		술총 결실
왕거분묘군I 토광묘 26호	청자발, 도기병, 청동합, 동경, 북송전, 숟가락	2단 쌍어형	25.2	0.43	17	
왕거분묘군I 토광묘 33호	청자대접, 청자발, 도기반구병, 숟가락	2단 쌍어형	20.8	0.4	20	
왕거분묘군I 토광묘 38호	청자접시, 도기반구유병, 청동합, 연화문동경, 은제 동곳, 숟가락, 8자형가위	2단 쌍어형	21.3	0.44	16	

숟가락의 형식과 사용 시기

03

1) 형식적 특징

경기도 지역의 고려시대 전기 숟가락의 출토비와 각 형식별 출토비를 살펴보기로 하자. 용인 마북리유적 숟가락 출토비(숟가락/유구/출토비)는 3점/6기-50%이고 각 형식별 출토 예는 쌍어형2(1단-1, 2단-1)/유엽형1이다. 다른 유적도 이렇게 정리하여 보면 안성 매산리유적(2점/2기/100%)-기본형1/2단 쌍어형1, 광교 신도시유적 V(5점/8기/63%)-기본형1/2단 쌍어형1/유엽형3, 용인 양지리유적(3점/3기/100%)-기본형2/2단 쌍어형1, 오산궐동유적(8점/8기/100%)-2단 쌍어형6/장릉형1, 파주운정유적(1점/8기/12.5%)-기본형1, 평택용이동유적(1점/5기/20%)-장릉형1, 오산외삼미동유적(2기/0%), 안산대부도육곡고려고분군(2점/6기/33%)-2단 쌍어형1?/유엽형1로 요약된다. 이를 종합하면 출토된 숟가락은 모두 48기의 유구에서 24점이 출토되어 약 50%의 출토율을 보인다. 이를 형식별로 보면 기본형 5점, 쌍어형 12(1단-1, 2단-11)점, 장릉형 2점, 유엽형 5점으로 집계된다. 이 중 형식을 알 수 없는 유엽형 5점을 제외한 21점 가운데 쌍어형이 12점으로 57%를 차지하여 주류를 이루는 형식이 된다. 다만 형식 분류상 자루에서 술총까지 그대로 이어져 술총만 2갈래로 나누어지는 1 단 쌍어형이 1점 포함(8%)되어 있는데 이것이 어떤 기원에서 비롯된 것인지 차후 검토가 필요하다. 생각해 볼 것은 1단 쌍어형 숟가락 길이는 20.2cm, 2단 쌍어형 숟가락 길이는 24.6cm로 2단 쌍어형 숟가락이 더 길고 이와 같은 전체 크기는 1단 쌍어형이 비교적 많이 보이는 충청도 지역과 크게 다르지 않다.

숟가락의 길이는 완형으로 남아 있는 것 가운데 기본형의 평균치는 23.1cm, 쌍어형의 평균치는 24.7cm로 쌍어형이 약간 크다. 아울러 형식 분류에 따르면 유엽형 술잎을 가진 숟가락은 기본형, 쌍어형, 연봉형, 약시형 등으로 나눌 수 있는데 경기도지역의 고려시대 전기 분묘에서는 연봉형과 약시형은 출토되지 않았다.

술잎의 너비와 길이의 비율을 측정한 값을 나타내는 술잎비와 자루 각을 살펴보면 평균 술잎비 0.46, 자루각 14°를 나타낸다. 그러므로 경기 지역 고려시대 전기 숟가락의 표준은 쌍어형으로 전체 길이 23.1cm, 술 잎비 0.46, 자루각 14°를 가진 것으로 볼 수 있는데 술잎비가 거의 0.5에 근접하고 있는 점과 자루각이 20°보다 훨씬 낮은 점은 주목할 만하다.

다음으로 충청도지역을 살펴보자. 청주 용암유적 II(30점/40기/75%)- 기본형9/쌍어형18(1단-4, 2단-14)/유엽형3(수저2-기본형1/2단쌍어형1), 보은 부수리고분군(3점/15기/20%)-1단쌍어형1/유엽형2, 아산 둔포리유적(0/8 기/0%)-숟가락 없음, 대전 용계동유적(2점/9기/22%)-기본형2, 청주 율양 동유적(9점/24기/38%)-기본형2/쌍어형5(1단-3, 2단-2)/유엽형2, 단양 현곡 리고려고분군(1점/10기/10%)-2단 쌍어형1, 충주 본리 · 영평리 · 완오리유 적(8점/24기/33%)-기본형4/유엽형4, 연기 갈운리유적(21점/32기/66%)-기본 형7/쌍어형11(1단-2점, 2단-9점)/유엽형3, 옥천 인정리유적(4점/7기/57%)-기 본형3/2단쌍어형1, 금산 상리유적(4점/4기/100%)-기본형1/2단쌍어형1/

유엽형2, 연기 송담리 · 송원리유적(23점/35기/66%)-기본형6/쌍어형15(1
단-4, 2단-11)/유엽형2(송원리석곽묘77호-기본형 1점과 2단쌍어형 1점 출토), 서천 추
동리유적Ⅲ(3점/10기/30%)-유엽형3, 청원대율리 · 마산리 · 풍정리유적(6
점/13기/46%)-기본형4/1단쌍어형2, 청주 명암동유적(3점/15기/20%)-기본
형1/1단쌍어형1/유엽형1 등으로 집계된다.

이상과 같이 충청지역에서 출토된 고려시대 전기의 숟가락은 246기
의 유구에서 117점이 출토되어 48%의 출토비를 나타내고 이것은 경기
지역의 49%와 별로 차이가 없다. 형식별 출토 상황을 살펴보면 기본형
이 가장 높은 비율을 보이는 것은(유엽형 제외) 충주 본리유적 100%, 옥천
인정리유적 75%, 청원 마산리유적 67% 등이고 쌍어형이 높은 비율을
보이는 것은 청주 용암유적Ⅱ 67%, 청주 율양동유적 71%, 연기 갈운리
유적 61%, 연기 송담리 · 송원리유적 71% 등으로 지역적인 차이를 보
이고 있다. 이를 전체적으로 보면 기본형 39점, 쌍어형 56점, 유엽형 22
점 등 모두 117점에 이르고 유엽형을 제외한 95점 가운데 기본형 41%,
쌍어형 59%의 점유비를 보여 경기도지역처럼 쌍어형이 다수를 차지한
다.

한편 쌍어형 가운데는 1단 쌍어형이 청주 용암에서 4점, 보은 부수
리에서 1점, 청주 율양동에서 3점, 연기 갈운리에서 2점, 연기 송원리유
적에서 4점, 청주 명암동유적에서 1점 등 모두 15점이 출토되어 전체
쌍어형 가운데 29%의 비율을 보이며 경기도지역의 7% 점유율보다는
훨씬 높다. 그리고 경기지역에서는 21점의 숟가락 가운데 2점의 장릉형
숟가락이 포함되어 있어 10%의 점유비를 보이고 있으나 충청지역에서
는 장릉형이 출토되지 않았다.[41]

41 경기지역에서 장릉형 숟가락이 출토된 유구는 오산 궐동유적 토광묘3호와 평택 용이동유적
    Ⅶ지구 토광묘4호에서는 8자형가위가 장릉형 숟가락과 함께 출토되어 늦어도 13세기 전반
    경에는 제작된 것으로 볼 수 있지만 오산 궐동 토광묘 3호에서는 장릉형 숟가락이 단독으로 출

그리고 숟가락의 전체 길이는 완형을 중심으로 평균치를 내어보면 쌍어형 22cm, 기본형 20cm가 된다. 그러나 쌍어형의 평균치가 22cm인 것은 사실이지만 그 편차가 큰 것에 주목할 필요가 있다. 쌍어형 가운데 실제 길이가 평균치 아래인 것이 32점으로 과반을 차지한다는 것이며 그 가운데 1단 쌍어형의 길이는 20cm가 채 되지 않아 2단 쌍어형은 남성용, 1단 쌍어형은 여성용으로 제작되었을 가능성도 없지 않다고 본다.

　　고려시대 전기 분묘에서 출토되는 숟가락의 전라도지역 상황은 다음과 같다. 장흥 하방촌고분군(2점/16기/13%)-기본형1/유엽형1, 광주 쌍촌동주거지(1점/3기/33%)-기본형1/유엽형1, 보성 도안리유적(1점/2기)-장릉형1/유엽형1, 진안 수천리고려고분군(8점/37기/22%)-기본형5/장릉형1/유엽형2이다. 전라도 지역 전체의 숟가락은 13점, 분묘는 58기로 숟가락 출토비는 21%에 불과하여 경기도지역이나 충청도지역에 비하여 상당한 차이를 보인다. 형식별로는 기본형7/장릉형2/유엽형4로 유엽형을 제하면 9점 가운데 7점이 기본형으로 78%의 높은 비를 보이고 장릉형은 22%의 점유율을 나타낸다. 완형으로 본 숟가락의 전체 길이는 기본형 21cm인데 1점만 완형으로 출토된 장릉형은 전체 길이가 33.1cm이다. 그리고 수천리 석곽묘 48호에서 숟가락 2점이 출토되었는데 모두 기본형이며 길이는 23.6cm와 19.3cm로 5:4의 크기 비율을 보인다. 이와 같이 두 숟가락은 길이도 다르지만 자루의 형태나 자루각이 각각 16°와 21°로 단면상으로 받는 인상차가 커서 따로 떼어놓고 보면 한 시기 것으로 보기도 쉽지 않지만 각각 어떤 상황에서 출토되었는지 알 수 없는 실정이다. 한가지 지적해 둘 것은 이처럼 다른 분위기의 숟가락이 동시대에 사용되었다는 점인데 그것이 정창원에 보관된 숟가락처럼 한

토되었다.

쌍의 숟가락 중 하나는 음식을 덜어 오는 것이고 다른 하나는 음식을 떠서 입으로 가져가는 것처럼 용도의 차이가 있었던 것인지 지금으로서는 헤아리기 어렵다.

그리고 기본형의 술잎비는 0.48, 자루각은 14°가 되는데 숟가락 2점이 출토된 수천리 석곽묘 48호의 자루각이 21°로 가장 크다. 이렇게 보면 고려시대 전기 전라도지역 숟가락은 기본형에 길이 21cm, 술잎비 0.48cm, 자루각 14°정도 되는 것으로 추정된다. 앞선 경기도지역이나 충청도지역과 비교하여 가장 특징적인 점이 있다면 전라도지역에서는 앞선 두 지역의 주된 숟가락 형식인 쌍어형이 한 점도 출토되지 않았다는 점이다. 이것은 아마도 지역적인 선호와 관련이 있을 것으로 추정되지만 추후 고려 후기의 연구결과와 함께 검토할 문제이다.

다음으로 경상도지역의 숟가락 출토 상황을 살펴보기로 한다.

먼저 상주 청리유적IX유적(4점/14기/29%)-기본형2/유엽형2, 청도 대전리Ⅰ·Ⅱ(11점/13기/85%)-기본형3/2단쌍어형7/유엽형1, 고령 지산동 고분군(5점/27기/19%)-기본형3/쌍어형2, 고령 낙동강기념숲유적(2점/4기/50%)-2단쌍어형1/유엽형1, 경주 물천리유적(2점/7기/29%)-2단쌍어형1/유엽형1, 울산 우정동유적(1점/3기/33%)-2단쌍어형1, 울산 효문동유적(5점/15기/33%)-기본형2/유엽형3, 창녕 초곡리유적(3점/3기/100%)-기본형2/2단쌍어형1로 요약된다.

경상도지역의 고려전기 숟가락은 33점이 출토되고 분묘는 87기로 출토비는 38%에 해당되어 전라도지역에 비하면 높은 편이지만 경기도지역이나 충청도지역에 비하면 낮은 수치이다. 형식별로 보면 장릉형은 출토예가 없고 기본형 12점, 쌍어형 13점, 유엽형 8점으로 유엽형을 제외하면 각각 50%의 구성비를 보인다. 그리고 전체 길이는 기본형 20.4cm, 쌍어형 24.6cm로 역시 쌍어형이 더 길다. 술잎비 평균치는 기본형 0.49/쌍어형 0.45이고 자루각 평균치는 기본형 15°/쌍어

18°이다. 이런 결과를 정리하면 경상도지역의 고려전기 숟가락은 기본형-20.4cm/0.49/15°이거나 쌍어형-24.6cm/0.45/18가 된다.

2)시기적 특징

필자는 앞서 숟가락만의 변화를 근거로 하는 편년안을 확보하지 못하고 있는 점이 상당한 고민이라고 지적한 바 있다. 이것은 숟가락이 동반유물이 없이 1점만 출토될 때 정확한 제작시기를 단정하지 못하는 상황으로 이어진다. 숟가락의 변화는 음식물의 변화와 관련이 있다는 것은 너무나도 당연한 지적이겠지만 음식물의 변화라는 것은 교통과 교류가 쉽지 않았던 당시를 생각해 보면 거의 없었다고 보는 것이 맞을 것이다. 게다가 음식물에 관한 변변한 기록조차 없는 상황에서 음식물의 변화를 통한 숟가락의 변화를 짚어 내기란 그야말로 어려운 일이 되고 마는 것이다.

그렇다고 하여도 숟가락을 일반적으로 사용하게 되고 분묘의 부장품에 숟가락이 포함되는 상황을 단순히 음식물의 변화에서 기인한다고 보기는 어렵다. 통일신라에서 고려로 왕조가 변화했다고 해서 음식물이 일거에 바뀌었다고 보기는 어렵지 않을까. 농사를 기본으로 하고 바다와 산에서 어로와 채집으로 식생활을 이어가는 기본 구조는 크게 달라질 것이 없다고 본다.

지금까지 우리나라에서 이루 헤아리기 어려운 정도의 삼국시대 고분이 발굴되었으나 숟가락이 출토된 것은 백제 무녕왕릉이 유일하다. 중국에서는 한대부터 출토되기 시작하는 칠기 숟가락이나[42] 남조에 이

---

42 낙랑의 무덤에서 한 대 칠기숟가락이 출토되고 있는 것은 한의 것이지 당시 낙랑지역에 거주

르면 완성되는 단계에 이르는 분묘에서 출토되는 도제 숟가락은 우리나라 삼국시대 고분에서는 한 점도 발견된 바 없다. 그리고 통일신라시대의 숟가락이 지금까지 안압지와 한우물, 분황사지 등에서 몇 점 출토되고 있으나 이것은 모두 분묘출토 유물이 아니다.[43] 고려시대의 분묘에서 심심치 않게 출토되는 숟가락을 통일신라시대의 숟가락과는 전혀 다른 상황에서 이해하여야 한다는 것이 바로 이와 같은 이유에서다. 말하자면 일부 계층의 전유물이던 숟가락이 고려시대를 지나면서 사용계층이 확대되고 있으며 이와 같은 배경에는 간단히 넘길 수 없는 시대적 상황이 깔려 있다는 것이다.

그럼 고려시대 전기 분묘에서 숟가락이 출토되는 상황을 검토하여 보기로 하자.

경기도 용인 마북리에서는 백자대접과 청자접시, 도기병과 함께 출토되거나 청동발, 청자대접, 팔릉무문경, 8자형 가위 등과 함께 숟가락이 출토되어 12세기에서 13세기 전반 경에 조성된 것으로 보이지만 석곽묘에서는 숟가락이 출토되지 않고 있다. 안성 매산리고려고분의 8호 석곽묘에서는 청자반구병, 청자화형발, 은제환, 철제과대편 등과 함께 숟가락이 출토되었으나 3호토광묘에서는 길이 22cm, 술잎비 0.44, 자루각 17°의 전기 숟가락의 표준에 거의 부합하는 숟가락 1점만 출토되었다. 광교신도시유적에서는 석곽묘 4기 중 숟가락이 출토되는 분묘의 부장품(청자화형발, 고려백자완, 고려백자장경병, 구슬, 방형소문경)의 구성이 숟가락이 출토되지 않는 분묘의 부장품(도기반구장경병, 도기편병, 청자발)보다 우월하다고 할 수 있다.

그리고 파주운정유적의 고려전기 석곽묘에서는 숟가락이 출토되지

하던 주민들의 것은 아니었을 것이다.

43 정의도, 2008, 「청동숟가락의 등장과 확산-삼국시대-통일신라시대」, 『석당논총』 제42집, 동아대학교 석당학술원

않았고 토광묘 4기 중에서도 1기에서만 숟가락이 출토되었는데 숟가락이 출토된 14호는 청자잔, 청자발, 도기매병, 북송전 등도 함께 출토되어 부장품의 구성이 우월한 편이며 유물의 파주 운정유적의 조성시기가 대개 12세기 후반에서 13세기 전반에 해당된다고 할 때 이 지역은 아직 숟가락의 부장이 일반적이라고 보기는 어려운 상황으로 볼 수 있다. 이러한 상황은 평택 용이동유적에서 도기편병, 해무리굽, 청자완, 백자접시가 출토된 11세기 전반경의 석곽묘 2호에서는 숟가락이 출토되지 않았고 8자형가위와 함께 장릉형 숟가락이 출토되어 숟가락의 부장은 11세기 후반은 되어야 시작되는 것으로 볼 수 있다. 이와 같은 상황은 대부도육곡고려고분군에서 잘 나타나는데 일단 출토유물로 보아 석곽묘보다 토광묘의 조성시기가 앞서고 있는 것은 특기할 만하다. 출토유물로 보아 토광묘 2호와 7호, 10호, 석곽묘 7호와 9호 등이 고려전기에 조성된 것으로 숟가락이 출토되는 것은 토광묘 2호와 10호에 불과하고 14세기 대에 조성된 분묘에서 모두 17점의 숟가락이 출토되고 있다.

충청도지역에서 보이는 상황도 경기도지역과 크게 다르지 않은 것 같다. 30점의 고려전기 숟가락이 출토된 청주 용암유적은 모두 토광묘였고 출토율도 75%를 보인다. 21점의 숟가락이 출토된 연기 갈운리유적은 66%, 6점의 숟가락이 출토된 청원 대율리 마산리 풍정리유적은 46%의 출토율을 나타내고 있는데 이들 유적은 모두 토광묘가 위주인 유적이다. 그러나 석곽묘가 주로 출토된 단양 현곡리고려고분군은 10%, 보은 부수리고분군 20%, 대전 용계동유적 22%, 영평리·완오리유적 33%, 아산 둔포리유적 0%에 불과하여 숟가락이 석곽묘보다는 토광묘에 더 많은 비율로 출토되고 있음을 보여주고 있는 것이다. 전라도지역 역시 장흥 하방촌유적과 수천리고려고분군은 주로 석곽묘로 이루어진 유적인데 숟가락 출토율은 각각 13%, 22%에 불과하다는 것이다. 아울러 경상도지역의 청도 대전리유적은 토광묘로 이루어진 유적인데 숟가락 출토율이 85%에 이른다. 이것은 통일신라 이래의 석곽묘 전통의 분묘보다는 새로운 묘제라고 할 수 있는 토광묘에서 보다 높은 비율로 숟가락이 출토된다는 것을 보여주는 것이다.

그런데 숟가락이 부장되기 시작하는 시기는 11세기 중반경을 지나는 청자해무리굽완 말기단계인 것으로 추정할 수 있다.[44] 이것이 어떤 상황을 대변하는 것인지 지금으로는 정확히 헤아리기는 어려우나 고려백자완이나 청자철화장경반구병과 함께 부장되는 시기 앞 선 단계에서부터 숟가락이 부장되는 것으로 볼 수 있다는 것이다. 경기지역을 중심으로 살펴보면 용인 마북리 A지구 1호, 안성 매산리 8호, 광교 신도시 석곽묘 4호, 파주 운정유적 석곽묘 1호, 안산 대부도 토광묘 2호와 7호 등이 대표적이라 하겠는데 대개 12세기 경에 해당되는 유적이다. 그런데 이에 앞서는 청자해무리굽완이 부장되는 단계에는 거의 숟가락의 부장 예가 없다는 것이다. 평택 용이동유적 석곽묘 2호, 보은 부수리고분군 석곽묘 6호, 대전 용계동 석곽묘 14호, 청주 율양동유적 토광묘 54호, 단양 현곡리고려고분군 석곽묘 5호, 충주 본리·영평리유적 석곽묘 23호, 영평리유적 토광묘 11호, 연기 갈운리유적 1지구 석곽묘 3호, 석곽묘 11호, 옥천 인정리유적 석곽묘 4호, 청주 명암동유적 토광묘 8호, 수천리고려고분군 석곽묘 5호, 석곽묘 7호, 석곽묘 35호, 석곽묘 42호, 상주 청리유적 석곽묘 6호, 토광묘 68호 등에서 출토된다. 이와 같이 청자해무리굽 완이 출토되는 분묘는 17기 중 청주 율양동 토광묘 5호, 충주 영평리유적 토광묘 11호, 청주 명암동 토광묘 8호, 상주 청리유적 토광묘 68호 등 4기에 불과하여 석곽묘가 대체로 토광묘보다 앞서는 묘제임을 보여주기도 한다.

이와 같이 청자해무리굽완이 출토되는 분묘 가운데 숟가락이 출

---

44 이종민, 2002, 「한국의 초기청자 연구」, 홍익대학교 대학원 박사학위논문, pp.161~165

토되는 것은 수천리고려고분 석곽묘 5호와 42호뿐이다. 수천리 5호에서는 도기합, 청자향완, 청자편병, 청동접시, 청동발, 42호에서는 도기발, 청자음각연판문반구병, 청동합, 청동접시 등과 함께 숟가락이 출토되어 11세기 경에 조성된 유적으로 볼 수 있다. 여기에서 출토되는 숟가락은 5호는 술총이 결실되었으나 42호 출토 숟가락은 기본형/20.5cm/0.46/14°로 고려 전기 숟가락의 표준형을 보여준다고 하겠다.

이와 같이 숟가락은 11세기 경에는 고려분묘의 부장품으로 포함되기 시작한 것으로 볼 수 있고 이어서 청자음각연판문대접이나 청자장경반구병, 도기병 등과 함께 부장되며 이 시기가 대개 12세기 초로 편년되고 13세기에 이르기까지 계속하여 부장되게 되는 것으로 볼 수 있다.

쌍어형 숟가락의 출토 배경

숟가락이 출토되는 분묘 중 가장 이른 시기의 것으로 볼 수 있는 것이 청자해무리굽완과 함께 출토되는 것이 11세기 전반 경으로 편년되는 것이고 다음 단계가 청자장경반구병이나 청자음각연판문대접 등과 함께 출토되는 것이 12세기 초의 것으로 편년된다고 하였다.

숟가락이 이 시기에 들어 분묘의 부장품으로 등장하게 되는 배경에 관한 설명은 고려시대 숟가락의 연구를 통하여 이미 제시한 바가 있다.[45] 이번 논문에서는 이상과 같은 유적과 유물의 출토상에 대한 검토 결과에 따라 숟가락의 형식적 특성에 관한 몇 가지 지적을 하고자 한다. 사실 통일신라시대에도 숟가락은 사용되었던 것은 분명하다. 일본 정창원에 보관되어 있는 신라의 숟가락을 보아도 그렇고 경주 박물관부지 내

45　정의도, 2007.3, 「한국고대청동시저연구-고려시대」, 『석당논총』 제38집, 동아대학교 석당학술원
　　정의도, 2009, 「송 · 요 · 금 · 원묘 시저 및 철협 출토경향-고려묘부장품과 관련하여-」, 『문물연구』 제15호, 동아시아문물연구학술재단
　　정의도, 2012, 「雙魚形銅匙研究」, 『漢代城市和聚落考古與漢文化』, 中國社會科學院 考古研究所 · 河南省文物考古研究所 編, 科學出版社, pp. 447~450

우물에서 출토된 숟가락과 서울 시흥동의 우물지에서 출토된「乃末銘」숟가락을 보아도 일부 계층에 한하여 사용된 것은 분명하다고 할 것이다.[46] 그런데 고려전기의 숟가락 출토 양상을 보면 각 지역별로 다른 특징을 보이고 있다는 것이다. 먼저 경기도지역은 당시 수도 개경이 위치한 주변이어서 그런지 다른 지역에는 보이지 않는 장릉형을 포함한 기본형과 쌍어형이 출토되고 있고 쌍어형 57%의 출토비로 23%의 기본형보다 출토비가 높다. 고려시대 전기의 분묘가 가장 많이 출토된 지역이 충청지역이라는 점은 경기도지역이 남북으로 나누어져 있다고 하여도 의외의 현상이었고 가장 이른 시기의 숟가락이 부장된 것으로 보이는 유적도 충청도지역에 훨씬 많이 분포하고 있다. 이 충청도지역에서 숟가락의 형식별 출토비는 쌍어형이 60%에 가깝게 나타나고 있다. 그런데 전라도지역에서는 기본형이 78%를 점하고 있고 경상도지역에서는 50%의 출토비를 보인다.

그런데 왜 숟가락은 11세기 경부터 시작하여 12세기 초가 되면 본격적으로 부장되게 되었으며 숟가락 중에서도 쌍어형 숟가락이 우위를 점하게 되었을까 하는 것이 필자가 의문을 가졌던 사항이다. 쌍어형은 처음 자루의 끝-술총에 쌍어를 새겨 넣었으나 이것이 간략화 되면서 술총이 좌우로 갈라져 남은 것을 말하는데 자루의 2/3 지점에서 한번 단을 만들었다가 다시 잘록해졌다가 좌우로 벌어지는 것을 2단 쌍어형으로, 자루가 직선으로 이어지다가 끝에서 좌우로 나누어지면 1단 쌍어형으로 형식분류 하였다.[47] 고려전기묘에서 출토된 쌍어형 숟가락과 동반 출토되는 유물을 검토하여 보면 광교 신도시 5호석곽묘, 오산 궐동 토

46 정의도, 2008,「청동숟가락의 등장과 확산-삼국시대~통일신라시대」,『석당논총』제42집, 동아대학교 석당학술원

47 정의도, 2011,「경남지역 조선전기 숟가락연구-지역성과 상징성-」,『문물』창간호, 한국문물연구원, pp.135~137

광묘 14호, 18호, 안산 대부도육곡 토광묘 10호, 청주 용암유적 토광묘 100호, 토광묘 113호, 보은 부수리 석곽묘 17호, 청주 율양동 역대골토광묘 177호, 단양 현곡리 석곽묘 18호, 연기 송원리토광묘 19호, 42호, 청도 대전리토광묘 Ⅰ-50호, 51호 등에서 출토된 쌍어형 숟가락은 12세기 전반경으로 편년된다. 그렇다면 11세기말 중국 동북지역에서 완성된 쌍어형 숟가락이 12세기 전반이면 이미 고려 전 지역에 부장되고 있는 것으로 볼 수 있다.

고려시대 숟가락이 출토되는 분묘의 주인공이 밝혀진 예는 거의 없지만 이난영의 연구에 의하면 고려 명종2년(1172) 태어나 고종41년(1254)에 사망한 양택춘의 묘에서 출토된 숟가락이 있다.[48] 출토지는 경기도 화성군 동탄면 신리로 묘지와 함께 출토되어 숟가락의 정확한 상한연대를 알 수 있는 것이다. 숟가락은 2단쌍어형으로 길이 22cm, 술잎비 3.2/7cm-0.46, 자루각 19°인데 술목 아래 부분이 깨어져 있다. 숟가락은 실물은 보지 못하였고 도면에 의하면 술잎의 왼쪽이 마모되어 있어 양택춘이 실제 사용한 것이 분명하므로 당시 고려의 장례풍습으로는 숟가락은 죽음에 이르러 따로 만들지 않고 생전에 사용하던 것을 묻어준 것으로 보아도 좋을 것이다.[도면 1]

양택춘(梁宅椿)은 묘지명에 의하면 전북 남원에서 태어나(大定12년, 명종 2, 1172) 거의 60세에 온수군 감무(충남 온양)가 되었고 갑인년(1254년, 고종41)에 사망하였다. 그의 주된 생활 근거지는 전라도와 충청도 일원이 되고 생존 시기는 12세기 후반에서 13세기 전반 경에 해당된다. 그리고 그의 첫째 부인과의 사이에 두 아들은 모두 승려가 되었고 둘째 부인과의 사이에 세 아들은 출가하거나 관리를 지냈다. 83세에 사망하여 화장하여

---

48   이난영, 1992, 『韓國古代金屬工藝研究』, pp.125~128

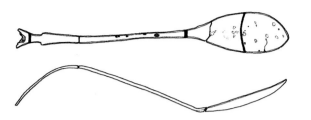

도면 1
경기도 화성군 동탄면 신리 출토
청동숟가락

수양산 기슭에 장사를 지냈다고 하였다.[49] 그의 사망후 700년이 지난 다음에 경기도 화성군 동탄면 신리에서 묘지명과 함께 숟가락이 수습되었다고 보고되었으나 당시의 정확한 출토 상황은 알기 어려운 지경이 되고 말았다.

그러나 고려전기에 상당한 벼슬을 지내고 장성한 자식들도 승려나 관리로 나가 있는 귀족 관료층에 속하는 인물의 화장묘에 숟가락이 포함되어 있으며 그것도 쌍어형 숟가락으로 사용시기는 12세기 후반으로 볼 수 있다는 점은 상당히 시사하는 바가 크다 할 것이다. 말하자면 12세기 후반 당시 고려의 지배층을 이루는 사람들이 쌍어형 숟가락을 사용하였음을 구체적으로 증명하는 것이라고 하겠다. 또한 고려 인종릉에서 출토된 숟가락은 소위 「장릉형」이란 형식 분류의 기준이 되는 것으로 전체 길이 32.cm, 술잎비 3.7/7.6cm-0.49, 자루각 17°이고 젓가락은 23.7cm이다.[도면 2, 사진 1]

인종 장릉에서 숟가락이 출토된 것은 인종이 사망하여 장례를 치르는 '황통(皇統)6년'(1146)에는 왕릉의 부장품에도 숟가락이 포함될 만큼 확실한 부장품으로 자리를 잡았다고 할 수 있는 것이며 숟가락을 부장하는 풍습이 상하를 가리지 않고 시행되고 있었음을 보여주는 근거가 되는 것이다.

---

49 김용선, 2012, 『고려묘지명집성 제5판』, 한림대학교출판부, pp.385~387 ; 김용선, 2006, 『개정판 역주 고려묘지명집성(상)』, 한림대학교출판부, pp.620~623 ; 국립중앙박물관, 2006, 『다시보는 역사편지 고려묘지명』, pp.86~87

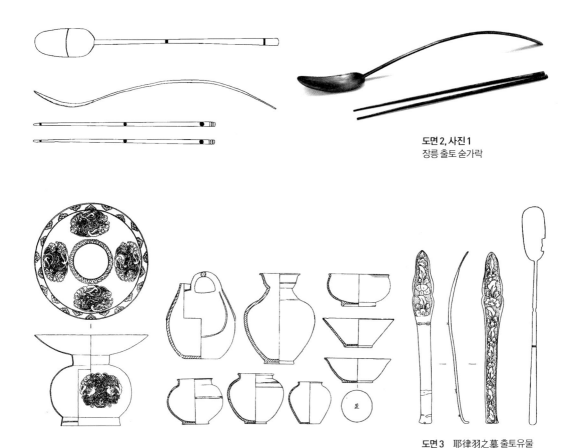

도면 2, 사진 1
장릉 출토 숟가락

도면 3　耶律羽之墓 출토유물

이와 같이 12세기 경에는 왕릉에도 부장품으로 숟가락이 포함되고 지배층의 화장묘에도 숟가락이 포함되는 상황을 어떻게 이해하여야 할까? 더구나 인종 장릉에서 출토된 장릉형 숟가락은 요의 황족 야율우지 耶律羽之의 무덤에서 출토된 것이 가장 시기가 빠른 것이고[50][도면 3] 쌍어형 숟가락 또한 요 진국공주묘(개태7년, 1018)에서 출토된 은제 도금 숟가락 술총의 좌우에 쌍어를 새긴 것이 그 기원으로 볼 수 있는 것이다.[도면 4, 사진 2] 그로부터 100년이 지난 張世卿壁畵墓(선화요묘M1, 천경6년, 1116)에

50　内蒙古文物考古硏究所·赤峰市博物館·阿魯科尒沁旗文物管理所, 1996.1,「遼耶律羽之墓發掘簡報」,『文物』總第四七六期

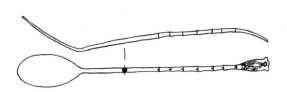

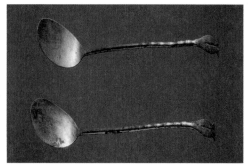

도면 4, 사진 2
요 진국공주묘 출토 쌍어문 숟가락

는 이미 쌍어형 숟가락이 뚜렷하게 그려져 있다.[사진 3] 그러므로 우리가 알고 있는 쌍어형 숟가락은 11세기 말 경에는 이미 사용된 숟가락 형식으로 보는 것이 타당하겠고 금대에 이르면 쌍어문의 유행과 함께 상당한 사용계층을 확보하게 되는 것으로 보아야 할 것이다.[51]

사실 요나라와 고려의 관계는 그리 순탄한 관계가 지속된 것은 아니다. 김재만과 임진아의 연구에 의하면 고려와 요의 정치 경제 문화교류는 크게 3기로 나누어진다고 한다. 1기는 918년 고려개국에서부터 1019년 요의 고려침입까지다. 이 시기는 고려-요-북송의 삼각외교 구도가 자리 잡는 과정이라고 할 수 있다.

2기는 1020년~1077년으로 일단 고려가 1020년 고려가 북송과 요에 동시에 사신을 파견함으로 평화 분위기가 감도는 한편 고려의 대요 사대외교가 이루어지며 1077년 고려와 북송의 국교가 재개되기 전까지를 이르는 시기이다. 3기는 1078년~1125년까지를 이르는데 고려와 북송의 공식외교가 시작되는 해부터 1125년 요가 멸망하는 해까지로 고려와 북송, 요의 문물교류가 가장 활발한 시기를 말한다. 이 시기는 1063년(요 도종 9년, 고려 문종 17년) 거란대장경이 고려에 들어오면서 요의 발달

---

51 内蒙古自治區文物考古研究所·哲里木盟博物館, 1993,『遼陳國公主墓』;河北省文物研究所, 2001,『宣化遼墓』1974~1993년 考古發掘報告, 文物出版社 ; 劉雲 主編, 2003,『中國箸文化大觀』, 科學出版社 [圖版 Ⅹ [圖]1-33, 4-30참조]

사진3
張世卿壁畵墓(宣化遼墓M1,
天慶6年, 1116)의 쌍어형 숟가락

된 불교문화에 대한 인식이 제고되고 1070년 이후 요의 미술품의 특성
이 거부감 없이 고려 미술품에 반영되는 시기라고 보았다.[52]

이와 같은 상황을 고려하면 11세기 경부터 시작된 요와의 교류에서
석곽묘 전통의 고려 묘장풍습이 변화하기 시작하고 부장품에 숟가락이
포함되기 시작하다가 대장경의 교류를 비롯한 요와의 인적 물적교류가
본격화되는 11세기 말에서 12세기 초에 이르러 숟가락을 부장품에 포
함시키는 풍습이 정착되는 것으로 생각할 수 있다. 12세기의 상황을 기
록한 『宣和奉使高麗圖經』에는 거란의 항복한 포로 수만이라는 기사와
북방오랑캐 중에 장인이라는 기사는 요와 고려와의 교류를 단적으로 보
여준다고 할 수 있을 것이다.[53]

사실 요대에 시작되어 금대까지 이어지는 거란족과 여진족의 쌍어

---

52 임진아, 2013, 「고려청자와 요대 공예품의 연관성 고찰」, 『문물』 제3호, 한국문물연구원,
    pp.51~58

53 『宣和奉使高麗圖經』 卷十九 「民庶」 工技, 卷二十三 「雜俗二」 土産

사진 4
耶律羽之墓(會同5年, 942) 出土
圓口花腹金杯, 五瓣花口金杯의
雙魚文

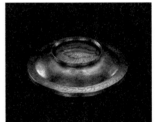

사진 5
赤峰 出土 魚形柄鎏金金銅鉗
사진 6
吐爾基山古墓 出土 雙魚文碗

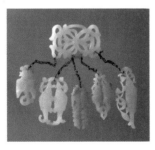

사진 7
陳國公主墓 出土 龍鳳魚形玉佩,
雙魚玉佩
사진 8
寧城縣 榆樹林子鄉 出土 海棠形
雙魚文三彩盤

674

문에 대한 기호는 상당하였던 것으로 생각할 수 있다. 금대는 쌍어문경으로 대표되지만[54] 요대에도 耶律羽之墓(會同5年, 942)에서는 쌍어가 새겨진 圓口花腹金杯, 五瓣花口金杯가 출토되었고 赤峰에서는 魚形柄鑾金金銅鉗(12세기)와 寧城縣 楡樹林子鄕 海棠形雙魚文三彩盤, 吐爾基山古墓 출토 雙魚文碗(10세기 전반), 陳國公主墓(開泰7年, 1018)에서는 도금은제의 쌍어문 숟가락을 비롯하여 龍鳳魚形玉佩, 雙魚玉佩 등 다양한 쌍어문이 각종 기물의 문양으로 나타나고 있기 때문이다.

이상과 같은 정치적, 사회적 배경에서 요나라 기원하여 금나라에 이르러 널리 유행하게 되는 쌍어형 숟가락이 왜 고려분묘 부장품으로 채택되게 되었으며 왜 전통적인 형태를 간직한 기본형보다 출토비에 있어 우위를 점하고 있는지 설명될 수 있다고 하겠다. 다만 전라도지역에서는 쌍어형보다 기본형 숟가락이 출토비에 있어 우위를 보이고 있는데 이것은 전라도지역에서 발굴조사된 고려시대의 분묘의 조성시기가 아직 통일신라시대의 전통이 남아 있는 고려시대 초기로 소급되는 석곽묘 위주로 발굴조사된 결과로 볼 수 있을 것이다. 그렇다고 하여도 필자의 연구에 의하면 조선시대에는 동시대에도 각 지역별로 선호하는 숟가락 형식이 따로 있었다고 생각되므로 오히려 장례풍습에 관한한 전라도지역에서는 통일신라 이래의 전통을 고수한 결과인지도 모르겠다.

한편 장릉형은 경기지역에서만 출토되고 충청도와 경상도지역에서는 출토되지 않았다. 게다가 장릉형은 명칭에서 보다시피 인종(1122~1146)의 장릉에서 출토된 것이고 앞서 설명한 것처럼 최초의 부장 사례는 거란 황족 야율우지의 분묘에서 출토된 것으로 쌍어형 숟가락처럼 거란과 여진족 전통의 부장품이라고 할 수 있다.[55] 이와 같이 12세기

---

54 孔祥星 劉一曼, 1992, 『中國銅鏡圖典』, 文物出版社

55 耶律羽之는 唐 大順 원년(890) 출생하여 會同5년(941)에 사망한 인물이다. 요나라 육원부(六院部) 사람. 자는 올리(兀里) 또는 인저신(寅底哂)이다. 야율적렬(耶律覿烈)의 동생으로

에 분명한 사용예가 있음에도 그 출토 예가 드물고 출토되지 않는 지역도 있다는 것은 고려전기의 장릉형은 다른 형식과는 달리 특정한 사용계층이 있었다고 보는 것이 타당할 것으로 생각된다. 또한 고려전기의 분묘에서는 단 한 점의 연봉형이나 약시형도 출토되지 않았다. 이것이 요나 금에 없는 형식이어서 보이지 않는 것인지 아니면 후대에 전해지는 것인지, 또는 우리 고려나 조선에서 일어난 변형인지는 차후 검토해 볼 필요가 있다.

아울러 우리가 숟가락을 보면서 만곡도가 심하다고 느끼는 것은 대개 자루각이 20°에 가깝고 길이가 25cm 이상 되는 것이며 술잎비가 0.4를 전후로 변한 것을 말하는 것으로 이것은 고려시대 후기의 숟가락의 기본적인 형태로 보인다. 고려시대 전기에 대개 15°를 유지하던 자루각이 원의 지배를 받게 되는 13세기 후반에서 14세기가 되면 자루각이 커지게 되는데 그 이유는 아직 분명히 말할 수 없다.

천현(天顯) 초에 동단왕(東丹王)을 도와 동단국(東丹國) 중대성우차상(中臺省右次相)이 되었다. 동단왕이 후당(後唐)으로 달아나자 나라 사람들을 위무하여 통치하면서 동요를 막아냈고, 좌상(左相)으로 승진했다.

결론

지금까지 고려전기 분묘에서 출토된 숟가락과 부장품을 중심으로 살펴보았다. 숟가락이 출토되는 유적은 고려시대 전기로 한정하고 출토 지역을 경기도지역, 충청도지역, 전라도지역, 경상도지역 등으로 나누어 살펴보았다. 각 지역별의 숟가락 출토비나 숟가락의 형식별 점유율 등을 검토한 결과 쌍어형이 여타 기본형, 장릉형보다 우위를 점하고 있었다. 또한 지역에 따라서는 장릉형이 출토되지 않는 지역도 있었고 전지역을 통하여 연봉형이나 약시형은 전혀 출토되지 않았다.

또한 숟가락은 전체 길이가 쌍어형이 약간 크기는 하지만 22cm 내외, 술잎비 0.45cm, 자루각 15°정도로 우리가 일반적으로 고려시대 숟가락으로 생각하던 것과는 차이가 있었다. 이것은 여타 여러 고려후기의 분묘에서 출토되는 전체 길이 25cm, 술잎비 0.4cm 이하, 자루각 20°내외의 숟가락을 두고 받는 인상에서 비롯된 것으로 판단되었다. 이러한 숟가락의 변화는 다음 기회에 논할 기회를 만들고자 한다.

한편 쌍어형 숟가락이 기본형 숟가락보다 출토 예가 많은 것은 쌍어형 숟가락이 11세기 전반 경 요대 중국 동북지방에 기원하여 11세기 말이면 그 형태가 완성되어 금대에 이르러 더욱 널리 유행하게 된 형식으로 볼 수 있다. 쌍어문은 당시 요와 금의 지배층에서 선호하던 문양으로 이것이 숟가락에도 적용되면서 유행하게 되자 고려에도 쌍어형 숟가락이 기본형보다 더 유행하게 되었던 것으로 볼 수 있을 것이며 이것은 고려와 요·금 간의 활발한 문화교류를 반증하는 것이라 하겠다.

그리고 숟가락이 고려시대 분묘의 부장품으로 포함되게 되는 것은 11세기 경의 청자해무리굽 말기 단계일 것으로 판단되었으며 이것은 12세기 경에 들게 되면 청자장경반구병, 청자음각연판문완, 청자양각모란문대접, 도기반구병, 8자형가위 등과 함께 급격하게 그 출토 예와 출토지역이 증가하게 된다. 이와 같은 사정은 고려와 요나라의 관계변화에서도 감지되는 것으로 11세기는 고려와 요의 교류 2기에 해당되어 본격적인 교류를 시작하는 단계이다.

12세기는 고려와 요와의 교류가 공식적으로 활발하게 일어나는 단계이며 요가 금에 멸망한 다음 남송이 건국되면서 고려는 금과 공식적인 교류를 계속하게 되고 인종 옥책은 금나라 연호 황통이 기록되는 상황으로 이어지는 시기에 해당된다. 서긍의 『宣和奉使高麗圖經』에 기술한 상황은 12세기 초 고려와 요와의 민간교류가 얼마나 활발하였는지 보여주는 기록으로 볼 수 있을 것이다. 그리하여 12세기 중반 경에 이르게 되면 고려는 공식적으로 금나라와 조공관계를 맺게 되며 왕의 무덤에도 숟가락이 부장되게 되고 당시 지배층의 화장묘에서도 숟가락이 출토되게 되는 상황으로 진전되게 되는 것이다.

이와 같이 고려시대 전기에 숟가락이 분묘에서 출토되는 것은 통일신라시대 이래의 전통에서 비롯된 것이 아니라 중국 북방과의 교류에서 전통적인 장례문화가 변하게 된 것이라고 생각된다. 그런데 고려전기의 분묘에서 출토되는 숟가락 가운데 11세기 말 요대에 완성되어 금대에 본격적으로 유행하게 되는 쌍어형 숟가락이 우위를 점한다는 사실과

12세기 전반에는 이미 상당한 쌍어형 숟가락이 분묘에 부장되고 있었다는 점, 왕의 무덤에서 요나라의 황족 야율우지의 무덤에서 출토된 것과 같은 형태의 장릉형이 출토된 것은 쌍어형 숟가락이나 장릉형 숟가락이 당시 요나 금의 장례문화를 대표하던 기물로 비춰졌는지 알 수 없다.

표6 고려전기 분묘 출토유물 일람

지역	유적명	출토유물	
경기 지역	용인 마북리 고려고분	3호 토광묘	
경기 지역	광교 신도시 문화유적 V	13지점 1호 석곽묘	
경기 지역	평택 용이동 유적	III지구 8호 토광묘	
		VII지구 수습조사 4호 토광묘	
충청 지역	청주 용암유적	II-1 57호 토광묘	
		II-1 127호 토광묘	

충청 지역	보은 부수리 고분군	5호 석곽묘	
		6호 석곽묘	
	대전 용계동 유적	14호 석곽묘	
	청주 율양동 유적	역대골유적 72호 토광묘	
	단양 현곡리 고려고분군	2호 석곽묘	
		5호 석곽묘	

충청 지역	충주 본리· 영평리· 완오리유적	영평리Ⅱ 유적 10호 석곽묘	
	연기 갈운리 유적Ⅱ	52지점 1지구 3호 석곽묘	
		52지점 2지구 11호 석곽묘	
		52지점 2지구 11호 토광묘	
		52지점 2지구 13호 토광묘	
		52지점 2지구 45호 토광묘	

충청 지역	연기 송담리· 송원리유적	송원리유적 석곽묘 77호	
	청원 대율리· 마산리·풍정리 유적	마산리 2호 석곽묘	
		마산리 18호 토광묘	
전라 지역	장흥 하방촌 고분군 와요지	15호 석곽묘	

충청 지역	수천리 고려 고분군	5호 석곽묘	
		35호 석곽묘	
		42호 석곽묘	
		48호 석곽묘	
경상 지역	상주 청리유적	H-가지구 6호 석곽묘	

경상 지역	상주 청리유적	H-가지구 68 호 토광묘	
	청도 대전리 고려조선묘군2	I-51호 토광묘	
		I-147호 토광묘	
	고령 지산동 고문군 VI	I-32호 토광묘	
		II-9호 토광묘	
	울산 효문동 산68-1 유적	II구역 6호 토광묘	

경상 지역	울산 효문동 산68-1 유적	Ⅱ구역 14호 토광묘	
	창녕 초곡리 유적	왕거분묘군Ⅰ 3호 석곽묘	
		왕거분묘군Ⅰ 38호 토광묘	

철제 가위(鐵鋏) 연구

삼국시대~고려시대

01 서

고려시대에 조성된 분묘에서 출토되는 부장품은 크게 자기와 도기, 숟가락, 가위, 거울 등이 있다. 이 가운데 필자는 숟가락이 고려시대에 들어서 무덤에 부장되기 시작하는데 이것은 요나라, 금나라 또는 원나라 등 북방의 영향으로 육류의 섭취가 늘어가게 되고 또한 식탁에서 국이 등장하게 되면서 청동숟가락이 당시 식생활에 새로운 상징으로 인식되어 무덤에 부장하게 된 것으로 보았다. 아마도 대부분의 숟가락이 오랜 기간 사용하여 한쪽 면이 닳아 있는 것은 이러한 사정을 반영하는 것일 것이며 숟가락에 비하여 젓가락의 부장 빈도가 현저히 낮고 젓가락과 숟가락이 공반되는 무덤에 부장품이 비교적 풍부한 것은 젓가락이 당시에는 일반적으로 사용되지 않고 있음을 반증하는 것으로 보았다.[1]

이러한 관점 속에서 고려시대 무덤의 부장품 가운데 가장 특징적이며 한 시기를 지나며 분명한 변화를 보이는 것으로 철제 가위가 있다.

---

1 鄭義道, 2007, 「韓國古代靑銅匙箸硏究-高麗時代」, 『石堂論叢』 東亞大學校 石堂學術院, pp. 61~140

가위가 지금은 용도에 따라 다양한 형태의 가위가 쓰이고 있지만 고대에 가위는 가위 형태는 크게 분화되지 않은 채 상당히 다양한 용도로 사용되었던 것으로 보인다. 가위는 먼저 천을 잘라 의복을 만드는 가장 기본적인 도구였을 뿐만 아니라 실생활에 있어 머리카락이나 손톱이나 발톱을 다듬는데 필수 불가결한 도구로 이용되어 안방에 두고 쓰는 도구였다.

지금까지 발굴 조사된 자료를 살펴보면 삼국시대 고분에서 철제 가위가 부장된 예는 있으나 통일신라시대의 무덤에서 가위가 출토된 예는 아직 없고 고려시대에 이르러 가위를 부장하기 시작하는데 가위의 변화 양상과 원인, 그리고 부장 배경을 살펴보고자 하는 것이 이번 논문의 목적이다. 물론 이와 같은 목적 달성을 위하여 가위가 출토된 모든 고려묘를 현장과 보고서를 통하여 섭렵하고 이를 통하여 당시 사람들이 장례의식에서 가위를 부장하였던 이유를 살펴보는 것이 우선이겠지만 보고서 도면을 우선하여 논문을 작성하게 되었다. 부족한 점이 적지 않을 것이므로 독자 여러분의 많은 가르침이 있기 바란다.

가위 명칭 및 형식 분류

　우선 우리가 쓰고 있는 「철제 가위」라는 용어에 대하여 생각해보기로 한다. 사전적 정의의 가위는 〈두 날이 맞닿아 옷감·종이·가죽·털 등을 잘라 베거나 오리는 데에 쓰는 기구로 날이 엇결어 있는 2개의 다리에 각각 손가락을 끼워 벌렸다 오므렸다 하여 베는 도구(scissor)〉이다. 가위는 일반적으로 「철제 가위」 또는 「철협」이라고 하는데 철제 가위라는 용어는 철로 제작하였다는 「철제」라는 단어와 가위라는 두 가지 단어로 조합되어 있고 「剪刀」, 「鋏剪」이라고도 쓴다. 그런데 지금까지 남아 있는 가위는 대부분 철로 제작한 것이며 일부 청동이나 납으로 제작되었다. 특히 장식성이 강한 청동제 가위는 안압지 출토의 금동제 가위와[2] 황룡사 서금당지 기단토 출토 가위[4], 그리고 일본 정창원 소장의 백동전

2　중국에서는 주로 「鐵剪」이라고 쓰는데 1953년 河南 洛陽 燒泃 출토 예가 있다. 전체길이 26cm로 소흥의 한묘 출토 가위와 기본적인 형태는 같다고 하였다.〔中國歷史博物館編, 1991, 『簡明中國文物辭典』福建人民出版社〕

3　文化公報部 文化財管理局, 1978, 『雁鴨池 發掘調査報告書』〈本文編〉〈圖版編〉

4　國立慶州文化財研究所, 1982, 『皇龍寺』發掘調査報告書 Ⅰ〔本文〕〔遺物 圖版〕

자[5] 등의 3점만 알려져 있고 그나마 안압지 출토 예와 정창원 소장 가위
는 모두 장식성이 강하고 등잔의 심지를 자르는데 사용한 것일 뿐 실제
생활에 있어 옷감이나 종이를 자르는 용도로 사용된 것은 아니어서 넓
은 의미의 가위에 포함시킬 수는 있겠으나 이번에 논하고자 하는 가위
의 대상에서는 일단 논외로 하고자 한다.

어쨌든 지금까지 우리나라에서 출토된 대부분의 가위는 형태의 차
이는 있을지라도 남아 전하는 가위는 안압지 출토의 청동제와 납제 가
위의 예와 황룡사 서금당지 기단토에서 출토된 청동제 가위를 제외하면
가위는 모두 철제이다. 한자로 가위를 뜻하는 「鋏」은 「金」과 「夾」이 조합
된 것으로 「夾」자가 음을 나타내고 「金」자는 재료를 의미하는 것으로 고
대부터 가위는 철로 만들어 사용하였음을 보여주고 있는 것이 아닐까
한다. 이처럼 「鋏」이라는 한자는 이미 철을 내포하고 있는 단어이므로[6]
「鐵鋏」이라고 하거나 철제 가위라고 하는 것은 이중적 의미의 용어가 되
겠으나 학계에서 일반적으로 「鐵鋏」 또는 「鐵製 가위」라고 쓰고 있고 〈조
선시대에 이르러 가위의 날은 무쇠, 손잡이는 백동으로 하여 두 가지 재
료를 함께 사용한 경우도 있다〉 하므로[7] 이번 논문에서는 이를 따라 「鐵
鋏」 또는 「鐵製 가위」 라는 용어를 사용하기로 한다.

다음으로는 철제 가위의 각 부분 명칭에 대하여 알아보기로 한다.
가위는 기본적으로는 교차하여 마주보는 두개의 날을 엄지와 검지를 이
용하여 눌러서 천이나 종이, 털 따위를 자르는 도구이다.

이처럼 가위는 물건을 자르는 부분과 엄지와 검지를 이용하여 잡는

---

5 奈良國立博物館, 平成 14年, 『第 54會 正倉院展』, p. 59
6 일본에서는 가위를 「はさみ」라고 하고 한자로는 「鋏」이라고 쓰는데 실제 한자 표현으로는 가
   장 적확한 표현이 아닐까 한다. (岡本誠之, 1979, 『鋏』ものと人間の文化史 33 法政大學 出
   版局)
7 조효순, 「한국 바느질 도구의 풍속사적 고찰-조선시대를 중심으로-」, 『명지대학교 개교 40주
   년 기념논문 및 학술강연집』, pp. 166~167

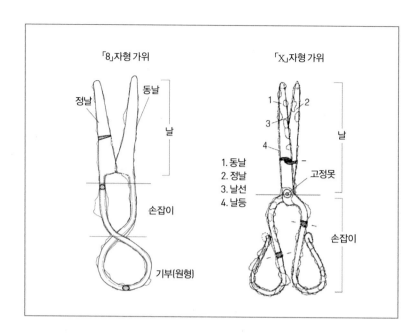

「8」자형 가위

정날　동날

날

손잡이

기부(원형)

「X」자형 가위

1　2

3

4

1. 동날
2. 정날
3. 날선
4. 날등

고정못

날

손잡이

삽도 1
가위 각 부분 명칭

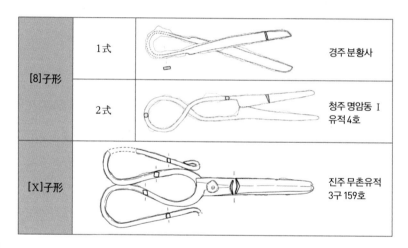

[8]子形	1式		경주 분황사
	2式		청주 명암동 I 유적 4호
[X]子形			진주 무촌유적 3구 159호

삽도 2
가위 형식분류

부분으로 나눌 수 있는데 각 부분의 명칭은 나름대로는 각각 근거가 있
겠으나 한자식 표현과 한글식 명칭이 있고 또 둘을 섞어서 사용하는 경
우도 있어 학술적인 명칭이라고 보기는 어려운 실정이다.

　이 글에서 필자는 가위 각 부분에 대한 여러 명칭을 생각해 보았으
나 간단치가 않아 현재 많이 쓰이고 있는 가위 명칭을 참고하여 「고정

못(pivot)을 중심으로 아래쪽 손잡이 부분과 위쪽 날 부분으로 나누고, 두 개의 날은 일반적으로 가위를 바로 놓고 보았을 때 왼쪽 손잡이에 엄지가 들어가는 부분을 「동날」, 검지와 나머지 손가락이 들어가는 부분을 「정날」이라고 하였다. 그리고 직접 물건을 자르는 날을 「날선」, 날의 반대쪽을 「날등」이라고 하였고 이를 그림으로 나타내면 〈삽도 1〉과 같다. 그리고 중앙에 고정못이 없이 아래에 원형의 기부가 있고 그 위로 X자로 교차되는 가위는 날등이 보이는 쪽이 정날이 되며 날 아래 부분은 모두 손잡이 부분이 되는데, 원형의 기부는 한 줄의 철판을 이용하여 서로 교차하는 날을 만들 때 피할 수 없는 부분이 되지만 물건을 자를 때에는 원형의 기부와 날 사이를 눌러 자르게 되므로 날과 기부 사이가 직접적인 손잡이가 된다.

철제 가위는 사물을 자르는 기능면을 어떻게 만드는가에 따라 나눌 수 있다. 하나의 철판을 교차시켜 날을 만드는 경우 교차점 위로 바로 날을 만드는 것 [8]자형 1식과 교차점 위로 손잡이 부분을 두고 한쪽으로 날을 만드는 것 [8]자형 2식이 있다. [8]자형-2식이 [8]자형-1식보다 사용하기에도 편리하고 날도 많이 확보할 수 있어 보다 개량된 형식으로 볼 수 있다. [삽도 2]

03 가위 출토 유적

1)삼국시대와 통일신라시대 유적

먼저 일제 강점기에 발간된 「朝鮮古蹟圖譜」에는 이왕가박물관 소장의 가위가 수록되어 있다. 그 중 「8」자형 가위 2점은 「鐵製鋏」으로 「X」자형 가위 3점은 모두 「剪刀」로 표기하였다.[도면 1] 「鋏」과 「剪刀」로 나눈 이유는 알 수 없으나 일단 형태상으로 구분되는 것은 분명하므로 당시로서는 형태에 따라 상이한 명칭으로 불렸는지 알 수 없다.

우리나라에서 철로 만든 가위가 출토된 유적 가운데 가장 시기가 이른 것 중 비교적 출토지가 분명하고 정식 보고서로 보고되어 있는 것은 양산 부부총과 경주 금령총, 김해 예안리고분 출토 철제 가위일 것이다.[8] 5세기 말경으로 편년되는 「양산 부부총」에서 출토된 가위는 보고서에 따르면 〈철제의 가위로 길이 14.2cm로 손잡이는 둥글게 구부려 철의 탄

---

8 문화공보부 문화재관리국, 1978, 『雁鴨池 發掘調査報告書』, pp. 395~399
보고서에서는 춘천 천전리고분과 현풍고분에서도 발견되었다고 하는데 확인하지 못하였다.

력을 이용하였고 날은 양방에서 마주보게 한 것이며 지금도 사용하고 있는 가위와 유사한 것이다〉라고 하였다.[도면 2-③][9] 그리고「경주 금령총」은 〈6세기 전반 경으로 편년할 수 있는데 원형의 기부 상단에 서로 교차되는 긴 날이 서로 마주보게 제작되었고 철의 탄력을 이용한 것이다〉라고 하여[도면 2-②][10] 두 유적에서 출토된 가위의 서술에 별 다른 차이가 없다. 그런데 김해 예안리 49호 석실묘의 서쪽 시상에서 주조 철부와 피장자의 두부 사이에서 철제 가위가 발견되었다. 일반적으로 하나의 철봉을 이용하여 가위를 제작하면 원형의 기부 상단에서 교차하여 양 날을 마주보게 하는데 예안리 출토 가위는 하나의 철봉을 바로 X자로 교차하도록 제작하여 물건을 자르려면 날의 상단을 바로 눌러야 하므로 전체 길이 14.3cm에 비하여 정작 자르는 날의 길이는 6cm를 넘지 않는다.[도면 5-②][11]

이외에도 삼국시대 철제 가위 출토 예를 들면 분황사탑 사리장엄구에 포함된 철제 가위 1점[12], 분황사 사역 발굴에서 출토된 철제 가위 2점[13], 황룡사 목탑지 심초석 하부에서 출토된 철제 가위 4점과 서금당지 기단토에서 출토된 청동제 가위[14], 그리고 경주 왕경유적에서 출토된 철제 가위 2점이 있다.[15] 분황사탑 사리장엄구에 포함된 철제 가위는 분황사 초창 당시의 유물로 알려져 있으나 (신라 선덕여왕 3년, 634) 사리장엄구

9   朝鮮總督府, 1927,『梁山夫婦塚と其遺物』古跡調査特別報告 第5册

10   朝鮮總督府,『慶州金鈴塚飾履塚發掘調査報告』大正十三年度 古跡調査報告 第一册
     昭和7年 <本文> <圖版>

11   釜山大學校 博物館, 1985,『金海 禮安里古墳群 I』釜山大學校 博物館 遺蹟調査報告
     第8輯 <本文><圖面 · 圖版>, 예안리에서 약 15km 떨어진 응달리 유적(석실묘 1호)에서도
     동형의 가위 1점이 출토되었다.[김상현 외, 2012,『김해 응달리 유적』고적조사보고 제 17책 ,
     한국도로공사 · 한국문물연구원]

12   國立慶州文化財研究所, 2006,『芬皇寺 出土遺物』特別展 圖錄 第2册

13   國立慶州文化財研究所, 2005,『芬皇寺』發掘調査報告書 I〔本文〕〔遺物 圖版〕

14   國立慶州文化財研究所, 1982,『皇龍寺』發掘調査報告書 I〔本文〕〔遺物 圖版〕

15   國立慶州文化財研究所, 2001,『新羅王京』發掘調査報告書 I〔本文〕〔遺物 圖版〕

에 숭녕통보((1102~1106)가 포함되어 있어 신라의 유물로 단정짓기는 어렵다.[도면 6] 그러나 고려시대의 철제 가위 가운데 분황사탑 내에서 출토된 것과 동일한 형태의 가위는 없고 분황사 사리장엄구에 포함된 바늘과 침통이 황룡사 목탑 심초석 아래에서도 출토되어 삼국시대의 가위로 보아도 무리는 없을 것 같다. 경주문화재연구소 도록에 실린 사진으로 계측한 길이는 약 7.7cm 가량으로 소형인데 사리장엄구 가운데 철제 가위가 포함된 것은 분황사탑이 유일한 예다.[도면 7] 분황사 발굴에서 출토된 2점의 가위는 원형의 기부 위에서 교차하여 날을 만든 것(길이: 20cm)과 철봉을 바로 교차하게 구부린 것(잔존: 24.8cm) 것이 있는데 전자는 고려시대 전기 것으로 편년할 수 있고 후자는 분황사 탑에서 출토된 것과 김해 예안리고분의 출토 예와도 유사하여 삼국시대의 것으로 편년할 수 있다.[도면 3-①]

신라 선덕여왕 14년(645)에 창건된 황룡사에서는 목탑지 심초석 하부에서 철제 가위 4점이 각기 다른 위치에서 출토되었고 서금당지 기단토에서는 드물게도 청동제 가위가 출토되었다. 목탑지 심초석 하부에서 출토된 4점의 가위 중 1점은 金銅板佛과 붙어 있는 상태로 출토되었으며 형태를 정확히 알 수 있는 것은 3점이며 1점은 파편이다. 크기에 있어 다소의 차이를 보이고 있으나 제작형태는 모두 동일수법으로 제작되었다. 날이 있는 몸체의 단면은 이등변 삼각형이고 원형으로 휘어진 부분은 단면 장방형이다. 전체적으로 부식이 심하다. 길이는 각각 13.1cm, 13.5cm, 10.9cm(圖版 240-3의 左 2), 잔존길이는 8.5cm이다.[도면 4-①] 서금당지에서 출토된 청동제 가위는 청동용기 속에 담겨져 출토되었으며 날의 일부가 결실되었으나 형태는 분황사 사리장엄구에 포함된 가위나 황룡사 목탑지 심초석 아래에서 출토된 것과 동일한 형태이다. 전체 길이 7.3cm이다.[도면 4-②]

이 외에도 익산 미륵사에서 출토된 가위 1점[도면 2-⑥]이 있고 평양에서 출토된 것 2점이 알려져 있다[도면 2-①②]. 미륵사지 출토 철제 가위는 서원의 승방지 기단토 상층에 자리하고 있는 후대 건물지에서 출토된 것으로 파손이 심하다. 날이 있는 부위는 안쪽 부분이 단면 삼각형에 가깝고 길이 12cm 내외이다[16]. 또한 평양에서 출토된 것은 모두 정확한 출토지가 알려져 있지 않으나 1점은 평양 대성동구역에서 출토된 것이며[17] 다른 1점은 분명치 않지만 고산리 일원의 고분에서 출토된 것으로 보이는데[18] 이 2점 모두 형태는 거의 동일하다.

한편 통일신라시대 유적에서 출토된 가위를 살펴보면 안압지와 화왕산성 집수지 출토 예와 신라왕경유적 제 7가옥에서 출토된 것이 있다. 안압지에서는 다양한 형태의 철제 가위 94점(청동제 가위 1점 별도)이 출토되었는데 이것은 단일 유적에서 출토된 가위 가운데 가장 많은 것이다.[도면5-③][19] 안압지 출토 가위는 재료에 따라 청동제 가위와 철제 가위로 나눈 다음 철제 가위는 8자형으로 교차된 것, 가위 몸을 두 번 꼰 것, 가위 기부를 원형으로 돌린 것 등으로 다시 나누었다. 그 중 가장 많이 출토된 형식은 8자형으로 쇠가 무르고 제작도 조잡한 것으로 25개에 달한다. 크기는 가장 큰 것이 14.2cm 이고 가장 작은 것이 8cm 이다. 안압지에서만 출토된 납제 가위는 4점 모두 납판을 오려 만든 것으로 그 기부는 원형으로 가운데 구멍을 뚫고 이에 날을 V자형으로 달아

---

16 文化財管理局 文化財硏究所, 1989, 『彌勒寺』遺蹟發掘調査報告書 I
　보고서에 의하면 서원의 승방지 기단토 상층에서 출토되었다고 하였으나 서원 승방지나 그 위의 건물지 축조 연대는 밝히지 않았고 다만 미륵사는 성왕의 부여 천도 이후에 조성된 것이라고 하였다. 다만 가위의 형식으로 보면 삼국시대 가위의 특징을 갖추고 있다.

17 서울대학교 출판부, 2004, 『북한의 문화재와 문화유적』 II 고구려편

18 梅原末治・藤田亮策 編著 『朝鮮古文化綜鑑』第4卷 養德社 昭和 41年

19 문화재관리국의 『雁鴨池 發掘調査報告書』에는 가위가 모두 36점이 출토되었다고 하였으나 고경희의 『雁鴨池』와 최근에 간행된 국립경주박물관의 『안압지관』 소개 책자에서는 안압지에서 출토된 가위는 철제가 3점, 납제는 모두 90점인데 납제는 형태만 갖추었을 뿐 모두 비실용적이어서 고대사회에서 제사 신앙의 주술품으로 보인다고 하였다.[고경희, 1989, 『안압지』 빛깔 있는 책들 28 ; 국립경주박물관, 2002, 『안압지관』, 대원사]

1

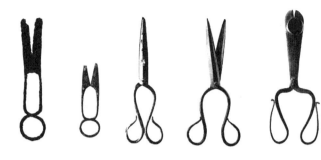

2

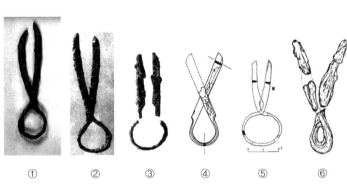

① ② ③ ④ ⑤ ⑥

3

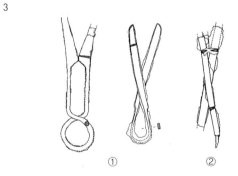

① ②

4

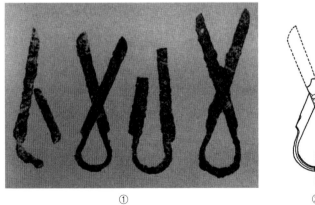

① ②

5

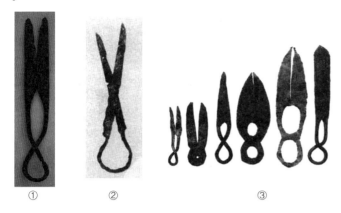

① ② ③

도면 5
①창녕 화왕산 집수지 ②김해 예안
리 49호 ③안압지
도면 6
中國 宣化遼墓
①M2 ②M5 ③M7 ④M10
도면 7
경주 분황사 사리장엄구

6

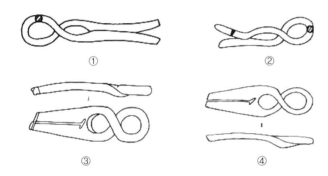

① ②

③ ④

7

가위 모습을 만들었는데 납이 무르고 그 제작이 조잡하여 비실용적인 제품으로 추정된다. 이러한 비실용적인 가위는 철제 가위가 여성의 침선도구로 사용되는 한편 주술품으로 사용되었을 가능성이 높다고 지적하였다.[20] 한편 창녕 화왕산 정상에 조성된 석축 집수지에서 출토된 1점의 철제 가위는 통일신라층(바닥층)에서 출토된 것으로 동반유물로는 철제대도, 호등, 차연, 재갈, 경통, 찰갑 등이 있다. 가위는 전장 27cm이며 원형의 기부에서 교차하여 양날을 마주보게 제작하였고 날의 길이는 10.5cm 이다.[도면5-①][21] 그리고 신라왕경 제 7가옥에서 출토된 유물번호 1599번은 집게라고 추정하였으나 청동숟가락과 같은 동반유물로 보아 일반적인 생활도구인 가위로 보는 것이 타당할 것이며 잔존 길이 12.4cm이다.[도면3-②]

　이와 같이 철제가위는 삼국시대 고분에서 출토 예가 없는 것은 아니지만 극히 일부에 불과하여 고분에 가위를 일반적으로 부장하였다고 보기는 어려운 실정이고 출토지도 고분에만 국한되어 있는 것이 아니라 건물지나 목탑의 심초석 아래에 매납되거나 사리장엄구에 포함되어 있기도 하다. 그리고 통일신라시대의 분묘에서는 아직 가위 출토 예가 없어 고려시대 분묘에서 출토되는 가위가 삼국시대 이래의 전통을 이어서 부장되었다고 보기는 어려운 실정이다. 오히려 철제 가위는 고려시대 분묘에서 가위만 부장되어 출토되는 경우도 있고 도자기나 장신구 등과 같이 출토되어 가위는 고려시대에 들어서면서 생겨난 새로운 장례풍습에서 비롯된 것으로 보는 것이 타당할 것으로 생각된다.

20　文化公報部 文化財管理局, 1978, 『雁鴨池 發掘調査報告書』<本文編><圖版編>

21　鄭義道, 2006, 「昌寧 火旺山城 蓮池研究」, 『韓國城郭學報』 第9輯

2) 고려시대 유적

(1) 경기도

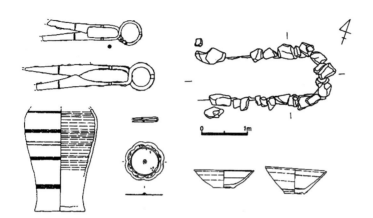

도면 8
용인 마북리 3호 석곽묘 출토유물

a. 용인 마북리유적[도면 8][22]

용인 마북리유적에서는 토광묘 3기, 석곽묘 4기가 조사되었는데 이중 철제 가위가 출토된 것은 토광묘 3호와 석곽묘 1호이다. 3호 토광묘는 잔존 길이 213cm, 너비 88cm, 깊이 25cm이며 유물은 동곳 1점과 유리구슬 21점이 동단벽에서, 청자대접과 청동발, 청동대접, 청동숟가락, 동전은 남장벽에서, 토기 유병과 동경 1점, 그리고 철제 가위가 발치쪽에서 출토되었다. 또한 1호 석곽묘에서는 철제 가위 1점만 출토되었다. 이 두 철제 가위는 형태가 비슷한데 손잡이가 모두 원형으로 동반되는 유물로 보아 12세기 정도에 편년되는 것이다.

---

22 경기도박물관 · ㈜정광종합건설, 2001,『용인 마북리 고려고분』경기도박물관 유적조사보고 제5책

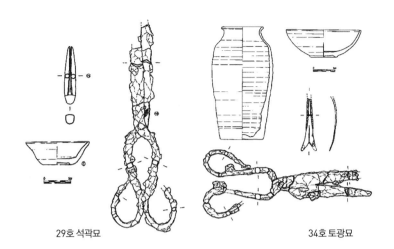

도면 9
안산 대부도 육곡 29·34호 출토유물　　　　　　　29호 석곽묘　　　　　　　　　　34호 토광묘

b. 안산 대부도 육곡 고려고분군[도면 9][23]

안산 대부도 육곡 고려고분군에 대한 발굴조사는 2차에 걸쳐 이루어졌으며 석곽묘 10기와 토광묘 37기가 확인 조사되었다. 석곽묘는 등고선과 직교하게 조성되어 능선 정상부를 향하고 있다. 석곽은 석곽의 최하단을 길이 50cm 이상 되는 석재로 가로쌓기 하였고 2~3단은 길이 20~30cm 크기의 석재를 이용하여 벽면을 조성하였다. 석곽묘에서 출토된 유물은 7호에서 주름무늬병, 청자유병, 청자접시, 철제 가위편이 출토되었고 9호에서는 백자광구병, 청자양인각모란문대접, 청동편 등이 출토되었다. 그리고 토광묘는 대부분 적색점토층을 수직으로 굴토하여 묘광을 조성하였으며 바닥에는 별다른 시설을 하지 않았다. 토광묘는 모두 목관을 사용하였으며 두향은 장축방향이 등고선 방향과 직교하는 구릉 정상부 방향으로 조성하였다.

그런데 육곡 고려고분에서 조사된 토광묘는 모두 외부 묘역이 설치되어 있는 유형 중 묘광 전면에 석단 혹은 석렬을 배치하고 있어 모두

23　안산시 · 한양대학교 박물관, 2002, 『안산 대부도 육곡 고려고분군 발굴조사보고서』 한양대학교 박물관총서 제51집 ; 안산시 · 한양대학교 박물관, 2006, 『안산 대부도 육곡 고려고분군 Ⅱ』 한양대학교 박물관총서 제64집

13세기 이후에 조성된 것으로 볼 수 있다고 하였다. 유물은 두위에서, 발치부에서, 북장벽 부근에서, 묘광 중앙 부근에서 출토되었으며 청자와 청동숟가락, 청동젓가락, 동곳, 철제 가위, 철제 삽날, 철제 도자 등이 있다. 한편 철제 가위는 7호 석곽묘에서 청자접시, 청자유병, 주름무늬병, 동곳 등과 함께 출토되었으나 원형의 기부만 남아 있고, 29호 토광묘에서는 청자접시, 청동분합 등과 함께 출토되었다. 34호 토광묘에서는 청자대접과 편병, 청동숟가락과 함께, 35호 토광묘에서는 토기병, 청자대접, 청자접시, 청동숟가락 등과 함께 철제 가위가 출토되었다.

(2) 충청도

a. 충주 수룡리유적[도면 10][24]

고려시대 석곽묘 2기와 토광묘 1기가 조사되었다. 조사된 석곽묘 2기 모두 출토유물로 보아 고려시대로 편년되며 장축 방향이 동서향으로 등고선과 직교 되고 크기는 각각 260cm×65cm, 300cm×55cm 가량이며 평면 장방형이다. 석곽묘에는 시상이 설치되지 않았고 바닥면에서 토기병, 광구병, 청자잔, 청자대접, 청동숟가락, 철제 손칼 등이 출토되었다. 토광묘는 모두 40기가 조사되었는데 그 중 고려시대로 편년되는 것은 7호뿐이다. 토광의 장축은 동서향으로 석곽묘와 동일하고 크기는 228cm×80cm 로 평면 장방형이다. 출토유물은 청동발 2점, 청동숟가락, 철제가위 각각 1점이 발견되었다.

---

24 중앙문화재연구원 · 한국도로공사, 2002, 『중부내륙고속도로 및 충주지사건설공사부지내 충주 수룡리유적』 발굴조사보고 제12책

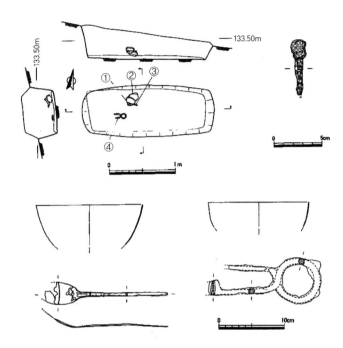

도면 10
충주 수룡리 토광묘 7호 출토유물

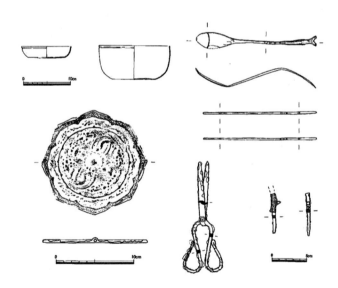

도면 11
옥촌 옥각리 토광묘 출토유물

b. 옥천 옥각리유적[도면 11][25]

옥각리유적에서는 모두 105기의 토광묘가 조사되었는데 그 중에서 가위가 출토된 것은 20호, 44호, 53호, 101호, 102호 등 모두 5기이다. 44호는 동반유물이 없고 20호와 53호는 동반되는 청동숟가락이나 도자기 등으로 미루어보아 조선시대 전기에 편년되는 것이고 고려시대로 편년되는 것은 101호와 102호이다. 그 중 102호에서는 토기병 3점, 청동합 2점, 청동수저 1벌, 원앙문팔능경 1점과[26] 함께 철제 가위가 출토되었는데 고려말 조선초로 편년할 수 있고 101호는 102호보다는 조금 늦겠지만 동반유물로 보아 그리 큰 차이는 없을 것으로 보인다. 그리고 가위가 출토되지는 않았으나 인접한 104호의 청동숟가락과 청동합으로 미루어보아 101호와 102호와 거의 같은 시기에 조성된 것으로 볼 수 있다.

c. 청원 마산리유적[27]

청원 마산리유적에서는 석곽묘 2기와 토광묘 20기가 조사되었다. 이 중 고려시대에 조성된 것은 석곽묘 2호와 토광묘 3호, 4호, 9호, 11호, 12호, 13호, 14호, 15호, 16호, 18호, 19호이다. 이들은 대부분 12세기 중반경에 편년되는 것으로 철제 가위가 출토된 예는 13호와 16호이며 13호는 가위만 출토되었다. 가위는 모두 인부가 결실되어 상태가 좋지 못하지

---

25 중앙문화재연구원 · 한국도로공사, 2002, 『경부고속도로[옥천-증약간] 확장공사구간내 옥천 옥각리유적』 발굴조사보고 제17책

26 팔각의 「서화원앙팔릉형경」은 내구는 팔릉형의 계권대를 두르고 중심에서는 뉴를 감싸고 원권대를 돌린 다음 연주문대로 다시 감싸는 형식의 것을 말한다. 충북 음성군 소이면 대장리 출토의 「원앙당초문팔릉형경」이 이 형식에 속하며 청자대접, 청자잔, 청동접시, 청동병, 청동숟가락 등이 동반 출토되었다. 강원도 춘천시 석사동에서 출토된 「원앙당초문팔능형경」은 회청자병, 회청자철회당초문병, 청자접시, 철제가위, 철제보습 등이 동반되었다. (이난영, 2003, 『고려경 연구』, 도서출판 신유, p.143) 그런데 102호 출토의 원앙문팔능경은 고려시대 중기로 편년되는 전성기의 것은 아니고 고려말 경으로 편년되는 것이다.

27 중앙문화재연구원 · 충청북도, 2005, 『청원 대율-세교간 도로공사구간내 청원 대율리 · 마산리 · 풍정리유적』 발굴조사보고 제68책

만 원형의 손잡이에서 X자로 교차하여 평행하게 뻗어 있다. 인부의 단면은 이등변삼각형이며 손잡이의 단면은 말각방형에 가까운 원형이다.

d. 청주 용암유적[도면 12, 13][28]

청주 용암유적에서 조사된 고려시대의 분묘는 모두 260기에 이르고 800여 점의 자기 및 금속유물 등 다양한 유물이 출토되어 고려시대 분묘연구에 대표적인 유적으로 자리매김하였다. 이 유적에서는 모두 27점의 철제 가위가 출토되었는데 그 가운데 금천동 Ⅱ-1유적 26호와 137호에서만 조선시대의 백자 또는 청동숟가락과 함께 출토되었을 뿐 나머지는 모두 고려시대의 청자, 청동숟가락, 청동거울, 청동발, 청동접시, 중국동전 등과 함께 출토되었다. 이 유적은 한 묘역에서 고려시대 철제 가위가 가장 많이 출토된 유적이기도 하지만 고려시대와 조선시대 분묘군을 통틀어 철제 가위가 가장 많이 출토된 유적이기도 하다. 고려시대로 편년되는 유적에서 출토된 가위는 모두 원형의 기부가 있는 것으로 기부 상단에서 X자로 교차한 다음 양 날은 마주 보면서 평행하게 이어진다. 비교적 잔존 상태가 양호한 것을 중심으로 크기를 살펴보면 전체 길이는 27cm 전후가 주류를 이루지만 큰 것은 32cm에 이르는 것도 있고 손잡이의 지름은 대개 6cm 내외이다.

e. 청주 명암동유적(Ⅰ)[도면 14][29]

고려시대 분묘 10기가 조사되었다고 보고하였다. 유물이 출토된 것은 1호, 3호, 4호, 10호인데 철제 가위는 2점 출토되었다. 1호에서는 「丹山烏」명 먹과 함께 경원통보, 원우통보 등의 중국 동전, 「濟肅公妻世亡

---

28   한국문화재보호재단 · 한국토지공사, 2000, 『청주 용암유적[Ⅱ]』 학술조사보고서 제74책

29   국립청주박물관 · 청주시, 2000, 『청주 명암동유적(Ⅰ)』-1998년도 발굴조사보고서-학술조사보고서 제5책

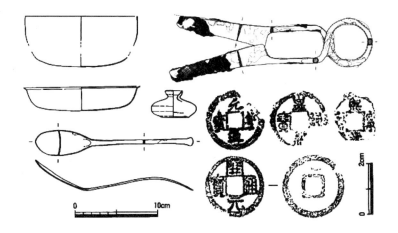

[55호 토광묘]

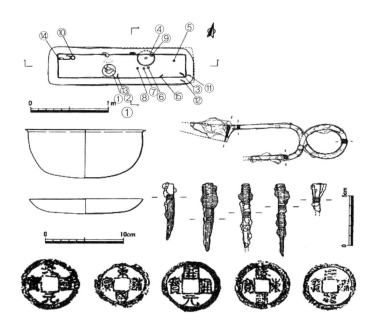

[57호 토광묘]

도면 12
금천동Ⅱ-1유적 55호, 57호
토광묘 출토유물

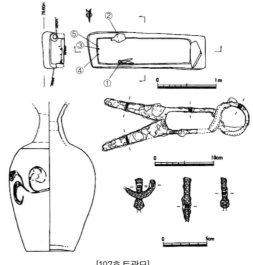

[107호 토광묘]

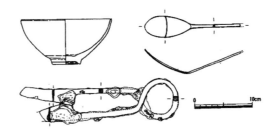

[167호 토광묘]

[176호 토광묘]

도면 13
금천동Ⅲ-1유적 107호, 167호, 176호
토광묘 출토유물

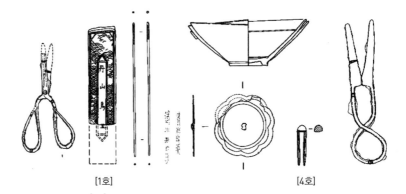

[1호]   [4호]

도면 14
청주 명암동 유적(Ⅰ) 1호, 4호
출토유물

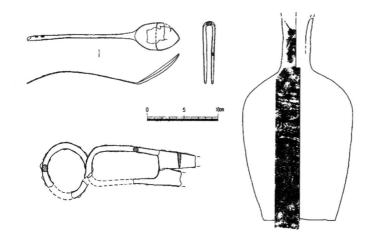

도면 15
청주 명암동 유적(Ⅱ) 19호
출토유물

子」명 젓가락, 철제 가위 등이 출토되어 유구가 13세기 중반 경으로 편
년될 수 있고 4호에서는 청자대접, 청동경과 함께 철제 가위가 출토되
었다. 1호에서 출토된 가위는 날 아래에 못을 박아 X자로 교차 시킨 것
이고 4호 출토 가위는 원형의 기부 상단에서 교차하여 날을 마주 보게
제작한 것이다.

f. 청주 명암동유적 Ⅱ [도면 15][30]

토광목관묘는 A구역에서만 확인되었는데 주능선과 주능선에서 북
쪽으로 약하게 흐르고 있는 가지 능선 사이에 위치하며 평면형태는 장
방형으로 등고선과 직교한다. 조사된 토광묘 29기 가운데 고려시대로
편년되는 유구는 4-1호, 8호, 10호, 12호, 13호, 16호, 17호, 19호, 21호,
23호, 24호, 25호, 27호, 28호, 29호가 있고 그 중 철제 가위가 출토된
것은 19호이다. 가위는 원형의 기부 위로 손잡이와 날이 일부 남아 있고
동반되는 토기병이나 청동숟가락 등으로 미루어 보아 12세기 전반 경으

---

30 국립청주박물관 · 청주시, 2001, 『청주 명암동유적(Ⅱ)』-1999년도 시굴 및 발굴조사보고서-
    학술조사보고서 제 6책

로 편년할 수 있는 것이다.

g. 공주 봉암리유적(I)[31]

공주 봉암리유적에서는 모두 26기의 석곽묘가 확인되었다. 이들은 모두 석곽의 배치가 등고선과 직교하기 때문에 모두 통일신라시대 이후에 조성된 것으로 볼 수 있는데 출토유물로 보아 9호와 16호는 통일신라시대 석곽묘로 볼 수 있고 3호, 6호, 7호, 10호, 19호, 20호, 23호, 25호, 26호는 고려시대 중기 이전에 조성된 것으로 볼 수 있다. 한가지 지적해 둘 것은 유물의 내용이 풍부한 7호, 10호, 19호, 23호 가운데 석곽의 길이는 290cm(10호, 23호), 400cm(19호)로 차이가 많이 나는데 위치나 출토 유물의 내용, 그리고 시기차가 분명한 것은 아니기 때문에 그 원인을 알기가 쉽지 않다. 그리고 청자나 청동숟가락이 출토되는 고려시대 분묘 가운데 석곽묘는 동일한 내용의 유물이 출토되는 토광묘보다 비교적 시기가 빠른 것으로 알려져 있는데 이 유적에서 철제 가위는 한 점도 출토되지 않아 철제 가위를 부장하는 풍습이 시기적인 요소가 강한 것인지 또는 지역적인 요소가 강한 것인지를 생각하게 하는 유적이라고 생각한다.

h. 화지산유적[도면 16][32]

화지산은 부여읍의 남쪽에 위치한 산으로 서쪽에는 궁남지가 인접하고 군수리사지와 동남리사지가 궁남지의 서쪽 150m 정도에 위치하고 있는 한편 부소산의 정남이고 부여읍의 중심지와 매우 근접한 유적이

---

31 충청매장문화재연구원 · 대전지방국토관리청,『공주 송곡 · 봉암리유적』충청매장문화재연구원 문화유적 조사보고 제22집, pp. 19~87

32 국립부여문화재연구소 · 부여군, 2002,『화지산유적발굴조사보고서』국립부여문화재연구소 학술연구총서 제31집

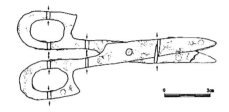

도면 16
화지산 유적 출토 가위

다. 화지산에서 발견된 유구는 건물지 9기, 석곽묘 또는 석실분 12기, 토광묘 또는 민묘 18기, 옹관묘 1기, 추정 건물지 유구 7기, 목책 유구 1기, 배수구 1기 등이 있다. 그 가운데 [다]지구 석곽묘 3기, 토광묘 7기가 확인되었는데 그 중 조성 시기를 추정할 수 있는 토기병과 녹청자 등의 유물이 출토된 것은 석곽묘 5호, 토광묘 6호와 7호이다. 토광묘 1호에서는 철제 가위 1점이 인골과 함께 출토되었다. 전체 외형은 「X」자형으로 고려 이후의 전형적인 가위 형태를 하고 있다. 가위 날은 끝이 뾰족하게 긴 세모꼴로 만들어졌으며 가위 등과 가위 날 사이에 능선이 없이 평편하게 제작되었다.[33]

(3) 전라도

a. 수천리 고려고분군[도면 17][34]

수천리 고려고분군에서는 고려시대의 석곽묘 53기, 고려와 조선시대 토광묘 37기, 조선시대 석관묘 5기, 회곽묘 3기 등 모두 98기의 고분이 조사되었는데 대체적으로 보아 토광묘보다 석곽묘가 먼저 조성된 것

---

33 이 철제가위는 동반유물이 없어 고려시대에 제작되었다고 단정짓기는 어렵다. 다만 고려시대나 조선시대의 분묘가 대부분 군집하는 경향을 보이는 것은 사실이고 [다]지구 분묘에서 시기를 알 수 있는 유물이 출토되는 것은 모두 고려시대 중기 정도에 편년되는 것이므로 우선 고려시대의 것으로 편년하기로 하고 소개한 것이다.

34 원광대학교 마한 · 백제문화연구소 · 진안군 · 한국수자원공사, 2001, 『수천리고려고분군 외』진안 용담댐 수몰지구내 문화유적 발굴조사보고서 V, 유적조사보고 제41책

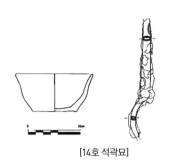

[14호 석곽묘]

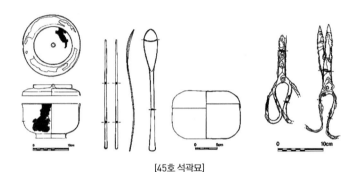

도면 17
진안 수천리 14호, 45호 석곽묘
출토 유물

[45호 석곽묘]

으로 볼 수 있다. 이들은 모두 단장을 원칙으로 하며 2호와 7호만 등고선과 평행하며 나머지는 모두 등고선과 직교하는 남북향을 하고 있다. 석곽묘 중에서 철제 가위가 출토된 것은 1호, 14호, 45호 등인데 1호는 동반 유물이 없고 45호에서는 특이하게도 철제 가위 2점이 청동합, 청동수저와 함께 출토되었다. 토광묘 가운데 철제 가위가 출토된 것은 21호인데 길이 240cm, 너비 60cm, 깊이 104cm 정도이며 동반 유물은 없다.

b. 광주 쌍촌동 목관묘[도면 18][35]

광주 쌍촌동에서는 고려 · 조선시대의 분묘 석실묘 5기와 목관묘 5

35   전남대학교 박물관 · 광주광역시도시공사, 1999, 『광주 쌍촌동주거지』

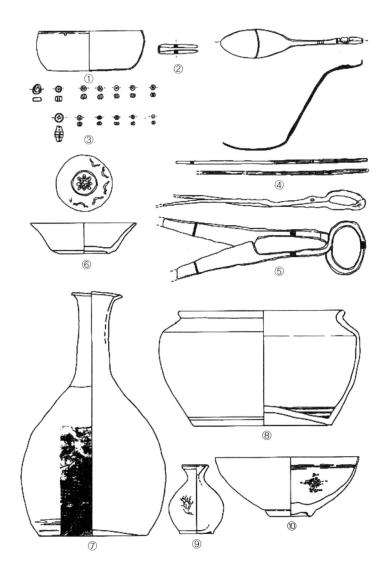

도면 18
광주 쌍촌동 목곽묘 2호 출토 유물

기, 회격묘 1기가 조사되었다. 목관묘 2호, 3호, 4호는 출토 유물로 보아
거의 동시기에 조성된 것으로 보이는데 2호와 4호에서 같이 보이는 청
자접시는 12세기 후반에서 13세기 전반 경으로 2호에서 같이 출토되는
철제 가위의 편년에 참고가 된다.

(4) 경상도

a. 진주 무촌유적[도면 19][36]

진주 무촌유적에서는 모두 4기의 고려시대 토광묘가 보고되었다. 구릉의 서사면과 동사면에 위치하며 묘광은 평면 장방형으로 묘광은 1구 114호가 가장 크고(228cm×139cm) 나머지 3기(1구 143호, 159호, 3구 159호)는 길이 180cm 내외, 너비 85cm 내외이다. 출토유물은 곡옥, 구옥, 동전(정화통보, 황송통보, 천성원보, 성송원보, 원풍통보, 상부원보), 청동제 완, 청동숟가락, 청동거울 등이 출토되었는데 1구 114호와 3구 159호에서 각각 철제 가위 1점이 출토되었다. 1구 114호에서 출토된 철제 가위는 봉부가 결실되고 손잡이의 반 이상이 결실된 것으로 철봉 2줄을 늘려서 각각 손잡이와 날을 만들고 날 하단에 못을 박아 결합하였다. 날은 가운데 세로 방향의 능을 두고 단면 [ㅅ]자형으로 얇게 단조하였으며 손잡이의 단면은 말각방형이다.

b. 사천 봉계리 고려~근대묘[37]

사천 봉계리 삼국시대 집락이 위치한 구릉에서 15기의 고려~근대묘가 조사되었다. 이중 보고서에 따르면 고려묘는 청자가 출토된 7호, 11호, 23호 등인데 23호에서는 철제 가위도 함께 출토되었다. 그런데 7호와 11호에서 출토된 청자접시는 기형이나 굽의 모양으로 보아 백자로 보는 것이 타당하겠다. 그리고 23호에서는 청자와 백자가 같이 출토되었다고 보고하였으나 백자와 청자가 같이 특수한 상황이 아니라면 청자와 백자가 같이 출토된다는 것은 이해하기 어렵고 여기서는 조선 초기에 제작

---

36 경남고고학연구소, 2004,『진주 무촌-고려 · 조선묘군(Ⅰ)』
37 경남고고학연구소, 2002,『사천 봉계리 삼국시대 집락』

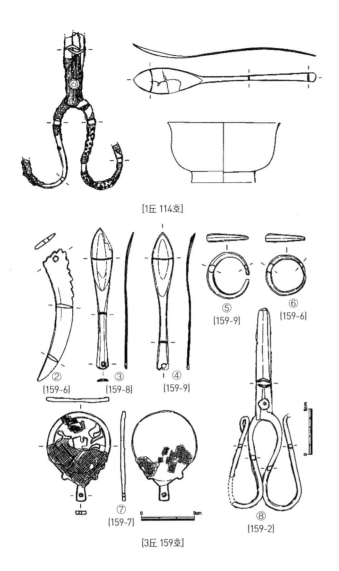

[1도 114호]

⑤
[159-9]

⑥
[159-6]

②
[159-6]

③
[159-8]

④
[159-9]

⑦
[159-7]

⑧
[159-2]

[3도 159호]

도면 19
진주 무촌 분묘 출토 유물

된 푸른 빛이 도는 백자를 청자로 오인한 것으로 보인다.[38] 그러므로 사
천 봉계리유적에서는 고려시대의 철제 가위는 출토되지 않았고 조선시
대의 철제 가위가 3점 출토되었다고 할 수 있다.

38 김윤희, 2004, 「경남지역 조선전기 백자연구-하동 백련리 출토 백자를 중심으로-」, 동아대학
교 대학원 고고미술사학과 석사학위 논문 ; 국립진주박물관, 2004, 『조선, 지방사기의 흔적』

c. 기장교리유적[39]

기장 교리유적에서는 모두 27기의 고려~조선시대의 토광묘가 조사되었으나 청자대접, 도기 병, 청동숟가락 등의 출토유물이 고려시대의 것이 분명한 것은 1호묘 뿐이고 철제 가위는 출토되지 않았다.

d. 울산 효문동 율동유적 III[40]

고려시대 이후의 분묘는 풍화암반층을 굴착하고 조성하였다. 묘의 장축은 대부분 등고선과 직교하며 능선 방향과 일치하고 있다. 출토유물의 위치로 미루어보아 침향은 모두 구릉의 정상부를 향하며 바닥은 암반면을 그대로 이용한 것이 대부분이다. 유물의 부장양상은 충진토 위나 목관 상부, 묘광 바닥, 감실, 시신 주변 등 다양하다. 모두 110기의 토광묘 가운데 고려시대에 조성된 것으로 볼 수 있는 예는 상감청자국화문발, 청자병 등이 출토된 66호, 91호, 94호 뿐이다. 철제 가위는 39호, 55호, 71호에서 출토되었으나 55호와 71호는 가위만 출토되어 정확한 시기를 알기 어렵고 39호에서는 동경과 함께 출토되었으나 동경에 별다른 문양이 남아 있지 않아 고려시대의 것으로 단정 짓기는 어렵다.

e. 고령 지산동 고려분묘[도면 20][41]

고려 석곽묘는 묘광을 파서 벽석을 쌓은 후 자기나 청동유물을 부장한 경우이며 모두 12기가 확인되었다. I 지구에서는 3기의 석곽묘가 조사되었는데(37호, 41호, 43호) 석곽묘의 평면 형태는 장방형이며 너비 120~160cm 로 비교적 넓으며 길이는 훼손되어 잘 알 수 없다. 유물은

39   복천박물관, 2006, 『기장 교리유적』 복천박물관 학술연구총서 제22집

40   울산문화재연구원, 2006, 『울산효문동율동유적III』 석곽묘 외 <본문><도판>

41   영남문화재연구원, 2006, 『고령 지산동고분군 VI-고려ㆍ조선분묘』 영남문화재연구원 학술조사보고 제112책

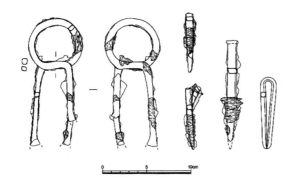

도면 20
고령 지산동 Ⅰ-3호 출토 유물

Ⅰ-43호에서 연화문청자완 1점과 다면옥, 환옥이 출토되었다. 그리고 Ⅱ지구에서 조사된 9기는 능선의 중상위에 등고선 방향과 직교하여 배치하되 장단비가 1.5:1~2.0:1 내외인 것과 2.0:1 이상인 것으로 나눌 수 있다.(10호, 11호, 13호, 15호, 16호, 17호, 18호, 19호, 20호) 유물은 종지와 접시, 대접 등의 자기류 10점, 단경호와 병 등의 토기류 4점, 청동숟가락, 동곳, 관정 등의 금속류 32점이 출토되었다.

이 유적에서 보고자는 모든 석곽묘를 고려시대로 보고 있는데 Ⅰ-42호에서는 분청자가 출토되어 고려시대로 보기는 어렵고 Ⅰ-37호는 유물이 출토되지 않아 단정할 수 없어서 실제로 Ⅰ지구에서 고려시대의 석곽묘는 Ⅰ-43호뿐인 것 같다. 또한 Ⅱ지구에서 조사된 석곽묘 가운데 보고자는 10호, 11호, 15호, 18호, 20호에서 백자가 출토되고 있음에도 고려시대의 석곽묘라고 분류하였는데 문제점이 없지 않다고 본다. 그리고 고려시대 석곽이라는 16호에서는 청동숟가락 1점만 출토되었는데 필자의 편년에 의하면 조선시대에 제작되었다고 볼 수 있는 것이다. 석곽묘와 토광묘가 혼재할 경우 대개 석곽묘가 토광묘보다 시기가 빠른 것이 일반적이기는 하지만 조선시대에 들어서도 석곽묘를 조성하는 경우는 김해 덕산리 경우처럼[42] 적지 않은 예가 보고되어 있으므로 참고해

---

42 심봉근 · 박광춘, 1995, 『김해덕산리민묘군』 고적조사보고 제23책, 동아대학교 박물관

볼만하다. 어쨌든 고려시대의 것으로 편년된 석곽묘에서 출토된 철제 가위는 한 점도 없다.

다음으로 토광묘인데 Ⅰ지구에서 17기, Ⅱ지구에서 10기가 확인되었다. 조사 결과를 정리한 표에 따르면 Ⅰ지구 고려시대 토광묘는 8호, 15호, 18호, 20호, 22호, 23호, 24호, 25호, 26호, 28호, 32호, 34호, 35호, 36호, 38호, 44호, 45호인데 이 가운데 백자가 출토된 유구는 8기(8호, 15호, 20호, 26호, 32호, 38호, 44호, 45호)에 이른다. 그리고 Ⅱ지구 고려시대 토광묘는 2호, 4호, 6호, 7호, 9호, 14호, 23호, 24호, 25호, 26호인데 이 가운데 백자가 출토된 유구는 9기(2호, 4호, 6호, 9호, 14호, 23호, 24호, 25호, 26호)에 이르고 아무것도 출토되지 않은 유구(7호)도 있어 어떤 기준으로 고려시대와 조선시대를 나누고 있는지 알 수 없다. 한편 철제 가위가 출토된 유구는 Ⅰ-3호 토광묘, Ⅰ-10호 토광묘, Ⅱ-8호 토광묘, Ⅱ-22호 토광묘 등이 있는데 그 중 Ⅰ-3호 토광묘에서 출토된 철제 가위는 원형의 기부와 손잡이 일부가 남은 것으로 고려시대로 편년되는 것이다.[43]

f. 대구 봉무동고분군[44]

조사지역은 모두 Ⅰ·Ⅱ·Ⅲ구역으로 나뉘는데 고려시대 석곽묘와 목관묘는 Ⅱ구역에서는 석곽묘 2기, 토광묘 3기, Ⅲ구역에서는 석곽묘 1기가 확인되었다. 석곽묘 3기의 묘광은 길이 210~240cm 내외, 너비 120cm 내외이며 깊이는 50cm 정도이고 목관묘의 묘광은 길이 250cm, 너비 105cm, 깊이 35~75cm 정도이다. 장축은 모두 등고선 방향과 직교하며 바닥면에는 별다른 시설 없이 암반면을 그대로 사용하였다. 출

---

43 Ⅰ-3호 토광묘는 Ⅰ-4호에 의해 파괴되었는데 Ⅰ-4호에서 출토되는 청동숟가락은 조선시대 전기로 편년되는 것이므로 Ⅰ-3호 토광묘는 자연히 조선시대 전기 이전에 조성된 것이 증명된다고 하겠다.

44 영남문화재연구원, 2006, 『대구 봉무동고분군』 대구 영신초·중·고 이전부지내 영남문화재연구원 학술조사보고 제104책

토유물은 청자접시, 관정, 청동완, 청동숟가락 등이 있는데 대부분 14세기 중반 이후에 편년되며 철제 가위는 출토되지 않았다.

g. 김천 모암동유적 Ⅱ[45]

김천 모암동유적에서는 6기의 고려시대 석곽묘(5호, 6호, 8호, 11호, 13호, 14호)가 확인되었다. 묘광은 대체로 등고선과 직교하게 북동향, 또는 북서향을 하고 있으며 크기는 길이 200~260cm 내외, 너비 80~100cm 내외가 주종을 이루며 남아 있는 깊이는 일정하지 않으나 80cm 내외가 많다. 출토유물은 병, 청동발, 청동접시, 청동 숟가락 등이 있는데 8호에서는 아무런 유물도 출토되지 않았고 철제 가위는 한 점도 출토되지 않았다. 그리고 토광묘 64기가 조사되었는데 고려시대로 편년되는 것은 한 기도 없어 석곽묘와 토광묘가 한 묘역에 조성되었을 때 일반적으로 토광묘보다는 석곽묘가 빠른 시기에 조성되었음을 보여 주었고 이 가운데 조선시대의 철제 가위는 모두 9점이 출토되었다.

h. 김천 용전리 · 초곡리토광묘[46]

용전리유적(나 지구)에서 조사된 토광묘는 모두 9기이며 이 가운데 출토유물로 보아 고려시대에 조성된 것은 14호 토광묘이다. 묘광의 장축 방향은 등고선과 직교하는 북-남향이며 크기는 길이 252cm, 너비 82cm, 깊이 86cm 정도이며 목관선은 길이 186cm, 너비 47cm, 깊이 12cm 정도로 확인되었다. 유물은 청자대접 1점, 청자접시 2점, 청자잔 2점, 청동수저 한벌이 출토되어 12세기 후반 경으로 편년되며 철제 가

---

45 영남문화재연구원 · 한국고속철도건설공단, 2003, 『김천 모암동유적Ⅱ』 영남문화재연구원 학술조사보고 제57책

46 중앙문화재연구원 · 부산지방국토관리청, 2005, 『김천 용전리 · 초곡리유적』 김천시 관내국도대체우회도로(농소-어매) 건설구간내 발굴조사보고 제58책

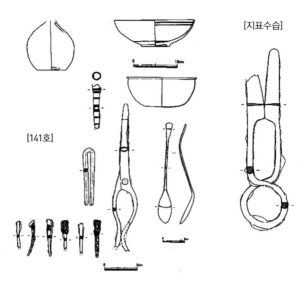

[지표수습]

[141호]

위는 출토되지 않았다. 그리고 인접한 초곡리유적에서 44기의 토광묘가
조사되었는데 모두 8기에서 백자와 청동합, 청동숟가락 등이 출토되어
조선시대 전기에 조성된 것임을 보여주었다.

i. 상주 성동리고분군[도면 21][47]

상주 성동리고분군에서 조사된 172기의 고분 가운데 고려시대와 조
선시대의 석곽묘와 토광묘는 25기이며 이들의 묘광 조성 방향은 모두
등고선과 직교하여 앞 시기의 고분과 구별된다. 묘광의 크기는 길이가
210cm 내외인 것과 180cm 내외인 것으로 나눌 수 있고 너비도 80cm
내외와 60cm 내외로 나눌 수 있으나 출토 유물의 내용이나 위치에서
분명한 구별이 있는 것은 아닌 것 같다. 출토유물로 보아 고려시대에 조

47　한국문화재보호재단 · 한국도로공사, 1999, 『상주 성동리고분군』-본문 · 도면 · 사진- 학술
　　조사보고 제40책

성된 것이 분명한 것은 광구병과 청동숟가락이 출토된 47호 석곽묘와
청자사발, 청동숟가락, 청동합, 병, 동곳, 철제 가위 등이 출토된 141호
토광묘 뿐이다.[48] 성동리고분군에서 출토된 철제 가위는 모두 3점(지표수
습 1점 별도)인데 그 51호와 84호에서 출토된 가위는 백자와 함께 출토되
어 조선시대 제작임을 쉽게 알 수 있어 고려시대 제작된 가위는 141호
출토 예가 유일하다. 이 가위는 손잡이의 일부가 결실되었으나 고정못
을 중심으로 할 때 손잡이와 날의 길이는 각각 12cm 정도로 비슷하다.
한편 지표 수습된 가위는 손잡이가 원형으로 지름 6.6cm 정도이며 손
잡이 중앙에서 X자로 교차되면서 올라간다.

---

48 토광묘나 석곽묘 가운데 숟가락이나 철제 관정만 출토되거나 아무런 유물도 출토되지 않은 분
묘 중에 물론 고려시대에 조성되었던 것도 있을 것이나 지금으로서는 알아 볼 길이 없어 일단
논외로 한다. 이처럼 조성시기가 확인되지 않은 경우가 토광묘나 석곽묘 가운데 상당수를 차
지하기 때문에 특정한 유물이 부장된 경우와 그렇지 않은 경우를 나누어 볼 때 정확한 통계치
를 내기가 어렵다는 점도 이 방면의 연구에 난점이 되기도 한다.

표 1 고려시대 철제 가위 출토유적 [단위 : cm, (잔) : 잔존]

유적명	유구명	크기			장축향	출토 유물	출토위치 크기 및 가위형식
		길이	너비	길이			
용인 마북리 유적	토광묘 3호	213	88	25	동-서	청동발, 청자대접, 청동순가락, 동경, 동곳, 동전, 토기병, 유리구슬, 철제 가위	발치, 26.6cm, 「8」자형
	석곽묘 1호	302	152	82	동-서	철제 가위	석곽 상부, 22.3cm, 「8」자형
안산 대부도 육곡 고려고분군	석곽묘 7호	197	80	72~30	남동-북서	청자접시, 주름무늬병, 청자유병, 동곳, 철제 가위, 구슬, 관정	북동벽 부근, 원형 기부 5.6cm, 「8」자형
	토광묘 29호	231	74	80~50	동-서	청자접시, 동곳, 청동분함, 철제 가위, 구슬, 관정	두위, 21.9cm(잔), 「X」자형
	토광묘 34호	230	80	43~45	동-서	편병, 청자대접, 청동순가락, 철제 가위	두위, 23.5cm, 「X」자형
	토광묘 35호	226	78	34~16	동-서	토기병, 청자대접, 청자접시, 청동순가락, 동곳, 철제 가위, 관정	두위, 21.5cm, 「X」자형
청주 명암동(Ⅰ)	토광묘 1호	250	80	80~40	남서-북동	먹, 철제 가위, 「齊肅公妻望世子」명 청동젓가락, 동전(경원통보 등 4점), 관정	북동쪽(두위), 27.4cm,「X」자형
	토광묘 4호	208	62	80~40	동-서	청자대접, 동경, 은제동경, 철제 가위, 동전(순화원보 등 6점), 관정	동벽(두위), 7.4cm, 「8」자형
청주 명암동(Ⅱ)	토광묘 19호	40(잔)	47	6	동-서	토기병, 청동순가락, 은곳, 철제 가위, 관정	불명, 19.6cm, 「8」자형
청주 용암유적(Ⅱ) 금천동Ⅱ-1	토광묘 12호	220	64	61	동-서	개원통보 4점, 철제 가위, 관정	남쪽(두위), 25.6cm, 「8」자형
	토광묘 16호	150(잔)	67	38	북북동-남남서	청자발, 철제 가위, 관정	동북쪽(두위), 7.9cm(잔), 「8」자형
	토광묘 26호	78(잔)	68	45	북북동-남남서	백자접시2점, 분청사기접시, 청동합, 청동순가락, 청동젓가락, 철제 가위, 구슬, 관정	북쪽 모서리(발치), 9cm(잔), 「X」자형
	토광묘 30호	204	74	28	북동-남서	청자접시, 청동기명, 청동순가락, 철제 가위, 동곳, 동전(개원통보 등 3점), 관정	보강토, 20cm, 「8」자형
	토광묘 38호	190(잔)	59	18	북동-남서	유희동자문경, 철제 가위	보강토, 26.8cm, 「8」자형
	토광묘 55호	96(잔)	58	14	서-동	청자유병, 청동발, 청동접시, 청동순가락, 동곳, 칠보모경, 동전(원풍통보 등 4점), 철제 가위, 관정	남장벽보강토(두위), 25.0cm, 「8」자형
	토광묘 57호	187	56	63	서-동	청동발, 청동접시, 은곳, 쌍룡운문경, 동전(천성원보 등 5점), 철제 가위, 관정	발치, 20.3cm, 「8」자형
	토광묘 60호	187	62	52	북동동-남서서	청동발, 청동순가락, 동곳, 철제 가위, 관정	두위, 25.5cm, 「8」자형

청주 용암유적(Ⅱ) 금천동Ⅱ-1	토광묘 73호	71	59	50	북동동- 남서서	청자광구병, 토기병, 청동접시, 청동숟가락, 동전(원풍통보 등 5점), 철제 가위, 구슬4점, 관정	남장벽 중앙, 27cm, 「8」자형
	토광묘 74호	192	61	33	서-동	청동발, 청동숟가락, 은곳, 철제 가위, 관정	북장벽보강토(두위), 26.5cm, 「8」자형
	토광묘 89호	206	60	19	서-동	청자대접, 청동숟가락, 화문경, 철제 가위, 관정	남장벽 보강토, 18.3cm(잔), 「8」자형
	토광묘 102호	178	48	26	서-동	청동발, 청동숟가락, 철제 가위, 동곳	남장벽 중앙, 20cm(잔), 「8」자형
	토광묘 107호	201	60	32	서-동	철회청자병, 철제 가위, 관정	북장벽, 24.6cm, 「8」자형
	토광묘 117호	177	41	23	북동동- 남서서	청자대접, 청동숟가락, 동곳, 철제 가위, 구슬 21점	남장벽 중앙, 31.8cm, 「8」자형
	토광묘 137호	153(잔)	60	30	북서서- 남동동	청동숟가락, 철제 가위	벽감내, 「X」자형, 손잡이부분 잔존
	토광묘 149호	203	60	32	서-동	용도미상 청동기(청동제칼), 철제 가위	남장벽 중앙, 29.8cm, 「8」자형
	토광묘 155호	194	67	29	서-동	동곳, 철제 가위, 동전(황송통보), 관정	남장벽보강토(두위), 27.9cm, 「8」자형
	토광묘 157호	148(잔)	69	16	북동동- 남서서	화문경, 철제 가위, 관정	묘광 바닥 서쪽, 12.9cm(잔), 「8」자형
	토광묘 167호	212	68	38	북서서- 남동동	청자대접, 청동숟가락, 동곳, 철제 가위, 관정	남장벽 서쪽, 28cm, 「8」자형
	토광묘 175호	207	79	13	북동동- 남서서	토기병, 청동발, 청동접시, 청동숟가락, 동곳, 철제 가위, 관정	남장벽(두위), 22.8cm, 「8」자형
	토광묘 176호	186	61	65	동-서	청자완, 동곳, 철제 가위, 관정	북장벽 보강토 아래 (중앙), 23cm, 「8」자형
	토광묘 177호	201	59	37	북동- 남서	토기병, 청동숟가락, 철제 가위	북장벽보강토(두위), 27.8cm, 「8」자형
	토광묘 179호	206	65	57	북동동- 남서서	철제 가위, 관정	북장벽보강토 (두위), 11.7cm(잔), 「8」자형
	토광묘 185호	206	56	85	북동동- 남서서	청동접시, 청동숟가락, 동곳, 동전 (황송통보 등 9점), 철제 가위, 관정	남장벽보강토(두위), 27cm, 「8」자형
	토광묘 206호	149	70	22	북동- 남서	청자대접, 토기병, 청동숟가락, 철제 가위, 관정	남장벽보강토(서쪽), 25.6cm(잔), 「8」자형

	토광묘 207호	120	65	66	북동-남서	청자잔, 흑갈유병, 청동발, 청동접시, 청동숟가락, 동곳, 화조오화문경, 동전(함평원보 등 5점), 철제 가위	북장벽보강토(서쪽), 26.2cm, 「8」자형
청주 용암유적(Ⅱ) 금천동Ⅱ-2	토광묘 16호	117(잔)	54	13	남-북	상감청자유병, 동경, 관정, 철제 가위편	서쪽 중앙, 12.7cm(잔), 「8」자형
청원 마산리유적	토광묘 13호	202	80	60	동-서	철제 가위, 동곳, 관정	북서장벽 바닥, 23.1cm, 「8」자형
	토광묘 16호	190	58	54	북동-남서	철제 가위	북장벽 중앙, 19.5cm(잔), 「8」자형
옥천 옥각리유적	토광묘 20호	199	60	49	북서서-남동동	철제 가위, 청동숟가락	남장벽 중앙, 21cm(잔), 「X」자형
	토광묘 101호	198	68	10	북서서-남동동	동경, 철제 가위, 관정	서단벽 보강토 위, 21cm(잔), 「X」자형
	토광묘 102호	230	95	75	동-서	토기병 3점, 청동합 2점, 청동접시, 청동수저, 팔각능화형경, 철제 가위	감실 출토, 23cm(잔), 「X」자형
충주 수룡리유적	토광묘 7호	228	80	48	-	청동기병 2점, 청동숟가락, 철제 가위	중앙에서 약간 서쪽, 17.4cm, 「8」자형
화지산	토광묘 1호	-	-	-	북서-남동	철제 가위	13.1cm, 「X」자형
진안 수천리고분군	석곽묘 1호	250	82	94	북서-남동	철제 가위	17.4cm(잔), 「X」자형
	석곽묘 14호	235	79	-	북서-남동	토기발, 철제 가위	감실, 15.1cm(잔), 「X」자형
	석곽묘 45호	-	-	-	남-북	철제 가위 2점, 청동합 2점, 청동숟가락, 젓가락	① 19.5cm, ② 23.3cm, 「X」자형
	토광묘 21호	240	60	104	북동북-남서남	철제 가위	바닥면 16.2cm(잔), 「X」자형
광주 쌍촌동유적	목관묘 2호	210	92	60	북서-남동	동곳, 청동완, 청동수저, 철제 가위, 청자소병, 청자접시, 청자대접, 토기명, 토기항아리, 옥, 관정	목관 위(?), 25.2cm(잔), 「8」자형
상주 성동리고분군	토광묘 140호	220	76	38	북서-남동	청자접시, 청자잔, 청자사발, 청자병, 철제 가위, 청동합, 동곳, 청동숟가락, 관정	발치, 22.5cm(잔), 「X」자형
	지표수습	-	-	-		철제 가위, 동경	25.5cm, 「8」자형
고령 지산동 고분군Ⅳ	토광묘 Ⅰ-3호	180(잔)	70	42	북서-남동	동곳, 철제 가위	두위, 14.6cm(잔), 「8」자형

가위의 변화와 그 원인

1) 분묘 출토 가위의 제작시기

통일신라시대를 지나 고려시대에 이르면 철제 가위가 부장되기 시작하는데 철제 가위에 대한 연구는 아직 민속학적이거나 바느질도구로서만 인식될 뿐 고고학적 연구대상으로 취급된 적은 아직 없는듯하다. 그러면 지금부터 앞서 소개한 유적에서 출토된 철제 가위를 동반 유물을 참고하여 편년을 시도하여 보기로 하겠다.

(1) 경기도지역

먼저 경기지역에서 철제 가위가 출토된 유구를 살펴보면 마북리유적과 안산 대부도 육곡 고려고분군이 있다. 용인 마북리 3호에서는 청자대접과 토기병, 청동순가락이 철제 가위와 함께 출토되었는데 청자의 형태와 연미형 순가락의 단이 뚜렷한 점과 인접한 2호 토광묘에서 출토된 광구병으로 미루어 보아 11세기 말에서 12세기 초반 경에 편년할 수 있다. 그런데 손잡이에서 날로 이어지는 부분이 거의 직각을 이루는 것 (3호 토광묘)과 호선을 그리면서 이어지는 것(1호 석곽묘)은 호선을 그리는 형식이 삼국시대에 보이고 있는 형식과 상통하여 시기적인 차이를 보여주는 요소라고 생각한다.

다음으로 안산 대부도 육곡 고려고분에서는 4점의 철제 가위가 출토되었는데 하나의 철봉을 이용하여 제작한 것과 2개의 날을 따로 만든 다음 고정못을 이용하여 X자로 고정시킨 것으로 나눌 수 있다. 먼저 석곽 7호에서 출토된 원형 기부의 철제 가위는 청자접시와 청자유병, 주름무늬병과 함께 출토되어 11세기 후반 또는 12세기 경으로 편년할 수 있고[49] 29호, 34호, 35호 토광묘에서 출토된 철제 가위는 두 개의 날을 따로 만들어 서로 마주보게 한 다음 고정못을 이용하여 박은 것으로 동반 유물 가운데 34호나 35호에서 보이는 숟가락 자루의 연미형이 퇴화되는 형태나 청자의 형태로 미루어보아 14세기 초반에서 14세기 중반에 편년할 수 있는 것이다. 이렇게 보면 11세기 또는 12세기 초에 제작된 철제 가위와 14세기에 제작되는 철제 가위는 현격한 차이를 보이고 있음을 알 수 있다.

(2) 충청도지역

충청지역에서 출토된 철제 가위의 수가 지금까지의 조사 결과로는 가장 많다. 수룡리유적의 토광묘는 일반적으로 백자나 토기병 등을 부장하는데 철제 가위가 출토된 7호 토광묘는 청동제 그릇과 청동숟가락

---

49 보고자는 7호 석곽에서 출토된 청자접시는 11세기로 편년되지만 청자유병이 규석받침으로 번조하여 13세기 후반에 제작된 것으로 보고 있다. 그러나 규석받침으로 번조한 예는 인종 장릉 출토 청자(1146), 파주 혜음원지 출토 청자(1144~1231), 희종 석릉 출토 청자(1237), 명종 지릉 출토 청자(1202~1255)에서도 보이고 있으므로 7호 석곽은 늦어도 12세기에 축조되었다고 보아도 무리가 없을 듯 하다.

이 부장되어 차별되고 있으며 철제 가위는 동반되는 청동숟가락이 비교적 고식에 속하여 12세기 경의 제작으로 볼 수 있다. 옥천 옥각리유적에서는 20호, 101호, 102호에서 각각 1점 씩의 철제 가위가 출토되었는데 거의 동일한 형태이며 두개의 날을 교차시킨 다음 중앙에 고정못을 박았다. 길이는 각각 21cm(잔존), 21cm(잔존), 23cm이다. 이들의 제작시기는 102호 출토의 청동숟가락의 연미형이 퇴화되고 있고 원앙문팔릉경으로 보아 14세기 중반 경으로 추정된다.

그리고 청원 마산리유적 13호와 16호에서 출토된 2점의 철제 가위는 하나의 철봉을 이용하여 제작한 것으로 16호 출토의 토기병이나 같은 시기에 조성된 것으로 보이는 12호와 14호에서 12세기 후반 경에 제작된 상감청자와 청자철화병이 출토되고 있어 12세기 후반경에 편년된다. 청주 명암동유적에서는 모두 3점의 철제 가위가 출토되었다. 청주 용암리유적은 앞서 설명한 것처럼 25점의 고려시대 가위가 등고선과 묘광이 직교하게 설치된 토광묘에서 출토되었으며 가위의 형태는 모두 하나의 철봉으로 만든 것으로 원형의 기부에서 교차하여 양날을 마주보게 하였다.(Ⅱ-1 12호, 16호, 30호, 38호, 55호, 57호, 60호, 73호, 74호, 89호, 102호, 107호, 117호, 149호, 155호, 157호, 167호, 175호, 176호, 177호, 179호, 185호, 206호, 207호, Ⅱ-2 16호) 묘광은 길이가 200cm 내외의 것이 15기로 주류를 이루며 부장품은 토기병, 청자접시, 청자완, 청동발, 동경, 은곳, 동곳, 청동숟가락 등 다양하며 가위만 부장된 예는 없다. 이들 토광묘 가운데 82호가 청자대접이 부장된 87호에 의하여 일부 파괴되고 96호가 청자와 고려백자가 부장된 97호에 의하여 파괴되기는 하였으나 나머지 38호나 136호, 157호, 179호, 207호, 212호 등은 조선시대 전기 또는 조선시대 후기에 조성된 분묘에 의하여 파손되었으므로 모두 비슷한 시기에 조성된 것으로 보아도 무방할 것으로 판단된다. 그런데 철제 가위와 동반 출토되는 유물 가운데 비교적 시기가 잘 알려진 철화광구병, 청동발, 칠보문경, 쌍용운문경, 유희동자경, 청동숟가락 등으로 미루어보아 12세기 전반은 넘지 않을 것으로 보인다.

청주 명암동 1호 출토 가위는 「丹山烏」명 먹, 「濟肅公妻世亡子」의 점열문이 있는 젓가락, 그리고 경원통보(1195~1200)와 함께 출토되었다. 그런데 이 가위는 두 개의 날을 서로 마주 보게 하여 자르는 공간을 확보하게 한 다음 고정못을 박는 형식으로 4호와 19호에서 출토된 원형의 기부 상단에서 X자로 교차되어 양 날을 만들며 고정못이 없는 것과는 완전히 구별된다. 토광묘 4호의 축조시기는 용인 마북리 3호 토광묘 출토 유물과 대단히 흡사하여 섞어 놓으면 거의 모를 지경이므로 우선 명암동 유적 4호는 11세기 말에서 12세기 초로 편년할 수 있지만 1호는 우선 경원통보의 연대가 13세기 초에 해당되고 가위도 4호와는 전혀 형태가 다르므로 13세기 후반 정도로 편년해 두는 것이 타당하리라 본다.

(3) 전라도지역

전라도 수천리 고려고분군에서는 고려시대의 석곽묘 50기, 토광묘 37기, 석관묘 5기, 회곽묘 3기 등 95기가 발굴조사 되었는데 모두 등고선과 직교하게 묘광을 설치하였다. 층위상으로 토광묘 보다는 석곽묘가 먼저 조성된 것으로 보이는데 규모는 대체로 길이가 200cm~250cm, 너비가 60~80cm 내외인 분묘가 대부분이며 횡구식과 수혈식 모두 축조되었으나 많은 분묘의 단벽들이 유실되어 정확한 상황은 알 수 없다. 석곽묘는 대부분 도굴되거나 파손되었으나 5호 출토 토기합, 청자완, 청자향완, 청자편병, 청동발, 청동수저, 18호 출토 청자음각연판문발, 청자음각연판문접시, 청자압출양각연당초문발, 청자흑백상감화절지문주자, 청자무문광구병, 30호 출토 청자철화초문광구병, 청자접시, 녹청자발, 청자압출양각모란당초문발, 42호 출토 토기발, 청자음각연판문광구병,

청자완, 청동합, 청동접시 등을 고려하고 이들 석곽묘가 대부분 동일한 시기에 축조되었다고 본다면 대개 12세기에 편년된다.

그런데 철제 가위만 출토된 1호와 철제 가위와 토기발이 같이 출토된 14호, 그리고 특이하게도 2점의 철제 가위[50]와 청동합, 청동수저가 출토된 45호는 동일한 형태의 가위가 출토되어 같은 시기에 조성된 것으로 보아야겠지만 이들은 앞서의 유물이 출토된 것과 동일하게 축조시기를 12세기에 편년하기는 간단하지 않다. 우선 45호에서 출토된 숟가락은 36호에서 출토된 12세기에 편년할 수 있는 숟가락에 비하여 술부나 자루의 곡선으로 보아 동일한 시기로 보기는 어렵고 45호에서 출토된 청동합은 합의 동체 최대경이 하부로 처진 것으로 고려말 또는 조선시대 초기 형식에 속하는 것이다.

한편 토광묘 37기 중 철제 가위가 출토된 것은 21호뿐이다. 토광묘 가운데 청자완, 청자접시, 청자유병, 동경이 출토되는 9호와 10-1호, 토기대항, 벼루, 옥 장신구가 출토되는 19호는 13세기 전반경에는 조성되었다고 볼 수 있겠으나 청동수저와 청동합이 출토되는 8호, 청동수저가 출토되는 20호 등은 13세기 후반으로 편년되므로 토광묘 모두가 같은 시기에 조성되었다고 볼 수는 없을 것 같다. 그러므로 37호에서 출토된 철제 가위는 두개의 날을 따로 제작하여 고정못을 박은 형태의 것이기도 하여 석곽묘 1호, 14호, 45호와 거의 동일한 시기에 제작된 것으로 보는 것이 타당할 것으로 생각된다. 이와 같이 수천리 고려고분에서 출토된 철제 가위가 13세기 후반으로 편년되는 것으로 보아 수천리 석곽묘나 토광묘가 처음으로 조성되던 12세기 경부터 철제 가위가 부장되던

---

50 고려시대 분묘에서 하나의 묘광 내에 철제 가위가 2점이나 출토된 것은 수천리 45호가 유일하다. 2점의 가위는 19.5cm와 23.3cm로 크기가 다른데 이것이 혹시 남녀 각각 1점씩이라는 뜻에서 부장한 것은 아닐까 하는 것이다. 그러나 가위가 어떤 의미에서 부장품에 포함되었는지 전혀 모르는 상황에서 단순한 추정일 뿐이며 차후 연구 과제이다.

것이 아니라 13세기 후반이 되어야 부장품으로 등장하게 되는 것을 보여 주고 있다.

다음으로 광주 쌍촌동 주거지에서 출토된 철제 가위에 대하여 알아보기로 한다. 여기에서는 고려 · 조선의 석실묘 5기와 목관묘 5기, 회격묘 1기가 조사되었다고 보고하였는데 철제 가위는 2호 목관묘에서 동곳, 청동완, 청동수저, 청자소병, 청자대접, 청자접시 등과 함께 출토되었고 그 형태는 한 줄의 철봉을 원형으로 돌려 두 개의 날을 교차되게 만든 것으로 앞서 유적의 경우를 보면 대개 12세기의 유물과 함께 출토되는데 쌍촌리 2호 목관묘에서는 적어도 13세기 전반 경으로 편년되는 유물과 함께 출토되어 기부가 원형인 철제 가위의 사용시기가 13세기 중반까지는 이어지고 있음을 보여주는 중요한 유적이다.[51]

(4) 경상도지역

경상도지역에서 조사된 고려시대 분묘는 김천 모암동유적, 산청 생초고분군, 대구 욱수동유적, 달성 설화리고분군, 고령 지산동고분군, 상주 성동리고분군 등 상당수가 있으나 고려시대 철제 가위가 출토된 유적은 진주 무촌유적, 고령 지산동고분, 상주 성동리고분에서 출토되었을 뿐이다. 진주 무촌 1구 114호와 3구 159호에서 철제 가위가 출토되었는데 114호에서는 동전 11점, 동완과 함께, 그리고 159호에서는 동완, 동제 지환, 동경, 동제 소도자 등과 함께 출토되었다. 보고서에서는 이 두 분묘를 고려시대로 편년하고 있으나 3구 159호는 159호에서 출토된 것과 동일한 형태의 철제 가위가 조선시대로 편년된 토광묘 2구 117호

---

51 2호 목관묘의 부장유물 가운데 토기항아리나 청동완은 12세기 후반 경으로 편년될 수 있는 것이지만 청자접시(도면 113-6, 사진 87-3)는 청록색의 유약을 시유하였고 바닥 내면에 화문이 양각된 것으로 13세기 전반 경으로 편년되는 것이다.

에서도 출토되고 있고 청동제 거울과 가위는 진주 선인동 106호 출토 청동제 거울과 가위와 구분하기는 어려운 것이다.[52] 또한 1구 114호에서 출토된 청동완은 고령 지산동 1-5호 토광묘에서 출토된 것과 동일한 것인데 같이 출토된 숟가락으로 보아 조선시대 초로도 볼 수 있으므로 진주 무촌 1구 114호와 3구 159호 묘는 분명하게 고려시대의 것이라고 말하기는 어려울 것 같다.

한편 고령 지산동에서 고려시대 철제 가위가 출토된 것은 1-3호에서 출토된 것이 유일하며 동반 유물은 동곳이 있다. 원형의 기부 상단으로 일부 손잡이가 남은 것으로 대체로 고려시대 전기로 편년할 수 있다. 상주 성동리고분군 가운데 141호는 등고선과 직교하는 북서향이며 그 규모는 길이 220cm, 너비 76cm, 깊이 38cm 이다. 유물은 청자접시, 청자잔, 청자사발, 청자병, 청동합, 동곳, 청동숟가락과 철제 가위가 출토되었는데 철제 가위는 타원형의 손잡이 일부와 날만 남아 있으나 동반 출토되는 청자대접이나 청동숟가락 등으로 보아 13세기 후반에 편년되는 것이다. 그리고 지표에서 수습된 철제 가위와 서화쌍란조문은 12세기 후반에서 13세기 전반 이전으로 편년으로 편년이 가능한 것이서 성동리고분군의 묘역 내에 고려시대에 조성된 분묘가 분포하고 있었음을 보여주고 있다.

이와 같은 유적의 편년에 따라 철제 가위가 부장되는 시기는 대개 11세기 후반에서 12세기 초 경에 시작되어 14세기 후반까지 이어져 조선시대로 넘어가는 것을 알 수 있다. 이를 유적을 시기별로 정리하여 보면 다음과 같다. 우선 11세기 후반에서 12세기 초 경으로 편년되는 것은 청주 용암유적 금천Ⅱ-1 토광묘 73호, 149호, 175호, 청원 마산리 토광묘 16호 등이 있고 다음으로 12세기 전반 경으로 제작시기를 추정할

---

52 경남고고학연구소 · 대경종합건설, 2001, 『선인동 조선묘군』

수 있는 것은 청주 명암동(Ⅱ) 토광묘 19호, 청주 용암유적 금천Ⅱ-1 토광묘 176호, 충주 수룡리 토광묘 7호, 그리고 12세기 후반경의 유적은 용인 마북리 석곽묘 3호, 청주 명암(Ⅰ) 토광묘 4호, 청주 용암유적 금천Ⅱ-1 토광묘 57호, 107호, 167호, 206호 등이 해당된다. 다음으로 13세기 전반경으로 편년되는 유적은 광주 쌍촌동 목관묘 2호가 있고 13세기 후반으로 편년되는 유적은 안산 대부도 육곡고려고분 34호, 옥천 옥각리 토광묘 102호, 상주 성동리 고분군 토광묘 141호가 있다. 다음으로

표2 고려시대 철제 가위 편년표

유적명	11세기	12세기	13세기	14세기
청주 용암 금천동Ⅱ-1 175호 용인 마북리 1호 청원 마산리 16호		길이 22.8cm 길이 22.3cm 길이 19.5cm		
청주 명암동(Ⅱ) 19호 청주 청주 용암 금천동Ⅱ-1 176호 충주 수룡리 7호		길이 19.6cm 길이 23.0cm 길이 17.4cm		
용인 마북리 3호 청주 명암동(Ⅰ) 4호 청주 용암 금천동Ⅱ-1 107호			길이 26.6cm 길이 27.4cm 길이 24.6cm	
광주 쌍촌동 2호			길이 25.2cm	
안산 대부도 육곡 34호 옥천 옥각리 102호 상주 성동리 141호			길이 23.5cm 길이 23.0cm 길이 25.5cm	
진안 수천리 45호 안산 대부도 육곡 29호			길이 23.3cm 길이 19.5cm 길이 21.9cm	
옥천 옥각리 20호				길이 21.0cm

14세기 전반의 유적은 진안 수천리 45호, 안산 대부도 육곡고려고분군 29호를 들 수 있고 14세기 후반에 조성된 유적은 옥천 옥각리유적 토광묘 20호, 101호, 청주 용암유적 금천Ⅱ-1 토광묘 26호가 해당된다.

이와 같이 고려시대 전 시기를 통하여 철제 가위가 부장되고 있는 것은 사실이나 지역적인 편차가 심하고 출토 양도 자기나 청동숟가락에 비하면 현저하게 떨어진다. 또한 한 지역에서 27점의 가위가 약 100년 간의 시차를 두고 부장된 것은 한 집단 또는 가계의 장례 풍습이 부장품으로 철제 가위를 선호하였음을 보여 주고 있는 것으로 가위가 단순히 자르는 도구로서만 이용되지 않았음을 증명하고 있다.[표 2]

2) 가위의 변화양상과 그 배경

a. 삼국시대와 통일신라시대

먼저 삼국시대와 통일신라시대의 가위의 출토 양상이 주로 분묘에서 출토되는 고려시대에 비하여 현저히 다르게 나타나고 있기 때문에 이에 대하여 몇 가지 살펴보기로 한다. 앞서 소개한 바와 같이 삼국시대와 통일신라시대의 철제 가위는 남아 있는 예가 얼마 되지 않는다. 지금까지 조사된 삼국시대 고분에서 출토된 가위는 손가락으로 꼽을 만큼 지극히 소량이라는 것도 다시 한번 가위의 상징성에 대하여 생각해 보아야 할 문제이다. 삼국시대 고분에서 출토된 가위는 경주 금령총과 양산 부부총, 김해 예안리고분 49호 등 3점이 있고 그 외에 분황사 사리장엄구와 황룡사 목탑지 심초석과 서금당지 기단토 하부, 미륵사지 서원의 승방지 기단토에서 출토된 가위, 평양 대성구역에서 출토된 가위가 있다.[53] 그리고 통일신라시대의 철제 가위는 안압지와 창녕 화왕산 집수지, 신라 왕경유적에서 출토된 예가 있다.

가위가 삼국시대 고분에서 출토된 예가 현저하게 적은 것은 아직 그 이유를 알기도 어렵지만 가위가 출토된 고분의 주인공의 성별 구분도 어렵다는 것이다. 양산 부부총과 예안리 49호는 합장묘이기 때문에 일단 가위의 주인공이 여성일 가능성도 없지 않지만 금령총의 주인공이 여성인지 남성인지를 구분하는 것은 특별한 사실이 새롭게 드러나지 않는 한 어려운 일이 되고 말았다.

그런데 삼국시대에서 통일신라시대에 이르기까지 출토된 가위와 관련하여 흥미로운 사실은 일단 삼국시대 고분유적에서 출토된 가위를 제외하면 그것은 모두 「龍」과 관련이 있다는 공통점이 있다는 것이다. 용과 관련된 사실을 살펴보면 삼국시대의 가위가 출토된 유적 가운데 우선 황룡사는 월성 동쪽에 새롭게 대궐을 지르려 하니 황룡이 나타나 대궐을 고쳐서 절을 만들고 이름을 황룡사라고 하였다는 기록이 남아 있다.[54] 그리고 그리고 미륵사는 무왕이 용화산 아래 밑 큰 못에 이르니 미륵삼존불이 못 가운데서 나타나므로 무왕의 부인이 된 진평왕의 셋째 공주 선화의 말에 따라 창건한 사찰인데[55] 황룡사와 미륵사 모두 서금당지 아래와 서원의 승방지 아래에서 가위가 출토되고 있는 점도 간과할 수 없는 사실이다. 분황사는 신기하게도 경주에 창건된 초기 사찰 가운데 창건과 관련한 연기가 남아 있지 않은 절이지만 「芬皇」이라는 이름은

---

53   경주 금령총, 양산부부총, 김해 예안리 49호분은 양산 부부총이 5세기 말, 경주 금령총이 세기 전반, 김해 예안리 49호가 6세기 후반으로 편년되는데 앞의 2기에서 출토된 철제 가위는 원형의 손잡이 위에서 X자로 교차하여 날을 만들지만 예안리 49호 출토 가위는 긴 철봉을 바로 교차하여 절단면을 만들고 있어 형식상으로 구별된다. 그리고 분황사와 황룡사 출토 철제 가위는 모두 선덕여왕 3년(634)와 선덕여왕 14년(645)에 제작된 것으로 볼 수 있다.

54   『三國史記』卷第四 新羅本紀第四 眞興王十四年 王命所司 築新宮於月城東 黃龍見其地 王疑之改爲佛寺 賜號曰皇龍

55   『三國遺事』紀異 第二 武王 中略 王與夫人 欲行師子寺 至龍華山下太池邊 彌勒三尊出現池中 留駕致敬 夫人謂王曰 須創大伽藍於此地 固所願也 王許之 詣知命所 問塡池事 以神力一夜頹山塡池爲平地) 발굴조사 결과 승방지 아래에서 철제 가위가 출토되었다.(문화재관리국 문화재연구소, 1987, 『미륵사』) 미륵삼존의 미륵은 용의 고어인 미르와 발음이 거의 같아서 용과 미륵은 동일시되기도 하였다.

왕실과 관련이 있음을 보여주고 있고 왕실의 주인인 왕은 용으로 상징된다.

그리고 통일신라시대에 이르러 조성된 안압지와 화왕산 집수지에는 모두 용왕이 살고 있었다고 믿었으며 가위는 그 용왕에 바치는 헌물이었을 가능성이 높다는 것이다. 먼저 안압지에서 출토된 접시, 완, 대접 등의 내저면에 「辛審龍王」이나 「龍王辛審」銘이 큰 글자로 음각된 예가 있고 漆器에도 「龍」이나 「井」을 먹으로 쓴 것이 있다. 신번은 신라 헌강왕 앞에서 춤을 춘 남산신의 이름이 「祥審」이었으며 춤 이름이 「御舞祥審」또는 「御舞山神」이라고 한 『三國遺事』의 기록을 참고하면[56] 신심은 산신을 칭한 것이 되어 「신번용왕」이나 「용왕신번」은 「山神龍王」이나 「龍王山神」이 된다.

안압지의 원래 명칭은 월지로서 동궁의 동쪽에 위치한 것이었다. 『三國史記』「職官」條에 東宮에 속한 관청은 東宮官, 東宮衙, 月池嶽典, 龍王典 등이 있는데[57] 월지악전과 용왕전이 월지(안압지)에 산신제와 용왕제를 담당하였던 관서로 알려져 있으므로 위에서 예를 든 「辛審龍王」이나 「龍王辛審」銘 토기, 「龍」이나 「井」銘 칠기 등은 월지악전이나 용왕전에서 사용하였던 용기로 볼 수 있을 것이다. 그러므로 삼국사기의 기록대로 월지가 왕이 연회를 베풀던 장소였던 것도 사실일 것이나 발굴조사에 출토된 가위는 그 재료나 형태로 보아 월지에서 행해진 산신제나 용왕제를 행하는 과정에서 수장된 것으로 볼 수 있기 때문에 월지가 단순히 연회의 장소만으로 이용되지는 않았음을 보여주고 있는 것이다. 그

---

56 『三國遺事』 紀異 第二 處容郎 望海寺 又幸 鮑石亭 南山神現舞於御前 左右不見 王獨見之 有人現舞御前 王自作舞 以像示之 神之名或曰祥審 故至今國人傳此舞 曰御舞祥審 或曰御舞山神 或云旣神出舞 審像其貌 命工摹刻 以示後代 故云象審 或云霜髥舞 此乃以其形稱之

57 『三國史記』 卷第三十九 「雜志」 第八 「職官」 中 東宮官 東宮衙 景德王十一年置 上大舍一人 次大舍一人 … 중략 … 月池典 … 중략 … 月池嶽典 大舍二人 水主一人 龍王典 大舍二人 史二人

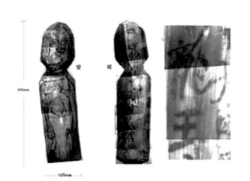

도면 22
창녕 화왕산 집수지 「龍王」
묵서명 목제 인형

리고 창녕 화왕산성 집수지는 축조 목적이 산천에 제사를 지내기 위하여 조성한 것이며 집수지 내부에서 「龍王」이 묵서된 목제 인형[도면 22]이 출토되어 당시 사람들이 화왕산 집수지에는 용왕이 있었다고 믿었던 것은 분명한 것 같고 지금도 창녕 조씨 문중에서는 화왕산성 집수지를 「龍池」라고 부르고 있다.

문제는 이상과 같은 유적이 용과 관련이 있는 것은 확실해 보이지만 왜 하필이면 가위를 목탑지 심초석 아래나 금당지 기단토 아래에 매납하였는가 하는 것이며 월지나 화왕산 집수지가 용왕에게 제사를 지냈던 유적이 분명한 것으로 보이지만 가위의 어떤 상징성이 용왕에게 제사를 지내면서 바치게 되었는가 하는 것이다. 또 다른 문제는 그러한 상징성이 계속하여 고려시대로 전승되었는지, 그런 상징성 때문에 분묘에 부장 되었는지 하는 점이다.

이와 관련하여 다음과 같은 흥미로운 자료가 하나 있다. 국립중앙박물관 아시아실에 전시된 복희여화도는 7세기 경 제작된 것으로 중국 문화권과 인접한 투루판지역의 아스타나무덤에서 출토된 것인데 중국의 천지창조 신화에 등장하는 복희와 여와를 소재로 삼았다.[도면 23][58] 해설에 따르면 복희는 곡척을 들고 있고 여와는 규를 들고 있으며 이는 둥근

---

58   국립중앙박물관, 2006, 『유물백선』

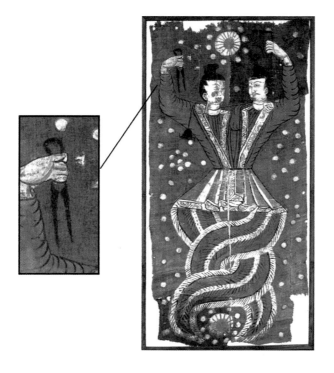

도면 23
투루판 아스타나 무덤에 그려진
복희(우)와 여와(좌)

하늘과 네모난 땅으로 이루어진 중국의 전통적인 우주관과 관련된 상징
물이라고 하였다. 이 설명을 따르면 복희가 남신인데 곡척을 들어서 네
모난 땅을 상징하고 여신인 여와는 규를 들어서 둥근 하늘을 상징한다
는 것인데[59] 이것은 하늘이 양이고 남성이며 땅이 음이고 여성을 상징하
는 기본적인 음양관과 배치된다고 할 수 있다. 복희가 들고 있는 [ㄱ]자
상의 물건이 무엇이며 무엇을 상징하는 것인지 필자로서는 정확하게 헤
아리기는 어렵다. 그러나 여와가 들고 있는 물건은 여와의 오른손 위로
솟아 있는 원형의 기부와 그 아래의 날은 그 당시의 가위를 표현한 것으
로 보는 것이 오히려 타당하지 않을까 한다.

---

59 정재서의 『이야기 동양신화』에서도 복희는 직각자인 곱자를 들고 있고 여와는 원을 그리는 컴
퍼스인 그림쇠를 들고 있는데 이것은 남성의 원리인 양의 기운과 여성의 원리인 음의 기운을
나타낸다고 하였다.(정재서, 2004, 『이야기 동양신화』 동양의 마음과 상상력 읽기 중국편, 황
금부엉이)

이런 관점이 타당하다면 가위는 여신이 들고 있는 신성한 물건으로 황룡사와 분황사에 매납되거나 사리장엄구에 포함된 가위는 선덕여왕과 관련이 있음을 미루어 짐작할 수 있으며 가위의 형태는 7세기 당시의 것을 그대로 재현하였다고 볼 수 있다. 그러나 이와 같은 관점에도 문제가 없는 것은 아니다. 먼저 5세기 말에서 6세 경에 조성된 고분에서 출토된 가위는 과연 어떠한 배경에서 부장되었는지 하는 점에 대한 근거를 알기 어려운 현실에서 당시 국가에서 조성한 거대사찰의 건물지나 목탑 심초석 아래에서 출토된 가위와 사리장엄구에 바늘과 함께 포함된 가위의 성격이 분명하지 않다는 것이다.[60] 필자는 우선 중국의 신화와 관련하여 여신이 들고 있는 신성한 물건이 가위라고 판단하여 당시 선덕여왕과 관련된 유적에서 출토되는 가위는 여왕을 상징하는 물건이었을 가능성을 제기하였으나 이것이 통일신라시대의 유적에서 출토되는 가위와 용이 관련되어 있다는 점에서 일부 상통하는 점도 없지 않으므로 이처럼 상징성의 변화를 보이게 되는 원인에 대하여는 아직 잘 알 수 없다는 점을 지적해 두고자 한다.

b. 고려시대

이제 고려시대 분묘에서 출토되는 가위에 대하여 살펴보기로 한다. 먼저 철제 가위는 청동숟가락이 출토되는 유구에 비하면 상대적으로 희귀하다. 철제 가위가 그만큼 귀한 물건이었기 때문인지 또는 당시의 장례 풍습이 특별한 사정에 따라 부장한 것인지 아니면 지역적인 특색때문인지 분명하기 말하기는 어렵다. 그러나 지금까지 조사 결과를 두고

60　가위가 진단구로 포함되었을 가능성도 있지만 그렇다면 진단구에 포함된 봉납물의 대상이 누구인지 또는 정확한 용도를 다시 한번 살펴 볼 필요가 있다고 생각된다.[최은아, 2007, 「경주지역 건물지의 진단구에 관한 고찰-매납과 봉납물을 중심으로」, 『문물연구』 제11호, 재단법인 동아시아문물연구학술재단 · 한국문물연구원]

보면 우선 지역색이 먼저 드러나 보인다. 조사된 고려시대의 분묘 수에 비하여 다른 지역에 비하여 훨씬 낮은 비율로 가위가 출토되는 지역이 경상도 지역이다. 최근 10년간 조사된 고려시대 분묘에서 청동순가락이 출토되는 분묘의 비율은 다른 지역에 비하여 현저히 높았으나 분묘에서 출토된 철제 가위는 지표에서 수습된 것을 합하여 단 3점에 불과하여 한 묘역에서 27점의 가위가 출토되는 충청도나 4점씩 출토되는 경기도 지역에 비하여 대단히 낮다. 현재로서는 이러한 차이를 결국 지역적인 차이로 밖에는 이해할 수가 없겠지만 부장품으로 철제 가위를 선호하지 않은 배경과 이러한 전통이 계속하여 조선시대까지 이어지는 원인은 차후의 연구 과제라 하겠다.[61]

실제로 [8]자형-1식은 삼국시대 유적에서만 보이고 있는 반면 [8]자형-2식은 고려시대 전기(13세기)까지 계속해서 출토되고 있어 앞서 지적한 상황을 증명하고 있다.

그리고 [8]자형은 기부의 원형이 절단 공간의 복원력을 제공하게 되지만 [X]자형은 고정못을 기점으로 한 지레 작용으로 손가락의 힘으로 절단 공간을 복원하게 하여 구조적으로 현격한 차이를 보이고 있다.

먼저 앞선 가위 출토 유적의 소개와 제작시기를 고찰하여 본 결과 [8]자형 가위는 13세기 전반 이전에 제작되었고 [X]자형 가위는 13세기 후반에 제작되기 시작한 것으로 판단할 수 있어 가위는 13세기 중반 경에 커다란 변화를 겪게 되는 것으로 볼 수 있다.

13세기 중반에 커다란 변화를 겪게 되는 것은 우리나라의 음식문화가 요나라와 금나라와의 교류로 북방의 영향을 받다가 원나라의 전쟁 후 거의 100년에 걸친 지배를 받으면서 크게 변하게 되고 이에 따라 청

---

61 최근에 조사된 은평뉴타운 제2지구 C공구 사업부지에서는 450기가 넘는 조선시대 분묘가 조사되었으나 철제 가위는 한 점도 출토되지 않아 지역적인 차이는 분명한 것으로 보인다.(중앙문화재연구원, 2007, 「은평 뉴타운 제2지구 C공구 사업부지내 유적 발굴조사 부분 약보고서)

동순가락이 식탁에서 중요한 도구로 인식되게 된 시기와 일치하고 있다. 그러므로 당시 고려에서 가위의 형태를 변화시킬 만한 사회적인 요구가 뚜렷하게 보이지 않는 상황에서 고려 사회 내부의 발전 결과로 가위의 형태가 변하였다고 볼 수는 없고 13세기 중·후반에 고려사회의 가장 큰 변화라고 할 수 있는 원나라의 지배 하에 들면서 원나라의 영향으로 가위가 변하게 되었다고 보는 것이 타당할 것이다.

고려와 통상교류를 계속했던 남송의 회화 작품에는 여전히 [8]자형 가위가 나타나고 있는 것도 참고가 된다. 李嵩의 「市擔嬰戲図頁」은 嘉定 3년(1210)에 그려진 것으로 갖가지 기물 속에 [8]자형 가위가 보이고, [도면 24][62] 嘉熙 4년(1240)에 그려진 牟益의 「擣衣図卷」에도 [8]자형 가위를 사용하여 옷감을 자르는 모습이 남아있다.[도면 25][63] 이와 같은 상황은 중국에서도 13세기 전반까지는 아직 [X]자형 가위가 본격적으로 사용되고 있지 않았다는 것을 보여준다 하겠다.

또한 철제 가위가 출토된 분묘에서도 상감청자 극성기의 유물은 거의 출토되지 않아 1250년 경을 전후로 하여 제작된 가위가 출토되지 않은 점은 특기할 만한 사항이다. 이것이 당시 고려와 몽고와의 전쟁, 그리고 일본 정벌과 관련한 사항인지는 알 수 없지만 다르게 해석할 방법도 지금으로서는 보이지 않는 것도 사실이다.

가위가 출토되는 모든 분묘의 묘광은 등고선과 직교한다. 묘광은 그 방향이 동-서향인 것도 있고 남-북향인 것도 있으며 남서-북동향인 것도 있으나 그 방향에 관계없이 모두 분묘가 조성된 공간의 자연적인 등고선에 직교하게 설치하였다. 이러한 경향은 고려시대 분묘의 공통적인 특징으로 일반적으로 북쪽이 높은 묘역을 택한 다음 각각의 분묘 묘

---

62 市擔嬰戲図頁 - 台北 國立故宮博物院, 2014, 『新品至宝』
63 擣衣図卷 - 台北 國立故宮博物院, 2014, 『新品至宝』

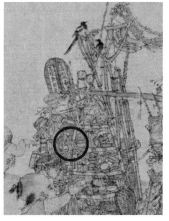

도면 24
市擔嬰戲圖頁

도면 25
搗衣図卷

광은 각각의 위치에서 북쪽 정상부를 향하여 조성하기 때문에 나타나는 현상이다. 여기서 한 묘역이라고 한 것은 고려시대의 분묘가 집중적으로 조성된 공간을 말하는데 분묘의 조성시기가 대개는 100년 이상 지속되고 때로는 고려시대 전시기에 걸쳐 분묘가 조성되는 경우도 적지 않기 때문에 이처럼 오랜 기간 동안 한 공간에서 지속적으로 분묘를 조성하였다면 분묘의 주인공들은 당시로서는 상당한 위치에 있었던 사람들로 볼 수 있지 않을까 싶다. 이것은 공간적인 선택만이 아니라 분묘 내에서 출토되는 유물도 당시로서는 상당한 수준에 있는 것들로 구성된 경우가 적지 않기 때문이기도 하다.[64]

한편 [8]자형 가위는 용인 마북리 유적 1호와 2호, 안산 대부도 육곡 고려고분군 7호, 청주 명암동(Ⅰ) 4호, 명암동(Ⅱ) 19호, 청주 용암유적 금천동 Ⅱ-1유적 12호, 30호, 38호, 55호, 57호, 60호, 73호, 74호, 107호, 117호, 149호, 167호, 175호, 176호, 185호, 206호, 207호, 청원 마산리 13호, 16호, 충주 수룡리 7호, 광주 쌍촌동 2호, 고령 지산동 Ⅰ-3호 등에서 출토되었고 [X]자형 가위는 안산 대부도 육곡 고려고분군 29호, 34호, 35호, 청주 명암동(Ⅰ) 1호, 청주 용암유적 금천동 Ⅱ-1유적 26호, 옥천 옥각리 20호, 101호, 102호, 화지산 4건물지 출토, 진안 수천리 석곽묘 1호, 14호, 45호, 토광묘 21호, 상주 성동리 14호 등에서 출토되었다. 이 가운데 한 묘역에서 [8]자형 가위와 [X]자형 가위가 출토된 곳은 안산 대부도 육곡 고려고분군, 청주 명암동(Ⅰ) 1호, 청주 용암유적 금천동 Ⅱ-1유적 등이 있는데 하나의 묘역에서 이처럼 다른 형식의 가위가 출토되는 것은 고려시대 전반을 통하여 묘역을 선정하는 기준이 변하지 않았음을 보여주는 것이다.

한편 [8]자형 가위는 원형의 기부와 손잡이 부분, 그리고 날 부분으로 나누어 볼 수 있는데 손잡이와 날이 이어지는 부분이 호선을 이루는 것과 직각을 이루는 것으로 다시 나누어 볼 수 있다. 이때 분명한 것은 아니지만 호선을 이루는 것이 직각을 이루는 형식보다는 약간 선행하는 듯하다. 지금까지의 조사에서 가장 많은 가위가 출토된 청주 용암유적의 금천동 Ⅱ-1유적의 예를 살펴보면 직각을 이루는 형식의 가위는 동반유물로 보아 대부분 12세기 이후로 편년할 수 있는데 반해(12호, 57호, 167호, 207호) 호선을 이루는 형식의 가위는 11세기 중·후반으로 편

---

64 개성 고남리 일대에서 150여기의 고려시대 분묘가 조사되었는데 보고자는 이들 분묘의 주인공을 고려시대 평민의 것이라고 하였는데 평민이라는 계급적 정의는 무엇인지 알 수 없다.(김인철, 1996, 「고남리 일대에서 드러난 고려평민 무덤에 대하여」, 『조선고고연구』 제4호, pp. 25~30)

년할 수 있기 때문이다.(38호, 73호, 55호, 175호) 또한 삼국시대 금령총과 부부총에서 출토된 가위가 원형의 기부를 지나 손잡이에서 날까지 호선으로 이어지고 있어 고려시대 가위가 삼국시대 이후의 전통을 잇고 있는 것으로 볼 수 있지 않을까 판단하였다. 이처럼 손잡이에서 날로 이어지는 선이 변화하는 원인이 무엇인지 알기 어려우나 11세기 후반에서 12세기를 거치면서 철제 가위에 한번의 획기가 있는 듯 하다.

그러므로 고려시대 전기(13세기 중반) 이전까지 분묘에서 출토된 가위는 [8]자형이며 이를 손잡이에서 날이 이어지는 부분이 호선형으로 이어지는 것과 직각으로 이어지는 것으로 분류할 수 있고 직각형보다 호선형이 제작시기가 앞서는 것으로 판단하였다. 그리고 청주 용암유적에서 출토되는 가위를 중심으로 크기를 살펴보면 27cm 이상 되는 것과 20cm 이하인 것으로 나누어 볼 수 있다. 철제 가위의 길이 27cm는 가장 완벽한 형태로 출토된 화왕산 집수지 출토 예의 길이인데 통일신라시대에서 고려시대 전기에 이르기까지 철제 가위의 표준 사이즈로 볼 수 있을 것이다. 그러므로 작은 사이즈의 것은 용도의 차이라든지 성별의 차이로 보아야겠지만 지금까지 조사된 결과만을 가지고 단정하기에는 아직 이르다. 다만 당시 가위가 다양한 용도로 사용되었을 것은 분명하기 때문에 크기가 작은 가위는 성별의 차이에서 비롯되었다고 하는 것 보다는 용도의 차이로 보는 것이 타당할 듯 하다.

다음으로 [X]자형 가위에 대하여 살펴보자. 우선 원형을 그대로 유지한 채로 출토된 것이 거의 없다. 안산 대부도 출토 가위는 날과 손잡이 일부가 파손된 것이고 옥천 옥각리 20호와 101호, 진안 수천리, 상주 성동리 출토 가위도 크게 다르지 않다. 그 중 출토 상태가 가장 양호한 것이 옥천 옥각리 102호 출토 가위인데 길이 23cm 이며 손잡이 일부가 파손되었으나 바깥쪽으로 「8」자 형태로 구부려서 말았다. 날의 단면은 반월형이며 손잡이의 철봉 단면은 장방형이다. 이렇게 보면 [X]자형

가위에서는 날의 단면과 손잡이 형태 등이 형식 요소에 포함될 수 있고 고정못의 위치 등도 고려하여 형식분류가 가능하겠으나 지금 남아 있는 자료만으로는 어려운 실정이다.

그런데 가위의 용도와 관련하여 진안 수천리 45호 석곽묘에서 출토된 2점의 가위와 청주 명암동(Ⅰ) 토광묘 1호 출토 가위는 가위의 용도가 분화되고 있음을 보여주고 있는 것으로 판단된다. 실제로 청주 용암유적에서 출토된 고려시대 전기의 철제 가위의 크기를 살펴보면 27cm를 넘는 것과 20cm 내외인 것으로 크게 나누어지는데 이것이 성별의 차이인지 또는 가위의 용도가 달랐기 때문에 크기를 다르게 제작하였는지는 알 수 없는 상황이다. 그러나 진안 수천리 45호에서 출토된 2점의 가위는 2점의 합과 함께 출토되었기 때문에 합장묘로 보아 남녀의 것으로 보든지 아니면 용도의 차이로 보아야 할 것이다.

또한 청주 명암동(Ⅰ) 1호에서 「丹山烏」명 먹과 함께 출토된 가위[65]와 안산 대부도 육곡 34호 출토 가위는 분명히 구별된다. 안산 대부도 34호 출토 가위는 전장 17.8cm로 손잡이와 가위 날의 길이가 비슷하고 손잡이는 단면 원형의 철봉을 둥글게 말아 붙이고 끝부분은 반대 방향으로 접어서 마무리하였다. 대부도 34호 출토 가위는 전장 25.3cm이며 손잡이는 바깥쪽으로 휘어 끝을 둥글게 말아 맞닿아 처리한 것이다. 이 두 철제 가위는 길이도 현격한 차이를 보이지만 손잡이를 말아 붙인 위치가 상당히 다르다.

이렇게 보면 가위는 단순히 옷감을 자르고 손톱이나 발톱을 다듬는 도구가 아닌 것을 알 수 있다. 가위가 삼국시대 고분에 부장된 뚜렷한

---

65 그리고 일부 보고서에서 철제 가위가 출토되는 분묘는 가위를 단순한 침선도구로만 생각하여 피장자가 여자일 것으로 추정하고 있는데 청주 명암동(Ⅰ)1호에서 출토된 「단산오」명 먹은 학문을 하기 위하여 필요한 도구이며 학문은 당시로서는 남성의 전유물이라고 할 수 있어 단순히 가위가 출토되었다고 하여 피장자를 여성으로 판단하는 것은 무리가 있다고 생각한다.

이유를 모르는 것은 사실이지만 통일신라시대에 이르러 실용성이 전혀 없는 가위를 철제가 아니라 납제 까지 만들어 90점 가까이 안압지에 수장시켰고 또한 화왕산성의 집수지 바닥에서도 철제 가위가 출토되어 가위의 또 다른 의미를 생각하지 않을 수 없다고 생각한다. 그리고 분황사 사리장엄구에 포함된 철제 가위나 황룡사 목탑지 심초석 하부에서 출토된 철제 가위는 7세기 대에 제작된 가위로 볼 수 있는데 이러한 철제 가위들은 아무래도 일상에서 사용하던 가위를 그대로 넣었다고 보기는 어려운 것이며 또한 분묘에서 출토된 것은 아니라는 것이다.[66] 그러나 고려시대에 들어서 철제 가위는 분묘 내에 일상구로서 부장되는 것으로 볼 수 있으므로 통일신라시대의 가위에 대한 의식이 별다른 차이 없이

---

66 분황사나 황룡사나 모두 선덕여왕 재위 기간 중에 창건된 것이어서 침선을 담당하였던 여인을 상징한 바늘이나 가위를 넣었다고 생각할 수도 있을 것이나 어쨌든 가위의 상징성과 관련된 관련분야-민속학이나 신화학, 역사, 문학 등-의 많은 연구가 필요한 실정이다. 가위에 대하여 민속학적 관점에서 간단하게 정리된 것으로 [1995,『한국문화상징사전2』두산동아에 실린 「가위」가 있다. 여기서는 가위를 어원, 신화, 풍습, 동양문화, 역사 · 문학, 현대 · 서양, 도상 등의 항목으로 서술하였다.]

고려시대에 계승되었다고 보기는 어려울 것 같다. 고려시대 사람들이 통일신라시대의 사람들과는 달리 가위를 무덤에 부장하였던 원인은 요나라나 금나라에서 무덤에 자기나 동경, 청동숟가락, 철제 가위 등을 부장하던 풍습이 고려에 전해지면서부터라고 보는 것이 더 합리적이라고 할 수 있을 것 같다.

지금까지 조사를 통하여 고려시대 분묘에서 가위가 출토된 위치를 살펴보면 두위 부근에서 출토된 것 17점, 발치에서 출토된 것 4점, 보강토의 아래나 위에서 출토된 것 8점, 장벽 중앙에서 출토된 것 6점, 감실 내 출토 3점 등으로 두위 부근에서 출토되고 있는 것이 다수기는 하지만 전체 출토 51점 가운데 출토위치가 분명하지 않은 것을 제외하더라도 전체적으로 뚜렷한 경향을 보이고 있지는 않다. 그렇다면 동반유물을 검토해 보아야 겠지만 동반유물로서 읽어낼 수 있는 가위의 상징성이란 것은 극히 희박하다고 본다.

『朝鮮古跡圖譜』에도 길이 6촌 3분(19cm)의 가위와 9촌 1분(27cm)의 가위를 따로 소개하고 있는데[67] 크기가 가위의 용도를 달리하는 것에서 비롯된 것인지 알 수 없다.[68] 실제로 청주 명암동(I) 1호 출토 가위는 죽은 자식을 위하여 그 모친이 부장한 것으로 볼 수 있지만 대부분의 출토 가위는 일반 성인의 것으로 볼 수 있기 때문에 이 시기가 되면 가위의 형태가 용도에 맞추어 좀 더 다양화되는 것을 반증하는 자료가 아닐까 한다.[69]

---

67 朝鮮總督府『朝鮮古跡圖譜 九』昭和4年

68 일본에 남아 있는 회화자료에는 가위로 손톱이나 발톱을 다듬거나 전지하는 모습, 옷감을 자르는 모습 등이 남아 있으므로(도면 26 참조) 일본인들의 기준에 부합하는 가위를 선정하였을 가능성도 있을 것이다. (岡本誠之, 1979,『鋏ものと人間の文化史 33 法政大學 出版局)

69 고려시대 철제 가위 가운데 [X]자형이 그 예가 많지 않아 용도의 구분이나 형식 분류하기에는 어려운 점이 많으므로 차후에 조선시대에 제작된 가위와 함께 형식을 나누어 설명하기로 하고 이번 글에서는 13세기 후반에 이르면 용도에 따른 가위의 분화가 일어나고 있었다는 점만 지적해 두고자 한다.

결론

가위는 날을 교차시켜 절단면을 만들고 이를 손가락을 이용하여 벌렸다 오므렸다 하면서 종이나 옷감, 그리고 모발 등을 자르는 도구이다. 지금까지 고려시대 분묘에서 출토되는 철제 가위에 대하여 살펴보았는데 고려시대 철제 가위는 11세기 말이면 분묘에 부장되기 시작하여 13세기 전반까지 그 전통을 이어간다. 그러다가 13세기 중반 경의 소강기를 겪고 난 다음 13세기 후반부터 다시 부장되기 시작하는데 비슷한 시기와 경향으로 부장되는 청동숟가락이 부장되는 비율에 비하면 현저하게 낮아 철제 가위는 상당히 귀한 도구였던 것으로 판단할 수 있다. 강원도를 제외한 우리나라 모든 지역에서 출토되고 있지만 경기도나 충청도에 비하여 경상도 지역에서 출토되는 가위의 수는 현저하게 차이가 난다. 철제 가위가 출토되는 대부분의 고려분묘는 큰 묘역을 형성하고 있었으며 동반되는 유물도 각종 청자와 청동숟가락, 토기병, 동경, 중국 동전, 구슬, 먹 등으로 다양하였다.

고려시대 철제 가위는 형식분류하면 크게 [8]자형과 [X]자형으로 나눌 수 있으며 지금까지의 출토 예로 보아 [X]자형은 13세기 중반을 소급하기 어렵고 [8]자형은 13세기 중반을 내려가기가 어려운 실정이다. 이처럼 뚜렷하게 형식의 변화가 이루어지는 것이 13세기 중반 경에 일어난 것이라면 우선 그 변화의 원인을 몽고의 침입과 원의 고려지배가 배경으로 작용하였을 가능성이 높을 것으로 판단된다. 그리고 13세기 전반 경에도 가위의 크기가 크게 두 가지로 나뉘어져 있어 그 용도가 다를 것으로 추정하였고 또한 13세기 후반에 이르면 가위의 용도가 좀 더 다양해지고 그에 따라 가위의 형태나 크기가 달라지는 상황이 눈에 뜨이고 있으나 이것은 조선시대의 철제 가위와 함께 살펴 보아야 할 사항이라고 생각한다.

한편 가위가 지니는 상징성은 통일신라시대를 지나 고려시대에 들면서 달라지는 것으로 판단되었다. 통일신라시대까지 철제 가위가 출토되는 유적은 삼국시대에 고분에서 출토되는 예가 있지만 이것은 지배자급의 고분에서 출토된 것이며 그 예도 발굴 조사된 많은 수에 비하여 미미한 실정이다. 그리고 삼국시대에 창건된 황룡사나 미륵사에서 출토된 가위나 분황사 사리장엄구에 바늘과 함께 포함된 가위는 여신이 들고 있는 신성한 물건이 가위이므로 여왕과 관련된 기물로 판단하였다. 그리고 안압지에서 출토된 90점의 납제 가위, 화왕산 정상에 조성된 집수지 바닥에서 출토된 가위는 우리나라 토착신앙 가운데 용왕신앙을 보여주는 것으로 용왕에게 헌납된 물건으로 추정해 보았다.[70] 그러나 이러한 가위의 상징성이 고려시대로 그대로 이어졌다고 보기는 어렵고 고려시대에 이르러 가위가 부장되는 것은 앞서 지적한 것처럼 북방의 풍습

---

70 아직 확인하지는 못하였으나 탯줄을 끊을 때 사용하였던 가위를 용왕에게 바치면 장수한다는 속설이 있다고 하므로 용왕에게 무병장수를 기원하면서 헌납한 것이 가위일지도 모르겠다. 그리고 신라의 신화에 용이 등장하는 것은 혁거세의 왕비가 된 알영이 춘정월 용의 갈빗대에서 태어났으며 용이 알영의 우물에서 났다고 하였다. 용과 우물은 물과 관련되어 있는데 이는 농경생활을 의미한다고 하였다.[최광식, 2007,『고대한국의 토착신앙과 불교』인문사회과학총서66, 고려대학교 출판부]

이 전해져 시작된 것이라고 볼 수 있을 것 같다. 아직 통일신라시대 분묘에서 가위가 출토된 예는 없는 것도 이를 반증하는 것이라고 할 수 있다. 그러므로 그러나 아직 삼국시대를 거쳐 통일신라시대까지 전승되었던 가위의 상징성이 고려시대에 들어서서 어떻게, 그리고 왜 변하게 되었는지는 아직 잘 알 수 없으므로 차후 민속학적인 연구를 포함한 보다 심도 깊은 연구가 필요하다.

이와 같은 관점에서 한가지 아쉬운 점은 요나라나 금나라의 무덤에서는 [8]자형 철제가위가 부장된 것을 확인할 수 있으나[71] 아직 원나라 무덤에서 출토된 가위 자료는 찾지 못하였다. 원나라의 가위는 고려시대 후기의 가위 형식의 변화에 중대한 영향을 끼친 것으로 조선시대 전기까지 이어지는 것으로 볼 수 있으므로 차후 자료 보완을 약속한다.

---

71 대표적인 것으로 선화요묘에서 출토된 4점의 가위가 있는데 여기서 출토된 것들은 전체적인 형태나 날의 생김새로 보아 실용성이 거의 없는 儀器로 판단된다.(河北省文物硏究所, 2001, 『宣化遼墓』1974~1993年 發掘調查報告書 上 · 下, 文物出版社 北京) 각각의 크기는 M2(張恭誘墓): 18cm, M5(張世古墓): 12cm, M7(張文藻墓): 22cm, M10(王正墓): 18cm 이다. 이 중 張恭誘는 1113년에 사망하여 1117년에 장사 지냈다고 지석에 기록되어 있다.

双鱼形铜匙的研究

一、前　言

唐代的匙经过杆到手柄部分时，弯成S形，这种变化一直延续至宋代。但是辽代匙杆的尾部出现分成左右两半的独特形态。即，首先出现匙杆S形弯曲的现象后，再出现匙杆的尾部分成左右两半的匙子。这种变化看似与当时的饮食变化和时代状况也有关系，但还不能明确证明。本论文的目的是试图对宋辽金元墓中出土的匙子编年，观察其变化情况，对通称为燕尾形的匙子的出现背景及其命名进行检讨。

二、匙子的型式分类

一般来讲，匙子是从饭桌到嘴里移动食物的搬运工具，材质采用银或青铜。其结构非常单纯，可分为盛食物的匙部和用手抓的柄部。柄部又分为与匙部连接的部分和用手抓的部分。匙部的形态分为柳叶形或椭圆形，匙杆分为尾部为半圆形或菱形的和左右岔开的。大部分柳叶形匙部的匙杆为半圆形或燕尾形，椭圆形匙部的匙杆尾部为半圆形，可椭圆形匙部并无附着燕尾形匙杆的形式。此外的匙子还有在匙杆尾部附着小型匙部的钥匙形和附着莲峰的莲峰形等，这些都是例外情况，可以看作是半圆形的变形。

三、铜匙的编年和特点

在铜匙出土的北宋和南宋、辽、金、元遗迹中，箸匙出土的遗迹是以墓志或墨书铭文等的绝对年代为准，按先后顺序整理后制作编年序列图(图

一). 下面按时期变化，对遗迹中发现的箸匙形态的几个特点进行分析。

(一) 北宋至南宋(公元960~1279年)

宋熙宁七年筑造的江苏省无锡市兴竹宋墓中出土的银制匙子是最早的。匙子从宋代至元代约达400年的期间发生了相当大的变化，但如同在云梦县罩子墩宋墓中出土的匙子，宋代的匙子呈现继承唐代匙子形态的倾向。

12世纪初，在洛阳邙山宋代壁画墓中出土的匙子，匙杆越往杆端越像三角形变宽，在江苏省常州北环新村宋墓中出土的银匙，加上椭圆形的匙部，弯曲细长的匙杆尾部为菱形匙杆如此弯曲细长,匙杆的尾部变宽、菱形的匙部呈现椭圆形是12世纪前半期的共同点。还是从洛阳、合肥,常州等比较接近的北方脱离影响的地区性特点。还不明确。这种倾向表现在12世纪末筑造的张同之墓中出土两件匙子中的一件上，这件匙子保持了匙杆的尾部变宽形成菱形匙部为椭圆形的两个特点。

箸匙主要出土的遗迹主要为坟墓或窖藏。还包括塔基下部的地宫。在宁波天封塔地宫出土的匙子制作手法十分精巧，匙部呈心叶形，匙杆尾部为菱形.推定匙子的用处可能是盛舍利。

(二) 辽(公元907~1125年)

辽代初期(10世纪前半)的匙子有建坪张家营子墓出土的匙子和耶律羽墓出土的银制匙子。在11世纪的辽陈国公主驸马合葬墓中共出土了3件匙子，一件匙杆的尾部刻有双鱼，鱼尾相4的部分有圆孔。另一件银制匙子的匙杆尾部是鸭蹼形态，这显示着与12世纪宋代匙子的匙杆尾部变宽的特点相同的形态变化。

河北宣化辽墓是辽代末期(11世纪末至12世纪前半)筑造的，M2(张恭诱墓)中出土了铜制箸匙，M3(张世本夫妇墓)中出土了漆匙和漆箸，M6前室东壁的茶备图上画着箸匙。另外，在M7(张文藻墓)中出土了漆匙和漆箸。

M2属于辽代末期，M3属于辽代末期至金代初期，匙杆的尾部一个是菱形，但另一个是在匙杆尾部刻花瓣，往杆端变宽的匙杆形态分两个阶段形成。这可以看作是燕尾形匙子的前阶段。

辽国从建国初期就大大发展佛教文化，并建立很多寺塔，推广佛教，可能因为这种背景，箸匙出现于佛教遗迹中的数量胜过宋代，在农安万金塔基、庆州白塔房山北郑村辽塔、蓟县独乐寺塔、易县净觉寺舍利塔地宫中出土5件，时期为11世纪初(1021年)至12世纪初(1116年)的100年间，因此能够观察箸匙的形态变化。尤其是在庆州白塔和天封塔地宫出土的匙子形态类似。在北郑村辽塔和独乐寺，及净觉寺出土的匙子形态类似。意味着匙子并不是一般的餐具，而是作为佛教仪式用具另外制成的，并且告诉我们这些也有过一定的形式。

(三)金(1115~1234年)

在金代的遗迹中，箸匙出土不太多。这可能是因为王朝的存续时间比宋代或辽代短，更大的原因可能是倾向于汉族文化的结果。首先，在吉林东辽县的黄土层中发现铜制匙子，在柳叶形匙部的匙杆往杆端分两段扩张，尾部开成左右两半。报告者将此形态称为鱼尾形。在闻喜寺底村发掘的12世纪后半的金代壁画墓的北壁砖雕桌子上画的汤勺，匙部似椭圆形，匙杆尾部是岔开两半的燕尾形。这种燕尾形匙子的出现说明北宋和南宋及辽代匙杆变宽的倾向到金代固定为另外一种形式。

(四)元(1206~1368年)

临沣县新合窖藏遗物当中银制匙子有12件。根据长度分为两式，其中Ⅰ式的匙部为椭圆形，匙杆的尾部稍微变宽，和宋、辽时期的匙子形态相同。另外，1320年筑造的无锡市元墓中出土的匙子，匙杆不是燕尾形，但在西安曲江池村元墓中出土的螭首鱼身长柄勺，匙杆明显呈鱼尾形。辽宁

抚顺土口子村元墓和辽阳小南门出土的匙子的匙杆，以及安徽合肥窖藏出土的花口银勺的匙杆,赤峰三眼井元代壁画宴饮图中出现的汤勺的匙杆都是燕尾形。如此金代做成一个形式上的燕尾形，一直延续至元代，适用于匙子和勺子的杆上。

四、双鱼形匙的出现及其背景

以迄今报告的资料为中心，研究了箸匙的变化趋势。参考匙子的出土状况和形态的变化，对通称为燕尾形的匙子的出现背景及"燕尾形"命名用语的妥当性进行检讨。

首先出土箸匙的遗迹很少，如果引用先前的研究结果，宋代占3%，辽代占11%，金代占3%，元代占7%左右，北方游牧民族建立的辽代，其匙子出土频率最高,对于研究匙子的使用具有重要意义。

下面，以燕尾形匙子的出现时期和燕尾形含有的吉祥意义为中心，了解匙子形态变化及其背景宋代的匙子形态继承唐代匙子的传统，没有多大变化，但是在匙杆上开始发生变化。匙杆的尾部呈现出变宽的三角形，使用时能够多加力量，是匙子更加容易手持的功能性发展。发生这种变化的原因很难理解，猜测进入南末时期，随着物产丰富，发生了饮食或烹饪法的变化，随后匙子的形态也发生了变化。可以说，在北方的辽朝也发生了同样的变化，匙杆的尾部刻双鱼或出现鸭蹼形匙杆，匙杆变宽的倾向表现得不同。张文藻墓中出土的漆匙或涿鹿县辽代壁画墓中出土的铜匙也可以说是属于匙杆的尾部呈三角形变宽的阶段河北宣化下八里 M3中出土的漆匙是反映匙杆的尾部分两个阶段变宽、匙部变成柳叶形过程的重要遗物。

匙杆变宽的倾向成为进入金代后匙杆的尾部岔开左右两半的所谓燕尾

形出现的背景。若以笔者前述的中国箸匙编年为准，燕尾形匙杆在金代初期正式出现。可以看出，吉林东辽县或辽阳出土的匙子，异于宋代或辽代的匙子的匙杆尾部变宽呈三角形，匙杆向杆端先分成两段加宽而后开成左右两半。如此出现的燕尾形匙杆尾部固定为一个形式。在闻喜县寺底村的砖雕壁画墓中汤勺的尾部也表现为开成左右两半的燕尾形，一直延至元代。如此匙杆尾部分成左右两半的并不是表现燕尾，而是作为吉祥纹刻在匙杆尾部的双鱼纹简化后的固定形式。

鱼纹在工艺品上主要表现为双鱼，如果这是反映雌雄的，那么它们可能象征夫妻和睦，意味着子孙满堂，也可能意味着荣华富贵。采用双鱼纹最多的工艺品，可以举例为双鱼纹铜镜，最广为流传的是南宋和金代的铜镜，尤其是金代双鱼纹铜镜十分流行，到金代后半期出现了图式化的变形纹。考虑到这种情形，匙子上刻双鱼纹是从辽代开始的，到金代，双鱼纹开始流行，则更加简化双鱼纹，刻在匙子上的会不会是今天我们所说的燕尾形。另外，高丽的双鱼莲花纹镜中的莲花纹被省略，出现有"子厚"铭文的形式。子厚意味着吉祥和子孙满堂，它明确表现的是双鱼纹固有的意义。

另外，关于匙子的材质，北宋或南宋大部分都是银质，但辽代大部分都是铜匙或漆匙，金代最典型的燕尾形匙子是用铜制作的。这种倾向可以看作是本来始于祭器制作成银制或镀金的只限于一部分阶层使用的匙子迎来了更为普遍化的机会。进入金代，同多数双鱼纹镜一起流行刻有双鱼纹的铜匙，说明匙子已经推广到各个阶层中使用。而且，最早出现燕尾形匙子的地区或主要发现的地区为黄河北部，说明燕尾形匙子曾是北方民族喜欢的形式。

观察至今的匙子研究历史时，可以看出所谓"燕尾形"的用语，如同"鸭蹼形"或"雁尾形"用语一样，仅是依据开成左右两半的匙杆形态来取名的，并没有什么学术上的依据。如果将匙杆尾部分成左右两半的形态看作

是双鱼纹的变形，称为"燕尾形"、"鸭蹼形"或"雁尾形"，还不如像"双鱼纹镜"称作双鱼的象征性和形态的合成词"双鱼形"。

如上所述，以宋至元代匙子的编年为中心叙述了匙子的变化过程，还对金代出现的双鱼形匙子的意义和出现背景作了分析，但还未解决的问题很多。双鱼形匙子的匙部只制成柳叶形的背景是什么？这是以后要阐明的研究课题。另外，匙子和筷子材料的种类、坟墓中匙子的出土位置、在夫妇合葬墓中出现的区别男女墓的随葬品的差异与匙子和筷子的形态和材料的差异、匙子随葬3件时匙子·用途的差异、匙子的大小变化，以及作为一般餐具的匙子和作为仪式用餐具的匙子的区别等将成为研究课题。

나가는 글

　이상의 논문은 앞서 말한 것처럼 삼국시대부터 조선시대까지 시대
순으로 작성되어 실린 글이 아니다. 먼저 삼국시대부터 조선시대까지
분묘에서 출토되는 숟가락은 모두 청동제로 필자가 굳이 청동숟가락이
라고 쓰는 않는 이유도 이 때문이다. 보고서를 제외하면 숟가락에 대한
연구는 고려시대 숟가락에 대한 연구가 처음이었고 이어서 삼국시대와
통일신라시대, 다음으로 조선시대의 숟가락에 대한 3편의 논문이 작성
되었으니 숟가락에 대한 용어나 관점이 조금씩 다르지만 시대순대로 읽
어도 무방할 것이다. 그렇다고 하여도 필자의 숟가락에 대한 전반적인
관점이 달라진 것은 아니니 어느 편을 먼저 읽어도 상관은 없다. 어쨌거
나 필자가 숟가락에 대하여 구체적인 관점을 갖지 못한 채 작성하였던
글에는 당시까지 주로 사용되던 [연미형]과 대응하는 형식으로서 [기본
형]을 [봉미형]이라는 용어로 사용하기도 하였고 자루를 병부라는 한자
어로 사용하기도 하였다. 이런 모든 용어와 형식에 관한 논의는 조선시
대 숟가락 연구에 통일되어 있으니 참고하기 바란다.

　이로서 숟가락에 대한 일단의 논의를 마무리하지만 아직도 필자에

게는 해결하지 못한 문제들이 적지 않다. 우선 숟가락의 발생 또는 기원에 대한 문제이다. 숟가락은 중국 상대(商代)나 주대(周代)의 제기에서 시작된 것으로 주된 형태는 국자였다고 생각된다. 말하자면 속이 깊은 그릇에서 술이나 음식을 뜨는 도구가 국자라면 속이 얕은 그릇에서 사용되는 것이 숟가락이었는데 이것이 분화를 거듭하여 남조대에 이르면 하나의 형식으로 정착되게 되었다고 보는 것이 필자의 생각이며 이에 대하여 2012년 10월 중국사회과학원에서 주최한 국제학술대회에서 「周~漢代 勺子的 初步研究」로 발표한 바 있다. 앞으로는 이를 더욱 보완하여 제기 가운데 숟가락이 발생하게 된 과정 또한 구체적으로 살펴보고자 한다.

아울러 중국에서는 더 이상 사용하지 않게 되었으나 제사도구였던 숟가락이 하나의 도구로 구체화되고 또 그것이 개별 용도로 정착하게 되는 과정은 아직 알려진 바 없다. 지금까지 정리된 중국측 자료를 보아서는 남조시대가 되면 도제 숟가락이 분묘에 다량으로 출토되고 있어 이 시기가 되면 제사용 숟가락에서 개인용 숟가락으로 정착되는 것으로 보이지만 아직 논증된 바는 없다.

또한 식탁에서 수저를 한 벌로 쓰게 되면 식도구의 완전한 개별화가 이루어지는 셈인데 그에 대한 고고학적이나 사회적인 배경과 시대별로 숟가락이 가지는 계층성이라든지 상징성은 같지 않을 것으로 보이는데 이에 대한 연구도 시도되어야 하지 않을까 생각된다. 그리고 중국은 명대에 이르러 식탁에서 숟가락을 거의 사용하지 않게 되고 부장품으로서의 숟가락도 사라지게 되는데 이에 대한 구체적인 논의가 이루어지지 않고 있다. 또한 일본에서 숟가락은 정창원에 보관되어 있거나 시마네현(島根縣) 등 우리나라와 관련이 있는 지역의 분묘나 건물지에서만 출토되고 있다. 그렇다면 일본은 숟가락을 별로 사용하지 않았다는 것이 되는데 그 원인과 배경에 대한 차후의 연구도 필요할 것이다.

한편 근본적인 과제는 본문에서도 누차 지적해 두었지만 숟가락 자체만으로 이루어진 편년안을 작성하는 것이다. 숟가락은 음식물을 뜨는 도구로 고안된 것으로 음식물을 뜨는 부분(술잎)과 손으로 잡는 부분(자루)으로 나눌 수 있다. 술잎과 자루가 연결되는 부분은 술목이라고 하는데 이들 세 부분이 시기를 따라 변하고 있는 것이다. 숟가락이 음식을 뜨는 도구라면 당연히 숟가락의 편년안은 식문화사와 관련지어 만들어져야 보다 설득력이 있을 것인데 식문화의 변화 발전과정은 식문화 연구결과를 참고하여야겠지만 고고학적 관점에서 식재료의 변화과정을 복원할 수 있는 자료를 확보하는 것도 대단히 중요한 일이라고 생각한다. 또 한편으로 고고학 전공자가 해야 할 일은 분묘에서 출토되는 숟가락을 data-base화하는 일인데 이 작업이 사실 쉽지 않은 것이다. 필자가 조선시대 전기 숟가락에 대한 연구를 진행하면서 경남지역에서 숟가락이 30점 이상 출토되고 있는 유적을 선정하였는데 대표적인 유적 10개를 선정하자 숟가락 점수는 1,000점이 넘고 말았다. 이와 같이 고려 조선분묘에서 출토되는 모든 숟가락에 대한 중요 속성을 기록하고 자루각과 술잎비를 모두 계측하는 것이 쉬운 일은 아닐 것이다.

아울러 숟가락의 사용계층에 관한 연구이다. 숟가락의 본격적인 사용이 고려시대 이후 중국 북방과의 교류에서 비롯된 것이라면 숟가락을 사용하였던 사람들의 사회적 계층은 결코 [민]이라는 애매한 이름으로 이해되어서는 곤란하다고 생각된다. 고려시대에 들어 실생활에 있어 수요가 증가하게 되는 각종 청자와 새로운 유행을 대변하는 숟가락을 부장품으로 택한 사람들의 사회적 지위는 어떻게 설명할 수 있을까? 고려시대의 신분제도는 양천제를 기본으로 하였고 양인 신분은 관료, 군인, 향리 등 지배질서에 참여한 정호층, 일반 농민인 백정층, 그리고 부곡지역에 거주한 잡척 등의 3계층으로 나누어져 있다고 한다. 그렇다면 우리가 발굴하여 바라보고 있는 유물을 안고 들어간 사람들은 어느 층에 해당되며 그것은 어떻게 증명될 수 있는가 하는 문제이다. 이 문제의 해결이 과연 가능할지는 자료의 축적과 함께 시간을 두고 살펴볼 일이다.

또한 조선시대에 들어서도 유교를 개국이념으로 삼고 주자가례에 따라 장례풍습이 변화하게 되는데 변화를 주도하였거나 또는 기존의 장례절차를 준수하였던 계층도 역시 [민]이라고 하는 개념으로 파악되기 어렵기는 마찬가지이다. 또한 지금 발굴조사되고 있는 대규모의 묘역은 물론 한 공동체에서 오랜 기간에 걸쳐 조성된 것이겠지만 그 중에서는 분묘의 조성위치로 보아 하나의 집단, 또는 하나의 혈연으로 볼 수 있는 분묘들이 없지 않다. 그렇게 본다면 한 묘역 내에서 자신들만의 묘역을 따로 정하였다는 것인데 그런 사람들의 사회적 위치나 신분, 계급 등은 어떻게 이해될 수 있을지 난해한 문제가 아닐 수 없다. 북한의 일부 학자는 숟가락이나 도자기가 출토되는 분묘가 평민들의 것이라고 하는데 이상과 같은 상황을 고려하면 단순히 평민(농민?)들의 무덤이라고 보기는 어려운 부분이 적지 않으므로 士農工商이라는 일반적인 신분제 내에서 피장자의 신분을 어떻게 가려낼 수 있을까 하는 것은 중요한 연구과제가 된다.

그리고 피장자의 성별을 확인하여 당시 장례에 있어 남녀의 구별과 또는 현실적인 삶에 있어 남녀의 위치를 복원하여 보는 것도 대단히 중요한 연구과제이다. 인골이 출토되고 그에 따라 성별을 구분하여 동반 출토되는 유물을 검토하여 보면 남녀의 사회적 인식이 어렵지 않게 드러날 것이지만 발굴되는 상황은 전혀 그러하지 못한 것이다. 인골이 제대로 남아 있는 경우는 거의 없다시피 하고 출토유물에 대한 이해도 부족하여 피장자를 남녀로 구분하기도 쉽지 않다. 말하자면 출토유물을 이해하는 관점이 고려시대나 조선시대 사람들의 삶 속에 사용하는 당시의 기물로서, 또는 당시의 기물이 상징하는 상징성을 읽어내는 것이 아니라 지금 우리의 삶의 방식으로 이해하고 있기 때문이다. 남자와 여자를 나누는 현대의 생각은 필자가 이해하기로는 조선시대 후기의 인식이 전해진 것이며 이것조차도 지금 격변의 시기를 맞고 있는 것이다. 고고학적 유물로 복원될 수 있는 고려시대와 조선시대의 남녀의 삶은 당시 분묘에서 피장자의 성별을 가려내고 그들이 사용하였던 숟가락과 장신구 등을 함께 살펴보는 일이 필수적이라고 생각된다. 또한, 이것은 현재 우리 고고학계의 연구성향을 반성하는 계기가 될 수도 있다.

유념하여야 할 것은 고고학 연구의 시대적 영역이 선사시대로부터 삼국시대 또는 통일신라시대까지 한정시키는 경향은 21세기에 들어서도 크게 개선되고 있지 않다는 것이다.

고려시대와 조선시대가 『고려사』나 『조선왕조실록』을 기본으로 하여 앞선 시대에 비하면 풍부한 문헌사료가 남아 있다고 하여도 그것 때문에 고고학 연구가 불가능할 것도 없고 소홀할 일도 없는 것이다. 남아 있는 기록이야말로 한 집단 또는 어느 개인의 한정된 시각으로 작성된 것이니 그것을 극복하는 일은 무엇보다 중요하며 기록에 남겨진 집단 또는 계층의 생활상도 구체적으로 알기는 쉽지 않고 더구나 기록에 등장하지 않는 집단이나 계층의 삶은 고고학적 연구가 그들의 삶을 이해하는 길이 될 것이기 때문이다. 그러므로 역사시대의 고고학 연구는 단순히 기록의 보완이라는 소극적인 연구목적에서 벗어나 당시 사람들의 생활과 문화를 유적과 유물을 통하여 이해할 수 있는 가장 유효한 통로가 되며 이로서 당시 사람들을 인류학적으로 이해할 수 있는 근거를 마련할 수 있을 것이다.

이제 마지막으로 한가지만 더 지적하고 짧지 않은 글을 마치고자 한다. 우리나라의 역사와 문화를 대표할 수 있는 유물은 적지 않을 것이다. 삼국시대의 금관이나 토기, 통일신라시대의 공예품과 불상, 고려시대의 청자와 인쇄물, 조선시대의 회화와 백자 등을 빼 놓고는 우리문화의 독창성을 말하기는 어렵다고 생각된다. 그러나 우리들이 먹어야 사는 동물임을 생각하면 식탁에서 음식을 뜨는 숟가락의 필수불가결함이란 이루 말할 수 없지 않을까? 더구나 식탁에서 숟가락을 처음부터 끝까지 사용하고 있는 사람들은 전세계적으로 보아도 우리 한국사람 들뿐이라면 숟가락이 차지하고 있는 우리의 전통을 결코 가볍게 보아서는 아니될 것이다. 그러나 우리 문화를 대표하는 유물로서 지정된 문화재 가운데 일괄유물로서 지정된 숟가락은 있어도(보물 제451호, 안동태사묘 삼공신유물) 숟가락 자체의 형식적 독창성과 미적 가치의 우월함으로 문화재로 지정된 숟가락이 아직 없다는 것은 우리의 고유한 문화를 우리가 중시하여야 하는 기본적인 책무를 소홀히 한 결과가 아닐까 우려된다. 그러므로 우리나라에서는 가장 오래된 무령왕릉 출토 숟가락, 전 고려 인종 장릉 출토 은제 숟가락, 사용자가 분명하고 고려전기 쌍어형 숟가락의 전형을 보여준 양택춘묘 출토 숟가락, 고려말 조선초 장릉형 숟가락의 전형을 보여준 박익묘 출토 숟가락, 조선전기 온녕군묘에서 출토된 쌍어형 숟가락, 양산 통도사 성보박물관 소장 「天啓」명 숟가락 등은 우리나라 숟가락의 특징을 고고학적으로 또는 문화사적으로도 잘 보여주는 유물이므로 국가에서 문화재로 지정하여야 한다고 강조해 두고 싶다.

이제 시기적으로는 한바퀴를 돌았다고 생각하였지만 아직 가장 기본적인 질문에 대한 답을 달지 못하고 있는듯하여 마음이 가볍지 않다. 그러나 앞서 지적한 해결하여야 할 문제들과 미처 지적하지 못한 문제들도 하나씩 하나씩 해결하여 나가고자 한다. 동학 여러분의 많은 가르침을 바란다.

참고문헌

史書 및 地理志

『三國史記』

『三國遺事』

『高麗史』

『高麗史節要』

『宣和奉使高麗圖經』

『朝鮮王朝實錄』

『國朝五禮儀』

『經國大典』

『新增東國輿地勝覽』

『輿地圖書』

『增補文獻備考』

『春官通考』

『梁書』

『宋書』

『朱子家禮』

辭典

世宗記念事業會, 2002, 『韓國古典用語辭典』

中國歷史博物館編, 1991, 『簡明中國文物辭典』, 福建人民出版社

中國錢幣大辭典編纂委員會編, 2005, 『中國錢幣大辭典』, 宋遼西夏金編 北宋
　　卷, 南宋卷, 遼西夏金卷, 中華書局出版發行

韓國文化象徵辭典編纂委員會, 1992, 『韓國文化象徵辭典』, 東亞出版

韓國精神文化研究院, 1991, 『韓國民族文化大百科事典』

圖錄

국립경주문화재연구소, 2006, 『특별전 분황사 출토유물』 특별전도록 제2책

국립경주박물관, 2003, 『통일신라』 첫번째 통일 새로운 나라

국립공주박물관, 2001, 『백제사마왕』 무령왕릉 발굴, 그 후 30년의 발자취

국립공주박물관, 2002, 『금강』 최근 발굴 10년사

국립공주박물관, 2004, 『국립공주박물관』

국립광주박물관, 2006, 『천년의 세월 그 빛 날다-강진 삼흥리 가마터 출토
　　유물전』

국립민속박물관, 2007, 『한민족역사문화도감 식생활』

국립부여박물관 · 국립문화재연구소, 2008, 『백제왕흥사』

국립중앙박물관, 1989, 『고려청자명품특별전』

국립중앙박물관, 2006, 『다시 보는 역사편지 고려묘지명』

국립중앙박물관, 2006, 『유물백선』

국립중앙박물관, 2008, 『고려왕실의 도자기』

국립진주박물관, 2004, 『조선지방사기의 흔적』

국립춘천박물관, 2002, 『國立春川博物館 開館圖錄』

宮中遺物展示館, 2004, 『宗廟大祭文物』

민음사, 2005, 『단원 풍속도첩』

복천박물관, 2007, 『또 하나의 도구 골각기』 특별기획전

복천박물관, 2005, 『선사·고대의 요리』

불교중앙박물관, 2007, 『2007 상설전』

三星文化財團, 1996, 『湖巖美術館 名品圖錄』 Ⅰ·Ⅱ

서울대학교 출판부, 2004, 『북한의 문화재와 문화유적』Ⅱ 고구려편

서울시립대학교박물관, 2009, 『고려인의 영원한 삶 단양현곡리』

숭실대학교 한국기독교박물관, 2008, 『기산 김준근 조선풍속도』

울산박물관, 2013, 『학성이씨 일가묘 출토유물』

웅진출판사, 1992, 『國寶』5, 工藝

통도사성보박물관, 1999, 『통도사성보박물관 명품도록』 통도사성보박물관
    개관기념 특별전

해강도자미술관, 1992, 『강진의 청자요지』

해강도자미술관, 2004, 『고려청자로의 초대』

호림박물관, 1992, 『湖林博物館所藏品選集-靑磁Ⅲ-』

호암미술관, 1995, 『대고려국보전』 위대한 문화유산을 찾아서(1)

奈良國立博物館, 1999(平成11年), 『第51會 正倉院展』

奈良國立博物館, 2002(平成14年), 『第54會 正倉院展』

內蒙古自治區文物考古研究所, 2009, 『內蒙古遼代壁畵』, 文物出版社

東京國立博物館, 1998, 『宮廷の榮華 唐女帝·則天武后とその時代展』

東京國立博物館, 2004, 『中國國寶展』

新疆維吾爾自治區博物館·新疆文物考古研究所, 2001, 『中國新疆山普拉』-
    古代于闐文明的揭示與研究, 新疆人民出版社

鄭州市文物考古研究所, 2005, 『鄭州宋金壁畫墓』, 文物出版社

朝鮮總督府, 1929(昭和4年), 『朝鮮古蹟圖譜 九』

朝鮮畵報社, 1985, 『高句麗古墳壁畵』

朝日新聞社, 1992, 『樓蘭王國と悠久の美女』日中國交正常化20週年記念展

中國歷史博物館 · 內蒙古自治區文化廳, 2002, 『內蒙古遼代文物精華 契丹王朝』, 中國藏學出版社

河北省文物研究所編, 2000, 『河北古代墓葬壁畫』, 文物出版社

河北省文物研究所編, 2001, 『宣化遼墓壁畫』, 文物出版社

韓金科 主編, 2002, 『法門寺』, 香江出版有限公社

單行本

강경숙, 1996, 『분청사기연구』, 일지사

강인희, 1993, 『한국식생활사』 제2판, 삼영사

고경희, 1989, 『안압지』 빛깔 있는 책들 28, 대원사

高麗大學校 民族文化研究所, 1971, 『韓國圖書解題』 70

孔星祥 · 劉一曼著 安京淑澤, 2003, 『中國古代銅鏡』, 주류성

국사편찬위원회, 2003, 「조선초기의 정치구조」, 『한국사』 23, 탐구당

국사편찬위원회, 2003, 『한국사』 31 조선중기의 사회와 문화

국사편찬위원회, 2003, 『한국사』 34 조선후기의 사회

국사편찬위원회, 2003, 『한국사』 35 조선후기의 문화

권오영, 2005, 『무령왕릉』 고대동아시아 문명교류사의 빛, 테마한국사04, 돌베개

金龍善 編著, 2001, 『高麗墓誌銘集成』 제3판, 한림대학교 아시아문화연구소 자료총서10, 한림대학교 아시아문화연구소

김경일, 2001, 『나는 오랑캐가 그립다』, 바다출판사

김덕진, 2008, 『대기근, 조선을 뒤덮다』, 푸른역사

김용선, 2006, 『개정판 역주 고려묘지명집성(상)』, 한림대학교출판부

김용선, 2012, 『고려묘지명집성 제5판』, 한림대학교출판부

김인철, 2002, 『고려무덤 발굴보고』, 사회과학출판사

김재만, 1999, 『거란 · 고려관계사연구』, 국학자료원

김한규, 2002,『한중관계사Ⅰ』대우학술총서논저422, 아르케

박상일 저, 장경호 감수, 2002,『회암사』부활하는 조선 최대의 국찰

박채린, 2013,『조선시대 김치의 탄생-조선시대 김치문화의 성립과 김치식속의 다면성연구』, 민속원 아르케북스

배진달, 2005,『중국의 불상』, 일지사

백제문화개발연구원, 1985,『백제사료집』

서인원, 2002,『조선초기 지리지 연구-동국여지승람을 중심으로-』, 도서출판 혜안

신수길, 2005,『茶道具』, 솔과학

아사카와 다쿠미(淺川巧), 1996,『조선의 소반·조선도자명고』, 학고재

안귀숙, 2002,『중요무형문화재 제77호 유기장』, 국립문화재연구소

안휘준, 2007,『고구려회화』, 호형출판

원유한, 2006,『한국화폐사(고대부터 대한제국시대까지)』연구용역보고서, 한국은행 발권국

유원재, 1993,『중국정사 백제전 연구』, 학연문화사

윤서석, 1999,『우리나라 식생활문화의 역사』, 신광출판사

이경자·홍나영·장숙환, 2003,『우리 옷과 장신구 한국전통복식, 그 원형의 미학과 실제』, 열화당

이난영, 1992,『한국고대금속공예연구』, 일지사

李蘭瑛, 2003,『高麗鏡新研究』, 도서출판 신유

이석윤, 1994,『우리나라 화폐금융사-1910년 이전』, 박영사

이태진, 2012,『새한국사 선사시대에서 조선시대까지』, 까치

이효지, 1998,『한국의 음식문화』, 신광출판사

장경지음·박해순옮김, 2002,『공자의 식탁 중화요리 4000년의 문화사』뿌리와 이파리

장동익, 2009,『高麗時代 對外關係史 綜合年表』동북아역사자료총서16, 동

북아역사재단

전상운, 1998, 『한국과학사의 새로운 이해』, 다산기념강좌9, 연세대학교 국
　　학연구원 연세대학교 출판부

전호태, 2000, 『고구려 고분벽화 연구』, 사계절

전호태, 2004, 『고구려 고분벽화의 세계』, 서울대학교 출판부

정재서, 2004, 『이야기 동양신화』동양의 마음과 상상력 읽기 중국편, 황금부
　　엉이

朱熹지음 · 안민혁옮김 , 2009, 『朱子家禮』, 예문서원

최광식, 2007, 『고대한국의 토착신앙과 불교』 인문사회과학총서66, 고려대
　　학교 출판부

최병현, 1992, 『신라고분연구』, 일지사

최준식 · 정혜경, 2004, 『한국인에게 밥은 무엇인가』, 휴머니스트

치우지핑 지음, 김봉건 옮김, 2005, 『茶經圖說』, 이른아침

한국미술사학회, 2004, 『고려미술의 대외교섭』 제8회 전국미술사학대회, 예경

한국사역사연구회 조선시기 사회사 연구반, 2000, 『조선은 지방을 어떻게
　　지배했는가』, 아카넷

韓國銀行, 1969, 『增補 韓國貨幣史』

한영달, 2002, 『한국의 고전』, 도서출판 선

孔星祥 · 劉一曼, 1992, 『中國銅鏡圖典』, 文物出版社

內蒙古自治區文物考古研究所 · 哲里木盟博物館, 1993, 『遼陳國公主墓』, 文
　　物出版社

徐海榮 主編, 1999, 『中國飮食史』卷四, 華夏出版社, 北京

劉雲, 1996, 『中國箸文化大觀』, 科學出版社

劉雲, 2006, 『中國箸文化史』, 中華書局

朱天舒, 1998, 『遼代金銀器』, 文物出版社

李錫厚 · 白濱, 2003, 『遼金西夏史』中國斷代史系列, 上海人民出版社

岡本誠之, 1979,『鋏』ものと人間の文化史 33, 法政大學 出版局

姜仁熙著, 玄順惠譯, 2002,『韓國食生活史』藤原書店

梅原末治·藤田亮策 編著, 1966(昭和 41年),『朝鮮古文化綜鑑』第4卷, 養德社

尹瑞石 著 佐々木道雄 譯, 2005,『韓國食生活文化の歷史』, 明石書店

朝鮮古跡研究會, 1935,『樂浪王光墓』

朝鮮總督府, 1929(昭和4年),『古跡圖譜 九』

向井由紀子, 橋本慶子, 2001,『箸(はし)』ものと人間の文化史102, 法政大學
　　出版局

論文

강경숙, 2004,「분청사기의 특징과 변천」,『분청사기 명품전』, 호림박물관

강경숙, 2008,「단양현곡리 고분출토 도자기」,『丹陽玄谷里 高麗古墳群』서
　　울시립대학교박물관학술총서 제4집, 서울시립대학교박물관·한국도
　　로공사

국립부여문화재연구소, 2008,『부여왕흥사지 출토 사리기의 의미』국립부여
　　문화재연구소 국제학술대회

권영필, 2000,「신라공예의 대외교섭」,『신라미술의 대외교섭』제6회 전국미
　　술사학대회, 한국미술사학회, 예경

김세진, 2009,「朝鮮時代 磁器製 誌石研究」, 忠北大學校 碩士學位論文

김광철, 2002,「여말선초 사회변동과 박익의 생애」,『밀양고법리벽화묘』고
　　적조사보고서 제35책, 동아대학교박물관

김아관, 1993,「한국신석기시대의 골각기 연구-패총유적을 중심으로-」, 한
　　양대학교대학원석사학위논문

김용선, 2006,「고려묘지명-돌에 새겨진 삶과 사회」,『다시 보는 역사 편지
　　高麗墓誌銘』, 국립중앙박물관

김윤희, 2005,「경남지역 조선전기 백자연구-하동 백련리 출토 백자를 중심

으로-」, 동아대학교대학원 석사학위논문

김익주, 2002, 「Ⅴ. 관재의 수종」, 『밀양고법리벽화묘』 고적조사보고서 제35
책, 동아대학교박물관

김인철, 1996, 「고남리 일대에서 드러난 고려 평민무덤에 대하여」, 『조선고
고연구』 4호, 사회과학원 고고학연구소

문환석 등, 2002, 「Ⅲ. 벽화 적외선촬영 및 안료재질분석연구」, 『밀양고법리
벽화묘』, 고적조사보고서 35책, 동아대학교박물관

박한남, 1993, 「고려의 대금외교정책연구」, 성균관대학교대학원 박사학위논문

박한남, 2003, 「거란 및 금과의 통교」, 『한국사』 15 고려전기의 사회와 대외
관계, 국사편찬위원회

배영동, 1996, 「한국 수저[匙箸]의 음식문화적 특성과 의의」, 『문화재』 29호,
문화재관리국

신은제 · 허선영, 2011, 「14세기 동기의 유행과 그 의미 : 고려시대 분묘유
적을 중심으로」, 『석당논총』 제51집, 동아대학교 석당학술원

안귀숙, 2004, 「고려시대 금속공예의 대중교섭」, 『고려미술의 대외교섭』 제8
회 전국미술사학대회, 예경

안승주, 1976, 「논산 표정리 백제고분과 토기」, 『백제문화』 9

안승주, 1998, 「백제 토기의 대중국 교섭」, 『백제미술의 대외교섭』 제5회 전
국미술사학대회, 예경

안지원, 2013, 「17세기 남성용품의 특성-절송공 이충립묘 출토유물-」, 『학
성이씨 일가묘 출토유물』, 울산박물관

윤희봉, 2005, 「고려청자에 보이는 금속기명의 영향」, 홍익대학교대학원 석
사학위논문

이난영, 1975, 「한국시저의 형식분류」, 『역사학보』 67, 역사학회

이난영, 1977, 「부소산출토일괄유물의 재검토」, 『미술자료』, 국립중앙박물관

이난영, 1992, 「Ⅱ. 금속공예품의 유형과 형식분류」, 『한국고대금속공예연구』

, 일지사

이난영, 1998, 「백제 금속공예의 대외교섭-금공기법을 중심으로-」, 『백제
미술의 대외교섭』 제5회 전국미술사학회, 한국미술사학회, 예경

이문주, 2010, 『주자가례』의 조선 시행과정과 가례주석서에 대한 연구」, 『유
교문화연구』 제16집, 성균관대학 동아시아학술원 유교문화연구소

이승일, 2002, 「高麗墓 出土 中國錢에 關한 研究」, 동아대학교대학원 석사학
위논문

이전복, 1997, 「通過高句麗古墓壁畵看高句麗社會生活習俗的研究」, 『고구려
고분벽화』, 고구려연구 제4집, 학연문화사

이지현, 2000, 「조선시대 명기의 연구-백자명기를 중심으로-」, 홍익대학교
대학원 석사학위논문

이혜순, 2008, 「16세기 『주자가례』 담론의 전개와 특성-가례의 문화적 수용
연구를 위한 예비적 고찰-」, 『조선중기예학사상과 일상문화-『주자가
례』를 중심으로-』 이화한국학총서7, 이화여자대학교 출판부

이희정, 1995, 「고려시대 복고양식에 관한 연구」, 동아대학교대학원 석사학
위논문

임진아, 2005, 「고려청자에 보이는 북송 · 원대 자기의 영향」, 홍익대학교대
학원 석사학위논문

임진아, 2013, 「고려청자와 요대 공예품의 연관성 고찰」, 『문물』 제3호, 한국
문물연구원

정의도, 2007, 「고려시대 철제가위(鐵鋏) 연구」, 『경문논총』 창간호, 경남문
화재연구원

정의도, 2007, 「제장으로서 산성연구:진산을 중심으로」, 『문물연구』 제11호,
동아시아문물연구학술재단 · 한국문물연구원

정의도, 2007, 「한국고대청동시저연구 고려시대-」, 『석당논총』 제38집, 동아
대학교 석당학술원

773

정의도, 2008, 「청동숟가락의 등장과 확산-삼국시대~통일신라시대」, 『석당논총』 제42집, 동아대학교 석당학술원

정의도, 2009, 「무령왕릉 출토 청동시저연구」, 『선사와 고대』 제30호, 한국고대학회

정의도, 2009, 「송·요·금·원묘 시저 및 철협 출토경향-고려묘 부장품과 관련하여-」, 『문물연구』 제15호, 재단법인 동아시아문물연구 학술재단

정의도, 2010, 「송은 박익선생묘 출토유물의 고고학적 연구」, 『선사와 고대』 제33호, 한국고대학회

정의도, 2011, 「경남지역 조선전기 숟가락연구-지역성과 상징성-」, 『문물』 창간호, 한국문물연구원

鄭義道, 2012, 「雙魚形銅匙硏究」, 『漢代城市和聚落考古與漢文化』, 中國社會科學院 考古硏究所·河南省文物考古硏究所 編, 科學出版社

정의도, 2012, 「조선시대분묘 출토유물의 지역성」, 『문물』 제2호, 한국문물연구원

정의도, 2013, 「조선후기 숟가락의 변화」, 『문물』 제3호, 한국문물연구원

조효순, 2009, 「한국 바느질 도구의 풍속사적 고찰-조선시대를 중심으로-」, 『명지대학교 개교 40주년 기념논문 및 학술강연집』

주경미, 2007, 「화엄사 서오층석탑 출토 사리장엄구의 고찰」, 『2007 상설전』, 불교중앙박물관

주영하, 2004, 「벽화를 통해서 본 고구려의 음식풍속」, 『고구려연구』 17권, 고구려연구회

최은아, 2007, 「경주지역 건물지의 진단구에 관한 고찰 : 매납과 봉납물을 중심으로」, 『文物硏究』 제11호, 재단법인 동아시아문물연구학술재단·한국문물연구원

홍보식, 2004, 「통일신라토기의 상한과 하한-연구사 검토를 중심으로-」, 『영남고고학』 34, 영남고고학회

황정숙, 2006,「高麗中·後期 思想을 통해 본 銅鏡文樣의 象徵性 研究」, 대
　구가톨릭대학교대학원 박사학위청구논문

報告書

경기도박물관·안성시, 2006,『안성매산리고려고분군』유적조사보고 제23책

경기도박물관·정광종합건설, 2001,『용인마북리고분군』유적조사보고 제
　5책

경남고고학연구소, 2002,『사천 봉계리 삼국시대 집락』

경남고고학연구소, 2004,『진주무촌유적Ⅰ·Ⅱ』

경남고고학연구소, 2005,『창녕말흘리유적』

경남고고학연구소, 2006,『늑도패총Ⅰ～Ⅴ』

경남고고학연구소, 2009,『김해구산동유적Ⅰ～Ⅹ』

경남고고학연구소·대경종합건설, 2001,『선인동 조선묘군』

경남문화재연구원, 2010,『부산고촌택지개발사업지구내 고촌유적(Ⅰ지구)』

경남발전연구원 역사문화센터·부산지방국토관리청, 2011,『마산 진동 우
　회도로 건설구간 내 마산 진북 덕곡리유적 본문·도면·도판』조사연
　구보고서 제84책

경남발전연구원 역사문화센터·한국토지공사경남지역본부, 2008,『김해율
　하리유적Ⅰ』조사연구보고서 제70책

경남발전연구원 역사문화센터, 2004,『진해웅천도요지Ⅱ』

경상북도문화재연구원, 2007,『달성본리리고분군발굴조사보고서』학술조사
　보고 제86책

경상북도문화재연구원, 2008,『김천문당동유적』학술조사보고 제91책

고려대학교 매장문화재연구소·한국고속철도건설공단, 2002,『부강리유적』
　연구총서 제15집

고령군·불교문화재연구소, 2007,『고령낙동강유적기념숲조성부지내유적』

학술총서 제1책

국립경주문화재연구소, 2002, 『신라왕경』 발굴조사보고서 I (본문)(유물 도판)

국립경주문화재연구소, 2005, 『분황사』 발굴조사보고서 I (본문)(유물 도판)

국립경주박물관, 2002, 『국립경주박물관부지내 발굴조사보고서-미술관부
　　　지 및 연결통로부지-』

國立慶州文化財研究所, 1982, 『皇龍寺』 發掘調査報告書 I (本文)(遺物 圖版)

國立慶州文化財研究所, 2001, 『新羅王京』 發掘調査報告書 I (本文)(遺物 圖版)

국립부여문화재연구소 · 부여군, 2002, 『화지산유적발굴조사보고서』 국립부
　　　여문화재연구소 학술연구총서 제31집

국립진주박물관, 2007, 『경상남도 도요지 지표조사 보고서1』

국립청주박물관 · 청주시, 2000, 『청주 명암동유적(I)-1998년도 발굴조사
　　　보고서-』 학술조사보고서 제5책

국립청주박물관 · 청주시, 2001, 『청주 명암동유적(II)-1999년도 시굴 및
　　　발굴조사보고서-』 학술조사보고서 제6책

기전문화재연구원 · 한국토지공사, 2001, 『남양주 호평 · 평내택지개발지구
　　　내 문화유적 시 · 발굴조사보고서(I)-조선시대분묘군』 학술조사보
　　　고 제21책

기호문화재연구원, 경기도시공사, 2011, 『광교신도시문화유적V』 발굴조사
　　　보고 제19책

김용간 · 서국태, 1972, 『서포항원시유적발굴보고』 고고민속논문집 4, 사회
　　　과학출판사

김재원 · 윤무병, 1961, 『감은사지발굴보고서』 국립박물관 특별조사보고 제
　　　2책, 을유문화사

단국대학교 매장문화재연구소 · 이천시, 2004, 『이천설성산성2 · 3차발굴조
　　　사보고서』 매장문화재연구소 학술조사총서 제26책

대동문화재연구원, 2011, 『울산 효문동 산68-1유적』 학술조사보고 제26집

동아대학교박물관, 1995,『김해덕산리민묘군』고적조사보고 제23책

동아대학교박물관, 2002,『밀양고법리벽화묘』고적조사보고서 제35책

동아세아문화재연구원, 2009,『창원가음정복합유적』발굴조사보고서 제29집

동아세아문화재연구원, 2010,『김해죽곡리유적Ⅱ』발굴조사보고서 제44집

동아세아문화재연구원 · (주)한진중공업, 2008,『밀양금포리유적』발굴조사
　　　보고서 제23집

동아세아문화재연구원 · 부산지방국토관리청, 2007,『거제장평조선분묘』발
　　　굴조사보고서 제18집

동아세아문화재연구원 · 현대건설, 2008,『창원귀산동조선묘군』발굴조사보
　　　고서 제25집

문화공보부 문화재관리국, 1973,『무령왕릉』

문화공보부 문화재관리국, 1978,『안압지 발굴조사보고서』〈본문편〉〈도판편〉

문화재관리국 문화재연구소, 1989,『미륵사』유적발굴조사보고서Ⅰ

문화재관리국 문화재연구소, 1994,『황남대총』경주시 황남동 제98호 고분
　　　남분 발굴조사보고서

문화재청 · 불교문화재연구소, 2011,『한국의 사찰문화재 전국사찰문화재
　　　일제조사 경상남도Ⅲ』

복천박물관, 2006,『기장 교리유적』복천박물관 학술연구총서 제22집

부산대학교박물관, 1985,『김해예안리고분군Ⅰ』유적조사발굴보고 제8집

삼강문화재연구원, 2012,『창녕 영산서리조선묘군』

서성훈 · 신광섭, 1984,「표정리 백제발굴고분조사」,『중도』Ⅴ, 국립중앙박
　　　물관

서울대학교박물관, 1990,『한우물』호암산성 및 연지발굴조사보고서

서울시립대학교박물관 · 한국도로공사, 2008,『丹陽玄谷里 高麗古墳群』서
　　　울시립대학교박물관학술총서 제4집

성림문화재연구원, 2007,『경주 물천리고려묘군유적』학술조사보고 제10책

성림문화재연구원, 2008,『경산신대·부적조선묘군』학술조사보고 제25책

성림문화재연구원, 2008,『청도대전리 고려·조선묘군 I』학술조사보고 제
18책

성림문화재연구원, 2008,『청도대전리 고려·조선묘군 II』학술조사보고 제
20책

성림문화재연구원, 2008,『포항오도리조선묘군』학술조사보고 제22책

순천대박물관, 2007,『광양 칠성리유적-광양 칠성3택지개발지구-』순천대
박물관 학술자료총서 제58책

안산시·한양대학교박물관, 2002,『안산 대부도 육곡 고려고분군 발굴조사
보고서』한양대학교박물관총서 제51집

안산시·한양대학교박물관, 2006,『안산 대부도 육곡 고려고분군 II』한양
대학교박물관총서 제64집

영남문화재연구원, 2006,『고령지산리고분군IV』학술조사보고 제112책

영남문화재연구원, 2006,『대구 봉무동고분군』대구 영신초·중·고 이전
부지내 영남문화재연구원 학술조사보고 제104책

영남문화재연구원, 2010,『경산신대리유적 III』학술조사보고 제176책

영남문화재연구원, 2011,『대구욱수동·경산옥산동유적 III』학술조사보고
제185책

영남문화재연구원·한국고속철도건설공단, 2003,『김천모암동유적 II』학술
조사보고 제57책

우리문화재연구원·(주)동훈, 2010,『창녕힐마루골프장예정부지 내 창녕
초곡리유적』학술조사보고 31책

우리문화재연구원·(주)한라주택·(주)태원건설·동우건설(주), 2009,
『밀양 교정시설 신축예정부지내 밀양 용지리유적-본문·도판』학술
조사보고 13책

우리문화재연구원·부산지방국토관리청, 2009,『의령 칠곡~가례간 국도건

설공사구간 내 의령 운암리유적-본문 · 사진』학술조사보고 16책

울산대학교박물관, 2007,『기장방곡리유적』학술연구총서 제14집

울산문화재연구원, 2006,『울산 효문동 율동유적 Ⅲ』석곽묘 외〈본문〉〈도판〉

원광대학교 마한 · 백제문화연구소 · 진안군 · 한국수자원공사, 2001,『수천
　　리고려고분군』진안 용담댐 수몰지구내 문화유적 발굴조사보고서 Ⅴ
　　유적조사보고 제41책

윤무병, 1999,『부여관북리백제유적 발굴보고(Ⅱ)』충남대학교박물관총서
　　제18집, 충남대학교박물관 · 충청남도

전남대박물관 · 광주광역시도시공사, 1999,『광주쌍촌동주거지』

전북문화재연구원, 2007,『전주유상리유적』유적조사보고 제13책

중앙문화재연구원 · 한국토지주택공사, 2011,『연기 갈운리유적Ⅱ』발굴조
　　사보고 제177책

중앙문화재연구원 · 한국토지주택공사, 2012,『울산 유곡동 우정동유적』발
　　굴조사보고 제192책

중앙문화재연구원, 2007,『은평 뉴타운 제2지구 C공구사업부지내 유적 발
　　굴조사부분약보고서』

중앙문화재연구원, 2007,『제천하소동유적』발굴조사보고 제100책

중앙문화재연구원, 아산테크노밸리, 2011,『아산 둔포리유적』발굴조사보고
　　제84책

중앙문화재연구원 · 옥천군, 2012,『옥천인정리유적』조사보고총서 제137책

중앙문화재연구원 · 한국도로공사, 2004,『보은 부수리고분군』발굴조사보
　　고 제46책

중앙문화재연구원 · 한국주택공사, 대전도시공사, 2011,『대전용계동유적』
　　발굴조사보고 제179책

중앙문화재연구원 · 한국토지주택공사, 2009,『충주 본리 영평리 · 완오리
　　유적』발굴조사보고 제157책

중앙문화재연구원 · 한국토지주택공사, 2011,『청주율양동유적Ⅰ』발굴조사
　　보고 제182책

중앙문화재연구원 · 한국토지주택공사, 2011,『파주운정유적』발굴조사보고
　　제171책

중앙문화재연구원 · 한국토지주택공사, 2013,『오산 궐동유적』발굴조사보
　　고 제199책

중앙문화재연구원 · SH공사 · 두산건설 · 금호건설, 2009,『은평진관동분묘
　　군Ⅰ~Ⅵ』

중앙문화재연구원 · 진천군, 2001,『진천사양리유적』발굴조사보고 제5책

중앙문화재연구원 · 한국철도공사, 2003,『김천대신리유적』발굴조사보고
　　제30책

중앙문화재연구원 · 부산지방국토관리청, 2005,『김천 용전리 · 초곡리유적』
　　김천시 관내국도대체우회도로(농소-어매) 건설구간내 발굴조사보고
　　제58책

중앙문화재연구원 · 충청북도, 2005,『청원 대율-세교간 도로공사구간내 청
　　원 대율리 · 마산리 · 풍정리유적』발굴조사보고 제68책

중앙문화재연구원 · 한국도로공사, 2002『경부고속도로(옥천-증약간) 확장
　　공사구간내 옥천 옥각리유적』발굴조사보고 제17책

중앙문화재연구원 · 한국도로공사, 2002,『중부내륙고속도로 및 충주지사건
　　설공사부지내 충주 수룡리유적』발굴조사보고 제12책

충남공주시 · 공주대학교박물관, 1995,『백제고분자료집』

충남대학교박물관 · 충청남도, 1999,『부여관북리백제유적 발굴보고(Ⅱ)』충
　　남대학교박물관총서 제18집

충북대학교박물관, 1996,『청주신봉동백제고분군 발굴조사보고서-1990년
　　조사-』

충주시 · 충북대학교 중원문화연구소, 2005,『충주산성』

충청매장문화재연구원 · 대전지방국토관리청, 2001,『공주 송곡 · 봉암리유적』문화유적조사보고 제22집

충청문화재연구원, 2005,『당진 삼웅리 나무고개 · 새울유적』문화유적조사보고 제42집

충청문화재연구원, 2003,『아산명암리유적』문화유적조사보고 제34집

충청문화재연구원, 2008,『금산상리(2)유적』문화유적조사보고 제75집

충청문화재연구원, 2008,『서천추동리유적(Ⅲ지역)』문화유적조사보고 제70책

충청문화재연구원, 2008,『서천 옥남리유적』문화유적발굴조사보고 제82책

한강문화재연구원 · SH공사 · 현대건설, 2010,『서울진관동유적Ⅰ~Ⅳ』

한겨레문화재연구원 · 건황로지스틱스, 2011,『용인 양지리유적』학술조사보고서 제4책

한국고환경연구소 · 한국토지주택공사, 2010,『연기 송담리 · 송원리유적』연구총서 제39집

한국도로공사 · 마한문화연구원, 2012,『보성 도안리석평유적Ⅱ(Ⅱ지구)』마한문화연구총서 52

한국문물연구원 · 화명주공아파트재건축조합, 2010,『부산 화명주공아파트재건축부지내 부산 화명동 898-9번지유적』고적조사보고 제10책

한국문물연구원 · 화명주공아파트재건축조합, 2012,『부산 화명동 조선시대분묘군』고적조사보고 제23책

한국문화재보호재단, 평택시청, 2011,『평택용이동유적』학술조사보고 제239책

한국문화재보호재단, 한진중공업, 1999,『상주청리유적 Ⅸ』, 학술조사보고 제14책

한국문화재보호재단 · 인천시검단개발사업소, 2007,『인천원당동유적(Ⅰ)』학술조사보고 제187책

한국문화재보호재단 · 한국토지공사 경북지사, 2000,『대구칠곡3택지(2 · 3

구역)문화유적 발굴조사보고서(Ⅰ)-3 · 2-가구역-, (Ⅱ)(Ⅲ)-2-나
　　구역(본문)(도면 · 도판)-』학술조사보고 제62책

한국문화재보호재단 · 한국토지공사, 1999,『청원오창유적Ⅰ~Ⅲ』학술조사
　　보고 제23책

한국문화재보호재단 · 한진중공업, 1999,『상주청리유적Ⅹ』학술조사보고
　　제14책

한국문화재보호재단 · 한국도로공사, 1999,『상주 성동리고분군-본문 · 도
　　면 · 사진-』학술조사보고 제40책

한국문화재보호재단 · 한국토지공사, 2000,『청주 용암유적(Ⅱ)』학술조사보
　　고서 제74책

한백문화재연구원 · 경기고속도로주식회사, 2011,『오산 외삼미동유적』학
　　술조사총서 제29책

한신대학교박물관, 2007,『용인 언남리-통일신라 생활유적-』한신대학교박
　　물관 총서 제29책

한양대학교박물관, 2002,『안산대부도육곡고려고분군』박물관총서 제51집

한양대학교박물관, 2006,『안산대부도육곡고려고분군 Ⅱ』박물관총서 제64집

함양군 · 우리문화재연구원, 2010,『함양 안의 제2농공단지 조성부지 내 함
　　양 황곡리 231번지유적』

호남문화재연구원, 2004,『장흥 하방촌고분군, 와요지』학술조사보고 제26책

황기덕, 1975,『무산범의구석유적 발굴보고』, 력사편집부, 사회과학출판사보
　　고서

中國社會科學院 考古研究所, 1946年~1984年,『考古學報』

中國社會科學院 考古研究所 主辦 科學出版社, 1955年~2004年,『考古』

國家文物局, 1950年~2004年『文物』

邯鄲市文物保管所 · 邯鄲地區磁山考古隊短訓班, 1977.6,「河北磁山新石器
　　遺址試掘,『考古』

江西省博物館 · 南城縣博物館 · 新建縣博物館 · 南昌市博物館編, 2010, 『江西明代藩王墓』, 文物出版社

洛陽市文物工作隊, 1984, 「洛陽東關夾馬營路東漢墓」, 『中原文物』

內蒙古文物考古研究所 · 赤峰市博物館 · 阿魯科尒沁旗文物管理所, 1996.1, 「遼耶律羽之墓發掘簡報」, 『文物』總第四七六期

內蒙古自治區 文物考古研究所 · 哲里木盟博物館, 1993, 『遼陳國公主墓』, 文物出版社

丹徒縣文教局 · 鎮江博物館, 1982, 「江蘇丹徒丁卯橋出土唐代銀器窖藏」, 『文物』

東亞文庫 中洲古籍出版社, 1998, 『中國考古集成』, 華北卷, 河南省 · 山東省 22, 宋元明清

東亞文庫 哈尒濱出版社, 1998, 『中國考古集成』, 華北卷, 北京市 · 天津市 · 河北省 · 山西省 15 · 16 宋~遼, 17 · 18 金~元

保定地區文物管理所 · 安新縣文化局 · 河北大學歷史系, 1990, 「河北安新縣梁莊, 留村新石器時代遺址發掘簡報」, 『考古』

北京市文物研究所 · 北京市平谷縣文物管理所 · 上宅考古隊, 1989.8, 「北京平谷上宅新石器時代遺址及發掘簡報」, 『文物』

史家珍 · 王遵義 · 周立, 1996.7, 「洛陽五女塚267號新莽墓發掘簡報」, 『文物』

上海市文物管理委員會, 2009, 『上海明墓』, 文物出版社

徐殿魁, 1986.5, 「河南偃師杏圓村的六座紀年唐墓」, 『考古』

小場恒吉 · 榧本龜次郎, 1935, 『樂浪王光墓』貞柏里 · 南井里二古墳發掘調查報告書, 朝鮮史研究會

安陽市文物工作隊, 1993.1, 「安陽梯家口村漢墓的發掘」, 『華夏考古』

余扶危 · 邢建洛, 1992.3, 「洛陽唐神會和尚塔塔基淸理」, 『文物』

余扶危, 1975.2, 「洛陽澗西七里下東漢墓發掘報告」, 『考古』

葉小燕, 1965.1, 「河南陝縣劉家渠漢墓」, 『考古學報』

王蔚波, 1988.3, 「新鄭縣東城路古墓群發掘報告」, 『中原文物』

原田淑人·田澤金吾, 1930, 『樂浪』東京帝國大學 文學部, 刀江書院

李棟, 1993.4, 「三門峽市華余包裝公司16號漢墓發掘簡報」, 『華夏考古』

朝鮮總督府, 1924, 『慶州金冠塚と其遺寶』古蹟調查特別報告 第3册

朝鮮總督府, 1927, 『梁山夫婦塚と其遺物』古跡調查特別報告 第5册

朝鮮總督府, 1932(昭和7年), 『慶州金鈴塚飾履塚發掘調查報告』大正十三年
　　度 古跡調查報告 第一册〈本文〉〈圖版〉

中國社會科學院 主辦·譚其驤 主編, 1996, 『中國歷史地圖集-宋·遼·金時
　　期』第6册, 『中國歷史地圖集-元·明時期』第7册, 中國地圖出版社出版

中洲古籍出版社, 1999, 『中國考古集成』華北卷 河南省/山東省, 1卷~22卷

馮沂, 1989.1, 「山東臨沂金雀山九座漢代墓葬」, 『文物』

河南省文物研究所·焦作市博物館, 1989.2, 「焦作市白庄41號漢墓發掘報告」,
　　『華夏考古』

河南省文物研究所, 1989.2, 「信陽孫砦遺址發掘報告」, 『華夏考古』

河南省博物館·淅川縣文管會·南陽地區文管會, 1981.2, 「河南淅川峴下寺
　　一號墓發掘簡報」, 『考古』

河北省文物研究所, 2001, 『宣化遼墓 1974~1993年 考古發掘報告 上·下』,
　　文物出版社, 北京

河北省文化局文物工作隊, 1966. 5, 『河北定縣出土北魏石函』

陝西省考古研究院·法門寺博物館·寶鷄市文物局·扶風縣博物館 編著,
　　2007, 『法門寺考古發掘報告』上·下, 陝西省考古研究院 田野考古報告
　　第45號, 文物出版社

湖南省博物館·中國科學院考古研究所編, 1973, 『長沙馬王堆一號漢墓』上集
　　·下集, 文物出版社

湖南省博物館, 1960.3, 「長沙赤峰山2號唐墓簡介」, 『文物』

湖北省文物考古研究所·鍾祥市博物館 編著, 2007, 『梁莊王墓』上·下, 文物
　　出版社

수록된 글의 출전

이 책에 실린 각 논문은 아래에 게재된 것을 수정 · 보완한 것이다.

1. 「靑銅순가락의 登場과 擴散-三國時代~統一新羅時代-」, 『石堂論叢』 제42집, 東亞大學校石堂學術院, 2008

2. 「武寧王陵 出土 靑銅匙箸硏究」, 『先史와 古代』 30, 韓國古代學會, 2009. 6

3. 「韓國古代靑銅匙箸硏究-高麗時代-」, 『石堂論叢』 제38집, 東亞大學校 石堂學術院, 2007. 3

4. 「宋 · 遼 · 金 · 元墓 匙箸 및 鐵鋏 出土傾向-高麗墓 副葬品과 關聯하여-」, 『文物硏究』 第15號, 재단법인 동아시아문물연구학술재단, 2009

5. 「宋 · 遼 · 金 · 元 수저(匙箸) 編年硏究 -어미형 순가락의 출현-」, 『문물연구』 第17號, 재단법인 동아시아문물연구학술재단, 2010

6. 「松隱 朴翊先生墓 出土遺物의 考古學的 解釋」, 『先史와 古代』 제33호, 韓國古代學會, 2010

7. 「경남지역 조선전기 순가락 연구-지역성과 상징성-」, 『문물』 창간호, 한국문물연구원, 2012. 6

8. 「조선시대 분묘 출토유물의 지역성 – 김해 구산동유적과 은평 진관동 유적의 비교연구-」, 『문물』 2호, 한국문물연구원, 2012

9. 「조선후기 숟가락의 변화」, 『문물』 제3호, 한국문물연구원, 2013. 6

10. 「고려전기 분묘 출토 쌍어형 숟가락 연구」, 『東亞文化』 15號, 東亞細亞文化財研究院, 2013. 12

-부록-

1. 「고려시대 철제 가위(鐵鋏)연구」, 『慶文論叢』 創刊號, 慶南文化財研究院, 2007

2. 「宋·遼·金·元 時期 双魚形銅匙研究」, 『遼代城市和 聚落考古學文化』, 中國社會科學院 考古研究所·河南省文物考古研究所編, 科學出版社, 北京, 2012

정의도

부산출생. 실향민의 아들. 3ème cycle de histoire et civilization Facultéde Sciences Humaines Université de Toulouse. France를 졸업하였다.

문화재관리국 학예연구사, 동아대학교 고고미술사학과 겸임교수, 재단법인 경남문화재연구원 학예연구실장 등을 역임하였다.

현재 재단법인 한국문물연구원 이사장 겸 원장, 사단법인 한국성곽학회 회장, 동아시아문물연구학술재단 이사를 맡고 있다.

『한국지석묘종합연구』, 『진주남강유적과 고대일본』, 『성곽연구조사방법론』, 『한국성곽사전』 등의 공저가 있고 역서로는 『간추린 인도불교사』가 있다.

주요 논문으로는 「France 남부 Quercy지방의 megalithisme에 대하여」, 「雙魚形銅匙的 研究」, 「武寧王陵 出土 靑銅匙箸 研究」, 「김해 대성동 환호유적 연구」, 「新羅 天雲大王銘 碑 硏究」, 「창녕 화왕산성 연지 연구」, 「제장으로서 산성 연구-진산을 중심으로」, 「임진왜란 관련유적과 출토유물 연구」, 「신라하대 진례성 연구」, 「梁山 伽倻津祠」 등이 있다.

jedsabre@icloud.com

한국 고대 숟가락 연구

초판 인쇄 : 2014년 10월 21일
초판 발행 : 2014년 10월 28일

지은이 : 정의도
펴낸이 : 한정희
펴낸곳 : 경인문화사
주　소 : 서울특별시 마포구 마포대로4다길 8(마포동 324-3)
전　화 : 02-718-4831~2
팩　스 : 02-703-9711
이메일 : kyunginp@chol.com
홈페이지 : http://kyungin.mkstudy.com

값 59,000원
ISBN 978-89-499-1049-9　93910

ⓒ 2014, Kyung-in Publishing Co, Printed in Korea
* 파본 및 훼손된 책은 교환해 드립니다